U0902890

上海建设年鉴

（2016）

中共上海市城乡建设和交通工作委员会
上海市住房和城乡建设管理委员会 编

文匯出版社

图书在版编目（CIP）数据

上海建设年鉴．2016 / 中共上海市城乡建设和交通工作委员会，上海市住房和城乡建设管理委员会编．--上海：文汇出版社，2017.6

ISBN 978-7-5496-2065-4

Ⅰ.①上… Ⅱ.①中… ②上… Ⅲ.①城市建设－上海市－2016－年鉴 Ⅳ.①F299.275.1-54

中国版本图书馆CIP数据核字(2017)第071419号

上海建设年鉴（2016）

编　　著 / 中共上海市城乡建设和交通工作委员会
　　　　　上海市住房和城乡建设管理委员会
责任编辑 / 乐渭琦
特约编辑 / 郑　红
美术编辑 / 胡　鹰

出 版 人 / 桂国强

出版发行 / 文匯出版社
　　　　　上海市威海路755号
　　　　　（邮政编码 200041）
经　　销 / 全国新华书店
照　　排 / 上海未寅文化传播有限公司
印刷装订 / 江苏省启东市人民印刷有限公司
版　　次 / 2017年6月第1版
印　　次 / 2017年6月第1次印刷
开　　本 / 889×1240　1/16
字　　数 / 560千字
印　　张 / 32.5（插页14）

书　　号 / ISBN 978-7-5496-2065-4
定　　价 / 258.00元

2015 年上海市卫星影像图

旭日东升

1 2 3 | 4

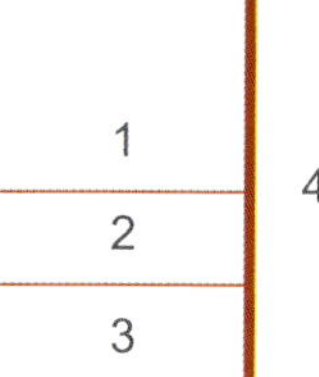

1. 2012 年 4 月 8 日，上海迪士尼开建 1 周年
——土建平整就绪
2. 2015 年 4 月 8 日，上海迪士尼开建 4 周年
——乐园建设具雏形，城堡裹满脚手架
3. 建造中的七个小矮人矿山车
4. 2015 年 10 月 8 日，上海迪士尼开建 4 年半
——城堡顶部拆除了脚手架

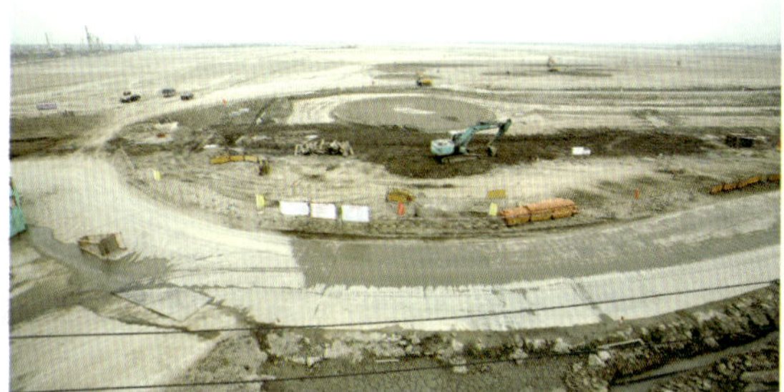

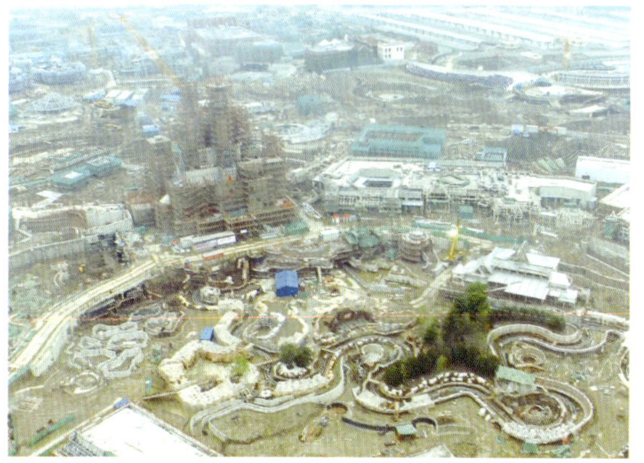

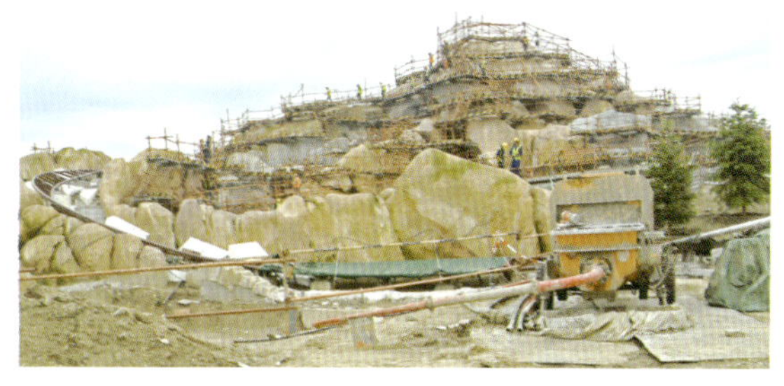

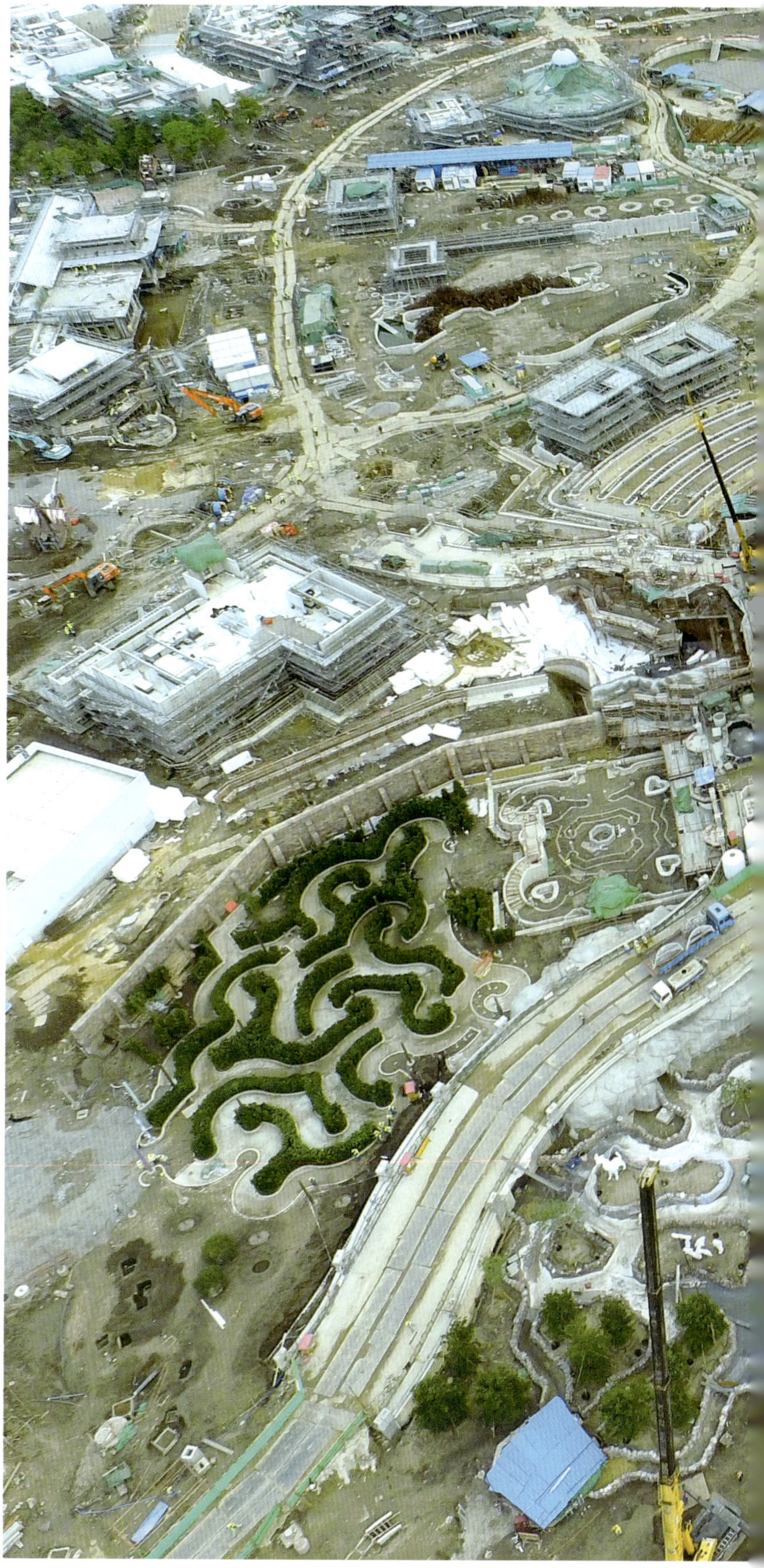

1 2 3 4 5

1. 上海淞沪抗战纪念公园和平钟
2. 上海淞沪抗战纪念碑
3. 上海淞沪抗战纪念公园图片墙
4. 上海淞沪抗战纪念馆淞沪会战主题展
5. 上海淞沪抗战纪念馆

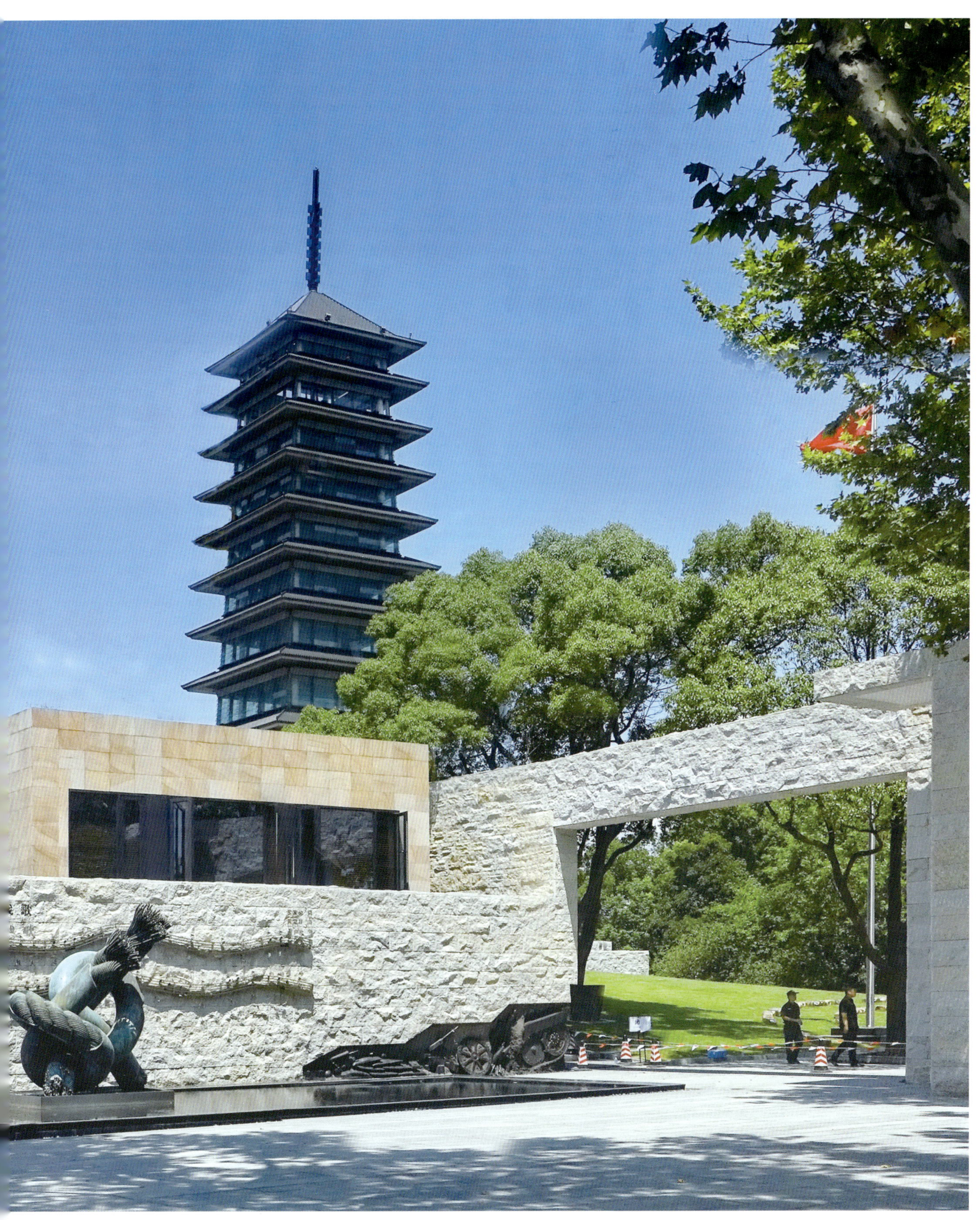

1 | 2 | 3 | 4

1. 上海四行仓库抗战纪念地——晋元纪念广场
2. 上海四行仓库抗战纪念馆浴血奋战雕塑群
3. 上海四行仓库抗战纪念馆入口处
4. 谢晋元将军塑像

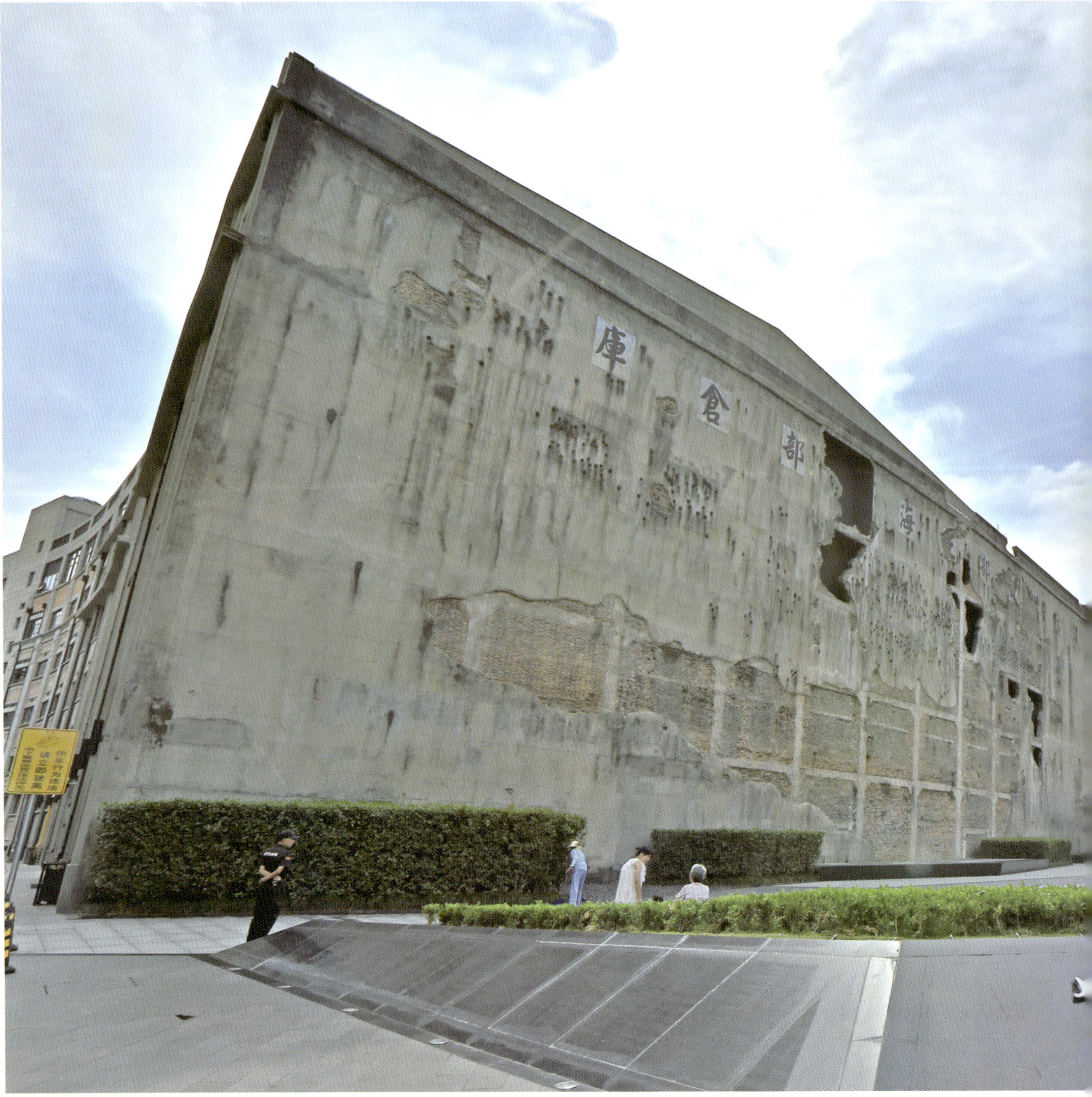

——毛泽东

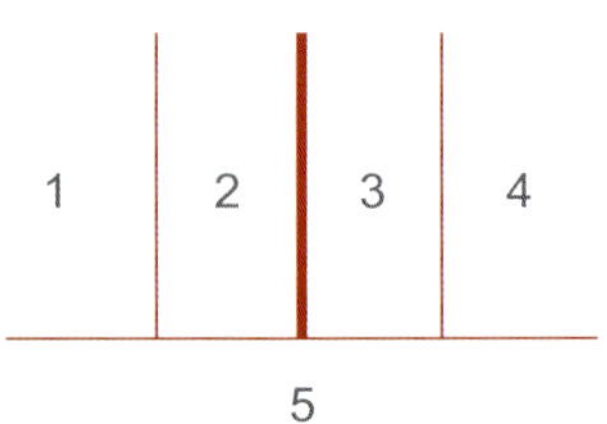

1. 上海紫竹新兴产业技术研究院综合大楼
2. 上海紫竹新兴产业技术研究院外貌
3. 张江国家数字出版基地（二期、三期）
4. 张江国家数字出版基地（二期、三期）上海动漫博物馆
5. 中国商飞——上海飞机制造有限公司

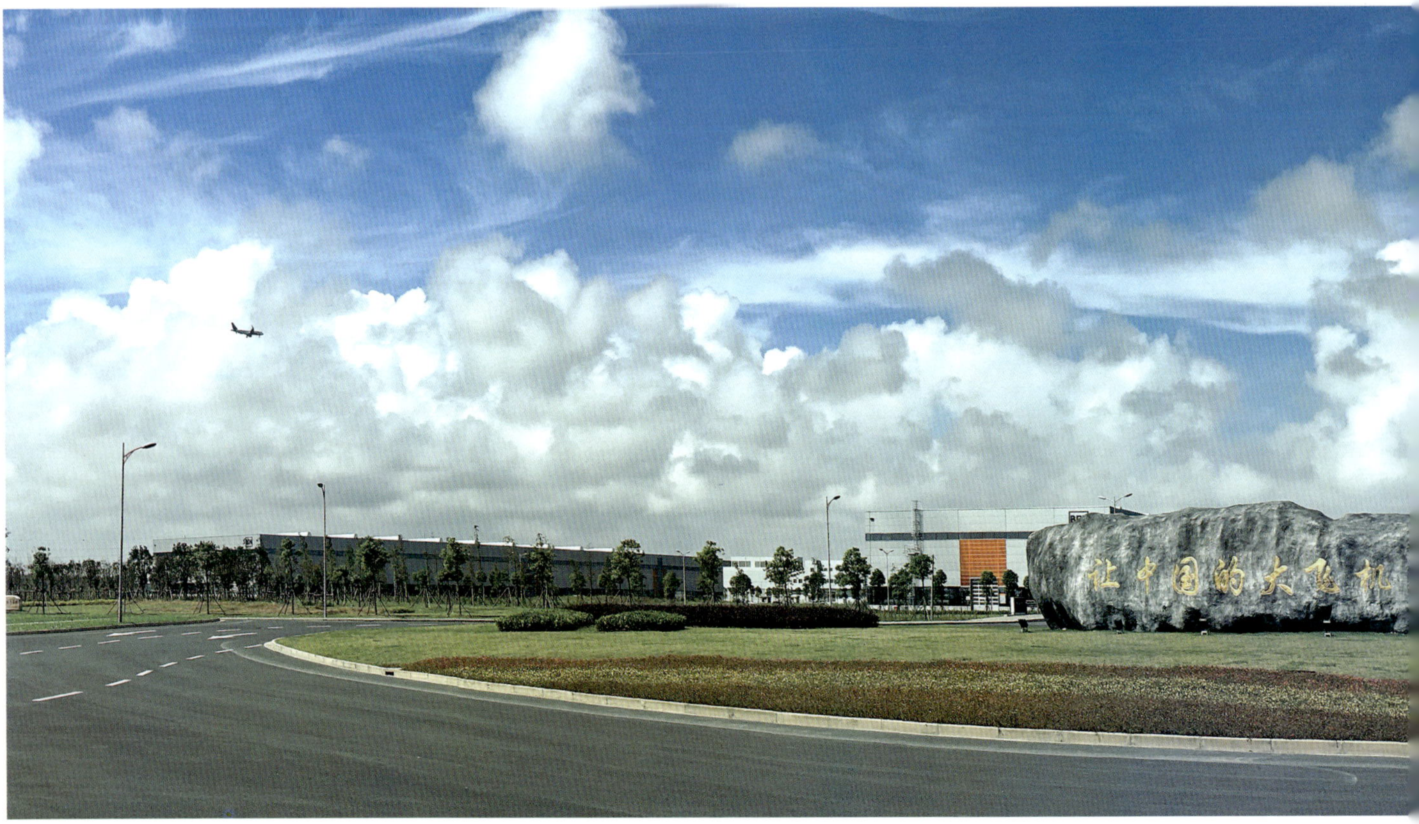

张江国家数字出版基地

上海漫画博物馆
上海动画博物馆
Shanghai Museum of Animation
上海动漫博物馆

B01
COMAC

1
2
3

1. 上海科技大学教学楼和科研楼
2. 上海科技大学
3. 中国科学院上海高等研究院

1

2

1. 上海华电奉贤南桥新城能源中心项目——上海奉贤燃机发电有限公司
2. 上海华电奉贤南桥新城能源中心项目——上海奉贤燃机发电有限公司办公楼

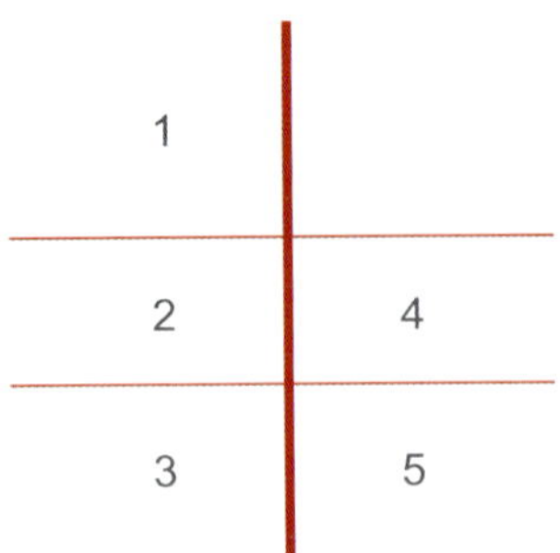

1. 轨道交通 11 号线工程秀沿路站候车站台
2. 轨道交通 11 号线工程罗山路站候车站台
3. 轨道交通 11 号线工程康新公路站候车站台
4. 轨道交通 11 号线工程秀沿路站大厅
5. 轨道交通 11 号线工程秀沿路站候车站台

	3
1	4
2	5

1. 轨道交通 12 号线工程龙华地铁车站换乘大厅的装饰风格与龙华寺相得益彰
2. 轨道交通 12 号线工程桂林公园站内的桂花型吊灯和立柱
3. 轨道交通 12 号线工程漕宝路站站台
4. 轨道交通 12 号线工程龙漕路站换乘大厅
5. 轨道交通 12 号线工程陕西南路站音乐文化长廊

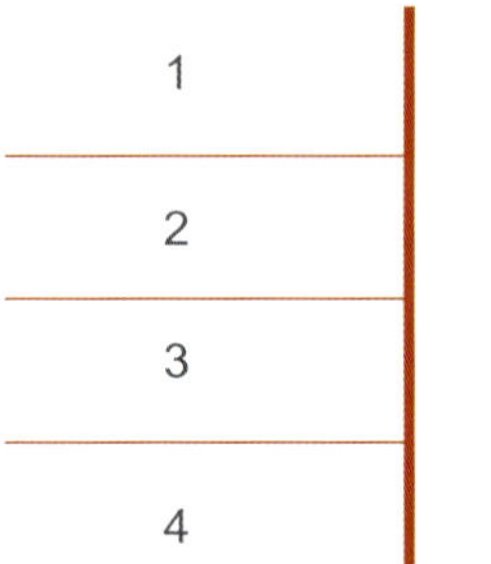

1. 轨道交通 13 号线工程汉中路站交换长廊
2. 轨道交通 13 号线工程新天地站石库门特色的换乘大厅
3. 轨道交通 13 号线工程淮海中路车站大厅
4. 轨道交通 13 号线工程自然博物馆站候车站台
5. 首批“智慧路灯”亮相上海

2015年10月27日，上海首批15盏“智慧路灯”杆在大沽路上亮相，它具备照明、为电动汽车充电、一键呼叫等八大功能。市住建委负责人表示，明年有望在南京路、外滩等景点及人流密集区扩大试点，“十三五”期间在全市推广。

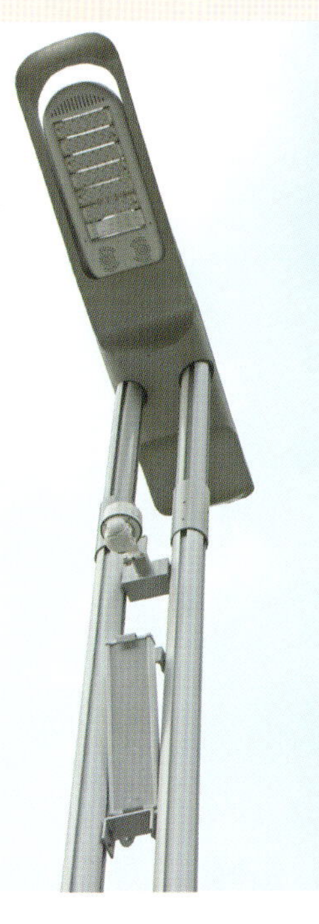

上海 107 岁浙江路桥大修完工"修旧如旧"恢复历史原貌

目前亚洲唯一一座鱼腹式钢结构桥梁——上海浙江路桥近日完成了钢桥面沥青摊铺、木质人行道板铺设、景观照明等附属工程的施工，并经过专业检测机构的荷载测试，于今晚 8 时（2015 年 12 月 28 日）恢复通车。

2015 年 4 月，这座跨越苏河岁月的百年老桥，进行了历史性整体移桥大修，桥身钢结构骨架被移到 100 米开外的场地"修旧如旧"，并于 10 月中旬回归原位，可再使用 50 年。

据悉，浙江路桥是苏州河上从外白渡桥数过来的第六座桥，也是除外白渡桥外，第二座钢结构的百年老桥。它南接黄浦区浙江中路，北连闸北区浙江北路，最早建于 1880 年，当时是一座步行的木桥，后来几经改建，1908 年，成为现在的样子：鱼腹式简支梁钢桁架桥。桥面上还铺了钢轨，叮叮当当的有轨电车 5 路、6 路当年就从上面经过。它不仅见证了上海的发展，也承载着不少市民的回忆。

浙江路桥通车后，将与上海新静安的四行仓库、慎余里、天后宫等上海苏河湾标志性历史建筑融为一体，向世人展示"苏河湾的百年记忆"。

1	2
	3
	4
	5

1. 鸟瞰即将恢复通车的浙江路桥
2. 大修之前通行繁忙的浙江路桥
3. 浙江路桥厂内大修
4. 工人正在进行灯光调试，确保浙江路桥按时恢复通车
5. 大修完成后的浙江路桥桥名刻在整块大理石上

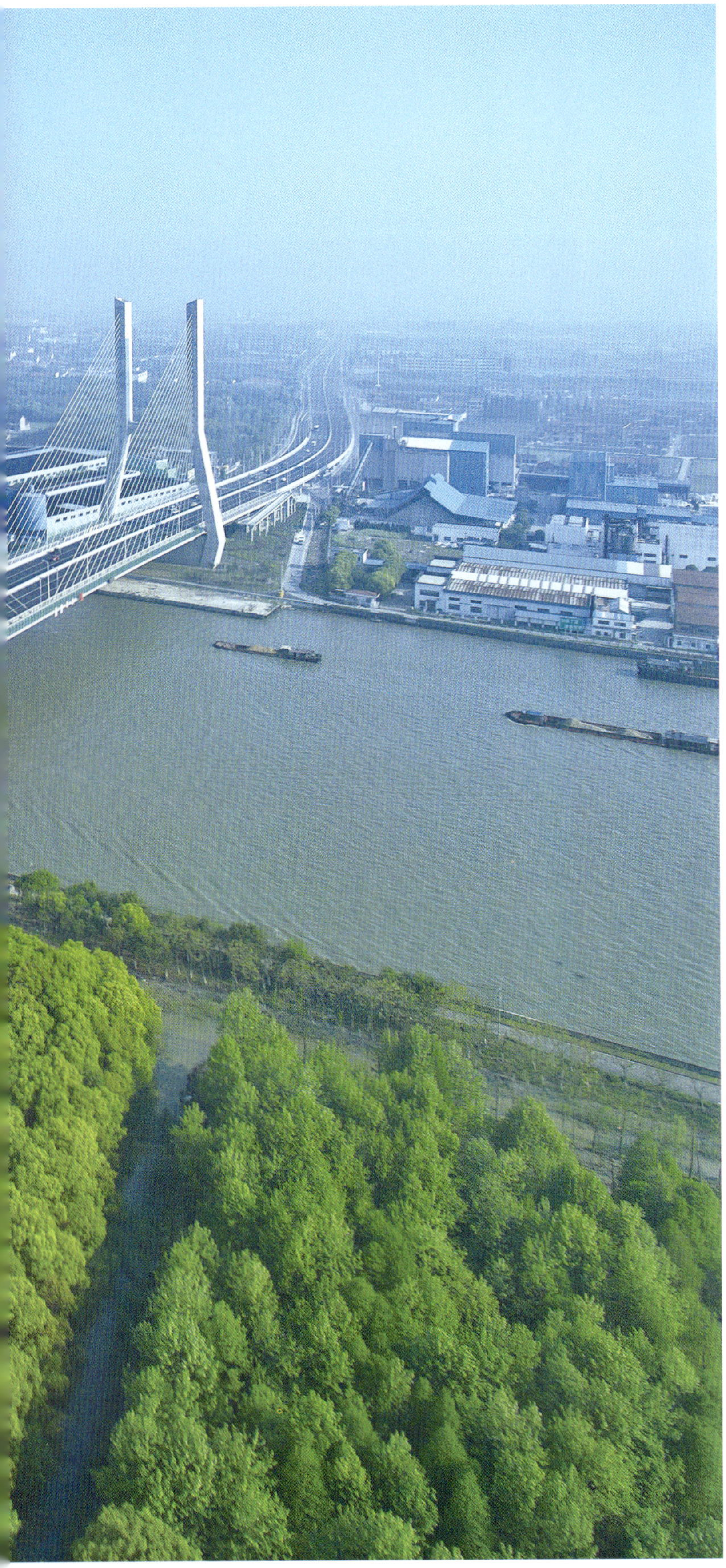

1 | 2
  | 3

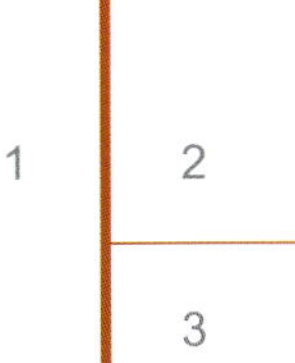

1. 鸟瞰辰塔路横潦泾大桥
2. 辰塔路横潦泾大桥中间隔离墩钢筋龙骨焊接
3. 建设中的辰塔路横潦泾大桥

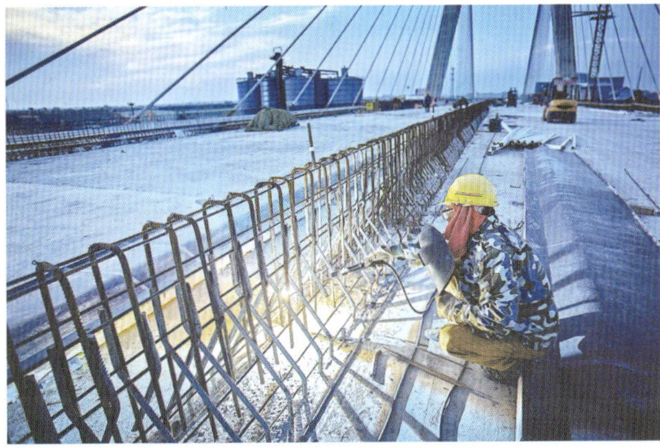

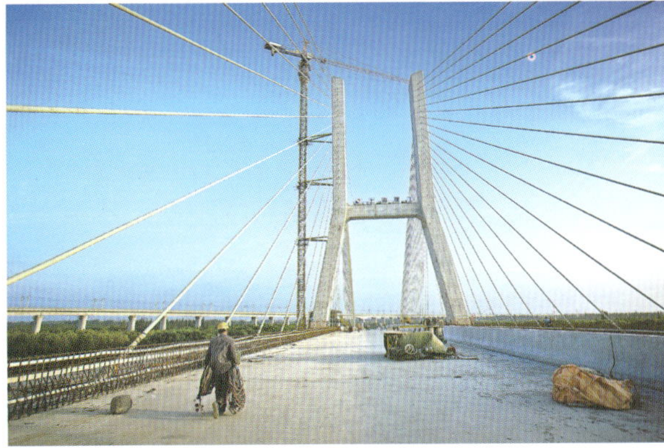

上海首条“水上巴士”开通试运行

2015 年 12 月 17 日，上海黄浦江市中心区域“水上巴士”开通试运行。该航线试运行为期 2 个月，单程航行时间约 30 分钟，在上下班高峰时段运行，以缓解日益拥挤的市中心沿江、过江交通压力，满足市民往返沿江两岸的出行需求。

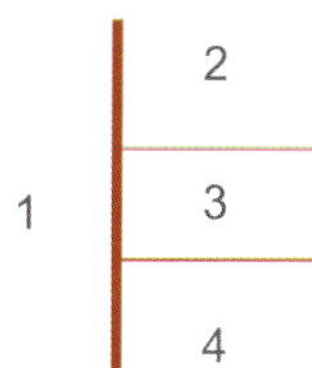

1. 一艘水上巴士从虹口区公平路渡口出发
2. “水上巴士”公平路轮渡口的售票处
3. 81 岁的市民周裕国展示其获得的赠票，清晨，他特地从闵行区赶过来乘坐首班“水上巴士”
4. 停靠浦西金陵东路码头的“水上巴士”

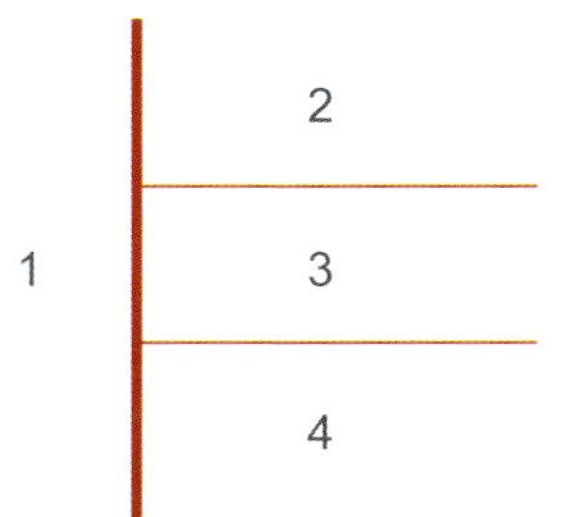

1. 虹梅南路隧道奉贤入口鸟瞰
2. 虹梅南路隧道金海公路入口处
3. 虹梅南路隧道浦西入口处
4. 虹梅南路隧道剑川路出口

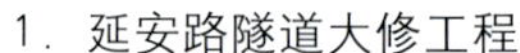

1	2
3	4
5	

1. 延安路隧道大修工程
2. 原世博园 B 片区崛起央企总部楼群
3. 轨道交通 3 号线江杨北路车辆段改扩建工程
4. 嘉闵高架南延伸段通车
5. 东方肝胆医院

《上海建设年鉴（2016）》
编辑委员会

编写说明

一、《上海建设年鉴》是中共上海市城乡建设和交通工作委员会、上海市住房和城乡建设管理委员会组织编写，上海市、区县两级建设交通系统各局、直属单位及相关政府部门协作参与，以记录上一年度上海城乡建设、城市管理、交通运输及相关行业、企业发生的重大事件及重要情况为主要内容，对外公开发行的大型资料性、工具性年刊。

二、本书编写采用年鉴的体例和风格。全书由特载、主体和附录三部分组成。特载刊载上海当年度政府工作报告、统计公报及其他重要内容。主体部分基本按城乡建设、城市管理、交通运输及综合管理等相关内容，分门别类予以排列、记载。附录部分包含当年市住房城乡建设管理委大事记、相关法律法规政策选编目录、相关资料及数据统计。

三、本书主体部分由栏目、分目和条目三个结构层次组成。全书设 19 个栏目，每一栏目依内容需要，设若干分目。栏目之首设“综述”，分目之首设“概况”，本书主要记载形式为条目，以事件设，一事一条。同时辅以图片、表格及相关资料。

四、本书编写坚持对历史负责、对后人负责和客观记载、不作评价的原则，对年度发生的重大事件，尽可能予以如实、公正地记载、避免不确定因素和不确切数据。

五、本书以赠阅为主。由于诸多原因，全书编写周期较长，其中部分内容转引自有关资料、文献、书刊。原作者如未收到稿酬，可直接与《上海建设年鉴》编辑部联系。

六、本书编写过程中得到上海市、区县各级领导和上海建设交通系统各局、直属单位，以及广大热心人士的大力帮助，在此一并表示感谢。

目 录

市情、概貌

特 载

一、城乡规划、国土资源

二、重大工程建设

三、市政建设

四、绿化市容

五、环境保护

六、水务管理

七、房屋管理

八、城市交通

九、港口航运

十、铁路运输

十一、民用航空

十二、邮政事业

十三、海洋海事

十四、上海国际航运中心建设

十五、建筑建材业管理

十六、城市综合管理

十七、科研工作

十八、区县建设

十九、政策法规

附 录

（一）地域

上海市，简称沪，别名申。地处东经120° 51 ~ 122° 12，北纬30° 40 ~ 31° 53，位于太平洋西岸，亚洲大陆东沿，中国南北海岸中心点，长江和钱塘江入海汇合处。北界长江，东濒东海，南临杭州湾，西接江苏和浙江两省。是长江三角洲冲积平原的一部分，平均高度为海拔4米左右。陆地地势总趋势由东向西低微倾斜。以西部淀山湖一带的淀泖洼地为最低，海拔2 ~ 3米；在泗泾、亭林、金卫一线以东的黄浦江两岸地区，为碟缘高地，海拔4米左右；浦东钦公塘以东地区为滨海平原，海拔4 ~ 5米。西部有天马山、佘山、薛山、凤凰山等残丘，天马山为上海陆上最高点，海拔98.2米。海域上有大金山、小金山、浮山、佘山等基岩岛，大金山海拔103.4米，为上海境内最高点。全市总面积6340.5平方公里，东西最大距离约100公里，南北最大距离约120公里。大陆岸线长约211公里。在北面的长江入海处，有崇明、长兴、横沙、九段沙等岛屿。崇明岛为中国第三大岛，由长江挟带下来的泥沙冲积而成。

（二）行政区划

今上海地区，吴淞江以南，公元751年（唐天宝十载）析嘉兴东境、海盐北境、昆山南境之地置华亭县。1277年（元至元十四年）升华亭县为华亭府，第二年改为松江府。至清代，松江府辖有华亭、娄、上海、青浦、金山、奉贤、南汇7个县和川沙抚民厅。吴淞江以北，1218年1月7日（南宋嘉定十年十二月初九日）设嘉定县，后又析出宝山县。长江口的沙洲，907年左右（五代初）置崇明镇，1277年升为崇明州，1369年（明洪武二年）改为崇明县。

上海城市，源于吴淞江下游的渔村，1267年（南宋咸淳三年）前成镇，镇因黄浦江西的上海浦得名。1291年（元至元二十八年）析华亭县东北、黄浦江东西两岸的高昌、长人、北亭、海隅、新江5个乡置上海县，1292年设立，为松江府属县。1927年7月设上海特别市，1930年5月改称上海市。1949年5月27日，上海解放。全市划为黄浦、老闸、新成、静安、江宁、普陀、邑庙、蓬莱等20个市区和新市、江湾、吴淞、大场等10个郊区。1958年1月，上海、嘉定、宝山3个县从江苏省划归上海市；10月，设立浦东县；11月，川沙、青浦、南汇、松江、奉贤、金山和崇明7个县从江苏省划归上海市。1960年1月，设立闵行区和吴淞区。1961年1月，撤销浦东县。1961年3月，浙江省嵊泗列岛划归上海市。

1962年5月，上海市嵊泗列岛划归浙江省。1964年5月，撤销闵行区、吴淞区。至此，上海市辖有黄浦、南市、卢湾、徐汇、长宁、静安、普陀、闸北、虹口、杨浦10个市区，以及上海、嘉定、宝山、川沙、奉贤、南汇、松江、金山、青浦、崇明10个郊县。1980年10月，设立吴淞区。1981年2月，设立闵行区。1988年1月，撤销宝山县和吴淞区，设立宝山区。1992年9月，撤销上海县和原闵行区，设立新的闵行区。1992年10月，以川沙县全境、原上海县三林乡和黄浦、南市、杨浦3个区的浦东部分，设立浦东新区；撤销嘉定县，设立嘉定区。1997年4月，撤销金山县，设立金山区。1998年2月，撤销松江县，设立松江区。1999年9月，撤销青浦县，设立青浦区。2000年6月，原黄浦区和南市区撤并，设立新的黄浦区。2001年1月，撤销南汇县，设立南汇区；撤销奉贤县，设立奉贤区。

2005年5月，宝山区管辖的长兴乡、横沙乡划归崇明县管辖。2009年4月，撤销南汇区，其行政区域范围划入浦东新区。2011年5月，原黄浦区和卢湾区撤并，设立新的黄浦区。2015年10月，原闸北区和静安区撤并，设立新的静安区。至2015年底，上海市辖有浦东新区、黄浦、徐汇、长宁、静安、普陀、虹口、杨浦、闵行、宝山、嘉定、金山、松江、青浦、奉贤15个区和崇明1个县，共104个街道、107个镇、2个乡；有居委会4154个（比上年底增加32个）、村委会1593个（比上年底减少12个）。

（杜瑜）

（三）人口

至2015年底，上海常住人口2415.27万人，其中外来人口981.65万人。上海户籍人口1442.97万人，比上年增加4.28万人，其中男性716.37万人、女性726.60万人，性别比为0.99 ：1。全市户籍户数536.76万户，平均每户人口2.69人。户籍人口出生数10.59万人，出生率7.35‰；死亡人数12.42万人，死亡率8.62‰。人口自然增长率—

1.27‰。年内迁出5.32万人，迁入1.61万人，机械增长6.29万人，机械增长率4.36‰。户籍人口密度每平方公里2276人，常住人口密度每平方公里3809人。户籍人口期望寿命82.75岁，其中男性80.47岁、女性85.09岁。

（曹美芳）

（四）水文

上海市地处长江入海口、太湖流域东缘，东濒东海，南临杭州湾。全市各类河流共计约2.66万条（段），总长度约2.53万公里（不含长江），河网密度约每平方公里4公里，河流和湖泊总面积约620平方公里，河（湖）水面率约9.8%。境内江、河、湖、塘相间，水网交织，主要水域和河道有长江口，黄浦江及其支流大泖港、园泄泾、斜塘和太浦河、拦路港，以及吴淞江（苏州河）、蕰藻浜、川杨河、淀浦河、大治河、金汇港、油墩港等。其中，黄浦江干流全长80余公里，河宽300～700米，其上游在松江区米市渡处承接太湖、阳澄淀泖地区和杭嘉湖平原来水，贯穿上海至吴淞口汇入长江口；吴淞江发源于太湖瓜泾口，在市区外白渡桥附近汇入黄浦江，全长约125公里，上海境内约54公里（俗称苏州河），为黄浦江主要支流。上海的湖泊集中在与江苏、浙江交界的西部洼地，最大的湖泊为淀山湖，总面积约60平方公里。

2015年，上海年降水量1696.7毫米（徐家汇站，以下同），比常年增多约45%。降水量的年内月分配不均，其中，汛期（6—9月）降水量967.7毫米，比常年增多约57%；1—5月降水量比常年增多约16%，10—12月降水量比常年增多约67%。

6月15日入梅，7月13日出梅，梅雨期历时29天，其中雨日22天。梅雨期间，全市降水量分布不均匀，中心城累计雨量441.9毫米，比多年平均值增多约80%；郊区以崇明县降水量最大，累计雨量556.5毫米，松江区降水量最少，累计雨量312.0毫米。

全年全市遭受暴雨19场，其中暴雨中心雨量大于100毫米的8场，最大日雨量220.0毫米，发生在8月22日的浦东新区老港站。全年全市地表径流量约55.31亿立方米，折合年径流深872.3毫米，比多年平均值增多约120%。黄浦江吴淞站年平均高潮位3.43米（上海吴淞基面，下同），比该站多年平均值高0.10米；长江口高桥站年平均高潮位3.34米，与该站多年平均值持平；杭州湾芦潮港站年平均高潮位3.73米，比该站多年平均值高0.21米。市域内（不包括长江口）主要河流的水质污染仍以有机污染为主。根据上海市水文总站监测，水质的有机污染指标大部分在Ⅱ～劣Ⅴ类之间。其中，崇明岛内河、黄浦江上游等水质较好，一般为Ⅱ～Ⅲ类水；大陆片内河河网除崇明岛片、太北片、太南片和商榻片属Ⅲ类外，其他水利片水质较差，一般为Ⅳ～劣Ⅴ类水。

（顾圣华）

（五）气候

2015年，上海地区气温略高，降水总量偏多，为1961年以来的第2个高值年，日照时数显著偏少，是1961年以来日照时数最少年份。冬季气温略高，降水略少，日照时数略多；春季气温略高，降水略多，日照时数略多；夏季气温略低，降水显著偏多，日照时数显著偏少；秋季气温略高，降水显著偏多，日照时数偏少。

全市年平均气温（全市11个气象观测站平均）16.9℃，比常年平均偏高0.6℃，比上年高0.1℃。在地区分布上，中心城区年平均气温17.4℃，郊区年平均气温16.8℃。

与常年相比，除崇明地区与常年持平外，各地气温偏高0.4～0.9℃。在年内分布上，与常年平均相比，7月和8月气温比常年同期分别偏低1.5℃和1.1℃，其他各月气温均比常年同期偏高，其中1月和11月气温分别比常年同期偏高1.8℃和1.9℃；其他各月气温比常年同期偏高0.1～1.3℃。全市极端最低气温—7.0℃（奉贤地区）；极端最高气温39.3℃（嘉定地区）。日最高气温≥35℃的高温日数：中心城区12天，比常年少3天；郊区5～14天，奉贤地区最少，嘉定地区最多。日最高气温≥37℃的炎热日数：中心城区9天，比常年多5天；郊区1～8天，南汇、奉贤和金山地区为1天，闵行和青浦地区为8天。

全市平均年降水量（全市11个气象观测站平均）1692毫米，比常年平均偏多43%，为1961年以来仅次于1999年的第2个高值年。各区县年降水量1526～1848毫米，松江和青浦地区降水量较少，都在1600毫米以下，浦东新区南汇地区降水量最多，其余地区的降水量为1644～1791毫米。与常年平均值相比，所有地区降水量均比常年偏多，其中崇明地区偏多最多（55%）、松江地区偏多最少（31%）、其余地区偏多35%～53%。全年平均降水日数154天，比常年平均偏多24天，其中日降水量≥25毫米的大雨以上日数20天，日降水量≥50毫米的暴雨日数5天。在地区分布上，崇明地区暴雨日数8天，奉贤和松江地区暴雨日数最少（3天），其他地区暴雨日数4～7天。降水量在年内分配上，与常年同期平均值相比，除1月降水量偏少不到1成外，其他各月降水量均偏多，其中6月偏多1.1倍、11月偏多1.3倍、12月偏多1.1倍，其余各月偏多3%～46%。汛期（6—9月）全市平均降水量929毫米，比常年同期偏多52%，比上年同期偏多12%。

（史军）

政府工作报告

——2016年1月24日在上海市第十四届人民代表大会第四次会议上

上海市市长 杨雄

各位代表：

现在，我代表上海市人民政府，向大会报告政府工作，请予审议。请政协委员和其他列席人员提出意见。

一、2015年工作回顾

过去一年，我们在党中央、国务院和中共上海市委的坚强领导下，深入学习贯彻习近平总书记系列重要讲话精神，按照"四个全面"战略布局，主动适应经济发展新常态，坚持稳中求进工作总基调，坚决贯彻落实国家稳增长、促改革、调结构、惠民生、防风险一系列重大政策措施，奋力推进创新驱动发展、经济转型升级，完成了市十四届人大三次会议和"十二五"规划确定的目标任务。

一年来，全市经济社会平稳发展，创新驱动发展积极效应进一步显现。一是经济保持平稳运行。全市生产总值达到2.5万亿元，比上年增长6.9%，过去五年年均增长7.5%。新增就业岗位59.7万个，城镇登记失业率控制在4.1%。居民消费价格上涨2.4%。二是经济结构、质量和效益进一步改善。第三产业增加值占全市生产总值的比重达到67.8%，比五年前提高10.5个百分点，服务经济为主的产业结构基本形成。一般公共预算收入比上年增长13.3%，达到5519.5亿元，是五年前的1.9倍。在提前一年完成"十二五"目标的基础上，预计单位生产总值能耗再降低4%，主要污染物排放量进一步下降。三是改革创新取得重大突破。顺利完成中国（上海）自由贸易试验区扩区工作，制定实施科技创新中心建设意见及配套政策，一大批制度创新和科技创新的政策举措落地见效。四是人民生活水平进一步提高。城镇和农村常住居民人均可支配收入分别比上年增长8.4%和9.5%，农村居民收入增速连续七年快于城镇居民，改革发展成果更多更公平惠及广大市民。

过去一年，外部环境不稳定、不确定因素增多，本市经济下行压力加大。我们迎难而上，主要做了五方面工作。

（一）坚持发展第一要务，把稳增长放在更加突出位置，全力以赴调结构

加快产业结构优化升级。解决“四新”经济发展瓶颈问题29项，制定“互联网+”推进方案。实施旅游、体育等服务业促进政策，支持生产性服务业、生活性服务业加快发展。制定实施智能制造、高端装备制造发展政策，C919大型客机总装下线，国家机器人检测评定中心落户。推动产业园区开展区区合作、品牌联动。淘汰高能耗、高污染、高危险和低效益的落后产能1236项。

着力扩大消费、促进出口。优化消费环境，培育消费热点，推进旅游、教育、文化、健康等服务类消费联动发展，实施境外旅客购物离境退税，社会消费品零售总额比上年增长8.1%。新增一批国家级电子商务示范基地，促进跨境电商发展，电子商务交易额保持20%以上的高速增长。落实国家外贸稳增长政策，支持企业拓展境外市场，清理和规范进出口环节收费，口岸进出口总额超过1万亿美元。推动文化贸易、技术贸易发展，服务贸易保持两位数增长，占对外贸易总额比重提高到30.3%。

加快推进城市基础设施建设。优化重大工程前期工作机制，开工建设8号线三期、15号线、18号线等88公里轨道交通线，建成11号线迪士尼段、12号线西段、13号线部分区段共40公里轨道交通线，轨道交通运营线路总长达到588公里，比五年前增加165公里。中环线全线贯通。第四代移动通信网络基本覆盖全市域。放宽社会资本投资领域，推广政府和社会资本合作模式，全社会固定资产投资比上年增长5.6%。

（二）注重推进重点领域改革先行先试，充分发挥自贸试验区示范引领作用，全面深化改革开放

深化自贸试验区制度创新。在新扩展区域全面推行外商投资负面清单管理模式，企业准入“单一窗口”从注册环节向变更环节延伸，自贸试验区新登记注册企业1.8万家。推出“一站式”申报查验作业、“空检海放”等50项贸易监管新措施，拓展国际贸易“单一窗口”功能，扩大货物状态分类监管试点，贸易便利化程度进一步提高。推动制定自贸试验区新一轮金融开放创新试点方案，启动自由贸易账户外币服务功能，累计开立自由贸易账户4.4万个。深入开展以政府职能转变为核心的事中事后监管创新，启动建设市场主体信用信息公示系统。制定实施自贸试验区改革经验全市推广方案，一大批改革成果呈现溢出放大效应。

加快推进经济体制改革。深化国资国企改革，制定实施混合所有制改制、境外国资监管、国有企业领导人薪酬制度等一批配套细则，实质性启动国有资本流动平台运作，完成一批国有企业集团整体上市或核心资产上市，国有企业集团法定代表人任期制、契约化管理基本实现全覆盖。落实小微企业税收减免政策，着力缓解中小微企业融资压力。全面实行“三证合一、一照一码”商事登记制度，试行集中登记和一址多照登记方式，全市新登记注册企业25.4万家，新增注册资本比上年增长67.6%。

扩大对内对外开放。制定参与“一带一路”建设推进方案，推动成立“一带一路”企业联盟。实行“告知承诺+格式审批”的外商投资审批管理模式，实施一批外商投

资促进新措施，跨国公司地区总部累计达到535家，比五年前增加230家。支持企业“走出去”，对外直接投资比上年增长2.8倍。制定参与长江经济带建设的实施意见，积极推动长三角一体化发展，加强对口支援工作。

（三）着眼于提升城市核心竞争力，全面推进科技创新中心建设，加快建设“四个中心”

加快实施创新驱动发展战略。全社会研发经费支出相当于全市生产总值的比例达到3.7%。在脑科学和人工智能等领域布局一批重大科技项目，建成国家蛋白质中心等一批科技基础设施。加快集聚国内外研发机构，新增外资研发中心15家。国家技术转移东部中心落户。

大力推进大众创业、万众创新，创新创业服务机构达到454家。设立股权托管交易中心科技创新板，成立创新创业投资母基金。开展知识产权运营服务试点，每万人口发明专利拥有量达到29件。

着力提升“四个中心”功能。金砖国家新开发银行开业，中国互联网金融行业协会落户。推动人民币跨境支付系统一期建成运行，推出上证50ETF期权、中证500股指期货等一批金融创新产品，中国保险投资基金在沪设立，金融市场交易额达到1463万亿元，是五年前的3.5倍。实行航运保险注册制，扩大外贸集装箱沿海捎带、启运港退税政策覆盖面，集装箱水水中转比例达到45%，比五年前提高7个百分点。引进亚太示范电子口岸网络运营中心，开展内贸流通体制改革发展综合试点，建成国家会展中心，商品销售总额达到9.3万亿元。

（四）突出保障基本民生，推动公共服务资源配置向基层、郊区农村和困难群体倾斜，持续增进民生福祉

加大群众基本生活保障力度。落实鼓励创业带动就业扶持政策，帮助1.1万人创业。统一城乡最低生活保障制度，提高低保标准，惠及20多万城乡居民，实现新农合市级统筹，企业退休人员基本养老金水平继续提高10%以上。增加养老服务供给，养老床位达到12.6万张，养老机构设置的医疗机构增加到189家。启动17个城市更新试点项目。拆除中心城区二级旧里以下房屋65.9万平方米，过去五年累计拆除320万平方米。新建筹措各类保障性住房和实施旧住房综合改造19.7万套，过去五年累计完成87.8万套。

加大文化和社会事业惠民力度。推动公共文化配送与需求有效对接，服务城乡居民1234万人次。统一义务教育公办学校资源配置标准，在郊区新开办中小学和幼儿园67所。实施新的高中学业水平考试、高中学生综合素质评价制度，制定高等教育布局结构规划、现代职业教育体系规划，启动高校“高峰”、“高原”学科建设，教育综合改革试点稳步推进。在公立医院实施医药分开，启动新一轮社区卫生服务综合改革，探索分级诊疗制度，医药卫生体制改革向纵深推进。开展改善医疗服务行动，在公立医院公益性评价、医疗服务价格调整、质量保障、信息公开等方面探索建立一系列新机制、新制度，医疗卫生服务水平进一步提高。市民体育大联赛参赛人次达到238万，成功举办国际滑联世界花样滑冰锦标赛、劳伦斯世界体育颁奖典礼，上海体育健儿在第三届全国智力运动会、首届全国青年运动会上取得优异成绩。进一步落实军民融合深度发展意见，国防动员和双拥共建全面加强。

（五）紧紧扭住突出问题和短板不放松，狠抓城市安全和基层建设，加强社会治理、城乡统筹发展和环境综合治理

全力保障城市安全。坚持最严标准、最严要求、最严措施，全面开展安全隐患大排查大整治。制定实施公共场所人群聚集安全管理办法，完善轨道交通大客流应急预案。基本完成工业园区外危险化学品生产企业、港区危险化学品仓库的布局调整，建成危险

化学品运输企业和车辆监管系统。建立食品安全信息追溯管理制度。完成1633台住宅小区老旧电梯的安全评估。加强火灾防控体系建设，完成100个住宅小区老旧消防设施改造，为500幢高层售后公房增配消防设施。

加强社会治理和城市管理。完成街道机构调整，取消街道招商引资职能，初步建立社区工作者职业化体系，基层服务管理职能得到增强。顺利完成居委会、村委会换届选举。探索社会力量参与信访实地督查。开展社会治安复杂地区专项整治行动。实施城市管理综合执法改革，推动执法力量下沉，在所有街镇设立网格化综合管理中心，实现区县网格化管理平台与“12345”市民服务热线机构整合。狠抓城市管理顽症整治不放松，违法建筑、“群租”、非法客运、无序设摊的整治取得明显成效。启动实施住宅小区综合治理三年行动计划，完成2666万平方米居民住宅二次供水设施、122.6万户老旧住宅小区供电设施改造。

推进郊区农村改革发展。实施城乡发展一体化意见及配套政策。建立镇村河道整治补贴机制，完成156公里中小河道整治、2445公里中小河道疏浚。全面实现郊区县集中供水。完成100个村庄改造、1032户农村危旧房改造。整建制创建国家现代农业示范区，新增768个家庭农场。推进镇村两级集体经济组织产权制度改革。基本完成农村土地承包经营权确权登记颁证，启动集体经营性建设用地入市试点。一批农村综合帮扶“造血”项目落地见效。

加强资源节约和环境保护。完成生态保护红线划示。实施经营性用地全生命周期管理，低效建设用地减量7平方公里。启动实施第六轮环保三年行动计划，环保投入相当于全市生产总值的比例保持在3%左右。全面完成中小锅炉、窑炉的清洁能源替代和黄标车淘汰，新增新能源汽车4.4万辆。出台水污染防治行动计划，完成建成区直排污染源截污纳管，城镇污水处理率达到91%。全面启动金山地区环境综合整治。积极探索重点区域环境综合治理新机制，第一批11个地块治理取得阶段性成果。新建绿地1190公顷，森林覆盖率达到15%，比五年前提高2.1个百分点。

各位代表，过去一年，我们主动应对各种风险挑战，加快推进经济结构优化、发展动力转换、发展方式转变，取得的成绩来之不易。这是党中央、国务院和中共上海市委坚强领导的结果，是全市人民共同奋斗的结果。在这里，我代表上海市人民政府，向在各个岗位上付出智慧、心血和汗水的全市人民，向给予政府工作大力支持的人大代表和政协委员，向各民主党派、工商联、各人民团体和社会各界人士，表示最崇高的敬意！向中央各部门、兄弟省区市和驻沪部队、武警官兵，向关心支持上海发展的香港、澳门特别行政区同胞、台湾同胞、海外侨胞和国际友人，表示最诚挚的感谢！

我们清醒地看到，上海正处在创新驱动发展、经济转型升级的攻坚阶段，经济下行压力仍然较大，制造业发展面临不少困难，创新引领发展的动力还不强，创新创业的体制机制、政策环境有待进一步完善。城乡发展不平衡、不协调仍很突出，农村生产生活方式亟待转变。人口资源环境约束更加凸显，严重制约经济可持续发展，也增加了城市管理、社会治理的难度。外部环境深刻变化，开放型经济水平有待进一步提升。养老、医疗、教育、交通、环境保护、城市安全等方面仍有许多群众不满意的地方，还存在不少短板。我们要直面问题，切实增强忧患意识、责任意识，努力在破除瓶颈、补齐短板上取得明显进展。

二、关于《上海市国民经济和社会发展第十三个五年规划纲要（草案）》的说明

根据《中共上海市委关于制定上海市国民经济和社会发展第十三个五年规划的建议》，市政府制定了《上海市国民经济和社会发展第十三个五年规划纲要（草案）》，提请本次大会审议。

（一）“十三五”时期经济社会发展总体考虑

“十三五”时期是我国全面建成小康社会决胜阶段，是上海基本建成“四个中心”和社会主义现代化国际大都市决定性时期。我们要准确把握战略机遇期内涵的深刻变化，主动适应经济发展新常态，有效应对各种风险挑战，不断开拓发展新境界。

“十三五”时期上海经济社会发展指导思想是：高举中国特色社会主义伟大旗帜，全面贯彻党的十八大和十八届三中、四中、五中全会精神，以马克思列宁主义、毛泽东思想、邓小平理论、“三个代表”重要思想、科学发展观为指导，深入贯彻习近平总书记系列重要讲话精神，坚持“四个全面”战略布局，树立创新、协调、绿色、开放、共享的发展理念，按照当好全国改革开放排头兵、创新发展先行者的要求，抓牢发展第一要务，更加注重提高发展质量和效益，着力加强供给侧结构性改革，持续推进创新驱动发展、经济转型升级，加快向具有全球影响力的科技创新中心进军，统筹推进经济建设、政治建设、文化建设、社会建设、生态文明建设和党的建设，确保如期基本建成“四个中心”和社会主义现代化国际大都市，为我国全面建成小康社会、实现第二个百年奋斗目标和中华民族伟大复兴的中国梦作出更大的贡献。

“十三五”时期上海经济社会发展目标是：到2020年，形成具有全球影响力的科技创新中心基本框架，走出创新驱动发展新路，为推进科技创新、实施创新驱动发展战略走在全国前头、走到世界前列奠定基础。适应社会主义市场经济发展，建立健全更加成熟、更加定型的国际化、市场化、法治化制度规范，基本建成国际经济、金融、贸易、航运中心和社会主义现代化国际大都市，在更高水平上全面建成小康社会，让全市人民生活更美好。一是创新驱动整体提速，发展的质量和效益持续提高，全市生产总值预期年均增长6.5%以上，全社会研发经费支出相当于全市生产总值的比例保持在3.5%以上。二是人民生活水平和质量普遍提高，力争居民人均可支配收入比2010年翻一番。三是文化软实力显著增强，基本建成更加开放包容的国际文化大都市。四是生态环境持续改善，PM2.5年平均浓度下降到42微克/立方米左右，力争基本消除劣V类水体。五是依法治理能力全面提升，基本建成法治政府，法治政府建设走在全国前列。

（二）“十三五”时期经济社会发展主要任务

《纲要（草案）》围绕实现“十三五”发展目标，贯彻落实五大发展理念，尊重城市发展规律，提出了一系列发展思路和举措。

第一，推进创新发展，激发发展新动力。把创新摆在全市发展大局的核心位置，推动以科技创新为核心的全面创新，使创新成为引领发展的第一动力。建设综合性、开放型科技创新中心是推进创新驱动发展、经济转型升级的根本举措，要牢牢把握科技进步大方向、产业革命大趋势、人才集聚大举措，深入实施创新驱动发展战略，提高自主创新能力，创新科技体制机制，大力发展创新经济，加快向国际重大科学发展、原创技术和高新技术产业的重要策源地迈进。致力于增强城市综合服务功能，完善市场体系，集聚功能性机构，不断提升“四个中心”的国际影响力和全球资源配置能力。坚持高端化、智能化、绿色化、服务化，推动产业融合发展的方针，建立完善以现代服务业为主、战略性新兴产业引领、先进制造业支撑的新型产业体系，不断提高服务经济特别是实体经济发展的质量和水平，战略性新兴产业增加值占全市生产总值比重达到20%左右，制造业增加值占全市生产总值比重力争保持在25%左右。适应产业跨界融合趋势，以更大的力度推动新技术、新模式、新业态、新产业“四新”经济发展，加快培育经济发展新动能。以政府自身改革为核心，强力推进重点领域和关键环节改革攻坚，加快形成有利于创新发展的制度环境。

第二，推进协调发展，增强整体协同性。强化底线约束，注重补齐短板，形成更加均衡的发展结构。坚持综合施策，严格控制人口规模，常住人口总量控制在2500万以内。更加重视控制总量、盘活存量，强化土地节约集约利用，推进低效建设用地减量化，建设用地总量控制在3185平方公里以内。坚持以人为本、集约发展、产城融合、传承文脉，统筹推进主城区、新城、新市镇建设，加快形成多中心、高质量、强功能、重协同、有特色的城镇发展格局。着眼于全面缩小城乡发展差距，持续推动“三倾斜、一深化”，加快转变农村生产生活方式，实现城乡基本公共服务均等化，实现高水平城乡发展一体化。按照管为本、重体系、补短板的思路，全面构建安全、畅达、高效、绿色、文明的一体化综合交通体系，轨道交通运营线路总长达到800公里。按照核心是人、重心在城乡社区、关键是体制创新的要求，始终把安全作为一切工作的底线，加强系统治理、依法治理、综合治理、源头治理，努力走出一条符合超大城市特点的社会治理和城市管理新路。坚持把社会效益放在首位、社会效益与经济效益相统一，深化文化体制改革，发展文化事业和文化产业，公共文化服务体系基本形成，文化产业成为重要支柱产业。

第三，推进绿色发展，共建生态宜居家园。深入贯彻节约资源和保护环境的基本国策，推动形成绿色空间布局、绿色生产方式、绿色生活方式，建设美丽上海。注重源头控制、末端治理、提高标准、依法严管相结合，强化重点领域大气污染和水污染防治，滚动推进重点区域环境综合治理，加快建设多层次、网络化、功能复合的绿色生态空间，不断提高环境质量。突出控制总量、优化结构、提高效率，加快转变能源生产消费方式，年能源消费总量控制在1.25亿吨标准煤以内。坚持减量化、再利用、资源化，大力发展循环经济，努力实现各类资源的合理高效利用。

第四，推进开放发展，形成开放型经济新优势。坚持以开放促改革、促发展，推动对内对外开放相促进、“引进来”和“走出去”相结合，发展更高层次的开放型经济。着眼于建设开放度最高的自贸试验区，以制度创新为核心，以可复制、可推广为基本要求，与国际高标准投资贸易规则相衔接，建立健全投资贸易便利化、金融开放创新、事中事后监管等方面的制度规范，加快构筑国际化、市场化、法治化营商环境，进一步发挥自贸试验区扩大开放破冰船、深化改革掘进机的示范引领作用。适应经济全球化新趋势，积极参与和主动服务“一带一路”、长江经济带建设，全方位拓展双向开放的广度和深度，更好地利用国际国内两个市场、两种资源。

第五，推进共享发展，增进市民福祉。坚持民生优先，注重机会公平，保障基本民生，完善就业服务体系、社会保障体系、养老服务体系、住房保障体系和社会事业体系，使全体市民在共建共享发展中有更多获得感。注重解决就业结构性问题，实施更加积极的就业政策，推动实现更高质量的就业。坚持居民收入增长与经济增长同步、劳动报酬提高与劳动生产率提高同步，多渠道增加城乡居民收入。建立更加公平、更可持续的社会保障制度，有序提高社会保障水平。积极应对人口深度老龄化，以居家为基础、社区为依托、机构为支撑、医养相结合，加快建设服务供给、需求评估、服务保障、政策支撑、行业监管“五位一体”的社会养老服务体系，实现基本养老服务应保尽保。完善廉租住房、共有产权保障房、公共租赁住房、征收安置房“四位一体”的住房保障体系，完成中心城区240万平方米成片二级旧里以下房屋改造。更加重视保障公平、提升质量，促进基础教育优质均衡发展，推动高等教育特色优质发展，加强职业教育融合发展，率先实现教育现代化。坚持为人民健康服务的方向，深化医药卫生体制改革，实现人人享有基本医疗卫生服务。

“十三五”规划凝聚着社会各方的智慧，承载着全市人民的期盼。我们要俯身耕耘、顽强拼搏，不断提升城市核心竞争力，不断提高人民生活水平，携手开创更加美好的未来。

三、全力以赴做好“十三五”开局工作

2016年是实施“十三五”规划的第一年。我们要按照中央经济工作会议、中央城市工作会议精神和十届市委十次全会部署，围绕树立和贯彻创新、协调、绿色、开放、共享的发展理念，适应经济发展新常态，坚持改革开放，坚持稳中求进工作总基调，坚持稳增长、调结构、惠民生、防风险，推进供给侧结构性改革，推进创新驱动发展、经济转型升级，促进经济社会持续健康发展，为完成“十三五”发展目标任务打下扎实基础。

综合各方面因素，建议今年全市经济社会发展主要预期目标是：经济发展质量效益进一步提高，全市生产总值增长6.5%–7%，一般公共预算收入增长7%。全社会研发经费支出相当于全市生产总值的比例保持在3.5%以上。城镇登记失业率控制在4.4%以内，居民人均可支配收入增幅与经济增长保持同步，居民消费价格指数与国家价格调控目标保持衔接。环保投入相当于全市生产总值的比例保持在3%左右，单位生产总值能耗、主要污染物排放量进一步降低。

今年要着力做好以下八方面工作：

（一）深入推进以自贸试验区建设为重点的改革开放。聚焦重点领域和关键环节，建立健全制度构架和体制机制，力争改革开放新突破。

加快自贸试验区建设。深化投资管理制度创新，完善准入前国民待遇加负面清单管理模式，扩大企业准入“单一窗口”受理事项范围。深化贸易监管制度创新，将更多管理部门纳入国际贸易“单一窗口”管理平台，进一步扩大货物状态分类监管试点，探索内外贸税收征管一体化。推进自贸试验区金融开放创新与国际金融中心建设联动，推动人民币资本项目可兑换先行先试，拓展自由贸易账户功能，适时启动合格境内个人投资者境外投资试点。完善事中事后监管，加快形成以综合监管为基础、专业监管为支撑的事中事后监管制度构架。对标国际通行规则，在投资者权益保护、知识产权保护等领域加大制度创新力度。

促进各类所有制经济共同发展。推动一批国有企业开放性、市场化重组，推进一批国有企业集团整体上市或核心资产上市，基本完成符合条件的国有企业集团公司制改革，探索建立市场化选聘和管理经理人的制度，推动国有资本向战略性新兴产业、现代服务业、先进制造业、基础设施、民生保障等领域集中。完善非公有制经济发展环境，鼓励民营企业依法进入更多领域，引入非国有资本参与国有企业改革，支持民营企业发展核心技术和自主品牌，更好地激发非公有制经济的活力和创造力。深化商事登记制度改革，取消行业分类、经营范围等方面的不合理限制。

推进开放型经济发展。加强与“一带一路”沿线地区的经贸合作，推动实施一批国际产能和装备制造合作项目，鼓励跨国公司地区总部拓展功能，进一步落实外贸稳增长、

服务贸易发展、跨境电商发展政策措施。启动洋山保税港区扩区，推动一批出口加工区向综合保税区转型。积极参与长江经济带绿色生态廊道、综合立体交通走廊和现代产业走廊建设，推动长三角地区在生态环境、基础设施、科技创新、旅游发展等领域深化合作，积极帮助对口支援地区实施精准扶贫、精准脱贫。

（二）加快建设具有全球影响力的科技创新中心。注重发挥“三区联动”优势，狠抓政策措施落实落地，进一步激发全社会创新活力。

着力提高科技创新能力。建设张江综合性国家科学中心，力争海底长期观测网、超强超短激光、活细胞成像平台等大科学设施和光子科技国家实验室落户，在民用航空发动机与燃气轮机等领域承担更多国家重大专项任务。构筑功能性、开放式创新平台，在信息技术、生命科学、高端装备等领域建设一批共性技术研发转化平台。推动科技创新集聚区特色发展，布局一批科技成果产业化项目。进一步推动大众创业、万众创新，引导更多社会力量参与众创空间建设。

建设全面创新改革试验区。创新政府科技管理，建立财政科技投入新机制，开展药品审评审批制度改革试点。支持企业创新，建立以创新为导向的国有企业考评机制，鼓励跨国公司研发中心升级为全球研发中心和开放式创新平台。加大金融支持创新力度，推动上海证券交易所设立战略新兴板，探索银行、保险等领域新型投融资模式。完善科技成果转移转化机制，继续向市属高校和科研院所下放科技成果使用权、处置权、收益权，探索建立国有技术类无形资产交易制度。加强知识产权保护和运用，建立知识产权侵权查处快速反应机制，组建知识产权交易中心，建设统一的专利、商标、版权信息和服务平台。

推动智慧城市建设。建成宽带城市和无线城市，光纤宽带网络基本覆盖全市域，公共场所无线接入点达到20万处。推动信息技术在各领域的深度应用，落实“互联网+”推进方案，支持物联网、新硬件、大数据、云计算等新技术开发利用，加快建设智慧学习、智慧停车、智慧旅游等一批便民惠民的信息化应用平台。强化关键信息基础设施保护，切实保障网络安全。

加强各类人才队伍建设。落实国家和本市各类人才计划，建立更加透明高效的人才资助机制，集聚更多的领军人才、高技能人才和高水平创新创业团队。完善人才分类评价体系，开展行业组织参与职称评价试点，探索委托社会机构遴选杰出人才。推动形成更加灵活的用人机制，促进人才资源市场化配置，为各类人才发展事业、成就梦想创造更多的机会和更好的环境。

（三）全力推动“四个中心”建设、经济稳定增长和产业结构调整。准确把握结构性改革方向，抓好去产能、去库存、去杠杆、降成本、补短板，在适度扩大总需求的同时，提高供给体系质量和效率。

深入推进“四个中心”建设。积极配合国家金融管理部门，支持人民币跨境支付系统二期建设，推动保险交易所开业运营，集聚全国性信托登记、票据交易和全球清算对手方协会等一批总部型、功能性金融机构，探索建立金融功能监管协调机制，切实防范金融风险。加快完善现代航运服务体系，优化集装箱国际中转集拼监管模式，继续引进功能性航运机构，发展航运金融等高端航运服务业。建设一批进出口商品展示交易平台，支持大宗商品市场线上线下融合发展，全面推进内贸流通体制改革发展综合试点，逐步将离境退税政策覆盖到符合条件的所有离境口岸。积极发挥新消费引领作用，继续培育服务消费、信息消费、绿色消费、时尚消费、品质消费等新兴消费热点。发展社区商业，新建改建100家标准化菜市场。

推动新兴产业加快发展和传统产业改造升级。继续梳理解决一批“四新”经济发展瓶颈问题，制定实施软件首版次、新材料首批次应用支持政策。落实“中国制造2025”，支持新型显示、工业机器人等领域智能制造发展，推进战略性新兴产业区域集聚发展试点，设立集成电路产业基金。支持企业加快技术改造和设备更新，进一步推动传统产业广泛运用新技术、新模式。启动国家临空经济示范区建设，依托浦东国际机场、航空产业基地规划建设高水平航空城。继续推动桃浦、南大、吴淞、高桥等区域转型发展。淘汰落后产能1000项左右。

开展降低实体经济企业成本行动。落实“营改增”试点扩围等税收政策，减免涉及小微企业的行政事业性收费，继续清理进出口环节不合理收费，减轻企业税费负担。按照国家统一部署，调整职工社会保险缴费率。扩大政府天使投资引导基金规模，鼓励更多社会资本发起设立投资基金，成立中小微企业政策性融资担保基金，帮助企业降低融资成本。

推进重大工程和重点区域建设。加快建设5号线南延伸段、14号线、17号线等216公里轨道交通线，推进洋山深水港区四期、浦东国际机场三期、沪通铁路上海段、北横通道等交通设施建设，建成长江西路隧道。开工建设15公里地下综合管廊，建立统一的地下管线管理信息平台。迪士尼乐园开园营运，世博央企总部集聚区全面建成，虹桥商务区核心区基本建成，临港国际智能制造中心启动建设，黄浦江滨江公共空间贯通10公里。

（四）织密织牢民生保障网。坚持尽力而为、量力而行，继续坚守底线、突出重点、完善制度、引导预期，集中力量办成一批群众关切的民生实事。

促进创业带动就业。帮助1万人成功创业，新增50万个就业岗位。实施大学生创业能力培养计划，推动高校新建一批创新创业教育实践平台，加大贷款担保贴息、社会保险费补贴等政策支持力度，鼓励更多青年投身创业。深入开展职工职业培训，支持企业探索实施新型学徒制。

增强社会保障和养老服务能力。提高养老金水平，统一城乡居民基本医保制度，完善来沪从业人员参加职工社会保险办法。建立困难残疾人生活补贴和重度残疾人护理补贴制度。促进慈善事业健康发展。全面开展老年照护统一需求评估。建设老年宜居社区，新建50家长者照护之家、80家老年人日间服务中心。新增7000张公办养老床位。推进医养结合，强化社区居家养老的医疗服务，新增50家养老机构设置的医疗机构，扩大高龄老人医疗护理计划试点范围，探索建立长期护理保险制度。

健全住房保障体系。新增供应5万套各类保障性住房，启动建设一批大型居住社区外围配套项目，出台共有产权保障住房管理办法。拆除中心城区二级旧里以下房屋55万平方米，完成郊区城镇旧区改造4万平方米，实施旧住房改造300万平方米。促进房地产市场平稳健康发展。

深化教育综合改革。建设大中小学一体化德育体系，普及中华优秀传统文化教育。扩大义务教育学区化、集团化办学规模，努力办好家门口的每一所学校。构建高校分类管理体系，制定实施一流大学和一流学科建设计划，开展高等职业教育创新发展行动。深化高考综合改革，合并一本、二本招生批次，扩大综合评价录取试点范围。

建设健康上海。坚持公益性导向，完善公立医院考核评价机制，进一步降低药品加成率，降低药品收入占医疗收入的比重。推进分级诊疗试点，完善家庭医生签约服务机制，建立健全社区卫生服务中心与二、三级医院双向转诊的绿色通道。加强院前急救体系建设，新建11个医疗急救分站。构建覆盖全生命周期的健康管理服务体系，实施人群健康干预计划，开展市民健康促进行动。制定中医药健康服务发展规划。落实全面两孩政策，完善计划生育服务管理。加强妇女儿童权益保障。

深化国防动员和双拥共建，推进军民融合深度发展。继续做好民族、宗教、外事、港澳、对台和侨务工作。

（五）提高社会治理和城市管理精细化水平。坚持重心下沉、政社互动、共建共享，创新社会治理和城市管理体制机制，切实保障城市安全有序和社会和谐稳定。

强化城市安全。突出重点场所、重点行业、重点领域，从严从细落实安全责任，深入开展安全隐患排查整改，严防重特大安全事故发生。健全轨道交通公共安全防范体系，启动建设危险化学品电子标签自动识别系统，完善食品安全社会共治机制。开展锅炉等重点设备专项监督检查，完成住宅小区老旧电梯安全评估、燃气管道占压整治，完成226万平方米危险房屋和严重损坏房屋处置，为100个老旧住宅小区增配或改造消防设施。加强应急预案管理和演练，强化街镇应急管理能力建设。

创新社会治理。完善居住证制度，多措并举严控人口规模。开展居民评议监督街镇机关试点，持续推进居委会、村委会减负增能，引导社会组织参与社区服务和治理。支持工会、共青团、妇联更好地团结群众、服务群众。完善社会矛盾纠纷的多元化解机制，推行信访事项网上公开办理。加快建设社会治安立体防控体系，筑牢治安巡逻防控网、武装应急处突网、群防群治守护网，集中整治社会治安突出问题，严密防范、严厉打击暴力恐怖活动，建设平安上海。

加强城市综合管理。系统开展城市管理标准体系建设，推动街镇网格化综合管理中心有效运转，城市管理综合执法力量下沉街镇全部到位。巩固和扩大城市管理顽症整治成效，实施建筑垃圾和工程渣土全过程管理。加快落实住宅小区综合治理三年行动计划，改造2000万平方米居民住宅二次供水设施、90万户老旧住宅小区供电设施。继续创建国家公交都市，开工建设延安路中运量公交工程，新开通20条“最后一公里”公交线路。提升路网服务效率，新增76条单行道，建成17条区区对接道路。

（六）加快推进城乡发展一体化。坚持城市建设重心向郊区转移，协同推进新型城镇化和新农村建设，进一步提高郊区发展水平。

推进高质量新型城镇化。完成新一轮城市总体规划编制。分类推进镇域发展，做实基本管理单元，实施一批非建制镇改造，完成历史文化名镇名村规划编制，在严格保护的前提下开展一批名镇名村改造利用。积极推进国家新型城镇化综合试点，启动建设国家产城融合示范区。

建设美丽宜居乡村。突出生态环境治理，完成150公里中小河道整治、2000公里中小河道疏浚，全面关闭不规范的畜禽养殖场，推进化肥、农药减量使用。将村卫生室与乡村医生全面纳入社区卫生服务体系。完成800户农村危旧房改造。完善农民集中居住政策，鼓励农民进镇进城居住。

继续整建制创建国家现代农业示范区。鼓励发展种养结合、机农结合等多种类型家庭农场，新增245个家庭农场。加大对农业科技应用推广的支持力度。鼓励纯农地区发展休闲农业、乡村旅游。培养更多的新型职业农民。

积极稳妥推进农村改革。基本完成村级集体经济组织产权制度改革，扩大镇级集体产权制度改革试点。开展集体建设用地使用权确权登记，建立集体建设用地跨村流转机制。推进农村综合帮扶，进一步完善“造血”机制。新增非农就业岗位10万个，多渠道促进农民增收。

（七）全面推进文化软实力建设。以社会主义核心价值观为引领，提高文化供给能力和服务质量，加快建设国际文化大都市。

提高城市文明程度和市民文明素质。深化中国梦、城市精神宣传教育，构建优秀传统文化传承体系，开展最美人物、最美家庭等评选活动。完善精神文明测评体系，开展讲文明、除陋习主题活动，实施市民修身行动计划，在全社会营造崇德向善的浓厚氛围。

增强公共文化服务能力。规划建设上海博物馆东馆、上海图书馆东馆、大歌剧院，建成世博会博物馆、国际舞蹈中心等一批文化设施，建立健全文化设施运行管理机制。公共文化服务云整体上线运行。完善公益性演出补贴机制，推动社区文化活动中心全部实现社会化、专业化管理。

加快文化产业发展。推动文化与科技、教育、金融等深度融合，提升网络视听、动漫游戏、创意设计等新兴产业能级，建设高端文化装备基地。支持影视、文学等版权交易平台建设，建成国际艺术品交易中心二期。

推动文化创新和文艺创作。建设新型媒体集团，深化文艺院团改革。实施文艺、新闻、出版等文化人才培养计划，设立名家大师工作室。支持文艺工作者深入生活、扎根人民，实施文艺创作新品、优品、精品扶持计划，发展网络文艺，推出更多人民喜闻乐见的优秀作品。

促进体育事业产业协调发展。推广全民健身，举办第二届市民运动会，实施青少年体育活动促进计划。办好国际滑联上海超级杯等重大赛事，支持上海体育健儿在第三十一届奥运会上取得好成绩。

（八）以更大力度保护和改善生态环境。实行最严格的资源节约和环境保护制度，强化联防联控和区域共治，坚决以硬措施完成硬任务。

实行能源和水资源消耗、建设用地等总量和强度双控行动。完成城市开发边界划示。全面推开城市有机更新，加快工业用地二次开发，低效建设用地减量7平方公里。完善碳排放交易机制。扩大装配式建筑应用规模。启动海绵城市建设试点，规划建设苏州河深层雨水调蓄隧道工程，建成中心城区4个区域排水系统。

力争提前完成第六轮环保三年行动计划重点任务。深入实施清洁空气行动计划，全面完成60万千瓦及以上燃煤发电机组超低排放改造、挥发性有机物重点企业治理，出台新一轮新能源汽车推广政策，落实港口船舶减排措施，实施空气质量保障应急办法。全面实施水污染防治行动计划，启动28座污水处理厂提标改造。编制实施土壤污染防治行动计划。新增100万户生活垃圾分类减量“绿色账户”。深入推进金山地区环境综合整治。完成第一批重点区域环境综合治理，启动第二批17个地块综合治理。

为市民提供更多绿色空间。加快建设崇明生态岛。

建成外环生态专项50公顷。建设生态廊道，新建林地3.5万亩。新建绿地1200公顷、城市绿道200公里、立体绿化40万平方米。

四、全面提高政府治理现代化水平

过去一年，我们坚持依法行政、转变职能、改进作风，政府自身建设明显加强。进一步推进简政放权，制定发布市级行政权力清单和责任清单，取消行政审批事项160项，行政审批标准化管理覆盖到区县、街镇，完成行政审批相关的评估评审清理，取消评估评审152项。进一步完善管理体制，稳步推进闸北区、静安区“撤二建一”，调整城市建设管理机构职能，全面推行区县市场监管新体制，组建市和区县不动产登记机构。进一步提高行政效能，制定实施政府效能建设意见和目标管理办法，构建政府服务“单一窗口”制度框架，出台政府购买服务实施意见及配套政策。进一步推进依法行政，建立政府法律顾问制度，完善审计整改长效机制，全面公开市、区县、乡镇三级政府预决算报告报表、部门预决算和三公经费。进一步改进政府作风，认真开展“三严三实”专题教育，着力解决基层和群众反映集中的突出问题，强化厉行节约长效机制，勤政廉政建设继续加强。

但是，政府自身建设中还存在一些不足。政府职能越位、缺位、错位的问题依然存在，还不能很好适应创新驱动发展、经济转型升级的新形势、新要求。运用法治思维和法治方式深化改革、推动发展、维护稳定的能力有待进一步提高。行政效率还不够高，工作推进落实不力、服务管理不到位等问题一定程度存在。政府作风建设有待加强，不担当、不作为、等靠要现象仍有发生，少数政府工作人员群众观点淡薄，极少数人甚至以权谋私、贪污腐败，严重损害政府形象和公信力。我们要始终保持清醒头脑，以有力举措整改问题，以扎实成效取信于民。

加强政府自身建设，是做好今年工作的重要保障。我们要贯彻落实国家法治政府建设实施纲要，按照“两高、两少、两尊重”要求，持续推进简政放权、放管结合、优化服务，使市场在资源配置中起决定性作用和更好发挥政府作用。

（一）加快转变政府职能。坚持法定职责必须为、法无授权不可为，着力减审批、强监管，切实履行好公共服务、市场监管、社会管理、环境保护等职责。

推进行政审批制度改革。在浦东新区开展“证照分离”改革试点，聚焦与企业经营密切相关的许可事项，取消一批，改为备案一批，实行告知承诺制一批，对保留的许可事项推行标准化管理，提高透明度。在全市面上再取消一批审批事项，取消一批与审批相关的评估评审。基本完成审批相关的中介服务机构与政府部门脱钩，积极稳妥推进行业协会、商会与政府部门脱钩。

强化事中事后监管。探索建立登记注册、行政审批、行业主管相衔接的综合监管机制。强化行业监管，逐步建立全覆盖、分领域、强协同、高效率的行业监管体系。开展分类监管，对不同信用等级的企业采取差异化监管措施。实行检查对象和执法检查人员“双随机”制度。启动建设综合监管平台，构建大数据监管模型。

深化财政体制改革。建立健全财政资金统筹使用长效机制，加快建设财政支出标准体系和项目库，实施规范化的跨年度预算平衡机制和中期财政规划管理，将权责发生制政府综合财务报告的试编范围扩大到所有乡镇。加大财政专项资金跨部门整合力度，支持设立投资引导基金，变财政直接投入为间接引导。分类分项推进市与区县事权和支出责任划分，进一步理顺市与区县财政分配关系。

（二）全面加强依法行政。强化法治思维，推进政府运行机制法治化，切实做到依照法定权限和法定程序行权履职。

健全政府决策机制。完善专家参与论证重大行政决策制度，进一步落实规范性文件备案审查、网上公开、即时清理制度。深入推进政府协商，认真听取人大代表、政协委员以及民主党派、无党派人士、工商联等的意见建议，进一步提高人大代表议案建议和政协提案的办理质量，促进科学民主依法决策。

推进行政执法体制改革。深入开展交通等领域综合执法。试点环保机构监测监察执法垂直管理。推动行政执法部门与司法机关之间的信息共享，建立更加紧密的行政执法和刑事司法衔接机制。试点行政执法类公务员分类管理，形成更加有效的激励约束机制。

完善监督机制。强化政府内部监督，加强对重大政策措施落实、公共资金管理使用、经济责任履行情况的审计，制定实施行政问责办法。依法接受市人大及其常委会的监督，主动接受市政协的民主监督，重视司法、舆论、社会监督。开展行政权力标准化管理试点，制定发布区县、乡镇行政权力清单和责任清单，落实行政许可和行政处罚“双公示”制度，切实做到以公开促监督。

（三）推进政府服务管理方式创新。坚持问题导向，更多运用市场化、社会化、信息化方式加强服务管理，进一步提高行政效能。

扩大政府购买服务范围和规模，分级实施购买项目目录管理，推广凭单式购买。完善社会信用体系，启动建设信用信息平台二期，全面建成区县信用信息子平台，建立健全守信激励、失信惩戒机制。

加快建设政府服务“单一窗口”。实现部门审批事项全部接入市级网上政务大厅，新增一批网上办事、网上服务、网上监管事项，基本建成区县网上政务大厅。制定发布政府服务事项目录。实施政务数据资源共享管理办法，基本实现工商登记、行政审批、行政执法等重点信息的共享使用。

加强政府运行基础制度建设。全面推行政府目标管理，改进部门年度工作目标的制定报告制度，建立更加有力的重点工作督查机制，开展目标任务完成情况综合考评。发布部门间行政协助事项清单，建立部门协同配合机制，构建闭合联动、有力有效的跨部门运行系统。

（四）持之以恒推进政府作风建设。坚持严字当头、实处用力，自觉践行“三严三实”，把作风建设成效转化为推动工作的强大动力。

以更高标准、更严举措正风肃纪。深入贯彻中央八项规定精神和本市30条实施办法，坚决贯彻落实廉洁自律准则和纪律处分条例，严守政治纪律、组织纪律、廉洁纪律、群众纪律、工作纪律和生活纪律。严格执行会务费、差旅费、培训费等财经管理规定，狠抓变相公款吃喝、公款旅游、公款送礼等作风领域新问题，进一步堵塞制度漏洞。

坚定不移反对腐败。更加注重源头反腐，严格落实“一岗双责”，建立健全廉政建设与业务工作融合机制，完善行政权力内部流程控制制度。始终保持反腐高压态势，紧紧抓住公共权力运行、公共资源配置、公共资金分配等重点领域，切实做到严肃教育、严明纪律、严格管理、严惩腐败。

加强公务员队伍建设。推广公务员岗位履职责任制，全面建立公务员平时考核制度。推行分级分类培训，提高公务员履职能力。每一位政府工作人员特别是各级领导干部，都要始终牢记群众观点，勇于担当，甘于奉献，扎扎实实做好一件件为民实事、惠民好事，不辜负人民的期望。

各位代表，蓝图已绘就，扬帆正当时。让我们更加紧密地团结在以习近平同志为总书记的党中央周围，在中共上海市委的领导下，齐心协力，攻坚克难，为基本建成“四个中心”和社会主义现代化国际大都市、实现中华民族伟大复兴的中国梦而奋斗！

2015 年上海市国民经济和社会发展统计公报

2015 年，在党中央、国务院和中共上海市委、上海市人民政府的坚强领导下，全市全面贯彻党的十八大和十八届三中、四中、五中全会及中央经济工作会议精神，积极应对各种风险挑战，主动适应经济发展新常态，坚持稳中求进工作总基调，全面落实国家稳增长、促改革、调结构、惠民生、防风险一系列重大政策措施，全力推进创新驱动发展、经济转型升级，国民经济保持平稳增长，发展质量和效益不断提高，民生持续改善，人民生活水平进一步提升。

一、综 合

全年实现上海市生产总值（GDP）24964.99 亿元，比上年增长 6.9%（见图 1）。其中，第一产业增加值 109.78 亿元，下降 13.2%；第二产业增加值 7940.69 亿元，增长 1.2%；第三产业增加值 16914.52 亿元，增长 10.6%。第三产业增加值占上海市生产总值的比重为 67.8%，比上年提高 3.0 个百分点。按常住人口计算的上海市人均生产总值为 10.31 万元。

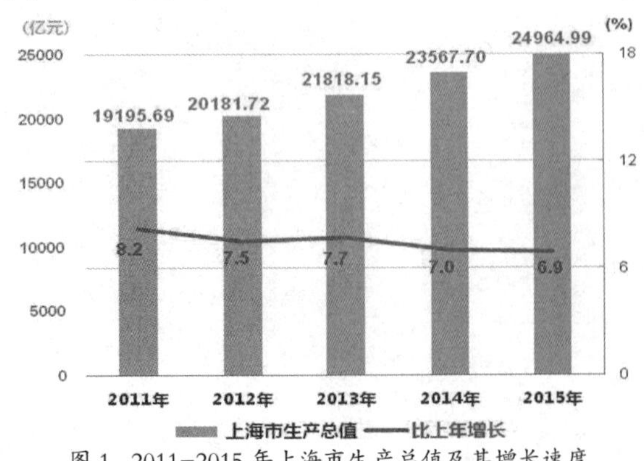

图 1 2011-2015 年上海市生产总值及其增长速度

在上海市生产总值中，公有制经济增加值 12045.56 亿元，比上年增长 7.2%；非公有制经济增加值 12919.43 亿元，增长 6.7%。非公有制经济增加值占上海市生产总值的比重为 51.8%，比上年提高 0.1 个百分点。

全年战略性新兴产业增加值 3746.02 亿元，比上年增长 4.5%。其中，制造业增加值 1673.49 亿元，下降 0.1%；服务业增加值 2072.53 亿元，增长 8.7%（见表 1）。战略性新兴产业增加值占上海市生产总值的比重为 15.0%。

表 1 2015 年战略性新兴产业增加值及其增长速度

指 标	绝对值（亿元）	比上年增长（%）
战略性新兴产业增加值	3746.02	4.5
制造业	1673.49	-0.1
服务业	2072.53	8.7

全年经工商登记新设立各类市场主体 29.67 万户，比上年增长 8.0%，其中，内资企业（不含私营企业）6009 户，减少 6.2%；外商投资企业 8824 户，增长 15.7%；私营企业 23.95 万户，增长 13.6%；个体工商户 4.17 万户，减少 14.1%。

全年一般公共预算收入 5519.50 亿元，比上年增长 13.3%。一般公共预算支出 6191.56 亿元，增长 19.5%（见表 2）。

表 2　2015 年一般公共预算收支及其增长速度

指 标	绝对值（亿元）	比上年增长（%）
一般公共预算收入	**5519.50**	**13.3**
#增值税	1012.80	4.5
营业税	1215.49	21.3
个人所得税	487.61	19.3
企业所得税	1104.08	17.1
契 税	270.99	26.4
一般公共预算支出	**6191.56**	**19.5**
#一般公共服务支出	259.84	4.4
公共安全支出	269.20	7.3
教育支出	767.32	0.4
社会保障和就业支出	543.16	5.6
医疗卫生与计划生育支出	303.46	14.6
节能环保支出	104.35	35.0
城乡社区支出	1173.88	46.5

全年完成全社会固定资产投资总额6352.70亿元，比上年增长5.6%。其中，第三产业投资占全社会固定资产投资总额的比重为84.8%；非国有经济投资占全社会固定资产投资总额的比重为68.9%（见表3）。

表 3　2015 年全社会固定资产投资及其增长速度

指 标	绝对值（亿元）	比上年增长（%）
全社会固定资产投资总额	**6352.70**	**5.6**
按经济类型分		
国有经济	1974.08	9.9
非国有经济	4378.62	3.8
#私营经济	1017.10	-16.6
股份制经济	2124.52	17.2
外商及港澳台经济	1164.72	5.6
按产业分		
第一产业	3.95	-66.7
第二产业	958.84	-17.1
第三产业	5389.91	11.2
按行业分		
#工 业	957.17	-17.2
交通运输、仓储和邮政业	794.56	73.0
金融业	24.49	19.2
卫生和社会工作	45.56	43.1

以上年价格为100，全年居民消费价格指数为102.4，其中，食品类价格指数为102.9，居住类价格指数为104.6（见表4）；固定资产投资价格指数为97.0；工业生产者出厂价格指数为96.1，工业生产者购进价格指数为90.6。

以上年末价格为100，新建住宅销售价格指数为115.5，其中商品住宅价格指数为118.2；以上年价格为100，新建住宅销售价格指数为103.0，其中商品住宅价格指数为103.5。

表 4　2015 年居民消费价格指数

指 标	指 数（以上年价格为 100）
居民消费价格指数	**102.4**
食 品	102.9
烟 酒	104.2
衣 着	107.8
家庭设备用品及维修服务	102.9
医疗保健和个人用品	99.3
交通和通信	97.6
娱乐教育文化用品及服务	100.3
居 住	104.6

二、农 业

全年全市实现农业总产值287.84亿元，比上年下降12.7%。其中，种植业145.90亿元，下降16.7%；林业12.19亿元，增长33.7%；牧业64.23亿元，下降11.4%；渔业54.49亿元，下降10.7%；农林牧渔服务业11.04亿元，下降7.5%。上海域外市属农场实现农业总产值24.84亿元，增长12.6%。

全年全市农作物播种面积34.16万公顷，比上年减少4.8%，其中粮食播种面积16.19万公顷，减少1.8%。粮食产量112.08万吨，比上年下降0.7%；生牛奶产量27.69万吨，增长2.4%；水产品产量30.18万吨，增长0.5%（见表5）。

表 5 2015 年全市及域外主要农副产品产量

产品名称	单位	全市产量	比上年增长（%）	域外产量	比上年增长（%）
粮食	万吨	112.08	-0.7	18.20	147.6
蔬菜	万吨	349.42	-7.5	0.02	—
生猪出栏	万头	204.37	-15.9	63.27	15.5
生牛奶	万吨	27.69	2.4	8.97	21.2
家禽出栏	万羽	1943.86	-10.3	17.97	541.8
水产品	万吨	30.18	0.5	3.23	5.4

至年末，全市有 1631 家企业、7590 个产品获得“三品一标”农产品认证。其中，绿色食品证书使用企业 191 家，绿色食品 275 个；无公害农产品证书使用企业 1432 家，无公害农产品 7289 个。

至年末，全市累计建成设施粮田面积 86.53 千公顷，市级蔬菜标准园 150 家，标准化畜禽养殖场 317 家，标准化水产养殖场 270 家。至年末，全市有农业产业化龙头企业 387 家，农民专业合作社 6302 家，经农业主管部门认定的粮食家庭农场 3555 个。

三、工业和建筑业

全年实现工业增加值 7109.94 亿元，比上年增长 0.5%。全年完成工业总产值 33211.57 亿元，下降 0.5%，其中规模以上工业总产值 31049.57 亿元，下降 0.8%。在规模以上工业总产值中，国有控股企业 11528.27 亿元，增长 0.7%。

全年节能环保、新一代信息技术、生物医药、高端装备、新能源、新材料和新能源汽车等战略性新兴产业制造业完成工业总产值 8064.12 亿元，比上年下降 1.1%。

全年六个重点行业完成工业总产值 20769.44 亿元，比上年下降 0.2%，占全市规模以上工业总产值的比重为 66.9%（见表 6）。

表 6 2015 年六个重点行业工业总产值及其增长速度

指标	绝对值（亿元）	比上年增长（%）
六个重点行业工业总产值	**20769.44**	**-0.2**
电子信息产品制造业	6159.55	-1.8
汽车制造业	5168.22	-2.3
石油化工及精细化工制造业	3375.31	7.1
精品钢材制造业	1159.53	-7.6
成套设备制造业	4001.94	0.3
生物医药制造业	904.89	2.0

全年规模以上工业产品销售率为 99.5%。全年原油加工量 2521.83 万吨，比上年增长 12.6%；工业机器人产量 2.11 万套，增长 23.1%；手机产量 6747.50 万台，增长 4.7%；汽车产量 242.97 万辆，下降 1.8%（见表 7）。

表 7 2015 年主要工业产品产量及其增长速度

产品名称	单位	产量	比上年增长（%）
乳制品	万吨	49.97	-7.0
精制食用植物油	万吨	111.45	1.5
原油加工量	万吨	2521.83	12.6
钢材	万吨	2202.72	-4.6
汽车	万辆	242.97	-1.8
工业机器人	万套	2.11	23.1
电力电缆	万千米	187.31	1.8
移动通信手持机（手机）	万台	6747.50	4.7
集成电路	亿块	217.36	-2.0
发电机组（发电设备）	万千瓦	2080.69	-30.2

全年规模以上工业企业实现利润总额 2650.59 亿元，比上年下降 0.9%，实现税金总额 2049.41 亿元，增长 10.2%。规模以上工业企业亏损面为 23.4%。

全年实现建筑业总产值 5652.47 亿元，比上年增长 2.8%；房屋建筑施工面积 36659.77 万平方米，增长 4.8%；竣工面积 7258.69 万平方米，下降 4.3%。

四、批发和零售业

全年实现批发和零售业增加值3826.42亿元，比上年增长4.3%。

全年实现商品销售总额9.34万亿元，比上年增长6.4%，其中批发销售额8.44万亿元，增长6.1%。

全年实现社会消费品零售总额10055.76亿元，比上年增长8.1%（见表8），其中无店铺零售额1250.60亿元，增长26.9%。网上商店零售额1091.35亿元，增长31.6%，占社会消费品零售总额的比重为10.9%，比上年提高1.5个百分点。

表8 2015年社会消费品零售总额及其增长速度

指标	绝对值（亿元）	比上年增长（%）
社会消费品零售总额	**10055.76**	**8.1**
#批发零售贸易业	9047.80	8.2
住宿餐饮业	1007.96	7.3
#国有	254.94	7.5
私营	2028.52	8.4
股份有限公司	798.01	-4.8
港澳台商投资	1599.45	6.4
外商投资	1909.67	10.6
#无店铺零售额	1250.60	26.9
#网上商店零售额	1091.35	31.6

至年末，全市购物中心数达163家，其中建筑面积10万平方米以上的购物中心71家。全年购物中心实现营业收入1288.58亿元，比上年增长17.2%；剔除新开店因素，同口径增长5.4%。

五、交通、邮电和旅游

全年实现交通运输、仓储和邮政业增加值1130.88亿元，比上年增长7.3%。

全年各种运输方式完成货物运输量91238.68万吨，比上年增长1.0%。旅客发送量18571.34万人次，增长7.9%（见表9）。

表9 2015年货物运输量与旅客发送量及其增长速度

指标	单位	绝对值	比上年增长（%）
货物运输量	**万吨**	**91238.68**	**1.0**
铁路	万吨	471.28	-14.1
水运	万吨	49769.51	6.8
公路	万吨	40627.00	-5.2
机场	万吨	370.88	2.6
旅客发送量	**万人次**	**18571.34**	**7.9**
铁路	万人次	9692.10	9.6
港口	万人次	112.97	25.2
公路	万人次	3766.00	0.3
机场	万人次	5000.27	10.6

全年上海港口货物吞吐量达到71739.64万吨，比上年下降5.0%；集装箱吞吐量3653.70万国际标准箱，增长3.5%。集装箱水水中转比例为45.0%，国际中转比例为6.9%。上海浦东、虹桥两大国际机场全年共起降航班70.58万架次，增长7.7%；进出港旅客达到9918.90万人次，增长10.6%。其中，国内航线进出港旅客6643.88万人次，增长9.4%；国际及地区航线进出港旅客3275.02万人次，增长13.2%。

全年上海港接待邮轮靠泊341艘次，其中以上海为母港的邮轮317艘次。邮轮旅客吞吐量164.26万人次，比上年增长35.2%。

至年末，全市轨道交通运营线路达到15条。全年优化调整公交线路280条，其中新辟68条。至年末，公交运营车辆达1.65万辆，其中新能源公交车3116辆；运营出租车4.89万辆。全年市内公共交通客运量66.41亿人次，比上年增长0.9%。其中，轨道交通客运量30.68亿人次，增长8.5%；公共汽电车客运量25.48亿人次，下降4.4%。

至年末，全市拥有各类民用汽车282.32万辆，比上年增长10.6%，其中私人汽车

208.71 万辆，增长 13.8%。

全年完成邮政业务总量 385.75 亿元，比上年增长 24.2%；电信业务总量 780.3 亿元，增长 30.5%。邮政业全年完成邮政函件业务 10.06 亿件、包裹业务 341.30 万件、快递业务 17.08 亿件；快递业务收入 455.25 亿元。年末固定电话用户 797.3 万户，其中住宅电话 461.5 万户。移动电话用户 3259.9 万户，比上年末减少 32.8 万户。移动电话用户普及率 134.4 部 / 百人。

全年实现旅游产业增加值 1535.64 亿元，比上年增长 3.0%。

至年末，全市已有星级宾馆 247 家，旅行社 1276 家，A 级旅游景区（点）98 个，红色旅游基地 34 个（见表 10）。

表 10　2015 年旅游设施情况

指 标	单位	绝对值
星级宾馆	家	**247**
#五星级	家	68
四星级	家	66
旅行社	家	**1276**
#经营出境旅游业务的旅行社	家	134
A 级旅游景区（点）	个	**98**
#5A 级景区（点）	个	3
4A 级景区（点）	个	51
红色旅游基地	个	**34**
#全国红色旅游基地	个	9
旅游咨询服务中心	个	**49**
旅游集散中心站点	个	**4**

全年接待国际旅游入境者 800.16 万人次，比上年增长 1.1%(见图 2)。其中，入境外国人 614.64 万人次，增长 0.6%；港、澳、台同胞 185.52 万人次，增长 3.0%。在国际旅游入境者中，过夜旅游者 653.59 万人次，增长 2.2%。全年接待国内旅游者 27569.42 万人次，增长 2.8%，其中外省市来沪旅游者 13924.39 万人次，增长 6.8%。全年入境旅游外汇收入 59.6 亿美元，增长 4.5%；国内旅游收入 3004.73 亿元，增长 1.9%。

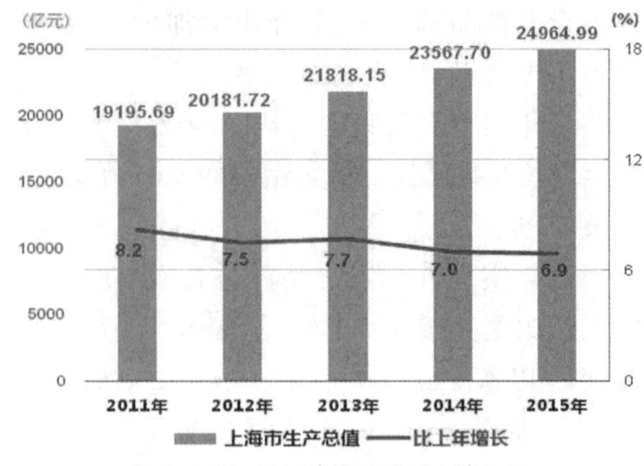

图 2　2011–2015 年国际旅游入境人数

六、金融和保险

全年实现金融业增加值 4052.23 亿元，比上年增长 22.9%。

全年新增各类金融单位 93 家。其中，货币金融服务单位 17 家；资本市场服务单位 57 家；保险业单位 19 家。至年末，全市各类金融单位达到 1430 家。其中，货币金融服务单位 618 家；资本市场服务单位 350 家；保险业单位 382 家。至年末，全市各类金融单位中，在沪经营性外资金融单位达到 230 家。

至年末，全市中外资金融机构本外币各项存款余额 103760.60 亿元，比年初增加 13328.75 亿元；贷款余额 53387.21 亿元，比年初增加 4880.58 亿元（见表 11）。

表 11　2015 年中外资金融机构本外币存贷款情况

指 标	绝对值（亿元）	比年初增减额（亿元）
各项存款余额	**103760.60**	**13328.75**
#住户存款	23384.73	645.70
非金融企业存款	38041.95	4327.99
广义政府存款	13398.86	999.31
非银行业金融机构存款	25365.51	9167.92
各项贷款余额	**53387.21**	**4880.58**
#住户贷款	11717.97	2011.65
非金融企业及机关团体贷款	39330.98	1971.10
非银行业金融机构贷款	305.08	195.48
#人民币个人消费贷款	10751.60	1997.95
#住房贷款	7765.81	1506.98
汽车消费贷款	1869.75	345.46

全年通过上海证券市场股票筹资8712.96亿元，比上年增长1.2倍；发行公司债17413.67亿元，增长4.9倍。至年末，上海证券市场上市证券5914只，比上年末增加2156只，其中股票1125只，增加86只。

全年金融市场交易总额达到1462.73万亿元，比上年增长1.0倍。上海证券交易所总成交金额266.37万亿元，增长1.1倍，其中股票成交金额133.10万亿元，增长2.5倍。上海期货交易所总成交金额63.56万亿元，增长0.5%。中国金融期货交易所总成交金额417.76万亿元，增长1.5倍。银行间市场总成交金额704.26万亿元，增长94.8%。上海黄金交易所总成交金额10.78万亿元，增长68.8%。

全年保险公司原保险保费收入1125.16亿元，比上年增长14.0%。其中，财产险公司原保险保费收入385.89亿元，增长12.5%；寿险公司原保险保费收入739.27亿元，增长14.9%。全年保险赔付支出473.59亿元，增长25.1%。其中，财产险赔款支出191.38亿元，增长8.0%；寿险给付229.25亿元，增长44.7%；健康险赔款给付44.28亿元，增长18.0%；意外险赔款支出8.69亿元，增长57.9%。

七、对外经济

全年上海关区货物进出口总额50838.17亿元，比上年下降4.2%。其中，进口19772.45亿元，下降5.4%；出口31065.72亿元，下降3.3%。

全年上海市货物进出口总额28060.88亿元，比上年下降2.1%。其中，进口15832.33亿元，增长0.5%；出口12228.56亿元，下降5.3%（见表12）。按市场分，对欧盟进口3514.07亿元，下降11.9%；出口2250.06亿元，下降5.8%；对美国进口1772.70亿元，增长8.7%；出口2829.60亿元，下降7.6%；对东盟进口1948.45亿元，增长4.4%；出口1366.73亿元，下降5.0%；对日本进口1772.65亿元，下降7.6%；出口1325.00亿元，下降7.5%（见表13）。

表12　2015年上海市货物进出口总额及其增长速度

指标	绝对值（亿元）	比上年增长（%）
上海市货物进出口总额	**28060.88**	**-2.1**
上海市货物进口总额	**15832.33**	**0.5**
#国有企业	2860.47	21.8
外商投资企业	10543.02	1.7
私营企业	2316.14	-0.8
#一般贸易	8101.17	-0.2
加工贸易	2161.43	-5.0
#机电产品	8185.37	-4.3
#高新技术产品	5266.66	4.6
上海市货物出口总额	**12228.56**	**-5.3**
#国有企业	1577.63	-8.0
外商投资企业	8201.53	-5.7
私营企业	2337.02	-2.4
#一般贸易	5204.19	-3.7
加工贸易	5233.87	-7.4
#机电产品	8573.53	-4.1
#高新技术产品	5354.66	-2.1

表13　2015年上海对主要国家和地区货物进、出口总额及其增长速度

国家和地区	出口额（亿元）	比上年增长（%）	进口额（亿元）	比上年增长（%）
美国	2829.60	-7.6	1772.70	8.7
欧盟	2250.06	-5.8	3514.07	-11.9
东盟	1366.73	-5.0	1948.45	4.4
日本	1325.00	-7.5	1772.65	-7.6
中国香港	1201.50	5.9	133.21	174.4
韩国	528.04	20.0	1256.30	7.2
中国台湾	379.76	-7.5	966.36	-4.5
俄罗斯	105.91	-42.8	174.58	46.0

全年上海市服务贸易进出口总额（按国际收支统计口径，下同）1966.72亿美元，比上年增长12.2%。其中，出口525.31亿美元，增长6.4%；进口1441.41亿美元，增长14.5%。服务贸易进出口总额占全市对外贸易总额的比重为30.3%，提高3.0个百分点。

全年新设外商直接投资合同项目6007项，比上年增长27.9%；合同金额589.43亿美元，增长86.5%；全年外商直接投资实际到位金额184.59亿美元，增长1.6%。全

年第三产业实际到位金额159.38亿美元，下降2.7%，占全市实际利用外资的比重为86.3%。至年末，在上海投资的国家和地区达165个。在上海落户的跨国公司地区总部达到535家，投资性公司312家，外资研发中心396家。年内新增跨国公司地区总部45家，其中亚太区总部15家；投资性公司15家；外资研发中心15家。

全年备案和核准对外直接投资项目1338项，比上年增长1.3倍；对外直接投资中方投资额398.97亿美元，增长2.8倍。签订对外承包工程合同金额111.00亿美元，增长1.9%；实际完成营业额74.55亿美元，增长0.7%；派出人员5866人次，下降31.2%。对外劳务合作派出人员14369人次，下降20.9%。至年末，上海对外承包工程和劳务合作涉及的国家和地区达178个。

全年举办各类展览会项目851个，总展出面积1512.98万平方米，比上年增长22.0%。其中，国际展览会项目292个，展出面积1124.06万平方米，增长24.8%；国内展览会项目559个，展出面积388.92万平方米，增长14.4%。

八、中国（上海）自由贸易试验区建设

年内完成中国（上海）自由贸易试验区扩区，实施范围扩展至120.72平方公里。其中，上海外高桥保税区、上海外高桥保税物流园区、洋山保税港区、上海浦东机场综合保税区4个海关特殊监管区域28.78平方公里，陆家嘴金融片区34.26平方公里，金桥开发片区20.48平方公里，张江高科技片区37.20平方公里。

在新扩区域全面推行负面清单管理模式，深化商事登记制度改革，实现企业新设、变更的“一口受理、信息共享、并联办事、统一发证”。全年区内新增注册企业18269户。其中，内资企业14943户，注册资本9078亿元；外商投资企业3326户，合同外资396.26亿美元（见表14）。全年对外直接投资中方投资额229.10亿美元，占全市的57.4%。

创新“一线放开、二线安全高效管住、区内自由”的贸易监管制度，海关、检验检疫等部门推出32项创新举措。拓展国际贸易“单一窗口”功能，货物状态监管试点扩大到保税区所有物流企业。

实施自贸试验区新一轮金融开放创新试点，推出40条具体措施。启动自由贸易帐户外币服务功能，年内共有42家机构接入分账核算单元体系，开设自由贸易账户44186个。全年保税区域跨境人民币结算总额12026.40亿元，跨境人民币境外借款业务金额69.82亿元，跨境双向人民币资金池业务收支总额3392.07亿元。黄金国际版正式运行，累计成交4795吨，占上海黄金交易所黄金交易量的14.1%。

深入推进以政府职能转变为核心的事中事后监管制度创新。完成2014年度年报公示企业13.61万户，占应报送企业数的84.7%，重点行业年报公示率达到98%。

表14 2014年中国（上海）自由贸易试验区主要经济指标及其增长速度

指标	单位	绝对值	比上年增长（%）
税收总额	亿元	1022.20	6.8
商品销售额	亿元	26866.48	6.0
服务业营业收入	亿元	3599.06	4.0
保税区域航运物流服务收入	亿元	1200.00	持平
工业总产值	亿元	3901.03	-3.3
外商直接投资合同金额	亿美元	396.26	—
对外直接投资中方投资额	亿美元	229.10	6.2倍

九、城市基础设施和房地产

全年完成城市基础设施建设投资1425.08亿元，比上年增长34.8%。其中，交通运输邮电通信投资854.89亿元；市政建设

投资 374.10 亿元；公用事业投资 66.73 亿元（见表 15）。

表 15 2015 年城市基础设施投资及其增长速度

指 标	绝对值（亿元）	比上年增长（%）
城市基础设施投资	**1425.08**	**34.8**
电力建设	129.36	-3.6
交通运输	759.23	79.7
邮电通信	95.67	8.8
公用事业	66.73	103.4
市政建设	374.10	-1.5

中环线全线贯通，轨道交通 11 号线迪士尼段、12 号线西段、13 号线部分区段建成通车。至年末，全市轨道交通运营线路长度达到 617.53 公里，公交专用道路达到 312.4 公里。国家会展中心建成运营，迪士尼主题乐园主体结构基本建成。

全市自来水日供水能力 1137 万立方米，与上年持平。全年供水总量为 31.22 亿立方米，下降 1.6%；售水总量为 24.58 亿立方米，比上年下降 1.0%。全年全市用电量 1405.55 亿千瓦时，增长 2.7%（见表 16）。年内全面实现城市管道燃气天然气化，至年末，全市家庭人工煤气用户 0 户，家庭液化气用户 335.5 万户，家庭天然气用户 651.8 万户。

表 16 2015 年城市基础设施投资及其增长速度

指 标	单 位	绝对值	比上年增长（%）
自来水日供水能力	万立方米	1137	0
自来水供水总量	亿立方米	31.22	-1.6
自来水售水总量	亿立方米	24.58	-1.0
#工业用水	亿立方米	4.94	-4.2
用电量	亿千瓦时	1405.55	2. 7
#城乡居民生活用电	亿千瓦时	185.49	6. 7
煤气销售总量	亿立方米	0.54	-82.0
液化气销售总量	万 吨	42.4	1.4
天然气销售总量	亿立方米	69.3	4.1

全年完成房地产开发投资 3468.94 亿元，比上年增长 8.2%。其中，住宅投资 1813.32 亿元，增长 5.1%；办公楼投资 654.54 亿元，增长 22.4%；商业营业用房投资 467.67 亿元，增长 2.1%。商品房施工面积 15095.33 万平方米，增长 2.8%；竣工面积 2647.18 万平方米，增长 14.4%。商品房销售面积 2431.36 万平方米，增长 16.6%，其中住宅销售面积 2009.17 万平方米，增长 12.8%。全年商品房销售额 5093.55 亿元，增长 45.5%，其中住宅销售额 4319.93 亿元，增长 47.8%。全年存量房买卖登记面积 2647.83 万平方米，增长 66.9%。

十、城市信息化

全年实现信息产业增加值 2747.64 亿元，比上年增长 9.8%。其中信息服务业增加值 1753.49 亿元，增长 12.0%。

至年末，全市光纤到户覆盖总量达 910 万户，比上年末增加 69 万户，实际使用用户达到 454.9 万户，新增 45.7 万户。家庭宽带平均接入带宽达 30M。下一代广播电视网（NGB）覆盖 680 万户家庭，比上年末增加 80 万户。全市第四代移动通信（4G）网络已基本全覆盖，第三代移动通信技术（3G）和第四代移动通信技术（4G）用户总数达到 2211.3 万户，比上年末增加 547.1 万户。互联网上网人数 1773 万人，互联网上网人数普及率为 73.1%。城市公共区域 WLAN 接入热点累计达 14.2 万个；新建 450 处 i-Shanghai 接入场所，总量达 900 处。互联网宽带接入用户 551.1 万户，比上年末增加 19.0 万户。各类互联网数据中心（IDC）机架数总量达 6.0 万个，比上年末增加 1.9 万个。IPTV 用户数达 177 万户，减少 23 万户。数字电视用户数达 662 万户，增加 58 万户。

全年完成电子商务交易额 16452 亿元，比上年增长 21.4%。其中，B2B 交易额 12312 亿元，增长 15.7%，占电子商务交易额的 74.8%；网络购物交易额 4140 亿元，增长42.6%，占25.2%。全年口岸税费电子支付系统电子单证传输量为27015万张，实现电子支付金额12445亿元，下降2.7%。

至年末，共有120万家单位持有有效法人数字证书“一证通”153万张。至年末，“市民信箱”累计注册用户483.10万人，比上年增长6.8%。

年内市公共信用信息服务平台正式开通运行。至年末，市公共信用信息服务平台已有包含行政机关、司法机关、公用事业单位在内的99家信息源单位，归集信息事项3444个，基本覆盖全市常住人口及138万企业法人、事业法人和社会组织法人。

十一、教育和科学技术

至2014–2015学年末，全市共有普通高等学校67所，普通中等学校875所，普通小学764所，特殊教育学校29所。普通小学毕业生数有所增加，普通高等学校和普通中等学校的毕业生数均有所减少（见表17）。全市共有48家机构培养研究生，全年招收研究生4.60万人，在校研究生13.83万人，毕业研究生3.79万人。九年义务教育入学率保持在99.9%以上，高中阶段新生入学率达97.1%。

表17 2014–2015学年各级各类学校学生情况及其增长速度

类 别	在校学生数（万人）	比上学年增长（%）	毕业学生数（万人）	比上学年增长（%）
普通高等学校	51.16	1.0	12.87	–2.8
普通中等学校	67.38	–3.3	18.25	–5.0
普通中学	57.05	–2.3	14.55	1.6
高 中	15.82	0.5	5.12	0.5
初 中	41.23	–3.4	9.43	2.2
中等专业学校	7.24	–6.4	2.49	–29.7
职业学校	2.31	–14.9	0.96	–7.7
技工学校	0.78	–2.0	0.25	–17.2
普通小学	79.87	–0.5	13.79	5.1
特殊教育学校	0.45	–3.2	0.08	–8.2

至2014–2015学年末，全市共有民办普通高校20所，在校学生10.01万人；民办普通中学117所，在校学生7.39万人；民办小学173所，在校学生13.94万人。全市共有成人中高等学历教育学校33所，成人职业技术培训机构636所，老年教育机构291所。全市共有校外教育机构22所。其中，少年宫（含青少年活动中心）17所，少年科技站4所，少年之家1所。

全年用于研究与试验发展（R&D）经费支出925亿元，相当于上海市生产总值的比例为3.7%（见图3）。

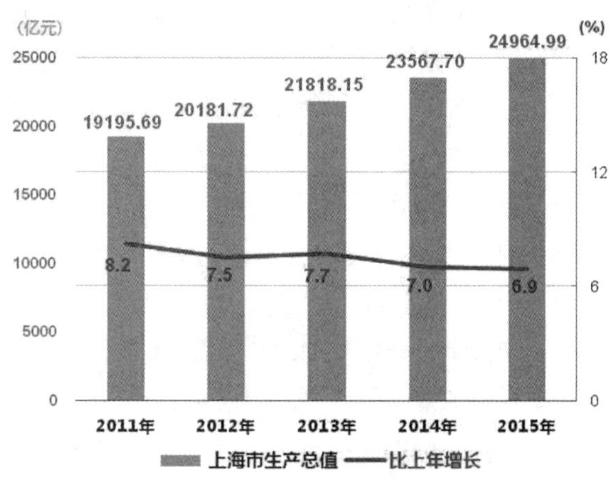

图3 2011–2015年R&D经费支出及其相当于上海市生产总值的比例

全年受理专利申请100006件，比上年增长22.5%，其中受理发明专利申请46976件，增长20%。全年专利授权量为60623件，增长20.1%，其中发明专利授权量为17601件，增长51.5%。至年末，全市有效发明专利达69982件。全市科技小巨人企业和小巨人培育企业共1427家，高新技术企业6071家，技术先进型服务企业253家。年内全市认定和复审高新技术企业2089家。年内认定高新技术成果转化项目603项，其中电子信息、生物医药、新材料等重点领域项目占83.4%。至年末，共认定高新技术成果转化项目10500项。全年经认定登记的各类技术交易合同2.25万件，比上年下降10.8%；合同金额707.99亿元，增长6.0%。

十二、文化、卫生和体育

年内成功举办第三十二届“上海之春”国际音乐节、第十七届中国上海国际艺术节、第三届市民文化节等重大文化活动。全年市民参与文化活动人数达到1233.9万人次。完成公共文化服务人员“三年万人培训计划”，三年共培训公共文化服务人员10150人次。至年末，全市有市、区（县）级文化馆、群众艺术馆25个，艺术表演团体233个，市、区（县）级公共图书馆25个，档案馆44个，博物馆100个。全市共有公共广播节目21套，公共电视节目25套。有线电视用户754.83万户，有线数字电视用户640.42万户。全年生产电视剧52部，共2102集；动画电视3318分钟。全年共出版报纸10.80亿份、各类期刊1.27亿册、图书3.53亿册；摄制完成44部影片。

至年末，全市共有医疗卫生机构5016所，卫生技术人员17.02万人（见表18）。全年全市医疗机构共完成诊疗人次数2.65亿人次。全年共批准单独夫妻再生育申请1.73万例，占同期再生育审批总量的68%。全市婴儿死亡率为4.58‰，孕产妇死亡率为6.66/10万。

表18　2015年卫生机构基本情况

指标	单位	绝对值
卫生机构数	**所**	**5016**
#医院	所	338
门诊部	所	633
社区卫生服务中心	所	306
疾病预防控制中心	所	19
卫生监督所	所	18
卫生技术人员数	**万人**	**17.02**
#执业医生	万人	6.31
#医院执业医师	万人	3.86
注册护士	万人	7.54

年内成功举办国际滑联花样滑冰锦标赛、F1中国大奖赛、上海国际马拉松赛等71项国际性体育赛事和全国跳水锦标赛、全国艺术体操冠军赛、中国足球超级联赛等93项全国性体育赛事。上海运动员在第一届全国青年运动会上获得30枚金牌、19枚银牌和28枚铜牌，在第三届全国智力运动会上获得14枚金牌、6枚银牌和6枚铜牌。市民体育大联赛全年参赛市民达到238万人。至年末，全市共建成社区健身苑点9905个、社区公共运动场390处、农民体育健身工程1033个、百姓健身房125个、百姓健身步道317条、百姓游泳池37个。上海市民体质达标率达到97.1%，连续3次位列全国第一。

十三、人口和就业

至年末，全市常住人口总数为2415.27万人。其中，户籍常住人口1433.62万人，外来常住人口981.65万人。全年常住人口出生18.19万人，出生率为7.52‰；死亡12.28万人，死亡率为5.07‰；常住人口自然增长率为2.45‰。全年户籍常住人口出生10.38万人，出生率为7.25‰；死亡11.5万人，死亡率为8.03‰；户籍常住人口自然增长率为–0.78‰。

全市户籍人口平均期望寿命达到82.75岁。其中，男性80.47岁，女性85.09岁。

全年新增就业岗位59.66万个（见图4），其中，农村富余劳动力实现非农就业10.33万个。全年新安置就业困难人员13358人，新消除零就业家庭168户。全年帮扶引领成功创业人数10592人，帮助9776名长期失业青年实现就业。全年共完成职业培训51万人，其中，农民工职业培训24.55万人。至年末，累计有771人入选国家“千人计划”，676人入选上海“千人计划”。高技能人才占技能劳动者比例达到30.2%。至年末，全市城镇登记失业人员24.81万人，城镇登记失业率为4.1%。

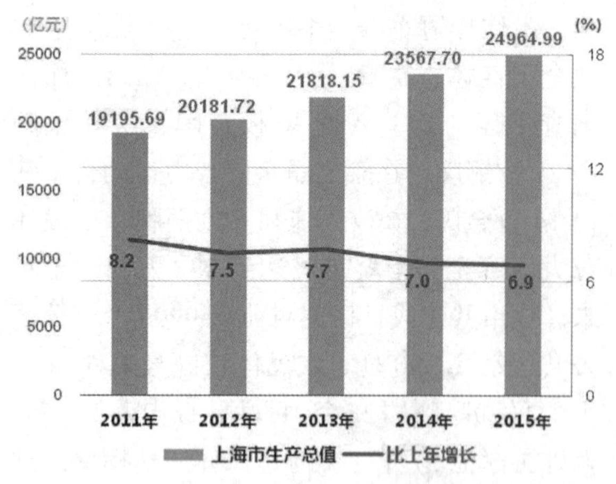

图 4　2011–2015 年新增就业岗位情况

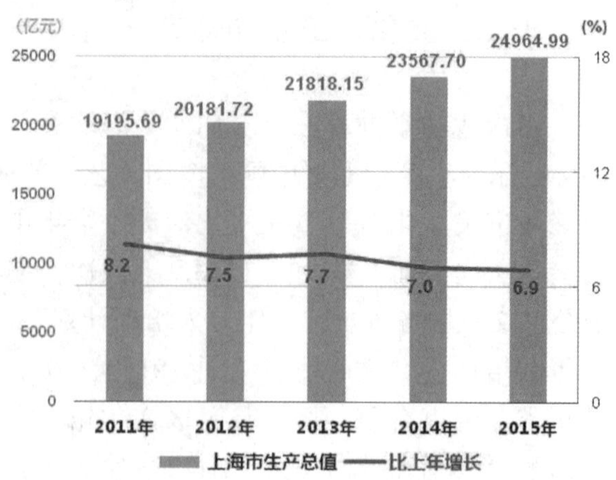

图 5　2011–2015 年城镇居民人均住房居住面积

十四、人民生活和社会保障

据抽样调查，全年全市居民人均可支配收入 49867 元，比上年增长 8.5%，扣除价格因素，实际增长 6.0%。其中，城镇常住居民人均可支配收入 52962 元，增长 8.4%，扣除价格因素，实际增长 5.9%；农村常住居民人均可支配收入 23205 元，增长 9.5%，扣除价格因素，实际增长 6.9%。全市居民人均消费支出 34784 元，比上年增长 5.2%。其中，城镇常住居民人均消费支出 36946 元，增长 5.0%；农村常住居民人均消费支出 16152 元，增长 9.0%。

全年新建和筹措各类保障性住房和实施旧住房综合改造 19.7 万套，基本建成 20.5 万套。完成中心城区二级旧里以下房屋改造 65.9 万平方米。至年末，城镇居民人均住房建筑面积 35.5 平方米，折合人均住房居住面积 18.1 平方米（见图 5）。居民住宅成套率达到 96.8%。

至年末，全市共有 1493.80 万人（包括离退休和“镇保”人员）参加城镇职工基本养老保险，有 89.77 万人参加城乡居民基本养老保险。城镇最低生活保障标准从上年的每人每月 710 元提高到 790 元，农村最低生活保障标准从每人每月 620 元提高到 790 元，城乡低保标准实现统一。月最低工资标准从 1820 元提高到 2020 元，小时最低工资标准从 17 元提高到 18 元。

至年末，全市共有 1377.32 万人（包括离退休人员）参加职工基本医疗保险。至年末，城镇居民基本医疗保险的参保人数达 262.87 万人。

至年末，全市民政部门共有各类提供住宿的收养性社会服务机构 706 个，床位 12.97 万张，其中养老机构 699 家，床位 12.6 万张。在全市养老机构中，由社会投资开办的有 344 家，床位 5.8 万张。至年末，全市有社区居家养老服务社 244 家，为 30.2 万名老年人提供居家养老服务。社区老年人日间服务中心 442 家，社区老年人助餐服务点 634 个。

全年各级政府支出城镇居民最低生活保障金 14.20 亿元、农村居民最低生活保障金 1.94 亿元、农村五保供养资金 0.18 亿元、粮油帮困资金 0.55 亿元、医疗救助金 2.67 亿元（含资助参保金 3319.8 万元）。年内新办福利企业 10 家，新安置 180 名残疾人就业。

十五、环境保护

全年全社会用于环境保护的资金投入 708.83 亿元，相当于上海市生产总值的比例为 2.8%。

全年环境空气质量优良率（AQI）为70.7%，比上年下降6.3个百分点。二氧化硫年日均浓度17微克/立方米，比上年下降5.6%；可吸入颗粒物(PM10)年日均浓度69微克/立方米，下降2.8%；细颗粒物(PM2.5)年日均浓度53微克/立方米，上升1.9%；二氧化氮年日均浓度46微克/立方米，上升2.2%；一氧化碳年日均浓度0.9毫克/立方米，上升12.5%；臭氧日最大8小时滑动平均值达标率89.9%，下降3.0个百分点。全市平均区域降尘量4.9吨/平方公里·月，比上年下降10.2%。

年末，城市污水处理厂日处理能力达794.6万立方米，比上年末增长0.9%；城镇污水处理率达到91%，比上年提高1.2个百分点。全年清运生活垃圾789万吨，生活垃圾无害化处理率达到100%，比上年提高5个百分点；年内新增2020个垃圾分类收集处置场所，实现生活垃圾分类居住区覆盖家庭400万户；“绿色账户”激励机制覆盖105万户。

全年新建绿地1190公顷，其中公园绿地515公顷；新增造林面积3241公顷，其中人工造林3241公顷。至年末，人均公园绿地面积达到7.6平方米，建成区绿化覆盖率达到38.5%，全市森林覆盖率达到15.0%。至年末，自然保护区达到4个，其中国家级自然保护区2个。

十六、安全生产

全年共发生道路交通、工矿商贸、火灾、铁路交通、农业机械生产安全事故5954起，造成死亡1147人，分别比上年下降19.2%和3.3%。其中，工矿商贸生产安全事故295起，造成死亡226人，分别上升4.2%和0.4%；道路交通事故1044起，造成死亡868人，分别下降10.9%和3.8%；火灾事故4606起，造成死亡52人，分别下降21.9%和11.9%；铁路交通事故2起，下降60.0%，未发生人员死亡。农业机械事故7起，上升40.0%，死亡1人。全年亿元生产总值生产安全事故死亡人数为0.046人。

上海市统计局

国家统计局上海调查总队

2016年2月29日

说明：

1. 本公报数据为初步统计数。

2. 上海市生产总值、各产业增加值和总产值绝对数按当年价格计算，增长速度按可比价格计算。2015年上海市生产总值数据执行国家统计局2012年制定的《三次产业划分规定》。

3. 公有制经济增加值按国有经济、集体经济以及国有或集体控股的混合所有制经济口径计算。

4. 战略性新兴产业包含战略性新兴制造业和战略性新兴服务业两个部分，是本市根据国家制定的战略性新兴产品目录进行的行业划分。其中，战略性新兴产业制造业增加值和总产值均为规模以上口径。

5. 域外市属农场是指上海光明食品（集团）有限公司所属的外地农场，其产量和产值不包括在上海市总量中。

6. 电信业务总量按2010年不变价格计算。

7. 旅游产业和信息产业的增加值是依据若干行业的有关资料进行跨行业核算的，不能将其与上海市生产总值中其他行业的增加值进行简单加总，否则会造成重复计算。

8. 银行间市场成交额包括银行间本币市场和外汇市场成交额。上海黄金交易所成交额按双边计算，上海证券交易所、上海期货交易所、中国金融期货交易所、银行间市场成交额按单边计算。

9. 学年是指教育年度，即从一年的9月1日(学年初)至第二年的8月31日(学年末)。

10.2012年四季度，国家统计局实施了城乡一体化住户调查改革，统一了城乡居民收入名称、分类和统计标准，在上海选取6000宅（户）城乡居民家庭，直接开展调查。2015年起，发布城乡可比的新口径全市居民人均可支配收入以及城乡常住居民人均可支配收入。

11. 环境空气质量优良率（AQI）是国家发布的新环境空气质量评价标准。AQI监测体系包括二氧化硫、二氧化氮、可吸入颗粒物(PM10)、细颗粒物(PM2.5)、一氧化碳和臭氧六项污染物指标。

上海市住房和城乡建设管理委员会 2015年工作总结和2016年工作计划

一、2015年工作总结

2015年，市住房城乡建设管理行业围绕市委、市政府的中心工作，一手抓全面深化改革和机构职能调整，一手抓重点工作推进和“十三五”谋划，住房保障、城乡建设、城市管理等各项重点工作推进有序有力，圆满完成了年度目标任务和“十二五”规划各项任务。

一是积极探索优化城市综合管理体制机制，生态环境、顽症难题和住宅小区综合治理力度明显加大。

城市网格化管理不断深化拓展。落实市委“1+6”文件，街镇城市网格化综合管理中心全面设立，部分区县实现村居工作站全覆盖。网格化管理与“12345”热线的衔接联动进一步加强，全市网格化立案数同比上升35%，结案率提高到98%。

城管综合执法体制改革初显成效。单设市城管执法局和16个区县城管执法局，城市管理综合执法队伍下沉街镇工作基本完成，初步构建了“区属街管街用”和“镇属镇管镇用”的城管执法管理格局，城管执法效能明显提升。

重点区域环境综合整治全面推进。牵头研究制定加强本市部分区域生态环境综合治理工作的实施意见，对第一批11个“五违”现象突出的脏乱差地块实施了连片综合整治，部分区域整治任务提前完成。“特定区域”环境治理三年行动圆满收尾，3164个区块治理任务全面完成。

顽症难题治理继续保持高压态势。开展无证建筑普查，全年拆除违法无证建筑1392万平方米，同比增加近40%，五年累计拆除3893万平方米。全年完成“群租”整治3.24万余户，其中新发现“群租”整治率达到99%，1307个住宅小区挂牌“无群租小区”。完成73个无序设摊集聚点的综合治理，设摊相关投诉率同比下降33%。加大建筑垃圾和工程渣土管理力度，对9家企业、450多辆渣土车实施市场退出，渣土偷乱倒率下降57%。开展桥孔违规占用专项整治，约1300孔桥孔的脏乱差现象明显改观。

小区综合治理力度进一步加大。制定并实施《关于加强本市住宅小区综合治理工作的意见》及其三年行动计划。积极推动城市网格化管理和城管综合执法向住宅小区延伸。超额完成90万户老旧小区表前供电设施改造的市政府实事项目任务，全年实际完成超过122.6万户。全年共完成二次供水设施改造2666万平方米。对1633台老旧电梯实施了安全评估。首次将破坏房屋承重结构、“群租”、擅自改变房屋使用性质等行为纳入全市公共信用信息平台。

二是持续完善“四位一体”住房保障体系，旧区改造和“城中村”改造稳步推进，房地产市场保持平稳健康发展。

保障性安居工程建设目标任务超额完成。新建筹措各类保障性住房和实施旧住房综合改造19.7万套，为原计划目标套数的171 %，过去五年累计完成87.8万套。大型居住社区113个外围配套项目累计建成77项，505个内配套年度建设项目全面建成。

“四位一体”住房保障体系进一步健全。研究完善共有产权保障住房管理制度，着力加强供后管理；推进住房保障信用体系建设及试点。廉租住房实现“应保尽保”，实物配租规模逐步扩大，历年累计受益家庭11万户。推进第五批次共有产权保障住房的申请、审核和供应，历年累计签约购房达6.6万户。全市公共租赁住房（含单位租赁房）累计供应房源8.8万套，签约出租7.45万套，入住约13.6万户。征收安置住房完成搭桥供应9.6万套。

旧区改造、“城中村”改造和老旧住房改造稳步推进。中心城区完成成片二级旧里以下房屋改造65.9万平方米、受益居民3.3万户，分别为年初计划的120%和134%，过去五年旧区改造累计完成320万平方米、受益居民约13.6万户。36个“城中村”改造地块全面启动，28个地块已启动签约，其余8个地块正在进行征地手续办理等前期工作。全市共解决在外过渡动迁居民安置2.7万余户，超额完成预定目标。纳入保障性安居工程的三类旧住房综合改造竣工469万平方米、受益居民7.7万户，超额完成年度签约目标。

房地产市场运行总体平稳。坚决执行住房限购和差别化住房信贷、税收等调控政策，抑制投机投资性需求；同时提高住房公积金个人购房贷款额度上限，放宽提取公积金支付房租条件，支持居民自住和改善性住房需求。全年本市房地产市场运行总体平稳，房地产开发投资保持持续增长，商品住房成交面积大幅增加，全年全市市场化新建商品住房成交面积1386万平方米，同比增加59%；二手存量住房成交面积3036万平方米，同比增加109%。

老旧住房隐患整改和修缮改造积极推进。对全市老旧住房安全隐患开展了复查，对存在安全隐患的老旧住房逐一制订整改方案，已完成9.6万平方米危险房屋和112万平方米严重损坏房屋的处置整改。修订本市旧住房综合改造管理办法，对全市旧住房修缮改造工程实施标准化管理，全年开工实施各类旧住房修缮改造2300万平方米，其中竣工1300万平方米，过去五年累计实施各类旧住房修缮改造约7000万平方米，受益居民超过100万户。

三是全力协调推进重大基础设施建设，着力规范建筑建材市场，建筑业创新转型发展步伐明显加快。

重大工程建设推进明显好于往年。在市、区相关部门大力支持下，项目前期审批信息跟踪系统试点运行，会审平台正式建立，全市重大工程协调推进效能明显提升。全年共安排96个重大项目，共完成投资1201亿元，超过年初计划12个百分点。浦东机场扩建三期等23个项目实现开工，中环线浦东段等17个项目基本建成。

积极研究补齐城乡基础设施短板。深入开展地下管线和地下综合管廊建设研究，积极支持浦东临港等地区地下综合管廊建设试点。加快推进海绵城市建设，研究出台了指导意见。全面启动实施“黄浦江两岸地区公共空间建设三年行动计划（2015–2017）”，实现了重点区段开工、主要断点辟通的阶段性目标。

切实规范和改进建设市场监管。根据中央和市委对本市建设工程招投标领域的巡视整改意见，全面改进建设工程招投标监管，积极推进12项整改措施落地。深入开展工程质量治理两年行动。集中开展建筑市场打击转包挂靠等专项整治，全年处罚企业225家。建立施工企业现场管理人员和农民工实名制系统，覆盖工地2000多个、人员30多万。完成建设市场信息平台开发建设，基本实现市场审批、技术审查、现场监管、监督执法的全过程信息化。

建筑业创新转型初显成效。装配式建筑和住宅产业现代化发展迅速，上海被列为国家住宅产业现代化综合试点城市，全年落实装配式建筑达到610万平方米，连续两年同比实现翻番；产业链培育不断加快，全市预制构件产能达到500万平方米，同比增长了2.5倍。绿色建筑发展和建筑节能工作持续推进，全市新获评绿色建筑面积同比上年翻了一番，完成400万平方米公共建筑节能改造，全市绿色建筑面积累计达到4317万平方米。BIM技术应用推广力度不断加大，三年行动计划正式颁布实施。

此外，机构改革、“十三五”规划编制、行政审批制度改革、养护作业市场化改革、燃气和照明管理等其它重点任务有序推进。平稳有序推进委局机构合并工作，做到工作不断不乱、人员思想稳定。全面完成了本市城乡建设和管理、住房发展等市级“十三五”专项规划的编制，明确了未来五年的发展目标和重点任务。行政审批制度改革深入推进，年内共取消、调整6项行政审批和评估事项，向区县下放了4项行政审批事项，并全面完成权力清单、责任清单的编制和发布。养护作业市场化三年改革任务基本完成，政企关系进一步理顺，区县养护市场逐步开放，城市维护保障机制初步建立。城市燃气全面实现天然气化，深入开展打击非法经营液化气、燃气管道占压等专项整治，列入市级督办重大隐患的63处整治任务全面完成。道路照明的政府监管进一步加强，长效管理机制初步建立；推进道路照明灯杆综合利用，首个道路智慧灯杆综合利用项目正式启用。全行业安全稳定形势总体受控，没有发生较大以上的质量安全生产事故。成功举办2015“世界城市日论坛”，并在意大利米兰世博会闭幕日举办了主题纪念活动。

回顾总结2015年工作，主要有四点体会：一是必须强化问题导向。不断发现和查找行业中存在的问题和工作中的短板，找准症结、解剖麻雀、举一反三、补齐短板。二是必须强化综合治理。把更多的时间、精力放在城市综合管理上，更加注重系统研究、制度设计、发动群众、综合施策，更加注重运用法治思维、法治方式来完善城市治理体系、提高城市治理能力。三是必须强化协同联动。委的职责定位和当前工作的复杂性，决定了我们不能仅靠单打独斗，必须更加注重统筹协调，整合各方面的管理力量资源，特别是要加强部门协同和市区联动，并充分发挥社会、市民及媒体等各个方面的作用。四是必须强化改革创新。针对住房城乡建设管理中的瓶颈问题，必须以改革的精神、创新的办法，不断深化体制、机制改革，不断推进科技、管理创新，努力探索符合超大城市特点的城市管理和社会治理新模式。

肯定去年成绩的同时，我们还必须清醒看到，无论是住房、城乡建设、还是城市管理，都存在不少短板，对照市委市政府的高要求、市民群众的新期盼，我们的工作还有不小距离。比如城市综合管理仍处于探索阶段，相关体制机制和抓手举措仍待进一步优化；区域生态环境综合整治仍处于进行时，任务依然艰巨；城市基础设施体系仍有不少短板，城乡统筹仍需进一步加强；住宅小区综合治理虽然已经起步，但仍有不少深层次的体制机制问题亟待破解；“四位一体”的住房保障体系还需与时俱进、不断完善，特别是近期房价呈现加快上涨趋势，房地产市场调控力度还需加大等等。对这些问题，我们必须引起高度重视，在今后工作中切实加以解决，努力在破除瓶颈、补齐短板上取得明显进展。

二、2016年主要任务

2016年是“十三五”规划的开局年，也是市住房城乡建设管理委机构改革和职能调整之后的第一年。党的十八届五中全会提出了“创新、协调、绿色、开放、共享”五大发展理念；中央城市工作会议强调要尊重城市发展规律，强化“五大统筹”，对今后一段时期城市工作指明了方向；市委、市政府强调要守住人口总量、土地资源、生态环境、城市安全四方面底线，补齐城市管理、社会治理等方面短板，这些对市住房城乡建设管理下一步工作都提出了新的更高要求。我们要认真贯彻落实中央和市委、市政府的指示，充分发挥机构改革和职能调整后的体制机制优势，进一步转变职能，提升站位，系统思考，善于统筹，勇于担当，敢于啃硬骨头，力争展现新作为，努力推动本市住房城乡建设管理水平再上新台阶。

2016年市住房城乡建设管理工作总的考虑是：全面学习领会和深入贯彻落实中央经济工作会议、中央城市工作会议、十届市委十次全会和全国住房城乡建设工作会议精神，牢固树立和贯彻落实创新、协调、绿色、开放、共享的发展理念，对标世界一流大城市，坚持以人为本、安全为先、管理引领、创新转型、法治保障，强化底线思维和短板导向，强化综合职能与兜底职能，强化部门协同与市区联动，统筹建设与管理、市区与郊区、居住与非居、地上与地下，着力在城市综合管理、城乡一体建设、住房供应体系、行业运行安全、改革创新转型等五个方面下功夫、见成效，全面提升城市综合管理水平。

第一，着力统筹谋划城市管理。充分依托市城市综合管理推进领导小组办公室这一平台，切实履行好城市综合管理的统筹、兜底职责，强化系统研究，强化兜底协调，强化基层基础，强化顽症整治，强化标准建设，加快构建符合上海超大城市特点的城市综合管理格局。重点将抓好以下五个方面工作：

一是继续推进区域生态环境及顽症难题整治。上半年全面完成浦东合庆镇、青浦青东农场等第一批11个区域生态环境综合整治任务，全面巩固整治成果，防止反复和反弹；按照滚动实施、成片推进的思路，全面启动第二批17个市级地块的重点区域生态环境整治，强化区域联动、水岸联动。持续开展违法建筑整治，细化分类处置措施，力争全年违法建筑拆除量不低于1400万平方米。继续扩大各区“无群租小区”创建规模，新挂牌数不低于本区域住宅小区数的10%，全年新发现“群租”整治率不低于80%。强化建筑垃圾和工程渣土全过程管理，建立市、区县两级供需信息系统和分类分段申报制度，加强消纳场所规划和建设，加快建立卸点付费机制。做好迪士尼乐园开园等相关重大活动及节假日市政市容环境保障。

二是切实加强住宅小区综合治理。住宅小区综合治理工作是本市创新社会治理、加强基层建设工作的重要内容。要牵头会同市相关部门和各区县，依托住宅小区综合管理联席会议制度，全面推进加强住宅小区综合治理三年行动，切实加强组织领导和统筹协调。要推动街镇切实落实住宅小区综合治理工作的主体责任，及时协调解决住宅小区综合治理中的具体问题。要进一步发挥居民区党组织、居委会的作用，加强对业委会日常运作的指导和监督，建立健全以居民区党组织为领导核心，居委会为主导，业主委员会为主体，物业服务企业、社区民警、城管执法、社会组织、群众团体等共同参与的居民区治理格局。要针对不同住宅小区类型和特点，指导业主在自行管理、委托管理等多种小区管理模式中选定适合的小区管理方式，建立无人管理小区的应急处置和临时代管机制。开展业委会工作规范年和物业行业规范服务年专项活动，试点将业主拒缴物业费纳入本市公共信用信息平台。加大政府购买服务力度，积极培育和支持社会中介组织积极参与住宅小区综合治理。持续推进住宅小区突出问题专项治理，年内完成3000万平方米居民住宅二次供水设施改造、90万户老旧住宅表前供电设施更新改造和900台使用15年以上老旧住宅电梯安全评估；继续推进商品住宅专项维修资金历史遗留问题的解决，开展维修资金、公共收益管理专项整治活动，着力研究解决居民最关心、最直接、最现实的民生问题。

三是全面提升城管综合执法效能。贯彻落实中央关于深入推进城市执法体制改革改进城市管理工作的36条指导意见，继续深化完善本市城管综合执法体制机制改革，进一步明晰市、区县、街镇三级城管执法工作体系。继续推进执法重心和执法力量向街镇下移，确保基层城管执法力量配置全部到位，进一步完善“区属街管街用”和“镇属镇管镇用”的街镇城管执法格局。开展无序设摊、违法建筑、占绿毁绿等专项治理行动，稳步推进城管执法进小区。推进智慧城管建设，全面推行网上办案，基本建成市级城管执法指挥中心，构建统一高效的全市城管执法指挥系统。强化综合执法与专业执法、末端执法与前端管理的联动，加强行政执法与刑事司法的衔接。结合贯彻落实新修订的《上海市城市管理行政执法条例》及其实施办法，健全执法工作制度规范，完善执法程序，改进执法方式，规范执法行为。深入推进城管执法人员分类管理改革，加强队伍教育培训、日常管理和监督检查，提升依法履职能力和为民服务水平。

四是充分发挥网格化管理平台功能。全面完成街镇网格化综合管理中心系统平台的建设，推动街镇网格化综合管理中心有效运转。全面施行新的网格化综合管理标准，完善网格化管理的数据分析、考核评价等运行机制。继续推进网格化管理向住宅小区和农村地区延伸，向市场监管、街面治安等社会管理领域拓展，推进郊区基本管理单元网格化机构和村居工作站建设。加强网格化管理与“12345”、“12319”和“962121”等热线的联动和衔接，提高网格化综合管理实效。

五是研究推进城市综合管理标准体系建设。牵头会同市、区县相关单位，按照对标一流、补齐短板、分类指导、综合管理等原则，组织开展上海城市综合管理标准体系课题研究，探索构建上海城市综合管理标准体系框架，初步形成城市综合管理标准目录，力争上半年形成阶段性成果。按照边调研边出成果的要求，年内力争编制、修订和发布一批城市管理和服务标准，并选择部分区县和行业开展试点，同步研究起草加强城市综合管理标准体系建设的指导意见，加快构建与上海超大城市特点相适应的城市管理标准体系。

第二，着力加快推进城乡建设。坚持管理引领建设，把设施补短板放在基础设施建设的首要位置，把低影响开发理念贯穿建设全过程、全环节，充分发挥重大工程建设在稳增长、调结构、促转型中的积极作用，着力推进重大工程，着力完善郊区设施，着力加强地下建设，着力保护历史风貌，进一步完善枢纽型、功能性、网络化城乡基础设施体系。重点抓好以下四方面工作：

一是加大重大工程协调推进力度。2016年重大工程项目总数集中、开工项目集中、动迁和绿化搬迁集中，共确定正式项目101个，预备项目31项，是近年项目数最多的一年；新开工项目约20项，前期审批、证照办理、动拆迁等任务相当繁重。要紧紧依托市重大办这一平台，进一步加强协调推进。加快推进建设方案落地，建立健全项目建设方案落地责任制，研究建立项目前期成熟度的指标评价体系，切实提高项目前期成熟度。积极优化前期审批工作，重点抓好建设单位主体责任，同时推动审批部门健全制度，加强技术评审、工作承诺等非行政审批类要求的梳理，提高审批工作效率。加强市区协同联动，细化明确区县动迁任务清单，对区县动迁腾地等进一步给予政策支持。聚焦轨道交通、市政道路等重点建设项目以及中心城区排水系统等“补短板”项目，全力抓好重大项目的协调推进，进一步减少工程建设对市民生活和城市环境的影响，努力把重大工程打造成为行业科技创新应用的主平台。

二是加快重点区域和郊区农村设施建设。继续推进迪士尼、世博、虹桥商务区、临港地区、前滩等重点区域开发建设，进一步完善配套基础设施。全面推进黄浦江两岸地区公共空间贯通工程，实现杨浦大桥至徐浦大桥段贯通10公里，新增滨江公共开放空间约75公顷，进一步提升黄浦江两岸地区公共空间品质，加快打造世界级的滨水公共活动空间。贯彻落实本市推进城乡一体化建设的指导意见，继续推动基础设施建设投入向郊区农村倾斜，加大郊区县及新市镇基础设施建设力度。牵头研究制定实施农民集中居住的指导意见，理顺推进的体制机制，明确支持政策和相关标准。

三是大力推进地上地下立体化建设。加强城市地下管线建设管理，研究制定加强地下管线综合管理的规章；年内全面完成全市地下管线普查，基本建成地下空间基础信息平台一期。结合新城新区建设、旧区和道路改造、地下空间开发等，同步推进地下综合管廊建设，重点推进临港新城北岛西路等地下综合管廊建设试点，力争全年开工建设15公里；同步研究制定地下综合管廊相关管理办法。加快编制架空线入地规划，重点推进黄浦区老外滩地区1.5公里架空线入地。积极推进海绵城市建设试点，年内发布试行海绵城市建设技术导则和技术标准图集；大力推广透水路面，加快构建综合排水除涝体系。

四是更加重视历史风貌和历史建筑保护。在城乡建设和城市更新中，实行更加严格的保护制度，加大历史风貌保护区和优秀历史建筑的保护力度，为后代保留更多城市特色和时代风貌的历史建筑。研究建立近现代历史建筑的联合甄别和确认机制，对具有保护价值而尚未纳入优秀历史建筑保护名录的探索实施预保护制度。建立健全市、区县、街镇三级历史建筑保护管理体系，加强区县、乡镇历史建筑保护机构和队伍建设。严格规范历史建筑修缮改造使用行为，在黄浦等区开展优秀历史建筑普查并编制保护指南。积极开展本市历史文化名镇名村和传统村落保护利用，抓紧出台实施意见，启动浦东新区康桥镇沔青村、松江泗泾镇下塘村等一批名镇名村的保护和改造利用，留住上海乡愁。

第三，着力优化住房供应体系。以建立“购租并举”的住房制度为主要方向，聚焦住房保障体系和房地产市场体系，坚持以居住为主、以市民消费为主、以普通商品房为主，加快构建多层次、全覆盖的住房供应体系，努力改善中低收入家庭和新市民住房条件。重点抓好以下四方面工作：

一是加强住房保障制度建设及供应管理。结合国家住房制度改革，深化完善本市“四位一体”的住房保障体系。廉租住房方面，对符合条件的廉租住房申请家庭做到“应保尽保”，及时开展审核和配租，并优化完善实物配租运行机制；研究制订并适时出台廉租住房租金补贴标准调整方案、实物配租“先租后售”政策的具体操作办法。共有产权住房方面，颁布实施《上海市共有产权保障住房管理办法》及相关实施细则，加强共有产权保障住房交易处置和供后房屋使用行为管理。稳妥推进第五批次共有产权保障住房的轮候供应、选房签约，启动第六批次共有产权保障住房申请受理。公共租赁住房方面，继续做好市和区县公共租赁住房项目的申请供应工作，研究制订本市公共租赁住房（廉租住房）管理办法，推动公共租赁住房运营机构通过代理经租方式实现规模化经营。征收安置住房方面，合理提高货币化安置比例，适度下调征收安置房供应数量，同时加快完善保障性住房配建管理制度，特别是针对配建房源上市涉及税费、房源移交程序、分配使用要求等，细化出台政策意见。

二是大力推进旧区、城中村和旧住房综合改造。认真贯彻落实中央加快推进棚户区改造的要求，大力推进中心城区成片二级旧里以下房屋改造和零星旧改地块改造，年内完成改造55万平方米、受益居民约2.6万户。加大郊区城镇旧区改造力度，年内完成改造4.4万平方米、受益居民900户。继续开展国有农场危旧房改造。年内启动22块旧改“毛地出让”地块改造。力争完成中心城区33块在拆基地的收尾。全力解决在外过渡动迁居民安置问题，年内力争解决1.7万户。进一步拓宽旧区改造融资渠道，研究探索“政府购买旧区改造服务”等融资新模式。大力推进“城中村”改造，重点推进已批方案的39个“城中村”试点地块改造，基本拆平22个“城中村”改造地块；按照“成熟一个、启动一个”的原则，再启动一批“城中村”地块改造，并与产业结构调整、生态环境综合治理、历史文化名镇名村保护利用等有机结合，放大综合效应。坚持拆、改、留、修并举，加快推进旧住房综合改造，年内力争完成三类旧住房综合改造约300万平方米、受益居民6万户。

三是稳步推进保障性安居工程建设。按照国家要求和市政府确定的年度目标任务，新增供应各类保障性住房5万套，其中公共租赁住房4000套（间），共有产权保障住房和征收安置住房4万套，廉租租金配租和实物配租房源6000户（套）。着力发挥保障性安居工程的功能，加快完善大型居住社区内、外配套设施，加大53个外配套建设项目推进力度，力争基本建成12项；推进39个大型居住社区430项内配套项目建设，努力解决大型居住社区居民“开门七件事”问题，不断提高大型居住社区的入住率和便利度。

四是努力保持房地产市场平稳健康发展。认真贯彻落实中央和市委市政府关于房地产市场调控的要求，把控制房价作为房地产市场调控的重要目标，从严执行住房限购、差别化税收信贷等政策，在支持首套自住和改善性居住需求的同时，坚决抑制投机投资性购房需求。加强房地产市场监测监管，强化房地产经纪机构备案和经纪人执业管理，规范房地产中介金融服务行为，加大对炒作房价等违法违规行为的处罚力度。要按照中央和市委加强供给侧调控的要求，与规划土地等部门一道，稳定本市住房供应总量，改善本市住房供应结构，切实落实好中小套型商品住房土地供应的各项政策措施。进一步完善二手房网上签约系统，年内全面推行二手房交易资金监管，确保市民房屋交易资金安全。积极盘活存量住房资源，大力培育和发展住房租赁市场，进一步扩大代理经租业务规模，着力规范住房租赁行为。更好发挥住房公积金作用，年内研究推出提取公积金支付物业费、装修费和异地贷款等实施细则，增强职工住房消费能力。

第四，着力保障行业运行安全。牢固树立安全为先的意识，始终把安全作为一切工作的底线，聚焦薄弱环节和重点领域，切实加强安全风险评估和隐患排查，切实落实主体责任和监管责任，切实创新安全监管方式手段，切实加强应急保障能力建设，确保行业安全形势总体受控。重点抓好以下三方面工作：

一是切实加强城市房屋使用安全管理。完善房屋安全管理的法规，明确相关各方的管理职责。研究制订全市房屋普查方案，及时掌握全市房屋基础数据，督促业主定期开展房屋安全检测，实现居住房屋和非居住房屋安全监管的全覆盖。加快老旧住房安全隐患处置，确保年内全面完成2014年排查发现的220余万平方米严重损坏房屋和2015年复查发现的3.63万平方米危险房屋的隐患处置。加强建筑玻璃幕墙安全管理，切实落实安全维护各方责任。按照业主自愿、政府扶持、因地制宜、多元筹资等原则，加大旧住房修缮改造力度，着力改善旧住房的安全性能、使用功能和居住条件。修订完善农村低收入户危旧房改造政策，完成800户农村低收入户危旧房改造。

二是切实加强工程建设质量安全管理。更加注重工程建设质量安全的过程监管和执法问责。积极推进施工现场质量安全标准化管理，全面实施工程质量永久铭牌制度，落实工程建设五方主体的终身责任。建立项目经理质量安全行为记分管理系统，对项目经理项目的履职行为实行动态管理，记分达一定分值强制回炉培训，并逐步将管理范围扩大到项目管理的关键岗位人员。严格检验检测工作，强化政府对重要结构性、功能性建材的随机抽检以及对检测机构的动态监管。提高巡查频率和执法效能，探索引入第三方参与质量安全巡查。加强施工现场安全防护用品检测，筑牢安全防护的最后一道防线，进一步降低安全生产死亡事故。推进工程质量管理创新，加快研究出台工程质量责任保险制度。

三是切实加强地下空间、燃气等安全监管。加强全市地下空间的使用管理和统筹协调，落实地下空间权属、经营使用和管理单位的主体责任和区县、街道乡镇的属地管理责任，强化地下空间的定期安全检查和隐患排查整治。加强燃气行业安全监管，加大非法经营液化气等行为的查处力度，在中心城区实施液化气全配送。持续推进天然气管道占压整治，力争上半年全面完成本市255处天然气管道占压整治工作，并建立健全管道占压整治长效机制。

第五，着力推进行业改革创新。坚持改革和创新双轮驱动，进一步优化住房城乡建设管理体制机制，进一步加大行业科技创新力度，全面提升行业的绿色化、工业化、信息化水平。重点抓好以下三个方面工作：

一是持续推进行业深化改革。积极推进机构改革和职能调整的相关后续工作。结合贯彻落实中央指导意见，研究理顺区县住房城乡建设管理体制，探索推动区县城市综合管理领域大部门制改革，推动房屋管理等管理队伍、管理资源下沉街镇。结合自贸区和浦东建筑业综合改革示范区建设，全面深化建设业体制机制改革，着力创新行业监管体制机制，探索取消总体设计文件征询，推进施工图设计文件审查改革，特别是要加快推进本市建设工程招投标体制改革，年内出台《上海市建设工程招投标管理办法》，区分不同项目投资来源实施分类监管，进一步强化投资人的主体责任，进一步优化监管流程、提高招投标效率，大力推行电子化招标投标。深入推进养护作业市场化改革，继续推进区县市场的全面放开，进一步完善技术标准定额体系、诚信体系和监管考核体系。推动本市中心城区燃气管理体制改革，同步修订《上海市燃气管理条例》。深化道路照明行业改革，逐步推行市区分工管理模式，扩大灯杆综合利用和节能改造试点，推进绿色照明和智慧照明。

二是加快转变建设发展方式。进一步加大装配式建筑推进力度，2016年起全市范围内符合条件的新建建筑项目原则上须采用装配式建筑，对不符合装配式建筑建造条件的新建项目实施“负面清单”管理。适应装配式建筑规模化快速发展需求，推动预制构件产能提升和市场化供应。鼓励设计施工一体化模式，提高住宅产业现代化和室内装修工业化水平。全面加快绿色建筑发展步伐，新建民用建筑原则上全部按照绿色建筑一星级以上标准建设；稳步推进建筑绿色化节能改造，年内落实200万平方米既有公共建筑节能改造。大力发展绿色建材，建立绿色建材评价标识管理制度。深入贯彻落实环境保护和建设三年行动计划，全力推进固废污染防治等任务落地。进一步完善配套支持政策，推进建筑废弃混凝土资源化利用，力争全年建筑废弃混凝土利用量达到200万吨。扩大建筑信息模型技术应用试点，规模以上的市重大工程、浦东新区政府投资工程以及部分重点功能区域内的工程，在设计或施工阶段全面应用BIM技术，力争到年底全市BIM技术应用项目达到260个，其中设计、施工、运营全生命周期的应用比例达到60%以上。

三是推进住房建设管理数据资源整合共享。推动信息化在上海城市管理领域的深度融合和广泛应用，以信息综合支撑管理综合。加强上海市城市管理综合信息共享交换平台建设和应用服务，拓展数据资源共享范围，研究建立“共享交换平台运行机制”，推进资源整合、数据共享和信息交换。充分发挥建设市场信息平台功能，提升市场审批、技术审查、现场监管、监督执法的全过程信息化水平。完善和优化网格化管理、地下空间管理、燃气行业监管、道路照明管理、公积金管理等信息平台，积极推进住宅小区基础管理信息平台建设，加快建立统一的房屋数据库，进一步提升行业信息化监管水平。

加强自身建设，是做好上述工作的重要保障。新的一年，我们要按照市委、市政府“两高、两少、两尊重”的要求，进一步加强自身建设，持续推进简政放权，创新服务和管理方式，加强队伍作风建设，不断提高依法行政水平。一是要深化政府职能转变。继续深化建设工程行政审批制度改革，严格按照权力清单和责任清单，大力推进简政放权，推广网上办理和电子审批，加强对行业协会学会的指导和监督，积极稳妥推进评估评审机构脱钩改制工作。坚持放管结合，聚焦建筑建材业、房地产、物业服务管理等重点领域，不断创新监管方式，更加注重事中事后监管，更加注重行业诚信体系建设。要进一步夯实基础工作，切实做好房产权籍管理、落实私房政策、房屋征收管理、综合计划、信息公开、审计、信访、应急保障等各项基础管理工作。二是要提高依法行政能力。按照建设“法治政府”的要求，全面完成《法治上海三年行动计划》各项任务，加快推进住房城乡建设管理领域的立法工作，重点推动《上海市绿色建筑条例》《上海市建设工程材料管理条例》《上海市燃气管理条例》等地方法规和《上海市建设工程造价管理办法》《上海市石油液化气管理办法》等市政府规章的制订修订工作，同步推动完善行业相关规范标准定额，不断提高依法行政水平。三是要加强队伍作风建设。坚持高标准、严要求，自觉践行“三严三实”，牢固树立群众观点，严守政治纪律、组织纪律、廉洁纪律、群众纪律、工作纪律和生活纪律。要严格队伍管理，切实加强勤政建设，坚决防止不作为、慢作为，坚决纠正庸政、懒政、怠政等行为。要聚焦住房城乡建设管理领域的重点难点问题，着力加强调查研究和统筹协调，不断提升补短板、抓落实、抓推进的能力。

一、城乡规划、国土资源

（一）综述

2015年，在市委、市政府的坚强领导下，紧紧围绕“创新驱动发展，经济转型升级”的总体要求，主动适应经济发展新常态和资源环境紧约束的新形势，按照市委、市政府年度目标计划，根据规划建设用地规模“负增长”的要求和“两规融合、多规合一”的原则，强调底线思维、以人为本、可持续发展、城乡统筹和区域一体化等发展理念，深入贯彻落实2014年市委1号课题、市委2号课题成果，进一步弘扬城市精神，提升城市空间品质，全力推进总规编制工作、城市有机更新、重点地区转型升级、城乡一体化发展、土地二次开发、低效建设用地减量化、土地全生命周期管理等重点工作。

“十二五”时期，围绕上海“创新驱动发展，经济转型升级”大局，聚焦规划国土资源领域重点瓶颈问题，以提质增效为目的，以改革创新为动力，着力强化规划引领作用，着力提高国土资源节约集约利用水平，着力提升行政服务效能，着力强化队伍凝聚力、创造力、执行力和影响力，全力开展了新一轮城市总体规划编制、实施“五量调控”土地新政、建设全市统一的规划国土资源基础数据平台等一批对上海城市未来发展有长远影响的工作，进一步提升了规划国土资源工作对全市经济社会发展的引领和保障作用。

（二）城乡规划

【概况】 2015年是落实市第六次规划土地工作会议精神、主动适应和引领规土事业“新常态”、全面深化改革的重要一年。在这一年里，规划国土资源工作“全面发力、多点突破、蹄疾步稳、纵深推进”，一是新一轮城市总体规划纲要通过住建部审查，明确土地资源约束、人口调控、城市空间格局等作为“十三五”发展的基础；二是出台了《上海市城市更新实施办法》，更加注重城市的品质和功能，更加注重历史文脉的传承，更加注重区域的协同发展，也更加注重社会各方的共建共享；三是出台了《关于加强本市经营性用地出让管理的若干规定》不仅是土地全生命周期管理在范围上实现了从工业用地向经营性用地的全覆盖，更通过强制开发商持有物业等措施，房地产商的角色从开发商变成了城市运营服务商，市场主体从旁观者变成了城市共同责任体，有效促进了城市共建共享；四是成功举办了第一届“上海城市空间艺术季”，让群众看到城市空间可以在他们的参与下变得更美好，回归“人民城市人民建”、“以人为本”的本质；五是减量化工作取得了明显的成绩，工业用地规模绝对值首次实现了“负增长”。

深化土地制度改革创新，进一步提升节约集约用地水平。2014年初，市政府发布了《关于进一步提高本市土地节约集约利用水平若干意见》。根据上海实际，树立惜土如金、用土有方、守土有责的意识，明确“总量锁定、增量递减、存量优化、流量增效、质量提高”的规划土地管理总体思路，落实最严格的耕地保护制度和最严格的节约集约用地制度，努力提高土地资源经营的质量和效益，以土地利用方式转变促进城市转型发展。

【全面开展新一轮总体规划编制工作】 2012年起，在开展上一轮城市总体规划实施评估的基础上，市委、市政府于2014年5月6日召开第六次规划土地工作会议，正式启动新一轮总体规划编制工作。按照规划建设用地“负增长”、通过土地利用方式转变倒逼城市发展模式转型的要求，坚持“开门做规划”，将“四个转变”的规划理念和“六个突出”的发展导向贯穿规划编制和实施全过程。“四个转变”，即从规模扩张型规划向资源环境紧约束条件下有边界的规划转变、从单纯以经济发展为中心的规划向以促进人的全面发展为中心的规划转变、从注重目标制定的技术性文件向注重规划实施的综合性公共政策转变、从编制完成就一成不变的静态式规划向基于过程控制的可维护的动态式规划转变，以规划转型引领城市转型，以土地资源利用方式转变带动经济发展方式转变。“六个更加突出”，即更加突出节约集约、低碳生态的绿色发展，更加突出以人为本、注重品质的创新发展，更加突出区域一体、城乡统筹的协同发展，更加突出海纳百川、包容并蓄的开放发展，更加突出风险可控、具有韧性的安全发展，更加突出市民幸福、社会有序的和谐发展。目前，总体规划纲要已通过住建部组织的专家审查，正加快编制总体规划最终成果，预计于2016年完成。

同时，结合新一轮城市总规编制，上海作为第一批试点城市率先启动“新三线（永久基本农田、生态保护红线、城市开发边界）”划示工作，目前基本完成。划定永久基本农田，锁定上海未来农业生产空间。划定生态保护红线。按照“生态空间只增不减”要求，锁定上海未来生态空间基底。划定城市开发边界。落实规划建设用地“负增长”要求，锁定全市未来集中建设区范围。同时划定历史文化保护红线，锁定历史风貌保护对象范围。

【新城、新市镇加快规划，统筹城乡一体化发展】 积极参与2014年市委2号课题《推进本市城乡一体化发展研究》课题，结合新一轮城市总规编制，完善"中心城—新城—新市镇—小集镇—村庄"的城乡规划体系，按照"网络化、多中心、组团式、集约型"的区域空间发展模式，形成与长三角城镇群区域一体、协调发展的空间格局。着力提升"镇"的地位和职能，强化产城融合、公共服务、交通支持、环境改善和节约集约用地，发挥新市镇、小集镇对周边地区的服务和带动能力。目前，正结合新一轮城市总规编制，加快推进中心城规划评估、郊区新城和新市镇总规编制、村庄规划等工作。

【加快推进重点地区规划，优化城市功能布局】 充分发挥规划引领作用，推动重点地区功能转型。积极推进桃浦转型发展地区规划建设。贯彻落实市主要领导"21世纪城市发展理念"要求，突出产城深度融合，突出低碳绿色生态，突出人性化设计，把桃浦地区打造成上海创新发展示范区、中心城区新地标、产城融合新亮点。2014年以来先后完成国际成功案例研究、中央绿地国际方案征集和城市设计深化国际方案征集等开发前期工作。加快推进世博会地区规划。先后编制完成世博后滩地区结构规划和启动区控详规划、文化博览区城市设计方案等重要规划成果。加快推进国际旅游度假区规划。先后编制完成《上海国际旅游度假区结构规划》、《国际旅游度假区核心区过渡性开发规划实施方案》等。加快推进虹桥商务区规划建设。2011年11月，《虹桥商务区规划》经市政府批准实施。2012年以来重点完成机场东片规划编制工作。加快临港地区规划建设。按照"产城融合、提升人气"的原则，开展临港总规评估，着力推进控详规划全覆盖，其中重点推进了临港地区综合区先行试点区域、重装备产业区规划修编和公共租赁房等规划编制工作。加快推动黄浦江沿岸地区开发。以"整体发展、错位发展、复合发展"为方针，按照"全流域统筹、分区段推进"的要求，加快推进浦东前滩地区、徐汇滨江商务区规划。加快推动高桥石化等地区转型发展。规划建成集办公研发、居住、休闲、生态等功能为一体的滨水贸易商务区和低碳新型社区综合区，成为城市工业用地更新改造的可持续发展示范地。

【做好重要专项规划，提升城市服务能级】 年内，共规划两批23个大型居住社区，创新规划理念，以推动城市用地复合、加大支路网密度、缩减街坊面积、强调街道广场界面的规划控制为原则，创造公共生活丰富、街道界面尺度宜人的城市街区。开展全市轨道交通网络远景规划研究。规划至2040年轨道交通在区域公共交通中占主体地位，在中心城内、新城和中心城以及近沪城市之间、长三角城市和上海主要对外交通枢纽之间形成"45—60—90"轨道交通（含铁路）圈，进一步优化长三角区域城镇空间格局。编制上海市养老设施布局专项规划（2013–2020）。按照建成"五位一体"社会养老服务体系要求，以居家养老为基础、社区为依托、机构为支撑的养老服务格局为目标，明确了规模总量、空间布局、设置标准等规划导向。制定了多渠道提供土地资源、优先安排用地指标等相关实施配套保障政策。同时还完成了上海市商业网点布局规划（2014–2020）、《上海市公共体育设施布局规划（2012–2020）》等，均已获市政府批准。

【加快城市有机更新，完善控规管理体系】 加快推进城市有机更新。针对上海进入存量开发阶段的背景，研究制订了《上海市城市更新规划实施办法（试行）》，以提升城市功能、激发都市活力、改善人居环境、增强城市魅力为目标，探索引入市场资源，推动城市整体更新、有机更新。市政府于2015年5月正式批转实施，目前已在中心城及闵行、宝山等11个区开展了17个项目试点。进一步完善控规管理体系。制定了《关于完善本市控详规划管理的指导意见》，修订《上海市控详规划编制审批办法》，规范控详规划编制与审批工作。研究创新本市控规编制方法。以自贸区为试点，在坚持既有控规管理体系的基础上，形成对于转型地区的弹性指标控制体系；开展控规技术标准规范研究，重点推进技术准则和成果规范修订等工作。

【加强历史文化风貌保护，提升城市品质】 加强城市设计工作。通过建立上海城市公共空间设计促进中心、开展上海城市“空间艺术季”活动、成立“城市设计联盟”平台、完善“地区规划师”制度等举措，为上海城市设计营造良好的共建、共享、共治的“生态环境”。目前已在重点发展地区全面开展城市设计，将城市设计要素纳入控详规划附加图则，实行土地带方案出让。

加强历史文化风貌保护。开展历史文化风貌保护保留对象与范围的扩大深化研究，新增近百个“风貌保护街坊”、20条“风貌保护道路”、十余处“第五批优秀历史建筑”，形成了历史文化风貌区体系和由保留历史建筑、优秀历史建筑构成的历史建筑保护体系；开展了《上海市优秀历史建筑保护技术规定》修订工作，形成了优秀历史建筑“一图一表、图表合一”的管理文件。开展了《上海市历史文化风貌区和优秀历史建筑保护条例》修订研究。坚持“保护与使用相结合”的原则，推进积极性保护。重点针对保护对象、资金筹措和管理体系等提出新要求。开展成片历史风貌保护区调研，推动风貌保护由点状、标志性建筑保护向成片成块整体保护发展。

【完善土地新政配套政策体系】 一是会同市经信委等相关部门，联合制订了《关于本市盘活存量工业用地的实施办法（试行）》，明确了本市存量工业用地盘活的路径和操作办法，并在全市全面推开。二是制定了《关于加强本市工业用地出让管理的若干规定（试行）》（沪府办〔2014〕26号），明确本市工业用地全生命周期管理的管理规定，将项目建设投入、产出、节能、环保、就业等经济、社会、环境各要素纳入合同管理，实现土地利用管理系统化、精细化、动态化。在此基础上，2015年制定发布了《关于进一步加强经营性用地出让管理的若干意见》（沪府办[2015]30号）。三是与自贸区管委会联合发布了《中国（上海）自由贸易试验区综合用地规划和土地管理的试点意见》（沪规土资地[2014]443号），促进产业能级提升和业态融合发展。四是与市发改委联合发布了《关于推进上海市轨道交通场站及周边土地综合开发利用的实施意见》（沪发改城[2014]37号），探索通过土地混合和建筑复合利用方式，促进土地节约集约利用。五是研究制定了《上海市加快推进具有全球影响力科技创新中心建设的规划土地政策实施办法（试行）》，已于2015年7月由市政府办公厅转发。六是梳理调整不符合“五量”调控土地新政要求的法规及行业用地标准，研究制定《上海市节约集约建设用地标准》（征求意见稿），对30章96小类用地标准进行了规范调整。

【大力推进建设用地减量化工作】 落实规划建设用地“负增长”要求，以郊野单元规划为抓手，大力推进减量化工作。明确到2020年全市规划建设用地总规模从原来的3226平方公里调减到3185平方公里，合计减少41平方公里。重点是减少规划建设区外现状低效工业用地，实现建设用地总量不增加、布局有优化、功能有提升、环境有改善、土地更集约的目标，推进城乡一体化和新型城镇化发展。截至 2015 年 10 月，全市减量化已立项 1487 公顷，其中已复垦验收约 111 公顷，正在验收约 232 公顷，正在拆除复垦约 330 公顷，已完成签约即将拆除复垦约 358 公顷。

结合建设用地减量化和土地整治工作，落实《上海市基本生态网络规划》，遵循“聚焦游憩功能、彰显郊野特色、优化空间结构、提升环境品质”的规划理念，在郊区规划 21 处郊野公园，占地约 400 多平方公里，打造令市民向往的大都市郊区公共游憩空间。第一批 7 处试点郊野公园建设于 2012 年启动，规划总面积约 130 平方公里，其中廊下郊野公园于近期首先开园。

【探索建立城乡统一的建设用地市场】 积极参与市委 2 号课题“推进本市城乡一体化”和“空心村问题”专题研究，通过调研本市农村集体建设用地利用现状和存在问题，围绕推进上海新型城镇化和促进城乡一体化发展，重点开展郊区建设用地减量化、宅基地管理、集体经营性建设用地流转、征地补偿安置办法等政策研究，并形成《关于加强本市宅基地管理的若干意见》、《上海市农村集体经营性建设用地流转办法》、《关于集体建设用地跨村、跨镇域流转的试行办法》，在松江新桥镇审慎稳妥推进农村集体经营性建设用地入市试点工作。试点方案已于 2015 年 6 月得到国土资源部批复。

【推进不动产统一登记相关工作】 根据市委、市政府不动产统一登记要求，完成了不动产统一登记顶层设计工作。市编办已正式发文，在局内设立具有独立法人资格的市不动产登记局，负责组织实施全市不动产登记工作。在深入摸清房、地、农、林、海五项登记业务信息化需求基础上，建立了全市统一的不动产登记信息平台。对《上海市房地产登记条例》与《不动产登记暂行条例》等现行政策法规进行梳理，起草形成了上海市贯彻《不动产登记暂行条例》实施意见及不动产登记技术规定等文件初稿。

【加强违法用地和闲置用地处置】 完成全市土地执法监察体制调整。按照“权责一致、分级管理、重心下移、关口前移”原则，将相对集中的土地执法监察体制调整为市、区分工，市局、区县局、基层规土所三级联动的执法体系。市级部门重在政策设计和加强监管，区县负责实施本区域内执法监察的具体工作。加强违法用地整治。扎实做好每年度国土卫片执法检查工作，认真推进违法高尔夫球场清理等工作。2015 年 1 月起，在本市有耕地保护责任的区县深入开展违法用地综合整治三年行动。积极推进闲置、低效用地专项治理。通过开展工业用地专项清理、专项挂牌督办、实施在线监测和土地全生命周期管理等措施，继续加大闲置土地处置工作。

【进一步做好地理、地质地矿工作】 全国首家完成第一次地理国情普查和监测，形成全市土地覆盖分类、建筑物、道路、河流、植被、工矿企业、居民小区、医院及学校等各类专题地理信息成果，2015 年 8 月通过国家验收，部分普查数据已为新一轮总规编制工作服务。建立大型工程项目建设区域和重大市政工程沿线地面沉降监测和预警机制，与重大市政设施运营单位共享沉降信息。加强长三角地面沉降联防联控工作，分阶段落实《长江三角洲地区地面沉降防治规划（2014–2020 年）》。积极推进浅层地热能开发利用试点。

【加强服务型政府建设】 推进机关职能转变和机构改革。根据中央和市委、市政府工作要求，对局机关实施机构改革。在优化内部处室方面，为适应信息化建设需要、提升政府管理效率，成立了信息处；为加强公众参与、加强与人民群众的沟通联系，成立了公众参与处；为加强乡村发展指导、统筹城乡发展，成立了村镇发展处；为推进城市更新工作，在详规处增设了城市更新处的职能。在政事分开、管办分离方面，将市测管办、市城建档案办的行政职能划归局机关，相关事业单位具体承担测绘管理、城市建设档案管理的事务性工作。

进一步加大行政审批改革推进力度。突出规土融合、简政放权、系统联动，切实转变政府职能，进一步理顺市场、社会和政府三者的关系，理顺市、区（县）、街（镇）三级的关系，理顺管理、办理、监管三者的关系。梳理“权力负面清单”，制定新的《业务手册》和《办事指南》，促进依法行政、规范运行。市局机关着重做好规则、标准、工作平台，具体执行下放给区县和基层，进一步提升服务能级。

加强规土管理信息化建设。按照大数据背景下全市“一张图、一个平台”管理的要求，以不动产统一登记平台、测绘地理信息平台、总体规划战略数据库建设为契机，强化全覆盖、全过程、全系统的规划国土资源信息综合应用平台建设，努力实现信息数据的互联互通、资源共享。在审批系统升级方面，做到“机器管人”与“机器帮人”相结合，处理好服务有效和监督有力的关系。在重点项目建设方面，完善控详规划审批系统，加强入库控详规划应用和资源共享；推进“一书两证”审批系统升级改造，将项目审批全面纳入系统管理；完善综合竣工验收系统，纳入市政交通类项目及分期验收等特殊项目，实现综合验收全覆盖。

【城乡规划政策制定和规章制度建设】 修改地方性法规《上海市城乡规划条例》。上海市人民代表大会常务委员会发布了《关于修改〈上海市建设工程材料管理条例〉等12件地方性法规的决定》，对《上海市城乡规划条例》进行了修改，扩大了免于设计方案审查的范围。制定政府规章《上海市控制性详细规划制定办法》。对原《上海市城市详细规划编制审批办法》进行了修订，名称更改为《上海市控制性详细规划制定办法》，2015年9月7日经市政府第92次常务会议通过，于2015年11月1日起实施。《办法》主要解决以下几个方面的问题：一是完善控制性详细规划的编制审批程序，去除修建性详细规划相关内容；二是加强公众参与的可操作性和有效性；三是完善控规与专项规划的协调机制；四是规范控制性详细规划的弹性控制和修改。规范性文件清理工作。根据市政府法制办关于规范性文件到期清理的有关要求，对《关于加强公寓式办公建筑规划管理工作的意见》、《关于严格控制本市历史文化风貌区核心区保护范围内新建、扩建地下室规划管理的若干意见》、《上海市建设工程设计方案规划审批改革实施办法》等一批有效期届满的规范性文件进行了清理、修订，并重新发布。规范性文件制定工作。制定《上海市制定控制性详细规划听取公众意见的规定》。对制定和修改控制性详细规划过程中听取公众意见的活动作了规范，进一步保障了公众参与城乡规划的权利。制定《上海市城乡规划违法建设行政处罚裁量基准实施办法》。对未取得建设工程规划许可证和未按照建设工程规划许可证进行建设的违法行为区分尚可采取改正措施消除对规划实施影响的情形和无法采取改正措施消除对规划实施影响的情形，实施行政处罚作出明确的裁量基准规定，进一步维护了城乡规划的严肃性和权威性。

【城乡规划编制资质管理】 2015年，对13家单位申请甲级城乡规划编制资质进行初审，并报住房和城乡建设部审批；核定乙级城乡规划编制资质单位6家；核定丙级城乡规划编制资质单位2家。完成14家单位城乡规划编制资质证书信息变更工作。截至2015年底，全市共有城乡规划编制资质单位115家，其中甲级31家、乙级64家、丙级20家。

【完成新一轮上海市城市总体规划】 2015年深入推进新一轮上海市城市总体规划纲要和初步成果编制。总规纲要编制工作已全面完成，2015年8月24日至26日住房城乡建设部在沪组织召开总体规划（2015-2040）纲要审查会，正式通过审查，并发送至各区县和委办局作为下阶段工作的依据。

完成上海市土地利用总体规划初步成果编制工作：总体上与新一轮城市总体规划同步开展。根据“1+6”的前期研究专题框架，已形成土地利用总体规划前期研究专题成果，和新一轮土地利用总体规划大纲的阶段性成果，对战略目标、指标体系、空间分区、耕地保护、土地整治、保障机制等重点问题进行了深化研究。“新三线”划示方面：结合上海市新一轮城市总体规划和土地利用总体规划编制工作，率先启动了永久基本农田、生态保护红线和城市开发边界等“新三线”的划示工作。

结合总规编制工作，健全规划管理体系，适应转型发展要求，推动规划体系扁平化、高效化。全面推进全市规划管理体系的研究工作，形成了《关于上海市规划管理体系研究的工作方案》和《关于上海市规划管理体系初步研究的建议》，优化“多规合一”的空间规划体系。

推进新市镇规划，促进城乡一体化发展。目前，已形成《新市镇总体规划暨土地利用总体规划编制技术要求及成果规范》和《新市镇总体规划暨土地利用总体规划编制和审批规程》。青浦区华新镇总体规划暨土地利用总体规划已获批。嘉定区江桥镇、松江区佘山镇、奉贤区青村镇总体规划基本形成上报成果，将进入报批阶段。同时，浦东新区新场镇、川沙新镇、高桥镇、青浦区朱家角镇、练塘镇、金泽镇、嘉定区南翔镇、嘉定镇街道、金山区张堰镇、枫泾镇等10个历史文化名镇，已全面启动新市镇总体规划和历史文化名镇保护规划的评估、研究和编制工作。

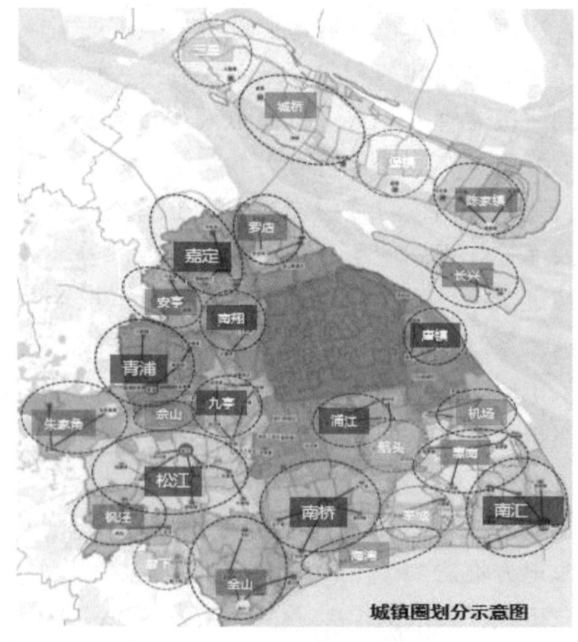

城镇圈划分示意图

机制。针对中心城区存在的城市能级不高、活力不足、历史风貌保护不够等问题，本市进一步研究制定了《上海市城市更新实施办法》。该办法强调了四个方面：一是强调以规划为引导。通过开展实施区域评估、制定更新计划和实施土地全生命周期管理等措施，聚焦产业转型发展和提升城市功能、品质与活力，突出公共利益优先；二是强调区域评估和统筹。避免单纯项目导向和更新地区碎片化，促进城市协调发展；三是强调共建共享的城市治理机制。积极推进公众参与，鼓励多方资源整合。四是强调建立企业、社会、政府等利益共享机制。为调动地方政府、企业两方面的积极性，在城市更新实施主体承担公益性责任前提下，允许原权利人按照规划调整土地用途；并将城市更新方式取得的土地出金返还区县政府，用于基础设施建设和城市环境改善。

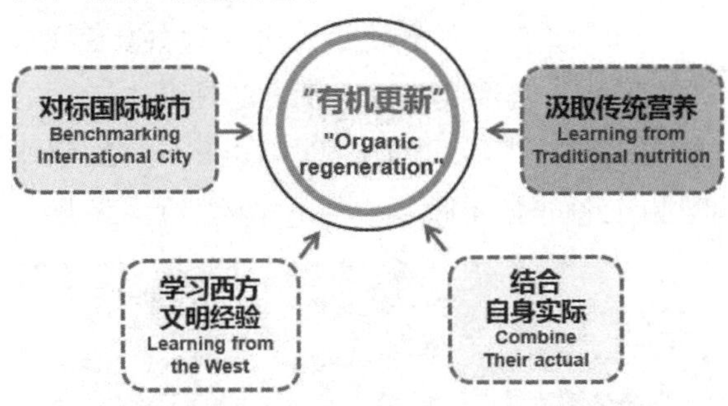

出台支持科技创新中心建设的规划土地政策。根据习近平总书记对上海加快向具有全球影响力的科技创新中心进军的要求，制定出台了《上海市加快推进具有全球影响力科技创新中心建设的规划土地政策实施办法（试行）》。一是鼓励支持产业园区平台建设发展，服务企业创新创业。二是完善园区配套设施建设，打造以人为本的产业社区。三是创新土地混合利用政策，鼓励产业融合发展。四是积极营造低成本创新创业环境。五是明确规划实施动态调整机制，提高运行效率。

【2015 年上海市核发“一书两证”情况】

项目	单位	数值
核发建设项目选址意见书	件	3295
用地面积	万平方米	6860.39
核发建设用地规划许可证	件	1730
用地面积	万平方米	5320.10
核发建设(建筑)工程规划许可证	件	2850
建筑面积	万平方米	4151.48

【重要专项规划】年内对生态、交通、产业、住宅、养老、文化、院前急救体系及危险品、地下空间、渣土管理等专项规划进行了研究探索并形成了方案，陆续实施。

生态专项，已编制形成本市生态保护红线规划方案，会同市绿化市容局开展本市公共绿地专项规划编制工作，按照至 2040 年人均公共绿地 15 平方米 / 人的目标要求，对已批未建公共绿地的可实施性进行逐一核对，对服务盲区增加公共绿地选址，目前已形成规划方案，下发各区县核对，计划年底前基本完成。

交通专项，围绕“一张网、多模式”规划理念基本完成全市新一轮轨道交通网络规划编制；国家铁路层面研究推进沪通铁路、沪苏湖铁路选线和上海东站选址工作；市域线层面研究并基本确定了市郊铁路网络方案；市区线层面结合全市轨道交通网络评估和“补短板”专项工作形成线网优化方案。

产业专项，依托《上海各区县工业发展布局规划（2015-2040）》编制，相关成果将作为总规工业和生产性服务业专项规划重要内容，纳入各区县总体规划成果体系。

住宅专项，开展住宅专项规划研究工作，在全球对标城市住房用地规模和发展空间和全市住宅用地规模预测及供地策略研究的基础上，以 2020 年人口调控目标为基础，梳理各区县现状住宅用地总量，比对已批控规住宅用地面积，并对各区县住宅建筑总量进行了分解、提出布局和政策分区导引。

养老专项，按照区域平衡原则，优化养老空间布局结构，落实各区县养老责任属地化，明确设置标准，分类分级指导区县养老设施落地。在社区居家养老方面，形成15分钟服务圈，实现城镇社区和农村全覆盖。同时，鼓励利用存量改造提升养老机构。目前，各区县养老设施布局专项规划编制工作已全部完成，并获得市政府批复。

文化专项，为落实韩书记提出的“要尽最大的努力提升上海的城市文化内涵，研究怎样在思想理念上注入文化的概念，深入挖掘上海自己的文化内涵”的指示精神，由市规土局和市委宣传部牵头，市发改委、市文广局共同参与，市社科院为主要研究力量，市规划院、同济规划院等研究机构共同配合，开展提升上海城市文化内涵调研工作。

院前急救体系专项，2015年初市领导牵头组建的“加强本市院前急救体系建设”课题组，市规土局等15个部门参与共同形成了“1+5”配套政策文件，目前由市政府正式发文《关于加强本市院前急救体系网络布点、硬件设施和信息化建设的实施意见》。按照“统筹规划、整合资源、合理配置、提高效能”的原则，建立科学的测算模型，采用基于时间成本的可达性分析方法，运用GIS、Dijkstra等分析工具，合理确定院前医疗急救网络规划，并纳入城市总体规划中的卫生设施专项规划。

危险品、地下空间、渣土管理等涉及安全底线的专项，会同市安监局开展规划编制危化品设施现状梳理，已完成第一批173个重大危险源的梳理工作；推进地下空间规划编制工作，已形成中期成果，已专报市政府；会同市绿容局，开展渣土消纳场所布局方案，计划征求相关区县和部门意见后，对规划成果进行完善，并纳入新一轮城市总体规划的环卫专项规划。

【重大项目专项规划】 年内完成轨交15号线、市天然气主干管网布局、竹园污水处理厂和沪通铁路二期等重大项目专项规划，完善基础设施建，推动城市绿色健康发展设。

1月，《上海市轨道交通15号线专项规划》获批。轨道交通15号线是贯穿本市中心城，位于中外环间的南北切向线，对加强中心城南北向交通联系、促进沿线地区发展、

方便居民出行以及进一步发挥轨道交通网络整体效益有较强作用。线路起于宝山区顾村公园站，至紫竹高新园区。线路总长约42.4公里，全部为地下线。全线共设锦秋路站、上海西站站、长风公园站、天山路站、桂林路站、上海南站站、虹梅南路站、元江路站、紫竹高新区站等26座车站。全线设三座主变电站：中宁路主变（与14号线共用）、虹梅路主变（与已建9号线共用）和南段车辆基地主变（与南段车辆基地结合设置）。全线设车辆段、停车场各一处，北段停车场为陈太路停车场，与轨道交通7号线共址，其中15号线部分占地约13.6公顷；南段车辆段经后续专题研究选于元江路，用地面积27.8公顷，于4月另行批复。

6月，《上海市天然气主干管网临港—上海化工区天然气管道工程专项规划》获批。该规划根据根据《上海市天然气主干管网系统规划修编（2007 ~ 2020年）》，在临港首站和上海化工区间建设6.0MPa超高压天然气管道，从东部进入上海化学工业区。该DN800、6.0MPa天然气主干管规划选线自临港首站接出，依次经妙香路、D2路、泐马河、两港大道、A3公路、浦星公路、新沪杭公路、南桥环城东路、南海公路、海思路、海航路、沿塘河、南竹港后接入上海化工区，管线全长约40公里。规划沿管道中心线设置7座阀室。

12月《沪通铁路二期（曹路－四团）相关设施专项规划》获批。结合沪通铁路曹路－四团段功能定位和技术标准的调整，对沿线相关设施进行了优化。规划新增徐行至太仓南联络线（上下行），上海市境内长度约180米，新增太仓南至陆家浜联络线（上行），上海市境内长度约3900米。规划新增外高桥中心站，服务外高桥港区，以集装箱海铁联运为主要功能，用地规模约61公顷。结合沪通铁路开行动车要求，于惠南地区大治河以北，上海绕城高速（G1501）以东约1.5千米处设置动车所，用地规模约35公顷。

【重点地区规划】深化世博后滩地区、三林滨江南片地区、徐汇滨江地区、上海国际旅游度假区（迪士尼）、桃浦科技智慧城、沪西工人文化宫等重点地区规划、优化城市的功能布局。

世博后滩地区：按照黄浦江两岸综合开发及世博地区发展要求，市规划国土资源局会同浦东新区政府、世博发展集团组织编制完成《世博会后滩地区后续利用结构规划》和首期启动的《世博会后滩地区低碳商务区控制性详细规划》，已报送市政府审批。按照以人为本、可持续发展的理念，后滩地区将进一步突出和强化公共活动中心功能，以成规模绿地空间，承载丰富的公共活动，延续世博记忆，营造具有高度开放特色、可举办公众盛会的活动节点，形成融商业商务、娱乐休闲和居住等功能为一体的绿色低碳公共活动区。

三林滨江南片区：三林滨江南片地区东至济阳路，南到南外环，西至黄浦江岸线，北至华夏西路（中环线），总用地面积447.4公顷，该区域总体规划中定位为楔形绿地，结构规划已经市政府批复。根据区位特点和交通条件，形成三个功能片区：中片区用地面积约241.7公顷，聚焦生态建设，构建大众化、生态型、开放性的城市公园，体现三林滨江楔形绿地的总体定位和功能要求；西片区用地面积约46.0公顷，发挥滨江优势，建设展示海派文化的生态特色小镇，提升地区公共文化和生态休闲功能，延续黄浦江两岸滨江生态、多元、开放、活力的特点；东片区用地面积约84.2公顷，依托轨道交通站点和已建路网系统，建设多元混合的居住社区，以满足三林滨江南片区当地居民的动迁安置房和配套需求，同时辅以少量商品房开发建设，确保楔形绿地顺利实施。地区开发总量控制在210万平方米以内。目前该地区已完成国际方案征集、三林滨江南片地区结构规划、上海市黄浦江南延伸段三林滨江南片区（Z000801单元）东区控制性详细规划、上海市黄浦江南延伸段三林滨江南片区（Z000801单元）控制性详细规划10、13街坊增补图则和16、17、18街坊控制性详细规划，后续将深化城市设计及专题研究，推进控详规划附加图则的编制工作。

徐汇滨江地区：2015年重点开展徐汇滨

江黄浦江南延伸段 WS3 单元城市设计国际方案征集及控详规划评估及修编工作。WS3 单元由瑞金南路 – 日晖港 – 黄浦江 – 龙华港 – 宛平南路 – 中山南二路所围合。功能定位是以生命科学和健康产业为特色的综合国际商务区，规划编制中探索了与衡山路 – 复兴路历史文化风貌区中地块城市更新的联动机制研究。目前，黄浦江南延伸段 WS3 单元的控规修编工作即将进入审批阶段。

上海国际旅游度假区（迪士尼）：为了配合国际旅游度假区一期乐园的开园计划，按照度假区指挥部统一部署，2015 年重点开展了北片区和西片区的规划研究和编制工作。北片区控详规划已完成任务书制定、公示和部门意见征询，下阶段将开展规委会审议，根据各方意见修改完善后，报市政府审批。西片区正在开展前期概念方案征集，下阶段将在方案征集的基础上，进一步完善控详规划规划研究报告，制定设计任务书。

桃浦科技智慧城：2015 年 6 月，市规土局、普陀区政府深化桃浦科技智慧城控制性详细规划。桃浦科技智慧城位于普陀区西北部的桃浦镇境内，东至铁路南何支线，南至金昌路，西至环西二大道，北至沪嘉高速公路。规划提出桃浦地区将聚焦“生态、业态、形态”三态合一的转型发展目标，实践产城深度融合、绿色低碳生态发展、人性化城市设计，打造面向 21 世纪的城区形象，形成以总部商务、科技研发、生态绿地为核心功能，居住、服务、休闲等配套功能的综合型城区。

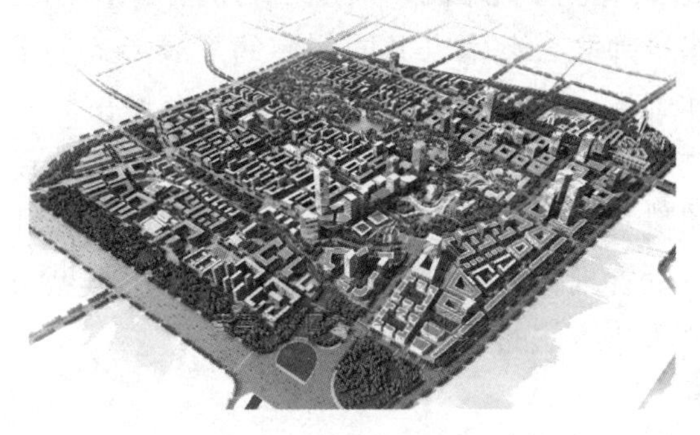

沪西工人文化宫：2015 年 1 月，市规土局、市总工会、普陀区政府启动普陀区中山北社区（C060201 单元）控制性详细规划 A2 街坊（沪西工人文化宫）局部调整。规划范围东至武宁路，南至普雄路，北至凯旋北路，西至曹杨路。规划沪西工人文化宫将按照“苏州河市级文化带的重要组成部分、市级综合文化休闲活动中心”的目标定位，完善区域文化展示、教育培训、休闲娱乐功能，建设形成市级公益性为主导，复合型、多元化、开放式的文化设施，并辐射带动周边区域城市环境品质的提升。

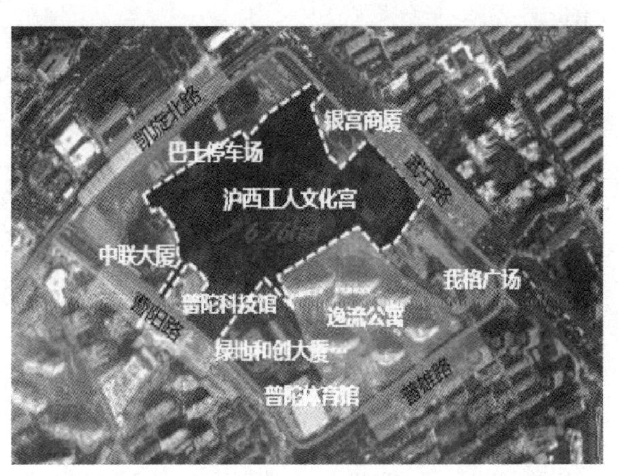

【城市雕塑】2015年，按照上海市及各区县雕塑布局总体规划，稳步推进上海市城雕项目的建设实施。根据上报资料统计，2015年上海新建城市雕塑43座，其中普陀、奉贤两区工作力度较大，分别新建16座与20座。普陀区立足“全国大学生公共视觉优秀作品双年展”的作品展览情况，结合主题统筹实施建设，进一步美化城市公共空间环境，持续发挥上海城雕流动展示平台的作用。创立建筑师联合艺术家共同创作的策展形式，举办了市“1+1空间艺术计划暨上海城市雕塑艺术中心十年回顾展”。通过城市雕塑建设和雕塑展览活动，依托城市文化，深化城雕建设管理体制机制建设，全面提升上海城市生活和居住的空间环境品质。

【地名管理】上海市地名管理办公室全年共批准各类地名575个。大力推进第二次全国地名普查工作，制定了《上海市第二次全国地名普查技术规程》和《上海市第二次全国地名普查实施细则》，创新普查工作思路、创新普查工作技术，将地名普查与地理国情普查相结合，与先进数据采集技术及天地图技术相结合，实现地名普查工作从以手工作业为主转变为以现代技术为主；从以外业和人海战术为主转变为以内业和诸多技术集成为主，有效提高工作效能和精度，推动粗放型的传统地名普查工作升级为现代化条件下的精细化、动态化、易后续维护的现代地名普查。

2015年上海市地名管理基本情况表

项目	数值（个）
审批各类地名	575
居住区和建筑物	341
道路	180
轨道交通车站	3
公共绿地与湖泊	3
批准地名专项规划	48

（三）土地管理

【概况】2015年，按照土地利用“五量”调控政策体系，优化土地利用计划管理，完善土地利用政策体系，提升郊区规划和土地管理，推进不动产统一登记、农村地籍更新调查。

建立完善了本市土地节约集约利用政策体系。3月，市政府转发了《关于进一步加强经营性用地出让管理的若干意见（试行）》（沪府办〔2015〕30号），进一步落实全要素、全生命周期管理要求。7月，研究制定了《上海市加快推进具有全球影响力科技创新中心建设的规划土地政策实施办法（试行）》（沪府办〔2015〕69号），贯彻落实了“加快向具有全球影响力的科技创新中心进军”的要求。开展用地标准的评估、研讨和修编，编制形成《上海市节约集约建设用地标准》（汇报稿）。

积极推进存量工业用地盘活工作。召开全市存量工业用地盘活专题工作会议，明确区县规土局、派出机构2015年存量工业用地盘活转型工作安排，全年共有11个区域或地块完成转型，总面积200.08公顷，另有46个区域或地块正在实施中。针对存量工业用地盘活中常见问题，编制了《关于存量工业用地盘活常见问题和典型案例》。

努力推进闲置土地处置工作。建立与新增用地供应的挂钩机制，分别将闲置工业用地与闲置经营性用地和新增用地供应挂钩，按要求处置完成后恢复供应。将企业自身原因闲置土地的企业、法人代表等纳入相关名单，在闲置土地处置完成前不得参与土地竞买。建立常态化的工作督促机制。每月通报各区县闲置土地总量、处置进度等情况；公开挂牌督办了国家土地督察移交的20幅典型案例；按照国务院大督查整改工作要求，配

合市监察局进行行政问责。全年共完成闲置土地处置 150 幅、515 公顷

深入推进建设用地减量化工作。出台了《关于印发 < 关于本市推进实施“198”区域减量化的指导意见 > 的通知》（沪规土资综〔2015〕88 号），初步建立“198”区域减量化政策体系。建立了“一地一档”制度、周报制度、例会制度、三级网络工作联席制度等，逐步形成了日常工作推进机制。2014 年、2015 年全市分别下达“198”区域减量化任务 650 公顷、700 公顷，至今年 10 月底，全市已累计完成项目立项 1578 公顷。

理顺郊区镇村规划管理体系。制定发布《关于进一步加强本市郊区镇村规划编制工作的指导意见》，明确未来镇村发展导向、规划体系及镇村规划编制重点。制定发布《上海市郊区镇村公共服务设施配置导则》，全面指导各项镇村规划编制和公共服务设施建设。完成《上海市新版郊野单元规划编制导则》，推进年度 31 个郊野单元规划编制。对全市村庄开展分类管理，制定发布《上海市区（县）保护村选点规划技术指引》，推进 9 个郊区县保护村选点工作。

推进实施不动产统一登记工作。7 月，设立市不动产登记局负责组织实施全市不动产登记工作。起草了《上海市贯彻 < 不动产登记暂行条例 > 实施意见》建议稿，制定了《上海市不动产登记技术规定》、《上海市不动产登记业务规则》初稿以及不动产登记所需各类表单和格式文书。

【土地利用年度计划及执行情况】按照市委、市政府的部署和要求，年度用地计划管理贯彻落实“五量”调控的总体要求，坚持统分结合、有保有压，坚持严控总量、优化结构，坚持突出民生、保障发展，合理安排用地计划，落实差别化、精细化管理。优先安排保障性住房、公益设施和社会服务类等民生项目，保障交通、能源、水利等基础设施项目落地，支持节能减排、环境保护和战略性新兴产业等建设。

【国有建设用地供应】全市全年供应各类国有建设用地 3407 公顷。

2015年上海土地利用年度计划及其执行情况表

项目		单位	数值
下达情况	上海市下达新增建设用地计划	公顷	2464
	市统筹新增建设用地计划	公顷	1358
	分配下达区县新增建设用地计划	公顷	1106
执行情况	新增建设用地	公顷	1935
	占全年计划	%	78
	市政公用设施等项目用地	公顷	1323
	工矿仓储项目用地	公顷	136
	经营性用地	公顷	475

2015年上海市国有建设用地供应情况表

用地性质	供地方式	面积（公顷）
住房用地	出让或划拨	739
保障性住房用地	出让或划拨	449.7
经济适用房用地	出让或划拨	85.8
动迁安置房用地	出让或划拨	346.7
公租房用地	出让或划拨	17.2
商业、办公用地	出让	193.8
工业用地	出让	317.4
公用设施用地	划拨	385.5
公共建筑用地	划拨	411.9
交通运输用地	划拨	989.6
水利设施用地	划拨	327.9
特殊用地	划拨	41.9
总计	—	3407

【减量化】按照市委、市政府的总体部署，市、区县、镇乡各相关部门通力合作，紧紧围绕建设用地“负增长”目标，采取“引逼”政策，以“198”区域工业用地为重点，着力推进低效建设用地减量化工作，努力践行“以土地利用方式转变,倒逼城市转型发展”的战略决策，形成了“认识统一、推进有力、成效初显”的减量化工作良好局面。

减量化支持政策体系初步建立。形成了以引导为主、倒逼为辅的“政策组合拳”，具体的政策要点体现在7个方面，即建立了新增建设用地计划与建设用地减量化工作的关联机制、新增建设用地计划周转指标制度、“上海版”增减挂钩政策、新增建设用地计划指标和规划空间奖励机制、市级专项资金补贴制度、集体经济组织和农民的长效增收机制、上级党委政府对下级的考核机制。除此之外，产业结构调整政策、环保政策也进一步向减量化区域倾斜。

减量化项目实施进展符合预期。2014-2015年，全市累计下达“198”区域减量化任务总量为1350公顷，其中2014年为650公顷，2015年为700公顷，并要求分别于2015年底、2016年底完成项目的竣工验收。截至2015年12月31日，已完成项目立项2195公顷（超两年任务总量的62%）；已完成验收面积约880公顷，其中已核发耕地确认书的为330公顷，已验收待发耕地确认书的为550公顷。

【耕地和基本农田保护情况】全面完成本市“十二五”期间的高标准基本农田建设任务，建成高标准基本农田148万亩。提高了耕地开垦费征收标准，从2.5万元/亩提高至8万元/亩。严格落实了耕地占补平衡制度，按照“占一补一、先补后占”的要求，全面落实了2015年新增建设项目的耕地占补平衡。大力推进土地整治项目实施，2015年全市各类土地整治项目补充耕地2641公顷。

【郊野公园】按照推进生态文明建设的要求，本市规划建设22个郊野公园。其中，首批试点建设嘉北、廊下、长兴、广富林、浦江、青西、松南7个郊野公园，规划总面积约130平方公里，正在实施的一期面积约50平方公里，一期内开园面积约30.6平方公里。10月，廊下郊野公园率先开园试运行，为广大市民增添了一处休闲游憩的好去处，也为当地农民带来了创收致富的新机遇，受到了广泛好评。首批试点的其它6个郊野公园建设也正在有序推进，已陆续建成并向社会开放。

【实施不动产统一登记工作】 国务院《不动产登记暂行条例》印发后，本市按照登记机构、登记簿册、登记依据和信息平台“四个统一”的要求积极推进贯彻实施各项工作。在登记机构方面，2015 年 7 月，市编委下发《关于整合本市不动产登记职责的通知》（沪编〔2015〕331 号），明确在市规土局设立具有独立法人资格的市不动产登记局（正处级）作为全市不动产登记机构，对市、区县房地产交易中心和市、区县土地登记事务中心等部门进行整合，组建市、区县不动产登记事务中心。在登记簿册和登记依据方面，起草了《上海市不动产登记技术规定（讨论稿）》、《上海市不动产登记业务规则（讨论稿）》以及不动产登记所需各类表单和格式文书，涵盖了现有房屋、土地、农村土地、林地、海域等不动产登记种类。在信息系统开发方面，结合国家和本市登记簿册规范和登记依据要求，经过系统开发、测试和试运行，2015 年 10 月，不动产登记信息系统建设完成并具备全市同步上线条件。同时，还完成了不动产登记政策业务培训、权证印制招投标等相关工作。2015 年 12 月，市政府印发《关于做好本市不动产统一登记有关工作的通知》（沪府办〔2015〕116 号），明确本市不动产统一登记的相关重要事项。根据国土资源部要求，截至年底，上海市不动产登记局，市、区县不动产事务中心三定职责全部印发，本市不动产登记职责机构整合工作全面完成。

（四）地矿管理

【概况】 地面沉降防治方面，会同水务等部门进一步做好地面沉降控制，推动长江三角洲地区地面沉降联防联控工作。浅层地热能开发利用方面，杨浦区平凉社区试点地块顺利推进；国际旅游度假区专项规划正加快编制。水土环境调查与监测方面，优化区域土壤与地下水质量监测网，会同市环保局形成了工业用地全生命周期管理土壤环境保护若干规定。

【地面沉降防治】2015年度，本市规划国土资源、水务、建设、交通等相关部门密切协作配合，协调联动，稳步推进和共同实施地面沉降防治工作。在继续实施严格的地下水开采和回灌管理的同时，进一步强化建设工程深基坑降水的管理，全市地面沉降得到持续有效控制。根据全市地面沉降监测统计，全市年平均地面沉降量约为5.1毫米，保持了稳中有降的发展态势，实现了年初制定的小于6毫米的控制目标，成效显著。但部分地区仍有不均匀地面沉降现象，仍需继续强化地面沉降防控工作。2015年地面沉降防治主要措施有：一是继续加强制度和标准建设。出台了《上海市建设工程基坑降水管理规定》，修订了上海市工程建设规范《地质灾害危险性评估技术规程》；二是继续开展地面沉降监测。完成了中心城区一、二等共2438.6公里的面积水准测量；完成每月1次共计1200公里的全市分层标组测量；完成共计65点的GPS地面沉降测量；完成基本覆盖全市的InSAR地面沉降监测分析；完成重大基础设施沿线地面沉降测量1366.2公里，及811.6公里的重大基础设施与区域高程基准联测工作；三是加强地面沉降监测和防治设施建设与维护。共完成4个基岩标、11组分层标、20口地下水动态监测井、5口地下水回灌井（应急供水井）的施工建设，同时，加强了地面沉降监测设施的日常巡查、设施维修、维护保养工作；四是强化地下水开采和回灌以及深基坑降水的综合管理。2015年全市地下水开采量继续保持大幅压缩态势，全市开采量为430万立方米，较去年压缩143万立方米。全市地下水回灌量为2328万立方米，较去年增加227万立方米。全市地下水位普遍逐年抬升，为控制地面沉降奠定了良好的基础。建设工程深基坑降水管理明确了建设单位对基坑降水的质量和安全负有重要责任，并建立了由建设单位牵头，会同勘察、设计、施工、监理、监测

单位的基坑降水管理联系人制度，降水工程规定必须安装抽水计量表具并予统计。五是稳步推进重大市政工程设施沿线地面沉降监测与安全预警工作。实施了重大基础设施沿线地面沉降监测设施（4座基岩标、11组分层标组）建设工作，开展了长期沉降监测工作，实现了监测数据共享，推进轨道交通数字化监护管理系统、市路政工程沉降监测信息管理系统的研发与优化，向轨道交通、外滩防汛墙、高架道路的运营单位提供沉降监测分析报告。六是继续推动长三角地面沉降联防联控工作。长三角地区地面沉降防治区域联动的工作机制日趋成熟，由市规土局与江苏省、浙江省国土资源厅共同完成了全国首个跨地区的《长三角地区地面沉降防治规划（2015–2020年）（上报稿）》，构建了跨地区的地面沉降信息平台。

【海岸带地质调查】继续开展“上海海岸带地质调查与监测预警示范”项目。全面完成了计划预定的野外实物工作量，2015年12月20日通过了青岛海洋地质研究所组织的野外工作专家验收，外业质量被评为优秀级。目前，上海海岸带1/25万地质调查主要工作已基本完成，初步建立了海岸带地质环境监测体系，各项专题研究工作有序推进。编制了《上海海岸带地质调查与监测预警示范实施方案（2016–2020年）》，围绕上海海洋经济发展对地质工作的需求，明确了下一阶段上海海岸带地质调查工作的目标任务和工作部署。

2015年上海海岸带地质调查完成实物工作情况一览表

项目	单位	数值
单波速测深	千米	7101
潮滩测量	千米	238
多波速测深	千米	1103
表层取样	站位	321
海堤沉降水准监测	千米	815

【浅层地热能开发利用】2015年，积极稳妥地推进浅层地热能开发利用工作。一是联合市发改委编制完成了《上海市地热能开发利用规划（2015–2020）》，并报国土资源部和国家能源局；二是继续开展上海市重点地区浅层地热能资源详查（2015）工作。共完成野外钻孔20个，总进尺2660m，完成16个孔的热响应试验，室内常规土样测试454件，热物参数测试452组，水质分析20套，完成了详查（2015）报告的编制，并通过专家审查；三是完成地温监测网建设及地温监测。完成新建闵行区马桥镇地温长期监测孔（OT13），松江区新浜镇地温长期监测孔（OT14），宝山区罗泾镇地温长期监测孔（OT15），崇明县新村乡地温长期监测孔（OT16），共计4处地温长期监测孔；完成杨浦区联通办公大楼、浦东新区鲜花港温室、崇明县智慧岛二期商业酒店3处应用工程跟踪监测场的建设工作，修建完善了徐汇区上海市委党校文体中心应用工程跟踪监测场。钻探总进尺2319米，原始地温测试957米，2组热响应试验，室内土工试验148组。完成已建监测网日常监测和维护年度工作；四是开展了浅层地热能科学实验场实验系统平台研究与应用（2015），完成青浦朱家角浅层地热能科学试验场地下换热器和监测孔的施工。共完成地埋换热孔137口，其中113个双U25型，24个单U32型，有效深度120米，总进尺16440米；完成监测孔13个，孔深120米，总进尺1560米。编制了浅层地热能科学实验场实验系统平台研究与应用工作报告（2015年度）；五是在积极推进以上基础研究的同时继续推进浅层地热能应用试点工作。杨浦区浅层地热能试点工作进展顺利，该项目已完成前期勘察测试和地源热泵系统设计工作，目前正在开展地下换热器施工。

图1：重点地区浅层地热能资源详查外业工作

重点地区浅层地热能资源详查（2015年）工作量

项目名称	单位	数量
钻孔	个	20
总进尺	米	2660
常规室内试验	个	454
热物参数室内测试工作	个	452
水质分析	件	20
热响应测试孔	个	16

图 2：完善上海市浅层地热能监测网络（2015 年度）工作

完善上海市浅层地热能监测网络（2015年度）完成工作量

实物工作量		数量
地温长期监测孔（4个）	总进尺（米）	612
	室内土工试验（组）	109
应用工程跟踪监测场（4处）	地温监测孔（个）	6
	地下水监测井兼地温监测孔（个）	5
	分层沉降标（个）	5
	地表沉降监测点（个）	17
	总进尺（米）	1707
	热响应测试（孔）	2
	室内土工试验（组）	39

表2： 浅层地热能科学实验场实验系统平台研究与应用（2015）完成工作量

内容		孔数（个）	有效深度（m）	数量
地埋换热孔	双U型	113	120	13560
	单U型	24	120	2880
地温监测孔		13	120	1560

（章竞）

（一）综述

2015年是“十二五”规划的收官之年，“十二五”期间上海强化重大项目带动作用，依托重点区域、产业基地，引进和集聚一批总部型、创新型重大项目，五年共推进建设472个重大工程项目，完成投资5814亿元。2015年上海市重大工程建设，根据市委、市政府的统一部署，聚焦产业结构优化升级、社会民生、生态文明建设、城市交通基础设施、新型城镇化等五大领域，年初计划安排正式项目83项，计划投资1070.86亿元，新开工9项、基本建成14项，预备项目24项。重大工程建设面对前期动迁腾地难、热点项目落地难、重点问题协调难，注重抓制度建设、抓协调推进、抓破解瓶颈，经各方的支持配合和共同努力，全年调整安排96个建设项目，实际完成投资1201.04亿元，占本市全社会固定资产投资18.9%；有肿瘤医院医学中心、浦东机场扩建三期工程、轨道交通15号线等23个项目实现开工；中国商用飞机公司能力建设项目、中环线浦东段、浦东机场T1航站楼改造工程等17个项目建成投入使用。

2015年，上海市重大工程年初共安排正式项目83项、预备项目24项，年计划投资1070.86亿元。一是投资建设产业结构优化升级项目17个，占项目总数的19.8%；年计划投资287.95亿元，占年计划总投资的26.9%。主要有上海天马5.5代AMOLED、紫竹新兴产业技术研究院等战略性新兴产业项目；中国商用飞机公司能力建设、上汽集团技术中心自主品牌研发中心扩建项目等先进制造业项目；上海国际金融中心、上海国际航运中心等现代服务业项目。二是投资建设改善民生重大社会事业项目13个，占项目总数的15.6%；年计划投资56.85亿元，占年计划总投资的5.3%。主要有黄浦江上游水源地项目；市属高校建设、复旦大学内涵能力提升和上海大学三期等教育设施项目；崇明体育训练基地、上海世博会博物馆等文体设施项目；新虹桥国际医学中心、瑞金医院肿瘤（质子）中心等卫生设施项目。三是投资建设节能减排、生态环保设施项目14个，占项目总数的15.6%；年计划投资123.19亿元，占年计划总投资的11.5%。主要是白龙港污水应急除臭等生态环境设施项目；淮南－上海特高压交流工程以及一批500千伏、220千伏输变电工程等清洁能源节能减排设施项目。四是投资建设城市交通重大基础设施体系建设项目34个，占项目总数的43.8%；年计划投资499.66亿元，占年计划总投资的46.7%。主要有浦东机场T1航站楼、洋山深水港区四期等对外交通设施项目；轨道交通17号线、18号线等轨道交通项目；中环线浦东段、北横通道等市域交通设施项目。五是投资建设新型城镇化项目5个，占项目总数的5.2%；年计划投资103.21亿元，占年计划总投资的9.6%。主要有保障性住房建设和第二轮大型居住社区外围市政配套项目；郊区垃圾无害化处理、郊区县下一代广播电视网建设及有线电视数字化整体转换等项目。六是预备项目转正及新增项目14个，主要有沿江通道浦西段、上海吴淞口国际邮轮码头后续工程、上海电力学院临港新校区一期工程等。

表1 2015年重大工程建设项目结构和投资规模

项目类别	项目数（个）	占总数比重（%）	计划投资数（亿元）	占总投资比重(%)
产业结构优化	17	20.5	287.95	26.9
社会民生	13	15.7	56.85	5.3
生态文明	14	16.8	123.19	11.5
交通基础设施	34	41	499.66	46.7
新型城镇化	5	6	103.21	9.6
调整项目	14–1		50.18	
合计	96		1121.04	

表2 2015年重大工程正式实施项目一览表

序号	项目名称
1	中航商用航空发动机公司产业基地建设项目
2	中国商用飞机公司能力建设项目 （总部、设计研发中心、制造中心、大飞机客服中心、大型客机强度实验建设等）
3	上海天马5.5代AMOLED项目
4	上海通用设计技术中心金桥基地暨金桥扩能项目
5	上汽集团技术中心自主品牌研发中心扩建项目二期、三期工程
6	中船长兴造船基地二期工程（第一阶段）
7	上海烟草集团科技创新园项目

序号	项目名称
8	上海国际金融中心（上海金融交易广场）
9	上海国际航运服务中心
10	世博A片区绿谷项目及B片区地下空间开发
11	虹桥商务区核心区基础设施配套项目
12	迪士尼项目一期工程及市政配套
13	西虹桥冷链物流园项目
14	紫竹新兴产业技术研究院
15	国家数字出版基地二期、三期
16	上海科技大学新校区一期工程、中科院浦东科技园二期
17	市属高校内涵建设（上海师范大学、上海理工大学、华东政法大学、上海第二工业大学、上海工程技术大学、上海中医药大学、上海对外贸易大学、上海海事大学等8所）
18	上海大学宝山校区扩建三期工程
19	复旦大学内涵能力提升项目
20	上海市第一人民医院改扩建工程
21	瑞金医院肿瘤（质子）中心
22	华山医院临床医学中心
23	眼耳鼻喉科医院异地扩建工程
24	肿瘤医院医学中心
25	新虹桥国际医学中心
26	上海国际舞蹈中心
27	上海世博会博物馆
28	崇明体育训练基地一期
29	长兴岛水系整治一期工程（含青草沙周边水系调整工程）
30	大泖港上游河道防洪（一期）工程
31	重点河道和泵闸工程（南横引河东段、新河港北延伸段、西河、淀东、西大盈、华新、虹口港、周浦塘、友谊河、芦潮港、新石洞、老石洞、西弥浦等17项）
32	白龙港片区南线输送干线完善工程
33	中心城区排水系统改造工程（大定海、新宛平、龙华机场、陇西、汉阳二期等5项）
34	黄浦江上游水源地金泽水库工程
35	黄浦江上游水源地连通管工程
36	黄浦江上游闵奉原水支线工程
37	上海华电奉贤南桥新城能源中心项目
38	5号沟LNG事故备用站扩建工程二期
39	淮南-南京-泰州-苏州-上海西特高压交流工程（上海境内）
40	500千伏输变电工程（虹杨、杨行变电站扩建、亭卫站主变扩建、顾路站主变扩建、苏州-上海交流特高压工程上海段500千伏线路配套改造等8项
41	220千伏输变电工程（团结、大渡河、闵东、提篮桥、亭大等33项）
42	浦东机场第五跑道
43	浦东机场T1航站楼改造工程
44	虹桥国际机场扩建工程东航基地（西区）二期配套工程
45	虹桥机场T1航站楼改造工程
46	沪通铁路（南通-安亭）上海段
47	洋山深水港区四期工程
48	平申线航道整治工程

序号	项目名称
49	杭申线航道整治工程
50	大芦线航道整治二期工程
51	大治河西枢纽新建二线船闸工程
52	赵家沟东段航道整治工程
53	轨道交通5号线南延伸工程（东川路站—南桥新城站）
54	轨道交通8号线三期暨集运系统工程（沈杜公路站—汇臻路站）
55	轨道交通9号线三期东延伸工程（杨高中路站—曹路站
56	轨道交通10号线二期工程（新江湾城站—基隆路站
57	轨道交通11号线北段（罗山路站—迪士尼乐园站
58	轨道交通12号线工程（七莘路站—金海路站）
59	轨道交通13号线一期工程（华江路站—南京西路站）
60	轨道交通13号线二期工程（南京西路站-华夏中路站）
61	轨道交通13号线三期工程（华夏中路站—张江路站）
62	轨道交通14号线工程（封浜路—桂桥路站）
63	轨道交通17号线工程（虹桥火车站站—东方绿洲站）
64	轨道交通18号线一期工程（长江南路站—航头站）
65	北横通道一期、二期工程
66	沪宜公路（S6公路—叶城路）
67	嘉闵高架南延伸（莘松路—联明路）
68	嘉闵高架北北延伸（G2公路—S6公路）
69	北翟路快速化改建工程（外环—中环）
70	中环线浦东段
71	东西通道（浦东段）拓建工程
72	虹桥商务区会展中心外围配套S26东延伸入城段、诸光路地道等市属道路； 虹桥商务区会展中心外围配套相关区属道路
73	虹梅南路-金海路通道（虹梅南路段）新建工程
74	虹梅南路—金海路越江工程
75	周家嘴路越江工程
76	长江西路越江工程
77	沿江通道越江隧道工程
78	保障房建设
79	第二轮大型居住社区外围市政配套项目
80	郊区县下一代广播电视网建设及有线电视数字化整体转换项目
81	郊区垃圾无害化处理设施（闵行、松江、奉贤、崇明、嘉定等5个区县）
82	崇明东滩基础设施开发项目
83	中国商用飞机公司民用飞机试飞中心
84	上海新昇半导体科技有限公司集成电路制造用300毫米硅片技术研发与产业化项目
85	梦中心B地块文化项目
86	上海吴淞口国际邮轮码头后续工程
87	公共消防站建设项目（南站、延安、中兴、前滩、吕巷、张堰、罗南、石洞口、 朱桥、望新、城中、泗泾、叶榭、中环、庄行、五洲、化三等17项）
88	上海电力学院临港新校区一期
89	白龙港污水处理厂提标改造工程
90	上海临港海上风电二期

序号	项目名称
91	浦东机场扩建三期工程
92	轨道交通15号线工程（顾村公园站—紫竹高新区站）
93	沿江通道浦西段
94	S7公路（S20公路—月罗公路）
95	普善路—万荣路—三泉路辟通改建工程
96	嘉闵高架南南延伸（莘松路—S32公路）

2015年，市重大工程建设年计划投资1070.86亿元，实际共完成投资1201.04亿元，占本市全社会固定资产投资总额的18.9%。

2015年重大工程计划新开工9个项目，实际有中国商用飞机公司民用飞机试飞中心、大泖港上游河道防洪（一期）工程、轨道交通13号线三期工程、嘉闵高架南南延伸等23个项目实现开工建设。

表3 2015年重大工程建设项目完成投资情况

项目类别	项目数（个）	完成投资额（亿元）
产业结构优化	19	310.22
社会民生	15	67.40
生态文明	15	140.50
基础交通设施	42	566.58
新型城镇化	5	116.34
合　计	96	1201.04

表4 2015年重大工程开工项目一栏

序号	项目名称	开工时间（年月）
1	中国商用飞机公司民用飞机试飞中心	2015.12
2	上海新昇半导体科技有限公司12英寸大硅片生产线建设项目（一期）	2015.7
3	上海吴淞口国际邮轮码头后续工程	2015.6
4	上海大学宝山校区扩建三期工程	2015.9
5	肿瘤医院医学中心	2015.11
6	崇明体育训练基地一期	2015.10
7	公共消防站建设项目	2015.12
8	上海电力学院临港新校区一期	2015.12
9	大泖港上游河道防洪（一期）工程	2015.3
10	白龙港污水处理厂提标改造工程	2015.12
11	上海临港海上风电二期	2015.11
12	浦东机场扩建三期工程	2015.12
13	沪通铁路（南通—安亭）上海段	2015.4
14	平申线航道整治工程	2015.6
15	轨道交通8号线三期暨集运系统工程	2015.12
16	轨道交通13号线三期工程	2015.11
17	轨道交通15号线项目	2015.12
18	轨道交通18号线一期工程	2015.12
19	沿江通道浦西段	2015.12
20	S7公路（S20公路—月罗公路）	2015.12
21	普善路—万荣路—三泉路辟通改建工程	2015.12
22	嘉闵高架南南延伸	2015.12
23	梦中心B地块文化项目	2015.12

2015年，重大工程计划14个项目建成或基本建成，实际有迪士尼项目一期工程及市政配套、中科院浦东科技园二期、中环线浦东段、长兴岛水系整治一期工程、轨道交通12号线工程等17个项目建成投入使用。

表5 2015年重大工程基本建成项目一栏

序号	项目名称	建成时间（年月）
1	中国商用飞机公司能力建设项目	2015.12
2	迪士尼项目一期工程及市政配套	2015.12
3	紫竹新兴产业技术研究院	2015.12
4	国家数字出版基地（二期、三期）	2015.12
5	中科院浦东科技园二期	2015.12
6	上海华电奉贤南桥新城能源中心项目	2015.12
7	浦东机场T1航站楼改造工程	2015.12
8	轨道交通11号线北段	2015.11
9	轨道交通12号线工程	2015.12
10	轨道交通13号线一期工程	2015.12
11	嘉闵高架南延伸	2015.10
12	中环线浦东段	2015.12
13	郊区县下一代广播电视网建设及有线电视数字化整体转换项目	2015.12
14	虹梅南路-金海路越江工程	2015.12
15	上海天马5.5代AMOLED项目	2015.12
16	西虹桥冷链物流园项目	2015.12
17	长兴岛水系整治一期工程	2015.12

优化重大工程前期工作机制，大力推进重大工程建设，确保计划节点受控。一是重点区域项目积极推进。世博区域央企总部集聚区大楼结构全部封顶；虹桥商务区核心区主要基础设施基本建成；国际旅游度假区核心区主要建设内容及市政配套基本完成；前滩地区主要基础设施完成建设；黄浦江两岸功能开发和基础开发并重发展；临港地区基本形成汽车、大型船舶、航空等设备和零部件制造基地。二是基础设施项目加快推进。轨道交通18号线等4条线路（段）实现开工；11号线迪士尼段等3个区段建成，新增通车里程40公里；17号线等5条在建线路（段）正在推进。中环线浦东段等项目实现通车，北横通道建设积极推进，嘉闵高架北北延伸全线开工，沿江通道越江段完成盾构始发井结构施工。洋山深水港区四期、浦东机场第五跑道加快建设，平申线、大芦线二期、赵家沟东段等航道整治工程全面开展。三是重大产业项目稳步推进。中国商用飞机公司能力建设、上海天马5.5代AMOLED、紫竹新兴产业技术研究院等项目基本建成；中航航空发动机产业基地、上海新昇半导体科技有限公司12英寸大硅片生产线建设项目（一期）、上汽集团技术中心自主品牌研发中心扩建项目等先进制造业项目顺利推进；上海国际金融中心、上海国际航运中心等现代服务业项目稳步建设。四是社会事业项目重点推进。黄浦江上游水源地闵奉支线、连通管、金泽水库等项目进入全面施工阶段，市属高校建设、复旦大学内涵能力提升等教育设施项目进展顺利。崇明体育训练基地、上海世博会博物馆等文体项目有序建设。新虹桥国际医学中心、瑞金医院肿瘤（质子）中心等卫生设施项目积极推进。五是生态环境项目大力推进。大泖港上游河道防洪工程、白龙港污水应急除臭等项目开工建设，淮南－上

海特高压交流工程以及一批 500 千伏、220 千伏输变电工程等能源项目稳步推进。六是新型城镇化建设项目有序推进。保障性住房建设和第二轮大型居住社区外围市政配套项目完成全年任务，郊区垃圾处理设施项目建设有序展开，郊区县下一代广播电视网建设及有线电视数字化整体转换项目基本建成。

（二）重大交通基础设施建设

【概况】2015 年，重大交通基础设施建设，坚持枢纽完善、功能辐射、网络集成，区域交通条件进一步改善，全年 42 个城市交通重大基础设施体系建设项目全面推进，完成投资 566.58 亿元。主要有浦东机场 T1 航站楼、虹桥国际机场扩建工程东航基地（西区）二期配套工程、浦东机场第五跑道、洋山深水港区四期、平申线、大芦线二期航道整治等对外交通设施项目；轨道交通 18 号线、17 号线等轨道交通项目；中环线浦东段、北横通道、沿江通道等市域交通设施项目。

城市对外交通设施建设。浦东机场第一航站楼改造完成，浦东机场扩建三期工程、沪通铁路（南通－安亭）上海段、平申线航道整治工程等一批项目落地启动；浦东机场第五跑道、虹桥国际机场扩建工程东航基地（西区）二期配套工程、虹桥机场 T1 航站楼改造及配套工程加快推进建设；杭申线航道整治工程航道工程完成，洋山深水港区四期工程正在积极推进，大治河西枢纽新建二线船闸工程、大芦线航道整治二期工程、赵家沟东段航道整治工程全面实施，上海城市交通辐射能力进一步加强。

轨道交通设施建设。开工建设 8 号线三期、15 号线、18 号线等 88 公里轨道交通线，建成 11 号线迪士尼段、12 号线西段、13 号线部分区段共 40 公里轨道交通线，轨道交通运营线路总长达到 588 公里，比五年前增加 165 公里。增强了郊区与中心城区的联系能力。

市域交通设施建设。沿江通道浦西段、S7 公路（S20－月罗公路）、普善路－万荣路－三泉路辟通改建工程、嘉闵高架南南延伸实现开工；北横通道、沪宜公路、嘉闵高架北北延伸、北翟路快速化改建工程、东西通道（浦东段）拓建工程、虹梅南路－金海路越江工程、周家嘴路越江工程、长江西路越江工程、沿江通道越江隧道工程等项目建设加快推进；中环线全线贯通，嘉闵高架南延伸建成通车进一步完善城市路网布局、改善区域交通条件。

【上海吴淞口国际邮轮码头后续工程开工】6 月，上海吴淞口国际邮轮码头后续工程开工。该工程位于宝山区宝杨路 1 号吴淞口国际邮轮港，地面建筑面积 55408 平方米，主要有两栋新客运楼、登船廊道和地面风雨廊组成。水工码头平台及新引桥建筑面积 80321 平方米。该工程将满足邮轮产业高速发展的邮轮靠泊需求，助力吴淞老工业区向现代化邮轮旅游集聚区滨江带调整转型，是上海邮轮母港建设的重要组成部分。

【浦东机场扩建三期工程启动实施】12 月，浦东机场扩建三期工程启动实施。该工程位于浦东机场区域内，主要建设内容包括卫星厅工程（建筑面积 62 万平方米）、航站综合体（建筑面积 12.59 万平方米）、行李处理与旅客捷运系统、飞行区滑行道桥、港湾机坪及站坪工程、生产辅助设施工程及相应市政配套工程等。工程建成后将有力提升浦东机场综合保障能力，加快浦东机场全球航空网络重要节点和国际门户枢纽机场的建设。

【沪通铁路（南通－安亭）上海段开工建设】 4月，沪通铁路（南通－安亭）上海段工程开工建设。该工程主要涉及嘉定区，工程线路从江苏太仓市经嘉定区工业园区、外冈镇、安亭镇接京沪线安亭站，线路长17.3公里（高桥线路）。同时配套建设既有京沪线安亭至黄渡增建第三、四线段5.88公里（路基线路），新建黄渡至封浜上、下行联络线7.7公里（高桥线路），新增安亭客车站。该工程的建设将加强上海市与江苏省经济联系，促进长三角地区经济一体化，完善区域路网布局，提高过江通道运输能力。

【平申线航道整治工程启动】 6月，平申线航道整治工程启动。平申线航道整治工程南起浙江省界，北接黄浦江上游横潦泾，航道里程19.30公里。工程主要内容包括上海境内航道开挖、护岸、支流桥、防汛通道、绿化及助航设施等；改建跨航道桥梁3座，另对朱平公路胥浦塘桥及S36亭枫高速桥桥梁主墩加设桥梁防撞设施。建成后，将推动内河水运业的快速发展，落实上海内河航道与长三角地区高等级内河航道网的对接目标，完善上海港集疏运体系和增强上海港对长三角腹地的辐射能力。

【轨道交通8号线三期暨集运系统工程启动实施】 12月，轨道交通8号线三期暨集运系统工程（沈杜公路站—汇臻路站）启动实施。该工程位于闵行区，工程线路起自沈杜公路站，止于汇臻路站。全线设沈杜公路站、三鲁公路站、闵瑞路站、浦航路站、东城一路站、汇臻路站等6座车站，均为高架线，并设浦江镇车辆基地1座，线路全长约6.69公里。工程加强了闵行区与中心城的快速交通联系，提高了8号线整体运营效益，完善本市轨道交通网络。工程采用的胶轮路轨制式具有噪音低、选线灵活等优点，本工程的建设对探索上海轨道交通多种制式发展具有积极意义。

【轨道交通13号线三期工程开始建设】 11月，轨道交通13号线三期工程（华夏中路站—张江路站）开始建设。该工程位于浦东新区。工程设中科路站、学林路站、张江站等3座车站，线路全长约5.254公里，均为地下线。本工程的建设可以改善张江地区出行条件，发挥13号线全线功能，扩大轨道交通网络覆盖范围。

【轨道交通15号线项目开始实施】 12月，轨道交通15号线项目（顾村公园站－紫竹高新区站）开始实施。该项目为上海市西部轨道交通的南北向径向线，途经宝山、普陀、长宁、徐汇、闵行等5个区。线路起自顾村公园，终于紫竹高新区站，全长42.3公里。线路均为地下线，共设30座车站，平均站间距1.44公里。

【轨道交通18号线一期工程启动建设】 12月，轨道交通18号线一期工程（长江南路站—航头站）启动建设，该工程位于宝山区、杨浦区和浦东新区，贯穿上海东北部与东南部的切向线，线路全长约36.8公里，均为地下线。轨道交通18号线一期工程的建设将促进上海市城市经济和社会的发展，引导城市合理布局、推动重点区域的建设。

【沿江通道浦西段新建工程开工建设】 12月，沿江通道浦西段新建工程（牡丹江路－江杨北路）开工建设。该工程东起G1501牡丹江路交叉口东侧，与沿江通道越江隧道工程衔接，西至G1501江杨北路交叉口西，全长3.89公里。建设内容主要包括沿江通道越江隧道工程高架主线、出入口匝道、同济路快速路、沿线地面道路，同步实施标志标线、信号灯、绿化、照明、排水、交通安全等辅助设施。工程建成后将完善本市高速公路网络结构体系，形成沿江沿海大通道，改善地区路网和市政基础设施条件，促进沿线地块开发建设。

【S7 公路（S20 公路—月罗公路）开工】 12 月，S7 公路（S20 公路—月罗公路）开工。该工程起于 S20 外环高速西北转弯处，沿界河杨泾北上经宝山区顾村镇、嘉定区马陆镇、宝山区罗店镇，终点至月罗公路，全长约 8.75 公里。S7 公路主线以主线收费站为界分两段，主线收费站以南为高速公路入城段，设计时速为 80 公里 / 小时；主线收费站以北为高速公路，设计时速为 100 公里 / 小时，规划红线宽度为 60 米，建设规模为双向 6 车道。在美兰湖路至月罗公路设置地面辅路为二级公路，设计速度 60 公里 / 小时，建设规模为双向 4 车道。该工程将完善上海的沿江沿海高速网，形成与长三角的多通道联系布局，构建一体化集疏运体系，支撑宝山、嘉定地区经济社会发展，为服务长三角、服务全国发挥重要作用。

【普善路 - 万荣路 - 三泉路辟通改建工程开始实施】 12 月，普善路 - 万荣路 - 三泉路辟通改建工程开始实施。该工程北至场中路，南至中山北路，总长约 5.5 公里。项目以延长中路为界分南北两段实施，按双向四快二慢断面进行布设，在穿越大宁灵石公园和走马塘 - 南何铁路支线处分别布置地道，同步实施架空线入地、排水工程、交通安全及管理设施和照明设施等附属工程。该工程将打通普善路 - 万荣路 - 三泉路通道，有效实现交通的合理分配，分流区域性中短距离交通，缓解共和新路、南北高架交通压力，提升路网整体功能，增强区域可达性。

【嘉闵高架南南延伸开工建设】 12 月，嘉闵高架南南延伸（S32- 莘松路）开工建设。该工程起于 S32 收费站以北（S32 立交和收费站不属于本工程设计范围），终点为莘松路（接莘松路 - 联明路段），其中春申铁路段长 442 米不属于本工程范围，主线路线实际长约 6.88 公里。该工程将完善虹桥枢纽周边道路系统布局，加强交通枢纽的辐射功能，完善市域骨干路网系统，同时分流外环线西段交通，缓解拥堵。

【浦东机场 T1 航站楼改造工程完成】 12 月，浦东机场 T1 航站楼改造工程完成，投入使用。浦东机场 T1 航站楼改造工程包括流程改造工程、行李及设备系统改造工程两部分，其中流程改造工程又包括扩建和改建两部分，改扩建总面积约为 116070 平方米，工程于 2012 年 12 月开工。浦东国际机场 T1 航站楼建成后，将提高浦东机场 T1 航站楼的年旅客处理能力，加强旅客中转及值机功能，为浦东机场航空枢纽港建设提供有力硬件支持。

【轨道交通 11 号线北段建成】 11 月，轨道交通 11 号线北段（罗山路站 - 迪士尼乐园站）建成。该工程位于浦东新区，线路北起罗山路站，止于迪士尼乐园，线路全长 9.16 公里，其中高架段 7.37 公里，敞开段 0.31 公里，地下段 1.47 公里。全线设康桥东站、横新路站、迪士尼乐园站等 3 座车站，其中康桥东站、横新路站为高架车站，迪士尼乐园站为地下车站。工程于 2013 年 5 月开工，轨道交通 11 号线延伸至迪士尼乐园后，将为该区域的交通质量带来极大的提升，有助于区域的发展。

【轨道交通 12 号线工程全线建成通车】 12 月，轨道交通 12 号线工程（七莘路站 - 金海路站）全线建成通车。该工程涉及闵行区、徐汇区、黄浦区、静安区、闸北区、虹口区、杨浦区及浦东新区。线路全长 40.42 公里，均为地下线。工程于 2008 年 12 月开工，东段（天潼路站 - 金海路站）已先建成通车运营，与 2015 年 12 月全线建成通车。本工程是上海近期轨道交通建设规划中的重要线路之一，串联了漕河泾技术经济开发区、龙华旅游区、北外滩综合开发区、东外滩复兴岛开发区、金桥出口加工经济区等多个重要地区。

【轨道交通 13 号线一期工程建成运营】 12 月，轨道交通 13 号线一期工程（华江路站－南京西路站）建成运营。该工程位于嘉定区、普陀区、闸北区和静安区，线路全长 16.44 公里，全为地下线。工程于 2008 年 12 月开工，其中西段工程（金运路站－金沙江路站）已建成通车运营；东段区间 2015 年 12 月建成通车试运营。本工程的建设对缓解沿线客运交通紧张状况，改善居民出行条件，疏解大型客流集散点的客流和支持重点地区的建设将起到重要作用。

【嘉闵高架南延伸建成】 10 月，嘉闵高架南延伸建成。该工程主线高架南起莘松路南侧，北至联明路北侧，与已建成的嘉闵高架（联明路～徐径中路）相接，全长约 5.334 公里。地面道路包括莘松路匝道连接道、莘北路—疏影路地面道路、顾戴路匝道连接道路、漕宝路—联名路段匝道连接道路等四段工程，长约 4.4 公里。主线高架采用城市快速路标准，设计车速 80 公里 / 小时，设计规模为双向 8 车道；地面连接道设计车速 30–40 公里，设计规模为双向 4 车道（局部路段 6 车道）。工程的建成，将提高虹桥综合交通枢纽服务保障功能，完善城市整体路网功能，改善地区交通条件。

【中环线浦东段建成通车】 12 月，中环线浦东段建成通车。该工程北起军工路越江隧道浦东出口，沿金桥路往南，过锦绣路后穿越张家浜楔形绿地，接申江路向南过龙东大道后，在高科中路南侧与现状中环线相接，全长约 9.44 公里。主线高架为城市快速路，按双向 8 车道布置，设计车速 80 公里 / 小时；地面道路为城市主干路，按双向 8 快 2 慢车道布置，设计车速 50 公里 / 小时。全线建有 2 座立交；设置 5 对上下主线平行匝道。本工程的建成将使中环线全线成环贯通，形成中心城区重要的交通保护壳，完善全市路网布局以及满足区域交通需求增长的需要。

【虹梅南路－金海路越江工程建成】 12 月，虹梅南路—金海路越江工程建成。该工程位于闵行和奉贤两区，北起虹梅南路永德路，南至西闸公路南，全长约 5.26 公里。工程覆盖圆隧道、基坑结构、排管、道路、箱涵、顶管、桥梁等工程，其中圆隧道段采用直径 14.93 米超大泥水平衡盾构实施掘进，总长 3.39 公里，奉贤岸上段长 0.66 公里，闵行岸上段长 1.21 公里。工程于 2010 年 7 月开工，2015 年年底建成，将分流 A4 部分中短距离交通，缓解莘庄立交及莘庄地区交通压力，促进郊区经济发展。

相关链接

北横通道

北横通道是申城又一条东西交通大动脉，堪称“地下延安路高架”，是上海市中心城区“三横三纵”主干路网的重要组成部分，沿线穿越长宁、普陀、静安、虹口、杨浦 5 个区，全长约 19.1 公里。其中，西段在北翟路立交衔接段采用高架形式，采用盾构形式穿越苏州河、长宁路、新会路等路段；中段采用高架形式实现与南北高架的硬连接；东段在虹口港以西采用明挖地道形式，虹口港以东采用地面道路扩容＋节点下立交布置形式。主线道路等级为城市主干路，设计速度 60 公里 / 小时，双向 4–6 车道，地面道路双向 6 车道；地面扩容段地面道路双向 8 车道，全线地面道路保留非机动车和行人通行功能。地下道路以通行中小型客车为主，通行净空高度3.2米。全线设置5对匝道、4处节点下立交、3处风塔、1处管理用房。匝道位置将依据地区交通系统规划和建设条件进一步优化，风塔和管理用房可结合方案深化在街坊范围内调整。

北横通道规划的公交专用道将成为上海最高等级的公交专用道，总长10.1公里，西起恒丰路，东至内江路，占全条通道19.4公里近一半路程。届时，公交专用道将用彩色路面铺装，并用隔离带与社会车辆隔离，以确保道路权专用。通道内平均公交站距约800米，而沿线站点设置也将充分考虑和1、2、4、8、10号线等轨道交通线换乘。由于是路中式公交专用道，将使公交车在路中央开行，加之有隔离设施，没有社会车辆干扰。而站点也设在道路中央，乘客可以通过路口的横道线进行通行实现两边的转换。专用道建设后，将进一步方便杨浦地区到市区新客站地区的出行，也可能减少一部分小汽车出行。

目前北横通道沿线地面道路，全线大致经长宁路－光复西路－苏州河－余姚路－新会路－天目西路－天目中路－海宁路－周家嘴路，在早高峰时段平均行程车速为每小时19公里，其中内环至江苏路段车速低于每小时15公里。晚高峰时段，平均行程车速为每小时16–17公里，其中，凯旋路至江宁路段、河南路至吴淞路段、大连路段等车速低于每小时15公里。初步估计，北横通道通车后，早晚高峰时段，开车从中环（北虹路）到未来的周家嘴路越江隧道，走完全程比现在走沿线地面道路可节约半个小时。

（三）重大社会事业项目建设

【概况】2015年，重大社会事业项目建设，坚持政府主导、民生优先、协调发展，全年推进建设15个项目，完成投资67.4亿元。主要有黄浦江水源地、公共消防站建设等生活设施保障项目；市属高校建设、复旦大学内涵能力提升和上海大学三期等教育设施项目；崇明体育训练基地、上海世博会博物馆等文体设施项目；新虹桥国际医学中心、瑞金医院肿瘤（质子）中心等卫生设施项目。

生活保障设施项目建设。黄浦江水源地、中心城区排水系统升级项目全面实施、公共消防站建设项目开工建设，进一步提高居民的生活水平。

教育、医疗卫生设施项目建设。市属高校内涵建设项目、复旦大学内涵能力项目、第一人民医院改扩建工程、瑞金医院肿瘤（质子）中心、华山医院临床医学中心、眼耳鼻喉医院异地扩建工程、新虹桥国际医学中心顺利推进；上海科技大学新校区一期工程基本建成。上海大学宝山校区扩建三期工程、上海电力学院临港校区、肿瘤医院医学中心开工建设，进一步提升教育、医疗条件。

文化设施设施项目建设。上海世博会博物馆、国际舞蹈中心加快推进。崇明体育训练基地实现开工；国家数字出版基地工程基本建成，进一步满足人民群众的文化生活需

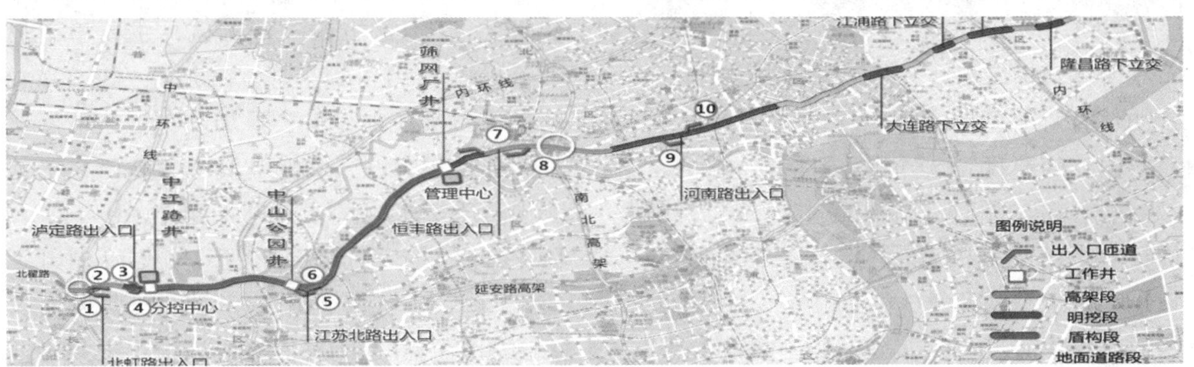

求。

【上海大学宝山校区扩建三期工程开工】9月，上海大学宝山校区扩建三期工程开工。该工程位于上海市宝山区南陈路333号，项目建设用地面积106420平方米，规划新建建筑面积133500平方米。建设内容包括：机自学院、材料学院、通信学院、土木学院、通用实验用房、微结构研究中心、外语学院、中欧学院、文学院、法学院、社会学院、社会科学学院、图书馆、行政楼、后勤配套用房以及三期用地范围内的市政总体工程。工程建成后，将进一步改善上海大学整体科研实验的设施和办公条件，优化校区功能布局、调整学科结构，提高学校服务国家、服务上海科技创新的能力。

【肿瘤医院医学中心开工建设】11月，肿瘤医院医学中心开工建设。该工程位于浦东新区上海国际医学园区，项目占地面积54092平方米，总建筑面积95469平方米（其中地上建筑面积68484平方米，地下建筑面积26985平方米）。项目分为东西两地块，东部地块主要建设医疗综合楼，西部地块主要建设科研楼，行政教学楼，动物实验楼，生活保障楼。工程建成后，通过整合质子重离子医院和医学中心，成为集医教研于一体的战略平台，为进一步探索国际临床诊疗部模式创造条件，推进上海卫生领域现代服务业的发展，奠定肿瘤医院在全国及国际肿瘤诊疗医疗市场竞争中的优势地位。

【崇明体育训练基地一期工程启动】10月，崇明体育训练基地一期工程启动。该工程位于崇明县陈家镇，总建筑面积189746平方米，拟建设篮球、手球、棒球等12个项目的室内体育训练场馆和室外体育训练场地，并建设运动员食堂、宿舍、管理用房、医疗康复、科研等配套设施。项目建成后，将有利于实现上海现有存量体育资源的盘整利用，合理全市体育训练场地布局，进一步提升上海竞技体育训练竞赛基础设施建设条件，提升上海体育综合实力。

【公共消防站建设项目开始实施】12月，公共消防站建设项目开始实施。该项目建设内容包括徐汇南站，长宁延安、中新泾，金山吕巷、张堰，宝山罗南、石洞口，嘉定朱桥、望新，青浦城中，松江泗泾、叶榭，普陀中环、武宁，奉贤庄行，化工区化三，静安中兴，浦东五洲、大团、前滩，杨浦江浦，闵行马桥、颛桥，虹口提篮桥等24个消防站。工程建成后将进一步完善上海市消防站布局，缩短火警出动第一到场时间，为社会经济发展提供有力的消防安全保障。

【上海电力学院临港新校区一期开工】12月，上海电力学院临港新校区一期开工。该项目位于浦东新区临港地区塘下公路5005号，规划建筑面积159063平方米，主要由新建公共教学楼、图文信息综合大楼、能源与机械工程学院、创新创业工程训练中心、能源特色区、体育馆及风雨操场、学生食堂、学生公寓及后勤用房、地下车库兼人防等组成。工程建成 将完善上海电力学院的办学功能，推动学校可持续发展。

【国家数字出版基地（二期、三期）建成】12月，国家数字出版基地（二期、三期）建成。该工程位于张江高科技园区中区，规划建设约32万平方米产业园区，主要由研发办公及配套用房等组成。二期项目（C-6-2及C-6-5地块项目）已于2011年实现竣工。三期项目包含的三个地块项目其中C-5-2地块项目于2012年12月开工建设，D-2-2及D-4-2项目分别于2013年5月及12月开工建设。张江中区数字出版（二期、三期）建设，将依托张江科技研发优势，进一步提高张江数字出版产业集中度、打通产业链和提升产业能级，构建龙头企业带动中小企业协同增效的产业发展新格局，形成资源集中，链条清晰、突出特色的数字出版产业基地。

相关链接

黄浦江上游水源地

黄浦江水源地集中原水供应始于上世纪八十年代，为确保原水水质及供应安全，上海市进行了黄浦江上游引水一期工程和二期工程建设，以松浦大桥取水口为水源。在青草沙水源地建成通水前，黄浦江松浦大桥取水口一直承担着为市中心城区供应原水的重要使命，上海西南的金山、松江、奉贤和闵行、青浦五区各自在呈开放式、流动性、多功能的黄浦江干、支流水域就地就近取水，“一区一点”的分散取水格局，使原水水质和供水保障极易遭受流域水体突发水污染等事故影响。为进一步提升城市原水供应安全保障能力，保障原水供应安全，全面改善和提升城市供水水质，继建成青草沙水源地后，2013 年 10 月，上海市政府正式批复同意《黄浦江上游水源地规划》，明确将青浦、松江、金山、闵行和奉贤五区现有取水口归并于太浦河金泽水库和松浦取水口。在上海西南地区形成“一线（指连通太浦河金泽至松浦原水厂一条输水主干线）、二点（指太浦河金泽和松浦二个集中取水点）、三站（指金泽、松江和松浦三座原水提升泵站）”原水连通格局，实现区域内正向和反向互联互通输水，进而实现黄浦江上游和青草沙两大水源地的互联互通、一网调水，以进一步提升全市供水安全能级。黄浦江上游水源地主要包括闵奉支线、连通管工程、金泽水库三大部分。

黄浦江上游水源地闵奉支线位于闵行区、奉贤区。工程主要内容为敷设原水输水管线 12196 米，其中敷设闵奉分水点至松浦泵站过江管，闵行方向原水管，奉贤方向原

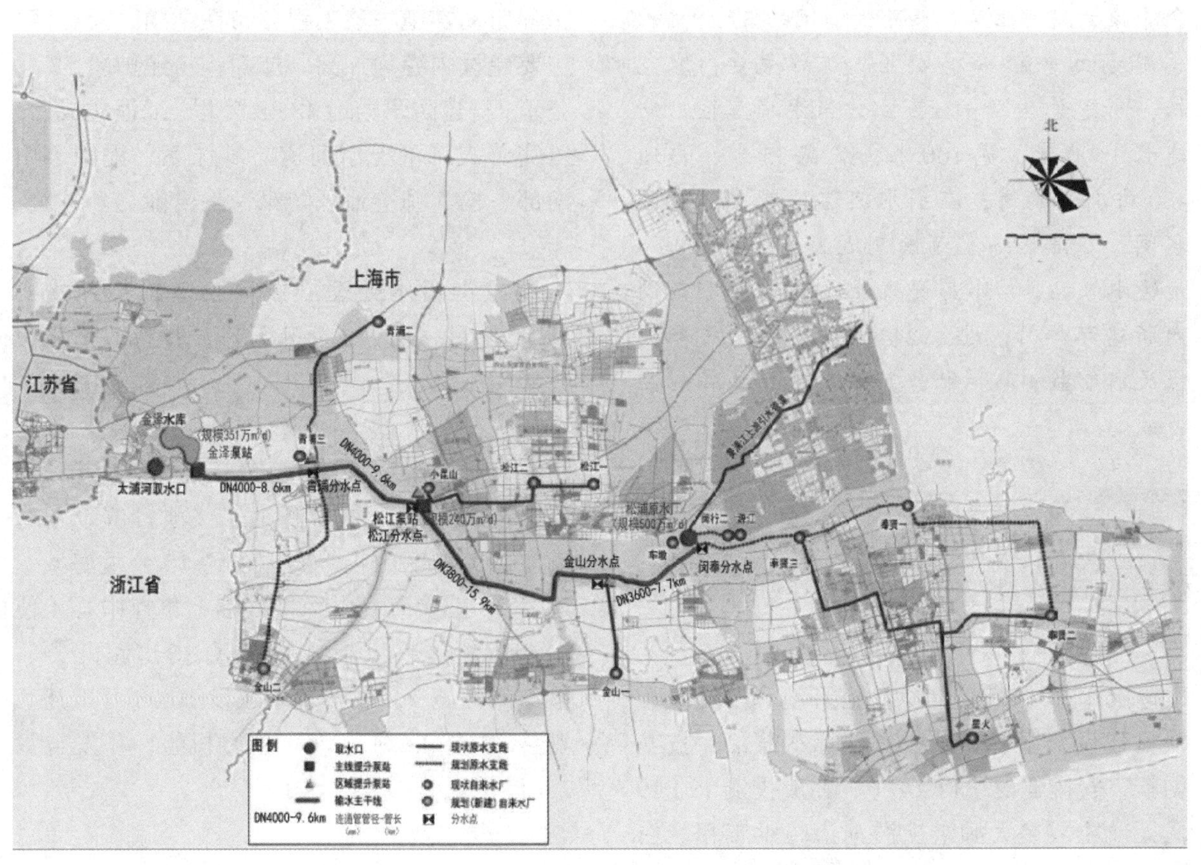

水管，新建闵行、奉贤受水点调节池及调流、稳压等辅助设施。闵行受水点占地7447平方米，新建11300立方米调节池1座，配电仪表用房建筑面积279.42平方米；奉贤受水点占地5789.87平方米，新建10200立方米调节池1座，配电仪表用房建筑面积248.56平方米。

黄浦江上游水源地连通管工程位于松江区、青浦区、金山区、闵行区、奉贤区，全长40.86公里。工程主要内容为新建由金泽输水泵站经青浦分水点、松江中途泵站（含松江分水点）、金山分水点、至闵至闵行分点的原水管线，管径DN3600–DN4000，总长0..86公里；新建松江中途泵站（含松江分水点）、建设调节池、增压泵房、变电所、辅助用房等，建筑面积8014平方米；新建青浦、金山、闵奉分水点，分别新建控制设备间、配电间仓库、补压塔等，三个分水点总建筑面积516平方米。

黄浦江上游水源地金泽水库位于青浦区金泽镇太浦河北岸，西距太浦闸约57公里，总用地面积2.7平方公里。工程主要内容包括：新建总库容910万立方米水库库区；新建长1500米、宽100米、底宽55米、占地480亩引水河道；在引水河道处新建三孔取水闸；在库区乌家荡南侧近太浦河处新建1座输水泵站；沿水库堤线外延50米保护范围内新建环库河；设置244平方米水文气象测报及水质监测站等配套工程。

（四）重大生态环境项目建设

【概况】2015年，重大生态环境和节能减排项目建设，坚持专项投入、标本兼治、技术创新，安排建设项目14个，完成投资123.19亿元。主要是大泖港上游河道防洪工程、白龙港污水应急除臭等生态环境设施项目；淮南－上海特高压交流工程以及一批500千伏、220千伏输变电工程等清洁能源节能减排设施项目。

生态环境设施项目建设。大泖港上游河道防洪工程、白龙港污水处理厂提标改造工程开工建设，长兴岛水系整治、重点河道和泵闸改造、中心城区排水系统升级全面推进；白龙港片区南线输送干线完善工程基本建成，生态环境不断得到改善。

清洁能源、节能减排设施建设。500千伏输变电工程虹杨站、220千伏输变电工程、淮南至上海特高压交流工程、5号沟LNG事故备用站扩建二期工程全面展开；上海临港海上风电二期开工建设；上海华电奉贤南桥新城能源中心项目基本建成，为全面实现上海节能减排目标作出贡献。

【大泖港上游河道防洪（一期）工程启动实施】2015.3月，大泖港上游河道防洪（一期）工程启动实施。该工程分布在金山、松江区，主要建设内容为加高、加固、新建护岸58.10公里，新建防汛通道48.83公里。工程建成后，可完善大泖港上游河道防洪体系，提高金山南部、松江泖港地区防汛、除涝能力。

【白龙港污水处理厂提标改造工程开始实施】12月，白龙港污水处理厂提标改造工程开始实施。

【上海临港海上风电二期开工】11月，上海临港海上风电二期开工。该项目位于南汇嘴东侧禁航区内，距离岸线约10公里海域，通过35千伏海底电缆接入陆上集控中心（位于浦东新区临港新城主城区B6道路北侧、世纪塘西侧）。项目规划建设10.08万千瓦，安装28台3.6兆瓦海上风电机组，年发电量2.6亿千瓦时。

【上海华电奉贤南桥新城能源中心项目建成投用】 12月，上海华电奉贤南桥新城能源中心项目建成投用。该工程位于上海市奉贤区南桥新城区域。项目规划建设2套9F级（2×440MW）燃气－蒸汽联合循环热电机组及配套供热管网，工程于2014年3月17日正式开工。建成投产后，将以清洁能源天然气为燃料，实现热、电联供，电力出线接入上海市电网，并通过配套建设的供热管网，向南桥新城区域周边工、商业用户集中供应蒸汽。对区域节能减排和促进整个南桥新城的生态环保和低碳经济发展具有积极意义。

【长兴岛水系整治一期工程基本完成】 12月，长兴岛水系整治工程一期工程基本完成。自2013年12月开始实施的长兴岛水系整治工程一期，主要由六个项目：一、青草沙水库引水2#工程。该工程，泵站总流量40立方米/秒，水闸口门净宽8米，闸口的控制流量为90立方米/秒。主要内容：新建泵站和水闸、开挖连接河道、新建连接堤、管理区布置和自动化监控系统等。二、圆沙泵闸工程。该工程节制闸净宽14米，单向泵站流量24立方米/秒。主要内容：新建泵闸、开挖河道、新建护岸、绿化布置、泵闸自动化监控系统和全岛水闸泵站计算机自动监控系统调度中心建设等。三、南环河水闸工程。该工程引水流量为24立方米/秒，口门净宽为24米。主要内容：新建水闸、管理区布置以及自动化监控系统等。四、河道疏通整治工程。本次工程共有9条河道，整治总长度为31.95公里。主要内容：疏浚河道及打通断头河、桥涵建设和景观绿化建设等。五、规划河道整治工程。本次工程共有8条河道，整治总长度为33.62公里。主要内容：新开及疏拓河道、新建护岸、景观绿化布置及桥涵建设等。六、青草沙水库周边水系调整工程。工程位于长兴岛，为规划北环河自梦思园度假村东侧向西至新生圩大堤内侧，约16.3公里的河道。主要工程内容为新开、疏拓河道16.3公里，沟通创建港等河道，新建新生圩泵站（6立方米/秒）；新建改建部分桥梁、涵闸（洞）、灌溉机站等。

（五）重大产业项目建设

【概况】 2015年，重大产业项目建设，坚持高端化、集约化、服务化，产业结构进一步优化，促进新技术、新模式、新业态、新产业“四新”经济发展，安排项目19个，完成投资310.22亿元。主要有上海天马5.5代AMOLED、紫竹新兴产业技术研究院等战略性新兴产业项目；中国商用飞机公司能力建设、上汽集团技术中心自主品牌研发中心扩建项目等先进制造业项目；上海国际金融中心、上海国际航运中心等现代服务业项目。科技创新产业项目建设。文化产业创新梦中心B地块文化项目启动建设；上海烟草科技创新园建设推进顺利；中科院浦东科技园二期、紫竹新兴产业技术研究院建成投入使用，强化了科技创新能力。

战略性新兴产业项目建设。中航商用航空发动机取得阶段性成果；中国商飞公司能力建设、上海天马5.5代AMOLED项目基本建成，加快了战略性新兴产业的培育。

先进制造业项目建设。上海通用设计技术中心金桥基地、上汽集团技术中心研发中心扩建二期工程、中船长兴造船基地二期工程进一步推进，中国商用飞机公司民用飞机试飞中心、上海新昇半导体科技有限公司集成电路制造用300毫米硅片技术研发与产业化项目启动建设，提升了先进制造业能级。

现代服务产业项目建设。世博AB片区地下空间开发及配套、上海国际金融中心、上海国际航运服务中心、虹桥商务区核心区基础设施配套项目取得重大进展；梦中心B地块文化项目、上海吴淞口国际邮轮码头后续工程开工建设；迪士尼项目一期工程及市政配套、西虹桥冷链物流园项目基本建成，推进了现代服务业重大载体的建设。

【中国商用飞机公司民用飞机试飞中心开工建设】12月，中国商用飞机公司民用飞机试飞中心开工。该项目位于浦东新区金闻路108号，规划建筑面积约13.8万平方米，主要建设内容包括民机试飞技术楼、测试厂房、倒班宿舍等。工程建成后将完善民用飞机产业链，填补国内民机试飞专业机构空白。

【上海新昇半导体科技有限公司集成电路制造用300毫米硅片技术研发与产业化项目开工】7月，上海新昇半导体科技有限公司集成电路制造用300毫米硅片技术研发与产业化项目开工。该项目位于浦东新区临港产业区，用地面积10万平方米，总建筑面积约12.8万平方米，分二期建设，一期包括中试楼A、中试楼B、生产厂房A、拉晶厂房、切磨抛厂房、动力厂房、10千伏开关站、气体站等；二期建设内容为生产厂房B及其他辅助生产设施。项目建成后将成为国内唯一的300毫米硅单晶生产与试验基地，具备单晶生产、单晶辊磨、切割、研磨抛光、外延、检验、测试和国际合作功能，将打破国际上300毫米硅片生产的垄断，形成国际竞争力，促进我国半导体产业发展。

【梦中心B地块文化项目启动建设】12月，梦中心B地块文化项目启动建设。该项目位于徐汇区龙水南路50号，总用地面积106224平方米，总建筑面积156541平方米（其中保留建筑14000平方米），地上13栋建筑单体，地上总建筑面积101541平方米，地下总面积55000平方米。该项目在保留旧有的工业建筑特色的同时，标志性的新建筑丰富了基地的多元性及活动性，以提供一个文化与艺术交融的公众活动作为发展目标，总体定位为黄浦江岸边永不落幕的文化剧院集聚地，文化产业创新发展新高地，国际都市休闲娱乐新地标。

【中国商用飞机公司能力建设项目基本建成】12月，中国商用飞机公司能力建设项目基本建成。中国商飞公司总部基地、中国商飞研发中心、中国商飞总装制造中心浦东基地、中国商飞客户服务建设项目、中国飞机强度研究所C919大型客机全机静力/疲劳试验室及配套设施建设项目五个部分组成。

【紫竹新兴产业技术研究院】12月。上海紫竹新兴产业技术研究院建成。该项目位于闵行区莲花南路，规划建筑面积4.2万平方米，主要由产业院总部大楼、两栋智能电网中心楼、食堂等组成。工程于2012年12月12日正式开工，2015年12月建成。工程建成后，将加强新能源、新材料、重大装备及先进制造、电子信息、生物医药等5大高新技术重点领域研发、中试、孵化能力的提高。

【中科院浦东科技园二期建成】12月，中科院浦东科技园二期建成。本项目位于张江高科技园区中区，北至海科路，南至环科路，西至集慧路，东至向阳河。总建筑面积113950平方米，包括音视频研究中心及太阳能研究与发展中心；低碳能源转化技术研究中心；清洁动力技术研究中心；微纳器件研究中心；新媒体无线技术研究中心；免疫化学研究中心；高新技术转移综合服务中心和云计算中心；城市公共安全研究测试平台；35千伏电站等9幢单体。

【上海天马5.5代AMOLED项目工程建成】12月，上海天马5.5代AMOLED项目工程建成投入生产。本项目建设地点位于浦东新区原上海天马微电子有限公司剩余地块（凌空路以东、汇庆路以西、龙东大道以南、小湾浜以北的地块）。计划建筑面积约为57574.69平方米，主要由OLED蒸镀封装主厂房、动力配套厂房和办公楼等组成。本项目将充分利用上海天马4.5代AM-OLED中试线的技术基础，规划建设一条5.5代AM-OLED生产线，主要包括：OLED蒸镀、OLED封装和后段相关生产能力。产品主要应用在移动终端、娱乐显示等中高端中小尺寸领域。相关产品技术指标达到同类产品市场应用水平，填补国内技术与产业空白。

【西虹桥冷链物流园项目建成运营】12月，西虹桥冷链物流园项目建成运营。项目位于青浦区华新镇华徐路西侧，占地面积83925.8平方米。工程建筑面积141529平方米，主要由1#-12#楼、商办楼地下室、14#-18#楼组成。项目以“冷链物流”为主要特色和核心功能，赋予“产业+商务”驱动模式，合理开发利用有关空间，打造国内领先的“冷链物流产业集聚区”，将建设大型集中式冷库四座，配置冷藏冷冻货位92000个，常温仓库二座，货位7600个。项目以“冷链物流”为核心，以“冷链”和“物流”关联产业为基本载体，以其他生产性服务业为辅助配套，以现代信息技术和互联网为支撑，打造核心突出、功能复合、布局合理、低碳环保、面向未来的示范性“冷链物流园”。

【迪士尼项目一期工程及市政配套基本建成】12月，迪士尼项目一期工程及市政配套基本建成。迪士尼项目位于上海市浦东新区，总面积24.7平方公里。一期乐园占地3.9平方公里，主要包括迪士尼主题乐园和配套工程。主题乐园共有6个片区、32项景点、17个主题演出和互动区域，并建有2个主题化星级酒店和大型零售餐饮娱乐区。市政配套具体包括围场河、中心湖、公交枢纽、西入口大道等“四个一”工程，园外9项市政道路工程，外围3条河段，以及轨道交通、电力、合流污水等工程。二三期乐园备用地3.1平方公里为过渡性开发区域，重点项目包括东环道路、东PTC、东雨水泵站、南PTH、购物村、绿地停车场、郊野公园、场地整理等。本项目是上海实现“四个率先”和打造世界著名旅游城市的重要载体之一、优化我国区域旅游产业布局，引领中国主题乐园行业向更高的建设、管理、服务水平发展。

相关链接：

中国商用飞机公司能力建设项目

中国商用飞机公司能力建设项目由中国商飞公司总部基地、中国商飞研发中心、中国商飞总装制造中心浦东基地、中国商飞客户服务建设项目、中国飞机强度研究所C919大型客机全机静力/疲劳试验室及配套设施建设项目五个部分组成。分别于2012年5月、2010年3月、2010年5月、2010年12月和2013年月开工建设，2015年底全面建成投用。

中国商飞公司总部基地项目位于浦东新区世博园B片区央企总部聚集区B02、03地块，用地面积1.8万平方米，总建筑面积13.4万平方米，地上建筑面积8.6万平方米，由一幢主楼和三幢辅楼组成。工程于2012年5月30日正式开工，2015年基本建成。工程建成后是中国商飞公司总部机构的办公地点及科研生产、经营管理和合作交流的中枢。随着中国商飞总部基地建成，中国商飞公司在上海地区“一个总部、三大中心”的战略新布局将基本形成。

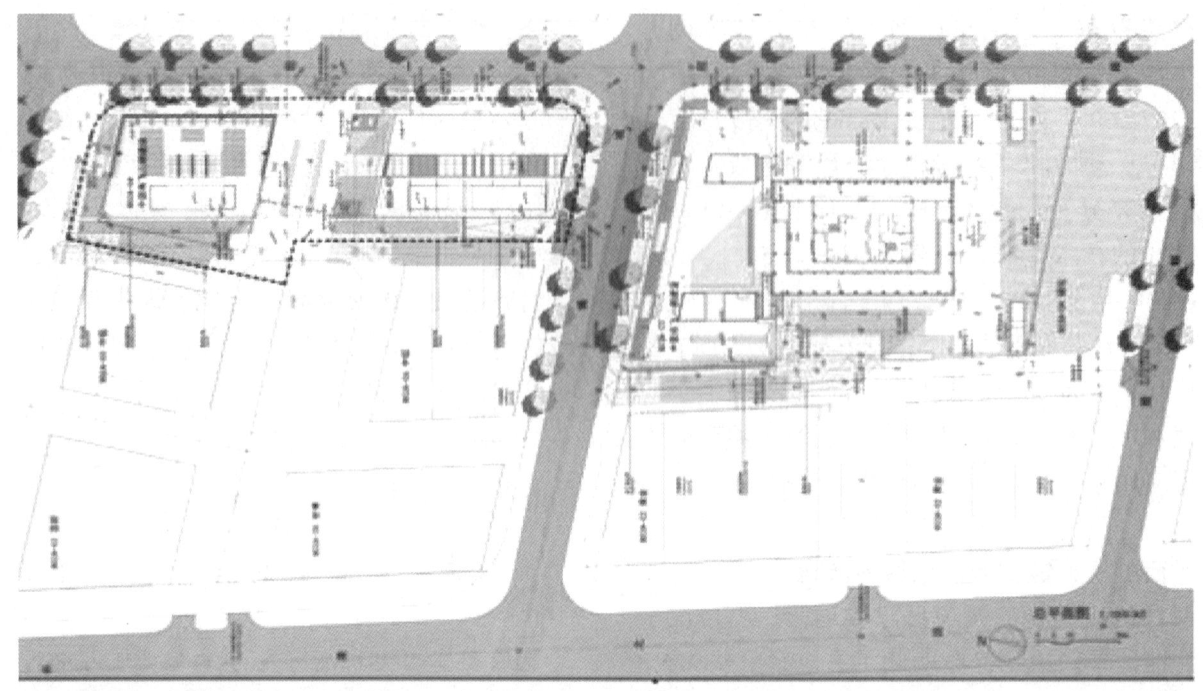

中国商飞研发中心项目位于浦东新区张江南区，用地面积约 70.7 万平方米，总建筑面积 10.4 万平方米。工程于 2010 年 3 月 5 日正式开工，2015 年 12 月基本建成。设计研发中心是中国商飞公司重点建设的三大中心之一，也是公司重点建设的五大核心能力之一，承担着大型客机、新支线飞机两大系列型号研制和民用飞机相关设计技术研究等重要任务。研发中心将代表中国民机一流的总体设计能力、超强的系统集成能力、独特的试验验证能力、快速的应用转化能力。

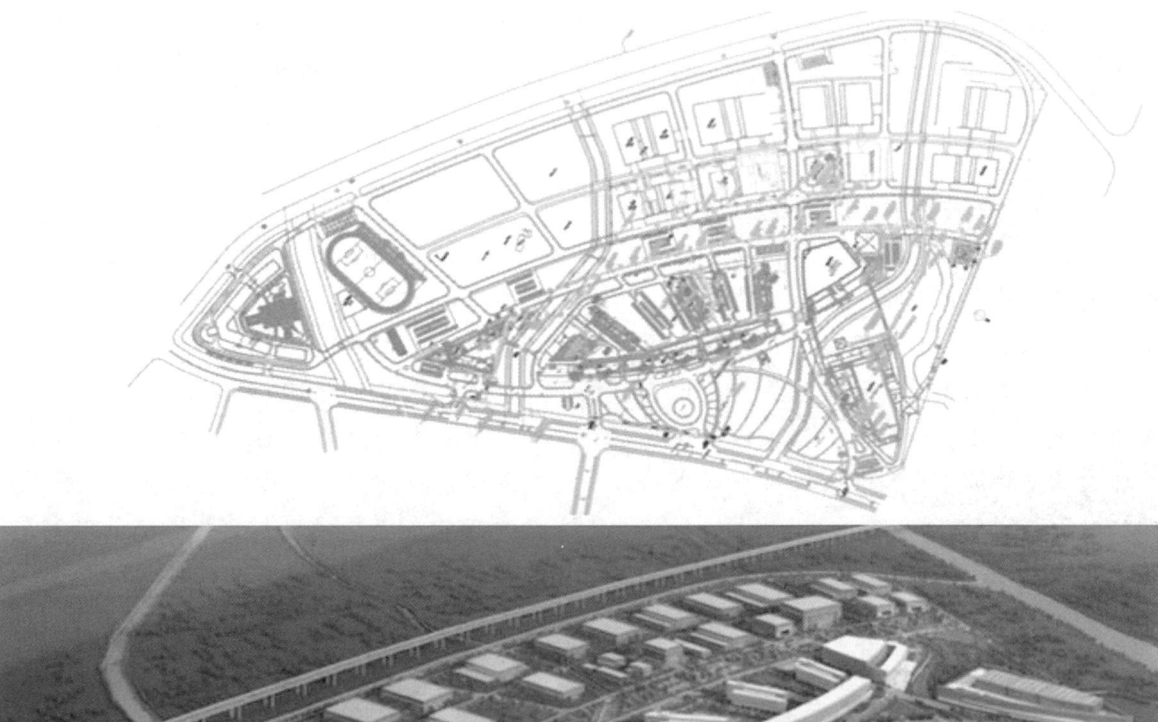

中国商飞总装制造中心浦东基地项目位于浦东国际机场南侧航空产业园区内，紧邻浦东国际机场规划第五条跑道。项目用地面积267万平方米，总建筑面积36.53万平方米。工程于2010年5月8日正式开工，2015年12月基本建成。中国商飞总装制造中心浦东基地依照一次规划、分步实施的原则，按三阶段分期建设。一期项目为C919大型客机研制保障建设项目，主要包括：C919大型客机试飞场站房、总装厂房、部装厂房、整机喷漆厂房、零件制造厂房、物流中心、制造技术大楼以及相应的配套设施等。工程建成后，将满足C919大型客机的研制生产需要，保证2015年C919大型客机在浦东基地首飞，并于2017年实现首架飞机交付。

中国飞机强度研究所C919大型客机全

机静力/疲劳试验室及配套设施建设项目位于浦东机场南段。项目用地面积约6万平方米，建筑面积2.54万平方米，工程于2013年5月30日正式开工，2015年6月基本建成。工程主要由全机静力/疲劳试验室、办公楼、动力站、单身公寓等组成。中国飞机强度研究所是我国航空工业唯一的飞机强度研究中心与地面强度试验验证基地，具有代表国家对新研制飞机强度进行验证试验并给出验证结论的职能。为未来民机研制工作搭建基础性结构强度验证平台，并将逐步形成我国民机结构强度验证体系。

C919大型客机(COMACC919)，是中国首款按照最新国际适航标准研制的干线民用飞机，于2008年开始研制，计划于2016年首飞。基本型混合级布局158座，全经济舱布局168座、高密度布局174座，标准航程4075公里，增大航程5555公里。

C是China的首字母，也是商飞英文缩写COMAC的首字母，第一个“9”的寓意是天长地久，“19”代表的是中国首型大型客机最大载客量为190座。C919中型客机是建设创新型国家的标志性工程，具有完全自主知识产权。针对先进的气动布局、结构材料和机载系统，研制人员共规划了102项关键技术攻关，包括飞机发动机一体化设计、

电传飞控系统控制律设计、主动控制技术等。先进材料首次在国产民机大规模应用，第三代铝锂合金材料、先进复合材料在C919机体结构用量分别达到8.8%和12%。截止到2015年10月，C919中型客机国内外用户数量为21家，总订单数达到了517架。2015年11月2日，C919中型客机首架机正式下线。其最大载客量190人，航程最大达5555公里。

（六）重大新型城镇化项目建设

【概况】2015年，重大新型城镇化项目建设，坚持以人为本、规划导向、协调发展，全年建设推进项目5个，完成投资116.34亿元，主要有崇明东滩基础设施开发项目、郊区垃圾无害化处理、郊区县下一代广播电视网建设及有线电视数字化整体转换等项目。保障性住房建设和第二轮大型居住社区外围市政配套项目完成全年任务，郊区垃圾处理设施项目建设有序展开，郊区县下一代广播电视网建设及有线电视数字化整体转换项目基本建成。

【郊区县下一代广播电视网建设及有线电视数字化整体转换项目基本完成】12月，郊区县下一代广播电视网建设及有线电视数字化整体转换项目基本完成。该项目覆盖上海市9个郊区县，项目覆盖本市郊区县357万户的NGB网络建设和328万户有线数字电视整体转换工作。一是NGB网络建设，包括各郊区县所属的有线电视机房、乡镇机房、边远机房以及管道光缆、业务承载网络配套、骨干承载传输网相关设备配套、汇聚层传输网络、IP骨干网络架构、宽带接入业务平台、用户业务平台、接入网建设等；二是配置机顶盒，为郊区县有线电视用户按每户2台配置整体转换机顶盒（1台具交互功能接口，1台具基本收视功能）。项目于2011年7月正式实施，2015年12月建成投运。建成后，可进一步满足群众不断提升的多样化、个性化文化信息需求，促进NGB创新成果向长三角乃至全国的转移、扩散，发挥上海NGB示范城市的龙头带动作用和辐射示范作用。

（王国君）

三、市政建设

（一）综述

2015年，本市道路实行市、区分级管理，城市快速路、跨黄浦江及苏州河桥梁和隧道、部分大型跨铁路立交、高速公路、国省干线等市属设施由市级层面负责直接管理或监管（其中，城市快速路197公里、国省干线870公里，高速公路826公里；市属城市桥梁56座，包括黄浦江大桥3座、外滩隧道1座、苏州河桥梁29座、铁路桥梁9座、其他桥梁2座、人行天桥12座；公路桥梁723座，高速公路桥梁842座）；其他地面城市道路、镇区道路、县乡村公路以及这些道路上的各类桥梁、地道等区属设施均由区级层面负责直接管理或行业管理。

截止2015年底，上海公路总里程达12945公里，桥梁10865座，路网密度204公里/百平方公里；城市道路总长度达4852公里，城市桥梁2439座，总面积达10550万平方米。

2015年，完成了47座下立交工程性改造、3000余根高架桥柱绿化建设两项市府实事工程。陆续完成了交通部十二五全国干线公路养护管理检查、桥孔专项整治行动、农村桥梁、经济薄弱村道路改造、道路隔离带端部警示标识设置、300公里公交专用道建设、道路检查井盖管理、ETC建设发展、延安东路隧道大修和浙江路桥大修以及G1501大修、深化养护作业市场化改革等重点工作。

(二)市政工程建设

【概况】 有序推进规划建设管理。2015年实施大中修及整治项目共计55个，其中20个大修项目中延安东路隧道、浙江路桥大修工程、G1501郊环高速公路大修为年度重点推进项目。完成延安东路隧道大修、浙江路桥大修、中环线（浦西段）噪声治理、高架声屏障整治、沪宜公路（嘉淞公路～省界段）大修、大叶公路（新奉公路～航塘公路）路面大修等工程。推进“十二五”农村桥梁、经济薄弱村道路改造市府实事工程。

【完成《上海市道路“十三五”行业发展规划》等规划】 2015年，市路政局完成《上海市道路“十三五”行业发展规划》，该规划主要包括城市道路和公路五年建设规划以及道路养护运行发展规划；完成上报《上海市省道网规划》修订工作；完善《上海市骨干路网规划修编2040》；《上海市慢行交通设施出行品质指数研究》课题已完成验收；开展《上海市新城到中心城集约型客运通道规划研究》和《上海市交通功能分区出行品质指数研究》课题研究；编制完成公交专用道规划以及公交专用道后评估等。

【延安东路隧道大修工程竣工】 延安东路隧道大修工程于2015年12月25日恢复通车，这是上海首次进行大规模封交大修施工工程。延安东路隧道是上海连接浦东与浦西，跨越黄浦江的一条主要道路，由南北两条隧道组成，共4条行车道。延安东路隧道北线建成于1988年，南线建成于1996年，延安东路北线隧道已建成有26年，南线隧道建成也有18年，为保障隧道安全运营、环保节能、提高行车舒适度，决定对延安东路隧道开展大修施工。大修主要内容为隧道结构与防水工程、通风系统、给排水与消防、供电照明系统、监控系统、控制中心、建筑装修、道路、附属建筑等。该工程投资2.83亿元．于2015年3月14日北线封交，同年12月25日正式恢复浦东往浦西方向的通行，实现双线双向通行。

【浙江路桥大修工程竣工】 浙江路桥建成于1908年，迄今已有百余年的历史，属于上海市市级文物。该桥单跨跨越苏州河，连接黄浦区和闸北区，结构形式为鱼腹式钢桁架简支桥梁，桥面系为钢纵横梁＋混凝土桥面板体系。该桥在运营过程中历经多次维修，最近一次大修时间为2008年，均在原位维修。由于城市环保法规限制、封航时间有限、桥下构造复杂等客观因素制约，始终未能对该桥的构件实施彻底的检测与除锈。在原位维修时除锈效果较差，而除锈效果差则降低了涂装的防蚀效果，导致目前桥面以下的钢构件锈蚀病害严重。在2013年检测中发现部分构件存在着较严重的截面损失，甚至出现腹板锈穿的情况。因此，此次大修工程桥梁移运到维修场地进行维修。首先拆除人行栏杆、人行道混凝土桥面板等附属设施，以减轻移运重量。然后采用大型机械设备将浙江路桥移运至北岸维修场地内，拆除车行道混凝土桥面板，对全部钢结构进行检测与维修。待钢结构维修完毕后整体移运至原桥位，最后进行桥面铺装、安装景观照明等。该工程投资1.18亿元。于2015年4月18日开工，同年 12 月 28 日竣工通车。

【中环线（浦西段）噪声治理工程通过验收】 根据《上海市城乡建设和管理委员会关于中环线（浦西段）噪声治理工程（近距离居民通风隔声窗安装试点）实施方案的批复》要求，在中环线（浦西段）沿线 20 米以内投诉频率较高的五矿公寓、凉城一村、海棠苑等 3 处高层敏感点进行了通风隔声窗的试点安装工程。该工程投资 2330 万元，于 2014 年 12 月实施，2015 年 9 月完工，同年 11 月验收通过。为 660 户居民改装了通风隔声窗，总计实施面积为 7998.99 平米。设计标准为：采用推拉式隔声窗，自然通风状态下隔声量≥ 22 分贝、关闭通风装置状态下隔声量≥ 30 分贝；抗风压性能 5 级、气密性能为 6 级、水密性能为 3 级、保温性能为 5 级（施工单位已外委第三方检测）。在施工过程中，施工单位对隔声量、“四性”等进行了检测，从隔声量检测后数据反映，指标达到设计要求。降噪声学效果符合设计标准，达到设计要求。五矿公寓、凉城一村、海棠苑居民普遍反映良好。

【高架声屏障整治工程完工】 近几年来随着高架声屏障使用日久，声屏障中铁质构件锈蚀严重、屏体老化、种筋螺杆螺丝损坏缺失、屏体防坠落绳锈断、缺失等病害日趋严重，加大了日常管理和养护的负担与难度。更有部分声屏障设施于 2005 年以前安装，已到使用中后期，其防坠落绳完全锈断现象比较普遍，致使安全性能下降。一旦发生倾覆倒落，将造成严重的交通事故，对高架道路下车辆及行人安全造成巨大威胁。此次主要维修整治内容为更换内环高架、南北高架、延安路高架等部分路段损坏严重的高架道路声屏障设施，更换总长度为 2.23 公里，并针对高架道路 D 级声屏障设施损坏比较严重的采取针对性的维修。该工程投资 1167 万元，于 2015 年 5 月开工，同年 9 月 30 日完工，同年 11 月验收合格。

【沪宜公路（嘉淞公路～省界段）大修工程竣工】 沪宜公路是 G204 国道上海段，现状为双向 4 车道，交通部明确将 G204 国道上海段列为“十二五”期间重点改造项目。2013 年 12 月开始对沪宜公路南起嘉淞公路（k0+000）、北至省界（K3+934.9）全长 3.93 公里的道路实施大修改造，道路横断面由双向 4 快 2 慢拓宽为双向 6 快 2 慢，工程内容为桥梁拓宽以及桥面维修，全线敷设雨水管道，同时完善交通标志、标线、信号灯、照明、绿化等附属实施。该工程投资 1.49 亿元，于 2015 年 12 月底通车。

【大叶公路（新奉公路～航塘公路）路面大修工程竣工】 大叶公路路面大修工程东起新奉公路，西至航塘公路，全长 4.72 公里。主要工程内容为维修机动车道路面和桥面病害，增设 K25+700 ～ K26+780 段的非机动车道和人行道，同步拓宽新奉港桥。大修工程维持原有的道路和桥梁设计标准。对道路平面线形不作调整，纵断面按照加铺面层高度控制。K25+700 ～ K26+780 段（城镇段）道路两侧各增设 2 米机非分隔带、3.5 米非机动车道、3 米人行道，按照规划 35 米红线宽度辟筑双向 4 快 2 慢。一般路段维持现状断面 18 米宽，即双侧各 1.5 米土路肩、15 米车行道。该工程投资 6565 万元，于 2014 年 7 月开工，2015 年 11 月通车。

【沪嘉大修二期工程全面完工】 沪嘉大修工程自 S5–G1501 互通立交至中环线真北路分离式立交，全长 16.06 公里，该工程对全线道路按照双向 6 车道的标准进行拓宽，设计车速为每小时 80 公里，新建中分带硬隔离，沿线增加三个港湾式停车带，并同步实施监控、照明、供配电、绿化、交通安全设施改建等项目。新增路灯 713 杆、高清监控摄像头 22 个、电子情报板 3 块、更换了防撞等级更高的防冲护栏。该工程涉及嘉定和普陀两区，实施边开放交通边施工。S5 沪嘉大修二期工程总投资 4 亿元，于 2013 年 4 月 15 日开工，2015 年 2 月 16 日交付使用。成为连接市区和嘉定城区的一条重要的交通和景观干道。

【完成“十二五”农村桥梁、经济薄弱村道路改造】 完善农村道路管理规定。结合“十二五”期间本市桥梁改造及农村路桥长效管理机制相关要求，牵头编制了《上海市村庄道路管理指导意见》，明确了村庄道路的管理责任主体及分工，资金渠道、补贴方式、养护标准和考核方式等；推进农村路桥改造。在已完成“十二五”桥梁 4014 座，道路 4046 公里项目库工作目标的基础上，持续推进 2015 年度农村桥梁和薄弱村道路改造任务，截止 11 月底，农村桥梁 587 座完成招投标，其中 366 座开工，46 座竣工；道路已有 942 公里完成招投标，其中 682 公里开工，229 公里竣工，力争实现 12 月底桥梁主体结构完成 80%，道路完成 90%，明年一季度全部竣工（除跨等级航道大桥外）工作目标；积极推进美丽乡村工作。根据市府精神，结合“管养年”后续工作及“美丽乡村”建设，组织开展农村公路养护管理示范镇（乡）创建与评比，结合“农村公路路域环境综合整治活动”，并将其纳入日常考核；完成上海市美丽乡村指示引导标牌共计 57 块。

（三）市政设施管理

【概况】 至 2015 年底，上海市城市道路总里程为 4989 公里（比上年增加 137 公里），城市桥梁总数 2524 座（比上年增加 85 座），总面积为 10949 万平方米，其中道路 4829 公里，面积 10486 万平方米；桥梁 160 公里，面积 463 万平方米。按功能分：快速路长度 197 公里，面积 541 万平方米；主干路长度 684 公里，面积 2469 万平方米；次干路长度 998 公里，面积 2868 万平方米；支路长度 3110 公里，面积 5070 万平方米。按数量分：道路 5225 条，其中市属 21 条（快速路 10 条、黄浦江越江隧道 11 条）、区属 5204 条；桥梁 2524 座，其中市属 56 座（黄浦江大桥 3 座、外滩隧道 1 座、苏州河桥梁 29 座、铁路桥梁 9 座、其他桥梁 2 座、人行天桥 12 座）、区属 2468 座。根据 2015 年《上海市城市桥梁技术状况分析总报告》，本年度全市无 E 级桥，D 级桥共 30 座，比 2014 年增加 7 座。

上海市公路总里程为 13195.12 公里（比上年增加 250.601 公里），公路桥梁总数为 11153 座（比上年增加 288 座）。公路密度为 208.1 公里 / 百平方公里（按 6340 平方公里计算）、5.44 公里 / 万人（按 2425.68 万常住人口计算）。按行政等级分：国道 643.631 公里（其中国高 476.944 公里）、省道 1066.645 公里（其中省高 348.521 公里）、县道 2879.51 公里、乡道 7098.944 公里、村道 1506.39 公里。国省干线公路里程占总里程的 12.96%，县道里程占总里程的 21.82%，乡村公路里程占总里程的 65.22%。按技术等级分：高速公路 825.465 公里、一级公路 468.015 公里、二级公路 3463.032 公里、三级公路 2707.898 公里、四级公路 5730.71 公里。二级及二级以上公路里程占总里程的 36.05%。公路桥梁中四类、五类桥共 52 座（比上年减少 22 座），其中国道 4 座、省道 4 座、县道 3 座、乡村道 41 座。

【市管公路全面完成养护市场化改革】 2015 年完成 11 条市管公路和 2 座越江大桥的养护作业招标工作，共有 22 家养护企业中标，8个合同标段的中标单位发生变化，并引进4家不具备市管公路养护业绩的养护企业。通过公开招投标，实现养护市场开放。新进的养护单位（未从事过市属设施养护工作）共计13家，占养护单位总数的34.38%，同时完成政企分开工作。同年7月，17个区（县）道路养护企业均完成政府与企业的脱钩工作。编制完成《上海市道路工程标准体系表》，行业已先后出台7项涉及大修、养护等内容的养护市场化改革管理性文件。编制形成《道路养护作业市场化改革工作文件汇编（第一版）》。出台12项道路养护定额（公路4项，城市道路8项）。

【全力以赴迎接2015年"国检"】 积极备战"十二五"全国干线公路养护管理检查，推进高速公路、市管公路路况整治任务。高速公路完成整治工程费用1869万元，中修工程4368万元，绿化及其他改善工程共计1847万元。高速公路完成400公里，市管公路完成203公里，确保高速公路、市管公路以良好的路况质量迎检。4个迎国检路面整治工程（嘉松公路、北青公路、叶新公路、川南奉公路）和1个国检示范路整治工程竣工。对全市高速公路、市管公路路况检测数据进行新一轮的统计分析和现场复核，拟依据汇总分析结果对路况整治计划进行相应调整。强化管理规范化资料。整理制定受检文件目录及相应的受检说明；在全行业组织开展全方位分类指导工作，发现问题及时调整完善。完成全行业典型材料篇目和"十二五"工作总结初稿收集工作。积极推进"畅安舒美"示范路创建工作。实施G318沪青平、S128陈海公路等示范工程。2015年10月25日至11月2日，经交通部检查，上海公路取得全国综合排名第三名、普通干线公路第三名、高速公路第三名的成绩。上海市交通委员会被评为"十二五"全国干线公路养护管理检查优秀单位。

【上海高速公路网开通运行的ETC车道达到286条】 上海高速公路网开通运行的ETC车道达到286条，实现ETC系统路网全覆盖目标。全市ETC用户已超过58万，其中工作日ETC日均流量达25万辆次，约占整个高速公路网总流量的四分之一，极大地缓解了高速公路道口拥堵现象。为发挥ETC的便捷效应，提高高速公路道口通行能力，持续推出用户发展配套措施，推动ETC用户快速增长。一方面实行上海市高速公路通行费九五折优惠；另一方面不断推出用户安装优惠活动。加大服务网点建设规模，全市ETC业务受理点达到43个，其中标准化的直营客服网点达到7个，为ETC用户申请、安装、充值、维修提供便捷的服务。全市123家工商银行营业网点可以办理ETC沪通卡业务、310余台工行自助终端可为ETC沪通卡持卡人提供充资服务；全市508个邮政网点、350家良友便利店也开通了ETC充资业务，为ETC用户提供便捷的服务。

【完成公路桥梁的定期检查和技术状况评定】 2015年度，市路政局完成了10844座公路桥梁的定期检查和技术状况评定其中：一类桥梁3838座（占35.4%），二类桥梁6245座（占57.6%），三类桥梁709座（6.5%）；四类桥梁44座（占0.4%），五类桥梁8座（占0.1%）。共完成2049座城市桥梁技术状况BCI的分析评价和定级，其中：A级和B级桥梁1843座（占90.0%），C级桥梁176座（占8.5%），D级桥梁30座（占1.5%）。全市城市桥梁仍无E级桥。公路的四、五类桥梁和城市的D级桥梁全部采取工程性措施或管理性措施。

【路政行业年度工作考评情况】 2015年，市路政局对市17个区县、23个道路管理机构开展行业检查考评。检查涵盖路况、管理规范化等内容。一是路况检测检查。道路路面的行驶质量指数（RQI）总体略有下降。中心城区平均3.57，郊区县平均3.55（2014年度为中心城区3.5，郊区县3.68），其中，黄浦、浦东、崇明、青浦等区处于较好水平；路面损坏指数（PCI）也略有下降，中心城区平均88.09（较2014年90.23有所下降），郊区县平均89.22（较2014年93.59有所下降），其中，浦东、松江处于领先水平。公路技术状况指数（MQI）优良路率达94.56%，按照里程加权平均值为91.07分，较2014年度略有提升，其中浦东、金山、奉贤等区名列前茅。二是规范化管理检查。检查按照传统惯例主要围绕资金使用、养护管理、路政管理等多个方面展开。通过检查，发现个别区县仍存在养护机械化水平较低、农村公路基础管理薄弱、专业管理人员不足，基础养护工作如坑塘修补不及时等问题。

【加强道路下立交专项整治工作】 为完成2015年度下立交积水改善整治工作，市路政局一是建立月度项目进展报告机制，每月底与区县项目推进责任单位联系，了解相关工作开展情况，汇总并上报市重大办；二是建立过程中监督检查机制，会同市府督查室、市重大办、市交通委等单位，先后在汛前、汛后以及年底前开展了三次项目进度检查，并配合媒体开展了一次宣传报道；三是与市水务局、市公安局、市铁路局等配合单位建立了协同推进机制，在部分下立交的改造过程中邀请相关部门参与帮助协调推进。2015年完成47座道路下立交工程性改造、40座下立交预警设施增设、121座道路下立交新增积水监测报警装置"，为进一步巩固项目成果建立健全长效管理机制。一是完善下立交管理权责。通过本轮改造达到规范标准的下立交，进一步明确设施管理权责，特别是原本由各乡镇、行政村自行管理农村公路下立交、村内道路下立交等设施，有条件的可纳入各县公路管理机构的设施量内，接受行业监管。二是建立下立交数据定期更新制度。在公安、排水等单位配合下，将原来的统计的276座下立交设施逐步扩展到了最新的563座。三是开发本市道路下立交防汛管理系统，将基本位置、责任主体、联系方式、实时积水情况等信息纳入其中，并与市公安、排水等部门共同建立了汛期"三合一"联动管理机制。

【完成"十二五"公交专用道建设目标】 为确保今年完成《上海市综合交通发展"十二五"规划》中提出的"十二五"期间全市形成公交专用道300公里的建设目标，市路政局积极推进140公里公交专用道新建及160公里既有公交专用道复线工作，2015年形成公交专用道300公里。实现中心城人员公交出行比重从2010年的47%提高到50%以上（全市从34%提高到36%），郊区公交出行量比2010年翻一番。中心城轨道交通占公共交通总客运量比重由2010年的35%提高到50%以上（全市从32%提高到40%）。内环线以内以优化提升为主，为强化路权保障，提高运行效率，新辟了河南路、天山路、曹杨路等道路公交专用道。内外环线间及拓展区以强化射线公交客流通道为主，为新增公交专用道，提高公交专用道覆盖率，新辟了沪太路、沪青平公路公交专用道等。

【举行《安全生产法》、《突发事件应急法》专项培训】 为贯彻落实2015全国"安全生产月""加强安全法治，保障安全生产"以及路政局"安全管理年""强化安全管理，共建平安道路"的要求，市路政局会同市政公路协会于6月11日下午13：30在国顺路288号二楼报告厅组织全行业进行关于安全生产及突发事件应急处理的专项培训。会议特邀上海市应急办刘勇杰处长和市安监局邬镇伟老师进行讲解，市政公路协会陈明德秘书长出席会议，各区县路政管理部门、市政公路施工、养护、监理企业安全分管负责人、项目经理及安全管理人员等300余人参加了培训。

会上首先由市路政局姜敏副局长作会前动员并向与会人员提了三点要求：一是要通过本次学习，要提升安全思想站位，重视“安全生产法”的宣传、学习；二是要切实用好“安全生产法”，真正将其中的每项要求落实到我们的日常安全管理中去；三是通过《安全生产法》的广泛宣贯，切实提升行业安全管理水平，树立行业良好的安全形象。接着，市安监局郳镇伟老师对新修订的《中华人民共和国安全生产法》进行了深入浅出的细致讲解，将重点问题和修订处同与会人员进行了解析交流。最后，市应急办邹勇杰处长着重讲解了突发事件应急处理要求，结合生动的案例，使与会人员对于如何有效处置突发事件有了更进一步的认识，应急处理能力大大提升。

（四）市政科技

【概况】一年来，坚持将抓好结构安全、拓展科技创新、推动信息化支撑作为根本职责，完成结构检测、科技研发、信息系统建设、标准编制等各项工作。完成桥梁检测任务，持续推进城市桥梁结构检测工作，对连续6年没有进行结构检测的桥梁采取政策补贴，确保结构检测全覆盖。成了760座（含立交桥匝道桥）市管公路桥梁及高速公路、区管公路、农村公路桥梁检测评价工作。完成道路路况评价，编制和发布了城市道路和公路路面状况分析报告。今年共检测城市道路1234公里，管养公路4000余公里。中心城区城市道路的路面行驶质量达到良好水平（RQI=3.57），路面破损达到良好水平（PCI=88.09），且检测道路中89.8%的道路结构承载能力处于临界水平以上。全市管养公路平均路面使用性能指数PQI为89.23，优良率为90.95%；平均公路技术状况指数MQI为91.07，优良率为94.56%。乡村公路PQI为84.09，优良率为71.27%；乡村公路MQI为86.02，优良率为76.46%。整合原城市道路、公路基础数据库的基础上，建立道路行业统一的基础数据库，完成城市道路板块和公路板块数据资源的整合，构建了统一电子地图和管理页面。完成了《公路养护工程质量检验评定标准》、《城市桥梁结构检测技术规程》、《高速公路联网不停车收费系统应用技术规范》等标准规范的宣贯、编制等工作。

【完成《上海市非机化交通出行品质指数与设施改善研究》】2015年，市路政局完成了《上海市非机化交通出行品质指数与设施改善研究》科研课题。该课题从非机动化交通出行的实际需求出发，通过大量的实地调研，结合理论分析，科学地建立了出行品质评价模型与分析标准；同时围绕非机动化交通出行品质的量化、分级、评估与改善，建立了基于不同对象群体的自行车出行品质指数模型及分析标准，为本市自行车设施出行品质评估与改善的决策做出指导。

【完成《基于手机信令的高速公路多路径通行数据分析研究》】2015年，市路政局完成了《基于手机信令的高速公路多路径通行数据分析研究》科研课题。该课题立足于手机信令数据的分析处理技术，开展了在高速公路联网收费环境下手机信令数据应用可行性研究及数据预处理技术研究，提出了基于手机信令数据的高速公路多义性路径清分模型，并开展示范应用。研究成果具有创新性，对优化上海市高速公路收费清分及交通研判工作具有一定的应用价值。

【完成《运营隧道结构技术状况检测与评价模型研究》】 2015年，市路政局完成了《运营隧道结构技术状况检测与评价模型研究》科研课题。该课题在隧道结构服役状况检查评价技术现状分析的基础上，对隧道类型及结构层次划分、隧道结构病害类型及评价、隧道结构技术指标等进行了深入的研究，建立了隧道结构技术状况评价模型，研究成果具有创新性；同时，基于隧道结构技术状况评价模型和多条实际隧道的检查结果，进行了隧道结构技术状况算例验证，开发了运营隧道结构技术状况评价软件，研究成果对开展运营隧道技术状况评定，提高隧道结构安全保障水平，具有指导意义和实用价值。

【健全法规技术标准体系】 2015年，市路政局根据《关于做好2015年行政规范性文件编制清理工作的通知》精神，完成政府规章和行政规范性文件清理工作，共清理政府规章、行政规范性文件33件，其中政府规章5件、规范性文件28件。拟修改市政府规章5件，拟修改规范性文件19件，拟废止规范性文件8件，拟失效规范性文件1件。完成《上海市农村公路路政管理规定》(送审稿)和《上海市道路桥梁桥下空间管理规定（草案）》报市交通委。

（单志强）

（一）综述

2015年，绿化市容行业紧紧围绕全市“创新驱动发展、经济转型升级”的总体思路，开拓创新，奋力拼搏，深入推进生态文明建设和市容环境建设，圆满完成全年各项任务，并实现“十二五”规划目标。

生态环境建设取得明显成效。全面推进绿地、林地、湿地协调发展。全年新建绿地1190公顷（其中公园绿地515公顷），新增林地11万亩，森林覆盖率达15.03%，建成区绿化覆盖率达38.5%，自然湿地保有率为32.28%，全市“环、楔、廊、园、林”基本生态空间格局初步形成。重点任务加大力度，外环生态专项腾地50公顷，迪斯尼区域、前滩区域、虹桥商务区等重要地区绿地建设进展良好。推进郊野公园建设，研究制订建设导则和开园条件，金山廊下郊野公园成为上海首家开放的郊野公园。立体绿化完成42万平方米，其中屋顶绿化29万平方米，“万米绿墙”10余万平方米，中心城高架桥柱绿化1.3万根。加大植树造林力度，农林水三年行动计划——高标准农田林网和河道防护林建设有效实施。积极推进金山化工区、浦东合庆镇、老港固废基地周边等地区防护林建设，建成西大盈港生态堤防、廊下镇农田林网等示范点。扎实推进湿地建设，崇明东滩生态修复项目一阶段围堤及涵闸等主体工程全面完成，二阶段互花米草清除和鸟类栖息地优化样板段成果显现，完成崇明西沙国家湿地公园试点验收及挂牌。

林地湿地保护措施有效加强。全面推进森林资源一体化监测，组建互助式森林资源监测队伍，完成年度森林资源调查。落实森林资源保护责任，嘉定区代表全市通过国家林业局验收，成绩优秀；开展非法侵占林地清理排查及减少林地稽查专项行动，完成27项林业行政许可项目批后监管，查处各类林业行政违法案件15起。健全森林防火工作责任制，全年未发生森林火灾。强化林业有害生物监测预报，组建市林业有害生物防治指挥部，完成郊区县五轮林业有害生物调查。加强基层林业工作体系建设，78家乡镇林业站完成挂牌，占全市总量的76%。推动国家级森林生态定位站建设。推进第二次陆生野生动植物资源调查，开展野生动植物资源保护专项执法和野生动物禁猎区建设工作。野生动物栖息地修复及极小种群物种恢复工作进展顺利，全市12块野生动物栖息地（约15000亩）修复效果明显。

公园绿地品质结构不断优化。推进27座老公园改造，其中淞南、金沙、枫溪等9座公园已经正式开放。完成林荫道“十二五”规划“三个100”目标，创建命名林荫道累计达到153条，改建提升累计达到164条，新建储备累计达到113条。加强行道树精细化管理，实施分类修剪。完成重大节日常态花卉景观布置10公顷。绿地植物群落调整优化68.3公顷。完成26个古树名木保护技措项目和古树示范点建设项目。

“一主多点”末端处置设施建设推进平稳。“一主多点”生活垃圾末端处置设施建设推进平稳，处置能力达到27000吨/日，无害化处理率达到100%。松江、奉贤、崇明、嘉定项目按计划实施；老港二期获得专项规划及项建批复。闵行、浦东作为国家餐厨废弃物资源化利用和无害化处理试点城区，相关项目有序推进。

分类减量水平巩固提升。全市生活垃圾分类已覆盖400万户，“绿色帐户”激励机制已覆盖105万户，超额完成2015年推进目标。人均生活垃圾末端处理量比2010年减少20%。静安区、松江区被确定为全国第一批“生活垃圾分类示范城市（区）”。完成2000个生活垃圾分类示范居住区创建验收工作。全面建成由信息化平台、手机APP、微信公众号组成的绿色帐户“互联网+”体系，不断完善前台操作和后台支撑管理制度。

收运处管理体系日益完善。全面梳理农村生活垃圾收运处置体系，实施6大类28项销项式管理措施；圆满完成住建部等10部门联合组织的农村生活垃圾治理检查验收。进一步拓展“政府管理、第三方监管、公众监督”生活垃圾中转处置设施运营监管体系，老港基地第三方监管、金山焚烧厂设施公众监督取得实效。湿垃圾中试项目取得初步成果。餐厨废弃油脂制生物柴油得到推广应用。

市容市貌整洁有序。全力推进《市容环境卫生责任区管理办法》贯彻落实，建立健全责任区工作制度。开展“百千万”系列宣传培训活动，加强责任人自律自治、沿街中小商铺垃圾上门收集等工作方法创新，强化执法检查保障。基本完成“特定区域”市容环境治理三年行动计划，全市五个“特定区域”3164个单元面貌明显改观。环卫运输车辆“跑、冒、滴、漏”、垃圾箱房环境卫生专项整治行动、32条道路扬尘监控、水域保洁等工作收效明显。公厕管理水平稳步提升。

完成“上海国际马拉松赛”、“抗战胜利70周年纪念活动”等重要活动市容保障任务，做好26个重要景观区域重要时段的市容保障工作。

景观管理水平优化提升。健全违法户外广告查处机制，拆除违法户外广告设施1379块，实现拆除违法广告1000块以上、重要区域违法广告零增长的年度目标。完成景观照明规划编制，推进区县景观照明建设与改造，形成夜景新亮点。加强户外广告、店招店牌安全管理，发现各类问题7170多处，加固、整改7150余处，拆除20余处。探索景观示范道路试点建设。

城市管理难题顽症有效治理。一是加强无序设摊综合治理。取缔无序设摊聚集点73处（累计取缔129处，占总量的64.5%），并将日常管理情况纳入区县、街镇网格化管理体系，确保可管可控；新建疏导点14处。协同市商务委等部门出台《上海市城市临时设摊集中疏导点指导意见》。组织开展“夜鹰”、“夏令热线”等专项行动，开展行政执法检查207.6万余次，教育劝阻设摊相对人194.5万余次，实施行政处罚11.4万余起。二是加强渣土管理。落实渣土运输行业交通安全责任制度，加大执法力度，主责交通事故下降，严重超载和偷乱倒明显减少。落实严管严惩，对304家运输单位进行诫勉谈话，对41家运输单位实施停业整顿，对9家运输单位实施市场退出。开展建筑渣土运输处置卸点付费机制试点。完成老港固废处置基地市级渣土应急托底消纳卸点建设，建立装修垃圾进入老港渣土消纳卸点处置的应急机制。修订出台新型渣土车标准。三是加大拆违力度。协同相关部门完成存量违法建筑普查，建立挂牌督办、定期通报、考核评价等制度，全年拆除违法建筑1392.04万平方米。

城管执法能力得到加强。区县城管执法体制改革基本完成，16个区县城管执法局机构已单独设置，市级城管执法体制改革也已基本到位，执法力量进一步下沉街镇；15个区县城管执法局完成“三定”工作。不断健全工作机制，完善勤务模式，建立以增强实效为导向的勤务指挥、巡查管控和实效督查机制，适时将执法领域拓展至住宅小区、公园。强化联勤联动执法，加强联合执法，提升执法效果。修订《上海市城管执法行政处罚自由裁量基准》等配套文件。开展基层城管执法人员专项招录。

城管队伍建设水平进一步巩固。加强教育培训，举办16期培训班，2990人次参训。改进队伍作风，开展作风纪律教育整顿活动和“双十佳”评选表彰活动。建立全员培训工作机制，组织区局领导、中层干部、执法骨干、新进队员进行全员轮训。加强基础建设，创建4个标准化大队和13个规范化中队；制定《2015年上海市城管执法部门信息化建设和应用规定》，16个区县实现一般案件“网上办理”；推进“全市城管执法指挥中心”建设。加强执法监督，开展依法履职专项检查，探索“制度＋科技”城管执法监督机制，强化市、区县、街镇三级城管执法监督队伍建设。

城管执法工作实效切实增强。加大专项治理力度，深入开展乱设摊、违法建筑、偷乱倒渣土、违规户外广告、非法小广告、违反责任区管理规定等“六大专项治理行动”，全年依法查处占道设摊案件5.5万余起、违规运输处置渣土案件2600余起、违法小广告案件6900余起、违法户外广告案件620余起、违反责任区规定违法行为9300余起。强化为民服务能力，推出“开通24小时便民服务热线、固定岗车配备便民服务箱、成立城管执法社区工作室、协调季节性蔬果疏导点设置、建立政务公开微信平台”等五项便民服务，开展社会满意度测评及“绿色护考”、“校门清”、“排堵治噪”等专项行动，社会反响良好。

完成行业“十三五”规划以及绿化、林业、

环卫、市容景观等“十三五”专项规划编制。推进生态红线划示和落地；发布《上海市立体绿化专项规划》和《上海市古树名木保护专项规划》。明确环卫公共设施、水域保洁码头、环卫停车场等环卫设施的设置原则、设置标准及规划引导等要求。

组织实施《上海市市容环境卫生责任区管理办法》，编写完成《上海市绿化条例》、《上海市城市管理行政执法条例》修改草案、《上海市城市管理行政执法条例实施办法》规章草案，制定相关配套文件，开展宣传培训7期共1300人次。完成生活垃圾管理条例立法框架研究和湿地保护条例关键问题研究。制订绿化市容（林业）“十三五”立法规划。完成《上海市促进生活垃圾分类减量办法解读》等编写。

谋划12个国家、市和区级的生态定位站建设布局，探索全市生态观测网络体系构建。继续加强湿垃圾资源化利用项目研究。建立土壤监测体系，发布《2014年上海绿地土壤质量监测报告》。编制上报林业“三防”信息化项目可行性报告。完成绿化市容综合监管平台建设。“游园宝”APP上线运行。推进网上行政审批全覆盖，实现局行政审批事项与市网上政务大厅连接贯通。加强新能源环卫车辆推广，已完成采购246辆。发布《上海市绿化环卫大型机械设备管理指导意见》。完成《上海市园林建设工程定额（2000）》修订，编制住建部《城市园林绿地养护概算定额》。组建园林绿化、林业、市容环卫等三个标准化技术委员会。

统筹推进“四高”人才队伍建设，选拔10名关键岗位的拔尖人才，实施两年岗位特聘。改进行业人才考核评价制度，完善人才分类管理和综合激励机制。拓展“首席技师”、“领军人才”、“学科带头人”人才示范带动效应。推进“高师带徒”、“导师带教”项目，着眼急需紧缺岗位，落实带教老师26名。推荐一名同志入选2015年上海市领军人才。深化“青年英才百人计划”，选拔第二批47名政治素质好、业务水平高、创新能力强的青年人才。

不断深化行政审批改革与政府效能建设，梳理行政审批事项基础清单以及行政审批以外的行政权力清单，推进行业行政审批标准化建设，进一步规范审批程序，发布区县行政审批事项实体性规范。行政审批按时办结率为100%。开展行政责任清理工作，细化行政责任事项及追责情形，做到权力清单、责任清单“两单”无缝衔接。

养护作业市场化改革成果显现。初步确立适应市场化要求的招投标模式、合同格式、标准规范等制度体系。开展绿化和环卫行业诚信体系建设，发布《上海市在沪园林绿化企业信用评价管理暂行办法》和《建筑渣土运输会员单位诚信计分评价规则（试行）》。全面形成直属公园及相关养护企业“一园一策”、“一企一策”改革方案并加以落实，绿化行业全面推行招投标制度，环卫行业契约化管理不断进步。16个区县的绿化行业、14个区县的环卫行业完成企业与行业管理部门隶属关系脱钩，11个区的环卫行业分段计算问题等历史遗留问题得到解决。

与自贸区的对接工作深入推进。积极与国家林业局及国家濒管办沟通协调，落实15项自贸区贸易便利化政策。简化自贸区企业办理野生动植物进出口行政许可流程，从60个工作日缩短至20个工作日。加大简政放权力度，下放5大项8小项行政许可至浦东新区。积极配合自贸区建设，推动林产品贸易便利化。

社会服务水平持续提升。一是便民惠民服务力度加大。举办首届“市民绿化节”，举行3000余场次活动，参与人次超过941万，组织多家公园开展“园艺大讲堂”试点。举办上海（国际）花展、梅花节、樱花节、爱鸟周等公园主题活动，培育公园文化活动品牌。推进全市75座公园夏令延长开放。加强公园餐饮经营场所整治，全年检查近400次。新创建3家“安全优质信得过”果园，组织地产优质果品“进食堂、进楼宇、进公园”直销活动。新建公厕18座，改造公厕152座，全市有条件的公厕全部配建助老、助残无障碍设施。二是市民诉求处置能力明显增强。加大诉求处置工作力度，深化“条、块”联动与部门联动。注重诉求处置督办，开展“不满意件专项检查”活动，重点督办“12345”热线转来的复核件。全年受理投诉152554件，同比下降26.4%，处理率达99.3%，满意率为76.7%。三是文明行业创建成效显现。围绕“保一争一规一”创建目标，健全“组织领导、实施推进、规范标准、考核评价”工作体系，完善“行业、单位、班组”创建载体。公厕文明行业创建成功，道路保洁和垃圾清运行业文明水平提升。深化行业文化建设，践行行业基本价值理念。

社会宣传取得积极成效。推动行业新媒体建设，开通“上海绿化市容”微信平台，完善政务微博平台，已有微博粉丝32万余人、微信粉丝3000人，社会反响良好。组织“生态上海”绿化林业专版宣传。完成“绿色上海”手机APP开发与上线。加大行业重点工作在在解放日报、新民晚报、上海电视台等主流媒体上的宣传力度。举办城市森林生态系统服务和经营国际研讨会；筹建“老港科普基地”；开展“地球一小时”和“世界湿地日”宣传教育活动。

行业安全稳定保障有力。严格落实直属单位重大节日、重要时段单位自查和上级抽查机制，全年未发生安全生产责任事故。加强公园游乐设施安全管理。完善应急预案与演练，有效应对台风“灿鸿”以及3场特大暴雨袭击。全年共受理749件次信访诉求，同比下降50%，办结率100%，重复信访率低于10%。行业职工权益保障不断加强，继续完善环卫行业工资集体协商制度，连续5年开展工资集体协商，制定《上海环卫行业工资福利待遇工作指导意见》，健全以收入正常增长为核心的环卫一线工人福利待遇和工作保障机制。组织“关爱环卫工人，共建洁净家园”专项行动。

（二）生态环境

【概况】全面推进绿地、林地、湿地协调发展。全年新建绿地1190公顷（其中公园绿地515公顷），新增林地11万亩，森林覆盖率达15.03%，建成区绿化覆盖率达38.5%，自然湿地保有率为32.28%，全市“环、楔、廊、园、林”基本生态空间格局初步形成。

【生态环境建设成效明显】重点任务加大力度，外环生态专项腾地50公顷，迪斯尼区域、前滩区域、虹桥商务区等重要地区绿地建设进展良好。推进郊野公园建设，研究制订建设导则和开园条件，金山廊下郊野公园成为上海首家开放的郊野公园。立体绿化完成42万平方米，其中屋顶绿化29万平方米，“万米绿墙”10余万平方米，中心城高架桥柱绿化1.3万根。加大植树造林力度，农林水三年行动计划——高标准农田林网和河道防护林建设有效实施。积极推进金山化工区、浦东合庆镇、老港固废基地周边等地区防护林建设，建成西大盈港生态堤防、廊下镇农田林网等示范点。扎实推进湿地建设，崇明东滩生态修复项目一阶段围堤及涵闸等主体工程全面完成，二阶段互花米草清除和鸟类栖息地优化样板段成果显现，完成崇明西沙国家湿地公园试点验收及挂牌。

【生态资源保护成果显著】全面推进森林资源一体化监测，组建互助式森林资源监测队伍，完成年度森林资源调查。落实森林资源保护责任，嘉定区代表全市通过国家林业局验收，成绩优秀；开展非法侵占林地清理排查及减少林地稽查专项行动，完成 27 项林业行政许可项目批后监管，查处各类林业行政违法案件 15 起。健全森林防火工作责任制，全年未发生森林火灾。强化林业有害生物监测预报，组建市林业有害生物防治指挥部，完成郊区县五轮林业有害生物调查。加强基层林业工作体系建设，78 家乡镇林业站完成挂牌，占全市总量的 76%。推动国家级森林生态定位站建设。推进第二次陆生野生动植物资源调查，开展野生动植物资源保护专项执法和野生动物禁猎区建设工作。野生动物栖息地修复及极小种群物种恢复工作进展顺利，全市 12 块野生动物栖息地（约 15000 亩）修复效果明显。

【绿地品质持续优化】推进 27 座老公园改造，其中淞南、金沙、枫溪等 9 座公园已经正式开放。完成林荫道“十二五”规划“三个100”目标，创建命名林荫道累计达到 153 条，改建提升累计达到 164 条，新建储备累计达到 113 条。加强行道树精细化管理，实施分类修剪。完成重大节日常态花卉景观布置 10 公顷。绿地植物群落调整优化 68.3 公顷。完成 26 个古树名木保护技措项目和古树示范点建设项目。

【春季造林推进有力】2015 年 2 月 26 日至 3 月 19 日，市林业局分别赴浦东新区、奉贤区、崇明县、松江区、闵行区调研春季造林工作，要求各区县结合实际，努力推进春季造林，为完成全年任务夯实基础。

3 月 9 日至 3 月 13 日，全市成立 8 个保护和发展森林资源目标责任制落实情况专项督查组，并受市委督查组委托，负责监督各区县春季造林和森林资源监管工作。

3 月 20 日，完成相关区县部分乡镇造林项目的首轮督查，查找出造林进度不平衡、部分地块落实不到位、部分林木质量不合格等问题，并要求尽快落实整改。

4 月 1 日，市林业局召开造林督查情况反馈例会，全市春季造林工作推进会议，总结近期造林工作推进情况，研究部署下一级段造林工作。据统计，截至 3 月底，全市完成新造林面积 3.79 万亩，约占计划任务的 65%，约占落实总量的 45%，总体推进顺利。

6 月中旬，市林业局召开 2015 年上半年林业工作会议暨森林资源年度监测动员会，主要任务是：总结上半年度林业工作推进情况，重点交流春季造林工作，总结经验、查找问题、提出对策，确保完成“十二五”末 15% 的森林覆盖率指标；启动 2015 年森林资源年度监测工作，明确时间节点，提出工作要求，并对下半年林业工作作进一步的部署。截至 5 月 31 日，全市完成造林面积约 8.15 万亩，占落实任务总量的 73%，其中九个区县完成造林面积约 6.5 万亩，占落实任务总量的 78%，体现了高位推动、部门联动、示范带动和督查促动等特点。会议提出，为完成年底森林覆盖率 15% 的目标，要在春季造林的基础上，进一步推进秋季造林，做到落实到地，落实到主体，落实到项目；要加强管理、培育样板，确保造林成活成林，做好夏季养护工作，做好防旱、防涝、防倒、防病虫害；要组织排查、开展稽查，确保资源减量不增长；要各司其职、做好调查，确保年底准确出数据；要对照要求，完成手续，确保项目合法合规。同时，还要围绕谋划长远发展，进一步关注“十三五”林业规划和下一轮林业政策的思考。

【市林业局召开年度工作会议】12 月 23 日，市林业局组织召开 2015 年度全市林业工作会议，通报了 2015 年林业建设管理各项工作进展，研究部署 2016 年林业重点工作。各区县林业主管部门及局相关处站负责同志参加会议，顾晓君副局长出席会议并讲话。

与会人员实地考察了金山地区环境综合整治防护林建设、金山区廊下镇农林水三年行动计划推进情况，一致认为金山区防护林建设标准高、效果好，为新一轮政策实施提供了样板；廊下镇农田林网建设成效也比较显著，为廊下郊野公园的开放奠定了基础，对其他区县具有重要参考价值。

2015年，全市围绕15%森林覆盖率目标，扎实推进林业建设，全年新建林地超过7万亩，完成“十二五”森林覆盖率目标；全市67个乡镇林业站完成挂牌工作，基层林业体系进一步完善；林业发展“十三五”规划及配套政策基本形成，为全市林业长远发展奠定了基础。

【加强林业有害生物监测防控】完成郊区县五轮林业有害生物调查，完成虫害干制标本168盒，6321头，浸制标本近800管；拍摄室内照2000余张，室外生态照7090张；隶属11目101科271种。病害采集标本1441份，病害种类235种。

【组织开展“市民绿化节”活动】2015年，市绿化委员会首次举办上海市民绿化节。此次市民绿化节以“绿化走近你我，绿色改变生活”为主题，历时近8个月，开展了绿化科普、绿化宣传、绿化服务、绿化展示、绿色互动等一系列活动共3000余场次，送出盆花逾20万盆，参与人次超过941万，起到了良好的社会效果。

一是各类活动精彩纷呈。以“绿化走近你我，绿色改变生活”为主题，全市共推出5大系列46项活动，在载体、内容上更加丰富多彩。如绿化宣传系列有自然园艺大课堂、绿箱子移动环保课堂、立体绿化科普宣传等，绿化服务系列有绿化“六进”、“爱浦东、爱生活、爱养花”微博微信市民认养花卉活动等，绿化展示系列有上海家庭园艺节暨铁线莲展以及各类公园花展等，绿化体验系列有古树名木探访活动、市民健康走活动等，绿化竞技系列市民观鸟大赛、“绿色星梦想”达人评选等。各区县、街镇、居委通过绿化进社区、进校园、进军营、进园区、进楼宇、进村宅，为广大市民提供亲近绿化、参与绿化、享受绿化的多种参与形式，如虹口区8个街道联合组织了家庭养花盆景展，闵行区新虹街道组织100多名居民义务植树等活动等。

二是宣传发动广泛深入。在坚持围绕植树节集中宣传的基础上，今年市民绿化节坚持多层面发动——联合市教委、文明办、旅游委、团市委、农委、妇联、体育、文广等部门，通过市、区、街镇三个层面宣传发动，扩大活动覆盖面；多渠道宣传——广泛利用电台、电视台、平面媒体及网络新媒体等进行全方位宣传，扩大宣传效果；多节点推进——由3.12重点推进，扩展到每季度有主题，每周有活动，扩大社会影响力。各区县、街镇积极行动，闸北区的“我最喜爱的闸北绿色美景作品”征集展示活动，长宁绿化志愿者文艺汇演，杨浦区绿化认养“献爱心”活动，嘉定开展的“争当绿色小达人”活动都得到了市民群众的踊跃参与，取得了良好的社会效果。

三是政府引导有力有序。全市层面成立了以上海市绿化委员会主任为组长的筹办工作领导小组，办公室设在市绿委办，负责对整个市民绿化节的组织、协调、推动；市领导多次组织召开专题会议，推进市民绿化节各项工作的落实；市绿化委员会与中国绿化基金会共同设立了“绿色上海” 专项基金，进一步鼓励社会各界采用捐资的形式参与绿化建设，社会捐资的善款目前已成功用于市民绿化节当中的“环城绿带健康走”“2015上海市民插花大赛”等项目中，起到了示范引领作用。

四是社会参与合力推进。坚持“政府引导，社会参与，多元投入，协同推进”，包括市插花协会、风景园林学会、市花卉协会、公园协会、绿箱子环保公益活动等社会组织，上海移动、园林集团、虹华园艺、上房园艺等各类企业，SMG、新民晚报、新闻晨报等新闻媒体都积极参与，使市民绿化节与环保、文化、教育、公益结合得更加紧密，真正实现了社会化、群众化，贴民心、接地气。各区县也积极引导社会力量共同参与、举办各项活动，如静安雕塑公园每月一期的“绿色生活园艺课堂”、吴泾社区开展的“绿色星期六”有害垃圾回收换花活动、宝山区的市民绿化板报大赛、崇明县的“保护大树有奖征文比赛”、浦东新区“爱浦东、爱生活、爱养花”微博微信市民认养花卉活动，长宁、虹口志愿者爱绿护绿行动等。

【上海市公布第二次湿地资源调查结果】3月16日，上海市人民政府新闻办公室召开新闻发布会，发布了本市第二次湿地资源调查成果。新闻发布会由市新闻办主持，市林业局介绍了上海市第二次湿地资源调查情况和成果。

据调查结果，上海市湿地总面积为37.70万公顷，共划分为5类13型。其中，近海与海岸湿地29.67万公顷，河流湿地0.73万公顷，湖泊湿地0.58万公顷，沼泽湿地0.93万公顷，以上4类为自然湿地，总面积31.91万公顷，占湿地总面积的84.64%，人工湿地5.79万公顷，占湿地总面积的15.36%。

上海市是典型的河口湿地城市，湿地资源丰富，具有“三大、两快、一高”的特点。“三大”一是湿地资源总量相对较大，湿地总面积相当于上海市陆域面积的55.54%，比全国的湿地率（5.58%）高出近9倍。二是近海与海岸湿地占比较大。5大类湿地中，近海与海岸湿地面积占全市湿地面积总量的78.72%，远高于全国同类数据10.81%。三是湿地生态效益和经济效益对城市发展贡献巨大。根据调查，湿地在缓解上海市土地紧缺、保障农业生产、稳定长江河势、优化生态环境等方面都做出了极其重要的贡献。“两快”一是湿地保护率增加较快。近10年，建设形成湿地自然保护区、湿地公园、湿地水源保护区等保护形式，湿地保护率从22.4%增加到34.5%。二是人工湿地面积增加较快，近10年来上海市积极开展湿地建设，建立了青草沙水库、滴水湖、崇明北湖等一批库塘湿地，人工湿地面积新增5329.9公顷，增加了近18倍。“一高”是湿地生物多样性高。湿地是上海市生物多样性最丰富的区域，全市调查到湿地植物80科209属321种，调查到大型底栖动物144种，脊椎动物307种，其中湿地鸟类182种。

【做好野生动植物资源日常管理】完成CITES（《濒危野生动植物种国际贸易公约》）物种、国家重点保护野生动植物、外来物种引进监管方面的行政许可1230项；完成国家重点保护野生动植物或其产品驯养繁殖、收购出售和经营利用行政许可159项，开展后续监管事项98件。继续推进全国第二次陆生野生动物和野生植物资源调查，完成外业调查并进入内业整理阶段。

【加强陆生野生动物疫源疫病监测防控】继续完善信息日报制度，上报各类监测报告4300余份，采集各类鸟类主动预警样本1706份，完成本市第三批15个市级野生动物疫源疫病监测站的评审及建设。

【开展野生动植物资源资源专项执法】会同有关部门，办理破坏野生动物资源刑事案件32起，拆除各类违法捕猎野生动物网具及窝棚3081张（个）。

【“五一”花卉布置工作有序开展】以低碳、节约的理念为主导，主要围绕人民广场、外滩、静安寺、徐家汇等9个重点区域和延安路、淮海路、肇嘉浜路－徐家汇路、世纪大道等 10 条重点道路，以及各区县行政中心、商业服务设施、旅游景点和部分重点公园等进行花卉景观布置，在保持常态景观的基础上创新配置手法和花卉品种，如浦东新区浦东南路耀华路和杨浦区四平路进行半成品花卉组合布置示范；静安华山路延安路人行天桥和长宁凯旋路人行天桥试点选用花期长，维护简便的三角梅盆花打造花卉景观亮点；徐汇区强化肇嘉浜路－徐家汇路沿线的带状花坛景观效果，并用组合容器花卉装点徐家汇商圈；黄浦区用红白矮牵牛打造了人民广场“祥云”主题花坛效果，重点打造了思南公馆区域花街景观，并对外滩花墙进行了重新设计布置；杨浦五角场“跨越未来”主题花坛烘托节日氛围等。据统计，“五一”期间，全市共布置花坛花境约 9 万平米，组合容器近 1 万组，灯杆花球 600 多组，主题花卉景点 56 个，单季用花量约 500 万盆。

【“森林生态功能，让城市和我们更美好”国际论坛在沪召开】5 月 25 日 –26 日，由上海市林业局和上海交通大学共同举办的“森林生态功能，让城市和我们更美好”国际论坛在沪召开。会上，市林业局局长陆月星发表了关于“上海城市森林建设的回眸与展望”的重要讲话，他提出，目前上海基本形成了以中心城区绿化为主体、郊区新城绿化为补充、生态林地和防护林地为外围支撑的“环、楔、廊、园、林”生态环境格局，全市生态安全不断巩固，生态功能明显提升。下一阶段，上海要从系统化、精细化、功能化三大角度着手，加快“城在林中、林在城内”建设，积极构筑“绿地、林地、湿地”三地融合生态空间，重点实施“两道、两网、两园”体系建设；努力打造特大城市管养特色，以“互联网 +”的思维与生态建设的融合创新；不断发挥生态资源综合效益，推进“三地”规模总量和品质效益提升，加强生态产品生产供给能力。来自瑞典、芬兰、美国等及国内多个省市的专家学者，分别介绍了国内外先进的城市森林经营技术和管理措施，探讨了城市化与城市森林发展关系的特点等，为本市生态文明建设、打造宜居城市建言献策。

【崇明东滩“归去来栖”鸟类保护项目启动】6 月 23 日，崇明东滩“归去来栖”鸟类保护项目启动仪式在崇明岛举行。上海市林业局局长陆月星、副局长顾晓君，上海市崇明东滩鸟类自然保护区管理处主任汤臣栋、TNC 全球副总裁皮特·威尔（Peter Wheeler）、TNC 亚太区总干事长查尔斯·贝福德（Charles Bedford）等共同为项目启动致辞。中国 TNC 理事会、TNC 亚太理事会、东滩项目企业委员会的部分企业家也出席了启动仪式。

崇明东滩鸟类国家级自然保护区位于上海崇明岛的最东端，总面积 24155 公顷，历年记录鸟类有 290 种，在东北亚鹤类迁徙网络、东亚雁鸭类迁徙网络和东亚－澳大利西亚涉禽迁徙网络中具有十分重要的地位，每年约有 100 万只次的候鸟在此休憩觅食、补充能量，以恢复在迁徙飞行途中损失的近 60% 体重。2002 年，东滩保护区被列入国际重要湿地名录。作为我国规模最大、最为典型的河口型潮汐滩涂湿地之一，东滩保护区在新生河口沙洲湿地保育、亚太区域迁徙鸟类保护和履行国际湿地公约方面具有十分重要的意义。2014 年，崇明东滩鸟类自然保护区管理处与大自然保护协会（TNC）签署了合作备忘录，双方计划结合崇明东部地区发展以及保护区总体发展规划和示范自然保护区建设的要求，以保护区互花米草生态控制与鸟类栖息地优化中试项目（二期）区域作为项目试点，以建设国际一流的湿地保护管理、生态体验和自然教育示范基地为目标，以水鸟栖息地研究与管理为载体，共同探索社会公益组织参与自然保护区管理的创新模式；同时提升社会公益组织在自然保护，特别是水鸟种群保育、栖息地保护研究和管理中的作用，并将其与公众体验和自然教育相融合，为东滩国际重要湿地的永续保护而努力。

【沪首个“绿道”慢行系统建成开放】闵行区沪闵路绿道位于沪闵路东侧绿地，沿北横泾西岸从闵城路至六磊塘，总长约3.8千米，总面积约29.5万平方米，于1月初启动，6月底竣工，8月正式开放，是全市首个“绿道”慢行系统。该系统分为人行步道（1.2米）及自行车道（2.2米）两部分，中间以白线划分，将零散的养护便道串联、贯通，形成一体，有效优化沪闵公路绿地结构、提升绿地功能，缓解沪闵路公交压力，解决附近体育场馆不足的问题，有效满足附近居民休闲健身的需要和现代城市居民对绿色生态环境的需求。

【申城首个屋顶绿化贯标示范点开放】作为2015年上海“市民绿化节”重要系列活动之一的立体绿化专场活动，“漕河泾开发区杯”2015上海立体绿化百佳评选活动，于7月18日在申城首个屋顶绿化示范点新漕河泾国际商务中心屋顶绿化上正式启动。

新漕河泾国际商务中心位于漕河泾开发区漕宝路、桂平路路口，总建筑面积为18万平方米，为漕河泾开发区地标性建筑。开发区在其3000余平方米的屋顶上设计建造草坪式和花园式两类屋顶绿化，希望通过以点带面、示范辐射的方式，在区域内树立试点标杆，推动上海漕河泾开发区，乃至上海市屋顶绿化标准化技术与管理方面的推广。到2016年年底，上海漕河泾开发区预计实施的屋顶绿化面积将达到87077平方米，其他形式立体绿化（绿墙、绿荫停车场、沿口）绿化面积将达到19143平方米，相当于世博园区的绿化总和，建成沪上第一个立体绿化办公商务楼群，极大地改善周边的生态环境，为商业体生态化探索一条新路子。

“漕河泾开发区杯”2015上海立体绿化百佳评选活动由上海市园林绿化行业协会、市建筑材料行业协会、市绿色建筑协会联合主办，各区县绿办和上海市绿化管理指导站等部门协办，通过企业推荐、市民投票和专家评审等程序，以屋顶绿化（花园式、组合式、草坪式）、垂直绿化（墙面绿化、桥柱绿化、围栏绿化）、沿口绿化（建筑沿口/窗阳台绿化、高架/天桥沿口绿化）、棚架绿化（传统棚架绿化、绿荫停车棚架绿化）等四大类10小类项目为分类，对已竣工3个月以上，符合立体绿化建设标准要求的项目进行评选。活动共收到申报项目159个，经专家组评审，结合网络投票结果，于10月28日召开了评选结果颁奖沙龙并向社会公布。

【开展立体绿化宣传培训】举办3期立体绿化专题培训，为区县绿办及教育基建站的工作人员宣讲上海市立体绿化政策，参加培训人数达350余人；归纳总结近年立体绿化政策和技术相关内容，完成《立体绿化文件汇编》；组织开展2015年立体绿化百佳创建评选活动，在“绿博士”微信平台同步跟踪宣传，经过社会各界的积极申报和广泛参与，共收到申报项目近200个，约2万名市民参与投票互动，微信和相关网站浏览量达45000余人，最终评选出100个优秀项目；开展立体绿化体验活动，组织市民参观漕河泾国际商务中心、申通地铁总部等立体绿化示范点，近50人参加现场体验，使广大市民更直观地感受立体绿化的生态节能环保效应，多家媒体同步跟踪宣传。

【设立“绿色上海专项基金”】上海市绿化委员会与中国绿化基金会共同设立了“绿色上海”专项基金，鼓励社会各界采用捐资的形式参与绿化建设，为市民绿化节的长远发展注入新的生机和活力。部分社会捐资已用于“环城绿带健康走”、“2015上海市民插

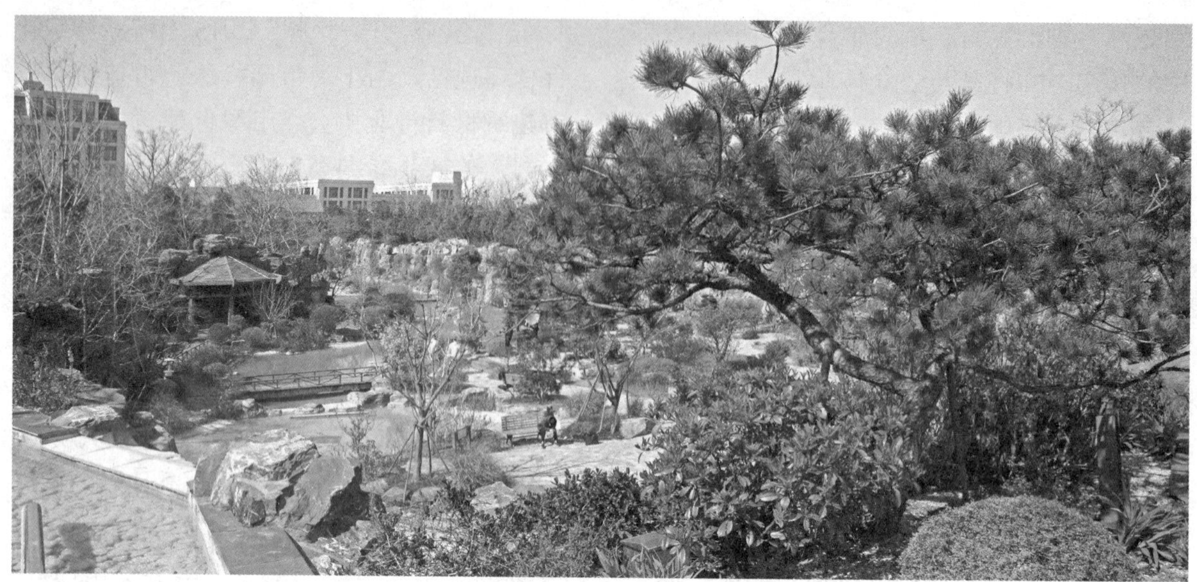

花大赛”等活动中。

【参加第三届中国绿化博览会】第三届中国绿化博览会由全国绿化委员会主办、天津市承办。上海展园以“上海无限园”为主题，充分运用园林植物造景手法，展示上海绿地、林地、湿地“三地融合”的绿化林业成果，在展园评比中荣获银奖，和最佳林业科技新成果应用奖。上海摩奇园林有限公司作为本届绿博会新技术新材料展示区参展企业荣获优秀奖，上海市绿化管理指导站陈志华等4人荣获先进工作者奖。

【市人大常委会表决通过《上海市人民代表大会常务委员会关于修改<上海市绿化条例>的决定》】7月23日，市十四届人大常委会第二十二次会议表决通过了《上海市人民代表大会常务委员会关于修改<上海市绿化条例>的决定》（以下简称《决定》），将于2015年10月1日起正式施行。市人大常委会主任殷一璀主持会议。市绿化市容局副局长方岩列席会议并参加了会后举行的新闻发布会。

《决定》以推动立体绿化发展为主要内容，明确规定：本市新建公共建筑以及改建、扩建中心城内既有公共建筑的，应当对高度不超过五十米的平屋顶实施绿化，屋顶绿化面积的具体比例由市人民政府作出规定。中心城、新城、中心镇以及独立工业区、经济开发区等城市化地区新建快速路、轨道交通、立交桥、过街天桥的桥柱和声屏障，以及道路护栏（隔离栏）、挡土墙、防汛墙、垃圾箱房等市政公用设施的，应当实施立体绿化。同时规定，公共建筑和市政公用设施上建成的立体绿化，不得占用、拆除，但因公共建筑和市政公用设施进行改建、扩建、修缮或者拆除的除外。公共建筑和市政公用设施改建、扩建或者修缮完成后，被占用、拆除的立体绿化应当恢复。

市绿化市容局以此为契机，组织全市范围的宣传培训会，市绿化委员会成员单位、市相关行政管理部门和市政府派出机构，区（县）绿化管理部门和城管执法部门，市绿化市容局相关处室、直属单位的分管领导和相关人员共130多人参加。

【2015林荫道创建】今年，全市计划创建15条林荫道，上报31条，最终确定22条（段）符合林荫道标准。加上已有的131条，上海市林荫道已经达到153条，已完成“十二五”规划“创建命名林荫道100条”的目标。

2015年上海市林荫道名单

区县	序号	道路	路段		树种
黄浦区	1	富润路	龙华东路	江滨路	栾树
徐汇区	2	龙临路	上中路	淀浦河路	悬铃木
	3	桂平路	钦州北路	漕宝路	香樟
长宁区	4	银珠路	红宝石路	古羊路	香樟
静安区	5	华山路	常熟路	长乐路	悬铃木
普陀区	6	普雄路	曹杨路	武宁路	悬铃木
	7	棠浦路	兰溪路	梅岭北路	悬铃木
闸北区	8	宜川路	万荣路	沪太路	悬铃木
虹口区	9	广灵一路	广灵四路	广秀路	悬铃木
	10	同心路	新同心路	水电路	栾树
杨浦区	11	政悦路	闸殷路	泵站	榉树香樟
浦东新区	12	沂林路	东方路	浦东南路	悬铃木
	13	利津路	张杨北路	浦东大道	悬铃木
闵行区	14	春光路	金都路	申旺路	香樟
宝山区	15	宝泉路	四元路	龙镇路	悬铃木
嘉定区	16	金沙路北段	李园路	东大街	悬铃木
金山区	17	柳城路	大堤路	富川路	悬铃木
松江区	18	东大街-海斯大街(泰晤士小镇)	丽斯花园	切尔西大街	榉树
	19	学府路	石湖新路	苗圃路	香樟
青浦区	20	青竹路	华青路	华浦路	香樟
奉贤区	21	年丰路	望园路	金海路	朴树、香樟、银杏
崇明县	22	东江路	富民沙路	民东路	水杉

【公园主题活动丰富多彩】成功举办上海(国际)花展、梅花节、樱花节、牡丹展、杜鹃花展、月季展、郁金香花展、爱鸟周等公园主题活动，形成市、区公园联合办展新模式，培育一批花展品牌。与上海人民广播电台交通广播(107.5)合作，联合市区公园开展“与四季约会”、每周一公园传播互动活动。

【继续实施公园夏令延长开放】全市75座公园夏令延长开放，延长开放时间自2015年7月1日起至2015年9月30日止。延长开放期间，倡导市民群众晚间游园采取散步、纳凉等相对安静的休闲方式。加强游园噪声控制，全市已有600余个团队签订了噪声控制规约，涉及人数超过3万。

【爱思公园、古藤公园、霍山公园完成整体改造】6月1日，因受地铁四号线海伦路站建设影响、长期处于闭园状态的爱思儿童公园经过为期一年的闭园改造，恢复对市民开放。主要改造内容为：地铁箱涵周边区域绿化恢复，主次入口改造，道路地坪改造，人行景观桥建设，新建儿童活动中心以及给排水、电气等系统改造等。改造后的爱思儿童公园虹保持儿童特色，园内设有两个儿童游乐区，一个为幼儿区，另一个为少儿区，少儿游乐区安装滑梯、跷跷板、勇敢者道路等；幼儿游乐区设有迷你型的滑梯、小钢琴、小锣鼓和“狮子”合影点等。公园在细节的设计上也处处为儿童考虑，如儿童座椅是红色中国传统剪纸造型的“大猩猩”，垃圾桶的边缘还设置了保护装置，防止儿童意外伤害。一条渝泾浦怀抱着公园流淌而过，改造中在河边建了亲水平台。除了户外设施设备，园内还将引进儿童室内游玩项目，处处体现儿童公园的主题。

12月，古藤园完成整体改造正式对游客开放。主要改造内容为：古紫藤保护区完善，建（构）筑物改造，道路地坪改造，给排水系统改造，电气（监控、广播音响）系统改造，绿化调整与提升等。一是克服施工技术难点，做好古紫藤保护工作，在市古树专家指导下，通过对古紫藤彻底清理和修剪，清除枯枝、病枝，并对剪口进行消毒和封闭处理。同时，搭好临时棚架以支撑古藤枝条，拆除原来破损混凝土藤架，重新安装经过特殊防锈工艺处理的钢架，将紫藤枝条分开绑扎在新的钢架上。二是实施绿化调整提升，突出公园植物特色。对古紫藤周边植物进行重新配植，改造周边围栏，拓展部分园路，进一步改善古紫藤生长环境。同时，在园内增加6个品种、50多株紫藤以突出紫藤特色。三是修旧如旧，修缮建（构）筑物。充分考虑古典园林特点，在建筑小品、园路、廊、亭、水榭改造中，遵循修旧如旧、不破坏历史文化积淀的原则，克服施工材料与古典园林施工工艺要求不匹配问题，多方组织材料，无数次探索试验施工工艺，直到符合古典园林施工工艺要求为止。四是增设视频监控等安全防护系统，加强管理力度。改造以后的古藤园，古紫藤枝条分布疏密有致，棚架牢固美观，园内植物配植更加丰富合理，亭台楼阁修缮一新，游园环境更加舒适、安全。

12月31日，具有近百年历史的霍山公园经过为期6个月改造恢复对市民开放。主要改造内容为：绿化调整与提升，建（构）筑物调整，道路地坪、给排水、电气照明调整与改造，大门、围墙、标识标牌、园椅、垃圾箱、健身器材等改造，水池拆除等。霍山公园始建于1918年，在第二次世界大战期间，曾经是在上海地区居住的犹太难民经常光顾、休闲聚会的场所。公园改造过程中注入更多的历史文化元素，突出“犹太纪念”的主题，注重传承历史。如改造和平纪念广场，设置和平之道。梳理周边建筑风貌，用现代设计手法整合传统海派元素。将原封闭的景观亭拆除，改建为通透的景观亭，并新建了“新海派”风格的多功能特色廊架。整体建筑风格与公园周边的居住区“安妮女王式”相吻合，使公园与周边建筑浑然一体。增加广场面积，满足市民健身需求。公园广场从原先的80平米扩大至120平米，并增设残疾人通道。改造后的霍山公园满足风景游览、纪念瞻仰、文娱活动三种功能。

【东滩、崇明岛等划入生态红线】《上海市生态保护红线划示规划方案》由市规土局、市环保局、市绿化和市容管理局等多部门共同参与制订，目前进入征询公众意见和建议阶段。

根据方案，未来上海将维护东海滩涂湿地及与之依存的自然保护区、杭州湾湾区、长江及黄浦江水源保护区、淀山湖湖区和崇明三岛等长江口岛群五大城市基础性生态源地。

方案将上海4364平方公里划入生态保护红线范围，其中陆域3033平方公里，占市域陆域面积的44.5%。其中，一级保护区总面积约1189平方公里，主要为国家相关规定确定的禁止建设区域；二级保护区总面积3175平方公里，为具有重要生态功能的空间，包括重要水、田、林区域以及市域生态环廊空间。

生态保护红线共15类生态空间，包括自然保护区、饮水水源保护区、森林公园、地质公园、重要山体、重要耕地、重要林地、重要湿地、重要河道、重要公园、重要野生动物栖息地、外环绿带、近郊绿环、近郊生态间隔带、市域生态走廊。

根据方案，一级保护区实行最严格的管控措施，禁止与生态保护无关的开发建设活动。一级保护区包括崇明东滩、九段沙、青草沙水库、淀山湖、海湾森林公园、淀山湖等。二级保护区是为限建区，禁止对主导生态功能产生引导的开发建设活动，控制线性工程、市政基础设施和独立型特殊建设项目用地。几乎整个崇明岛以及横沙岛、青浦、松江等区县的大部分区域为二级保护区。

【上海南汇水蜜桃等四个林业特色果品名列《中国地理标志产品大典》】10月，《中国地理标志产品大典》中文版在北京举办了首发仪式。该书由3000余人历时4年编撰，于2015年6月由中国质检出版社、中国标准出版社出版。《中国地理标志产品大典》编制项目被列为国家新闻出版改革发展项目；国家“十二五”重点规划图书、财政部中央文化企业国有资本经营预算资助项目。《中国地理标志产品大典》共收录了国家质检总局实施地理标志保护的1000多个地理标志产品及1万余幅产品图片，内容包括每个地理标志产品的地理环境、文化背景、品牌建设、知识链接等，充分展示了丰富多样的中国地理标志产品和历史悠久的中国地理标志文化。

上海共有南汇水蜜桃、金山蟠桃、仓桥水晶梨、奉贤黄桃、练塘茭白、崇明老白酒、崇明老毛蟹等七个产品被列入《中国地理标志产品大典（上海卷）》。其中，南汇水蜜桃、金山蟠桃、仓桥水晶梨、奉贤黄桃等四个上海林业特色果品名列其中。该书通过对南汇水蜜桃等7个产品的地理环境、历史传说、品牌故事以及生活食用小常识等方面，对上海市的地理标志产品进行了详细的介绍。

【沪举办“环城绿带森林行”活动】9月20日，市绿委办举办“乐享生活·环城绿带森林行”体验活动，以“绿色生活健康走，林下漫步快乐行”为主题，宣传“建设环城绿带，造福子孙后代”理念，纪念上海市环城绿带建设20周年，通过在林带内漫步畅游的方式，让市民亲身体验环城绿带对城市的生态作用、景观作用以及社会作用，进一步提高广大市民爱绿护绿意识，鼓励市民共同参与保护生态环境。活动半程折返约3.5千米、全程折返约7千米，共有500名市民参加。

上海市环城绿带规划总面积6208公顷，于1995年启动，截至2014年底已累计完成约3555公顷。环城绿带建成区域的绿带以生态为核心，与自然水系、湿地、田园风光等共同构成具有生态防护、景观观赏、休闲健身、文化娱乐、公共服务、隔音降噪、减排治霾、防灾避难等多功能的城市公共绿地。

【第三届中国绿化博览会上海园获银奖】第三届绿博会由全国绿化委员会、国家林业局、天津市人民政府主办，于8月18日开幕，为期2个月，共接待全国各地游客150万人次。全国共有48家单位参展，上海园占地4084平方米，位于绿博园室外展区，以“上海无限园”为主题，充分运用园林植物造景手法，整个展园划分为“水园”、“土园”、“花园”3个主题园，以寓意母亲河黄浦江形态的S型主园路“微风之径”串联，集中展示上海绿地、林地、湿地“三地融合”的绿化林业成果，体现地面绿化与空间绿化并举的生态环境发展趋势，代表了市民幸福生活的无限可能。在10月18日的闭幕式上，组委会对优秀展园、本届绿博会先进单位与个人进行了表彰，上海园荣获银奖，同时获得最佳林业科技新成果应用奖单项奖；上海摩奇园林有限公司作为本届绿博会新技术新材料展示区参展企业荣获优秀奖，上海市绿化管理指导站陈志华等4人荣获先进工作者奖。

【申城落叶景观道路增至12条】2015年，本市在原有6条落叶景观道路的基础上，又新增6个路段，涉及徐汇、普陀、松江、金山四区。其中，徐汇和普陀新增吴兴路、永福路、枣阳路三条路段，松江和金山两区首度试点落叶不扫。

相关链接：

2015年上海市新增城市落叶景观道路路段

所在辖区	路段名称	起 点	终 点
1. 徐汇区：	吴兴路	衡山路	淮海中路
2. 徐汇区：	永福路	复兴西路	湖南路
3. 普陀区：	枣阳路	杨柳青路	桐柏路
4. 松江区：	北内路	中山路	乐都路
5. 松江区：	园中路	南青路	思贤路
6. 金山区：	金一东路	沪杭公路	卫零路

【申城管理落叶不扫道路积累成熟经验】作为本市最早试点落叶不扫的徐汇区武康路、余杭路，已积累了一套较为有效的管理经验：一是制定试行方案，根据气候灵活调整试行时间，并要求遇风雨或雾霾天气，暂停景观道试点，施行全面清扫保洁，确保路面整洁，不影响周边居民的日常生活。二是严格做到落叶一日一清。每日傍晚对当日落叶进行全面清理，确保无隔夜、沾污垃圾的落叶滞留路面。三是调整保洁方法，给保洁人员配备伸缩钳等劳动工具，主要的保洁方式改扫为捡，清除隐匿在落叶中的垃圾。同时，对落叶进行总量控制，确保落叶不影响交通与出行安全。四是落实社区联系机制。每月走访景观道周边居委，听取居民意见。同时呼吁居民文明遛狗，不要将狗屎随意丢弃在落叶中。五是加强巡回保洁。利用电动车机动快速巡回优势，提升景观道的巡回保洁频次和效果。六是管控安全隐患。针对乱扔烟头可能导致落叶火险的隐患，在巡回保洁的电动车上配备了灭火器，做好防灾应变准备。针对落叶可能影响行人行路安全，要求加强路面巡查，提供志愿服务。七是定制劳动工具。专门定制黄色的轻便垃圾收集桶，让清道职工的劳动工具与落叶景观融为一体，减少突兀感，营造人与自然和谐共处的良好氛围。

【抢救复壮濒危衰弱古树名木】完成26个古树名木的抢救复壮点的建设项目，实施的主要内容为建设围栏、石驳岸、挡土墙、避雷设施，设立支撑、铺设透气铺装及排水设施，种植地被、改良土壤、修补树洞等，使古树生长环境得到了改善。

【新增4座城市公园】将建成的上海汽车博览公园、四季生态园、新江湾城公园、智力公园纳入城市公园管理。调整后，上海城市公园从161座增至165座，镇级公园为30座。

【非洲狮“津津”和“菲菲”在上海野生动

物园和游客见面】12 月 12 日，上海野生动物园举行非洲幼狮开放仪式，市政府副秘书长黄融、津巴布韦驻华使馆临时代办米沙克凯臣出席仪式并致辞，外交部非洲司，国家林业局国合司、中动协，市绿化市容局陆月星局长、顾晓君副局长，申迪集团范希平董事长、邵晓云副总经理及上海外办、上海市旅游局等单位领导出席仪式。

这对非洲狮是津巴布韦总统穆加贝 2014 年 8 月访华时代表津巴布韦人民赠送给中国人民的。中方将它们命名为“津津”和“菲菲”,寓意中津和中非友好。2 岁的公狮“津津”和 3 岁的母狮“菲菲”，于 10 月 16 日抵达上海野生动物园，经过一个月的检疫和调养，已适应本市环境，体总分别增加了 106 千克和 102 千克。作为非洲大陆的旗舰物种，这对非洲狮不仅将受到致力于保护野生动物、建设生态文明的中国人民的欢迎，也将成为中津和中非友谊新的使者。

（三）生活垃圾

【概况】深化生活垃圾“大分流、小分类”机制，加强源头管理和循环利用；继续强化“绿色帐户”激励机制，完善积分兑换模式，试行垃圾定时定点收集；继续探索有效监管模式，提升源头分类质量，强化生活垃圾分类处置能力，加大现场运营监管力度。

【末端处置设施建设有序推进】“一主多点”生活垃圾末端处置设施建设推进平稳，处置能力达到 27000 吨 / 日，无害化处理率达到 100%。松江、奉贤、崇明、嘉定项目按计划实施；老港二期获得专项规划及项建批复。闵行、浦东作为国家餐厨废弃物资源化利用和无害化处理试点城区，相关项目有序推进。

【生活垃圾分类减量完成既定目标】全市生活垃圾分类已覆盖 400 万户，“绿色帐户”激励机制已覆盖 105 万户，超额完成 2015 年推进目标。人均生活垃圾末端处理量比 2010 年减少 20%。静安区、松江区被确定为全国第一批“生活垃圾分类示范城市（区）”。完成 2000 个生活垃圾分类示范居住区创建验收工作。全面建成由信息化平台、手机 APP、微信公众号组成的绿色帐户“互联网 +”体系，不断完善前台操作和后台支撑管理制度。

【农村生活垃圾管理全面推进】一是强化组织领导。在“上海市生活垃圾分类减量联席会议”中增设“上海市农村生活垃圾治理推进办公室”，主要负责全市农村生活垃圾管理的日常推进协调工作；办公室由市绿化市容局局长担任主任，环卫、建设，农业、环保、商务、财政、文明办、爱委会、妇联等 9 部门分管领导担任副主任。召开全市生活垃圾分类减量推进大会，市政府与 9 个郊区县分别签订了《任务责任书》。二是建立项目化推进机制。全面梳理农村生活垃圾收运处置体系，启动设施设备维修更新、陈年积存垃圾清除、临时垃圾堆放点取缔、村级河道保洁、湿垃圾处理设施建设和常态长效机制完善等项目，实施 6 大类 28 项销项式管理措施；圆满完成住建部等 10 部门联合组织的农村生活垃圾治理检查验收。三是建立实效评价机制。聘请社会第三方，对全市 103 个乡镇（街道、园区）、1546 个行政村进行随机抽查，对抽到的 314 个行政村中的村级道路、河道池塘、桥梁桥堍、村宅通道、房前屋后、堆肥设施、建筑垃圾利用处理设施管理等方面进行重点测评，效果良好。四是创新管理机制。启动农村建筑垃圾、有害垃圾、工业垃圾、农业废弃物的大分流和户内干湿垃圾分类投放，以及湿垃圾就地处置利用试点工作，形成了松江区叶榭镇大黄村湿垃圾就地沤肥利用、奉贤区庄行镇农业桔杆就地粉碎堆肥利用、金山区朱泾镇建筑垃圾就地就近处理利用、崇明县横沙乡丰乐村农户湿垃圾处理不出村等经验。五是加强宣传培训。组织298区县、乡镇管理部门负责人及部分行政村干部进行培训；开展“城乡一体共发展，生态乡村更美丽” 新闻媒体采风活动；下发《上海市农村生活垃圾治理特色案例》；拍摄治理工作宣传片，展现治理成效。

【“绿色帐户” 推进平稳】3月，上海城投（集团）有限公司正式接手上海“绿色账户”，积极推进各项工作，圆满完成“绿色账户覆盖100万户，持卡用户80万户、活跃用户50万户”的年度工作目标。一是完善管理制度。修订了物资捐赠、积分兑换、库存管理、信息报送、对外公示等20多项管理办法，注册了“绿色账户”的汉字、艺术字、图标、英文、拼音等系列商标。二是加强源头推广。加大“绿色帐户”的社会宣传和社区推广力度，截至年底，累计已覆盖居民近105万户，深入全市1600多个社区，组织了5000余场社区专题推广活动，绿色账户单独卡发卡量90余万张，套卡发卡量近10万张。三是完成平台上线。改版后的“绿色账户”微信公众号于5月20日、“绿色账户”APP于6月20日、“绿色账户”官网（www.greenfortune.sh.cn）于7月20日陆续上线运行，绿色账户“互联网+”渠道全线开通，通过微信端、APP端和桌面端三个界面，促进“分类可积分、积分可兑换、兑换可获益”的正向激励。四是强化后台保障。8月起，“绿色帐户”网站及微信端开始进行信息推送，每两周举行“周周秀”活动，提升了“绿色账户”知名度和点击率，截至12月31日，“绿色账户”微信粉丝数近12400人。同时，还开通了“绿色账户”热线电话，及时解决绿色账户兑换和使用等方面的问题，提升用户的认可度。五是助力公益活动。6月5日（世界环境日），在长风公园举行了“开通绿色账户、践行绿色生活”暨上海“绿色账户”公众微信号上线仪式；7月20日，在城市规划馆隆重举行了“践行绿色、拥抱未来”——绿色账户“互联网+”总动员暨上海青年环保志愿者联盟成立仪式；8月31日，与解放日报社共同举办上海青年环保志愿者联盟座谈会暨“绿色账户”微电影大赛启动仪式，赛期3个月，共收到18部微电影作品，并于12月27日评审出了8个奖项及2个优胜奖；11月15日，举办了“绿色账户”200人公益骑行活动及青年环保体验营活动；12月，举办了绿色账户年度抽奖大型活动。

【本市道路保洁和垃圾清运行业获评2013-2014年度上海市规范服务达标先进行业】5月，市建管委举行了上海建设管理行业精神文明建设工作会议，对2013-2014年度上海市规范服务达标先进行业进行了表彰，本市道路保洁和垃圾清运行业榜上有名。

【城市保洁水平提升】一是“一路一策”全面推广。结合责任区管理制度落实、无序设摊治理等专项管理工作的推进，问题道路解决率达到60%，全市道路整洁优良率达到93%。二是定时定点收集工作扎实推进。共排摸业态复杂、污染严重、投放困难的沿街商铺路段1716条，目前试点路段推进到743条。三是道路扬尘污染治理初成体系。会同市环保局、市住建委等部门，梳理全市道路扬尘污染治理思路，制定扬尘监测方案和扬尘污染治理实施意见，初步建立好道路扬尘污染治理体系。四是应急保障能力进一步提升。修订突发事件应急预案，完善道路和公厕应急保障体系，成功经受住本年度台风、暴雨、雾霾等恶劣天气的考验。

【本市渣土车新地标贯标大会成功召开】作为工程渣土和建筑垃圾运输车辆管理的重要

依据，2015年5月，《建筑垃圾车技术及运输管理要求》（DB31/T 398—2015）通过专家评审；7月，标准正式印发；8月5日，市绿化市容局在上海展览中心举行新标贯标大会，市废管处、市市容环卫协会、全市超过100家渣土运输企业和6家渣土运输车辆生产厂商以及数十家媒体参加大会。

会上，制标单位向全市渣土运输企业说明了标准中增改的内容，介绍了新型车信息化管理技术及后台数据监管情况；市废管处通报了下半年全市渣土运输管理的五项重点工作内容：一是全面推广新型车辆；二是抓紧试点卸点计量、按量结算机制；三是落实渣土运输企业诚信积分制度；四是完善综合监管平台；五是积极筹划本市渣土卸点。

【做好台风暴雨天气应急保障工作】6月16日，暴雨袭击上海，市防汛指挥部分别发布黄色和橙色预警信号，根据应急预案，全市共出动2万余名环卫工人，及时清理窨井上的杂物，清除道路废物箱垃圾；市质监中心加强对易积水道路的巡查力度，保证1300余条路段通畅。

7月10日，台风“灿鸿”影响本市，市防汛指挥部发布防汛防台橙色预警信号和暴雨黄色预警信号，全市已经出动约3000名绿化工作人员，对3万余棵行道树进行绑扎加固；1.9万余名道路保洁人员及时清除道路两边下水口垃圾，清空道路两旁废物箱5万余只；加固或整改户外广告480余处，店招店牌6500余处；发放防台防汛安全告知书20多万份。

8月24日，台风“天鹅”再临上海，市中心气象台发布暴雨橙色预警信号，全市共有1.8万余名道路保洁工人参与应急保障工作，累计清洁进水口2万5千余个，清除废物箱垃圾5万余只。同时，市质监中心于8月24日上午针对上海市区道路积水情况开展专项检查。此次检查范围覆盖了浦东、杨浦、长宁、徐汇、黄浦、虹口、宝山、普陀、静安等9个城区，共检查路段161条。

【完善公厕管理服务】一是优化公厕建设布局。以一、二类公厕为主，新建环卫公厕60座、改建482座。二是完善硬件设施配置。以中心城区和旅游区为重点，推进第三卫生间和残障间配建改建工作。三是推动社会公厕对外开放。印发《上海市绿化和市容管理局关于加强社会单位公共厕所设置和管理的若干意见》、《关于加强本市窗口行业公厕管理服务提升窗口文明形象的通知》，促进社会公厕向市民、游客提供更优质的服务。

【开展“世界厕所日”系列宣传活动】组织开展第二届“世界厕所日”主题宣传活动，打造“世界厕所日”宣传品牌，助推公厕文明行业创建。一是举办宣传口号、主题征文、摄影涂鸦作品等作品征集。开展“小城市，大文明”公厕摄影、“我心目中的未来公厕”中小学生涂鸦作品以及宣传口号征集等活动。其中，宣传口号征集活动共收到来自全国10余个城市的600多名市民热心投稿，共有1800余条作品进入初选；中小学生征文活动共收到作品700余篇；“市民最满意公厕”与“最美保洁员评选活动”共受到市民投票2000余份。二是组织“公厕文化漫谈”、“上海公厕微访谈”等公厕话题讨论活动。邀请上海市公厕协会专家执笔供稿，从公厕历史、公厕文化、公厕建设等九个不同角度，形成公厕漫谈系列专题。还联合新浪微博、上海绿化市容微信公众号，在微博、微信平台同时推出“公厕热点话题讨论”微访谈系列活动。

2001年，30多个国家的500多名代表在新加坡举行了第一届厕所峰会；2013年7月24日，第67届联合国大会正式通过决议，将每年的11月19日设立为“世界厕所日”。

（四）市容环境

【概况】完善市容管理长效机制，注重提高街镇平台综合协调能力。坚持重点任务和整体提升两手抓，推进责任区制度建设和街镇创建，抓实街面市容管理，“点亮”重点景观区域，全面改善市容面貌，加强无序设摊等城市管理难题顽症综合治理，巩固扩大整治成效。

【市容市貌管理水平提升】全力推进《市容环境卫生责任区管理办法》贯彻落实，建立健全责任区工作制度。开展“百千万”系列宣传培训活动，加强责任人自律自治、沿街中小商铺垃圾上门收集等工作方法创新，强化执法检查保障。基本完成“特定区域”市容环境治理三年行动计划，全市五个“特定区域”3164个单元面貌明显改观。环卫运输车辆“跑、冒、滴、漏”、垃圾箱房环境卫生专项整治行动、32条道路扬尘监控、水域保洁等工作收效明显。公厕管理水平稳步提升。完成“上海国际马拉松赛”、“抗战胜利70周年纪念活动”等重要活动市容保障任务，做好26个重要景观区域重要时段的市容保障工作。

【难题顽症得到有效治理】一是加强无序设摊综合治理。取缔无序设摊聚集点73处（累计取缔129处，占总量的64.5%），并将日常管理情况纳入区县、街镇网格化管理体系，确保可管可控；新建疏导点14处。协同市商务委等部门出台《上海市城市临时设摊集中疏导点指导意见》。组织开展“夜鹰”、“夏令热线”等专项行动，开展行政执法检查207.6万余次，教育劝阻设摊相对人194.5万余次，实施行政处罚11.4万余起。二是加强渣土管理。落实渣土运输行业交通安全责任制度，加大执法力度，主责交通事故下降，严重超载和偷乱倒明显减少。落实严管严惩，对304家运输单位进行诫勉谈话，对41家运输单位实施停业整顿，对9家运输单位实施市场退出。开展建筑渣土运输处置卸点付费机制试点。完成老港固废处置基地市级渣土应急托底消纳卸点建设，建立装修垃圾进入老港渣土消纳卸点处置的应急机制。修订出台新型渣土车标准。三是加大拆违力度。协同相关部门完成存量违法建筑普查，建立挂牌督办、定期通报、考核评价等制度，全年拆除违法建筑1392.04万平方米。

【完成“特定区域”治理三年行动计划任务】2015年是“特定区域”治理三年行动计划收尾年，经过三年整治，包括菜场、轨交站点、医院、学校和旧小区周边共3164个单元治理成效明显，特别是学校、医院及轨交站点出入口周边环境面貌得到较大改善，经第三方测评达到良好水平。一是推进项目扫尾。通过召开专题会议、现场办公、检查巡查、第三方考评、随机抽查等形式，推进剩余20%任务的按时完成。二是搞好检查验收。深入各区县，检查项目完成情况，并做好评估报告起草工作，为以奖代补和表扬奖励提供依据。三是促进常态长效。做好“特定区域”市容环境治理三年行动计划的经验汇总、工作总结和体系完善等工作，并开展新一轮项目的调研工作。

【市容环境卫生责任区管理工作有序推进】2月27日，市政府新闻办举行市政府新闻发布会，市绿化和市容管理局、市政府法制办负责人介绍了即将施行的《上海市市容环境卫生责任区管理办法》主要内容以及下一阶段的工作安排。

2月28日，市绿化市容局在静安区废弃物流转中心举办了“《上海市市容环境卫生责任区管理办法》主题宣传活动”，市绿化市容局局长陆月星、市司法局局长郑善和、市建管委副主任邓建平、市文明办副主任宋慧、静安区人民政府副区长周海鹰、市司法局副局长陈春兰、市绿化市容局副局长鲁建平等部门领导出席，部分责任单位和责任人代表，城管执法人员、市容管理人员、志愿者代表约300人参加。活动中，市绿化市容局与市司法局交换了法制宣传教育合作备忘录；向责任人代表颁发了《责任区责任告知书》；申通地铁静安寺站作为责任人代表、上海肯德基有限公司作为企业单位代表向全社会作出承诺；“老娘舅”柏万青向全市广大市民发出倡议。全市在主要道路、景观区域设置了宣传招风旗，在各大公共电子显示屏循环播放“责任区管理”公益宣传片，各区县也配合开展了百余场主题宣传活动。

6月25日，市绿化市容局会同市建管委、市文明办、市爱卫办等相关部门，对市容环境卫生责任区管理的落实情况进行了专项检查，先后现场察看了黄浦区瑞金二路街道雁荡路51弄弄管会自治管理无序设摊和跨门经营，静安区静安寺街道在华山医院周边推行的商家和居委会自律管理，长宁区周家桥街道和天山路街道玉屏南路推行的垃圾上门收集，以及由居委会、业委会、商家代表组成的自律小组维护责任区环境整洁，虹口区欧阳路街道在欧阳路、祥德路上悬挂责任挂牌以及成立门责商家协会，加强门责自我宣传、自我管理、自我督促情况等情况。

7月29日，市绿化和市容管理局局长陆月星、副局长鲁建平参加了中国上海门户网站在线视频直播访谈节目，就《上海市市容环境卫生责任区管理办法》的发展历史、创新之处、责任主体、推进落实等情况，与主持人和网民进行了在线交流。

【市容环境卫生责任区管理工作成效明显】自2015年3月1日《上海市市容环境卫生责任区管理办法》正式实施以来，全市各级绿化市容管理部门和城管执法部门以及各街道（镇）积极行动，落实各项措施，认真推进《办法》的贯彻落实。全市围绕《办法》举办了“百场主题宣传”，提高《办法》知晓率；完成了千余人次的各级管理人员培训，通过分级分类教育培训方式，引导各级管理人员和各相关行业自觉地将责任区制度融入行业管理工作中；对沿街中小商铺负责人开展“万名责任人培训”，进一步提高中小商铺负责人对责任区制度的了解和落实；在中心城区试点开展沿街商铺定时定点上门收集生活垃圾；各区积极探索创新责任人联系沟通制度，徐汇、长宁、普陀等区相继建立“一点一档”信息档案，责任区管理网站和微信平台，有效的整合各方面信息资源，提高了管理实效；各级城管执法部门会同相关部门开展了责任区管理专项执法行动，对小餐饮店、水果店、铝合金加工店、修车店等市容环境易污染责任人进行总量锁定、重点执法；积极探索责任区管理社会自律措施，鼓励责任人成立自律性组织，对履行责任要求实行自我管理。截至年底，中心城区已基本实现责任区责任书送达全覆盖，在全市范围内初步形成了“我的门前我清洁，我的区域我负责”的良好氛围。

【本市召开无序设摊综合治理工作推进大会】4月27日下午，本市召开无序设摊综合治理工作推进会议，市城市无序设摊综合治理专项工作推进小组各成员单位、各区县人民政府分管领导，各区县绿化市容管理部门以及部分街镇负责人参加。会议由市绿化市容局局长陆月星主持，副市长蒋卓庆出席会议并讲话。会上，市绿化市容局和市商务委分别通报了本市无序设摊综合治理工作推进情况和无序设摊聚集点周边食用农产品零售网络建设进展情况。虹口区人民政府、浦东新区人民政府和松江区方塔街道办事处在会上作了交流发言。

蒋卓庆副市长充分肯定前一阶段无序设摊综合治理工作，并对下一阶段工作提出了三点具体要求：一是咬定目标，切实增强无序设摊综合治理工作的责任感和使命感。针对全市200个设摊聚集点、177个疏导点和212个管控点，面对零星摊位仍然量大面广、供需矛盾依然突出以及已整治区域回潮反弹压力依然存在等困难，要切实责任感和使命感，努力实现到年底消除设摊聚集点达到总数30%－40%、不产生新增的设摊聚集点和总体管控水平有明显提升这三个目标；二是标本兼治，切实提高无序设摊综合治理工作成效。要加强源头治理，联合规划、公安、建管、商务、工商、交通、食品药品、市容环卫、城管执法等部门，共同构建源头治理体系。结合上海推行的城市更新，解决公共性、公益性设施缺失问题；要坚持依法治理，把事关城管、交通、交警、食品药品等法律资源整合在一起，给依法治理无序设摊提供法律保障；要探索社会治理，设摊治理要向全民参与的现代治理模式转变，如在设置疏导点时，要听取周边居民的意见。对于疏导点和控制点管理，引导摊贩建立自治自律机制，也可以引入社会第三方参与管理；三是落实责任，切实增强无序设摊综合治理工作推进合力。要加强领导，各级、各部门要把巩固和扩大城市管理成果作为今年的重大任务，抓紧抓好。要紧密配合，市绿化市容局继续担负起统筹协调、督促推进责任，各区县、各部门要各负其责，密切配合。要加大投入，落实市项目建设和以奖代补的资金，要定期对工作落实情况进行专项督查，及时发现问题，提出整改意见，给予通报批评。要广泛宣传，好的要进行宣传，问题严重的要给予曝光，宣传力度要加大、利用好。

【加强户外广告管理】健全违法户外广告查处机制，拆除违法户外广告设施1379块，实现拆除违法广告1000块以上、重要区域违法广告零增长的年度目标。采取管理部门督查和委托第三方巡查等多种方式，开展户外广告监督检查。全年共发现擅自设置、违规设置、画面破损、安全隐患等问题广告6255块（处/块/幅），完成整改6241块（处/块/幅），及时整改率达99.7%。

【加强户外广告、店招店牌安全管理】开展户外广告、店招招牌安全大检查工作，共发放自查告知书17.6万份，发现并完成整改各类问题4500余处。防台防汛期间，发放安全告知书20多万份，加固、整改户外广告设施480余处，店招店牌6500余处，拆除有安全隐患的店招店牌20余块。

【有序推进景观照明建设与改造】重视技术和艺术水平提升，指导长宁、静安两区结合区域道路整体改造工程完成沿线景观照明建设，推进虹口北外滩景观照明改造工程和嘉定环城湖沿岸照明一期建设工程。

【开展景观照明成果宣传】市绿化和市容管理局会同上海市摄影家协会联合举办“上海夜景灯光摄影大赛”，大赛期间共收到535位摄影艺术家和摄影爱好者摄影作品3795件，经11多万市民参与互动和网络投票，共100幅作品入围，其中，一等奖作品2幅，二等奖作品3幅，三等奖作品4幅，佳作奖作品6幅。

（五）城管执法

【概况】进一步完善区（县）城管执法体制机制，加强建立健全资源整合、职责清晰、权责一致、权威高效的城管执法体制机制。

增强队伍综合素质，提高工作能力，巩固执法成果，创新协同共治。

【区县城管执法体制改革基本完成】16个区县城管执法局机构已单独设置，市级城管执法体制改革也已基本到位，执法力量进一步下沉街镇；15个区县城管执法局完成“三定”工作。不断健全工作机制，完善勤务模式，建立以增强实效为导向的勤务指挥、巡查管控和实效督查机制，适时将执法领域拓展至住宅小区、公园。强化联勤联动执法，加强联合执法，提升执法效果。修订《上海市城管执法行政处罚自由裁量基准》等配套文件。开展基层城管执法人员专项招录。

【加大队伍建设力度】加强教育培训，举办16期培训班，2990人次参训。改进队伍作风，开展作风纪律教育整顿活动和“双十佳”评选表彰活动。建立全员培训工作机制，组织区局领导、中层干部、执法骨干、新进队员进行全员轮训。加强基础建设，创建4个标准化大队和13个规范化中队；制定《2015年上海市城管执法部门信息化建设和应用规定》，16个区县实现一般案件“网上办理”；推进“全市城管执法指挥中心”建设。加强执法监督，开展依法履职专项检查，探索“制度+科技”城管执法监督机制，强化市、区县、街镇三级城管执法监督队伍建设。

【聚焦执法实效】加大专项治理力度，深入开展乱设摊、违法建筑、偷乱倒渣土、违规户外广告、非法小广告、违反责任区管理规定等“六大专项治理行动”，全年依法查处占道设摊案件5.5万余起、违规运输处置渣土案件2600余起、违法小广告案件6900余起、违法户外广告案件620余起、违反责任区规定违法行为9300余起。强化为民服务能力，推出“开通24小时便民服务热线、固定岗车配备便民服务箱、成立城管执法社区工作室、协调季节性蔬果疏导点设置、建立政务公开微信平台”等五项便民服务，开展社会满意度测评及“绿色护考”、“校门清”、“排堵治噪”等专项行动，社会反响良好。

【违法建筑治理】继续加大拆违工作力度，全市共拆除违法建筑1392.04万平方米。一是完成了存量违法建筑普查工作。二是细化拆违实施意见，推动快速拆除、纳入征信、限制交易、联勤联动等各项措施真正落地。三是制定挂牌督办、定期通报、考核评价等制度性，指导各区县深入开展违法建筑治理工作。四是加强与媒体的沟通，及时向社会通报群众关注度高的拆违案件。召开全市年度违法建筑治理工作大会，进一步统一思想，提高各区县拆违工作主动性和积极性。

【市人大表决通过《上海市城市管理行政执法条例》修改决定】6月18日，市十四届人大常委会第二十一次会议表决通过了关于修改《上海市城市管理行政执法条例》的决定。此次修订，对执法主体、执法权限、执法规范、执法协作、执法监督6方面内容作了相应调整。执法主体方面，除原有的市和区、县城市管理行政执法部门外，还增加了乡镇人民政府。执法权限方面，增加了对露天仓库扬尘、裸露土地绿化或铺装、露天焚烧秸秆、枯枝落叶等产生烟尘的物质，以及露天焚烧沥青、油毡、橡胶、塑料、垃圾、皮革等产生有毒有害、恶臭或强烈异味气体的物质等不需要经过仪器测试即可判定的违法行为的行政处罚；以及区、县城管执法部门在开展重大执法行动时对街道、乡、镇城管执法机构的调动指挥权。执法规范方面，赋予城管执法部门以及乡、镇人民政府对违法事实清楚的非法物品没收、销毁、拍卖的权力。执法协作方面，明确区、县公安机关要配合本区域内城管执法机构开展行政执法工作。执法监督方面，进一步强化区、县城管执法部门对乡、镇城管执法机构及执法人员违法违纪行为的查处建议权，以及对街道、乡、镇城管执法工作的监督评议权。

【市城管执法局举办《上海市城市管理行政执法条例》培训】《上海市人民代表大会常务委员会关于修改〈上海市城市管理行政执法条例〉的决定》已由上海市十四届人民代表大会常务委员会第二十一次会议于2015年6月18日表决通过，自2015年7月15日起施行。

7月13日，市城管执法局举办了《上海市城市管理行政执法条例》（以下简称《条例》）培训会议。培训由市城管执法局政策法规处主持，区县城管执法部门、自贸区城管执法大队、机场集团城管执法支队、乡、镇人民政府城管执法工作分管领导，区县城管执法部门法制科、勤务科科长，市相关行政管理部门分管领导和法制机构负责人等近200人参加了培训。培训邀请了市人大常委会法工委立法一处的负责人，对立法背景和主要内容进行介绍，并结合市人大常委会委员们审议时所提的不同意见，对《条例》修改的主要内容进行了重点讲解，取得了较好的效果。

【举办"加强住宅小区城管执法工作集中宣传日暨为民服务五项实事项目启动仪式"】5月28日，市城管执法局组织全市城管执法系统，开展了"加强住宅小区城管执法工作集中宣传日"活动，并在闵行区古美街道举行了为民服务五项实事项目启动仪式，邀请了城管志愿者、居委会工作人员以及其他各界代表参加，并进行了社区工作室揭牌仪式。

全市共设置了50余个活动宣传点，各个宣传点通过播放宣传视频、放置宣传展板、悬挂宣传横幅、发放宣传手册和宣传品、解答市民群众咨询等多种形式，深入宣传住宅小区城管执法工作的执法权限、工作机制和服务内容，进一步提高了市民群众对城管执法工作的知晓度和支持率。

（六）行业综合

【概况】2015年，绿化市容行业紧紧围绕全市"创新驱动发展、经济转型升级"的总体思路，开拓创新，奋力拼搏，深入推进生态文明建设和市容环境建设，圆满完成全年各项任务，并实现"十二五"规划目标。

【规划引领作用得以凸显】完成行业"十三五"规划以及绿化、林业、环卫、市容景观等"十三五"专项规划编制。推进生态红线划示和落地；发布《上海市立体绿化专项规划》和《上海市古树名木保护专项规划》。明确环卫公共设施、水域保洁码头、环卫停车场等环卫设施的设置原则、设置标准及规划引导等要求。

【法治保障作用继续深化】组织实施《上海市市容环境卫生责任区管理办法》，编写完成《上海市绿化条例》、《上海市城市管理行政执法条例》修改草案、《上海市城市管理行政执法条例实施办法》规章草案，制定相关配套文件，开展宣传培训7期共1300人次。完成生活垃圾管理条例立法框架研究和湿地保护条例关键问题研究。制订绿化市容（林业）"十三五"立法规划。完成《上海市促进生活垃圾分类减量办法解读》等编写。

【科技支撑作用得到增强】谋划12个国家、市和区级的生态定位站建设布局，探索全市生态观测网络体系构建。继续加强湿垃圾资源化利用项目研究。建立土壤监测体系，发布《2014年上海绿地土壤质量监测报告》。

编制上报林业“三防”信息化项目可行性报告。完成绿化市容综合监管平台建设。“游园宝”APP上线运行。推进网上行政审批全覆盖，实现局行政审批事项与市网上政务大厅连接贯通。加强新能源环卫车辆推广，已完成采购246辆。发布《上海市绿化环卫大型机械设备管理指导意见》。完成《上海市园林建设工程定额（2000）》修订，编制住建部《城市园林绿地养护概算定额》。组建园林绿化、林业、市容环卫等三个标准化技术委员会。

【**人才发展环境不断优化**】统筹推进“四高”人才队伍建设，选拔10名关键岗位的拔尖人才，实施两年岗位特聘。改进行业人才考核评价制度，完善人才分类管理和综合激励机制。拓展“首席技师”、“领军人才”、“学科带头人”人才示范带动效应。推进“高师带徒”、“导师带教”项目，着眼急需紧缺岗位，落实带教老师26名。推荐一名同志入选2015年上海市领军人才。深化“青年英才百人计划”，选拔第二批47名政治素质好、业务水平高、创新能力强的青年人才。

【**行业改革全面深化**】一是政府自身改革有序推进。不断深化行政审批改革与政府效能建设，梳理行政审批事项基础清单以及行政审批以外的行政权力清单，推进行业行政审批标准化建设，进一步规范审批程序，发布区县行政审批事项实体性规范。行政审批按时办结率为100%。开展行政责任清理工作，细化行政责任事项及追责情形，做到权力清单、责任清单“两单”无缝衔接。二是养护作业市场化改革成果显现。初步确立适应市场化要求的招投标模式、合同格式、标准规范等制度体系。开展绿化和环卫行业诚信体系建设，发布《上海市在沪园林绿化企业信用评价管理暂行办法》和《建筑渣土运输会员单位诚信计分评价规则（试行）》。全面形成直属公园及相关养护企业“一园一策”、“一企一策”改革方案并加以落实，绿化行业全面推行招投标制度，环卫行业契约化管理不断进步。16个区县的绿化行业、14个区县的环卫行业完成企业与行业管理部门隶属关系脱钩，11个区的环卫行业分段计算问题等历史遗留问题得到解决。三是与自贸区的对接工作深入推进。积极与国家林业局及国家濒管办沟通协调，落实15项自贸区贸易便利化政策。简化自贸区企业办理野生动植物进出口行政许可流程，从60个工作日缩短至20个工作日。加大简政放权力度，下放5大项8小项行政许可至浦东新区。积极配合自贸区建设，推动林产品贸易便利化。

【**公共服务水平持续提升**】便民惠民服务力度加大，举办首届“市民绿化节”，举行3000余场次活动，参与人次超过941万，组织多家公园开展“园艺大讲堂”试点；举办上海（国际）花展、梅花节、樱花节、爱鸟周等公园主题活动，培育公园文化活动品牌；推进全市75座公园夏令延长开放；加强公园餐饮经营场所整治，全年检查近400次；新创建3家“安全优质信得过”果园，组织地产优质果品“进食堂、进楼宇、进公园”直销活动；新建公厕18座，改造公厕152座，全市有条件的公厕全部配建助老、助残无障碍设施。市民诉求处置能力明显增强，加大诉求处置工作力度，深化“条、块”联动与部门联动，注重诉求处置督办，开展“不满意件专项检查”活动，重点督办“12345”热线转来的复核件；全年受理投诉152554件，同比下降26.4%，处理率达99.3%，满意率为76.7%。文明行业创建成效显现，围绕“保一争一规一”创建目标，健全“组织领导、实施推进、规范标准、考核评价”工作体系，完善“行业、单位、班组”创建载体。公厕文明行业创建成功，道路保洁和垃圾清运行业文明水平提升；深化行业文化建设，践行行业基本价值理念。

【社会宣传取得积极成效】推动行业新媒体建设，开通“上海绿化市容”微信平台，完善政务微博平台，已有微博粉丝32万余人、微信粉丝3000人，社会反响良好。组织“生态上海”绿化林业专版宣传。完成“绿色上海”手机APP开发与上线。加大行业重点工作在在解放日报、新民晚报、上海电视台等主流媒体上的宣传力度。举办城市森林生态系统服务和经营国际研讨会；筹建“老港科普基地”；开展“地球一小时”和“世界湿地日”宣传教育活动。

【行业安全稳定保障有力】严格落实直属单位重大节日、重要时段单位自查和上级抽查机制，全年未发生安全生产责任事故。加强公园游乐设施安全管理。完善应急预案与演练，有效应对台风“灿鸿”以及3场特大暴雨袭击。全年共受理749件次信访诉求，同比下降50%，办结率100%，重复信访率低于10%。行业职工权益保障不断加强，继续完善环卫行业工资集体协商制度，连续5年开展工资集体协商，制定《上海环卫行业工资福利待遇工作指导意见》，健全以收入正常增长为核心的环卫一线工人福利待遇和工作保障机制。组织“关爱环卫工人，共建洁净家园”专项行动。

【市绿化市容局局长陆月星做客2015年“民生访谈】4月11日，市绿化市容局局长陆月星做客2015“民生访谈”，从“立体绿化”和“绿色帐户”2项市政府实事工程谈起，对全市生态空间建设和其他市民关注的热点话题做了介绍和展望。

陆月星局长在访谈中指出，绿化是良好生态环境最重要的内容之一，它在治水治气方面作用显著，是中央建设“海绵城市”，减缓热岛效应的重要抓手。多年来，上海坚持“绿地、林地、湿地”融合发展。截至2014年底，本市城区绿化覆盖率达38.43%，森林覆盖率约14.04%，湿地保有率达32.32%，但从绝对量上和国内外生态条件较好的城市相比还有一定差距。对此，本市将在已有的《上海市基本生态网络规划》基础上，重点打造“两道两网两园”。即打造廊道、绿道贯通的生态空间，编织全覆盖的立体绿网、农田林网，建设布局合理的城市公园和郊野公园体系，尽早让市民享受更多的生态环境建设成果。

生活垃圾分类减量也是生态环境建设的重要环节。上海自2011年开始推进新一轮分类减量工作至今，已经连续四年实现了每年减量5%的目标。通过“技术系统、政策系统、社会系统”的不断完善，整套生活垃圾分类减量的“上海模式”已经初步成型。2013年“上海绿色帐户”激励机制正式运行，截至目前已有40万户家庭参与“绿色帐户”。预计到“十二五”末，全市“绿色帐户”将覆盖达到100万户。

就市民关注较多的渣土管理工作，陆局长表示，除了要加大对违法违规行为的执法力度，本市还将通过探索市场化改革、完善“卸点付费”制度，建立健全建筑渣土综合服务监管平台等措施，在管理上不断探索完善，使政府信息更透明、市民监督更便捷。

节目最后，对于市民给上海市容整洁程度打出的6分到10分不等的成绩，陆局长表示感谢，并坦言将在今后的工作中抓整体推进和平衡，特别加大对薄弱区域的整治力度。希望通过社会多方的共同努力提升上海绿化市容水平，争取赢得老百姓的满意。

【市绿化市容行业市场化改革规则体系基本建立】健全绿化市容养护作业市场化政策体系、制定改革配套制度、出台行业指导意见、修订行业标准规范，形成《上海市绿化市容行业养护作业市场化改革工作参考手册》

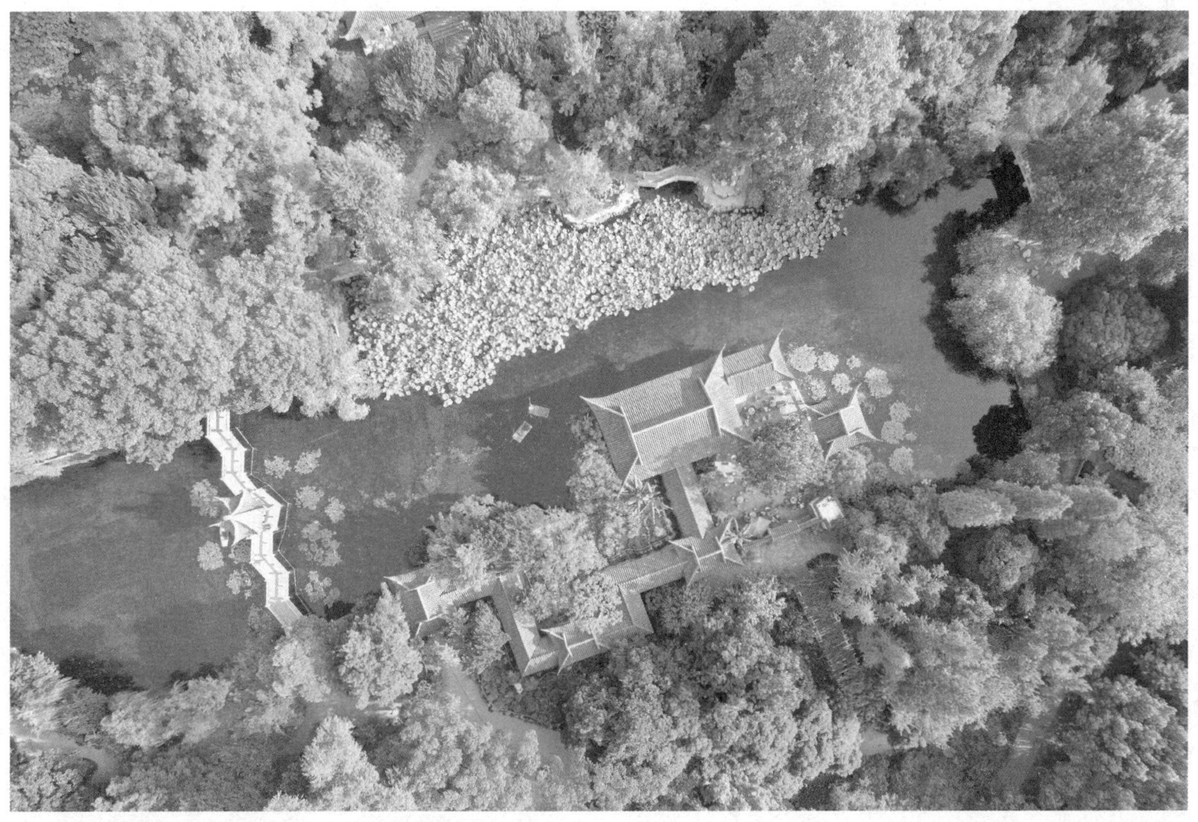

（2015年版），为区县和行业管理部门推进绿化市容市场化改革工作提供指导和参考。该书由政策文件、市场监管、作业定额和标准规范等4部分组成，主要内容包括市政府（2013）84号文件、城维资金管理办法、直属公园市场化改革若干意见（政策文件部分）；公共绿地和行道树养护作业管理暂行办法、园林绿化养护合同、公园绿地游乐设施管理办法、环卫作业养护服务合同示范文本（市场监管部分）；养护作业定额（作业定额部分）；公园绿地行道树和道路保洁、公厕、生活垃圾运输行业等各类标准规范（标准规范部分）。

【本市召开本市养护作业市场化改革工作会议】4月8日，本市召开本市养护作业市场化改革工作会议，市政府副秘书长黄融主持，市建设交通工作党委、市建设管理委、市交通委、市发展改革委、市国资委、市财政局、市人力资源社会保障局、市水务局、市绿化市容局、市路政局负责同志，各区县政府分管领导及养护作业行业主管部门负责人参加会议。副市长蒋卓庆出席会议并讲话。

会议指出，对2015年绿化市容养护作业市场化改革工作，区两级绿化市容管理部门要抓好八方面工作：一是咬定目标，确保全面完成改革工作任务。二是分类分步，全面实施直属公园改革方案。三是规范管理，加快推进政企分开。四是开放市场，初步构建养护作业新模式。五是加强监管，有效规范市场行为。六是积极创新，探索建立企业诚信体系。七是强化考评，督促落实作业经费保障。八是加强推进，健全完善政策保障措施。

会议强调，要统一思想，提高认识，市区联动，加强指导，统筹协调，在养护作业领域切实建立起市场机制，真正提高养护作业质量和水平，提高养护资金的使用效益。要坚定立场和信念，克服阻力，打破原有利益格局，坚决按照市委市政府的要求，按照市场经济规律的要求，全面深入推进改革工作，发挥各方积极性保障改革工作顺利推进。

要发挥目前的推进组织架构优势，领导小组掌握好方向，把握好大局，决策好重点事项和关键环节，全面落实各项改革任务。第一，要真正实现市场开放。要引入竞争，形成压力，并积极化解压力，形成“谁都可以来干，谁干的好让谁干”的良好市场竞争态势。第二，要切实转变政府职能和监管方式。要通过改革，转变政府职能，调整和完善监管手段和监管方式，变单纯监管企业为监管市场和监管服务质量，变重事前审批为重过程监管，规范政府行为，规范养护作业的市场环境。行业主管部门要尊重市场规律，制定市场规则，区县政府要结合本区域的特点进行细化和具体落实。第三，要抓紧建立诚信体系。营造公平诚信的养护市场环境。第四，要积极开展综合养护试点。调整体制机制，创新管理方式，因地制宜，因事制宜，各相关区县和相关部门互相配合，积极开展综合养护试点。

【市绿化和市容管理局官方客户端“绿色上海”正式上线】11月17日，由上海市绿化和市容管理局和新华社上海分社共同打造的“绿色上海”客户端正式上线。市绿化市容局局长陆月星，新华社党组书记、社长姜微出席上线仪式并讲话，市绿化市容局副局长鲁建平主持仪式。

“绿色上海”客户端整合了市绿化市容局现有的政务网站、微博和微信，通过新闻资讯、公益宣传片、主题活动和互动交流等形式，为用户打造了一个政府信息公开和沟通民意的整合平台，实现“一个入口，矩阵服务”。用户可以通过“绿色上海”，轻松获取上海在生态环境建设和市容环境建设方面的新鲜资讯，以及公园、公厕、车辆清洗和果品果园查询等快捷实用的信息服务。这也标志着上海绿化市容行业在顺应时代发展潮流，推动政府信息公开，服务市民百姓生活方面，迈出了新的步伐。

（秦磊）

（一）综述

2015 年，全市环保投入资金约 708.83 亿元，相当于同年上海市生产总值（GDP）的 2.8%。其中，城市环境基础设施建设投资为 246.65 亿元，污染源防治投资为 250.29 亿元，生态保护和建设投资为 5.99 亿元，农村环境保护投资为 60.93 亿元，环境管理能力建设投资为 6.45 亿元，环保设施运转费为 131.87 亿元，循环经济及其他方面投资为 6.65 亿元，分别占总投资的 34.9%、35.3%、0.8%、8.6%、0.9%、18.6% 和 0.9%。

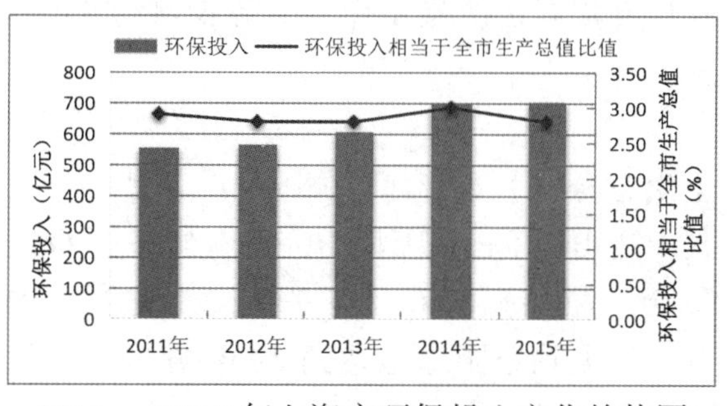

2011 ~ 2015 年上海市环保投入变化趋势图

（二）环保工程建设

【概况】2015年是上海市第六轮环保三年行动计划实施的开局年，共安排项目232个，启动率79%，年内已完成49个。

【大气专项】全面取缔中小燃煤锅炉和窑炉，基本取缔经营性小茶炉和小炉灶。全面启动挥发性有机物治理，基本建立相关标准规范体系。全面淘汰黄标车，累计推广各类新能源车4.4万辆、完成充电桩约2万个。

【水专项】黄浦江上游水源地金泽水库及配套连通管工程进展顺利，陈行水库嘉定原水支线建成并网通水。关停崇明镇级水厂，上海市全面实现中小水厂关停。完成建成区截污纳管攻坚战。

【固废专项】生活垃圾分类收集累计覆盖380万户，生活垃圾无害化处理率达到100%。

【工业专项】完成工业企业结构调整1236项，“198”区域减量约7平方公里。

【农业专项】编制完成养殖业布局规划，完成不规范养殖畜禽场（户）整治2400余家，推广商品有机肥23.5万吨，秸秆机械化还田230万亩次，综合利用率达92%。108个行政村开展村庄改造工作，受益农户约5.6万户。

【生态专项】6个郊野公园建设均已启动，其中金山廊下已试开园。完成新建绿地1190公顷、立体绿化40万平方米、郊区造林7.7万亩，人均公园绿地达到7.5平方米，森林覆盖率达到15%。

（三）环保法制建设

【概况】2015年，上海市开展了《上海市环境保护条例》的修订工作，并形成了修订草案。此次修订，全面对接新《环保法》、《大气污染防治法》等一系列新法律法规，拟主要解决三方面问题：一是理顺管理体制，界定好环保和其他部门的职责分工；二是建立健全生态文明建设的重大制度，如建立生态红线、生态补偿、第三方治理、区域限批等制度，完善环境影响评价、总量控制、排污许可、责任追究等制度；三是填补法律空白，对目前没有规定而又是当前管理急需的领域作补充规定，如土壤污染防治等。

【落实污染治理激励政策】2015年共落实电厂脱硫脱硝超量减排奖励1.5亿元、污水处理厂超量减排奖励1.5亿元、燃煤电厂环保电费12.8亿元、脱硝工程建设补贴0.7亿元、高效除尘改造工程补贴0.4亿元、清洁能源替代补贴3.4亿元、黄标车和老旧车淘汰补贴3.57亿元、农业源减排工程补贴0.8亿元。出台上海市挥发性有机物整治补贴政策，进一步加大挥发性有机物整治力度。

【启动挥发性有机物（VOCs）排污收费】为贯彻落实国务院《大气污染防治行动计划》，进一步发挥排污收费的价格杠杆作用，加快推进污染治理和环境保护，促进相关行业技术创新和产品升级，上海市出台了挥发性有机物（VOCs）排污收费试点实施办法。根据办法规定，试点行业共包括石油化工、船舶制造、汽车制造、包装印刷等12个大类行业中的71个中小类行业，基本覆盖了上海市工业VOCs重点排放行业。自2015年10月1日起到2017年1月1日，分三阶段逐步提高收费标准，分别为10元/千克、15元/

千克和 20 元 / 千克。同时，根据排污者污染治理情况和排放水平实施差别化的排污收费政策，排放浓度低于或等于排放限值的 50% 的按收费标准的 50% 计收排污费，有超标排放行为的按收费标准的 2 倍计收排污费。

（四）“十二五”期间上海环境保护工作主要成效

【概况】“十二五”期间，上海市围绕“创新驱动发展、经济转型升级”大局，在市委、市政府领导下，依托环保协调推进机制和环保三年行动计划、清洁空气行动计划、污染减排等工作平台，按照率先引领和底线思维的要求，以大气、水污染治理为重点，系统推进环境保护和生态建设，生态环境保护取得明显成效。

【重大环境基础设施逐渐完善】青草沙、东风西沙水源地相继建成运行，两江并举水源地格局初步形成。污水厂网建设和提标改造有序推进，完成了白龙港二期等 14 座城镇污水处理厂的新改扩建，城镇污水处理率增加 10.9 个百分点，达到 92.8%。全市 16 家燃煤电厂脱硫、脱硝和高效除尘实现全覆盖。“一主多点”的生活垃圾无害化处置体系基本形成，运行、在建生活垃圾（含餐厨垃圾）末端处理能力达到 27000 吨 / 天，危险废物、医疗废物基本得到安全处置。大力推进郊区林地和中心城区公共绿地建设，全市绿林地面积不断增加，人均公园绿地面积达到 7.6 平方米，森林覆盖率达到 15.03%。

【环境治理和污染减排取得积极进展】基本完成建成区直排污染源截污纳管，持续推进河道综合整治，主要河道环境面貌持续改善。全面完成中小燃煤锅炉清洁能源替代、黄标车淘汰等治理工作，扬尘、VOCs 污染控制等取得重大进展。完成产业结构调整重点项目 4200 余项，吴泾、南大、桃浦等工业区转型升级取得重大进展，金山、合庆、青东农场等重点区域生态环境综合治理全面启动并取得阶段成效，区域环境矛盾得到有效缓解。农村环境整治由点及面逐步推进，启动实施国家现代农业示范区建设，完成规模化畜禽养殖场污染减排 88 家，累计 500 多个行政村开展了村庄改造，受益农户近 33 万户。桃浦、南大等地区土壤调查评估和修复治理试点顺利启动。

【环境政策法规体系进一步完善】出台了《上海市大气污染防治条例》等 2 项地方法规和 10 余项配套文件，制订了《锅炉大气污染物排放标准》等 12 项地方标准规范，落实了生态补偿、环保电价、超量减排奖励等一系列政策，区域大气污染协作机制、环境污染第三方治理、综合执法、行政执法和刑事司法相衔接等治理机制逐步完善，环境监测、监管和执法体系逐步加强。

【城市环境质量总体稳定改善】“十二五”期间，在人口、经济、能源消耗持续增加的同时，主要污染物削减明显，生态环境质量总体持续改善。2015 年全市化学需氧量、氨氮、二氧化硫、氮氧化物等 4 个主要污染物排放量较 2010 年分别削减 25.1%、18.4%、33.1% 和 32.1%，超额完成“十二五”国家减排目标。地表水主要水体水质稳定改善，2015 年全市饮用水源地水质达标率较 2010 年上升 10.0%，全市水环境考核断面化学需氧量、氨氮浓度比 2010 年分别下降 9%、19%，劣Ⅴ类水体比例减少 7.8%。大气环境主要指标呈改善趋势，2015 年二氧化硫、二氧化氮、可吸入颗粒物浓度分别比 2010 年下降了 41.4%、8.0% 和 12.7%，PM2.5 浓度较 2013 年下降了 14.5%。

（滕晓波）

六、水务管理

（一）综述

2015年，水务海洋改革发展各项工作统筹推进，较好完成了年度目标任务。

供水公共服务保障有力。推进居民住宅二次供水设施改造和移交接管，完成3580.5万平方米改造，全面接管迎世博期间改造的6000万平方米二次供水设施，供水企业实现“管水到表”。陈行原水嘉定支线正式并网通水，受益居民约110万人；推进崇明供水集约化，郊区供水集约化目标任务全面完成，基本实现城乡供水均衡化目标。落实重大节庆、重大活动、夏季高峰期间的供水安全保障措施，成功抵御长江口咸潮入侵，全市供水服务保持平稳有序。

防汛安全保障能力进一步提升。贯彻落实新修订的《上海市防汛条例》，制定出台街道和乡镇基层防汛能力建设、避险转移及强制撤离等一批指导性意见和实施细则，依法防汛水平进一步提升。防汛基础设施建设力度加大，年度投资计划如期完成，虹口港泵闸、外环西河等工程发挥效益，大定海、龙华机场排水系统，以及列入年度市政府实事项目的9个道路积水点改善工程按期建成，地区防汛排水能力得到增强。汛期成功抵御3场特大暴雨和十余场暴雨、大暴雨的考验，以及台风“灿鸿”“天鹅”“杜鹃”的外围影响。

水环境综合治理不断深化。第六轮环保三年行动计划水环境专项进展顺利。制定出台水污染防治行动计划，基本完成全市建成区直排污染源截污纳管攻坚战目标任务，加快推进城镇污水厂提标改造和污泥处理设施建设。推进污水管理体制和收费制度的调整完善。实施“三水”行动（以“洁水”“畅水”“活水”为重点的河道水环境治理计划）和“农林水”三年行动计划，把镇村河道整治纳入市对区的补贴范围，河道整治完成150公里、启动150公里，中小河道轮疏完成2400公里。

水资源管理再上新台阶。全面完成加快实施最严格水资源管理制度试点任务，建立最严格水资源管理制度的体系框架和运行机制，用水总量得到有效控制，用水效率显著提升，水功能区限制纳污控制进一步加强，形成全覆盖、系统化、规范化的监测统计和考核体系，为全国最严格水资源管理制度的实施探索经验，已通过水利部和市政府的联合验收。继续深化节水型社会建设，建成一批节水型小区、校区、企业和工业园区，万元生产总值用水量、地下水年开采量分别比上年下降6.1%和24.9%。

依法行政能力有新提高。全面梳理政府行政职权，形成部门权力清单和责任清单。进一步推进简政放权，依法取消行政审批事项4项，向自贸试验区、浦东新区下放行政审批事项。扩大第三方复核复测覆盖面，建立复测成果数据库，行政审批事中事后监管进一步加强。推进政府信息公开和网上政务大厅建设，行政效能和透明度进一步提高。

（二）防汛防台

【**概况**】2015年汛期（6–9月），上海市共遭受了三场特大暴雨和十余场暴雨、大暴雨的袭击，台风“灿鸿”、“天鹅”、“杜鹃”的外围影响以及多次超警戒水位的高潮影响。共发布了防汛防台橙色预警3次、黄色预警15次、蓝色预警7次，汛期特征明显。

【**汛情特点**】一是降雨集中、总量偏多。汛期本市降水量为967.6mm，较常年同期（684.4mm）偏多41.4%，较去年同期（927.4mm）偏多4.3%；汛期的降雨日数为69天，较常年汛期平均的48天明显偏多。二是台风个数偏多、影响程度较大。共有3个台风影响本市，影响个数较常年平均2.2个有所增加。特别是超强台风“灿鸿”为1949年以来同期登陆浙江地区的最强台风，7月10日～12日台风影响期间，全市普降大到暴雨，同时，市区普遍出现7–9级大风，长江口区和沿江沿海地区风力达9–12级。台风期间，全市累计转移撤离18.2万人，船舶进港避风3千余艘，树木倒伏4万余棵，50余条道路积水，直接经济损失2.2亿元，给本市道路交通、市民出行带来了一定影响。三是汛期潮位偏高、超警次数增多。汛期共有9次天文大潮汛，潮位较往年明显偏高。黄浦江吴淞口3次超警戒水位，9月29日午潮最高4.99米，超警戒水位0.19米；黄浦江苏州河口4次超警戒水位，9月29日午潮最高4.85米，超警戒水位0.30米；黄浦江上游米市渡73次超警戒水位（3.5米），9月30日子潮最高4.19米，超警戒水位0.69米。

（三）城市供水

【概况】2015年底，上海市共有自来水厂37座，比上年减少30座。全市自来水厂供水能力为1137万立方米/日，与上年持平。年供水总量为31.22亿立方米，比上年下降1.6%。售水总量为24.58亿立方米，比上年下降1.0%。其中工业用水4.94亿立方米，比上年下降4.2%；城镇公共用水9.13亿立方米，比上年增长0.9%；居民生活用水9.88亿立方米，比上年下降1.3%，生态环境用水0.63亿立方米，比上年增长4.3%。2015年全市最高日供水量达979万立方米。

【集约化供水建设】持续推进崇明供水集约化工作，郊区供水集约化目标任务全面完成，基本实现城乡供水均衡化目标。

【节水型社会建设】建成18家节约用水示范小区、5家节约用水示范学校（校区）、3家节约用水示范企业（单位）、2家节水型工业园区、1家节水型农业园区、163家节水型小区、51家节水型学校（校区）、20家节水型企业（单位）和2家节水型机关。浦东新区、青浦区、金山区被授予全国节水型社会建设示范区荣誉称号。万元生产总值用水量为31立方米，比上年下降6.1%；万元工业增加值用水量为53立方米，与上年持平；全市地下水开采量430万立方米，比上年下降24.9%，回灌量2328万立方米，比上年上升10.8%，地下水采灌比达到1:5.41。

【"阿拉自来水"APP软件改版完成】本次改版着重对水质水量、计划换表、计划停水、行业简介、账单查询、补寄账单六大板块进行了功能调整，采用了较为先进的仿win8访问界面，清晰了使用功能定位，便捷了访问目标指向，较为有效地提升了用户体验度。同时，结合上海市城投水务集团的建立，重新规范了从信息录入、信息审核到信息发布的信息管理制度，完善了后台管理系统工作流程，大大提高了信息审核发布的安全性、稳定性和及时性。通过此次改版，APP软件在水质公开、水情发布、信息查询、水费查询、行业关注等五个方面进行了优化改进，将为广大上海市民提供更透明、更全面和更翔实的供水水情信息。

【陈行原水嘉定支线并网通水】11月26日，陈行原水嘉定支线正式并网通水。并网后，优质的陈行原水进入永胜水厂、嘉定水厂、安亭水厂和嘉北水厂，这4家水厂出厂水水质得到进一步改善。此次原水切换受益区域约392平方公里，受益人口约110万人。

（四）城市排水

【概况】2015年，上海市城镇污水总量23.04亿立方米（其中工业污水量5.60亿立方米，生活污水量17.44亿立方米），折合日均城镇污水量631.29万立方米，其中，中心城区430.08万立方米/日，郊区201.22万立方米/日。

【城镇污水处理厂污水处理量】到2015年底，上海市共有城镇污水处理厂53座（2015年完成扩建3座），总处理规模为794.6万立方米/日。全年平均实际污水处理量586.15万立方米/日，全市城镇污水处理率92.8%，比上年增加3个百分点。其中，中心城区污水处理率96.6%，郊区城镇污水处理率84.7%。

【COD、NH4-N、TP减排】2014年全市城镇污水处理厂共削减COD63.07万吨、NH4-N4.80万吨、TP0.91万吨。

（五）水利建设

【概况】年内，继续推进小型农田水利建设和农林水联动项目，实施拆坝建桥沟通水系工程，推进农村污水治理工作，加强水利设施的长效管理。

【推进小型农田水利设施建设】2015年，本市实施了以高水平粮田、设施菜田水利设施完善为重点，以圩区达标治理和面上小农水设施建设为主要内容的小型农田水利基础设施建设。加快推进1140公里排灌沟渠优化配套，更新改造了127座灌溉泵站以及50个圩区，进一步巩固提升1.5万亩农田的灌排保障能力。

【开展中央财政农田水利项目建设】2015年度中央财政农田水利项目涉及建设项目和管理项目两大类，其中建设项目涉及松江区和青浦区，共更新改造灌溉泵站14座、低压管道29.6公里，建设节水灌溉面积6052亩等，加强了当地农业高效节水灌溉设施，节约了农业生产用水。

【推进农林水联动重点项目】2015年，按照“农林水联动、田宅路统筹、区域化推进”的指导思想，市水务局、市农委、市林业局和市财政局联合编制并印发了《2015～2017年农林水三年行动计划》，重点聚焦16个农业重点乡镇，建设都市现代农业示范片50个。各区县政府编制了农林水行动计划实施方案，并在2015年启动了25个都市现代农业示范片项目，农业、林业和水利在项目中实现统筹，项目实施后有效提升了项目区形象和功能。

【实施拆坝建桥沟通水系工程】2015年，拆坝建桥沟通水系工程涉及闵行、嘉定、奉贤、松江等4个区。共拆除坝基52座，新建桥梁51座、箱涵20座、泵闸4座，新开河道9335米，疏拓河道3445米，新建护岸6668米等。工程的建设进一步沟通水系、调活水体，保证了郊区河道水流通畅，同时改善了老百姓的出行条件。

【持续推进农村生活污水处理工作】2015年，市水务部门继续推进农村生活污水处理工作，工程涉及闵行、嘉定、宝山、奉贤、松江、金山、青浦、崇明等8个区（县），全年共计实施了2.2万户农村生活污水处理设施建设的计划任务。

【加强水利设施长效管理】按照《关于开展农田排涝设施规范管理工作的实施细则》中“六个到位”的要求，全面推进农田排涝设施规范化管理工作。探索本市农田灌溉设施管护体制机制，下发《关于开展农田灌溉设施长效管理试点的通知》，明确以松江、青浦、崇明等区县为试点，进一步建立健全农田灌溉设施运行、维修、养护、管理和考核的管理体制和工作机制，同时编制完成《上海市农田灌溉设施维修养护规程》。

（六）水政管理

【概况】年内，全面梳理政府行政职权，形成部门权力清单和责任清单并将对社会公布。进一步推进简政放权，依法取消行政审批事项4项，积极稳妥做好向自贸区、浦东新区下放行政审批事项工作。扩大第三方复核复测覆盖面，建立复测成果数据库，行政审批事中事后监管进一步加强。积极推进政

府信息公开和网上政务大厅建设，行政效能和透明度进一步提高。

【水务规划】重点推进城市总规配套水务专项规划、水务发展“十三五”规划、骨干河湖蓝线方案等编制和报批工作。完成河道水网等全市总规9个涉水专项规划纲要，主要内容已纳入经住建部审查通过的《上海市城市总体规划（2015-2040）纲要》。完成20余个“十三五”专题规划，在此基础上形成水务发展“十三五”规划送审稿报上海市发展改革委。完成全市骨干及支级河湖蓝线方案水务系统的编审工作，并与上海市、区规土部门分级分批开展对接。

【《上海市水功能区管理办法》施行】《上海市水功能区管理办法》于2015年7月1日起施行。该办法主要明确水功能区的定义和适用范围、市、区（县）水行政主管部门的职责、水功能区划分级分类体系和保护要求、水功能区的拟订和批准程序以及水功能区的监管和监测要求。

【《上海市供水调度管理细则》施行】《上海市供水调度管理细则》于2015年7月1日起施行。该细则主要明确了政府管理职责分工、临时停止供水或者降低水压审批的条件；规定了供水企业在设施设备维护、水压水量、管损抢修和报送、备用取水口的启用、调度计划报送、新改扩建设施投入运行等方面的要求，并对跨区域调度指令、应急调度管理、供水信息管理等予以规范。

【《上海市水务局（上海市海洋局）行政审批申请接收管理实施细则》施行】《上海市水务局（上海市海洋局）行政审批申请接收管理实施细则》于2015年7月1日起施行。该实施细则进一步规范和完善了局审批的接受部门、申请要求、程序、期限等，并对行政审批申请收件凭证、补正材料通知书等6

件法律文书样本进行了调整修改。

【《上海市地下公共工程防汛影响专项论证管理办法》施行】《上海市地下公共工程防汛影响专项论证管理办法》于2015年12月1日起施行。该办法调整了需要论证的大型地下商场、大型地下停车场（库）的范围、明确了市和区县水行政主管部门的职责分工、细化了论证报告的主要内容，并明确大型地下建设工程的论证报告应当由水行政主管部门组织专家评审，费用从财政预算中列支。

【加强水文水环境监测】 加大全市水功能区划河道、骨干河道、水利控制片代表河道、供水水源地、国家重点水质监测站以及中心城区河道水环境监测力度。组织实施一年2次的长江口水文水质综合调查，共获取流量数据2340组、含沙量数据7560个；完成黄浦江上游水文水质调查，共获取流量数据4000组。

【科技与教育】 全年启动水务科研项目15项，中间检查4项，结题14项，完成科技成果登记4项；编制完成《上海市水务科技“十三五”规划》、《上海市水务信息化“十三五”规划》2本专项规划；深入开展“太湖流域上海饮用水安全保障技术集成与示范”、“风暴潮洪影响下的排水内涝防治标准体系研究”等课题研究，取得了8项科研成果；组织开展局系统2015年度上海市数据资源向社会开放工作；组织编制了《上海市水务局（上海市海洋局）标准化管理办法》和《上海市水务标准体系》，颁布实施了《上海市排水管道设施养护维修预算定额》、《上海市分流制排水地区雨污混接调查技术导则》、《上海市排水管道设施养护维修年度经费定额》、《上海市排水泵站、污水处理厂设备维修估算指标》、《上海市排水泵站、污水处理厂设备维修预算定额》等5项技术规范。

（谷鸿鹄）

七、房屋管理

（一）综述

2015年，上海房地产市场运行总体平稳。全年房地产开发投资3468.94亿元，比上年增长8.2%，增幅较上年回落5.5个百分点；房地产开发投资占全社会固定资产投资比重达54.6%，比上年提高1.3个百分点。2015年新建商品住宅平均销售价格21501元/平方米。全年新建商品住房成交面积1386万平方米，同比增加59.3%；二手存量住房成交面积3036万平方米，同比增加108.7%。

在房地产业管理方面坚决贯彻国家房地产“3.30”新政，继续执行住房限购和差别化住房信贷、税收等调控政策，抑制投机投资性需求；同时提高住房公积金个人购房贷款额度上限，放宽提取公积金支付房租条件，支持居民自住和改善性住房需求。

继续推进住房保障体系建设。年内新建筹措各类保障性住房和实施旧住房综合改造19.7万套，为年初计划目标的171%。研究完善共有产权保障住房管理制度，着力加强供后管理；推进住房保障信用体系建设及试点。廉租住房实现“应保尽保”，实物配租规模逐步扩大，历年累计受益家庭11万户。推进第五批次共有产权保障住房的申请、审核和供应，历年累计签约购房达6.6万户。全市公共租赁住房（含单位租赁房）累计供应房源8.8万套，签约出租7.45万套，入住约13.6万户。征收安置住房完成搭桥供应9.6万套。

旧区改造稳步推进。中心城区完成成片二级旧里以下房屋改造65.9万平方米、受益居民3.3万户，分别为年初计划的120%和134%，过去五年旧区改造累计完成320万平方米、受益居民约13.6万户。36个“城中村”改造地块全面启动，28个地块已启动签约，其余8个地块正在进行征地手续办理等前期工作。全市共解决在外过渡动迁居民安置2.7万余户，超额完成预定目标。

老旧住房改造持续推进。全年开工实施各类旧住房修缮改造2300万平方米，过去五年累计实施各类旧住房修缮改造约7000万平方米，受益居民超过100万户。对全市老旧住房安全隐患开展了复查，对存在安全隐患的老旧住房逐一制订整改方案，已完成9.6万平方米危险房屋和112万平方米严重损坏房屋的处置整改。修订本市旧住房综合改造管理办法，对全市旧住房修缮改造工程实施标准化管理，全年修缮改造各类旧住房1300万平方米，其中纳入保障性安居工程的三类旧住房综合改造竣工469万平方米、受益居民7.7万户，超额完成年度签约目标。

大型居住社区113个外围配套项目累计建成77项，505个内配套年度建设项目全面建成投用。

（南丁）

（二）房地产市场管理

【概况】 2015年1–12月，全市完成房地产开发投资3468.94亿元，同比增长8.2%。其中住房投资共完成1813.32亿元，同比增长5.1%；办公楼投资654.54亿元，增长22.4%；商业营业用房投资467.67亿元，增长2.1%。房地产开发投资占全社会固定资产投资比例为54.6%，较去年同期增长1.3个百分点。房地产业继续对本市经济社会发展发挥重要支撑作用。

2015年1–12月，全市商品房新开工面积2605.08万平方米，同比减少6.4%，其中商品住房新开工面积1560.28万平方米，同比增加0.8%；商品房竣工面积2647.18万平方米，同比增长14.4%，其中商品住房竣工面积1588.95万平方米，同比增长3.5%。

【商品房成交情况】 2015年1–12月，新建房屋（包括住房和非居住房屋）销售面积2431万平方米，同比增加16.6%。其中，住房（包括市场化新建商品住房和保障性住房）销售面积2009万平方米，同比增加12.8%。二手存量房买卖登记面积2648万平方米，同比增加66.9%，其中二手存量住房买卖登记面积2351万平方米，同比增加77.6%。

【商品住房价格情况】 2015年全年新建商品住房和二手存量住房价格指数同比分别上涨18.2%和11.7%。

【贯彻落实各项房地产市场调控政策】 落实国家“3.30”新政，市住房和城乡建设委员会（原市住房保障房屋管理局）会同央行上海总部、市银监局联合转发国家三部门《关于个人住房贷款政策有关问题的通知》，并积极贯彻落实。继续坚决执行住房限购、差别化住房税收、信贷等政策措施，防止投资投机需求反弹。开展中小套型住房户型及重点区域住房供求专题研究，为出台相关政策提供决策依据。降低装配式住宅预售标准（由要求完成主体结构封顶改为七层以下应当完成主体结构封顶，八层以上应当完成主体结构二分之一以上），以增加市场供应。

【推进“群租”综合治理】 2015年，累计整治“群租”约3.24万户，三分之二的区整治率达到100%；全市17个区（静安、闸北分别统计）的1307个住宅小区挂牌“无群租小区”；扶持各类专业机构开展代理经租业务，发展势头良好；启动“群租”违法行为记录诚信工作，市住房城乡建设委员会（原市住房保障房屋管理局）与市征信办联合发文，明确自2015年6月1日起，被认定“群租”且逾期不整改的，将作为不良记录记入本市公共信用信息平台，并向社会提供公开查询。

【加强房地产经纪和房地产估价管理】 在国家取消房地产经纪人职业资格许可和认定事项、房地产经纪服务收费政府指导价的背景下，依托存量房网上备案系统，结合贯彻落实住建部印发的《房屋交易与产权管理工作导则》，下发《关于进一步规范房地产经纪行为的通知》（沪建管〔2015〕1005号），进一步规范房地产经纪机构备案工作，加强房地产经纪人从事存量房交易的管理。为加强房地产估价事中事后监管，一是开展房地产估价社会信用档案制度建设工作；二是推进“房地产估价报告网上备案”工作，开展方案研究，需求调研和论证，备案系统开发等。

（三）房地产登记和权属调查管理

【概况】 年内，起草有关不动产统一登记相关工作方案和实施意见，修订《上海市公共租赁住房房地产登记技术规定》等相关政策，组织对国有企业改制项目开展权属调查，制订了《上海市房屋权属调查成果监督检查工作实施方案》。

【参与不动产统一登记有关工作】 按照市政府的工作要求，围绕不动产统一登记工作，起草相关工作方案和实施意见，以推进不动产登记信息管理基础平台与房屋交易管理信息平台相互对接，实时互通共享，确保相关业务办理的连续、安全、便捷，实现房屋全生命周期管理。

【加强房屋产权登记管理】 为规范保障性住房房地产登记管理，修订《上海市公共租赁住房房地产登记技术规定》；为确保大型居住区商业配套设施房地产产权明晰、转让规范，出台《关于大型居住社区商业配套用房房地产交易与登记相关问题的通知》；为进一步规范本市住宅房屋用途变更行为，制定《关于进一步明确住宅房屋用途变更登记有关问题的通知》。

【贯彻落实住建部房屋产权管理要求】 贯彻落实住房城乡建设部《房屋交易与产权管理工作导则》（建办房〔2015〕45号），起草贯彻实施《导则》的相关实施意见，进一步加强房屋交易与产权管理，保障交易安全。

【组织开展房地产权属状况核查】 根据《国务院关于促进企业兼并重组的意见》的要求，组织对国有企业改制项目开展权属调查，提出房地产登记方案并跟踪落实。根据市委、市府对空转土地的实体性规定，贯彻落实《关于进一步完善国有企业空转土地管理的若干规定》（沪府办〔2013〕91号），配合完成对空转土地上房地产调整的权属核查，有效促进了国企改革的进程。

【规范房屋权属调查行为】 制订了《上海市房屋权属调查成果监督检查工作实施方案》，对于维护房地产权利人及有关当事人的合法权益，保障房产面积测绘成果的客观、公正、正确起到了积极作用。

2015年上海市房地产开发企业资质情况

<table>
<tr><td rowspan="2"></td><td colspan="3">基本情况</td><td colspan="4">资质状况（个）</td></tr>
<tr><td>企业总数（个）</td><td>资金总额（亿元）</td><td>人员总数（人）</td><td>正一</td><td>正二</td><td>正三</td><td>暂定</td></tr>
<tr><td>合计</td><td>5306</td><td>1501. 1</td><td>50876</td><td>44</td><td>380</td><td>470</td><td>4412</td></tr>
<tr><td>中资企业</td><td>4892</td><td>1310. 5</td><td>47122</td><td>40</td><td>369</td><td>426</td><td>4057</td></tr>
<tr><td>外资企业</td><td>414</td><td>190. 6</td><td>3754</td><td>4</td><td>11</td><td>44</td><td>355</td></tr>
</table>

2015年上海市房地产估价机构及估价人员情况

<table>
<tr><td>估价机构合计（个）</td><td>一级</td><td>二级</td><td>三级</td><td>三级暂定级</td></tr>
<tr><td>76</td><td>45(含10家分支机构)</td><td>10</td><td>16</td><td>5</td></tr>
<tr><td>估价人员（人）</td><td rowspan="2" colspan="3">执业注册房地产估价师（人）</td><td rowspan="2">非执业房地产估价师（人）</td></tr>
<tr><td>合计</td></tr>
<tr><td>3199</td><td colspan="3">1085</td><td>2114</td></tr>
</table>

2015年房地产经纪机构备案情况

<table>
<tr><td rowspan="3">机构备案合计</td><td colspan="9">经济性质（个）</td><td rowspan="3">在册人员总数（人）</td><td rowspan="3">分支机构数（个）</td></tr>
<tr><td colspan="3">外资</td><td colspan="6">内资</td></tr>
<tr><td>外商独资</td><td>中外合资合作</td><td>港澳台独资</td><td>合伙企业</td><td>股份制机构</td><td>国有机构</td><td>其他有限责任公司</td><td>个人独资机构</td><td>其他</td></tr>
<tr><td>8497</td><td>368</td><td>24</td><td>106</td><td>73</td><td>472</td><td>434</td><td>2964</td><td>3941</td><td>115</td><td>38500</td><td>2554</td></tr>
</table>

（四）住房保障

【概况】 2015年国家下达上海的保障性安居工程目标任务为：新开工保障性住房、棚户区改造6万套(户)，基本建成10万套(户)。上海结合实际确定的年度目标任务为：新建筹措各类保障性住房和实施旧住房综合改造11.5万套，基本建成10万套。至2015年年底，上海全面完成国家下达和上海确定的各项目标任务。全年共新建筹措各类保障性住房和实施旧住房综合改造197263套、约1512万平方米，为上海全年目标套数（11.5万套）的171.5%；其中，公共租赁住房8531套、约40.02万平方米，共有产权保障住房9273套、约64.17万平方米，征收安置住房101210套、约932.65平方米，旧住房综合改造77225套（户）、约468.93万平方米，农场危旧房改造1024套、约6.23万平方米。全年共基本建成各类保障性住房和旧住房综合改造204808套、约1506万平方米，为上海全年目标套数（10万套）的204.8%；其中，公共租赁住房23594套、约139.92万平方米；共有产权保障住房25300套，约171.23万平方米；征收安置住房79129套、约727.49万平方米；旧住房综合改造76785套（户）、约467.7万平方米。

【廉租住房】 2015年继续稳妥有序推进廉租住房工作，对符合条件的申请家庭在租金配租上实行“应保尽保”，同时逐步扩大实物配租规模，全年共新增租金配租签约家庭5935户，新增实物配租选房家庭1050户，历年累计廉租受益家庭已达11万户。

（姚文江）

【共有产权保障住房申请供应工作有序推进】 2015年，上海继续稳妥有序推进2014年批次共有产权保障住房的申请供应工作。截至2015年底，全市2014年批次累计受理申请家庭3.04万户，共有约2.73万户家庭通过审核，取得登录证明。除崇明县外，其余区已完成摇号排序。静安（含原闸北）、虹口、宝山、闵行、奉贤、松江、金山和青浦等区已累计有0.85万户家庭完成选房。已有5个项目启动签约工作，累计签约约900户，历年累计签约家庭达6.7万户。

【加强共有产权保障住房制度建设】 根据年度工作计划，有序推进《上海市共有产权保障住房管理办法》制订工作。上半年初步完成《上海市共有产权保障住房管理办法（草案）》（以下简称“办法（草案）”）起草工作，《办法（草案）》基本沿用原《上海市经济适用住房管理试行办法》（沪府发〔2009〕29号）的框架结构和主要内容。紧跟国家立法指向，结合上海实际，总结前期工作经验，优化完善了建设管理、申请供应机制，重点对五年后上市转让和补缴价款，违规违约使用住房行为法律责任及处理措施等供后管理工作做出规定。

《办法（草案）》提交市政府法制办审核后，市政府法制办自9月9日起向社会公开征求意见。据统计，共通过电子邮件、网上民意沟通平台、来信来函等渠道收到反馈意见76条。市住房城乡建设管理委委托第三方机构（零点公司）开展共有产权保障住房制度和政策的问卷调查，就上海共有产权保障住房政策及其实施情况开展调查评估，并将评估结果作为修订政府规章的重要参考。市政府法制办会同市住房城乡建设管理委根据各方面的意见和建议，对《办法（草案）》进行了反复修订完善，并报请市政府常务会议审议。

根据住房和城乡建设部的统一部署，上海作为全国共有产权住房试点城市之一，重点围绕共有产权保障住房供后管理和交易处置管理等内容开展试点工作。结合相关课题研究，起草了《上海市共有产权保障住房供后管理实施细则（试行）（草案）》，重点规制了购房人购房后5年内回购，5年后政府优先购买、上市转让和购买政府产权份额的申请审核、办理程序、价格标准、税费承担等内容；同时，聚焦违规违约行为的发现、认定和分类处理机制等，研究出台相关政策措施。

（王永刚）

【做好公共租赁住房供应工作】 截至2015年底，全市公共租赁住房（含单位租赁房）累计供应房源8.77万套(其中市筹公租房1.27万套、区筹公租房0.87万套)，已签约出租7.45万套（其中市筹公租房1.14万套、区筹公租房0.7万套），入住7.06万套、约13.6万户；2015年净增加供应房源1.84万套，净增加签约出租2.1万套。

【开展公租房政策制订和研究工作】 2015年，市政府办公厅转发原市住房保障房屋管理局等七部门制订的《关于鼓励社会各类机构代理经租社会闲置存量住房的试行意见》（沪府办〔2015〕11号）等政策文件；市住房城乡建设管理委制订出台《关于做好上海公共租赁住房预分配工作的通知》（沪建管〔2015〕841号）等文件。按照市委部署要求，完成2015年市委一号课题“大力实施创新驱动发展战略、加快建设具有全球影响力的科技创新中心”之“成长性人才住房困难问题研究及对策建议”课题研究工作，相关成果纳入市委《关于深化人才工作体制机制改革促进人才创新创业的实施意见》（“人才20条”）。

【加大公租房财政资金投入力度】 2015年，市财政向各区（县）下达中央补助公共租赁住房专项资金1亿元、公共租赁住房市级资本金10亿元。截止2015年底，市财政累计下达区县资本金补助57亿元、中央公共租赁住房专项补助资金约15.1亿元。

【完成公共租赁住房建设筹措和竣工任务】 根据国家下达上海的公共租赁住房建设筹措任务目标，2015年全市建设筹措公共租赁住房0.85万套、约40万平方米，竣工公共租赁住房2.36万套、约139.9万平方米。截止2015年底，全市公共租赁住房累计建设筹措逾13万套，竣工逾8万套，全面完成国家下达上海的任务目标。

（林英杰）

【公有住房出售】 2015年，会同相关部门继续推进上海公有住房出售工作。据统计，全年共出售公有住房1.42万套，建筑面积96.2万平方米，回收购房款约2.5亿元，扣除维修基金后净归集额1.59亿元。全市自公有住房出售政策实施以来，已累计出售公有住房191.53万套，建筑面积约10338万平方米。

（仇育彬）

（五）旧区改造

【概况】 2015年，上海市中心城区改造二级旧里以下房屋65.9万平方米，受益居民3.3万户；郊区城镇旧区改造完成8.1万平方米，受益居民1189户。“十二五”期间中心城区共完成二级旧里以下房屋改造约320万平方米，受益居民约13.6万户，超额完成目标任务。

【建立旧区改造国开行专项贷款机制】 积极协调落实和推进杨浦、虹口、黄浦、闸北、普陀等区9个市、区联手旧改项目（10个地块）纳入旧改专项贷款统贷平台，获得国开行478.8亿元棚改专项贷款授信额度支持，全年提款总额91.3亿元。

【大力推进货币化安置】 落实国务院和住建部有关提高棚户区改造货币化安置比例的要求，在满足居民实物安置需求的同时，积极采取有力措施，大力推进货币化安置，全年货币化安置比例达到28.8%，与去年底相比提高约11.8个百分点。

【推进“城中村”改造工作】 2014–2015年，共有39个“城中村”地块批准改造方案，其中，2014年批准28个，2015年批准11个。已批方案的36个“城中村”改造试点地块，现已全面启动改造，其中，28个地块已开展村民或企业签约，其余8个地块正在开展土地勘测定界、征地手续办理、补偿安置方案制定、规划调整、项目公司组建等工作。

【完善“城中村”改造政策】 制定《关于农

村集体经济组织自行改造或引入合作单位共同改造“城中村”地块办理征地手续的通知》，解决“城中村”地块的集体土地征用手续办理问题。继续坚持各项制度，严格审核“城中村”改造方案，确保“城中村”改造依法实施。

【推进在外过渡动迁居民安置工作】 2015年，上海市计划解决在外过渡动迁居民安置25381户，全年实际解决27329户，占年度计划的107.7%（以动迁居民办好进户手续为标准），超额完成年度计划任务。

（杜骥）

（六）房屋征收管理

【概况】 围绕各区县上报的年度征收计划，继续加强对上海市国有土地上房屋征收工作的业务指导和监管，截至2015年底，全年共完成征收（含拆迁）居民24839户，面积816242平方米；单位306家，面积129536平方米。

【推进存量拆迁基地收尾工作】 围绕2015年总目标，结合各区县收尾计划，加强与相关单位的对接协调，整合资源，形成合力，同时用新政策、新机制加快存量拆迁基地收尾，根据各拆迁基地的不同情况，分类处置：转入征收程序，或者采取“两轮征询”的方式继续实施拆迁。截至2015年底，共完成拆迁基地收尾37块，存量拆迁基地减少到288块。

【完善房屋征收政策】 制定下发《关于做好上海市国有土地上房屋征收中公有住房建筑类型鉴定工作的通知》（沪房管征[2015]121号），对委托房屋建筑类型鉴定的机构、程序、情形以及需提交的相关材料作出规定，对鉴定期限和结论的用途也予以明确。同时，对现行政策法规如“71号令”等实施过程中需要进一步完善的内容启动全面调研，并提出解决方案，适时开展相关修订工作。

【开展房屋征收人员培训工作】 投入运行“上海房屋征收人员计算机考试信息系统”，开展上海市房屋征收人员业务培训上机考试，实考512人，合格401人，合格率为78.3%。该系统的成功上线运行，形成了覆盖网上报名、考试实施、试卷评阅、成绩查询、证书管理等考试全流程的信息化平台。

【完善房屋征收信息系统数据库】 在基本完成房屋征收信息系统建设的基础上，进一步完善数据库，将房屋征收各项管理事项的格式文本全部纳入，实现对房屋征收从启动到结束的全线流程的信息化监管，及时掌握地块动态和房源使用动态，确保监管全覆盖，确保居民合法权益。

（姚琪）

（七）物业管理

【概况】 年内，根据加强住宅小区综合治理相关文件精神，全面启动了65项工作任务。起草制定了《上海市物业服务企业资质管理规定》。统一公有住宅售后维修资金和商品住宅维修资金使用方式，完善酬金制物业服务计费方式，修改《上海市物业管理招投标管理办法》。2015完成122万户老旧住宅小区电能计量表前供电设施更新改造项目，开展老旧住宅电梯安全评估和推进修理改造更新工作，理顺二次供水管理体制，加强住宅专项维修资金和公共收益的管理。

（陌上）

【推进住宅小区综合治理】2015年，根据《关于加强本市住宅小区综合治理的工作意见》、《上海市加强住宅小区综合治理三年行动计划（2015-2017）》的目标任务要求和节点安排，市相关部门、单位和区县政府各司其职，密切配合，全面实施《三年行动计划》，三年内需完成的65项工作任务均已启动，并按既定目标稳步推进。先后有45个专项政策和文件、方案得以制定实施，为推动住宅小区综合治理发挥了政策制度的引领作用。制定《上海市住宅小区综合管理联席会议制度和工作职责》。各区县均建立区县、街镇两级住宅小区综合管理联席会议制度，组建率达到100%，逐步发挥协调、指导和监督作用；制定《住宅小区综合管理职责清单》，明确市政府相关部门、专业单位、区县政府的职责及责任边界，并积极推进组建街镇城市综合管理机构；出台《上海市城市网格化综合管理标准》和《关于城市网格化管理向住宅小区覆盖延伸的实施方案》，建立管理部件、事件清单，明确处置程序和主体责任，推进网格化管理向住宅小区覆盖延伸。城管执法进小区同步推动。

（何炜东）

【加强物业服务企业资质动态监管】为贯彻落实建设部《物业服务企业资质管理办法》，规范上海市物业服务市场秩序，加强物业服务企业资质动态监管，完善物业服务市场准入和退出机制，上海市住房保障和房屋管理局成立专项工作组，开展《上海市物业服务企业资质管理规定》的起草和制定工作。期间，上海市住房保障和房屋管理局不断进行专题研究，召开区县房管局、上海市物业管理行业协会、上海市物业管理事务中心、物业服务企业等多层面相关主体座谈会并书面征求其意见，同时听取市政府法制办的意见，起草制定了《关于印发〈上海市物业服务企业资质管理规定〉的通知》（沪房管规范物〔2015〕6号），并于2016年1月1日正式实施。《规定》进一步细化了资质审批条件、规范了审批流程、完善了资质动态监管制度。

（庞成梁）

【完善物业服务市场机制】一是为加强公有住宅售后小区物业管理工作，统一公有住宅售后维修资金和商品住宅维修资金使用方式，印发《关于公有住宅售后维修资金列支物业服务费有关问题的通知》，明确2015年9月1日起，公有住宅售后维修资金不再列支物业服务费相关费用；二是完善酬金制物业服务计费方式，印发《关于住宅物业管理区域物业服务收费实行酬金制物业服务计费方式有关问题的通知》，支持业主树立事先计划、账目公开、多退少补的物业服务消费理念，督促物业服务企业提高设备养护、房屋维修、成本控制等管理服务水平；三是按照合理、公开、质价相符的原则，就建立本市住宅物业服务收费市场化价格机制，印发《关于建立物业服务市场化价格机制有关问题的意见》，要求各区县房管部门要落实物业服务收费事项公开制度、加大物业行业行政监管力度、推动形成物业服务收费价格协商机制、建立物业服务收费及相关事务的协商协调、指导监督和应急处置机制。

（史旭）

【规范业主大会、业主委员会建设管理】加快完善业主自我管理规制，制定印发了《临时管理规约》、《管理规约》、《业主大会议事规则》和《专项维修资金管理规约》等示范文本。开展对业委会成员及相关管理人员的培训，2015年按计划完成1万余人的培训任务。浦东、静安、黄浦、金山等区积极探索党对业委会工作的领导，在有条件的业委会建立党的工作小组，建立社区事务“三会一代理”制度、推行居委会与业委会成员交叉任职，建立居民区层面住宅小区综合治理联系会议制度。全市已经成立业主大会的小区有 7669 个，占符合成立条件住宅小区总数的 82%。

【加强物业管理项目的招投标运行管理】 2015 年度，在全市统一的物业管理招投标平台上选聘物业服务企业的物业管理项目中，建设单位公开招标选聘物业的有 234 个项目，协议方式选聘物业的有 107 个项目，业主大会公开招标选聘物业的有 55 个项目。修改《上海市物业管理招投标管理办法》，完善了前期物业招标项目备案、前期物业招投标中标结果备案、前期物业管理协议选聘核准等行政审批办事指南和业务手册编写。

（陈筠）

【建全物业服务企业及从业人员信用管理制度】 为贯彻落实国务院取消物业管理师注册执业资格认定的决定，上海市住房保障和房屋管理局成立专项工作组开展研究，召开座谈会听取区县房管部门、物业服务企业的意见和建议，并以书面形式征求意见。同时与市政府法制办积极沟通。删除、修改了原办法中有关项目经理强制注册的相关规定，正式出台了《关于印发〈上海市物业服务企业和项目经理信用信息管理办法〉的通知》（沪房管规范物〔2015〕3 号）。

【建立居住领域信用管理制度】 为研究建立业主（使用人）居住信用管理制度，上海市住房保障和房屋管理局与上海市经济和信息化委员会共同研究，召开座谈会听取区县房管部门意见和建议，并以书面形式征求意见。同时，听取市政府法制办的意见。起草制定了《关于推进本市住宅物业使用领域信用信息管理工作若干问题的通知》（沪房管规范物〔2015〕2 号），并于 2015 年 6 月 1 日正式实施。将住宅小区内拒交物业服务费、拒不续筹专项维修资金、违法建设和破坏房屋承重结构、“群租”、擅自改变房屋使用性质等违法违规违约行为录入本市公共信用信息服务平台，并依法面向社会提供查询。

（庞成梁）

【完善 962121 物业服务热线】 2015 年，962121 物业服务热线共计办理各类热线来电 125.3046 万件，实现了年受理量达 110 万件的目标，较 2014 年同期增长 34%。按类型分，咨询 41.74 万件，报修 76.4241 万件，投诉 7.1405 万件。按来源分，962121 热线直接受理 117.6434 万件，12345 热线转办件 6.2837 万件，12319 热线转办 1.3775 万件。

“夏令热线”期间，热线共受理各类诉求 14.3465 万件，同比上升 37.1%。累计拨出回访电话 7.3866 万个，维修回访满意率达到 99% 以上，投诉回访满意率超过 91%。居住物业行业获得建设交通系统“夏令热线”服务质量评比第二名及“满意行业”称号。

（史旭）

【推进住宅小区电力设施改造工程】 住宅小区内的配电线路和供电设施是保障社区安全和居民日常生活的重要设施，目前，本市老旧住宅小区电表前设施建设标准低、配电设备老化、安全稳定性差、故障报修频发，存在“用电难、管理难、抢修难”突出问题，满足不了居民日益增长的用电需求，影响居民供电安全。为彻底解决本市老旧住宅小区供电设施设备落后问题，根据市政府安排，计划用 3 年时间（2015–1017），对本市 6500 余个老旧住宅小区约 300 万户居民住宅的电能计量表前供电设施进行改造更新。表前设施包括进户线、低压分支箱、总熔丝箱、垂直母线、进层线、母线槽、保护管、电能计量箱、电表、表前（后）保护开关等。改造标准：由原来的每户 2 千瓦、4 千瓦的容量配置，提高至每户 8 千瓦的容量配置，以满足今后本市居民持续增长的用电需求。改造范围：2000 年 12 月 31 日前竣工的本市老旧住宅，包括商品房、售后公房、公房。改造资金：售后公房、公房改造，按照每户市、区（县）两级政府各 515 元标准，给予定额补贴，其余资金由市电力公司承担；商品房改造，由市电力公司筹措资金。2015 年市政府将“完成 90 万户老旧住宅小区电能计量表前供电设施更新改造”列入实事项目，实际完成 122 万户改造任务，改造后的老旧住宅小区，居民用电容量标准提高至每户 8 千瓦，夏季使用大功率电器不再出现跳闸现象，电力故障的报修、抢修量大幅度下降，切实解决了居民“用电难、管理难、抢修难”突出问题，满足了居民日益增长的用电需求，保障了居民用电和城市供电安全。

（陈杰家）

【理顺二次供水管理体制】 为加强本市居民住宅二次供水设施管养工作，确保二次供水改造这项民生工程落到实处、取得成效，市城乡建设和管理委员会、市水务局、市住房保障和房屋管理局联合印发了《关于进一步完善本市居民住宅二次供水设施管养机制的实施意见》、《关于进一步加快推进本市二次供水设施改造和理顺管理体制工作的通知》，明确新建和存量居民住宅二次供水设施产权逐步移交供水企业，供水企业和业主委托的物业服务企业协同做好管养工作，建立全覆盖的居民住宅二次供水设施管养长效机制。

（史旭）

【加强住宅专项维修资金和公共收益的管理】 制定了《关于加强本市住宅专项维修资金再次筹集工作的通知》、与财政局联合制定了《有关贯彻落实住房城乡建设部和财政部办公厅《关于进一步发挥住宅专项维修资金在老旧小区和电梯更新改造中支持作用的通知》的工作意见》。制定了《解决本市住宅专项维修资金历史遗留问题的若干意见》、《解决本市住宅专项维修资金历史遗留问题的实施方案》，全面完成各区县售后公房公共设施维修基金补足工作，市、区县两级财政共补充到位 7.9 亿资金。

全市共受理维修资金工程审价项目 6741 个，累计核减金额 1.2 亿元，核减率约 8.1%；共完成业委会换届期间财务审计 3686 个项目。维修资金开户银行向近 200 万户业主发放维修资金结存单，提高维修资金使用透明度。

（陈筠）

【开展老旧住宅电梯安全评估和推进修理改造更新工作】 2015 年，根据《三年行动计划》的目标任务安排和节点要求，市住建委，市质监局联合组织各区县开展老旧住宅电梯安全评估工作，全年超计划完成了 1260 部使用超过 15 年以上的老旧住宅电梯安全评估工作，针对上述电梯，一一出具了安全评估报告和相关建议，供业主和使用单位及相关管理部门参考；同时，经市政府同意，市住宅小区联席会议办公室印发了《关于推进本市老旧住宅电梯修理，改造，更新工作的实施方案》，就本市老旧住宅电梯修理改造更新的范围，目标，原则，工作分工，业务流程，资金筹集渠道，管理要求，特殊情况的处置等进行了明确，要求全市各区县按计划完成相关任务，并将此项任务纳入对区县住宅小区综合治理工作考核的范畴。

（伍伏清）

【建立助理物业管理师职业技能培训与鉴定制度】 为进一步规范物业管理服务行为，提高物业管理服务人员素质，根据《上海市住宅物业管理规定》的相关规定，原市房管局与市人力资源和社会保障局于 2011 年 11 月 18 日共同下发了《关于在本市物业管理行业开展助理物业管理师职业技能鉴定的通知》（沪房管〔2011〕376号），同时委托市物业管理行业协会按照“关于本市企业内高技能人才培养和评价的实施办法”的规定开展助理物业管理师职业技能鉴定的申请报名、资格审查、组织培训与考务安排等具体实施工作，初步建立了助理物业管理师职业技能培训与鉴定制度。2015年度，本市组织了2次合计882人的技能培训与鉴定，经鉴定合格人数达680人。截止2015年底，历年累计培训与鉴定人数达6923人，经鉴定合格取得《助理物业管理师资格证书》的人数达4925人。

（陈杰家）

（八）住房公积金管理

【概况】2015年，住房公积金实缴单位26.99万家，实缴职工714.36万人，缴存额880.96亿元，住房公积金实缴职工数和缴存额增长率分别为7.77%和11.96%。当年新开户单位6.55万家，新开户职工89.61万人，净增单位5.98万家，净增职工51.52万人。住房公积金提取510.48亿元，占当年缴存额的57.95%。

2015年，发放个人住房贷款19.96万笔，1192.87亿元，同比增长64.28%、152.62%。回收个人住房贷款362.93亿元。当年因资产证券化转出个人住房贷款额71.86亿元。发放支持保障性住房建设项目贷款4.07亿元，应还贷款本金48.74亿元，实际回收贷款本金52.44亿元。

截至2015年底，住房公积金逾期个人住房贷款0.24亿元，个人住房贷款逾期率0.086‰。至年末，个人贷款风险准备金余额为229.33亿元，个人贷款风险准备金余额与个人贷款余额的比率为8.28%，个人贷款逾期额与个人贷款风险准备金余额的比率为0.10%。个人逾期贷款拔备覆盖率比上年提高1.1倍。无项目贷款逾期情况。

2015年支持职工购房1717.47万平方米，个人住房贷款市场占有率为33.57%，比上年同期增加4.93个百分点。当年通过申请住房公积金个人住房贷款，按当年利率水平测算，在贷款合同约定的存续期内可为职工节约购房利息支出254.20亿元。

2015年，上海市共有住房公积金试点项目15个，发放贷款92.61亿元。其中，经济适用房项目3个17.71亿元，棚户区改造安置用房项目9个51.79亿元，公共租赁住房项目3个23.11亿元。建筑面积共229.90万㎡，可改善2.81万户住房困难职工家庭的居住问题。至2015年末，已有12个试点项目贷款资金全部发放并还清。

图1：2011-2015年缴存额情况

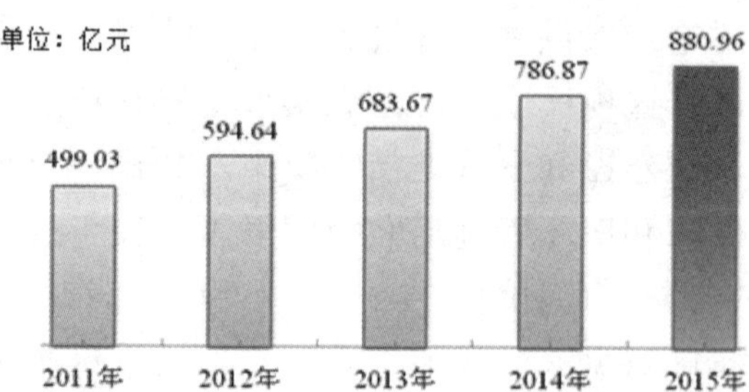

图2：2011-2015年提取额情况

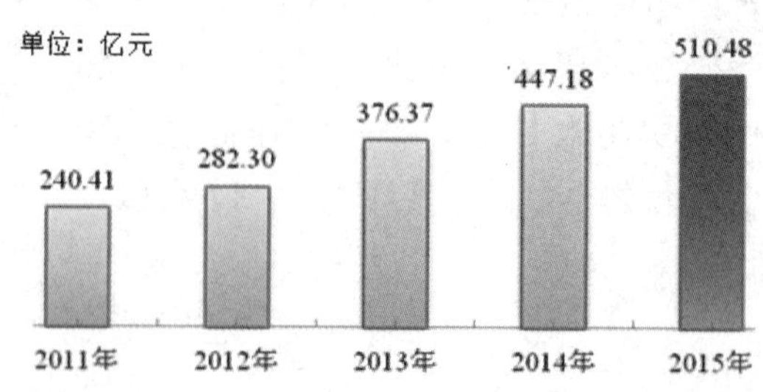

图3：2011-2015年公积金个人住房贷款发放额情况

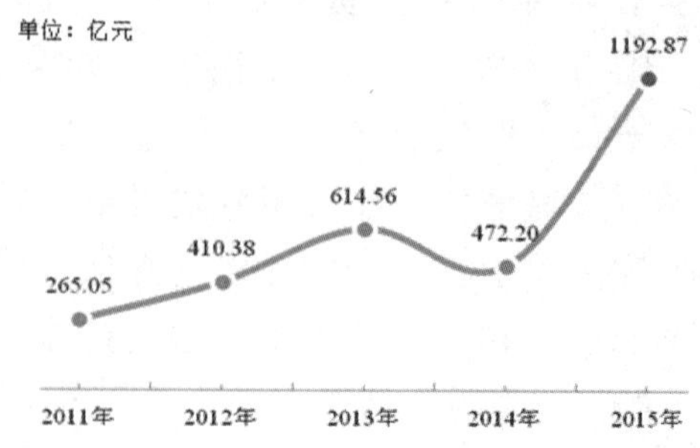

图 4：2015 年实缴职工数按所在单位性质分类

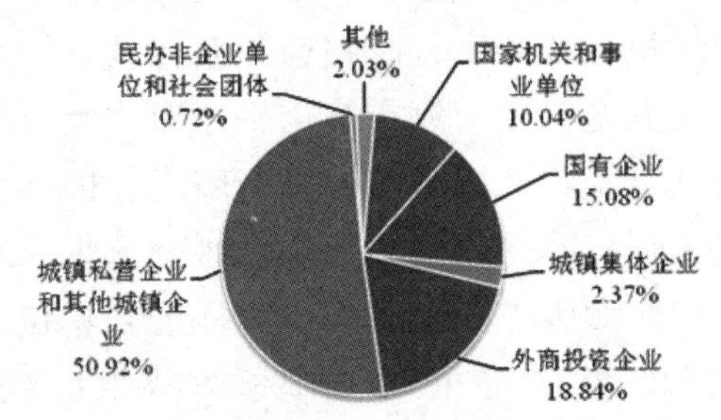

图 5：2015 年住房公积金提取额按提取原因分类

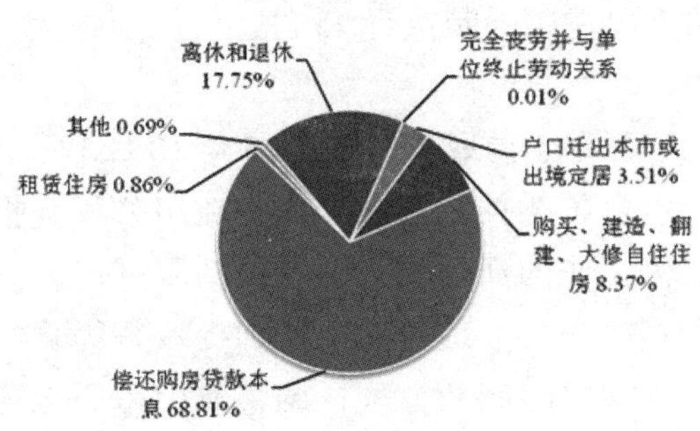

【成功发行首单个人住房公积金贷款资产支持证券】 根据中央“稳增长、调结构、促改革、惠民生”和进一步发挥住房公积金制度作用，更好地满足缴存职工的住房消费需求的要求，按照住房城乡建设部、财政部和人民银行提出“有条件的城市应积极研究开展公积金贷款资产证券化业务”的精神，中心积极探索以存量贷款发行个人住房贷款资产支持证券募集市场资金，推进住房公积金事业可持续发展。经住房城乡建设部和人民银行总行批准，2015 年 12 月 8 日，沪公积金 2015 年第一期个人住房贷款资产支持证券 1 号和 2 号成功完成发行，标志着中国首单银行间市场公开发行住房公积金资产支持证券的创新成功。此次发行总募集资金规模为 69.63 亿元，募集资金用于住房公积金个人住房贷款的再投放。

【调整最高贷款额度和贷款年限】 出台《关于调整本市住房公积金贷款额度上限和二手房贷款年限的通知》，自 2015 年 4 月 15 日起调整上海市住房公积金贷款额度上限：购买首套自住住房和第二套改善型普通住房个人最高贷款额度由 30 万元调整至 50 万元，家庭最高贷款额度由 60 万元调整至 100 万元；缴交补充公积金的，个人最高贷款额度在 50 万元基础上增加 10 万元保持不变，家庭最高贷款额度在 100 万元基础上增加 20 万元保持不变。购买改善性第二套非普通商品房的，个人最高贷款额度由 20 万元调整至 40 万元，家庭最高贷款额度由 40 万元调整至 80 万元；缴交补充公积金的，个人最高贷款额度在 40 万元基础上增加 10 万元保持不变，家庭最高贷款额度在 80 万元基础上增加 20 万元保持不变。

同时，调整二手房公积金抵押贷款年限：低于 5 年（含）房龄的二手房的公积金抵押贷款，最长贷款年限仍为不超过 30 年；6 年至 19 年房龄的二手房的公积金抵押贷款，最长贷款年限由不超过 15 年调整为 35 年与房龄之差；超过 20 年（含）以上房龄的二手房的公积金抵押贷款，最长贷款年限仍不得超过 15 年。

【调整住房公积金存贷款利率】 根据中国人民银行颁布的利率调整通知，当年个人住房公积金贷款利率经过四次调整后，五年期以上个人住房公积金贷款利率由 4.25% 调整至 3.25%；五年期以下（含五年）个人住房公积金贷款利率由 3.75% 调整至 2.75%。住房公积金存款利率经过五次调整后，上年结转的个人住房公积金存款利率由 2.35% 调整至 1.10%；当年归集的个人住房公积金存款利率不变，仍为 0.35%。

【调整住房公积金租赁提取政策】 自 2015 年 5 月 1 日起上海市推出进一步放宽提取住房公积金支付房租条件的新政。凡职工连续缴存满 3 个月，本人及配偶在上海市无自有住房且租赁住房的，可提取夫妻双方住房公积金支付房租。职工租住公共租赁住房的，按照实际房租支出全额提取；租住其他住房的，每户家庭月提取金额不超过当月实际房租支出，最高月提取限额为2000元。同时简化了租房提取要件，明确了提取方式和时间，建立单位集中批量办理新机制。

【调整2015年度住房公积金缴存基数和月缴存额上下限】 自2015年7月1日起，上海市职工住房公积金的缴存基数由2013年月平均工资调整为2014年月平均工资。2015年度住房公积金月缴存额上限为2290元，城镇个体工商户及其雇用人员、自由职业者的住房公积金月缴存额上限为3924元。2015年度住房公积金按职工本人和单位各7%的缴存比例所对应的月缴存额下限为254元。城镇个体工商户及其雇用人员、自由职业者的住房公积金月缴存额下限参照此标准。2015年度职工本人和单位住房公积金缴存比例仍为各7%；补充住房公积金缴存比例仍为各1%至8%。

【调整因婚姻需要购房申请住房公积金贷款房屋套数认定操作流程】 为完善操作流程，提高审批效率，减少借款人往返网点次数，自2015年7月21日起，上海市公积金管理中心对婚前共有房屋套数认定的业务操作流程进行调整，即取消原来的复议环节，将婚前共有房屋套数认定直接纳入到审贷条件中。借款人家庭房屋套数认定标准保持不变。

【多措并举，扩大住房公积金制度覆盖面】 一是上海市公积金管理中心与中国建设银行上海市分行、上海市总工会等部门广泛联动，增强工作合力，深挖扩覆潜力。二是推进全市环卫系统、部分央企农村户籍职工纳入缴交范围。三是创新工作方式，采取“三轮函告+一轮上门”的跟踪检查方式，实现“精确目标、精准检查”。四是由上海市住房公积金管委会成员、上海市总工会等相关人员共同组成执法检查小组，并邀请部分媒体参与现场执法检查，跟踪报道，获得较好社会反响。五是利用上海市征信平台对违反公积金制度且拒不改正的单位进行曝光，以加大单位违规成本，增强单位主动缴交意识。六是持续加大执法力度，向10家不开户单位发出《行政处罚决定书》，向73家单位发出《责令限期缴存通知书》，向18家单位发出《责令限期办理缴存登记、账户设立通知书》，申请人民法院强制执行45件。

【规范公积金提取行为】 2015年10月14日，制定出台了《关于进一步加强住房公积金提取审核工作的通知》，内容包括限制房屋一年内多次交易办理提取，明确提取行为真实性调查核实时间和方式，调整非沪籍职工劳动关系迁出的账户处理方式等。此外，建立了一套本人办理为本、提取承诺在先、违规惩处在后的有效防范和处罚套取行为的标准化业务流程；开展了制止和处理租赁提取新政中不诚信行为的专项行动。

【积极推行“互联网+”服务模式，提高服务效率】 推出“上海公积金”微信服务号，提供公积金账户、信息、网点客流等查询服务。推行网上汇补缴模式和基数调整，方便缴存单位足不出户办理公积金业务。继续推进ATM机提供职工自助查询公积金服务。目前，已有建设银行、上海农商银行、浦发银行、上海银行、交通银行5家银行五千多台自助机具可提供公积金自助查询服务。改善网点服务环境，完成了闵行、浦东、杨浦、松江四个管理部搬迁；完成了徐汇、宝山两个管理部办公房和业务大厅的扩建。通过管理部搬迁及装修，管理部服务环境明显改善，网点接待能力明显增强，办事群众的感受度得到明显提升。

【深化政府部门间信息共享，提高服务能级和效率】与市房屋状况信息中心、市公共信用信息服务平台、市民政局、市人保局进行信息共享对接，深化房屋产权、婚姻状态、低保等方面的信息共享工作，建立专项检查审计联动机制，以“让信息多跑路，让老百姓少跑路”的方式提高服务质量和方便群众办事。

【推进重点领域信息公开，提升管理透明度】深化主动公开内容，编制发布了《上海市住房公积金2014年年度报告》、《上海市售后公房维修资金2014年受托管理报告》、《2014年上海市公积金管理中心政府信息公开工作年度报告》等，推进重点领域信息公开。进一步拓宽依申请公开受理渠道，为申请人提供更便捷的服务。2015年9月，上海市公积金管理中心受理并处理了《上海市住房公积金信息公开办法》实施以来首例公民提出的信息公开申请。

（九）“十二五”期间上海房地产监管工作主要成效

【概况】“十二五”期间，上海市继续贯彻落实国家房地产市场调控各项政策；注重制度建设，实施个人住房房产税试点；加强房地产市场监管，强化居住房屋租赁管理，大力整治“群租”。

【严格贯彻落实房地产调控政策措施】本市严格执行住房限购措施、差别化住房税收、信贷政策，抑制投资投机性购房需求，支持居民合理住房需求。调控取得了积极成效，市场运行总体平稳。2014年底，本市新建住房价格指数与2010年比上涨15.8%，新建商品住房价格指数与2010年比上涨18.8%，二手存量住房价格指数与2010年比上涨14.5%，均低于同期本市GDP和居民人均可支配收入上涨幅度，房价过快上涨势头得到遏制。

【开展个人住房征收房产税试点工作】为了进一步完善税制，合理调节居民收入分配，正确引导住房消费，有效配置房地产资源，根据国务院有关精神，本市从2011年起开展对部分个人住房征收房产税试点。将房产税认定、征收环节嵌入房产交易流程，保障房产税试点顺利实施，取得预期效果。

【加强监测监管】加强商品房预销售管理，重点加强高价位商品住房销售方案的指导审核，控制上市供应节奏；完善交易流程，实现与税务、民政、人社等部门的信息联网，保障交易安全，保障住房限购、差别化税收政策的落实；强化房地产经纪人管理，开展专项整治，查处违法违规行为，研究经纪机构及其从业人员事中事后监管措施；坚持开展由多部门共同参与的房地产市场运行监测，每月上报市委市政府。

【强化居住房屋租赁管理】一方面，修订完善本市居住房屋租赁管理办法，出台十部门加强本市住宅小区出租房屋综合管理工作的实施意见，按照本市深化人口服务管理综合调控的总体要求，以合法稳定就业、合法稳定居住为基准，坚持“条块结合、以块为主、属地管理”的基本原则，加大“群租”整治力度；另一方面，制定出台相关鼓励政策，发展培育机构出租人，运用市场机制盘活本市社会闲置存量住房资源，改善租赁住房供应结构，拓宽公共租赁住房房源渠道，解决合法稳定就业人员的租赁住房需求。

【住房保障】“十二五””期间，国家下达上海市的保障性安居工程目标任务合计为：

新建筹措各类保障性住房、棚户区改造61.08万套(户)、基本建成(含竣工)40万套(户)。按对应范围和统计口径，本市合计完成新建筹措63.9万套（户）、基本建成（含竣工）49.8万套（户），全面超额完成国家下达的各项目标任务。同时，“十二五”期间，本市合计新开工建成筹措各类保障性住房和实施旧住房综合改造87.5万套（户）、基本建成（含竣工）70.4万套（户）。

【住房分配制度改革】 进一步推进上海住房分配制度改革。按《关于进一步深化上海城镇住房制度改革的若干意见》（沪府发〔1999〕38号）的要求，推进企事业单位的住房分配制度改革；配合市政府机管局等部门深化、完善上海公务员住房解困的有关思路。

支持配合外省市住房分配制度改革。配合外省市住房分配制度改革和经济适用住房、动拆迁货币安置等工作的开展，做好外地职工及其配偶在沪住房情况申报确认工作，2015年共确认509户，自2003年此项工作开展以来，累计确认5271户。

【各类历史遗留问题处理】 继续解决未确权的公有住房的出售问题。2015年，根据《关于进一步推进上海公有住房出售若干规定的通知》（沪府发〔1999〕44号）的精神，继续对投资单位未申领房地产权证的住房进行梳理，将符合出售条件的住房出售给承租的职工家庭。当年各区（县）房改部门出售的这类住房共693套，建筑面积3.87万平方米；已累计代售50633套，建筑面积约299万平方米。

解决各区（县）有限产权接轨工作的疑难问题。市和区（县）房改部门经过调研和协调，研究解决各类疑难问题，推动有限产权住房接轨工作顺利推进，全年有限产权住房接轨1944套，累计接轨72432套。

（仇育彬）

八、城市交通

（一）综述

2015 年，上海交通行业围绕“构建符合上海特大城市发展需要、达到世界先进水平的综合交通体系”总目标，有力有序推进各项工作，行业运行总体平稳，圆满完成全年任务，“十二五”目标顺利实现。

交通基础设施项目建设取得重大突破。推进市重大交通工程项目 37 个，完成年度投资计划 543.2 亿元，占全市重大工程完成投资额的 46.2%，列入“十二五”规划的重点建设项目全部实现开工。北横通道、沿江通道、洋山深水港四期、浦东机场第五跑道等重大项目加快建设。中环线浦东段、嘉闵南一段、虹梅南路－金海路越江工程建成通车。开工建设 8 号线三期、15 号线、18 号线等 88 公里轨道交通线，继续推进 5 号线南延伸、9 号线三期东延伸、10 号线二期、13 号线二期、14 号线、17 号线共 128 公里轨道交通建设，建成 11 号线迪士尼段、12 号线西段、

13号线部分区段共40公里轨道交通线。积极实施交通“补短板”工程，着力打通区区对接道路，完成合庆镇环境综合治理道路交通改善项目、47座道路下立交工程性改造、3124根高架桥柱绿化改造。组织编制《上海市综合交通“十三五”规划》、《“十三五”时期上海国际航运中心建设规划》和19个委级专项规划。综合交通体系发展规划、新一轮远景轨道交通网络规划等取得成果，《上海市省道网规划修编（2015-2030）》获批。

综合交通管理迈出新步伐。坚持总量调控方针，针对参拍人数大幅增加等新情况，推动系统升级改造，健全额度审查等管理制度，额度拍卖实现平稳有序运行。强化交通需求管理，组织实施延长外牌限行时间等“1+5”综合治堵措施，4个P+R停车场投入运营，全市P+R停车泊位达6609个。推进交通法治建设，发布《关于全面推进本市交通行业法治建设的实施意见》，制定交通行政处罚自由裁量基准。全年共发生行政复议34件、行政诉讼8件，未发生被纠错和败诉情况。推进外省市危险货物运输联网检控，6千辆车纳入统一平台。加强对出租汽车行业顽症治理，完成出租汽车运价调整。加大非法客运整治力度，查获“四轮车”非法客运案件7578件，同比去年上升30.3%。做好国防交通和特资转运工作，交通邮政融合发展进一步深化。

安全稳定工作抓出新成效。安全态势总体可控，港口生产、轨道交通、交通设施均未发生上报安全事故。“8.12”天津港特大事故后，落实市委 “三个最严”工作要求，全面开展危险货物运输行业安全大检查。推进外高桥港区危险货物集装箱作业点整体搬迁，替代作业点严格落实安全措施。按照“不进堆场、不落地”的原则，实施上海港出口烟花爆竹集装箱中转制度，控制作业总量，降低安全风险。完成1287孔桥下空间清理整治，完成率达99.5%。认真处理信访、热线事项，受理群众来信、来电、来访、电子邮件约5200件、1.7万多人次。深化“平安单位”、“平安示范单位”创建活动，创建达标率达93%。

创建国家“公交都市”推进有力。围绕落实公交优先战略，扎实推进国家“公交都市”创建工作，一半以上的创建任务提前完成目标。公共交通客运总量达66.4亿人次，日均客运量1820万人次，其中轨道交通客运量占46.2%，地面公交客运量占38.4%。新辟公交冷僻线路68条，其中“最后一公里”线路25条，公交与轨交两网融合进一步加强，郊区县公交出行条件进一步完善。试点运行普陀桃浦地区便民巴士、长兴岛至横沙岛公交线路。新建140公里公交专用道，实现“十二五”300公里建设目标。杨浦五角场交通示范区建设有序推进，完成公交微枢纽示范点建设。国家会展中心等重点地区公交配套不断完善，完成迪士尼交通保障方案并推进实施。

绿色交通和智慧交通建设持续加快。全面开展高污染车辆环保治理，扩大高污染车辆限行范围，淘汰黄标车和老旧车12.2万辆。积极发展新能源汽车，全市新投放各类环保型公交车1704辆。出台《上海绿色港口三年行动计划（2015-2017年）》，吴淞口国际邮轮码头、洋山冠东集装箱码头岸电项目不断推进。推进公交信息化服务，完善“上海公交”、“乐行上海”等APP应用，启动行业数据中心建设。积极探索“互联网与交通”融合发展，上海市出租汽车信息服务平台正式上线，首批滴滴车站在医院、社区和商业区投入运行。

综合交通运输改革全面深化。顺应综合交通管理体制需求，持续推进机关内设机构和事业单位职能调整。努力转变政府职能，有序开展行政审批改革，受理行政审批事项11万件，当场办结率达89.9%。联合印发《道路交通类政府投资项目前期审批改革试点方案》，道路类项目前期审批时限明显缩短，S26公路入城段、S7公路等重大项目审批时间减少约3个月。深化公交行业和出租汽车行业改革，落实巴士集团理事会制度，制定金山、崇明公交企业股权划转工作方案。持续深化道路养护作业市场化改革，推动形成统一开放的大中修、日常养护市场。

（二）交通管理

【概况】 2015年，本市交通管理部门以顺应综合交通管理体制需求为导向，深入推进委属事业单位分类改革，逐步理顺市与区（县）的职责分工、事权分工，形成分工合理、权责清晰、执行顺畅、监督有力的管理体制机制。

【做好“十三五”规划编制】 市交通委坚持“开门做规划”，找准交通“短板”，认真做好“十三五”规划编制工作。2014年7月，启动《上海国际航运中心建设“十三五”规划前期研究》，2015年1月9日，正式启动“十三五”规划编制工作，制定并印发市交通委“十三五”规划编制工作方案，成立委“十三五”规划编制领导小组和工作小组，建立委内外协调工作机制，明确各专项规划牵头部门，确定了核心技术支撑牵头单位，建立例会制度、汇报制度、重大事项协调制度、专家咨询评议制度、公众参与制度等日常工作制度，形成部门合作协调、市区联手推进、专家决策咨询、公众参与互动的工作格局。至年底，编制工作基本完成，委“十三五”规划编制最终成果共3类21项，包括市级专项规划2项（《“十三五”时期上海国际航运中心建设规划》、《上海市综合交通“十三五”规划》）、委级中长期发展规划14项，行业发展规划5项，内容涵盖海、空、公、铁、邮等交通系统各行业。“十三五”期间，将从上海实际出发，着力构建符合上海超大型城市发展需要的综合交通体系。到2020年，在新一轮交通发展白皮书提出的构筑国际大都市一体化交通，加快建成国际海空枢纽城市，着力打造绿色交通都市，努力满足社会经济快速发展需要和人民群众日益增长的交通需求，为“四个中心”和现代化国际大都市建设提供有力支撑的基础上，结合新的发展形势和要求，进一步完善和提升“枢纽型、功能性、网络化”的一体化交通体系。全面构建“安全、畅达、高效、绿色、文明”的指标体系，实现上海交通总体上达到世界先进城市水平。

【完成出租汽车集中更换尾气净化装置工作】 根据市交通委、市发展改革委、市环保局和市财政局联合下发的《上海市鼓励出租汽车更换尾气净化装置实施办法》及市交通委《关于做好出租汽车尾气净化装置工作的通知》精神，此次更换尾气净化装置的车辆为注册日期在2010年1月1日至2014年4月30日之间的出租汽车。市运输管理处积极推进本次尾气净化装置的集中更换工作。一是制定每月两次的推进例会制度，针对不同阶段、不同情况、不同问题区别对待，先后召集行业四大骨干企业、蓝色联盟、法兰红联盟、区域性出租、汽车修理单位、材料生产厂家和配送单位等十余次专题工作推进会，宣传政策、指导工作、协调服务。二是针对本市目前主流桑塔纳vista车型已停产，相关尾气净化装置必须重新组织原料采购和生产的客观情况，主动约谈桑塔纳vista配套三元催化器生产厂家天纳克（中国）有限公司，并多次实地走访生产基地，了解原料采购、生产安排等情况，督促加紧生产，按计划供货。截止9月30日，全市共有32家出租汽车经营企业，1家个体出租汽车委托管理公司，共计 20289 辆出租汽车完成尾气净化装置更换工作，为进一步优化本市空气质量和大气环境保护担负起了出租行业应有的社会责任。

【推进交通服务领域新模式、新业态发展】 围绕市委 2015 年一号调研课题“大力实施创新驱动发展战略，加快建设具有全球影响力的科技创新中心”，市交通委研究推进，一是交通领域简政放权，进一步梳理、取消和调整一批制约交通领域“四新”经济发展的行政审批事项；二是个性化交通服务创新发展，针对专车、拼车等约租车模式冲击传统出租汽车行业等问题，提出激发市场活力、引导错位竞争、提高出行效率的政策措施；三是公共交通服务创新发展，提出落实企业主体责任、提升企业运营管理水平等政策措施；四是航运服务业创新发展，研究进一步开放航运服务业、完善外商投资准入“负面清单”等政策措施；五是水运业创新发展，针对水运业各个细分市场在准入门槛、经营许可等方面存在的问题，研究优化监管手段、改革行政审批制度等政策措施；六是进城市物流创新发展，研究节约企业运输成本、提高城市配送效率等政策措施。

【上海 10 月 8 日起调整出租车运价】 市域出租车起步费由 13 元 /3 公里调整为 14 元 /3 公里，途安车型起步费则调整为 16 元 /3 公里；超起租里程单价由 2.40 元 / 公里调整为 2.50 元 / 公里；超运距加价距离由 10 公里起调整为 15 公里起，低速等候费由每 5 分钟计收一公里单价调整为每 4 分钟计收一公里单价。夜间加价方面，仍按原规定上浮 30%。同时，上海市域出租车及区域性出租车均将取消此前收取的 1 元燃油附加费。为做好此次新运价出租汽车计价器调整工作，市运输管理处与市质监局、计价器生产单位等协调确定了近 40 个计价器调试点，安排调试进度以及质量检测，确保各调试点做好调试保障工作到位。市域出租汽车于 10 月底前完成运价与取消 1 元燃油附加费的计价器调整，从 11 月 1 日起，市域出租汽车全部执行新运价，并取消 1 元燃油附加费。在新老运价车辆或并存期间，市运输管理处还印发了“致出租汽车驾驶员公开信”，要求广大出租汽车驾驶员能继续保持良好的职业风范，进一步提高出租车服务质量。

【实施出租车“高峰车”措施】 针对本市早晚高峰时段出租汽车路面扬招、传统电调“打车难”状况，4 月 13 日起，上海出租汽车行业推出了“高峰车”制度，在早晚高峰时段由强生、大众、海博、锦江、银建等五大出租企业每天安排了 6000 辆值班营运车，只接乘客路面招车、企业叫车电话预约以出租车营业站接客等业务，不再接打车软件招车预约。

【推进智慧交通体系建设】 编制实施《关于加强智慧交通体系建设的指导意见》以“互联网 +”行动计划为指导，明确智慧交通建设任务，创新信息服务和数据管理模式，形成智慧出行、智慧管理与决策、智慧运营和智慧物流的本市智慧交通总体布局。一是推进公交智能集群调度建设。围绕提升城市公共交通运行监测、企业智能调度、行业监管决策和公众出行信息服务水平，加快推进公共交通智能化应用示范工程建设。通过对运营调度的网络化和智能化建设，实现运营管理、行车监控和安全生产的数字化管理，为公众出行信息服务与行业监管提供信息支撑。“上海公交”APP 下载量超过 200 万次，日访问量达到 80 万次。二是完善行业信息化和数据管理。围绕道路危险品运输、水上危险品运输、轨道交通、省际客运、公交客运、出租汽车等重点行业安全与服务管理需要，加强信息接入管理。交通委门户网站“无障碍浏览”功能上线，“网上行政审批”栏目开通。黄标车及老旧车辆数据应用系统项目、交通热线信息管理系统项目及安全生产标准化考评及监督管理系统等项目通过验收。三是深化平台系统应用对接，拓展数据共享新领域。与“12345”市民热线、“12319”城建服务热线、出租汽车信息服务平台、行业管理部门的信息系统等，完善信息对接，将数据分析与行业管理有效结合。与腾讯、阿里、百度等互联网企业建立合作机制，探索“互联网＋交通”的信息服务创新模式。

【集中编制行政审批事项事中事后监管方案】市交通委对现有71大类行政审批事项，按行业、领域、市场分类汇总为20大类事中事后监管事项，开展监管方案集中编制。编制工作重点涉及公共资源、安全、民生保障、市场秩序等举措，在完善市场准入制度和退出机制，强化市场行为监管，加强诚信管理，加强综合执法体系建设等共性监管措施的基础上，紧密结合现有行政审批事项以及委系统各相关行业的管理实际和特点，总结长期以来的有效监管措施和管理经验。2015年，市交通委在系统整合“行政审批链”基础上，完善行政审批事项目录清单管理方式及分层分类行政审批管理体系，精简行政审批事项，落实国家部委取消下放权限，推进行政审批标准化、制度化、信息化建设。做好委系统既有71大类、434项行政审批事项有关工作；完成权力清单梳理，上报权力事项共计1052项；积极推进委系统2015版行政审批事项办事指南和业务手册编制，委行政审批信息系统建设，市政府网上政务大厅对接，省际客运、国内航运、出租汽车、货运行业首批网上审批试点项目经验总结推广等工作。

【推进公交专用道建设】市交通委对既有160公里公交专用道使用效果评估优化基础上，统一规范标识标线，做到引导和警示作用更加清晰。在天山路、河南路、沪太路、逸仙路等公交线路较多主干路、次干路以及大型居住社区、商业发达地区、群众休闲场所等市民出行需求较高的区域推广公交专用道的建设，按照年初确定的140公里公交专用道建设计划，目前包括部分道路渠化、400处公交专用道标志牌基础等土建工作在内的道路施工已经完成95%，公交专用道标志牌安装、标志标线施工已完成约70%；原有160公里公交专用道复线和标识统一工作已基本完成；到12月底，实现300公里公交专用道的建设目标，进一步确保地面公交路权使用优先。另外，在西藏南路自北京路至高雄路，全长4.57公里，试点铺设采用陶瓷颗粒的彩色公交专用道，既醒目，又增加磨阻系数，具防滑功能，并将根据公交专用道提醒警示效果以及彩色路面磨损耐久性等使用情况确定推广计划。

【采用技术手段，提升交通环保水平】市交通委把减少车辆尾气污染物排放作为交通领域环境治理的重要内容之一，积极采取技术手段，促进节能减排，降低车辆尾气排放对大气环境的影响。一是制定实施出租汽车尾气处理装置更换补贴办法，鼓励并推进出租汽车净化装置集中更换工作。年内，全市共有32家出租汽车经营企业、1家个体出租汽车委托管理公司，共计20289辆出租汽车完成尾气净化装置更换。二是完成200辆国III柴油公交车加装尾气净化装置试点。并在此基础上，明确相关补贴政策，启动并正全力推进5000辆国III柴油公交车加装尾气净化装置工作。三是研究制定国III柴油集卡加装尾气净化装置补贴政策，逐步将该项环保技术措施向1.1万辆集卡以及8000辆环卫、邮政快递、卖场等重型柴油车辆推广使用。

【推进五角场地区交通示范区建设】市交通委会同杨浦区政府开展江湾—五角场城市副

中心交通示范区规划研究，建立由市交通委牵头，区政府、投资、建设、管理等多方参与的长效推进机制。2015 年选定 15 个年度实施项目，实现交通示范区建设“当年立项、当年开工、当年见效”。一是完善道路网络服务水平。完成公共服务设施指示标牌、道路隔离带端部警示标志设置，道路指示标识标线整治，完善交通隔离硬件设施，合计设置公共服务设施引导标牌 64 处、交通隔离设施 4 处。二是提升公共交通服务能级。在淞沪路—黄兴路、闸殷路—四平路、政立路 3 条主要公交客运走廊试点地面公交线路优化调整；淞沪路殷行路公交枢纽站完成局部优化改造；推进微枢纽建设。三是均衡区域停车供需矛盾。开展公共停车场库价格调整试点，形成阶梯式停车价格分布；普及智能停车场库设备，通过智能车辆识别系统、智能车位查询系统，提高停车场库使用效率。四是提升诱导系统服务范围。结合区域主要进出通道和新建公共停车场，拓展区域停车诱导系统；结合已建淞沪路地下慢行空间设置行人引导标牌，加强地上、地下人行系统引导信息衔接。五是实现区域智能交通管理。智能交通管理中心杨浦分中心项目建设稳步推进，整合区域交通信息资源和交通管理资源，上线试运行。江湾—五角场城市副中心交通示范区建设成效已逐步显现，交通拥堵状态得到一定程度改善，市民出行便捷性不断提高，交通智能化管理和交通信息公众化服务水平不断提升。

【推进应急保障体制机制建设】 市交通委大力提升行业应急处置能力。一是研究轨道交通全市统一应急指挥平台。拟从提高轨道交通运营事故事件处置效能为切入点，整合现有应急指挥资源，对交通、公安、申通既有指挥平台合成运行，进行可行性研究，力争实现统一指挥，真正形成应对处置合力。二是提升安全监管信息系统能级。建立完善“交通行业安全监管综合系统”，以公共交通安全监管为重点，建设安全监管数据库，扩充强化现有功能。三是建立“预判、预警、预报、预案”4 预机制。开展风险预判，评估隐患发生概率及可能造成的损害。督促企业建立风险自评机制，及时向管理部门发出预警。行业管理部门定期发布安全预报信息。编制切实可行的应急预案，并动态调整和更新预案。四是健全应急响应统筹联动机制。健全公安、消防、交通、卫生以及地区的应急联动机制。强化跨部门、跨领域巡查防控联动，综合利用各相关行业有关信息，实现公共安全信息资源集成共享。

【加大交通基础设施建设管理】 市交通委全年重大交通工程项目 37 个，年度计划投资 499.66 亿元，实际完成 543.2 亿元。推进过程中，一是现场与市场联动。构建市相关部门间协调联动平台，完善市区两级交通建设对口工作机制，组建市交通工程建设管理中心和安全质量监督站，加强日常监管；利用标准、定额、专业评估等方式，完善市场准入机制，并通过政府购买服务，调动发挥市场专业技术力量作用，参与交通建设管理；积极发展工程保险。二是进度与质量并重。建立法规标准、安全责任、预防控制、支撑保障为要素的政府监管体系；梳理公路、市政道路、轨道交通、港口、内河航道等 5 类主要交通基础设施建设领域的安全风险源，涉及深基坑、盾构、大型机械使用等共 15 个方面 256 项，并对重大安全隐患“挂牌督办”，健全安全风险闭环管理。三是创新与应用共举。重点推进 BIM 技术和装配式工艺应用，强化交通基础设施全寿命周期管理；研究交通建设模式和技术创新激励政策，鼓励交通建设各方采用 PPP、BT、EPC 等多种模式投资或参与本市交通建设。

【有力推进交通基础设施重点项目】 市交通

委围绕服务“一带一路”战略，完善交通基础设施建设，提升交通服务保障能力。一是航运枢纽港方面，有序建设洋山深水港区四期工程，研究推进罗泾港区功能转型和外高桥港区后续项目前期工作。调整黄浦江下游港区功能，推进张华浜和军工路港区转型。开展新港选址研究。加快吴淞口国际邮轮码头后续工程建设。加快杭申线、平申线、大芦线、长湖申线等高等级航道建设，适时启动苏申内港线、油墩港航道整治工程，加快实施芦潮港、外高桥内河港区工程，形成“连接江浙、对接海港”的内河高等级航道网框架。加强长江口深水航道系统化治理，实施长江口 12.5 米深水航道减淤一期工程等项目。二是航空枢纽方面，发挥上海航空枢纽的龙头作用，推动其成为集“本地运量集散功能、门户枢纽功能、国内中转功能和国际中转功能”为一体的大型复合枢纽。重点实施虹桥机场 T1 航站楼改扩建工程；继续加快浦东机场 T1 航站楼改造，实施第五跑道工程及三期扩建工程；开展两场联络线前期方案研究；开展上海通用机场建设研究论证，不断提升上海航空枢纽服务于“一带一路”的功能。三是铁路建设方面，加快铁路客货运通道建设，完善上海与长三角铁路通道的互联互通，积极融入欧亚铁路网，基本形成“5 个方向（沪宁、沪杭、沪通、沪湖、沪甬）、10 条通道（京沪高铁、沪宁城际、京沪铁路、沪杭城际铁路、沪昆客运专线、沪昆铁路、沪通铁路、沪苏湖铁路、沪乍铁路、沪崇苏铁路）”的上海铁路枢纽布局。往北，通过沪通等铁路与陇海线、兰新线等国家级铁路大通道连接，实现与中东欧等国家的互联互通；往南，通过沪昆线等铁路实现与东南亚等国家的联系。近期重点推进建设沪通铁路南通至安亭段和太仓至四团段，沪杭客专上海南至莘庄联络线，沪乍铁路、沪苏湖铁路等工程。开展沪杭城际铁路、沪崇苏铁路通道前期研究。

（三）交通执法

【概况】2015 年，交通执法部门组织开展“春晓一号至四号”春运地空联动专项整治，“安畅一号至九号”行业顽症专项整治，“飓风一号至九号”非法客运专项整治，“猎隼一号至十号”克隆出租车专项整治，整治非法客运“百日会战”。同时，做好元旦、春节、清明、五一、端午、中秋、国庆等重大节假日交通保障，以及国际“花滑赛”、国际车展等重大赛事增援保障。

2015 年，市区两级交通执法队伍共实施日常和专项稽查 19,609 次，出动执法人员 58,618 人次，查处各类交通违法案件 25,659 件（其中：公交、出租、省际客运、危险品运输四大重点监管行业案件 16,365 件，占案件总数 63.78%）。同时，对 364 名出租汽车驾驶员进行停业整顿 15 天，吊销 167 名驾驶员准营证。此外，受理各类信访投诉 50,967 件，处理 49,910 件，满意率 96.90%。

2015 年，总队相继荣获第四届全国文明单位称号和全国交通运输先进集体称号，再次荣获上海市文明单位称号和上海市社会治安综合治理先进集体称号，总队党委被评为上海市建设交通行业“建设先锋”服务型党组织示范点。

【原上海市交通运输和港口管理局执法总队正式更名为上海市交通委员会执法总队】根据上海市机构编制委员会《关于上海市交通委员会所属事业单位分类的批复》（沪编〔2014〕380 号）明确，原上海市交通运输和港口管理局执法总队更名为上海市交通委员会执法总队（简称“市交通执法总队”）。2015 年 1 月 1 日，市交通执法总队正式挂牌更名。更名后的市交通执法总队将整合原运政执法和路政执法监管职能。更名后，市交通执法总队按照委党政提出的总体工作要求，紧紧围绕“保安全、求突破、上台阶、促发展”的战略目标，聚焦主业主责，强化责任担当，深入思考如何以法治思维和创新管理手段，进一步找准定位、提升状态、提高能力，在行业监管目标上求突破，在执法能力提升上下功夫，在队伍建设上谋发展，在执法社会效应上强成效，以更好维护和保障交通运输市场秩序。

【非法客运整治持续加强】 2015年，本市非法客运现象得到有效控制，重点区域聚集现象明显减少。全市查获“五类车”交通违法行为82.8万余起，暂扣“五类车”33万余辆次，行政拘留“五类车”相关违法人员5600余人次。查获“四轮车”非法客运案件7578件（含“克隆车出租车”430辆），同比上升30.27%。公安部门依法对4700余驾驶员实施暂扣驾驶证3—6个月。一是不间断开展集中整治。本市公安和交通执法部门以及各区县紧密协作配合，针对非法客运开展多波次集中专项整治，保持打击高压态势。同时，根据市委、市政府2015年度四季度工作会议上“抓好突出问题导向补好短板”等有关要求，积极开展整治非法客运“百日会战”。二是强化数据运用。本市已建成非法客运证据比对中心，并积极推动各区县对非法客运重点地域开展排摸并积累符合查处条件的音视频资料，上传至非法客运证据比对中心。证据中心已录入视频资料6790条，涉及5415辆涉嫌非法客运车辆，充分发挥基于大数据云技术应用的全市整治非法客运信息管理系统功能，为下阶段开展“多次视频取证”奠定基础。三是加强督查通报力度。进一步加大对全市重点区域实地暗访频次，每2周对整治不力的区域进行通报督导。全年共对121个市级重点区域进行935次实地暗访，印发《暗访通报》22期。同时，委托第三方测评公司开展全市面上暗访和市民民意测评，第三方测评公司发布12期暗访情况报告和2期民意测评报告。四是加强新闻宣传报道力度。结合各类非法客运集中专项整治行动，强化宣传力度。邀请上海电视台、电台记者至执法一线进行现场跟踪报道。全年电视台、电台和平面媒体等各级各类媒体共宣传报道700余次。完成2015年整治非法客运3幅宣传海报和2幅动漫的制作和发放工作，推进“进社区、进枢纽、进车厢、进学校”等“四进”方式扩大宣传面，并在全市240个社区组织开展为期一周的主题宣传日活动。

【加强对本市出租行业执法监管】 市交通执法总队围绕拒载、绕道多收费、计价器舞弊等行业顽症，进一步加强执法监管力度，思考创新执法模式、提升执法效率，努力提升出租行业服务质量，确保本市出租行业秩序平稳、有序。2015年，总队立案查处出租行业违法案件9298件（占案件总数约36%），同比去年案件数量上升19%。对364名出租汽车驾驶员进行停业整顿15天，吊销167名驾驶员准营证。此外，受理各类信访投诉50,967件，处理49,910件，满意率96.90%。同时，进一步加大整治非法客运力度，一是围绕全市121个非法客运整治重点区域，进一步加强与公安等职能部门联动，同步开展“飓风1–12号”专项整治，2015年全市共计查处非法客运“四轮机动车”7148辆；二是针对“克隆出租车”开展“猎隼1–12号”专项整治，2015年共查获“克隆出租车”430辆。

【推进省际客运行业暗查暗访工作】 结合行业反映强烈，被反复投诉、集中投诉的省际客运线路实际，全年已实现总队所有直属支队全覆盖，累计暗查暗访班线31条，乘坐班次50次，班线涉及江苏、浙江、安徽、江西、山东五省。根据暗查暗访音视频资料，累计查处站外上下客等违法案件 22 件。通过暗查暗访，进一步加大对行业从业人员威慑力，营造“不敢为”的执法压力。

【开展危险化学品道路运输联合执法检查和宣传活动】 根据交通运输部《道路运输车辆动态监督管理办法》及《上海市危险化学品安全管理办法》相关规定，以及上海市交通委、安全监管局、公安局、质量技术监督局四部门联合发布的《关于进一步加强本市危险化学品道路运输安全管理工作的实施意见》和《关于进一步加强本市危险化学品道路运输管理有关工作的通告》要求，市交通执法总队联合本市公安、安监、质量技术监督等部门，开展危险化学品道路运输联合执法检查和宣传活动，全年查处外省市危运车辆未接入平台案件 176 件。

【做好“黄标车”相关执法工作】 根据本市《大气污染防治条例》相关规定，按照市交通委具体工作部署，市交通执法总队积极配合公安、环保部门实施“黄标车”专项整治。自 10 月 1 日条例实施起，公安、环保、交通三部门按照“公安拦车、环保核查、公安罚个人交通罚企业”的流程和分工，对进入上海的老旧车辆进行检查。2015 年总队查处涉嫌使用高污染车辆从事运输经营违法案件 16 件，并配合做好全市 50 个高污染车辆检查点特保人员培训。

【推进 2015 年度公交行业“规范服务示范线”创建工作】 围绕“公交优先”战略，参照上海市公交行业示范线标准，结合地面公交行业的特点，和市民需求，深入开展规范服务示范线的创建工作。2015 年共计 147 条公交“规范服务示范线”线路受命名。同时，对涉及到上海市行政区域内的享受市财政补贴的公交营运线路开展了多方位、多层次、全覆盖的现场监督检查。2015 年共计查处公交行业违法案件 1389 件。

【加大停车行业监管力度】 2015 年，市交通执法总队对市管停车场进行全覆盖检查，全年对黄浦、静安、杨浦、闸北、虹口、普陀、长宁、徐汇、浦东等九个区的停车场（库）进行抽查，并会同嘉定区交通执法大队、工商、税务、路政、派出所、交警等多部门，对江桥地区的无证经营停车场（库）开展专项整治行动，取缔无证经营停车场 3 户。同时，总队与市路政局停车处主动对接，就停车行业管理信息和执法信息共享达成共识，会同市运输管理处、市停车协会、市中心区交通主管部门、区（县）运输管理管署（所）对全市 16 个区的道路停车协管单位进行年度综合考评。2015 年共计查处停车行业违法案件 208 件。

【聚焦大数据管理应用，加强对重点行业执法力度】 总队印发《上海市交通执法总队关于进一步运用行业信息数据加强行业监管的实施意见》，重点关注本市交通行业经营市场动态，关乎社会民生、潜在隐患较大的行业顽疾，以及涉及交通行业营运环境的社会舆情等各类数据信息，2015 年累计印发《行业数据应用解析》12 期。通过对行业数据进行有效分析和提炼，充分发挥行业数据“风向标”作用。如：如总队根据委信息中心关于省际客运平台提供的疑似屏蔽预警数据，倒查企业是否存在违反交通部 5 号令相关条款的违法违规行为，数据在锁定证据的过程中起到了巨大的作用。

【加大对企业源头监管力度，实施吊证停业处罚】 针对违法率居高不下、内部管理混乱、存在严重安全隐患的企业，按照“整改一批、停业一批、吊证一批、注销一批”（以下简称“四个一批”）总体监管要求，坚决吊销其经营资格。2015年1月，总队完成上海职工休养度假服务有限公司吊销道路运输证案件。在此基础上，全年对三湘大厦、宝通、百通、九日等12家月违法率超过4%的出租企业部分车辆实施停业整顿的处罚，有效维护客运市场秩序，提升交通执法权威。

【推进与工商、公安、旅游、安监、质监、文化等部门案件联动机制】 市交通委、市旅游局、市文化执法总队经过前期反复沟通磋商，联合印发《关于加强交通、旅游、文化执法部门联合打击旅游客运相关违法行为的实施意见》（沪交办【2015】262号），进一步推动执法工作由联勤联动为主向案件联动并重转变。目前旅游包车联合执法机制已进入实质运用阶段，2015年总队会同市旅游局、市文化执法总队已开展旅游客运联合执法12次（其中：集中整治行动2次，上户检查10次），上户检查旅游客运相关企业32家、路检旅游包车92辆次，查处相关违法案件11件。同时，交通与工商、质监部门的联合执法机制相关文件已进入发文流程。

【推进与属地管理部门“出租乘车提示”源头联动预防机制】 自2011年以来，先后在全市百余家高星级酒店和两场两站推行出租车“乘车提示”工作，大大降低出租行业各类投诉案件发生，在此基础上，2015年8月，市交通执法总队会同陆家嘴综管办在小陆家嘴区域建立完成“16+3+1”的乘车提示系统，为从源头上遏制出租车绕道多收费等违法行为，方便市民出行。同时，总队结合微枢纽建设计划，于12月会同机场股份有限公司场区管理部，在浦东机场T1、T2航站楼国际国内旅客到达行李提取转盘处安装了34块出租车“乘车提示屏”（T1航站楼14块，T2航站楼20块），在全国机场尚属首创，完成对浦东机场航站楼内出租车乘车提示系统，进一步扩大成果。

【做好企业违法率排序工作】 在目前对公交、出租、省际客运、危险品四大行业实施每月违法率排序公布基础上，2015年进一步将排序公布范围扩大至驾培行业，并优化和调整排名机制，率先对省际客运行业根据企业规模大小予以分类排名，全年发布重点行业企业违法率排序公告12期。同时，加大排序社会公示宣传力度，通过市旅游局将省际客运行业企业违法率排序情况主动告知各旅行社等用车单位。对面上突出违法率排序情况进行综合分析，建立前10名约谈制度。2015年组织集中约谈9次，约谈企业182家。

【推进“百件精品案件”评选活动，提高重大案件比例】 在2014年基础上进一步扩大评选范围至各区县大队，促进案件质量市、区两级同步提高，并将评选模式由以往的面上海选为主转变为以选取重点行业的重点违法行为为主。2015年总队各支队制作申报精品案件1,200件（其中，区县大队申报精品案件277件，原路政总队5件），绝大部分均是各行业重大案件。2015年全市重大案件为15635件，重大案件比重61%，同比上升31.2%。

【本市召开2015年整治非法客运工作动员大会】 2月4日，本市召开2015年整治非法客运工作动员大会，进一步推进本市整治非法客运工作。副市长、市公安局局长白少康出席会议，进一步明确2015年整治非法客运重点工作：一是继续保持集中专项整治高压态势；二是深入推进属地化管理工作落地；三是充分运用“大数据”，建立信息对接机制；四是完善源头防控机制；五是完善部门间联动执法机制；六是加强督查通报力度；七是保障服务供应，进一步满足市民出行需求；八是大力推进宣传力度。会议由陈靖副秘书长主持。会上，市联席办、市交通委主任孙建平部署2015年整治非法客运工作要点，市联席办副主任、市公安局副局长俞烈通报2014年整治非法客运年度考核优秀单位情况，市联席办、市交通委副主任杨小溪总结2014年整治非法客运工作情况。

【组织开展整治非法客运“百日会战”】 根据市委、市政府2015年度四季度工作会议上“抓好突出问题导向补好短板”等有关要求，自2015年11月1日起至2016年2月8日（春节）期间，总队组织开展为期100天的全市范围整治非法客运“百日会战”。期间，公安部门查获“五类车”各类交通违法案件92,925件，暂扣车辆58,483辆，交通执法部门共查处”四轮机动车“非法客运1,949辆(其中第一月查获677辆，第二月查获628辆，最后一阶段查获644辆），公安部门暂扣驾证1,020余起。

【加强对专车非法客运及网络平台查处力度】 按照现行法规，非营业性车辆一律不得违法从事营运，专车同样适用，2015年，总队进一步加大对专车非法客运查处了IDU，立案查处网络专车非法客运案件1,250件。在此基础上，总队深挖案件源头，对网络约租车平台相关违法行为进行查处，通过日常调查、上户检查、集中约谈等多种手段，相继对“嘀嘀”、Uber和“易到”等网络平台为不具备营运资格的驾驶员或车辆提供召车服务信息的违法行为进行连调查并作出行政处罚决定。

【建立整治非法客运证据比对中心推广视频取证工作】 完成“整治非法客运证据比对中心”系统建设，组织各区县开展专题培训，并将推进非法客运整治重点区域排摸工作纳入2015年重点工作考核，要求各区县发动街镇属地力量，对非法客运重点地域开展排摸并积累符合查处条件的音视频资料上传至证据比对中心。2015年共计上传视频资料6,790条，涉及5,400余辆涉嫌非法客运车辆，充分发挥基于大数据云技术应用的全市整治非法客运信息管理系统功能。

【市交通委联手市经信委将非法客运违法信息纳入“上海市公共信用信息服务平台”】 通过前期反复沟通，2015年3月初，市交通执法总队首次将本市2014年8月1日以来2000余条非法客运违法信息，上传至上海市公共信用信息服务平台。该平台是个人和法人诚信的官方平台，已形成来源于市法人库、市人口库或直接向平台归集的覆盖全市户籍及居住证持有人口、法人等信息主体的登记类、资质类、监管类、判决类、执行类、违约类公共信用信息资源，提供本市行政区域内法人及自然人公共信用信息查询服务。这一信息对接意味着非法客运违法当事人的居住证积分管理、贷款、就业、出国以及享受公共服务方面均会受到负面影响。2015年，总队累计上传非法客运违法信息6735条。

（四）市内交通

【概况】 2015年，上海市域公共交通客运总量66.41亿人次，比上年增长0.9%。其中，公共汽（电）车年客运量25.48亿人次，占全市公共交通客运总量的38.4%；轨道交通年客运量30.68亿人次，占全市公共交通客运总量的46.2%；出租车年客运量9.72亿人次，占全市公共交通客运总量的14.6%。城市轮渡5322万人次，占全市公共交通客运总量的0.8%。有地面公交运营企业33家，运营线路1429条，运营路线总长度24027公里，运营车辆16531辆。年内新辟公交线路68条、撤销16条、延伸和调整196条。公交专用道累计312.4公里。综合客运交通枢组累计 84 个。更新投运公交车 1694 辆，国Ⅲ及以上排放标准和环保车辆占全市公交车总数的 100%。有轨道交通线 15 条（含磁浮线），运营线路总长度 617.5 公里（含磁浮线）；轨道交通车站 366 座，其中换乘枢纽站 54 座（二线换乘 39 座、三线换乘 13 座、四线换乘 2 座）；运营车辆 643 列 3797 节，全年运营总里程 7573.8 万列公里。有出租汽车企业 125 家，个体经营者 2988 户，营运车辆 49586 辆，其中顶灯车 48840 辆。有公共停车场(库)2395 处，停车泊位 48.12 万个。

【全市公路行业完成全国干线公路养护管理检查】 2015 年经过全行业共同努力，顺利完成了迎国检的各项工作。重点包括：一是大力推进路况整治。按照交通部检查要求，在各方的努力下，高速公路完成约 400 公里，市管公路完成约 203 公里的路面整治工作，确保高速公路、市管公路以良好的路况质量迎检。各高速公路项目公司通过实施中修工程、专项整治工程和专项小修工程，加强日常养护措施，全路网投入数亿元资金，有效地消除了路面病害，提高了路面平整度，改善了路面行驶质量；高速公路附属设施也进行了全面整治，G60 枫泾服务区等已通过全国优秀示范服务区审查；积极推进“畅安舒美”示范路创建。全面完成了 G318 沪青平、S128 陈海公路示范工程施工工作，做到路面平整无坑塘、桥梁安全无隐患、设施齐全无遮挡、环境整洁无垃圾、绿化美观无露土、资料完善无缺漏。二是规范管理内业资料。根据“国检”管理规范化要求，市路政局整理制定了受检文件目录及相应的受检说明；分别面向高速公路项目公司、区县公路管理机构、市管公路养护公司制定备检工作要求，在全行业组织开展了全方位的分类指导工作，发现问题及时调整完善。并对 2015 年国检评分细进行培训和宣贯，内容涵盖了综合评价、养护管理、技术保障、路网服务与应急等内容，及时传达交通部对“十二五”全国干线公路养护规范化检查的部署和要求，全面宣讲了管理规范化检查的检查内容、评分标准和评分细则，共同梳理了迎检内业各项工作的相关内容。

【进一步加大公交专用道建设体现公交优先战略】 2015 年年内共建设 32 条 140 公里，合计里程达 312 公里，实现了“十二五”末建成 300 公里公交专用道的目标，形成了浦西“四横两纵 + 七射”、浦东“沿江带 + 四横三纵”的专用道布局形态。公交专用道对公交线路总长度的覆盖率为 11.6%；对高峰客流量在 2000 人次 / 小时以上的客流走廊的覆盖率为 37%。2015 年下半年启动专用道建设后评估研究，评估结果显示，在已建成的公交专用道中，公交断面客流在 2000 人次 / 小时以上的路段数占 47%，断面客流不足 1000 人次 / 小时的路段数占 33%。专用道高峰平均行程车速为 13.5 公里 / 小时。既有公交专用道对客流的提升效果明显，新增公交专用道的客流效益正在逐步显现。针对公交专用道规划不成网、设置不连续、使用不专用、认识不统一等问题，也在加紧协调相关部门解决。

【推进公交线网优化】 2015 年本市进一步实施公交线网优化调整，全年共优化调整公交线路 278 条，其中调整 194 条，撤消 16 条，新辟 68 条，包括新辟“最后一公里”线路 25 条，全市“最后一公里”线路已达 187 条，渐成网络。

【新途安出租车上路营运】 2 月 13 日，“大众”和“海博”出租汽车公司的首批新途安出租车正式投入运营，拉开了本市出租车主打车型更新换代的序幕。此次推出的新途安 1.6 排量出租车与“世博”出租车相比，具有动力性强、排放降低、操作灵活、乘坐舒适的特点，尤其后座是针对出租车需求特别开发的整体式后座椅，比常规车后座后移100mm，增大了后座空间，且后座靠背角度由20° 调整为25° ，提高了乘坐舒适性。新途安出租车还配备了全新开发的隔物帘，分隔行李舱和乘客舱，紧急刹车情况下，能有效阻挡堆积过高的行李前冲，保护后排乘客安全。此外，全车采用灰色内饰，车门内饰、地毯、行李箱地毯等采用PVC材料，方便清洗。新途安出租车配置了白色座套，大众出租还提供WiFi上网服务、推出“支付宝”蓝牙支付车费的功能。

【轨道交通行业监管工作持续推进】 规范组织新线试运营评审。完成11号线迪士尼段、12号线西段、13号线二期线路试运营评审。对接道路运输部门落实站点配套与公交线网优化调整，确保40公里线路开通准备按计划有序推进。持续推进线路运营安全评价。完成7、9、11号线线路安全评价，推进隐患治理工作。积极指导评价机构凸出重大风险源辨识和风险防范，提出有针对性的改进措施，确保安全评价的工作质量。完善安全应急管理与演练。组织修订《上海市处置轨道交通运营突发事件应急预案》。完成轨道交通应急处置市级综合演练，进一步提升轨道交通运营突发事件应急联动能力。针对“3.10”、“7.28”事件，全力组织社会面支援响应，加强分析评估，改进完善保障措施。积极推进安全管理标准化建设。完成安全标准化一级企业达标考核，持续深入开展安全隐患治理大检查，开展联查联整，督促轨道企业筑牢安全底线。强化轨道交通安全保护区管理。完成轨道交通安全保护区行政许可的流程调整，实现审批归口管理；落实日常巡视职责；对违规情况严肃查处，未出现结构重大安全隐患事故。在委设施处、路政局支持下推进属地化管理，结合桥下空间专项整治行动对堆土、违章搭建等突出问题推进属地政府开展整改。

【轨道交通运营服务水平持续提升】 坚持问题导向促进服务改进。修订颁布《上海市轨道交通服务规范》，进一步提高行业服务标准。实现每季度轨道交通乘客满意度测评结果向社会公开。做好提案的办理工作，依法依规保障乘客和企业的合法权益。坚持需求导向增强能力供应。先后15次增能，超额实现8.21%的增能目标（计划6%），使一大批线路高峰运力紧张局面得以缓解。发挥重大活动运输保障的骨干作用。今年在委指挥中心的统一指挥下，先后在春运、赛事、节日等重要节点通过增能和延时等措施实现快速、大容量疏运客流的目标，综合交通管理整体优势充分显现。

【积极推进“公交都市”创建】 围绕“公交都市”总体部署和年度创建目标，积极推进创建工作。一是深化行业改革。落实巴士集团理事会制度，推进巴士集团深化改革工作和绩效跟踪评估，开展巴士集团公交运营服务质量第三方考核。推进金山区、崇明县公交企业股权划转工作。推进社会公交兼并重组。二是优化调整线网。编制实施《2015年—2016年公交线路新辟及调整计划》，已优化调整线路233条，其中新辟51条（含“最后一公里”线路25条）、调整170条、撤销12条。完善松江九亭、奉贤海湾大学城等地区公交配套，新辟虹桥枢纽10路区间、海沈线等线路。配合延安路隧道大修工程，同步调整相关行使线路13条。按照“一路一线、区域成网、方便换乘”原则，编制杨浦示范区线路调整计划及北横通道路中式公交专用道公交线路优化调整方案。三是推进先行先试。在普陀桃浦地区试点开通便民巴士；在崇明长兴岛至横沙岛试点开行公交线路；对48路、56路区间、108路区间、930路、1049路等20条路阻影响小、班次准点率高的线路试点实施时刻表挂牌服务。四是促进城乡一体化发展。结合2015年度公交专用道建设，组织市区两级梳理并编制相关线路调整计划。开展本市城乡道路客运一体化发展水平评价，重点督促区县交通管理部门在道路桥梁具备公交通行条件下进一步完善郊区公交出行。五是开展重点研究。修订《上海市公共汽车和电车客运服务规范》，并纳入公交企业服务质量考评。研究制定《上海市商场客运班线安全管理办法》、《上海市公共汽（电）车客运线路优化导则》。牵头江苏省、广东省交通运输厅以及交通运输部公路院起草《综合客运枢纽服务功能评估考核办法》。

【全面推进“十三五”期间新建216公里轨道交通项目】 上海轨道交通11号线北段工程（罗山路—迪士尼站）的线路走向为轨道交通11号线北段工程罗山路站（不含）-A3公路的东侧-秀浦路-迪士尼。起点为罗山路站（不含），终点迪士尼站。其中罗山路-康新公路站段于2015年12月开通运营。本工程建成通车后，统一纳入11号线全线运营组织。2015年11月18～20日，上海轨道交通12号线西段工程(七莘路站(含)～曲阜路站(不含))顺利通过试运营条件专家评审。2015年12月19日(周六)首班车起，12号线西段工程实现通车试运营，新增运营里程20.95公里。13号线长寿路～世博大道区段于2015年12月19日首班车起载客试运营。13号线是上海城市轨道交通网络中重要的骨干线路之一，此次开通试运营的区段为长寿路站（既有车站）～世博大道站，共9座新建车站。2015年12月2日，上海轨道交通八号线三期工程汇臻路站按计划全面开工标志着8号线三期正式开工。2015年11月1日，上海轨道交通13号线学林路站开始了第一幅地下连续墙施工，标志着13号线三期工程建设正式启动。

【本市“2015年上海市轨道交通突发事件应急处置综合演练”圆满完成】 11月12日13时，本市在轨道交通13号线世博大道站（暂未开通）举行了“2015年上海市轨道交通突发事件应急处置联合演练”。本次演练由市交通委、市应急办、市应急联动中心、市应急救援总队、浦东新区政府、申通地铁集团主办。相关委、办、局及各单位等有关负责人、专家及媒体记者等共约60人应邀参加了观摩。此次演练模拟晚高峰上海轨道交通13号线马当路至世博大道站区段突发触网供电故障，一列列车在区间内迫停，部分乘客受伤。上海地铁进行先期处置，同时向市各相关部门报告。市交通委指挥中心按照相关应急预案向各相关单位进行预警信息发布，市应急联动中心组织公安、消防、医疗等赶赴事故现场进行应急响应，防止事态进一步扩大，最大限度减少乘客的人身伤害，降低运营影响。本次演练本市各部门、单位及社会志愿者共计约400人参与，最终取得预期效果。

【轨道16号线再度增能，停车设施同步启用】 自8月31日起上海轨道交通16号线再次增能。早高峰时段，惠南东往龙阳路方向列车运行间隔由以前的5分钟缩短为4分钟左右，运力增加25%，从当日情况来看，沿线重点车站限流排队现象基本消除。同时，在浦东新区建交委与航头镇支持下，鹤沙航城站新辟的1800平方米非机动车停车场也于9月1日起投入使用，方便骑车的乘客换乘轨道交通。后续，申通集团还将改造站外候车设施，优化乘客进站通行路线，积极应对客流增长。

【本市公交、出租行业积极参加“行车不抛物，文明伴路途”专项整治行动】 为推动上海市民文明素养的提升，根据市文明办“除陋习、有素养、行文明”宣传教育实践整治活动工作要求，市运输管理处近期在本市公交、出租汽车行业开展“行车不抛物，文明伴路行”专项行动，整治“车窗抛物”等不文明行为。公交行业：5月26日，公交行业从业人员组成文明行车志愿者队伍，参加了市文明办在南京东路世纪广场举行的“行车不抛物，文明伴路途”专项整治行动启动仪式。仪式上，公交行业志愿者队伍精神饱满，一致表示要信守志愿者承诺，以身作则，自觉做到“行车不抛物”，同时还将对乘客随手抛物等不文明行为进行提醒与劝阻，营造文明行车的良好氛围。下一步，公交行业文明行车志愿者将继续开展“穿越上海”—寻找车抛垃圾不文明行为活动、终点站监督检查、公交车辆张贴宣传标志等行动，充分发挥志愿者的示范、宣传和引领作用，共同推进行业文明建设再上新台阶。

出租汽车行业：市运输管理处要求各出租汽车企业通过板报、宣传栏、GPS报文等形式广泛宣传，营造争当文明驾车人的良好氛围，并利用每月例行的驾驶员安全教育培训，特别是针对“车窗抛物”等不文明行为教育，要求出租汽车驾驶员做到：行车途中不随意吐痰、不乱抛杂物，对“车窗抛物”乘客进行提醒和劝导。同时，进一步抓好车辆车容车貌，有条件的出租车可随车摆放可降解垃圾袋，供乘客免费取用。为进一步落实活动要求，还将安排强生、大众、海博、锦江、银建等行业骨干企业劳模与高星级驾驶员队伍中，选拔一支由100多辆出租车及260多名驾驶员组成的“文明志愿者”队伍，通过在其出租车上安装行车记录仪，随时监拍路上车辆与乘客乱扔垃圾的不文明行为，按要求提供给市文明办和有关媒体。通过社会多方联动，将不文明现象予以曝光，发挥震慑和警示作用。

【公交行业开展夏令“创建公交都市与文明行业，改善乘车环境”检查活动】以创建国家公交都市与上海市文明行业为目标，提升公交窗口服务环境形象，提高公交行业服务能力和市民满意度，营造干净整洁、安全保障、规范有序的良好乘车环境，确保今夏本市公交空调车正常运营，制冷通风性能、安全设施、服务设施完好。根据《上海市公共汽车和电车客运管理条例》及《上海市公共汽车和电车客运服务规范》等相关规定，市运输管理处、市交通执法总队联合开展“创建公交都市与文明行业、改善乘车环境”检查活动。本次活动以枢纽站、终点站检查为主，主要检查企业运能保障、票价执行、服务设施、安全设施、车容站貌等现场运营有关的内容。6月1日至6月30日，要求各企业对本单位现有营运车辆开展自查自纠，确保每个安全生产运营环节措施均落实到位，并在6月底前将自查自纠情况报市运输管理处公交部。涉及区属线路管理范围的各营运企业还需向各区县运管署（所）上报自查自纠情况。7月1日至8月31日，市运输管理处将会同市交通执法总队进行现场检查，检查覆盖所有一级辖属公交线路，并按10%比例抽查营运车辆。区属线路车辆由各区（县）运管署（所）负责检查，并于2015年9月5日前将检查结果报市运输管理处公交部。检查活动结束后，行业管理部门将对检查情况和结果进行通报。凡抽检结果不符合《上海市公共汽车和电车客运管理条例》、《上海市公共汽车和电车客运服务规范》等相关规定的，以及未按“检查内容”中各项要求落实工作的，将由市交通执法总队依法处理，同时还将纳入线路经营权考核、企业诚信考核、综合评价考核。对在规定限期内未完成整改的企业，将予以行业通报，同时纳入重点企业监管名单，根据市交通委关于重点监管名单制度的规定，加大监管力度。

【上海浦东新区南汇公交公司新辟1108、1109路】上海浦东新区南汇公交公司新辟1108路、1109路，配套轨交方便市民出行1108路于7月14日起开通，起讫站为新场地铁站，采用环线营运模式，首末班车时间为6：10—22:25，该线为南汇公交公司首条全部由女性担任驾驶运营的“巾帼线路”；1109路于7月15日起开通，起讫站为鹤沙航城地铁站和鹤韵路鹤雷路，首末班车时间分别为6:15—23:00、5:50—22:30。两条新线的开辟，将为新场地区、鹤沙航大居居民的日常出行及换乘轨道交通提供便捷。

【沪最大纯电动公交车停车场启用 首批64辆纯电动公交车投入运营】2014年4月，本市引入首批纯电动公交车，其零排放、噪声小、乘坐舒适程度高的特点，赢得了各方认可。然而，由于与之配套的保养停车场缺乏，拖住了进一步推广的脚步。9月10日，上海规模最大的纯电动公交车停车保养场——浦东公交金高路停车场竣工启用，引进的首批64辆纯电动公交车也正式投入浦东22路、130路、453路、815路、791路和987路6条线路运营。据浦东公交公司相关负责人介绍，金高路停车场占地面积22700平方米，总投资6900万元，建有73个“1桩2充和1桩4充型”充电桩，共配125个充电挂枪机，设备用电容量8750千瓦，可满足250辆纯电动公交车的充电需求。同时，配建有先进充电桩监控系统及完善的消防设施，以及两座2层公交维修保养车间，可满足公司包括纯电动公交车在内的所有车辆的安防、消防、维保等要求，是目前浦东公交规模最大的以纯电动车为主的集充电、停放、维修等功能为一体的营运服务保障中心。据计划，浦东公交今年将引进纯电动公交车260辆，其中金高公司将投运150辆，首批64辆纯电动车先行投入到浦东22路、130路、453路、815路、791路和987路等6条公交线路上运营，其中，130路和453路全线配置纯电动车，后续86辆也将在年内逐步投放，服务范围包括浦东新区陆家嘴、杨浦区五角场等主要商业圈，张江、高行等浦东东北部主要街镇，以及浦东新区其他重点发展区域。预计到年底，浦东公交各类节能型和新能源车将达到898辆，占营运车辆总数的23%。本市环保新三年计划明确公交行业要进一步推广新能源车，下一步将加快充电桩等配套设施建设。目前，浦东大道（原上川路）、曹路、临港和迪斯尼区域等停车场充电桩建设项目已在设计规划之中。其中，浦东大道（原上川路）停车场充电桩建设项目即将启动。

（五）公路运输

【概况】2015年，上海公路货运量4.06亿吨，比上年下降5.2%；货运周转量289.6亿吨公里，比上年下降3.7%。公路集装箱运输量1652.7万标准箱，比上年下降3.1%，约占全市港口吞吐量的45.2%。公路旅客发送量3766万人次，比上年增长0.3%。至年底，全市有经营道路货物运输的企业3.4万家，营运车辆21.2万辆，车辆总吨位228.2万吨。从事长途客运班车、包车和客运站经营的企业169家，营运车辆10012辆，其中省际班车2072辆、省际包车7940辆，中高档车占93.4%。从事集装箱运输的企业2913家，集装箱运输车辆3.29万辆。全市有长途客运站33个，运营省际客运班线3423条。

【加强高污染车辆治理】全年共淘汰黄标车和老旧车辆XX万辆。一是扩大限行范围。10月1日起，全天禁止无国家绿色环保检验合格标志机动车辆在全市辖区内所有道路行驶。11月1日起，调减中环以内国III柴油货运机动车通行时间，从原先上午7时至20时限行，调整为上午6时至次日凌晨1时。二是配合本市整治非法客运“百日会战”，开展高污染车辆限行专项整治。在全市进沪道口、外环道口和中环道口中，每日选取50个点，由公安交管、环保、交通行政部门组成联合执法队伍，开展现场执法检查，检查“黄标车”全市限行、国III柴油货车中环限行、国I汽油车外环限行等实施情况，重点查处柴油客货车冒黑烟、外省市籍高污染车辆违规进沪行驶、运营“黄标车”等违法违规行为。同时利用“电子警察”开展24小时执法检查。截至2015年底，已累计查处XX余起。三是实施业务联动管理。在“黄标车”所有人未淘汰“黄标车”之前，暂停办理机动车注册登记、转移登记和道路经营许可等业务。四是实施“黄标车”退出机制。由本市环保部门认定“黄标车”是达到国家强制报废标准的车辆，依据相关法律法规要求，对本市仍在册的“黄标车”经由交通、环保、公安网站予以公布，“黄标车”车主在规定期限内自行办理报废手续。如逾期不办理的，由本市公安交管部门依法公告“黄标车”机动车登记证书、号牌和行驶证作废。五是进一步加强本市在用机动车环保治理。对未经机动车排气污染定期检测，或者经检测不合格的车辆，不予核发安全检验合格标志，不得上路行驶。对在本市注册的国II标准及以下汽油车、国III标准及以下柴油车等高污染车辆限制异地年检。

【加强黄标车及老旧车辆动态管控】 针对本市尚无能够全面反映黄标车及老旧车辆数据库，以及本市机动车基础信息、环保标志信息分属不同部门且未实现互通共享等情况，市交通委年内启动上海市黄标车及老旧车辆数据应用系统项目建设。经试运行测试及项目验收，该系统年底正式投入使用，整体运行平稳。本市黄标车及老旧车辆数据应用系统，整合接入市公安车管部门机动车基础数据（含本市保有机动车及注销转出机动车）和市环保部门机动车环保标志数据，形成全市统一的黄标车及老旧车辆数据库，并基于基础数据库开发相关应用软件，实现数据交换、综合查询、统计报表、系统管理等功能，可满足相关部门日常工作需要。依托该数据库，一是对本市黄标车及老旧车实施动态管理，对后续淘汰工作提供决策支持。二是全面掌握本市机动车基础信息，为城市交通管理及环保治理提供数据支撑。三是预留长三角区域机动车相关系统接口，已汇总导入长三角区域部分地区黄标车数据，并将根据各地相应系统开发建设情况，实现功能对接，探索长三角区域高污染车辆信息共享和联动治理，为推动联防联控奠定基础。

【推进新能源汽车分时租赁业发展研究】 市交通委把发展新能源汽车分时租赁作为促进新能源汽车推广应用、推动汽车共享模式创新发展的重要举措，以及降低私人小客车使用强度、缓解交通拥堵和减少交通污染排放的综合措施，一是研究编制《上海市促进新能源汽车分时租赁业发展的指导意见》，确立“一个平台、两个联盟”（即分时租赁网络信息平台、新能源汽车分时租赁企业联盟、充电设施企业联盟）总体目标，目前已形成报审稿并专报市政府。二是以推进充电设施布局建设为突破口，研究建立市交通委牵头、市政府有关部门密切配合的协同推进机制，加强统筹协调和政策评估，加大示范推广力度。三是加快分时租赁服务网点布局建设。将充分利用高架桥孔、路内停车位等公共资源，率先在具备条件的政府机关、公共机构和国有企事业单位及机场、铁路等交通枢纽以及驻车换乘（P+R）等停车场（库）建设新能源汽车分时租赁服务网点。同时，积极引导鼓励企业创新服务经营模式。截至2015年底，本市已建有分时租赁服务网点 个，主要分布在嘉定区以及中心城区的政府机关、酒店以及高校等区域，投入运行车辆 辆，客户订单累计 余单，并呈逐月快速递增趋势，显现较好发展态势。争取到2016年底，建成

1000个以上的服务网点，提供5000个充电桩，投运3000辆以上用于分时租赁的新能源汽车。

【源头治理推进绿色物流发展】 重点推进：一是推动重点商贸企业发展绿色物流。督促全市重点商贸企业尤其是国有企业，从2016年1月1日起，要求签约的第三方配送货运车须达到国四及以上排放标准，或选用新能源货运车辆。二是加快开展城市共同配送。在资源相对集聚、建设基础较为完善的城市快速消费品、药品和生鲜食品等领域，开展共同配送。在不改变企业现有运营模式和相关资源产权基础上，鼓励有条件的重点物流企业建立合作关系，促进共同化、智能化、规模化、集约化发展。三是提高货运车市区通行证发放标准。适度提高重点城市配送物流企业中心城区货运通行证发放额度，引导城市配送物流企业使用符合环保标准的配送车辆。从2016年1月1日起，货运车市区通行证仅对排放达到国四及以上标准的货运车辆发放。四是加快新能源物流车推广应用。推进以新能源车辆为载体的城市末端配送服务标准化。积极支持物流配送模式创新，鼓励第三方配送企业投放新能源物流车开展业务，进一步加大新能源物流车的投放力度，初期计划发展3000辆。五是营造良好的城市配送物流发展政策环境。落实国家现代服务业综合试点和市服务业发展引导资金等相关政策，重点支持城市共同配送、涉及城市安全的物流配送、先进技术和现代装备应用、城市配送物流服务标准研制和推广等项目建设。充分发挥物流、仓储、交通运输、港口和国际货代等协会的桥梁纽带作用，促进物流行业规范自律。

【修订《道路货物运输冷藏车辆营运技术规范》】 市交通管理部门2015年度开展了对原2007年发布实施的冷藏车技术标准修订工作，于2015年12月9日完成评审结题。此次修订，一是主动对接最新国家标准GB29753《道路运输食品与生物制品冷藏车安全要求及试验方法》的最新有关规定；二是修订完善了与市场现状、行业管理不相适应的相关内容；三是创新提出了多温冷藏车的技术规范要求，并对车辆和设备维护、运输过程控制、从业人员管理提出了更高的要求；四是提出了规范冷藏车降温试验检测的要求，明确建立上海冷藏车营运技术监控平台，加强冷藏车辆运营动态监测等。

【启动道路运输行业安全风险管理试点】 市交通委通过加强行业监督、第三方监管、标准化建设、信息化建设等方式，逐步形成隐患发现机制、风险管控机制和信息共享机制，落实行业安全风险管理，促进行业安全发展。一是加强风险源排查研判，推行分类管理。确定安全风险源以及风险管控的重点和难点，建立安全生产风险源清单。综合评估风险概率、风险范围和严重程度，制定风险源等级划分标准，并依据等级标准将排查出的风险源进行分类，制定针对性的防控和应急处置措施。二是完善第三方监控机制，落实动态监管。结合《道路运输车辆动态监控管理办法》实施，落实车辆卫星定位系统安装以及接入监控平台工作，并不断完善监测平台建设，配套加强针对性监管措施。三是推进安全标准化建设，加强过程控制。深入推进相关行业安全标准化建设，制定安全管理制度和操作规程，排查治理隐患和监控重大危险源，建立预防机制。对安全生产管理力量较为薄弱且规模较小的企业，探索成立安全生产管理服务机构，指导企业建立安全管理体系。四是依托信息化平台建设，提升管理效能。继续完善信息平台功能建设，不断完善安全信息数据库，逐步向管理部门、企业或社会开放相关企业或个人的风险管理等级信息。该项工作2015年4月至2016年

3月率先在省际客运和危险货物运输行业中，选择若干AAA级企业开展试点。随后，将通过总结经验，修正管控方案，逐步向省际客运、危险货物运输行业其他企业及公交行业推广。

（六）交通服务

【概况】汽车维修检测行业：共有业户5287户，完成维修量869万辆次（其中二级维护19.98万辆次，专项修理77.06万辆次）；维修收入127.91亿元。综合性能检测站19户，检测量28.4万辆次（其中维修竣工检测25.37万辆次，等级评定检测17.06万辆次）。机动车驾驶员培训行业：从事驾驶员培训的机构204户，教练车1.84万辆（其中小型客车教练车1.83万辆），教练员2.47万人，参加机动车驾驶员培训人数42.35万人次，培训合格人次33.89万人次。清障施救牵引行业：清障施救牵引业户81户，车辆1023辆，从业人员0.27万人，清障施救牵引车驾驶员1584人，主营业务收入2.28亿元（其中牵引收入1.62亿元，清障施救收入0.28亿元）。

2015年，上海市交通委会员共受理交通类业务110857件，日均447件，办结110129件（含不予许可833件），办结率为99.34%；其中当场办结90754件，占已办结事项的89.86%（较2014年提高5.25个百分点）。受理港口航运类业务1871件，办结1635件，办结率为87.39%；其中当场办结387件，占已办结事项的23.67%（较2014年降低4.99个百分点）；受理地方海事业务740件，办结620件，办结率为83.78%(较2014年降低5.34个百分点)。

【本市开展桥梁桥下空间整治行动】按照市政府《上海市桥梁桥下空间整治行动工作方案》和《关于进一步加强本市桥梁桥下空间管理工作实施意见的通知》，本市开展了为期4个月的桥孔集中整治行动。市路政局会同市拆违办、各区（县）人民政府，对全市范围内的道路、高铁、轨交桥梁桥孔开展了大规模集中整治行动。列入2015年桥孔整治范围内的道路桥梁桥孔共1294.5孔，涉及本市15个中心城区及远郊区县。截止2016年2月底已完成桥孔整治1286.5孔，占计划数的99.38%。浦东、松江、闵行、嘉定等区在开展任务清单桥孔整治的基础上，又增加整治200余孔。至此，全市桥梁桥孔整治工作实际共完成道路桥梁桥孔整治1470余孔，完成率达114%。同时，33处轨道交通桥孔和12处高铁桥孔整治工作，已完成35处，占完成计划数的77.8%。

【稳步开展配建停车场（库）的验收工作】市交通委开展配建机动车停车场（库）的竣工验收工作。2015年市交通委已完成60项配建停车场（库）实地竣工验收工作，另外有20项已受理，10项在受理前的材料审核，现场验收效率比去年均有提高。同时，积极开展配建停车场（库）竣工验收的前期服务工作，包括对上海中心大厦、迪斯尼乐园、世博央企B片区以及芦恒路、宝杨路交通枢纽等项目的配建停车场（库）设置方案给予前期咨询指导，受理前先去停车场（库）现场前期查看，提出相应整改指导意见，节约建设单位的配建验收时间。

【实施公交候车亭座椅改造】“两会”及12319“夏令热线”期间人大代表和市民反映，不锈钢材质公交候车椅在炎热天气下，滚烫无法就坐，且部分座椅平面倾斜度过大，老年人就坐存在安全隐患。针对此问题，市运输管理处组织相关人员进行现场勘查，并会同候车亭制作厂家进行技术论证，予以改造。

针对不锈钢座椅乘坐不适问题，决定试用耐磨性较好的橡胶材料包裹现有不锈钢座椅，并选择在老年乘客较多的长风医院、瑞金医院、华山医院等附近7个站点进行试点改造，获得了乘客的积极反映。针对部分候车亭座椅平面倾斜度过大的问题，市运输管理处对前期制作的1000多只不锈钢倾斜座椅进行了重点排摸，决定按"三年计划"逐步进行"坡改平"改造，改善乘客候车环境。目前已改造完成212个候车座椅"坡改平"改造。

【开展本市公共停车场（库）质量信誉考核】市路政局接手停车管理职能后，于2015年初组织开展2014年本市公共停车场（库）质量信誉考核。全市共有1261家公共停车场（库）参与考核，72家公共停车场（库）评定为AAA等级。2015年第四季度组织开展2015年企业质量信誉考核复核工作。按照局与市停车协会《关于开展2015年停车管理相关活动的通知》中"2015年度上海市公共停车场（库）企业质量信誉考核方案"的要求，81家公共停车场（库）评定为AAA等级。

【组织开展公交沪语报站培训】9月7日，市运输管理处组织开展"本市公交行业沪语报站用语培训"讲座，邀请政协委员、市上海滑稽剧团副团长、国家一级演员钱程先生，为本市公交行业的劳模、服务明星等100多人进行培训。培训中，钱程对上海话的起源、现状、特色进行了阐述，并与在场的服务明星进行互动，一起切磋沪语说法和应用，在"我是沪语报站员"环节，特别挑选了容易错误发音的路名，让大家进行朗读，当场进行纠正，并对公交车上沪语报站的读错部分进行一一指正。自2011年公交785路作为首条沪语报站试点线路以来，上海公交线路已全覆盖地推广了沪语报站，成为了传承和保护上海本地方言的平台。

【本市推动道路停车场电子收费推广工作】市交通委指导黄浦、静安、徐汇3个区停车管理部门规范做好道路停车场电子收费管理工作，督促浦东、长宁、杨浦、普陀、虹口、闸北、闵行等区启动落实道路停车场电子收费管理模式。截止至2015年10月本市共4个区34条道路使用固定式咪表232台（管理871个泊位）。6个区191条道路使用手持POS机共306台（管理4563个泊位）。

【本市启动公共停车场（库）电子收费系统的改造工作】为了贯彻落实市交通委、市地税局联合印发《关于在本市公共停车场（库）全面推行统一技术要求的电子收费系统的通知》，年底前完成300家公共停车场（库）电子收费系统改造工作的目标，市路政局积极推进各区改造任务的落实。已完成1600多个公共停车场（库）静态信息的梳理和300个公共停车场（库）电子收费系统的改造。11月10日"上海停车"APP上线，手机用户通过APP能查询到部份公共停车场（库）的静态和实时动态信息。

【公共交通设施建设】交通基础设施建设方面：重大项目建设加快推进。一是轨道交通。保持高强度和高投入，全年完成固定资产投资303.6亿元，同比增长23.8%，在建项目16个，在建线路长度超过100公里，其中，11号线迪士尼段、12号线西段、13号线二期基本建成投入试运营；15号线、18号线、8号线三期、13号线三期实现新开工，5号线南延伸、9号线东延伸、14号线、10号线二期和17号线建设稳步推进。二是公路和市政道路。全年完成固定资产投资256.7亿元，同比增长7.7%，在已完成的投资中，国省区道公路项目98.2亿元，经济薄弱村和农村危桥改造、乡村道路建设共11.7亿元，"区区对接"计划项目1.9亿元，其中，北横通道稳步推进，沪宜公路、北翟路快速路、虹梅南路—金海路通道高架段、S26公路入城段等项目按期开工。另外，水运、航空、铁路方面，建设推进整体良好。

【深化出租汽车行业改革】 市交通委主动应对新模式新业态，努力在坚持“市场化、公司化、品牌化、规模化”的基础上，逐步发挥市场在资源配置中的决定性作用，并充分运用法律法规、价格杠杆、市场规律等手段，促进行业可持续发展。一是市交通委、市四大出租汽车企业和“滴滴打车”三方共同参与建设“上海出租车信息服务平台”，6月1日正式上线运营。市交通委将管理部门所掌握的行业从业人员和车辆信息、出租汽车企业实时动态营运信息与“滴滴打车”的服务信息结合在同一平台，实现资源共享信息互通。滴滴打车将利用自身技术优势，会同平台建设主体提升服务功能。二是建立高峰时段值班车制度等，采取方便特定时段、特定群体叫车的措施。自4月13日起，由强生、大众、海博、锦江、银建等五大骨干出租公司，在现有营运车辆中安排车辆承担高峰车营运任务，只承接乘客路面扬招、企业叫车电话预约调度和出租汽车营业站接客等业务，不得承接手机打车软件召车等其它预约业务，对缓解老年人等群体“打车难”有一定帮助。（每日高峰车数量在6000辆左右，每日车辆配置依据车辆牌照尾号的阿拉伯数字依次轮流值班的方式执行，高峰车在前挡风玻璃右下角张贴有专用标识）。三是规范企业成本构成和承包费标准，推进出租汽车企业成本公开；鼓励企业和驾驶员通过一定形式依法协商，在企业合理利润水平内确定承包费标准。研究建立出租汽车企业成本调查与核查制度，检查企业成本约束机制执行情况。四是完成上海约租车客运服务管理规定、上海市网络约租车平台经营管理规定和上海市网络约租车试点工作方案制定，在鼓励支持、依法合规、总量控制的原则下，启动试点。

【提升出租汽车行业服务质量】 市交通委围绕深化出租汽车行业改革，进一步强化企业主体责任，发挥市场作用，加强行业监管，提升服务质量。一是严格服务质量考核制度。修订《上海市出租汽车企业服务质量信誉考核指标》，把提高服务质量作为考核重点，将考核结果直接与企业经营权的分配挂钩。继续依托12345、12319等热线，以及媒体曝光、执法检查等形式，坚持每月公布各出租汽车企业市场违法情况，按规模对服务质量情况分别排名，并在行业内通报。二是建立健全行业退出机制。按照有关规定，对服务质量考核靠后、年度经营权考核不合格的企业，责令限期整改，整改期间暂停办理相关业务；对到期仍未达到整改要求的企业，实施核减、注销部分营运车辆额度的惩戒措施。按期收回世博专用额度，并将根据服务质量排名情况，对收回的车辆额度，按照有关程序和规定重新分配。积极研究对新投放的增量额度实行无偿有期限管理。三是依法规范市场经营秩序。加大交通执法力度，依法查处营运违规行为，依法严厉打击出租汽车拒载、挑客、多收费等行业顽症。积极开展服务质量专项整治，对违法率高的企业实施重点监管。进一步加强征信制度建设，督促落实企业自查及互查制度，发挥行业协会作用，研究推动市区联动和属地管理。四是稳步推进行业改革。推进本市出租汽车行业改革贯彻实施意见研究制定，明确改革目标、基本原则，以及包括科学定位发展、完善经营管理模式、促进约租车规范发展、发挥市场机制调节作用、转变行业监管方式等10项具体内容和相关保障措施。鼓励企业探索改革措施，推进“两试点”和“一规范”，即强生出租深化改革试点、海鸥服务社个体户托管试点和规范约租车发展工作，顺应“互联网＋”趋势，处理好传统经营模式与改革创新、拓展新领域的关系，促进行业创新发展、转型升级。

【**大力推进 ETC 发展**】2012 年 8 月长三角五省一市实现 ETC 联网运行，2014 年底实现全国联网。市交通委积极推进 ETC 全国联网运营，制定 ETC 车道服务标准，建立 ETC 全国联网结算协议、规则，优化异地结算，梳理制定本市与交通运输部、本市与兄弟省市以及与本市内公交卡公司等相关单位间的管理机制和流程，完善 ETC 全国联网运管机制；发行建行 ETC 联名信用卡；开展 ETC 移动安装工作；跟踪浦东机场停车场 ETC 车道试点效果，探索 ETC 在停车场（库）运用；推进服务网点布点规划建设及规范运营，进一步提升收费道口服务能力和综合服务质量水平。至 2015 年底，本市所有收费站均已建有 ETC 车道，共计 XX 条，实现所有收费站全覆盖，主线收费站达到二进二出以上；ETC 流量占高速路网客车总流量 32%；发展用户 60 万户，占本市汽车保有量的 20%。

【**本市新增 4 个公共换乘（P+R）停车场（库）**】2015 年在原有 10 家公共换乘停车场（库）3523 泊位的基础上，市路政局会同浦东、闵行、嘉定、宝山等四个区停车管理机构对属地 9 条轨交线路 27 个轨交站点周边的公共停车场进行排摸和梳理。梳理出具备公共换乘功能的停车场 11 个，其中纳入换乘补贴的公共换乘停车场（库）4 个，具备换乘功能的临时停车场 7 个，预计可以提供轨交换乘泊位 1717 个。

【**20 条公交线路试点时刻表挂牌服务**】12 月 28 日起，本市对 20 条公交线路试点时刻表挂牌服务。首批试点的 20 条线路具备了受路阻影响小、线路长度较短、班次准点率高的特点。线路的每个班次途经站点的时间在相对应站点的站牌上进行标注。市民可以在计划出行前，先查阅好线路时刻表，避免长时间在车站等候。试点期间，市运输管理处同时通过网站公布试点线路的时刻表，便于市民查询，广泛征求市民意见，听取市民对挂牌服务监管措施的意见和建议。

【**探索具有上海特点的约租车发展模式**】市交通委积极探索“互联网与交通”融合发展之路，摸索具有上海特点的约租车发展模式。一是规范本市约租车行业发展。9 月 16 日，市交通委向上海奇漾信息技术有限公司（即北京小桔科技有限公司控股公司）发放了第一张《上海市出租汽车经营资格证书》，核准经营范围为约租车网络平台，标志着对约租车行业发展开始实施准入管理。二是探索出租汽车个体户托管新模式。成立出租汽车个体户托管试点海鸥服务社，服务社搭建专用信息平台，开创了“滴滴出行”线上服务与海鸥服务社线下管理紧密结合的全新管理模式。三是推出解决老年人叫车难问题的“滴滴车站”。“滴滴车站”投入运行，借助移动互联网，线上实现定位、呼叫服务，线下提供车载运输服务。首批车站在黄浦区瑞金医院、静安区“中凯城市之光”社区和杨浦区五角场苏宁广场前设立。

【**上海出租汽车信息服务平台投用**】市交通委、本市四大出租汽车企业和“滴滴打车”三方共同搭建“上海出租汽车信息服务平台”，于 6 月 1 日正式上线运营。该平台作为出租汽车行业平台，将管理部门所掌握的行业从业人员和车辆信息、出租汽车企业实时动态营运信息、“滴滴打车”的服务信息实现资源共享、信息互通。在引导互联网企业规范运营的前提下，以问题为导向，初期重点解决三方面问题：一是车辆和驾驶员身份识别。“滴滴打车”将注册驾驶员和车辆信息实时向平台传送，平台及时反馈驾驶员和车辆身份比对结果，“滴滴打车”以此及时剔除“黑车”和“克隆车”；二是实现车辆运营状态识别。承接“滴滴打车”及其他预约业务的车辆，其顶灯实时转换成“电调”，有效削除乘客扬招中存在的误解；三是提高车辆运营安全性。对载有乘客的车辆进行屏蔽，不再发送预约信息，提高车辆运营安全性。平台开通后，乘客可以对出租汽车企业和“滴滴打车”违反预约电调服务规范的行为，特别是没有实现上述三项功能的服务行为进行监督投诉。根据行业发展需要，平台将进一步拓展相关服务功能，一是扩大调度车辆规模。逐步实现全市出租汽车统一调度，有效提高供车率。二是开发约租车身份识别功能。

【第五次综合交通调查成果出炉】 本市第五次综合交通调查从2014年9月开始，经过调查组织实施、数据分析和成果汇总等阶段工作，目前已基本完成。本次综合交通调查由五大类，24个分项调查组成。本次综合交通调查在工作构架上注重市区协作，区县政府首次成为联席会议成员单位；在调查内容上注重兼顾全面与重点，聚焦交通热点问题；在调查技术上注重技术创新，尝试了新方法、新手段；在调查分析上注重多元数据融合，充分挖掘各类信息系统大数据资源和管理部门数据。调查结果显示，本市综合交通发展背景、交通需求和系统运行特征发生了较大变化。主要表现在以下八个方面：一是居民出行需求持续增长，出行特征发生变化；二是出行方式结构发生较大调整，轨道、小客车和电（助）动车分担比重提高；三是轨道交通线网规模不断扩大，在公共交通中主体地位凸显；四是小客车拥有量增长迅猛，居住区夜间停放矛盾日益突出；五是道路交通供需矛盾日益突出，道路交通拥堵状况进一步恶化；六是对外交通总体规模扩大，辐射能力进一步加强；七是生活性货运需求增长迅速，生产性货运逐步外迁；八是交通节能减排成效明显，但后期工作压力依然较大。市交通委结合新一轮总体规划修编、“十三五”综合交通规划编制等契机，将本次综合交通发现的问题纳入规划中予以综合考虑，并在制定未来交通政策和措施中运用好这些调查成果。

【综合交通管理迈出新步伐】 坚持总量调控方针，针对参拍人数大幅增加等新情况，推动系统升级改造，健全额度审查等管理制度，额度拍卖实现平稳有序运行。强化交通需求管理，组织实施延长外牌限行时间等“1+5”综合治堵措施，4个P+R停车场投入运营，全市P+R停车泊位达6609个。推进交通法治建设，发布《关于全面推进本市交通行业法治建设的实施意见》，制定交通行政处罚自由裁量基准。全年共发生行政复议34件、行政诉讼8件，未发生被纠错和败诉情况。推进外省市危险货物运输联网检控，6千辆车纳入统一平台。加强对出租汽车行业顽症治理，完成出租汽车运价调整。加大非法客运整治力度，查获“四轮车”非法客运案件7578件，同比去年上升30.3%。做好国防交通和特资转运工作，交通邮政融合发展进一步深化。

【本市交通卡使用、服务顾客满意度提升】 市质协用户评价中心对2015年度交通卡使用、服务展开的公众满意度调查，总体满意度99.8%。其中，用户对使用公共交通卡乘坐交通工具的方便性满意度为99.8%，同比增加2.4%；对公共交通卡的服务满意度为99.8，同比增长2.6%。截至2015年12月，交通卡发卡量累计已达6051万张，发展ETC用户累计达72.51万户。2015年，加大自营网点建设力度、增设400个邮局线下网点、推广自助式服务、打造手机、手环空中充值线上服务体系等措施，切实为用户提供方便的用卡环境。同时，稳步推进长三角地区互联互通。上海交通卡CUP卡已与长三角16家城市实现城际互联互通。2015年1月至2015年12月，上海交通卡CUP卡在异地交易结算1781.93万笔、1591万元，日均4.88万笔、4.36万元；异地交通卡CUP卡在上海交易结算111.95万笔、266.43万元，日均0.31万笔、0.73万元。上海公共交通卡M1卡（逻辑加密卡）与昆山、无锡、常熟、阜阳、淮南6个城市实现城际互联互通，同时也可在苏州公交和部分杭州出租车上使用。2015年1月至2015年12月，上海交通卡M1卡在异地交易结算257.59万笔、273.25万元，日均0.70万笔/0.75万元；异地交通卡M1卡在上海交易结算407.59万笔、895.94万元，日均1.11万笔、2.45万元。

【试点"互联网+停车"，"上海停车"APP上线测试】 市交通委于11月10日上线发布"上海停车"APP（公开测试版）。该应用程序目前基本全面覆盖本市中心城区的经营性公共停车场（库）和道路停车场，可提供目的地周边一定范围内的停车场（库）地址、出入口位置、行驶路线及路况、经营泊位数、收费价格、服务时间等信息，并可直接导航。同时已有约100家经营性公共停车场（库）和200条道路停车场路段可提供停车泊位实时动态信息。为提高车辆泊位使用信息透明度和周转率，有效缓解停车难矛盾，该委试点推进"互联网+停车"智能停车信息系统建设。本次公开测试将听取公众意见和建设，及时修正相关信息，不断丰富完善"上海停车"APP服务功能。下一步，将按照本市静态交通两级管理体制，以区县政府为责任主体，有序推进所辖区域内经营性公共停车场（库）和道路停车场安装使用电子收费系统工作，并同步将有关停车信息统一接入本市公共停车信息平台，力争2016年底基本实现"上海停车"APP对本市公共停车资源的全覆盖。同时进一步鼓励、支持相关社会企业开发基于"上海停车"APP的停车泊位预约、电子支付、错时停车等增值服务功能，进一步提高本市停车服务信息化管理水平。

【全国机场首创，34块"乘车提示屏"落户浦东机场行李转盘处】 为让广大市民和来沪旅客在浦东机场打车时对行驶里程和车费"心里有数"，2015年12月，市交通执法总队联合上海国际机场股份有限公司航站区管理部，在浦东机场T1、T2航站楼国际国内旅客到达行李提取转盘处安装了34块出租车"乘车提示屏"（T1航站楼14块，T2航站楼20块）。据悉，这在全国机场尚属首创。这批"乘车提示屏"明确标注了浦东机场区域出租车候车地点，上海市区出租车计费标准，以及浦东机场乘坐出租车至虹桥机场等4大交通枢纽、徐家汇等9大商圈、波特曼大酒店等23家宾馆酒店的里程和参考车费。通过"乘车提示屏"相关信息，旅客可以提前知晓浦东机场至市区的出租车预计费用，让旅客乘坐出租车做到心中有数。此外，乘客只要拿出手机，扫一扫"乘车提示屏"下方的二维码，就能获取涵盖浦东机场区域轨道交通、机场巴士、航站楼摆渡车、长途汽车、磁悬浮等多种出行方式的"交通指南"。在有效提升抵达上海的旅客的服务体验的同时，将进一步起到规范管理航站楼内租车柜台的经营活动、打击黄牛拉客现象，对浦东机场的服务质量将会有明显的推动作用。此前，市交通执法总队已在本市部分高星级酒店发放"乘车提示卡"，并在陆家嘴区域、虹桥枢纽区域安装出租车"乘车提示屏"，在广大市民和中外游客中反响良好，此举也曾引起本市各主要媒体的广泛关注。这一宣传方式从源头上提醒广大乘客，特别是让首次来沪的外国或外地乘客能够对大致车资一目了然，让不法"黑车"司机和一些不良出租车驾驶员没有"宰客"之机。

（司月洁）

（七）综合交通规划研究

【概况】2015年，全市常住人口2415.27万，其中常住外省市人口981.62万人。全市注册机动车334.0万辆。中心城出行总量每日3171万人次，公共交通出行方式占31.5%，小客车（含摩托）占20.5%，出租车（含网约车）占7.4%，非机动方式占15.7%，步行占24.8%。公共交通日均客运量1820万乘次，其中公共汽（电）车占38%，轨道交通占46%，出租车占15%。对外旅客年到发量3.5亿人次，同比增长5.6%，其中铁路17496万人次、航空9919万人次、公路7532万人次。

【完成上海市综合交通十三五规划研究】包括1个市级专项规划和《上海市轨道交通中长期发展规划》、《上海市铁路中长期发展规划》、《上海市邮轮发展规划》、《上海市航空中长期发展规划》、《上海市港航十三五规划》、《上海市交通节能减排十三五规划》等6个交通委级专项规划。该规划提出，“十三五”期间，上海要坚持建管并举，管为本、重体系、补短板，推进综合交通体系建设和管理。主要目标是完善和提升“枢纽型、功能性、网络化”的国际大都市一体化交通体系，突出“智慧、低碳、共享”的发展理念。实现枢纽航线通达全球，设施功能齐全完备，网络运行高效易达；提供全面智慧的交通服务，营造低碳的交通环境，提供公平共享的交通资源，满足多元化的交通需求。

【智能交通建设】2015年，全市可供正常使用的可变信息标志设施（包括大型图形、图形文字和文字信息标志）891块，其中主要高速公路348块，城市快速路249块，地面道路294块。全市交通摄像监控设施2595台，主要高速公路设1123台，城市快速路699台，地面道路773台。全市设车辆检测设备57816个，主要高速公路10127个，城市快速路7218个，地面道路40471。全市装有GPS设备的公交线路共计1372条；安装有GPS设备的出租车共计48840辆；安装有GPS设备的载货汽车6462辆，其中危险货物运输车3365辆。

【交通建设与管理重大举措】交通设施建设与运营方面，包括延安东路隧道大修工程、浙江路桥大修工程、中环浦东段通车、轨道交通11、12、13号延伸段载客试运营、嘉闵高架“莘松路——联明路”段全线通车以及浦东最大规模电动公交停车场启用。重大交通政策法规方面，包括发布《关于在G1501上海绕城高速范围内限行黄标车、在S20外环高速范围内限行国1标准汽油车的通告》、《关于调整本市部分高架道路(城市快速路）交通管理措施的通告》、《中华人民共和国船员违法记分办法》、《关于推进机动车驾驶人培训考试制度改革的意见》等文件。

九、港口航运

（一）综述

2015 年，上海港累计完成货物吞吐量 71747.95 万吨，同比下降 5.01%。其中，进港 41908.68 万吨，同比下降 6.17%；出港 29839.27 万吨，同比下降 3.33%；海港码头 64914.3 万吨，同比下降 3.05%；内河码头 6833.64 万吨，同比下降 20.31%。

2015 年，上海港累计完成集装箱吞吐量 3654.68 万 TEU、35858.17 万吨。

2015 年，上海港共接待国际邮轮靠泊 344 艘次，同比增长 26.9%；邮轮旅客吞吐量达到 164.52 万人次，同比增长 33.96%；国际航线客班轮靠泊 99 艘次，同比增长 3.13%；国际航线客班轮旅客吞吐量 1.45 万人次，同比下降 2.92%。

2015 年，黄浦江游览共运营航班 1.73 万班次，接待游客 310.47 万人次，客流同比增长 4.18%。

2015 年，苏州河游览受北横通道施工及码头维修影响，以包船航班为主，共运营航班 238 班次，接待游客 3737 人次，客流同比下降 55.69%。

2015 年，上海城市轮渡完成客运量 5325.1 万人次，日均客运量同比下降 9.62%，完成车运量 53.53 万辆次，日均车运量同比下降 12.28%。

2015 年，三岛轮渡完成客运量 383.24 万人次，日均客运量同比增长 3.35%，完成车运量 81.79 万辆次，日均车运量同比增长 6.02 %。

（二）港口管理

【**概况**】全年上海港货物吞吐量 7.17 亿吨，比上年下降 5.0%，其中海港完成 6.49 亿吨，比上年下降 3.1%。全港外贸货物吞吐量 3.78 亿吨，比上年下降 1.1%，其中外贸出口 1.73 亿吨，比上年增长 0.7%；外贸进口 2.05 亿吨，比上年下降 2.6%。集装箱吞吐量 3653.7 万标准箱，比上年增长 3.5%，继续保持全球第一，其中洋山深水港区集装箱吞吐量 1540.7 万标准箱，比上年增长 1.3%。上海港国际中转集装箱量 252.9 万标准箱，占全港集装箱总吞吐量的 6.9%。上海港集装箱水水中转占比 45.0%。

上海港旅客吞吐量 224.7 万人次，比上年增长 26.2%，其中旅客发送量 113.0 万人次，比上年增长 25.2%。出入上海港的国际豪华邮轮 341 艘次，邮轮旅客吞吐量 164.3 万人次，分别比上年增长 26.8%和 35.2%。吴淞口国际邮轮港码头全年停靠国际邮轮 277 艘次，出入境旅客 152.2 万人次。

2015 年，上海港（外港）港口持有经营许可证码头单位 557 家，其中靠泊装卸 237 家，码头设施设备租赁 114 家，提供码头设施服务 66 家，客运 12 家，船舶服务 308 家，拖轮经营 13 家；特批渣土作业 11 家，其他特批临时许可 9 家；持有岸线许可证 438 张，临时岸线批复 20 张；持有港口公共卫生许可证 76 张。

上海港开放性水域持有《港口危险货物作业附证》的港口企业有 53 家（除洋山港区），涉及 66 个作业点。此外，尚未获得《港口危险货物作业附证》，申请临时从事危险货物港口作业的港口经营人 2 家，涉及 3 个作业点。上述危险货物作业点涉及泊位数 171 个。危险化学品储罐单位 9 家，涉及 10 个作业点，储罐共 185 个，储罐总容量 79.5 万立方米；危险化学品管线 35.43 万米；危险货物（非危化品）单位 3 家，储罐共 58 个，储罐总容量 52 万立方米。港区加油站 8 座；危险货物集装箱堆场 10 个，总面积达 16 万平方米。

【**强化港口环保综合治理进一步强化**】码头中心根据市交通委落实《上海市环境空气质量重度污染应急预案》的要求，成立了应急工作小组，负责组织、指挥和协调易扬尘污染码头港区堆场的应急响应工作，并制定了《上海港码头管理中心中心<上海市环境空气质量重度污染应急预案>实施细则》，加强对易产生扬尘污染的物料码头、港区堆场的监督管理，切实采取有效措施，减少扬尘污染，及时发现问题并落实整改；同时加强空气污染防控治理措施力度，明确了值班室和各站在空气污染防控中的分工职责，并通过中心短信群发平台，建立了向开放性水域有关易产生扬尘污染的物料码头业务主管或负责人发送停止装卸作业短信通知的机制。

【**综合治理推进港航业绿色发展**】市交通委推进落实《上海绿色港口三年行动计划（2015–2017 年）》，围绕节能降耗、大气污染防治等工作重点，采取综合治理措施。港区治理方面，一是印发《上海港国际航行船舶岸基供电试点方案》，出台岸基供电支持政策，在洋山冠东国际集装箱码头及吴淞国际邮轮码头先行开展岸基（港基）供电试点。二是开展港区集装箱卡车环保综合整治，推进港区集装箱牵引车清洁能源替代，港区 LNG 牵引车已达 XX 台。三是制定实施《上海市码头堆场扬尘污染防治工作推进方案》，重点落实硬化、围挡、喷淋、遮盖、密闭等扬尘污染防治技术性措施，启动试点并推进码头区域内扬尘在线监测工作。船舶治理方面，一是研究设立国际航行船舶排放控制区。二是推进内河货运船舶LNG动力试点示范，开工建设LNG内河散货船舶60艘，年底达到135艘应用规模，并同步协调LNG加气设施建设。三是推动内河电动船舶应用，制定检验发证方案，指导开展性能研究与测试。四是推进老旧船舶拆解工作，受理申请内河老旧船拆解XX艘。另外，强化管理和能力建设，严格落实《上海港船舶污染防治办法》，建立国家海事和地方海事、环保、质监等部门联合执法机制，继续加大船舶污染监管力度。依托长三角区域大气污染防治协作机制，牵头编制《长三角区域港口船舶大气污染防治协同推进工作方案》，推进区域联动和信息共享。

【港口货物吞吐量连续第二年负增长】自2014年全港货物吞吐量出现负增长之后，2015年的全港货物吞吐量再次出现负增长，且下滑幅度有所扩大，而在2014年之前，上海港货物吞吐量保持了15年的高速增长。2015年，全年全港共完成货物吞吐量7.17亿吨，同比下降5%，下降速率较上一年度扩大了2.4个百分点，成为上海港连续第二个负增长年。上海港货物吞吐量近年来的走势，基本可以算作中国经济的晴雨表。进入2000年后，全港货物吞吐量步入快速增长期，在2008-2009年虽然有国际金融危机发生，但国内经济通过各种政策刺激安然度过，因此上海港货物吞吐量在2008-2009年收窄了上升幅度后，再度步入短暂的增长期。不过从2013年开始，全港货物吞吐量的上升势头明显得到遏制，并在2014年出现回落，而回落幅度在2015年有所扩大，这一现象基本和中国宏观经济的基本面相吻合。

【沿海内河吞吐量基本呈现扩大下滑速率】全年，沿海港货物吞吐量完成6.49亿吨，同比下降3%，下降速率扩大了1.1个百分点。其中，集团公司完成5.13亿吨，同比下降4.7%，下降速率扩大了4.1个百分点；货主码头完成1.36亿吨，同比增长3.7%，由去年负增长转为正增长。货主码头本年度能够逆势增长，主要得益于国际油价持续走低之后，很大程度上刺激了国内成品油交易市场的积极性，由于上海拥有中石化两大重要炼油厂，因此来往上海港的石油类制品在今年非常活跃。仅货主码头石油类制品货物吞吐量全年就完成了2710.9万吨，同比增长27.73%，这一增长幅度远高于全港各主要货物吞吐量指标。不过受到航道、码头等多方面限制，国际原油运输船并不直接停靠上海港作业，货主码头的内贸石油制品同比增长高达33.46%，而外贸石油制品同比增长幅度为16.1%，显示出本港的石油制品运输以内贸航线为主。除了石油制品以外，货主码头区域的煤炭吞吐量共完成4262.8万吨，同比增长1.3%，金属矿石和钢铁吞吐量则和上一年度基本持平，因此由于货主码头区域作业的主要货种均有不错的业绩，造成全年货物吞吐量的逆势上升。

【2015年上海港集装箱吞吐量稳步上升，再创历史新高】全年全港完成集装箱吞吐量3653.7万标准箱，同比增长3.55%，增速较上一年度收窄了1.41个百分点，年完成额再创历史新高。自2008年金融危机之后，全港集装箱吞吐量始终保持稳中有升的态势。全年，洋山港共完成集装箱吞吐量1540.71万标准箱，同比增长1.35%，增速较上一年度收窄了4.45个百分点。洋山港集装箱吞吐量占全港总额的42.16%，占额较上一年度减小了0.92个百分点。

【国际邮轮旅游继续保持高速增长】2015

年，全港邮轮旅游行业继续保持高速增长，各大邮轮船公司纷纷将旗下大型邮轮投放上海并作为母港运营，皇家量子号等一批国际顶尖豪华邮轮进驻上海，为整个邮轮旅游产业带来活力。全年上海港共靠泊各类国际邮轮 341 艘次，同比增长 26.8%，靠泊的艘次与往年相比增加了 72 艘次，靠泊艘次增长幅度与去年同期相当。上海港全年共完成国际邮轮旅客吞吐量 164.26 万人次，同比增长 35.17%，虽然增幅较上一年度回落了近 30 个百分点，但从增加的绝对值来看，上海港的邮轮产业增长幅度仍远高于全港其他各类生产数据。全年全港母港邮轮靠泊 317 艘次，较 2014 年增加了 77 艘次，母港邮轮艘次增量高于全港邮轮停泊艘次增量，可见上海港邮轮产业进一步偏向母港邮轮运营。母港邮轮旅客吞吐量达 159.53 万人次，同比增长 38.59%。本市邮轮继续以母港邮轮为主要支柱，母港艘次和人次分别占到总量的 92.96% 和 97.12%，这两个比重均较上一年度小幅增长。母港邮轮的持续受捧主要和国人的出游方式有很大关系，相比访问港的形式，母港邮轮这种上海出发、返回上海的模式更受热捧，因此各大邮轮公司继续投入更大、更豪华的邮轮来上海港运营母港航线。

【上海港创建绿色港口主题性项目获 2015 年度交通运输节能减排专项资金支持】根据交通运输部《关于做好 2015 年度交通运输节能减排专项资金申请工作的通知》要求，市交通委积极组织本市交通企业申报。经审核共有两类项目符合预申报要求，分别为绿色港口项目与绿色交通装备项目。其中绿色港口项目由上海国际港务（集团）股份有限公司、上海吴淞口国际邮轮港发展有限公司具体实施，按照项目“自愿申报、择优遴选”的原则，经交通运输部组织专家审核，该项目最终获得交通部节能减排专项资金补助，补贴金额约为 3335.97 万元。

（三）航运管理

【概况】全年，本市内河辖区救助人员 385 人次，救助船舶 163 艘次；发生上报事故 6 起，死亡 3 人，沉船 2 艘，直接经济损失约 1020 万元，安全形势基本稳定、可控。船舶进出港签证量 493735 艘次，货物运输量 14346 万吨，其中危险品船舶 10852 艘次。实施船旗国监督检查 3254 艘次，发现缺陷共计 24545 个。共审查、核发船员证件 812 本；组织、安排船员实际操作考试 70 次，人数 153 名；组织安排内河船舶各类船员培训、考试 59 期，人数 2079 名；共完成船舶审图 43 套；建造检验 69 艘，10940 总吨，营运检验 951 艘，1225.5 万总吨；船用产品检验 100 件（套）。

【航运保险指数研究正式启动】1 月，上海航交所和上海航运保险协会起草了双方合作开展上海航运保险价格指数研发工作的框架协议，启动开展航运保险指数研究。这一工作将有利于研究制定反映航运保险费率等经济指标，为保险客户提供更多的市场信息，及时作出全行业的动态反应；有利于动态反映航运保险价格变化的晴雨表，成为反映我国外贸发展、航运市场景气度的先行指标之一；也将是对我国航运保险业服务品牌的一个创新，提高我国航运保险业的话语权，加快上海国际航运中心和金融中心的建设。

【新华·波罗的海国际航运中心发展指数与《上海国际航运中心建设蓝皮书》在沪发布】7 月 24 日，新华·波罗的海国际航运中心发展指数（2015）和《上海国际航运中心建设蓝皮书（2015）》在上海虹口发布，新加坡、伦敦、香港位列前 10 位。对比 2014 年指数评价情况，2015 年评价结果总体较为稳定，略有微调。其中，雅典入围前10，东京被挤出前10梯队。新加坡、伦敦、香港依旧处于前三甲绝对领先地位。报告指出，2015年以来，在全球经济持续疲软、国际贸易增长乏力的大背景下，中国以大国责任担当为导向，在更广阔的时空提出“一带一路”全球倡议。尤其“21世纪海上丝绸之路”的提出，与国际航运中心全球网络节点发展高度契合。在此背景下，客观、科学、全面、权威评价国际航运中心发展状况，有利于促进全球航运资源合理配置，推进国际航运中心科学发展。随着航运中心发展方式不断转型升级，航运服务逐步成为国际航运中心发展的核心驱动力。航运服务子指数主要通过航运经纪服务、航运工程服务、船舶管理服务、海事法律服务、航运金融服务和船舶维修服务六项指标进行综合测评。评价结果显示，伦敦、新加坡和香港在航运服务能力上具有不可撼动的优势地位，稳居前三名，上海、雅典航运服务发展迅猛，迪拜、纽约等城市排名有所下滑。新华社副社长于绍良、波罗的海交易所总裁潘杰良表示：由新华社上海分社、中国金融信息中心编著的《上海国际航运中心建设蓝皮书(2015)》也指出，“一带一路”、长江经济带、自贸区、海运强国战略，为上海国际航运中心建设带来了新的机遇，同时也提出了新的要求。用好国家战略、融入国家战略、服务国家战略，无论当下还是未来，都是上海国际航运中心的主要工作。比如，在对接“一带一路”战略方面，上海国际航运中心冲在全国前列。上海国际港务集团今年3月成功中标以色列海法新港25年的码头经营权，未来将持续加大与海丝沿线主要节点港口的合作力度，推动沿线基础设施的互联互通。与此同时，上海还努力推动国际中转集拼和中资非五星旗船沿海捎带等业务扩围，不断提升海空运服务保障能力，成为内陆地区特别是长江流域与“一带一路”国家的超级“连接器”。蓝皮书还对上海国际航运中心的现代航运服务业进行了梳理。数据显示，上海抓住国际航运重心东移的机遇，航运融资、航运保险、航运经纪等各项业务蓬勃发展。在巩固已有优势的基础上，不断推出创新举措，打响了上海服务的品牌。根据规划，到2020年上海要基本形成功能齐备、服务优质、高效便捷、竞争有序的现代航运服务业体系，要实现这个目标依然任重道远。

【《“十三五”时期上海国际航运中心建设规划》编制完成】为加快推进“十三五”时期上海国际航运中心建设，根据《中华人民共和国国民经济和社会发展第十三个五年规划纲要》、“国务院19号文”和《上海市国民经济和社会发展第十三个五年规划纲要》，市交通委完成《“十三五”时期上海国际航运中心建设规划》编制工作。《规划》对“十二五”期间航运中心发展成效和问题进行了回顾，在分析当前机遇和挑战的基础上，提出了“十三五”上海国际航运中心发展目标：到2020年，上海国际航运中心进入世界航运中心前列，基本建成具有全球航运资源配置能力的国际航运中心。同时，围绕“十三五”发展目标，《规划》还明确了包括进一步提升海空枢纽能力、继续完善集疏运体系、发挥航运服务集聚区的效应、做大做强现代航运服务业、发展航运金融业、促进邮轮产业发展、推动绿色、安全航运发展、推动智慧航运功能发展、培育航运文化、加强航运人才培养等十方面主要任务。

【《2030年的上海国际航运中心发展研究》研究完成】近年来，国家陆续提出了“一带一路”、长江经济带、海运强国等国家战略。上海是“两带一路”的交汇点和战略基点，也是“海运强国战略”实施的重要载体，“两带一路”等国家战略对上海国际航运中心发展提出了新的要求。在新的时代背景下，上海国际航运中心需要明确中、远期发展定位和布局，找准航运中心发展与国家战略的结合点。为此，我委委托国务院发展研究中心完成了《2030年的上海国际航运中心发展研究》。课题全面分析了“两带一路”、“海运强国”国家战略布局对上海国际航运中心建设的新要求，并提出，上海国际航运中心到2020年成为全球领先的国际航运中心，2030年成为全球领先的国际航运中心的战略目标。同时，还提出上海国际航运中心发展的路径：要形成突出货主服务和供应链管理的航运服务体系，加强全球航运资源配置能力，成为综合竞争力最强的国际航运中心，服务国家总体改革开放和国家新战略。

【《上海国际航空大都市发展战略研究》启动】为进一步深化上海国际航运中心建设内涵，大幅增强本市航空运输业在全球航空市场竞争中的话语权，进一步促进本市航空和经济社会联动发展，市交通委牵头民航华东局、中国商飞、机场集团、市发展改革委、市经济信息化委、市规划国土资源局、市政府发展研究中心、民航华东空管局、上海航交所、浦东新区、长宁区、闵行区、青浦区、奉贤区、金山区、东方航空等17家单位共同成立工作推进小组，共同组织实施《上海国际航空大都市发展战略研究》。

研究立足于上海航空业发展顶层设计，对上海航空业发展历程进行回顾，全面梳理上海航空业发展现状，收集分析纽约、伦敦、东京、首尔、迪拜等世界航空大都市发展经验和教训，结合2040年上海经济社会（人口、经济发展、土地利用、产业布局等）和上海国际航运中心发展展望，明确了上海国际航空都市内涵和外延，提出了上海国际航空大都市发展战略，明确发展目标、重点任务及保障措施等。

【上海市与中国船东互保协会签署战略合作备忘录】9月11日，上海市人民政府与中国船东互保协会在沪签署战略合作备忘录。双方将充分依托上海国际金融中心、国际航运中心和自贸试验区制度创新优势，不断拓展合作领域，深化合作内容，共同促进中国船东互保协会在沪发展，共同打造具有国际竞争优势的发展环境，共同培养保赔领域专业人才，努力打造具有国际一流水平的国际化、市场化和专业化的保赔协会，促进上海国际金融中心、国际航运中心融合发展。中国船东互保协会是我国唯一的国际船东互保组织，提供保赔保险、互助船舶保险、战争险、租船人责任保险和抗辩险等保险业务，是中国最大的保赔保险承保人。经过30余年发展，中船保保赔基金已高达17亿美元，规模居国际同业首位，承保船舶吨位3400万总吨，排名世界第11位，拥有中海集团、中远集运、中外运长航、招商集团等140余家会员单位。

【排查安全隐患提升水路客运管理水平】2015年，中心对市轮渡开展安全隐患排查，针对发现的南陆线、西闵线存在的安全隐患等情况，及时与相关部门沟通协调，并召开专题研讨会推进解决；针对三岛客运企业应急预案的修订和应急演练情况开展专项检查，对长横渡改建、宝杨路码头二期扩建以及市客运和崇明客轮整合相关事宜，多次调研摸底，协调相关部门和企业有序做好工作衔接，提升客运管理应急处置能力；根据《上海市公共场所人群聚集管理办法》要求，对部分客运企业未在应急预案中体现候船区域面积、客流量峰值等要素的违规行为进行责令整改，切实把各项安全要求落到实处。

【综合治理推进港航业绿色发展】市交通委推进落实《上海绿色港口三年行动计划（2015-2017年）》，围绕节能降耗、大气污染防治等工作重点，采取综合治理措施。港区治理方面，一是会同相关部门印发《上海港国际航行船舶岸基供电试点方案》，出台岸基供电支持政策，在洋山冠东国际集装箱码头及吴淞国际邮轮码头先行开展岸基（港基）供电试点。冠东码头三季度已全面推进实船测试，吴淞口邮轮码头建设工作正按计划推进，预计年底前可完成。二是开展港区集装箱卡车环保综合整治，推进港区集装箱牵引车清洁能源替代，目前，港区 LNG 牵引车已达 250 台，力争年内继续新增 50 台。三是制定实施《上海市码头堆场扬尘污染防治工作推进方案》，重点落实硬化、围挡、喷淋、遮盖、密闭等扬尘污染防治技术性措施，推进码头区域内扬尘在线监测工作，并已启动试点。船舶治理方面，一是研究设立国际航行船舶排放控制区。二是推进内河货运船舶 LNG 动力试点示范，年内开工建设 LNG 内河散货船舶 60 艘，其中 32 艘已正式下水，力争年底达到 135 艘应用规模，并同步协调 LNG 加气设施建设。三是推动内河电动船舶应用，制定检验发证方案，指导开展性能研究与测试。四是推进老旧船舶拆解工作。目前，已受理申请内河老旧船拆解 46 艘，完成拆解 11 艘 /10506 总吨；沿海老旧船拆解 7 艘，完成拆解 7 艘 /18.82 万总吨。另外，强化管理和能力建设，严格落实《上海港船舶污染防治办法》，建立国家海事和地方海事、环保、质监等部门联合执法机制，继续加大船舶污染监管力度。依托长三角区域大气污染防治协作机制，牵头编制《长三角区域港口船舶大气污染防治协同推进工作方案》，推进区域联动和信息共享。

【促进内河航运发展】市交通委抓紧建立完善内河航运发展促进机制。一是做好高等级航道及其配套设施的运营维护工作。二是推进内河适箱危险货物运输集装箱化。推进大芦线等内河航道、芦潮港码头等内河集装箱码头建设施工，进一步完善设施设备，健全服务功能。积极倡导内河集装箱企业航线班轮化运营，稳定班次，提升竞争力；开展“十三五”内河集装箱运输政策研究，强化政策扶持，加大财政对市场培育的支持力度。三是搭建内河航运信息化服务体系框架。完成 RFID（射频识别）船舶核查试点工作。四是推进内河船型标准化建设，显著提高内河集装箱运输量。加快淘汰老旧船舶，鼓励社会机构、企业采用新技术研发建造适合内河航行集装箱船舶。依托长三角内河集装箱运输发展合作联席会议机制，研究优化长三角地区内河船舶通航、船型、设施等相关标准的建立，开展“十三五”本市内河船型标准化专项研究，加快节能、环保标准化船型研发。

【加强内河航运安全管理】市交通委深刻吸取“东方之星”旅游客船翻沉事件教训，落实安全生产责任制，结合本市内河辖区实际，针对内河港航安全监管重点环节和对象，深入开展各项安全生产专项整治活动，确保行业平稳受控。年内重点：一是强化制度建设。推行安全生产挂牌督办、事故责任追究、重点监管企业定期约谈等制度，加强企业安全生产事故和隐患监管。二是强化应急管理。针对恶劣天气及枯水季的水文特点，利用各种有效手段及时发布预警信息；严格对照预案要求，落实应急准备，落实应急物资储备和应急队伍保障，适时开展演练；严格落实 24 小时值班及领导带班制度。三是强化救助体系。在本市内河水域已建立防污染救助体系基础上，开展本市内河搜救指挥保障体系研究，推进以海事管理机构和社会专业救助力量相结合的内河安全应急救助体系建设。2015 年，本市未发生重特大水上交通事故和水域污染事故，未发生内河港口生产安全事故。本市地方海事系统共办理船舶进出港签证 49.37 万艘次，实施船舶安检 3254 艘次；救助遇险船舶 163 艘次、遇险人员 385 人，人员搜救成功率 99.2%。

【促进内河航运发展】市交通委抓紧建立完善内河航运发展促进机制。一是做好高等级航道及其配套设施的运营维护工作。二是推进内河适箱危险货物运输集装箱化。上半年推进大芦线等内河航道、芦潮港码头等内河集装箱码头建设施工，进一步完善设施设备，健全服务功能。下半年积极倡导内河集装箱企业航线班轮化运营，稳定班次，提升竞争力；开展“十三五”内河集装箱运输政策研究，强化政策扶持，加大财政对市场培育的支持力度。三是搭建内河航运信息化服务体系框架。今年完成 RFID（射频识别）船舶核查试点工作。四是推进内河船型标准化建设，显著提高内河集装箱运输量。上半年加快淘汰老旧船舶，鼓励社会机构、企业采用新技术研发建造适合内河航行集装箱船舶。下半年依托长三角内河集装箱运输发展合作联席会议机制，研究优化长三角地区内河船舶通航、船型、设施等相关标准的建立，开展“十三五”本市内河船型标准化专项研究，加快节能、环保标准化船型研发。

【推广 LNG 动力船舶应用】一是建立专项机制，建立了与相关企业的月度例会制度。二是开展实地调研，赴绿色动力公司、绿动公司调研 LNG 船舶建造，同时赴环境油品公司、港口企业协调加注码头事宜。三是积极开展安全指导，根据部局《液化天然气燃料动力船舶安全监督管理规定》结合本市实际情况，研究编制《内河 LNG 燃料动力船舶安全监督指南》。做好 LNG 船登记、船舶文书发放工作，并对已到港的 4 艘 LNG 船舶开展船旗国监督检查。四是筹备开展 LNG 船员培训，结合实际拟定了 LNG 动力船船员培训大纲，组织落实培训讲义的编写。目前，已举行内河 LNG 船舶船员考试 4 期，人数 132 名。五是开展船舶检验，做好提前介入工作，与江苏船检及时沟通，定期选派验船师赴船厂监造，确保该批船舶的建造质量。六是按时完成新建 LNG 动力示范船补贴资金需求上报。截止目前，本市已完成新建 LNG 动力船示范船 50 艘，18 艘船舶已办理了《船舶营业运输证》。

【加强内河航运安全管理】市交通委深刻吸取“东方之星”旅游客船翻沉事件教训，落实安全生产责任制，结合本市内河辖区实际，针对内河港航安全监管重点环节和对象，深入开展各项安全生产专项整治活动，确保行业平稳受控。年内重点：一是强化制度建设。推行安全生产挂牌督办、事故责任追究、重点监管企业定期约谈等制度，加强企业安全生产事故和隐患监管。二是强化应急管理。针对恶劣天气及枯水季的水文特点，利用各种有效手段及时发布预警信息；严格对照预案要求，落实应急准备，落实应急物资储备和应急队伍保障，适时开展演练；严格落实 24 小时值班及领导带班制度。三是强化救助体系。在本市内河水域已建立防污染救助体系基础上，开展本市内河搜救指挥保障体系研究，推进以海事管理机构和社会专业救助力量相结合的内河安全应急救助体系建设。2015 年，本市未发生重特大水上交通事故和水域污染事故，未发生内河港口生产安全事故。本市地方海事系统共办理船舶进出港签证 49.37 万艘次，实施船舶安检 3254 艘次；救助遇险船舶 163 艘次、遇险人员 385 人，人员搜救成功率 99.2%。

【上海水上公安机关、地方海事机构联合召开苏浙沪内河省际交界应急联动协作签约会】11 月 10 日，苏浙沪水上公安、地方海事应急联动协作签约会暨苏浙沪内河省际交界水域联合执勤点揭牌仪式在嘉定召开，市公安局水上公安局局长虞谷民、市地方海事局局长丁小平出席会议并讲话。江苏苏州、太仓、吴江、昆山、浙江嘉兴、平湖及青浦、金山、嘉定等十九家水上公安机关、地方海事机构参加会议。会上，市地方海事局副局长刘国栋代表联动联勤协作领导小组对2013-2015年期间双方联动联勤协作工作进行了全面的总结回顾，昆山市地方海事处、平湖市水上派出所和青浦区水上派出所三家单位作为联动联勤成员单位代表就联动联勤工作开展情况进行了交流。

【深化专项监督检查】1、开展“打非治违”隐患排查。为有效促进行业安全生产形势稳定有序，根据市交通委工作要求，于5月至8月组织全系统开展“打非治违”和隐患排查治理工作，期间共组织开展检查297次，出动执法人员1117人次，检查水路运输、码头企业552户次，检查发现各类安全隐患、问题1323项，完成整改1239项，整改率达93.65%；检查中，未发现重大隐患。2、加强船舶AIS监督检查。对辖区重点船舶（渡船、旅游客船、浮吊辅助船、加油船、工程船、海巡艇）AIS配备和使用情况开展专项监督检查，共清查209艘重点船舶，其中有24艘无AIS设备，将在后续工作中督促该船舶办理AIS相关设备及手续。3、开展非法运输专项整治。围绕内河船舶从事海上运输、“三无”船舶、证照不全、非法客渡运级配员不足等五个方面，组织开展内河水上非法运输专项整治活动。共检查船舶6121艘次，检查船员11156人次，检查乡镇渡口63户次，查处违法行为24起，实施行政处罚7.97万元。4、全力做好台风防御工作。根据市气象台发布的“灿鸿”台风橙色预警，启动防汛防台Ⅱ级响应，发布台风防御工作指令3份，组织全系统依照防汛防台应急预案落实各项安全防范措施，并同时加强应急值守。在全系统的连续奋战下，台风影响期间，本市内河水上交通及港航行业运营安全稳定受控，未发生安全事故。5、部署开展“安全生产月”活动。制定《活动方案》，成立了活动领导小组，切实加强了活动的组织领导和统筹协调；积极组织辖区内港航企业负责人开展“安全生产谈心对话”活动，以增强他们主动参与活动、配合安全管理的积极性，营造和谐融洽的管理氛围。

（四）合作交流

【概况】2015年，市交通委员会合作交流工作服务于“一带一路”、“上海自贸区”、“航运中心建设”等国家战略和本市行业内重点工作，严格执行“八项规定”和市外办最新外事管理办法，着力推进国际交流项目，按计划顺利完成了外事各项任务。全年共接待来访外宾44批次，赴国外或外省市参加国际会议和展会11批次，参加本市外事活动8批次。全年组织因公出访团组35批次、124人次（其中自组团21批次，参团14批次）。

2015年成功举办了“第四届环太平洋港口清洁空气协作组织会议”和“第16届友好港会议”。通过接待德国汉堡港务局、杜伊斯堡港务局、法国马赛港务局、比利时安特卫普港务局、拉脱维亚交通部国务秘书代表团等，与欧洲枢纽港、中欧交通节点城市探索物流航运合作。并根据已签署的交流协议，完成了相关重要项目，包括与日本大阪港、横滨港、美国洛杉矶港的隔年互派技术交流项目；与哥德堡市政府和沃尔沃集团的城市交通合作项目；与洛杉矶港共同开展“中美绿色合作伙伴计划”，出席在华盛顿召开的“战略经济对话论坛”暨“中美绿色合作伙伴”研讨会，以及在苏州召开的“中美交通论坛”。

【市交通委主办第4届“环太平洋港口清洁空气协作组织会议”和“第16届友好港会议”】10月27至29日，市交通委在沪成功举办第4届“环太平洋港口清洁空气协作组织会议”和“第16届友好港会议”，来自美国、日本、法国、澳大利亚、德国、比利时、韩国等国家以及上海、大连、青岛等城市的港口、环保管理部门和相关企业百名代表参会。副市长蒋卓庆出席开幕式并致开幕词。本次会议就港口的环境影响和环境评估监测管理、构建区域排放控制区及船舶排放监测机制、新技术新能源在港口节能减排中的应用、港航智慧物流等与港口环保相关的议题进行了精彩的发言和讨论。会议在促进上海港绿色港口和上海国际航运中心绿色低碳发展模式建设，共享港口节能减排和环境保护的新技术、新经验，推动友好港协同发展等方面取得预期效果。

【出席“歌诗达·大西洋号”86天环球航线启航仪式】3月1日，市交通委员会出席“歌诗达·大西洋号”86天环球航线启航仪式并致辞。大西洋号搭载近千名乘客于当晚8点从吴淞口国际邮轮港启航，成为首个自中国出发的环球邮轮。歌诗达邮轮自2006年在上海开启第一条母港运营的国际邮轮航线以来，见证了中国邮轮产业的飞速发展，并推动中国邮轮市场成为全球最充满活力的市场之一。

【“上海台北双城论坛”在沪举办】“上海台北双城论坛”于8月18日在沪举办，本届论坛主题为“城市发展与青年自主创业”。2010年以来，两市每年轮流举办论坛，开展了一系列务实高效的交流活动，在经贸、教育、卫生、科技等领域取得了丰硕的合作成果。几年来两市已签署19项交流合作备忘录，这次又将签署4项交流合作备忘录，双方的交流合作正在向纵深发展。“双城论坛”已成为两市携手合作的重要平台，两市交流已成为两岸城市交流和民间合作的典范。市交通委员会出席论坛，并与台北市政府交通局签署了《台北市与上海市电子票证技术经验交流合作备忘录》。

【出席“第八届中法可持续交通论坛”】11月22~29日，市交通委团组赴法国、德国，参加“第八届中法可持续交通论坛”，并访问汉堡经济、交通与创新部，就城市交通综合规划、绿色交通发展、共享经济对交通的影响、欧洲可持续交通发展新思路和最佳实践等进行学习交流。“中法可持续城市交通系统论坛”形成于中国住房与城乡建设部和法国生态、可持续发展与能源部于2007年签署的关于城市可持续发展的合作协议。本次论坛旨在促进低碳城市与智能交通领域的学术交流，提高交通领域科研水平，倡导全社会关注绿色和环保前提下的多模式交通的可持续发展。同时，本次中法可持续发展城市交通系统论坛被列为第二十一届联合国气象大会筹备会议。

（司月洁）

十、铁路运输

（一）综述

2015年，上海铁路局适应经济发展新常态，坚持以市场为导向、以效益为中心、以创新发展为主线，统筹推进各项工作。至年末，全局完成运输总收入826.1亿元。盈亏总额-57.9亿元。旅客发送量49103万人，其中合资铁路公司旅客发送25189万人；旅客周转量1880.87亿人公里，其中合资铁路公司旅客周转量1051.93亿人公里；货物发送量18957万吨，其中合资铁路公司货物发送量2970万吨；货物周转量1265.88亿吨公里，其中合资公司货物周转量108.79亿吨公里。完成换算周转量3146.76亿吨公里，其中合资铁路公司完成换算周转量1160.72亿吨公里。与"十一五"末相比，（2015年末）上海铁路局资产总量7051亿元、增长88%；营业里程9868公里、增长42.1%，其中高铁里程3250公里、增长194.8%；全局年营业总收入1140亿元、增长50.3%；职工年平均工资收入10.79万元、增长91.8%。

旅客运输发挥高铁大局、客运大局优势，落实"三个出行"常态化要求，做好旅客运输工作。年内，实施运能调整计划272个。

在用好新线新车新增运能基础上，高峰时段停止部分高铁天窗开行夜间动车组，新建苍南、江山、安庆北等动车组存放点，满足中小城市向大城市“朝发夕返”需求。多渠道方便旅客购票，全局互联网、自助机售票比例66.1%，同比提高7.8个百分点。加强客站与城市公交地铁无缝衔接，推行高铁枢纽客站便捷换乘模式，打造“上铁雷锋服务站”品牌集群。南京站“158”雷锋服务站获全国“时代楷模”荣誉称号，全路服务文化现场会在上海召开。至年末，全局发送旅客4.91亿人，同比增长10.8%。其中动车组发送3.16亿人，占全局客发比重64.3%，同比提高4.3个百分点。铁路在三省一市客运市场占有率进一步提高。

货物运输以加快向现代物流转型发展为契机，建立常态化推进机制。年内，组织市场调查20余次，召开铁路物流推介会116场。综合运用“产品、价格、服务”要素抓营销，全年实施物流总包项目161个，批量零散快运装车同比增长73%，集装箱运量同比增长16.9%，开行跨局特需列车线条14个，成功吸引部分公路货源转向铁路。加大物流基础设施建设力度，全年开工新建或改扩建项目26个、开通20个。至年末，受宏观经济下行影响，全局完成货物发送1.896亿吨、同比下降7.8%，日均装车8749车、同比下降5.8%，降幅低于全路平均水平，大宗货物运量在客户运输总量中的占比没有降低。零散货物运量实现稳步增长，日均装车2259车、同比增长8.8%，占全局装车比重达到25.8%、同比提高3.5个百分点。

运输安全管理坚持现实安全和安全基础“两手抓”，实施安全风险管理。修订铁路局《安全生产管理规定》等基础管理制度27个，动态完善各层级安全管理职责、标准、流程，建立健全两级安委会、安全重点信息追踪、“体检式”评价等工作机制。推进班组建设，开展标准化班组创建和星级职工评比，全局82个单位、6676个班组，837个岗位、9.5万人参加。抓好职工学标执标，按照“管理者麻烦、作业者简单”思路编制作业指导书16017个，其中可作为“唯一依据”的占40%，并实现作业指导书的可视化。提升设备质量，全年新增动车100标准组、大功率机车25台、大型养路机械7台，安全设备设施更新改造投入8.8亿元、同比增长2.6%，设备大修投入56.1亿元、同比增长28.7%，更换新钢轨492公里、道岔867组，完成营业线施工14603项，在普速线路全面推进工务“检养修”分开和“全天窗”作业，在沪杭高铁开展全路首次对运营高铁的全面轨道精调，全局行车设备故障同比下降6.8%。加强安全关键控制，做好安全风险研判，以新机制为抓手每月发现解决安全问题3万多个，集中开展3次安全大检查，贯穿全年实施安全专项整治21项，集中消除一批安全隐患。全年新增防护栅栏200公里，完成道口“平改立”203处。至年末，全局杜绝行车、人身安全一般A类事故，杜绝责任职工死亡事故，自2011年以来再次实现安全年。

铁路建设贯彻党中央、国务院以及总公司党组部署要求，继续举全局之力加快建设。合福高铁、宁安城际、金温铁路等7个项目建成开通，商合杭铁路、徐宿淮盐铁路、京沪线车站改造等14个项目开工建设，全年完成基建投资623.6亿元，投产新线967公里、复线1266公里、电化1291公里，是“十二五”以来完成投资最多、开通里程最多、开工项目最多的一年。建成杭州东至杭州南增建正线，徐州北、南京东、南翔编组站综合自动化改造等一批运输急需项目，全年完成更新改造投资28.4亿元。建立铁路局涉及地方工作联席会议制度，加强统筹协调，维护铁路局整体利益最大化。编制完成上海铁路局中长期路网规划（2015-2030年）以及“十三五”期间各专业配套规划。

经营质量提升切实增强企业观念和经

营意识，注重提升发展质量和效益。提高节支水平，以运输生产过程中的成本节约为重点，动车组一级修周期内走行公里上限延长25%、钢轨平均使用寿命延长30%，动车组、大功率电力机车自主修节支1.94亿元，物资公开招标和修旧利废节支3.7亿元，日均运用车同比压缩2788辆。提高劳动效率，坚持控总量、调结构、提效益，在工作量持续增长的情况下职工总量较上年末减少2000人，全局按价值量计算的劳动生产率同比增长9%。至年末，全局盈亏总额比预算减亏16.7亿元，完成考核利润14.5亿元，较好实现年度经营目标。

列车运行图调整 2015年，上海铁路局根据铁路运输市场的变化，满足旅客出行需求，适应货运组织改革，完成列车运行图调整23次。主要包括：春游图，3月20日至4月19日（31天），增开管内动车组旅客列车8对。清明图，4月3日至4月6日（4天），增开管内旅客列车37.5对（其中动车组旅客列车28对、普速旅客列车9.5对）。五一图，4月30日至5月3日（4天），增开直通旅客列车16对（其中动车组旅客列车14对、普速旅客列车2对）、管内旅客列车61对（其中动车组旅客列车48.5对、普速旅客列车12.5对）；端午图，6月19日至6月22日（4天），增开直通普速旅客列车1对、管内旅客列车78.5对（其中动车组旅客列车56对、普速旅客列车22.5对）。暑期图，7月1日至8月31日（62天），增开直通普速旅客列车5对、管内旅客列车35.5对（其中动车组旅客列车31.5对、普速旅客列车4对）。中秋、国庆图，9月25日至10月7日（13天），增开直通普速旅客列车5对、管内旅客列车69.5对（其中动车组旅客列车48对、普速旅客列车21.5对）。抗战纪念日图，9月2日至9月5日（4天），增开直通普速旅客列车2对、管内旅客列车62.5对（其中动车组旅客列车40.5对、普速旅客列车22对）。全局范围内的“3.20”调整图，根据高铁动卧列车开行的需要，结合管内客货运输市场变化及义乌、连云港站改的需求，增开动车组列车5.5对（跨局高铁动卧列车3对、跨局高速动车1对、管内高速动车0.5对、管内动车1对），停运直通高速动车1对，调整动车组列车运行区段3对，增开货物列车9列，停运货物列车4列。“7.1”调整图，主要针对合福高铁、沪昆高铁新晃至贵阳段新线开通，增开动车组列车，以及对部分现行旅客列车开行进行调整，并结合货物运输的需要，增开部分货物班列列车；全局开行旅客列车728对（动车组列车470.5对、普速列车257.5对），其中，直通旅客列车471对（动车组列车255对、普速列车216对），管内旅客列车257对（动车组列车215.5对、普速列车41.5对）；全局开行货物列车1220对，其中，特快货物班列3对，快速货物班列8.5对，中欧、中亚、铁水联运、快速集装箱班列13.5对，普快班列14对，快运班列4对，长三角货物快运（环线）列车4列，长三角货物快运（摘挂）列车10对，其他货物列车1165对。配合客运运输组织调图5次。旅游列车图2次，自3月20日起，安排旅游列车运行线34对，其中直通主线14对、直通支线17对、管内3对；自7月1日起，安排旅游列车运行线36对，其中直通主线15对、直通支线18对、管内3对。高铁动卧列车调整图，自4月10起，停运南京南—广州南D939/42D941/0次1对，调整运行区段2对（南京南—深圳北D907/D908次1对运行区段变更为上海虹桥—深圳北、上海虹桥—南宁东D931/4D933/2次1对缩短为广州南终到始发）。“5.20”调整图，自5月20日起，增开旅客列车5对，调整旅客列车担当2对，长期临客纳入图定旅客列车2对，停运旅客列车2对，调整旅客列车运行区段4对，调整旅客列车经由1对，调整2个动车组列车交路，增加2组动车组车底宁波站内夜间存车，管内车站增加吸污作业列车22列。管内部分旅客列车优化图，自2015年7月24日起，增开动车组旅客列车2.5对，停运动车组旅客列车0.5对，调整动车组旅客列车运行区段1对。配合货运运输组织调图3次。上海至黄山自驾游运输图，2月19日上海南、北郊站分别开行Y787/6/7、86316/7/6/7次，2月22日黄山开行Y788/5/8、86318/5/8/5次自驾游旅游列车及小汽车始发直达列车。北仑港集装箱运输图，自2015年1月29日18:00起增开合肥北—北仑、钱清—北仑集装箱普快班列2对，同时根据北仑港作业要求，对现有义乌西—北仑、金华东—北仑现有普快班列运行时刻进行调整。货物班列调整图，自2015年3月5日18:00起X9010/09次增加南京北、芦潮港、苏州西装车组织站，并将零星车流安排在合肥东站集结开行；自3月20日起X612/3、X614/1次1对机车改为阜阳北换挂；自3月20日始发站起X703/2次不进海安县及南通站、改为海安县西北联络线运行，列车在富安站进行机车乘务员换乘、列尾换挂工作。配合施工改造调整图1次。为满足京沪线镇江、丹阳普速场改造施工的需求，自2015年9月3日至2016年1月23日停办客运业务普速列车镇江普速场15列、丹阳普速场19列，自2015年9月3日至12月10日停办客运业务动车组列车丹阳城际场12列，同时，调整列车运行时刻31列、丹阳城际场动车组列车办客股道20列。新线开通图3次。合福高铁过渡图，6月28日至6月30日合福高铁开行动车组列车9对，其中直通6对（北京南—福州1对、合肥南—福州4对、福州—黄山北1对）、管内3对（合肥南—黄山北）。宁安客专开通图，自12月6日起宁安客专开行管内动车组列车15对，其中上海—安庆1对、南京南—芜湖1对、南京南—安庆5对、合肥南—安庆8对。金温线开通图，自12月26日起金温线开行管内动车组列车9对，其中上海虹桥—温州南3对、南京南—温州南2对、杭州东—温州南4对。

（陈春生）

上海铁路局地处东南沿海长江中下游地区，铁道线路主要分布在安徽、江苏、浙江省和上海市，区域经济发达，文化底蕴丰厚，是全国客货运输最繁忙的铁路局之一。2015年4月，上海铁路行业获2013－2014年度上海市文明行业称号。

管辖范围：与济南铁路局在京沪线利国站、胶新线新沂西站、京沪高铁徐州东站分界；与郑州铁路局在陇海线虞城县站、京九线王楼站分界；与武汉铁路局在漯阜线阜阳北站、京九线淮滨站、宁西线叶集站、沪蓉线敦义堂站分界；与南昌铁路局在铜九线香隅站、合九线孔垄站、皖赣线倒湖站、合福高铁黄山北站、沪昆高铁江山站、沪昆线新塘边站、杭深线苍南站分界。

营业里程及主要线路：全局营业里程9867.8公里，比2014年增加907.6公里，其中国铁4100.5公里，合资铁路5767.3公里。全局线路延展长度为22946.4公里，其中国铁11630.0公里，合资铁路11316.3公里。全局跨省市的线路有京沪线、沪昆线、陇海线、符夹线、宁芜线、新长线、皖赣线、宣杭线等既有线和京沪、沪宁、沪杭、杭深、沪蓉等高速铁路和城际铁路，有青阜、淮南、金千、萧甬、宁启等省内线。全局复线营业里程6850.8公里，比2014年增加1233.7公里，复线率69.4%，其中国铁2835.6公里，合资铁路4015.2公里；全局电气化营业里程6255.2公里，比2014年增加1344公里，电化率63.4%，其中国铁2090.7公里，合资铁路4164.5公里。

主要技术设备：全局有车站615个，其中特等站7个，一等站29个，二等站61个。配属机车1594台，其中内燃机车1011台，电力机车583台，分别占总配属台数的

63.4%和36.6%。配属普速客车3790辆，同比减少48辆。其中国铁配属3226辆、同比减少48辆，空调车2915辆、同比减少36辆；合资铁路公司配属564辆，空调车555辆，与上年持平。配属动车组403组（其中长编组130组），共4264辆，同比增加800辆，增长23.1%。

合资铁路公司：全局管内有控股合资铁路公司25家，分别为合九、萧甬、新长、浦东、衢常、合武、沿海、沪宁、沪杭、金山、京福、宁杭、杭甬、杭州枢纽、阜六、宿淮、芜湖大桥、丰沛、沪昆、金丽温、宁安、皖赣、苏北、九景衢、杭黄公司；参股合资铁路公司3家，分别为金温、庐铜、金台公司。这些公司由铁路局分别与安徽、江苏、浙江省及上海市等地方政府出资人代表和有关企业合资组建。

组织机构：局机关设职能机构31个、附属机构30个、学协会5个。局派出机构7个，分别为徐州、合肥、南京、杭州铁路办事处，常州机车车辆、南京车辆、铜陵车辆监造项目部。运输站段72个，分别为直属站17个，车务段8个，货运中心9个，客运段4个，机务（机车检修）段6个，车辆（动车）段5个，工务（桥工、大机、大修、高铁维修）段13个，电务（通信）段6个，供电段4个。运输辅助单位5个。直属非运输企业17个。其他直属单位14个。建设指挥部6个。控股合资铁路管理机构12个。其他机构2个（上海铁路股份有限公司筹备组、职工住房建设指挥部）。

2015年末，上海铁路局资产总额7310亿元，比2014年末增加1117亿元。其中固定资产原值5615亿元（固定资产净额4650亿元）。已运营合资铁路的总资产3982.73亿元，资本金2152.58亿元，其中铁路方出资1336.92亿元。全局职工总数155580人，比2014年末减少2125人。按多元化经营总

上海铁路局2015年运输经营主要指标完成情况表

项 目	单 位	实 绩
换算周转量	百万换算吨公里	314676
旅客发送	万人	49103
货物发送	万吨	18957
煤炭发送	万吨	9717
日均装车	车/日	8749
日均卸空车	车/日	9726
货车静载重	吨	59.4
货车周转时间	天	2.67
机车日产量	万吨公里	120.6
客发正点率	%	100.0
客运正点率	%	100.0
货发正点率	%	98.3
货运正点率	%	97.6
内燃机车万吨公里耗油	千克	25.0
电力机车万吨公里单耗	千瓦/时	182.8
运输全员劳动生产率	换算万吨公里／人	206.0
行车责任重大、大事故	件	0
运输总收入	亿元	826.1
盈亏总额	亿元	–57.9

收入计算的劳动生产率为62.6万元/人，同比增长4.0%；运输业按运输总收入计算的劳动生产率为54.0万元/人，同比增长9.1%；运输业按总换算周转量计算的劳动生产率为206.0万吨公里/人，同比下降1.6%。2015年职工平均工资为107856元，职工平均工资同比增长8.1%，职工工资总额同比增长7.6%。

2015年末，上海市辖区内线路营业里程456.3公里。其中国铁233.9公里、浦东铁路公司41.2公里、京沪高铁38.9公里、沪宁城际50.3公里、沪杭客专54.8公里、金山铁路公司37.3公里。

（俞晓东 纪鹏 蔡蔚蔚 马荣华）

（二）铁路建设

【概况】 2015年，上海铁路局在建项目50个，总投资规模6261.22亿元。至年末，全局完成基建投资623.52亿元，同比增长21.48%。其中江苏省辖区内完成投资264.74亿元；浙江省辖区内完成投资170.15亿元；安徽省辖区内完成投资184.0亿元。上海市辖区内在建铁路基建大中型项目5项，分别为南翔编组站综合自动化改造工程、上海至南通铁路安亭至南通段（上海段）、上海等机务整备能力加强工程（上海）和上海铁路局通信基础网设施改造工程、上海调度所运营调度系统（补历年欠完计划）。总投资规模约51.35亿元，完成投资4.63亿元。

（李利群）

【基本建设计划完成】 2015年，上海铁路局基建大中型建设项目48个、小型项目2个，合计投资完成617.62亿元（未含上海铁路局代建的郑徐客专6.00亿元），为年计划100.0%，同比增加24.5%。在全路各铁路局（集团公司）中，上海局基建大中型项目数名列第一，投资完成额排名第三。48个基建大中型建设项目有序推进。其中宁安、连盐、沪通、商合杭铁路等21个新建铁路项目完成投资512.18亿元，占总投资完成额82.9%；宁西铁路西安至合肥段增建第二线、符夹铁路符离集至新河段扩能等9个复线及扩能改造项目完成投资70.78亿元，占总投资完成额11.5%；合肥至芜湖铁路、青阜线电气化改造等4个电气化铁路项目完成投资18.90亿元，占总投资完成额3.1%；宁波铁路枢纽北环线、徐州北编组站综合自动化改造、京沪铁路丹阳站改造等14个枢纽和客站改造项目完成投资15.67亿元，占总投资完成额2.5%。另有战备器材库改造、移动调度指挥系统购置等2个小型基建项目完成投资0.10亿元，占年计划41.6%。一批建设项目建成启用。6月，合福铁路建成通车；12月，宁安铁路、金温铁路扩能改造、宁西铁路西安至合肥段增建第二线、宁启铁路复线电气化等建成通车。至年末，主要实物量完成新线铺轨447.2公里、复线478.7公里、站线109.5公里，土石方2647.4万立方米、特大中桥26.2万延长米、隧道7.9万延长米，电气化铁路接触网1879.2条公里，变电所8座。完成征地48769亩，房屋拆迁246.7万平方米。

【更新改造计划完成】 2015年，上海铁路局规范更改项目管理，不断提高计划管理的制度化和科学化水平。保证行车安全投入。全年安全设施完成投资4.90亿元，占全局更改完成总投资的24.1%。重点包括道口平改立和线路全封闭，京沪线、陇海线、沪昆线接触网隔离开关改造，车辆轴温智能探测通道监测诊断系统改造工程，虹桥动车所增设轮对踏面诊断系统、受电弓动态检测装置。补强客货运输设施。全年客货运输设施完成投资3.83亿元，占全局更改完成总投资的

18.8%。重点包括上海南站候车室卫生间排污系统改造工程，阜阳站旅客电子引导系统更新改造工程，杭州站2号站台加高改造工程，建德货场迁建工程，金华货场搬迁工程。提高技术装备水平。全年机务、车辆、供电、工务、电务设施完成投资6.02亿元，占全局更改完成总投资的29.6%。主要有加强上海机务段南翔整备场、补强上海车辆段杭州客整所、浦口35KV变电所更新改造工程、更新和增配工务养修设备、昆山等车站信号联锁设备改造工程等。加大文教生活设施投入。全年文教生活设施完成投资1.78亿元，占全局更改完成总投资的8.8%。加强与地方政府协调，加快物流基地建设。先后完成亳州、常州、蔡家岗等10余个货运建设项目的审查和批复，投资总额1.7亿元。至年末，全局国铁运输设备更新改造完成投资20.32亿元，为年计划的98.3%。其中中国铁路总公司管理项目完成投资2.76亿元，为年度计划的92.0%；局管项目完成投资17.56亿元，为年度计划的99.4%。合资铁路更新改造完成投资7.67亿元，为年计划的88.3%，同比增加2.96亿元。

（俞晓东）

（三）旅客运输

【概况】 2015年末，上海铁路局日开行图定旅客列车753对。其中直通472对：高速动车组列车181对、动车组列车75对、直达特快列车38对、特快列车24对、快速列车144对、普快列车10对。管内281对：高速动车组列车188对、城际列车36对、动车组列车17.5对、特快列车2对、快速列车36.5对、普快列车1对。上海铁路局自局担当旅客列车443.5对。其中直通164对：高速动车组列车80.5对、直通动车组列车41对、直达特快列车8对、特快列车4对、快速列车28.5对、普快列车2对。管内279.5对：高速动车组列车186.5对、城际列车36对、动车组列车17.5对、特快列车2对、快速列车36.5对、普快列车1对。上海铁路局车底在外局套跑9对：直通动车组6对、管内特快列车1对、管内快速列车1对、管内普客1对。

（杨杰）

【节假日运输】 2015年，上海铁路局元旦旅客运输（2014年12月31日–2015年1月3日），发送旅客605万人，同比增幅48.1%，最高日发送旅客176.3万人。春节旅客运输（2月4日–3月15日），发送旅客5263.5万人，同比增幅10.8%，最高日发送旅客157.8万人。清明节旅客运输（4月3–6日），发送旅客728.4万人，同比增长2.7%，最高日发送旅客210.7万人。劳动节旅客运输（4月30日–5月3日），发送旅客854.5万人，同比增长11.3%，最高日发送旅客256.1万人。端午节旅客运输（6月19–22日），发送旅客727.5万人，同比增长12.3%，最高日发送旅客207.8万人。暑期旅客运输（7月1日–8月31日），发送旅客9431.1人，同比增长9.5%，日均发送旅客152.1万人，最高日发送旅客172.7万人。2015年中秋节为9月27日，包含在国庆运输期限内，中秋当日发送旅客153.5万。国庆黄金周旅客运输（9月25日–10月7日，中秋与国庆运输重叠共13天，无法同比）发送旅客2406.1万，最高日发送旅客243.6万。

（苑兴明）

【客运站车劳动竞赛】 2015年，根据中国铁路总公司《关于公布2014年度进京进沪进穗直通旅客快车和较大车站客运工作竞赛评比结果的通知》（铁总运函〔2015〕

1256 号），上海铁路局上海虹桥站、杭州东站、南京南站、杭州站、上海站、南京站、上海南站、合肥站、徐州站获中国铁路总公司“文明车站”荣誉称号；G2/G17 等 16 对动车组、G32/G43 等 6 对动车组、G130/G201 等 6 对动车组、G264/G29 等 3 对动车组、D314/D313 次、G222/G228 等 2 对动车组、D282/D281 等 3 对动车组、D378/D379 等 3 对动车组、D3105/D3106 等 4 对动车组、D3002/D3001 等 3 对动车组、D3135/D3136、Z30/29、D3068/D3067 等 3 对动车组、T32/T31、Z225/Z226、Z52/Z51、T99/T100、T157/T158、T64/T63、T66/T65、Z164/Z163、1504/1503、K527/K528、1462/1461、K1072/K1071、K1110/K1109、K301/K302 次列车获中国铁路总公司“红旗列车”荣誉称号。（俞振彬）

【合福高铁开通】 6 月 28 日，合福高铁合肥西（暂不办理客运）、长临河、巢湖东、无为、铜陵北、南陵、泾县、旌德、绩溪北、歙县北、黄山北站开通启用。新建合福高铁上海铁路局管段位于安徽省中南部地区，北起安徽省省会合肥市，途经安徽省铜陵、芜湖、宣城、黄山四市。线路北接合肥枢纽经合蚌客专衔接京沪高速铁路至北京，中与宁安城际、杭长客专、杭黄客专铁路相交。合福高铁安徽省境内约 385 公里，上海铁路局管段约 350 公里，共 13 个车站。其中合肥南为始发站，黄山北站为办理部分始发终到旅客列车作业的中间站，其余为一般中间站。合肥南站、合肥北城站已建成投入使用，合肥西站为既有站改造，其余 10 个车站均为新建车站。

【宁安城际开通】 12 月 6 日，宁安城际江宁西、马鞍山东、当涂东、芜湖、弋江、繁昌西、铜陵（宁安场）、池州（宁安场）、安庆站（新站房）开通启用。新建南京至安庆城际铁路东起江苏省南京市，经安徽省马鞍山、芜湖、铜陵、池州等长江南岸沿江地带，跨长江后终至安庆，全长 257.522 公里，其中江苏省境内长 33 公里，安徽省境内 224.522 公里。全线设南京南、江宁西、马鞍山东、当涂东、芜湖、弋江、繁昌西、铜陵、池州、安庆等 10 个车站，其中南京南站为既有高铁站，芜湖、铜陵、池州、安庆均为既有站改造车站，其余车站为新建车站。

【金温铁路开通】 12 月 26 日，金温铁路金华南、武义北、永康南、缙云西、丽水、青田站开通启用。新建金温铁路自东孝站（含）至温州南站（含），全长 188.812 公里，全线设 7 个客运站，其中温州南站为沿海铁路既有客运站，丽水站为拆除既有站房新建车站（开通初期启用临时过渡站房），青田站为既有站，其余为新建车站。

（郝颖）

【客服中心建设】 2015 年，上海铁路局客服中心 12306 电话呼入数 17838130 个，日均 48872 个。其中客运咨询投诉人工呼入数 5822326 个，日均 15952 个，人工接听数 5744253 个，日均 15738 个；电话人工平均接通率 99.18%；最高纪录为 12 月 7 日的电话呼入数 142259 万个、人工呼入数 46553 万个。开展团体票预订服务，全年办理团体票 20 万张，其中客服中心办理团体票 4883 张。推出动车组订餐服务，全年受理旅客订餐 15851 份。继续实施车站无线 wifi 信息服务，在原有 30 个车站提供 WIFI 信息服务基础上，增加 4 个车站。实行客运服务质量回访服务，全年客运服务质量回访外呼电话 4.58 万个（日均 125 个），旅客接受回访 20267 个（日均 56 个），接受回访率为 44.2%，收集旅客意见和建议 393 条，其中列车占 77.1%，车站占 22.9%。抓好遗失物品查找及重点旅客服务，以 12306 客服中心为核心，建立链接直辖市和省会城市较大车站的重点旅客服务网络，全年共受理旅客遗失物品查找151542件，查找成功55958件，查找成功率36.9%；受理重点旅客服务申请1868次，提供服务1840人。

（余倩茹）

【空铁联运】2015年，上海铁路局发售“空铁联运”车票11.55万张，实现票款收入1256.3万元，服务费126.1万元。联运产品经过多次优化和调整，年末实现温岭、台州、宁波、绍兴北、杭州、义乌、桐乡、嘉兴南、上海虹桥、昆山南、苏州、无锡、常州、丹阳、镇江、南京、合肥南17个车站、136趟列车与东航、国航、春秋航空等3家航空公司的双向联运服务。

（陶芳）

【旅客列车运行图优化调整】2015年，上海铁路局围绕合福高铁、沪昆高铁新晃至贵阳段、宁安客专、金温线开通运营，在中国铁路总公司统一部署下，结合局管内客运市场变化，不断优化调整旅客列车开行，先后进行多次基本图调整。

一、自2月20日起，杭州—哈尔滨Z176/7次列车；自2月21日起，哈尔滨—杭州Z178/5次列车，改为哈尔滨铁路局担当。

二、自3月20日起，结合管内客货运输市场变化及义乌、连云港站改的需求，对旅客列车开行进行优化。

（一）增开旅客列车7.5对

1. 青岛—重庆北G318/5 G316/7次1对，经胶济客专、京沪、合蚌高铁、沪蓉线运行，由济南局担当。

2. 南京南—广州南D939/42 D941/0次高铁动卧列车1对，经由宁杭、杭甬高铁、杭深线、广深港高铁运行，套跑广州南—南宁东D2364/D2363次1对。由南京客运段、上海动车段担当。

3. 上海虹桥—大连北D966/7/6 D965/8/5次高铁动卧列车1对，经由京沪、津秦高铁、京哈线秦沈段（经沈阳）、哈大高铁运行，由上海客运段、上海动车段担当。

4. 杭州—哈尔滨西D962/3 D964/1次高铁动卧列车1对，经由宁杭、京沪、津秦高铁、京哈线秦沈段、哈大高铁，由上海客运段、上海动车段担当。（冬季图期间停运）

5. 上海虹桥—哈尔滨西D972/3 D974/1次高铁动卧列车1对，南京南—哈尔滨西间与D962/3 D964/1次共线，上海虹桥—南京南间经由京沪高铁运行，由上海客运段、上海动车段担当。

6. 西安北—太原南1对D2618/D2617次1对，经大西高铁运行，套用上海—西安北D306/7 D308/5次车底，由上海客运段、上海动车段担当。

7. 徐州东—上海G7295次0.5对，经京沪高铁运行，由南京客运段、上海动车段担当。

8. 上海虹桥—温州南D5581/D5582次1对，经沪杭、杭甬高铁、杭深线运行，由上海客运段、上海动车段担当。

（二）停运旅客列车1对

1. 济南西—上海G299次0.5对。

2. 徐州东—沈阳北G1244/1次0.5对。

（三）调整旅客列车运行区段5对

1. 杭州东—南宁东G1505/G1506次1对经邕北线延长北海。

2. 上海虹桥—深圳北D907/D908次1对运行区段改为南京南—深圳北，经由宁杭、杭甬高铁、杭深线运行，套跑深圳北—厦门北D2348/D2347次1对。客运乘务改由南京客运段担当。

3. 上海虹桥—广州南D931/4 D933/2次1对经由南广线延长南宁东，深圳北往返、南宁东吸污，取消套跑广州南—南宁东D2362/D2361次1对。

逢周二增开南宁东—广州南D933次、逢周三增开广州南—南宁东D933/D934次，逢周五增开广州南—南宁东 D934 次，办理客运业务停站、运行时刻不变。车底周四白天在深圳北所检修，由广铁集团安排好车底在广深间调送。

4. 南昌—温州 K1672/69 次 0.5 对经由京九线延伸为九江始发，车次改为 K1669/72/69 次；温州—南昌 K1670/1 次 0.5 对经由昌九城际延伸为九江终到，车次改为 K1670/1/0 次。

5. 合肥南—温州南 G7668/5 G7666/7 次 1 对由合肥南缩短至南京南始发终到，车次改为 G7665/G7666 次。

（四）调整旅客列车经由 12.5 对

1. 上海—乌鲁木齐南 Z40/1 Z42/39 次 1 对哈密至嘉峪关南间改经由兰新线。

2. 济南—乌鲁木齐南 Z105/Z106 次 1 对哈密至嘉峪关南间改经由兰新线。

3. 连云港东—乌鲁木齐南 K1352/3 K1354/1 次 1 对兰州至嘉峪关间改经由兰新客专。

4. 深圳东—泰州 K92/3 次九江至乐化间由昌九城际改经京九线、乐化至向塘间由京九线改经西环线运行。

5. 深圳西—合肥 K256 次 0.5 对九江至乐化间由昌九城际改经京九线、乐化至向塘间由京九线改经西环线运行。

6. 厦门—北京西 K308/5/8 次 0.5 对九江至乐化间由昌九城际改经京九线、乐化至向塘间由京九线改经西环线运行。

7. 昆明—济南 K492 次 0.5 对九江至乐化间由昌九城际改经京九线、乐化至向塘间由京九线改经西环线运行。

8. 福州—沈阳北 K666/7 次 0.5 对九江至乐化间由昌九城际改经京九线运行、乐化至向塘间由京九线改经西环线运行。

9. 大同—广州东 K731/0 次 0.5 对九江至乐化间由京九线改经昌九城际、乐化至三江镇间由京九线改经昌福线运行。

10. 厦门—郑州 K744/1 次 0.5 对乐化至向塘间由京九线改经西环线运行。

11. 南宁—青岛 K1138/5 次 0.5 对九江至乐化间由昌九城际改经京九线、乐化至向塘间由京九线改经西环线运行。

12. 温州—成都东 K1256/7 次 0.5 对庐山至乐化间由昌九城际改经京九线运行。

13. 赣州—北京西 K1454 次 0.5 对九江至乐化间由京九线改昌九城际运行。

14. 调整 4.5 对旅客列车乐化至三江镇间由京九线改经昌福线运行：

（1）长春—厦门 Z102/3 次 0.5 对；

（2）北京西—深圳 Z107 次 0.5 对；

（3）哈尔滨—海口 Z114/1 次 0.5 对；

（4）北京西—井冈山 Z133 次 0.5 对；

（5）深圳—沈阳北 Z186/7 Z188/5 次 1 对；

（6）合肥—广州东 K311/0 次 0.5 对；

（7）合肥—东莞东 K1029 次 0.5 对；

（8）深圳东—天津 K1620/1 次 0.5 对；

（五）调整部分旅客列车车底交路

1. 合肥—北京南 G264/G29 次、合肥—蚌埠南 G7290/G7281、G7288/G7289 次，车底交路调整为：G7290 ~ G7281 ~ G264 ~ G29 ~ G7288 ~ G7289，使用 1 组 CRH380AL 型动车组，编组不变。

合肥南—温州南 G7684/1 G7682/3 次，车底交路调整为：G7684/1 ~ G7682/3 ~ G7684/1，改为使用 1 组 CRH380A 型动车组。

2. 上海虹桥—广州南 D935/8 D937/6 次改为套跑广州南—南宁东 D2362/D2361 次。车底交路：D935/8 ~ D2362 ~ D2361 ~ D937/6。

3. 上海—南京 G7036/G7047、G7052/G7075、G7034/G7063、G7072 次，上海虹桥—南京 G7139/G7142、G7127/G7130 次，上海—苏州 G7216/G7215 次，车底交路调整为：DJ7715 ~ G7036 ~ G7047 ~ G7052 ~ G7139 ~ G7142 ~ G7075 ~ G7034 ~ G7127 ~ G7130 ~ G7063 ~ G72

16 ~ G7215 ~ G7072，使用2组CRH2C型动车组。

4. 南京—上海G7049/G7054、G7065/G7066次，南京—上海虹桥G7149/G7122、G7129/G7132、G7141/G7144次，车底交路调整为：G7049 ~ G7054 ~ G7065 ~ G 7066 ~ G7149 ~ ~ G7122 ~ G7129 ~ G7132 ~ G7141 ~ G7144，使用2组CRH380B型动车组车底。

（六）调整开行规律

1. 自3月20日起，高铁动卧夕发朝至列车开行规律改为每周开行4天，停运3天，即逢周五、周六、周日、周一开行，逢周二至周四停运。动卧套跑的列车每周均开行六天，停运1天，即逢周一、周二、周四、周五、周六、周日开行，逢周三停运。

2. 上海—无锡G7210/G7209次1对改为周末列车，逢周五、周六、周日开行。

三、自3月15日起，因上海—西安北D306/7 D308/5次列车更换为CRH1E型动车组开行，部分动车组列车停运。

1. 上海虹桥—成都东D352/3次自3月15日始发站起停运，成都东—上海虹桥D354/1次自3月17日始发站起停运。

2. 上海—北京南D314次自4月3日始发站起停运，北京南—上海D313次自4月4日始发站起停运。

3. 南京南—广州南D939/42 D941/0次均自4月3日起停运。

四、自4月1日起至另有通知时止怀化开K534/5/4次、自4月2日起至另有通知时止上海南开K533/6/3次停运。

五、自4月10日起，因调整高铁动卧列车开行方案，停运南京南—广州南D939/42 D941/0次动卧1对。

六、自5月20日起，实行2015年第二次微调列车运行图，调整部分旅客列车开行。

（一）增开旅客列车5对

1. 烟台—上海虹桥G462/59 G460/1次高速动车组列车1对，经青荣城际、胶济客专、京沪高铁运行，由济南局担当，与济南西—上海虹桥G297/8次套跑。

2. 包头—深圳Z182/3 Z184/1次直达特快旅客列车1对，经由集包、张集、京包、丰沙、京九、广深线运行，由呼和浩特局担当。

3. 贵阳—天津K1342/3 K1344/1次快速旅客列车1对，经沪昆、京九、津霸线运行，由成都局担当。

4. 西安—温州K2908/5 K2906/7次快速旅客列车1对，经陇海、京九、阜淮、淮南、皖赣、宣杭、沪昆、金温线运行，25G型车底，金华调向，由西安局担当。

5. 上海虹桥—宁波G7529/G7530次1对，经沪杭、杭甬高铁运行，由上海客运段、上海动车段担当，套用上海虹桥—长沙南G1343/G1358、G1349/G1364次车底。

（二）调整旅客列车担当2对

1. 上海局担当合肥—哈尔滨T242/3 T244/1次1对改为哈尔滨局担当，并经滨洲线延长齐齐哈尔。

2. 南昌局担当厦门—长春Z104/1 Z102/3次1对改为沈阳局担当。

（三）长期临客纳入图定旅客列车2对

1. 深圳—阜阳K562/K561次长期临客列车1对纳入图定。

2. 日照—上海K4502/3 K4504/1次长期临客列车1对纳入图定，同时车次改为K174/1 K172/3次。

（四）停运旅客列车2对

1. 济南西—上海虹桥G4527/G4528次高峰线1对。

2. 信阳—天津K632/3 K634/1次快速旅客列车1对。

（五）调整旅客列车运行区段4对

1. 杭州东—长沙南G1411/G1414次1对经杭甬高铁延伸运行区段为宁波—长沙南，车次改为G1416/7 G1418/5次。

2. 东莞东—合肥K1030/K1029次1对经广深线延长深圳。

3. 武昌—上海虹桥 D3012/09 次 0.5 对改汉口始发。

4. 武昌—上海虹桥 D3044/1 次 0.5 对改汉口始发。

（六）调整旅客列车经由 1 对

厦门—北京西 K308/5 K307/6 次南昌至厦门间改经由昌福、杭深线运行，同时提升列车等级为直达特快旅客列车，车次改为 Z308/Z307 次，同时 Z308 次改经昌九城际运行。

（七）调整部分动车组列车交路

1. 上海虹桥—北京南 G102/G133 次、上海虹桥—温州南 G7535/G7504 次、上海虹桥—宁波 G7509/G7514、G7519/G7524 次，车底交路调整为: G102 ~ G133 ~ G7535 ~ G7504 ~ G7509 ~ G7514 ~ G7519 ~ G7524,使用 2 组定员 1015 型 CRH380BL 型动车组。客运乘务由上海客运段担当。

2. 上海虹桥—苍南 G7501/G7516、G7521 次、温州南—上海虹桥 G7536 次，车底交路调整为: G7501 ~ G7516 ~ G7521 ~ G7536。G7521 次到苍南后车底送温州南客整所，转次日热备。客运乘务由杭州客运段担当。

七、自 6 月 28 日至 6 月 30 日，合福高铁实行过渡期运行图

1.6 月 28–30 日增开福州—北京南 G306 次，6 月 29–30 日增开北京南—福州 G305 次。

2.6 月 28–30 日增开合肥南—福州 G2621 次、福州—合肥南 G2622 次。

3.6 月 28–30 日增开合肥南—福州 G2623 次、福州—合肥南 G2624 次。

4.6 月 28–30 日增开福州—合肥南 G2626 次、合肥南—福州 G2625 次。

5.6 月 28–30 日增开福州—合肥南 G2628 次、合肥南—福州 G2627 次。

6.6 月 28–30 日增开福州—黄山北 G2652 次、黄山北—福州 G2651 次。

7.6 月 28–30 日增开合肥南—黄山北加开 G7451 次、黄山北—合肥南 G7452 次、合肥南—黄山北 G7453 次、黄山北—合肥南 G7454 次、合肥南—黄山北 G7455 次、黄山北—合肥南 G7456 次。

八、自 7 月 1 日起，因“7.1”调整图增开高铁动卧列车等事项，调整动卧开行规律。

1. 暑运期间（7 月 1 日 –8 月 30 日）增开上海虹桥—广州南 D941/4 D943/2 次高铁动卧列车 1 对（逢周五、六、日、一开行）、套跑开行南宁东—广州南 D2371/D2372 次动车组列车 1 对（逢周三停运）。

2. 上海—北京南 D314、D313 次逢周二、三 / 三、四开行。

3. 北京南—上海 D311、D312 次自 7 月 2 日起停运。

九、自 7 月 1 日起，结合合福高铁、沪昆高铁新晃至贵阳段新线开通，实行 2015 年上半年调整列车运行图，增开部分动车组列车。

（一）直通旅客列车调整方案

1. 增开直通旅客列车 41 对

（1）北京南—福州 G27/G302 次高速动车组列车 1 对，经由京沪、合蚌、合福高铁高铁运行，由北京局担当。

（2）福州—北京南 G28/G301 次高速动车组列车 1 对，经由合福、合蚌、京沪高铁运行，由南昌局担当。

（3）福州—北京南 G304/G303 次高速动车组列车 1 对，经由合福、合蚌、京沪高铁运行，由南昌局担当。

（4）北京南—厦门北 G323/G322 次高速动车组列车 1 对，经由京沪、合蚌、合福高铁、杭深线运行，由北京局担当。

（5）北京南—厦门北 G325/G324 次高速动车组列车 1 对，经由京沪、合蚌、合福高铁、杭深线运行，由北京局担当。

（6）厦门北—北京南 G326/G321 次高速动车组列车 1 对，经由杭深线、合福、合蚌、京沪高铁运行，由南昌局担当。

（7）黄山北—北京南 G352/G351 次高速动车组列车 1 对，经由合福、合蚌、京沪高铁运行，由上海客运段、上海动车段担当。

（8）天津西—福州 G329/G330 次高速动车组列车 1 对，经由京沪、合蚌、合福高铁运行，由北京局担当。

（9）济南西—福州 G345/G348 次高速动车组列车 1 对，经由京沪、合蚌、合福高铁运行，由济南局担当。

（10）福州—济南西 G346/G347 次高速动车组列车 1 对，经由合福、合蚌、京沪高铁运行，由南昌局担当。

（11）合肥南—深圳北 G1601/G1602 次高速动车组列车 1 对，经由合福高铁、杭深线运行，由合肥客运段、上海动车段担当。

（12）合肥南—厦门北 G1611/G1612 次高速动车组列车 1 对，经由合福高铁、杭深线运行，由合肥客运段、上海动车段担当。

（13）福州—合肥南 G1622/G1623 次高速动车组列车 1 对，经由合福高铁运行，由南昌局担当。

（14）合肥南—福州 G1621/G1624 次高速动车组列车 1 对，经由合福高铁运行，由合肥客运段、上海动车段担当。

（15）福州—上海虹桥 G1632/G1637 次高速动车组列车 1 对，经由合福、沪昆高铁运行，由南昌局担当。

（16）福州—上海虹桥 G1634/G1635 次高速动车组列车 1 对，经由合福、沪昆高铁运行，由南昌局担当。

（17）福州—上海虹桥 G1636/G1639 次高速动车组列车 1 对，经由合福、沪昆高铁运行，由南昌局担当。

（18）上海虹桥—福州 G1631/G1638 次高速动车组列车 1 对，经由沪昆、合福高铁运行，由上海客运段、上海动车段担当。

（19）上海虹桥—福州 G1633/G1640 次高速动车组列车 1 对，经由沪昆、合福高铁运行，由上海客运段、上海动车段担当。

（20）厦门北—上海虹桥 G1654/G1651 次高速动车组列车 1 对，经由杭深线、合福、沪昆高铁运行，由南昌局担当。

（21）厦门北—上海虹桥 G1652/G1659 次高速动车组列车 1 对，经由杭深线、合福、沪昆高铁运行，由南昌局担当。

（22）上海虹桥—厦门北 G1653/G1656 次高速动车组列车 1 对，经由沪昆、合福高铁、杭深线运行，由合肥客运段、上海动车段担当。

（23）上海虹桥—厦门北 G1655/G1658 次高速动车组列车 1 对，经由沪昆、合福高铁、杭深线运行，由上海客运段、上海动车段担当。

（24）上海虹桥—厦门北 G1657/G1660 次高速动车组列车 1 对，经由沪昆、合福高铁、杭深线运行，由上海客运段、上海动车段担当。

（25）福州—南京南 G1672/G1677 次高速动车组列车 1 对，经由合福、沪昆、宁杭高铁运行，由南昌局担当。

（26）南京南—厦门北 G1671/G1678 次高速动车组列车 1 对，经由宁杭、沪昆、合福高铁、杭深线运行，由南京客运段、上海动车段担当。

（27）徐州东—厦门北 G1673/G1676 次高速动车组列车 1 对，经由京沪、合蚌、合福高铁、杭深线运行，由南京客运段、上海动车段担当。

（28）合肥南—南昌西 G1619/G1620 次高速动车组列车 1 对，经由合福、沪昆高铁运行，由合肥客运段、上海动车段担当。

（29）徐州东—南昌西 G1675/G1674 次高速动车组列车 1 对，经由京沪、合蚌、合福、沪昆高铁运行，由合肥客运段、上海动车段担当。

（30）广州南—合肥南 G636/G635 次高速动车组列车 1 对，经由京广、沪昆、合福高铁运行，由广铁集团担当。

（31）贵阳北—上海虹桥 G1328/G1321 次高速动车组列车 1 对，经由沪昆高铁运行，由成都局担当。

（32）贵阳北—上海虹桥 G1330/G1323 次高速动车组列车 1 对，经由沪昆高铁运行，由成都局担当。

（33）南京南—贵阳北 G1325/G1322 次高速动车组列车 1 对，经由京沪、沪昆高铁运行，由南京客运段、上海动车段担当。

（34）上海虹桥—贵阳北 G1327/G1324 次高速动车组列车 1 对，经由沪昆高铁运行，由上海客运段、上海动车段担当。

（35）上海虹桥—贵阳北 G1329/G1326 次高速动车组列车 1 对，经由沪昆高铁运行，由上海客运段、上海动车段担当。

（36）上海南—重庆北 Z257/6/7 Z258/5/8 次直达旅客列车 1 对，经由沪昆、武九、宁蓉线运行，由上海客运段、上海车辆段担当。

（37）济南—宁波 T135/T136 次特快旅客列车 1 对，经由京沪、沪昆、萧甬线运行，由济南局担当。

（38）西宁—合肥 T390/87 T388/9 次特快旅客列车 1 对，经由兰青、陇海、京广、漯阜、阜淮、淮南线运行，由青藏公司担当。

（39）汉口—天津 K920/17 K918/9 次快速旅客列车 1 对，经由京广、漯阜、京九、津霸、津山线运行，由武汉局担当。

（40）南宁—上海 K1558/5 K1556/7 次快速旅客列车 1 对，经由柳南客专、衡柳、京广、沪昆、京九、昌九城际、铜九、宁芜、京沪线运行，由南宁局担当。

（41）银川—杭州 K1808/5 K1806/7 次快速旅客列车 1 对，经由定银、太中、石太客专、石德、京沪、沪昆线运行，由兰州局担当。

2. 新增高峰线 3 对

（1）合肥南—福州 G4623/G4626 次高速动车组列车 1 对，经由合福高铁运行，上海局担当。

（2）福州—合肥南 G4624/G4625 次高速动车组列车 1 对，经由合福高铁运行，南昌局担当。

（3）济南西—上海虹桥 G4261/G4262 次高速动车组列车 1 对，经由京沪高铁运行，济南局担当。

3. 停运直通旅客列车 12 对

（1）北京南—厦门北 G165/G166 次 1 对。

（2）福州南—上海虹桥 D3122/D3121 次 1 对。

（3）上海虹桥—福州南 D3105/D3106 次 1 对。

（4）上海虹桥—福州南 D3113/D3114 次 1 对。

（5）南京南—厦门北 D3117/D3118 次 1 对。

（6）南京南—南昌西 G1491/G1494 次 1 对。

（7）南昌西—上海虹桥 G1396/G1381 次 1 对。

（8）南昌西—杭州东 G1454/G1453 次 1 对。

（9）上海虹桥—长沙南 G1351/G1366 次 1 对。

（10）上海虹桥—长沙南 G1345/G1360 次 1 对。

（11）上海虹桥—怀化南 G1375/G1372 次 1 对。

（12）福州—上海南 K164/K163 次 1 对。

4. 取消高铁动卧列车运行线 3 对

（1）上海虹桥—大连北 D966/7/6 D965/8/5 次高铁动卧列车 1 对。

（2）杭州—哈尔滨西 D962/3 D964/1 次高铁动卧列车 1 对。

（3）上海虹桥—哈尔滨西 D972/3 D974/1 次高铁动卧列车 1 对。

5. 调整直通旅客运行区段 18.5 对

（1）北京南—合肥 G265/G270 次 1 对

经由合福高铁延伸至黄山北终到、始发。

（2）青岛—合肥 G244/1 G242/3 次 1 对经由合福高铁、杭深线延伸至厦门北终到、始发。

（3）上海虹桥—南昌西 G1385/G1392 次 1 对运行区段改为上海虹桥—黄山北，经由沪昆、合福高铁运行，同时车次改为 G1509/8 G1507/10 次。

（4）合肥—青岛 G246/7 G248/5 次 1 对改合肥南始发、终到。

（5）合肥—北京南 G264/G29 次 1 对改合肥南始发、终到。

（6）合肥—北京南 G268/G269 次 1 对改合肥南始发、终到。

（7）合肥—北京南 G267/G272 次 1 对改合肥南始发、终到。

（8）北京南—合肥 G263/G30 次 1 对改合肥南终到、始发。

（9）济南西—怀化南 G285/G286 次 1 对经由沪昆高铁延伸至贵阳北始发、终到。

（10）南京南—长沙南 G1481/G1484 次 1 对经由沪昆高铁延伸至贵阳北始发、终到，同时客运乘务改由上海客运段担当。

（11）济南西—广州南 G279/G280 次 1 对经由广深高铁延伸至深圳北始发、终到。

（12）合肥南—深圳北 D3128/5 D3126/7 次 1 对运行区段改为南京—深圳北，改经由沪宁、沪杭、杭甬高铁、杭深线运行，车次改为 D3125/D3126 次。

（13）合肥—福州 K321/K322 次 1 对运行区段改为合肥—昆明，经由合九、京九、沪昆线运行。

（14）徐州—厦门 K177/K178 次 1 对运行区段改为徐州—广州东，经由京沪、水蚌、淮南、芜铜、铜九、京九、广深线运行，车次改为 K677/6 K675/8 次。

（15）怀化—上海南 K808/K807 次 1 对经由京沪线延长至无锡终到、始发，同时，杭州枢纽改经由笕杭、沪昆绕行线运行。

（16）贵阳—上海南 K496 次 0.5 对经由沪昆线改为六盘水始发。

（17）龙岩—北京西 K571/K572 次 1 对经由龙厦线延伸至厦门始发、终到。

（18）济南—广州东 T179/T180 次 1 对改为广州始发、终到。

（19）武昌—上海虹桥 D3070/67 D3068/9 次 1 对改为汉口始发、终到。

6. 调整旅客列车经由 4 对

（1）北京南—南昌西 G33/G38 次 1 对，由原经由京沪、宁杭、沪昆高铁改经由京沪、合蚌、合福、沪昆高铁运行。

（2）上海南—海口 K511/K512 次 1 对，改经由沪昆、京广线运行。

（3）银川—上海 K359/62/59 K360/1/0 次 1 对，改经由西平线运行。

（4）牡丹江—温州 K554/1/4/1 K552/3/2/3 次在桥南至党家庄间改经由京沪线运行，取消济南办理客运业务。

7. 直通旅客列车提高等级 3 对

（1）青岛—广州 T162/59 T160/1 次特快旅客列车 1 对改为直达旅客列车，车次为 Z170/67 Z168/9 次，并改为广州东始发、终到。

（2）兰州—上海 K1608/5 K1606/7 次快速旅客列车 1 对改为直达旅客列车，车次为 Z218/5 Z216/7 次。

（3）汉口—温州 1585/8/5 1586/7/6 次 1 对普快旅客列车改为快速旅客列车，车次为 K1585/8/5 K1586/7/6 次，并改为武昌始发、终到。

（二）管内旅客列车调整方案

1. 增开管内旅客列车 18 对

（1）上海虹桥—合肥南（六安）G7286/7 G7288/5 次高速动车组列车 1 对，经由京沪高铁、合宁、合武线运行，由合肥客运段，上海动车段担当。

（2）上海虹桥—南京南 G7351/4 G7353/2 次高速动车组列车 1 对，经由沪杭、宁杭高铁运行，由上海客运段、上海动车段担当。

（3）蚌埠南—黄山北 G7401/G7406 次高速动车组列车 1 对，经由合蚌、合福高铁运行，由合肥客运段，上海动车段担当。

（4）蚌埠南—黄山北 G7405/G7408 次高速动车组列车 1 对，经由合蚌、合福高铁运行，由合肥客运段，上海动车段担当。

（5）蚌埠南—黄山北 G7403/G7402 次高速动车组列车 1 对，经由合蚌、合福高铁运行，由合肥客运段，上海动车段担当。

（6）合肥南—黄山北 G7413/G7414 次高速动车组列车 1 对，经由合福高铁运行，由合肥客运段，上海动车段担当。

（7）合肥南—黄山北 G7417/G7418 次高速动车组列车 1 对，经由合福高铁运行，由合肥客运段，上海动车段担当。

（8）合肥南—黄山北 G7419/G7420 次高速动车组列车 1 对，经由合福高铁运行，由合肥客运段，上海动车段担当。

（9）合肥南—黄山北 G7421/G7416 次高速动车组列车 1 对，经由合福高铁运行，由合肥客运段，上海动车段担当。

（10）合肥南—黄山北 G7423/G7422 次高速动车组列车 1 对，经由合福高铁运行，由合肥客运段，上海动车段担当。

（11）合肥南—蚌埠南 G7432/G7433 次高速动车组列车 1 对，经由合蚌高铁运行，由合肥客运段，上海动车段担当。

（12）合肥南—黄山北 G7411 次高速动车组列车 0.5 对，经由合福高铁运行，由广铁集团担当。

（13）黄山北—蚌埠南 G7404 次高速动车组列车 0.5 对，经由合福、合蚌高铁运行，由广铁集团担当。

（14）蚌埠南—合肥南 G7431 次高速动车组列车 0.5 对，经由合蚌高铁运行，由广铁集团担当。

（15）杭州东—温州南 G7541 次高速动车组列车 0.5 对，经由杭甬高铁、杭深线运行，由杭州客运段，上海动车段担当。

（16）温州南—上海虹桥 G7542 次高速动车组列车 0.5 对，经由杭深线、杭甬、沪杭高铁运行，由杭州客运段，上海动车段担当。

（17）上海虹桥—温州南 G7543/G7544 次高速动车组列车 1 对，经由沪杭、杭甬高铁、杭深线运行，由上海客运段，上海动车段担当。

（18）杭州东—温州南 G7545/G7546 次高速动车组列车 1 对，经由杭甬高铁、杭深线运行，由上海客运段，上海动车段担当。

（19）杭州东—宁波 G7695 次高速动车组列车 0.5 对，经由杭甬高铁运行，由杭州客运段，上海动车段担当。

（20）南京南—温州南 G7667/G7668 次 1 对，经由宁杭、杭甬高铁、杭深线运行，由南京客运段、上海动车段担当。

（21）南京南—衢州 G7643/G7644 次 1 对，经由宁杭、沪昆高铁运行，由南京客运段、上海动车段担当。

2. 停运管内旅客列车 9 对

（1）蚌埠南—合肥 G7281 次 0.5 对。

（2）蚌埠南—合肥 G7285/G7286 次 1 对。

（3）蚌埠南—合肥 G7287/G7288 次 1 对。

（4）蚌埠南—合肥 G7289/G7290 次 1 对。

（5）六安—蚌埠南 G7284 次 0.5 对。

（6）杭州东—上海虹桥 G7552 次 0.5 对。

（7）杭州东—宁波 D5591 次 0.5 对。

（8）上海虹桥—南京南 G7345/8 G7347/6 次 1 对。

（9）杭州东—温州南 D5585/D5586 次 1 对。

（10）杭州东—温州南 D5587/D5588 次 1 对。

（11）上海虹桥—南京南 D5601/4 D5603/2 次 1 对。

3. 调整管内旅客列车运行区段 2 对

（1）上海—南京南 G7064 次 0.5 对

经由合宁线延伸至合肥南终到，车次改为G7272/3次。

（2）上海—合肥南G7276/7 G7278/5次1对经由合蚌高铁延伸至淮南东终到、始发，车次改为G7276/7/6 G7275/8/5次，同时G7275/8/5次在南京南至上海间由沪宁高铁改经由京沪高铁运行。

（3）合肥—淮南东G7282次0.5对改为合肥南始发，同时车次改为G7434次。

4. 上海局担当在外局套用的旅客列车变化

（1）停运北京—秦皇岛K7751/K7752次1对。

（2）增开北京—衡水K7771/K7772次1对，经由京沪、京九线运行，合肥客运段、合肥车辆段担当。

（3）西安北—太原南D2618/D2617次，车次改为D2508/D2515次。

十、自7月3日起，长春—厦门每隔2日增开Z102/3次；自7月5日起，厦门—长春每隔2日增开Z104/1次。

十一、自7月10日起，上海南至邵阳K575/K576次临时停运，临时增开上海南至邵阳K4575/8 K4577/6次。

十二、自7月24日起，对沪昆高铁等线部分列车进行优化调整，调整管内周末线列车开行规律，调整部分旅客列车开行。

（一）增开管内高速动车组列车2.5对

1. 杭州东—上海虹桥G7552次0.5对，经沪昆高铁运行，由杭州客运段、上海动车段担当。

2. 上海虹桥—杭州东G7591/G7592次1对，经沪昆高铁运行，周末线，由杭州客运段、上海动车段担当。

3. 上海虹桥—杭州东G7593/G7594次1对，经沪昆高铁运行，周末线，由杭州客运段、上海动车段担当。

（二）停运管内高速动车组列车0.5对

上海虹桥—杭州东G7559次0.5对停运。

（三）汛期上海南—深圳西K197/200/197 K198/9/8次1对停运，改开行上海南—赣州K4197/K4198次1对。

十三、自8月27日起，上海南—芦潮港K8351/8352、K8353/8354次2对旅客列车停运。

十四、自9月1日起，沈阳北—上海虹桥G1230/1 G1232/29次延长为丹东—上海虹桥，并改由沈阳局担当。

十五、自12月6日起，宁安客专开行动车组列车。开通初期安排开行管内高速动车组列车1对、动车组14对，其中上海—安庆高速动车组1对、南京南—安庆动车组5对、合肥南—安庆动车组8对、南京南—芜湖动车组1对。

1. 增开合肥南—安庆D5651、D5653、D5655、D5657、D5659、D5661、D5663、D5665次，安庆—合肥南D5652、D5654、D5656、D5658、D5660、D5662、D5664、D5666次8对。

2. 增开安庆—南京南D5602、D5604、D5606、D5608、D5610次，南京南—安庆D5601、D5603、D5605、D5607、D5609次5对。

3. 增开南京南—芜湖D5641次，芜湖—南京南D5642次1对。

4. 增开上海—安庆G7086/7次，安庆—上海G7088/5次1对。

十六、自12月中下旬起，上海—拉萨Z164/5 Z166/3次在西宁分段开行。

十七、自12月26日起，金温线开行动车组列车。金温线开通初期安排开行管内高速动车组列车9对，其中上海虹桥—温州南3对、南京南—温州南2对、杭州东—温州南4对。

1. 上海虹桥—温州南G9331/G9332次1对，杭州东—温州南G9351～G9358次4对。

2. 南京南—温州南G9361/G9362次1对，上海虹桥—温州南G9333/G9334次1对。

3. 南京南—温州南G9363/G9364次1对，

上海虹桥—温州南 G9335/G9336 次 1 对。

（杨 杰）

（四）货物运输

【概况】 2015 年，上海铁路局贯彻中国铁路总公司党组决策部署，把发展现代物流作为提高企业经营效益的当务之急和实现健康持续发展的必由之路，调研分析长三角区域市场环境，加强货运营销以及装备、人才、管理等综合保障，努力提升市场竞争力。至年末，完成货发 18903 万吨，为年度任务的 92.0%，其中大宗完成 15490 万吨、占 81.9%，白货完成 3413 万吨、占 18.1%；全局日均装车 8749 车，为年度任务的 92.1%。其中大宗日均 6490 车，白货日均 2259 车；全年完成静载重 59.2，其中大宗 65.4，白货 41.4。完成货物保价运输收入 10609.4 万元，为年度任务的 103.0%。全局货运未发生货运责任一般 C 类及以上铁路交通事故，未发生Ⅰ级以上责任货物损失、货运从业人员责任死亡事故、责任火灾事故。

（厉劲松 龚月华 陈登科 李春丽）

【货运服务受理】 2015 年，上海铁路局受理和配送中心日均接听客户来电 819 个，接通率 98.34%，最高峰单日呼入电话 1522 个；日均受理客户订车需求 176 单 1290 车。其中日均完成长三角快运零散货物配送 109 单 717 吨，配送单高峰日为 238 单，配送吨高峰日为 2774.52 吨。

【特需列车开行】 2015 年，上海铁路局根据客户需求，量身定制、开行客车化特需货运列车。至年末，共开行 19 个去向别的跨局特需列车计 806 列、25916 车。

（钱建国）

【货运市场营销】 2015 年，上海铁路局建立 56 个营销主网格、200 个子网格，八大板块营销团队（煤焦油矿、钢材水泥、集装箱、商品车、粮食化肥、批量、危化品、家电），1200 名专职营销队伍，544 名客户代表。建立无轨站 218 个。与 157 家企业签定物流外包协议。完成零散货物快运 107 万吨，批量货物 750 万吨，开行中欧中亚班列 523 列，海铁联运 25 条线路。

（李琳）

上海铁路局各单位货物运输任务完成情况表

单位	货发（万吨）	其中		日均装车（车）	其中		静载重（吨/车）	其中	
		大宗	白货		大宗	白货		大宗	白货
上海铁路局	18903	15490	3413	8749	6489	2259	59.2	65.4	41.4
徐州货运中心	3913	3151	762	1717	1299	418	62.4	66.4	50.0
蚌埠货运中心	4370	4100	270	1875	1713	161	63.9	65.6	45.8
淮南货运中心	4761	4537	224	1969	1863	107	66.2	66.7	57.5
合肥货运中心	342	189	153	186	97	90	50.3	53.6	46.7
芜湖货运中心	723	317	407	342	139	202	58.0	62.2	55.1
南京货运中心	911	495	417	511	222	289	48.9	61.1	39.5
上海货运中心	596	199	397	452	93	359	36.1	58.6	30.3
杭州货运中心	2292	1832	461	1179	776	402	53.3	64.6	31.4
金华货运中心	495	209	286	284	94	191	47.7	61.0	41.1
金温公司	500	463	37	234	193	41	58.5	65.9	24.5

（陈登科 李春丽）

【货物运价调整】2015年2月1日起，国家铁路货物统一运价平均每吨公里由14.51分提高到15.51分。

（赵强）

【集装箱运输】2015年，上海铁路局有集装箱办理站84个，其中集装箱中心站1个（芦潮港）。至年末，全局完成集装箱发送64万TEU，发送吨1007.6万吨。完成海铁联运发到53495TEU，较2014年减少40230TEU，降幅42.9%。

（陈良勇　安波）

【危险货物运输】2015年末，上海铁路局有危险货物办理站87个，其中站内危险货物办理站1个，办理危险货物运输业务的专用线107条，有危险货物托运企业38家。

（王振兴）

【超限超重货物运输】2015年末，上海铁路局开办超限超重货物运输的线路50条，开办超限超重货物运输的直属站、段（包括合资公司）24个、营业站94个（其中货场作业76个，专用线、专用铁路40家）。全局安全装运超限货物5724辆，其中装运军运超限装备3069辆，铁路建设超限预应力梁2644辆。接运超限超重货物3958辆，其中接运军运超限装备3726辆。开行超限专列1列，接运超限专列13列。

（俞坚慧）

【货物保价运输】2015年，上海铁路局共办理货物保价运输246.0万批，占货物总发送批的70.6%，同比减少1.6个百分点；共发送保价货物14673.8万吨，占货物总发送吨的77.4%，同比增加0.6个百分点。全局货物保价运输收入10609.4万元，为年度任务的103.0%。全局保价货物损失赔付率1.64%，同比增加0.46个百分点。

（龚月华）

【货运设备设施投资】2015年，上海铁路局实施装卸设备设施更新改造及大修共277项，总投资额5139.2万元，其中更新改造195项，投资额3960.7万元；大修82项，投资额1178.5万元。至年末，全局有装卸机械1605台，其中桥吊52台、门吊238台、正面吊8台、电动轨道吊及固定吊22台、轮胎（履带）吊11台、汽车吊1台、抓（扒）料机24台、卸煤机23台、装载机224台、内燃叉车650台、电瓶叉车252台、行包牵引车4台、皮带输送机81台、堆垛机14台。

（杨松）

【专用线运输】2015年，上海铁路局有专用线（专用铁路）585条，其中开展共用的专用线84条，共用单位506家。全局货运办理站中，有专用线接轨225个。至年末，全局专用线发送15715万吨，占总发送量83.4%，专用线到达16797万吨，占总到达量77.9%，合计专用线发到量占全局货物发到量的80.5%。

（王晓东）

【第三方满意度测评】2015年，上海铁路局货运总体满意度为86.20，较2014年的86.68下降0.48。其中安全情况评价为88.01，较2014年的87.13上升0.88。装卸服务方面的满意度为82.97，较2014年的82.54上升0.43。常州、北郊货运站被中国铁道企协评为“全路客货运窗口用户满意单位”。

（岳森根）

【货物装卸】2015年，上海铁路局有装卸从业人员8706人，其中铁路职工1849人，委外工6857人。至年末，全局站内装卸作业总量1.071亿吨，其中路工作业量2728.7万吨，委外作业量7984.9万吨。装卸机械化作业比重86.3%，委外作业比重74.5%。

（顾胜周）

【煤炭抑尘作业】2015 年，上海铁路局有 27 个煤炭抑尘站（其中，固定抑尘站 18 个，流动抑尘站 9 个）。至年末，实施煤炭抑尘喷洒作业 1446993 车，覆盖率 99.26%。

（程隆冒）

【货运电子商务】2015 年，中国铁路 95306 网站建立。至年末，上海铁路局完成客户注册 18922 家、全路排名第二，店面展示 5369 家、全路排名第二，挂单 19300 单、全路排名第三。应单 7102 单、全路排名第四，成交金额 191.02 亿元、全路排名第七。选择铁路物流的运量 1364.7 万吨，全路排名第五。

（李春丽）

（五）综合经营

【概况】2015 年，上海铁路局非运输系统按照“专业化经营、实业化发展、集约化创效、规范化管理”发展思路，发挥资源优势，集聚创新智慧，培育规模型、效益型、品牌型企业。构建“全局性规划、立体式开发、多元化合作”的资产经营开发工作体系，提高资产经营开发的层次、效率和质量。其中新增可开发利用存量资源 772 处，实施各类新开发项目 440 多项。至年末，上海铁路局有 157 家非运输企业（其中一级企业 17 家，二级企业 124 家，三级企业 16 家），职工 1.12 万人，其他用工 9712 人，总资产 210 亿元，净资产 65 亿元；有 168 家集体企业（其中地区集经总公司 5 家，下属企业 163 家）；从事运输其他业务单位 139 家。主要涉及客运配套服务、工程建设、工业制造、物流服务、土地综合开发五大经营板块。实现营业收入 238.3 亿元、考核利润 16.8 亿元。

【上海铁路多经投资中心撤销】2015 年 12 月，根据中国铁路总公司关于调整铁路局非运输企业出资关系的通知要求，撤销上海铁路多经投资中心及其党群组织，将上海铁路多经投资中心对直属非运输企业的出资调整为铁路局直接出资，对其他企业的出资调整为相关直属非运输企业出资。上海铁路局经开处主要负责全局资产开发和非运输业务（含运输其他业务）的经营管理；对非运输企业、运输其他业务的经营开发等工作进行管理、检查和监督；统筹协调相关专业部门推动运输其他业务与非运输企业业务协同发展；负责全局集体经济的归口管理。

【实业发展提档升级】2015 年，上海铁路局非运输企业把握铁路装备市场快速发展趋势，发挥高铁大局、客运大局优势，实施“实业发展”战略，把构建实体、发展实业作为一个主攻方向，以产研合作为重点技术引进方式促进工业产品提档升级，推进新项目开发。至年末，储备具有较好市场前景、较强盈利能力的实业项目 24 项，推进 11 个产研合作项目加快落地。拓宽技术引进、扩大融资、降低风险、合作经营思路，打开技术嫁接、产业升级新通道，投资组建合资公司 4 家，股本规模突破 1.46 亿元。

【客运资源开发】2015 年，上海铁路局非运输企业挖掘资源，实现优质资源优先开发、深度开发。高品质推进合福、宁安、金丽温等新线新站开发，深度开发合肥南、杭州东、宁波等枢纽高铁车站商业、广告，新增商业和广告面积 3.1 万平方米。改进高铁配餐销售方式和管理手段，满足旅客多样化消费需求，销售收入同比增长 37%。建立黄山、合肥等 10 个网络性商旅中心，推进乘意险销售和线上旅服项目预订，开发“台湾游”“高铁游”等新项目。至年末，开行“文明专列”117 列。

【物流业务拓展】2015年，上海铁路局非运输企业主动对接大客户需求，量身订制物流服务方案，通过市场化方式拓展物流总包、城市消费品、供应链管理等物流服务，承接康佳电气、徐工机械、南方水泥等30多项物流总包业务；开发建设安徽恒通、江苏海安、浙江上铺等5个物流设施。至年末，物流商贸产业新增毛利2600多万元。

【内部市场资源统筹】2015年，上海铁路局非运输企业以能力提升、产业联动为基础，加大市场营销，争取各方支持。全年受托代建的涉铁工程208项，合同金额62.1亿元，产业链拉动规模突破24.7亿元，同比增长17.6%；局内产品供应量持续增加，20种主要工业产品收入同比增长107%，其中磁卡票实现首次向国外出口。

【项目开发分类推进】2015年，上海铁路局非运输企业创新开发方式，建立项目开发“专业咨询、专业论证、专业评审、风险评估、市场竞标”机制，实施“路局、项目主体、设计机构、政府部门”四方联审制度，开发应用“路局资产租赁管理信息系统”，提增资产开发效益。新线新站综合开发项目主体与沿线65个市县政府签订57份框架协议，规划预留综合开发用地5.03万亩，并以张家港、扬州和盐城等地区为试点推进综合开发；建成投产3个重点项目，落地143个“短平快”项目；合肥十五里河房产项目开工建设，南京安德门项目基本完成到期清退工作。

【集体企业管理】2015年，上海铁路局集体企业总资产19.35亿元，净资产6.53亿元。行政性整合企业135家，法人企业168家，集体职工8967人。制定《上海铁路局关于进一步规范和加强集体企业管理若干规定》（上铁经〔2015〕447号）文件，理顺关系，明确职责，健全工作机制。组织开展全局集体经济资产清查，建立全局集体企业基础信息表。推进企业重组，全年注销法人集体企业30家。严格执行合同网上会签制度，全年新签合同1970份，总金额60212.28万元。至年末，全局集体企业完成营业收入21.41亿元，实现利润2846.32万元。

【运输其他业务协调发展】2015年，上海铁路局非运输业按照“做优存量、挖潜提效”思路，在符合铁路局专业化经营和全局效益最大化前提下，发挥资源优势，细化分工合作，转换经营方式，建立与非运输企业协作机制，促进经营效益增长。全局有139家单位开展其他业务，其中62家运输站段成立经营开发部，负责其他业务的经营管理。至年末，全局其他业务完成收入38.08亿元，同比增长5.9%；实现利润10.81亿元，同比增长23.7%。

（于明波）

【客票代售】2015年，上海铁路局上铁国旅公司新增客票代售点23个，调整移址146个新开和移址代售点重点向城乡结合部转移。推进集团公司与亿铁科技公司、上海全家超市和上海坤铁公司合作在上海、无锡、苏州布局50台站外自助售票机项目，构建客票代售新模式，降低成本。至年末，公司有客票代售营业点1165家，其中自营代售点133家，具有旅游业务的综合门店27家。全年客票代售张数同比下降19.79%。

【旅游专列开行】2015年，上海铁路局上铁国旅公司按照“自营为主、合作为辅、包车补充”原则，抓好旅游专列开行组织。4月10日，全国首趟上海至黄山“文明旅游专列”在上海南站举行首发仪式，上海市委宣传部副部长、文明办主任燕爽，上海市旅游局局长杨劲松，上海铁路局党委书记黄殿辉等出席仪式。4月13日，开行“行摄黄山、精彩无限”首趟摄影旅游专列。该趟专列是全国首趟以摄影为主题的旅游专列，专业及业余摄影爱好者计 346 人到黄山“行摄春天”。至年末，共组织开行 113 趟旅游专列。

（金嫣）

（六）大事记

【合肥至福州高速铁路开通运营】 2015 年 6 月 28 日，合肥至福州高速铁路开通运营。合福高铁全长 808 公里，初期运营时速 300 公里，全线设 24 个车站。其中上海铁路局管内 11 个车站，全长 345 公里。

【宁安城际铁路全线开通运营】 2015 年 12 月 6 日，宁安城际铁路全线开通运营。宁安城际铁路全长 258 公里，沿线设 10 个车站。线路技术标准为双线客运专线，设计时速 250 公里。

【宁西铁路增建二线工程安徽段全线开通运营】 2015 年 12 月 25 日，宁西铁路增建二线工程安徽段全线开通运营。该线全长 1086 公里，上海铁路局管内 96.45 公里。

【金温铁路开通运营】 2015 年 12 月 26 日，金温铁路开通运营。金温铁路是铁路干线网中杭长高铁和东部沿海高铁的快速连接通道，全长 188 公里，设计时速为 200 公里。

【重点工程开通启用】 2015 年 12 月 31 日，上海铁路局管内宁启铁路南京至南通段复线电气化改造工程、宁波枢纽新建北环线工程、杭甬客专剩余工程杭州东至杭州南站、新建丰县到沛县铁路等一批重点工程开通启用。

（孔令贵）

2015 年 1 月 29 日，上海铁路局义乌西货运站首次发往宁波港的 81942 次铁海联运集装箱班列。

（马锦标/摄）

十一、民用航空

(一) 综述
(二) 行业管理
(三) 机场运营管理
(四) 航空运输和通用航空

(一)综述

2015年,上海民航2个机场(虹桥国际机场、浦东国际机场)共完成旅客吞吐量9918.9万人次(含过站人数),同比增长10.6%,其中虹桥国际机场完成旅客吞吐量3909.1万人次,浦东国际机场完成旅客吞吐量6009.8万人次;全年两场完成货邮吞吐量370.9万吨,同比增长2.6%,其中虹桥国际机场完成货邮吞吐量43.4万吨,浦东国际机场完成货邮吞吐量327.5万吨;2015年两场共起降飞机70.6万架次,同比增长7.7%,其中在虹桥国际机场起降25.7万架次,在浦东国际机场起降44.9万架次。分航线看,2015年两场共完成国内航线旅客吞吐量(不含地区航线,下同)6643.9万人次,占全年旅客吞吐量67%,同比增长9.4%,其中虹桥国际机场为3604.6万人次,浦东国际机场为3039.2万人次;完成国际航线旅客吞吐量2493.4万人次,占全年旅客吞吐量的25.1%,同比增长17.7%,其中虹桥国际机场为139万人次,浦东国际机场为2354.5万人次;完成地区航线旅客吞吐量781.6万人次,占全年旅客吞吐量的7.9%,同比增长1%,

其中虹桥国际机场为165.5万人次，浦东国际机场为616.1万人次。分航线看，2015年两场共完成国内航线货邮吞吐量79.8万吨，占全年货邮吞吐量的21.5%，同比增长4%，其中虹桥国际机场为40.5万吨，浦东国际机场为39.4万吨；完成国际航线货邮吞吐量246.6万吨，占全年货邮吞吐量的66.5%，同比增长3.1%，其中虹桥国际机场为1.03万吨，浦东国际机场为245.6万吨；完成地区航线货邮吞吐量44.4万吨，占全年货邮吞吐量的12%，同比减少2.2%，其中虹桥国际机场为1.8万吨，浦东国际机场为42.6万吨。截至2015年底，与上海通航有47个国家和地区的118通航点（含香港、澳门、台湾）和国内的137个通航点。26家国内航空公司和70家国际及地区航空公司开通了上海的定期航班。

（二）行业管理

【概况】 年内，民航华东局与辖区单位签订安全责任书，通过行政处罚、行政约见、限制运行以及与上级主管部门、地方政府联动监管等手段，督促各运行单位落实好安全生产主体责任。组织举办法治民航、安全民航宣讲活动。探索安全监管方式转变，调研和指导安全能力建设。推动技术创新，做好适航审定工作。积极配合C919试飞和全机静力试验机的研制；有序开展ARJ21-700飞机预投产适航检查、PC审查和TC证后管理工作，以ARJ21 T5测试为重点，确保我国首架国产喷气客机顺利交付；完成对中国商飞的持续适航体系评审，推进国产民机的产品安全管理。

完成虹桥机场航班优化试点任务；配合上海市政府开展优化上海空域及周边空海军机场搬迁方案的研究，初步完成长三角机场群空域优化方案。继续支持老、少、边、穷、红色旅游地区和新疆、西藏等边远地区航空运输的发展；通过建立“空中快线”，打造有竞争力的航线网络。按照民航局要求，借鉴国外先进经验，结合国内实际情况，研究制定颁布了《上海浦东机场航班时刻资源市场配置改革试点工作实施细则》。从上海两场航班正常工作入手，按季对正常率排名靠后的航线航班进行具体分析，研究提出整改措施，实施处罚；开展航班备降专项督查；稳妥处置恶劣天气和军事活动造成的航班大面积延误。

完成春运、两会、国庆长假、抗战胜利70周年、西藏自治区成立50周年、新疆自治区成立60周年、劳伦斯世界体育奖颁奖典礼、中国－中东欧国家领导人会晤、世界互联网大会等重大航空运输安全保障工作。完成埃博拉感染者运送和烈性传染病员运输飞机加改装第一阶段任务。协助军方做好多项重大演习和新老兵航空运输工作。积极发挥行业政府引领作用，推动成立上海通用航空行业协会。

加快运输机场基础设施建设。浦东机场第四跑道正式启用，T1航站楼改造完工，第五跑道和三期扩建工程全面开工。完成上海区域管制中心甚高频遥控台扩容、自动化系统扩容工程等空管设施的扩容和改造。

梳理总结华东民航“十二五”发展的状况与特点，紧密结合上海、福建两个自贸区建设、以及“一带一路”和“长江经济带”建设、低空空域管理改革等国家战略，完成华东民航“十三五”规划初稿编制工作。协调地方政府，共商长三角民航协同发展的政策和保障措施，在“客货并举、运通兼顾、军民融合”方面进行了充分的调研和探索，推动构建三省一市和民航局组成“4+1”模式的长三角区域机场、空域、航线、产业资源的民航协同发展机制；会同民航局机关完成《长三角世界级城市群民航协调发展战略研究》课题。协助地方政府开展航空经济和通用航空发展研究，指导地方政府有关部门做好通用航空、公务机机场布局规划研究。

【华东局向中商飞客服公司颁发 CCAR-147 部维修培训机构合格证】 3 月 26 日，民航华东地区管理局向中国商飞公司上海飞机客户服务有限公司颁发了 CCAR-147 部维修培训机构合格证。这标志着商飞客服自此具备了民用航空器维修基础培训和维修基本技能培训的资格，而这一资格的具备也为国产支线飞机 ARJ21-700 即将顺利交付首家客户提供了有力保障。经过华东局、商飞客服公司的共同努力，从公司项目申请到局方审定合格用了 4 年多的时间，达到了颁发此项合格证的所有条件。

【上海民航全力以赴完成春运、“两会”航空运输保障工作】 2015年春运和“两会”期间，华东地区共起降航班 24.23 万架次，同比增长 12.12%；运送旅客 2994 万人次，同比增长 13.66%。其中上海地区起降 7.66 万架次，同比增长 9.27%；运送旅客 1080 万人次，同比增长 13.11%。组织国内加班、包机 10,586 班，保障专机、“两会”、要客等重点航班 258 架次，圆满完成了春运、“两会”航空运输保障任务。上海民航各单位按照“以客为主、安全第一、服务至上、保障有力”的总体要求，以饱满的热情、周到的服务、细致的工作确保了春运和“两会”期间华东地区航空运输安全、有序。

【华东地区通用航空协调发展研讨会在沪召开】 4 月 15 日，华东地区通用航空协调发展研讨会在沪召开，民航局副局长王志清，民航局运输司司长刘增禹，民航华东地区管理局蒋怀宇局长，美国交通运输部副部长苏珊女士（Susan Kurland），美国公务航空协会总裁兼首席执行官艾德．博伦先生，华东地区省(市)发改委、交通厅(局)等有关领导，以及通航企业、科研院所等方面的代表和外国专家 200 多人与会，共谋通用航空行业发展愿景。会上，作为华东地区民航行业管理机构的民航华东地区管理局，就通航发展中的空域管理、机场建设等有关问题作了政策解读。一些通航企业、科研院所的与会者，分别对通航发展与城镇化、通航产业布局构建，城市群与机场群协同发展，以及繁忙机场商务航空发展与分流等内容进行了交流讨论。

据统计，2010 年至 2014 年，上海浦东、虹桥两场商务航班起降量（架次）每年以 1 倍的速度增长，2010 年为 2938 架次，2014 年达 4797 架次，通用航空的迅猛发展，为上海国际经济、金融、贸易中心建设，为国际、国内重大会议、会展、赛事以及商务活动，提供了高效、一流的商务航空保障。

【中国民航首次实施卫星着陆系统（GLS）演示验证】 4 月 29 日 5 时 30 分至 7 时 30 分，在民航局的指导下，民航华东地区管理局组织协调东航、山航、上海机场集团、华东空管局、霍尼韦尔公司等单位，使用东航 A321/B-6923、山航 B738/B-5650 号飞机，同时实施了上海浦东机场 GLS 演示验证，取得圆满成功。

GLS 是一种基于卫星导航陆基增强技术的精密进近着陆系统，是近年来世界民航发展的又一项航行新技术。一套 GLS 设备可同时满足 26 个跑道进近方向实施精密进近的运行需求，相比于传统仪表着陆系统（ILS），GLS 具有使用成本低、场地要求低、信号稳定、运行灵活等优势。此次演示验证，验证了浦东机场 GLS 飞行程序和导航数据库，检查了解了 GLS 设备工作情况，检验了东航、山航的 GLS 运行能力及华东空管局和浦东机场的 GLS 运行保障能力，演示了 GLS 的飞行方式，充分展示了 GLS 的运行优势，为 GLS 技术在中国民航的进一步推广应用积累了经验。

【国产 ARJ21-700 飞机生产许可证审定工作正式启动】 4 月 24 日，国产 ARJ21-700 飞机生产许可审定委员会（PCB）首次会议在上海召开，这标志着国产 ARJ21-700 飞机生产许可证适航审定工作正式启动，是 ARJ21 项目的又一个重要里程碑。

【华东局配合做好“东方之星”前方救援和旅客家属善后处置工作】 上海市市委副书记、市长杨雄 6 月 3 日下午主持召开专题会议，研究部署“东方之星客船翻沉事件”本市相关善后处置工作。根据上海市有关工作要求，民航有关单位积极协助做好遇难游客家属及市民政、信访、旅游、卫生部门，以及各区、街道、居委工作人员近期赶赴始发地乘坐民航航班的保障工作。东航、机场已做好相应保障工作，预留了所需航班座位，在虹桥、浦东两场开辟绿色保障通道，安排专人协助办理出票、值机、办理安检手续、引领登机等事项，并重点保障所乘坐的航班。

【华东局与长宁区人民政府签署战略合作协议】 5 月 29 日，中共长宁区委、长宁区人民政府在上海虹桥临空经济园区联合举办“上海虹桥航空产业服务业创新试验区签约启动仪式”上海市委常委、副市长艾宝俊为“上海虹桥航空服务业创新试验区”揭牌。华东局蒋怀宇局长出席了创新试验区签约启动仪式，并代表民航华东地区管理局与长宁区人民政府签署战略合作协议。

今年 1 月经上海市政府批复成立的上海虹桥航空服务业创新试验区，位于上海长宁区，总面积为 6.74 平方公里，由上海虹桥临空经济园区 2.74 平方公里和机场东片区 4.0 平方公里组成。区内企业主要从事飞机维修、飞机销售、航空客运、航空货运、通用航空服务、航空货代、航空票务分销和代理服务等业务。

创新实验区未来将形成航空服务业企业、航空配套服务业企业和航空服务业功能性平台机构三类企业集聚，重点打造公务机产业、保税免税、航空金融服务、航空要素市场化配置、航空专业服务、航空快递六大功能。创新试验区的成立，有利于打造上海对接世界航空产业转移承载平台，有利于丰富上海航运中心内涵完善航空产业布局。有利于构建承接上海自贸区体制创新载体，有利于打造虹桥商务区产业制高点和长宁未来经济发展新引擎。

在签约仪式上，长宁区政府还与上海海关、上海国检局签署第二轮全面合作战略合作协议，与中国东方航空集团公司、上海机场有限公司、中国民用航空华东地区空中交通管理局、中国航空油料有限责任公司等驻场单位签署战略合作，与航空专业机构代表和航空企业代表签署战略合作协议和入驻意向协议。

【ARJ21 飞机圆满完成航线演示飞行】 7 月 28 日，ARJ21 新支线飞机 105 架机从南通兴东机场起飞，经过约两个半小时的平稳飞行，顺利降落在成都双流机场。ARJ21 飞机于 2015 年 3 月开始，以成都双流机场为基地，在上海、天津、南通、石家庄和东营等地之间开展了一系列航线演示飞行的工作。全面验证飞机的运行能力，手册的适用性、准确性和完整性，模拟各类体系的实际运行情况并进行完善。

【浦东机场第四跑道投用大幅提升运行效率】 2015 年 3 月 28 日零时起，浦东机场第四跑道 16L/34R 正式启用，浦东机场成为首个国内拥有四条跑道的机场。新建成的第四跑道长 3800 米，宽 60 米，与东侧的第二跑道为邻，其间隔距离 440 米。为确保浦东机场第四跑道顺利启用，华东空管局高度重视，精心组织，认真落实独立平行进近新模式的实施准备和培训工作。四跑道启用后，上海浦东国际机场降落的航班由之前的双跑道相关平行进近模式提升为独立平行进近模式，也就是飞机在浦东机场相邻的平行跑道上降落时，不再考虑左右两侧纵向4公里的保护，只需要考虑单跑道进近航迹上飞机前后的尾流间隔。随着这一新模式启用，浦东机场得以释放原来相关平行进近模式下的间隔资料，航班落地前盘旋等待时间减少，起飞航班放行也变得流畅，有效缩短了航班在地面及空中的等待时间，提供了机场跑道的利用效率。

【M503航线正式运行】 2015年3月29日零时起，M503航线正式运行。M503航线准备工作前后历经7年多时间，是切实服务于空域用户的重点空域项目，拓展和突破了东南沿海地区空域资源瓶颈，有效分流A470航路的拥堵，缓解了我国东南沿海地区特别是长三角和珠三角两大繁忙机场群之间的安全风险和航班延误。运行首日，共保障航班31架次。目前开通航段仅在上海情报区内，对提高上海广州方向航班正常性已起到积极的作用。M503航线的启用，为下一步黄海、南海等地区相关海上航路航线优化整合，打通我国东北、日韩、珠三角和东南亚地区主要交通流海上大通道建设奠定了坚实的基础。

【上海区域30扇区划设方案得到民航局空管局批复】 2015年8月7日，民航局空管局正式发文批复上海管制区域增设第27、28、29、30扇区，上海区域管制扇区数量增至30个。管制扇区的不断优化和细分，能够切实有效地降低管制工作负荷，从而提升上海区域空管运行品质。

【中日韩流量管理每日计划交换工作】 根据“中日韩空中交通流量管理协调组第三次会议”上各国达成的共识，落实民航局空管局关于开展好中日韩空中交通流量管理协调工作的指示要求，于2015年12月1日起，空管中心流量管理室试行中日韩流量管理每日计划交换工作。（Air Traffic Flow Management Daily Plan）简称ADP，首次开展与国外流量管理单位的信息交互。

（三）机场运营管理

【概况】 2015年，在全球经济疲弱运行和国内经济形势异常复杂的不利形势下，上海机场航班起降架次、旅客吞吐量、货邮吞吐量持续增长。上海机场安全运行态势持续平稳，实现了第十六个安全年，上海两场的硬件保障能力和服务保障软实力持续提升，航空枢纽建设不断推进。

【上海机场运输生产指标】 2015年，上海机场航班起降、旅客吞吐量、货邮吞吐量分别达到70.58万架次、9918.9万人次、370.88万吨，同比分别增长7.68%、10.63%和2.63%。上海机场三大生产指标完成量均位居全国城市民航机场第一，旅客吞吐量位居全球城市第六，浦东机场货邮吞吐量连续第八年保持全球机场第三。

【上海浦东、虹桥两机场通航情况】 截止年底，有137个国内城市和47个国家和地区的118个城市与上海通航。70家国际和地区航空公司、26家国内航空公司通航上海。其中浦东机场新增7家国内外航空公司、4个国际通航点和6个国内航点。新增了圣彼得堡、波士顿，加密了米兰、西雅图、洛杉矶

3条国际长航线，以及日韩、东南亚多条中短程航线。浦东机场国内航线网络覆盖范围进一步扩大，西北、华北、新疆地区航点得以加密，网络质量得到提升。虹桥机场开通了海门异地航站楼、虹桥天地远程值机项目；快线航班保持较好发展，北、广、深精品航线航班量和客座率同步提升。

【上海机场实现第十六个安全年】 浦东、虹桥机场分别持续实现了第16、第28个安全年，圆满完成了全国“两会”、抗战胜利70周年纪念活动、中国－中东欧国家领导人会晤等多项重大保障任务。

【浦东、虹桥机场重大基础设施建设项目有效推进】 2015年，建设任务繁重而艰巨，共有10项重大建设任务同时在两场展开，全年完成建设投资27.6亿元。浦东机场第四跑道完成行业验收并正式投运；T1航站楼完成行业验收；三期扩建工程实现桩基工程开工；第五跑道已完成土方卸载。虹桥机场完成了T1航站楼A楼土建结构封顶，T1交通中心正式开工建设。

【上海航空口岸服务品质持续提升】 上海机场服务水平日益得到国内外旅客的认可，服务质量全球排名创新高。在国际机场协会（ACI）公布的全球机场旅客满意度测评排名中，全年浦东机场在全球机场中排名第5，虹桥机场全球排名第17位，双双迈入全球服务品质领先机场行列；浦东机场再次蝉联由亚洲货运及供应链大奖组委会（AFSCA）颁发的“全球最佳货运机场”荣誉称号。

【浦东机场提升客运中转能力】 浦东机场航班中转最短衔接时间（MCT）由150分钟缩短到120分钟，东航拓展通程航班，国航、吉祥、春秋等航空公司拓展中转业务，浦东机场中转旅客达到600万人次，旅客中转率提升至10.17%。

【提升浦东机场航空物流链运营效率】 加快推进货运枢纽转型发展，强化国际航空货运中转集拼功能，提升货运信息化水平，整体提升浦东机场航空物流链运营效率。7月，DHL开始实施分运单层面的中转集拼，中转集拼货量同比增长显著；开展跨境电商物流发展模式和自贸区政策研究，分别与加拿大温哥华机场、瑞士巴塞尔机场开展生鲜冷链和药品冷链物流的研究与合作；研究优化浦东机场快件中心功能定位，建成快件中心公共库（快件货站）；9月，上海机场集团与市邮政管理局签署了战略合作备忘录，共同推动上海航空快递业健康发展；引入顺丰速运在浦东机场设立国际国内综合快件集散运转枢纽。

（徐志忠）

（四）航空运输和通用航空

【概况】 基地设在上海的运输航空公司有6家：中国东方航空股份有限公司、上海航空有限公司、春秋航空股份有限公司、上海吉祥航空股份有限公司、扬子江快运航空有限公司、中国货运航空有限公司；小型航空器商业运输运营人有3家：东方公务航空服务有限公司，上海金鹿公务航空有限公司，星联商务航空有限公司。

【东航波音777-300ER首航美国洛杉矶】 1月15日，东航波音777-300ER客机降落在洛杉矶国际机场，至此，东航波音777-300ER首航美国洛杉矶圆满成功。

【东航举办高技能人才培训基地工作汇报会暨揭牌仪式】 1月15日，东航培训中心联合上海东方飞行培训有限公司举行东航高技能人才培训基地工作汇报会暨揭牌仪式，两个基地的揭牌标志着东航高端人才培养揭开了新篇章。

【东航集团与壹基金签订战略合作框架协议】1月15日，东航集团与壹基金在上海签订战略合作框架协议，标志着双方为航空与公益领域的创新合作开启了新篇章。

【东航连续六次获得上海市著名商标】1月26日，上海市工商行政管理局授予中国东方航空股份有限公司“银燕图形及中国东方航空”组合商标上海市著名商标称号，这是东航连续六次获此殊荣。

【上航国旅旗下上航假期获“上海市著名商标”】1月，“上航假期”商标被认定为上海市著名商标，这是上航国旅旗下继“上航旅游”之后的又一家单位获该称号。

【东航技术有限公司获“全国文明单位”荣誉称号】2月28日，东航技术公司获由中央精神文明建设指导委员会颁发的第四届“全国文明单位”称号，该公司也是获此殊荣的唯一的航空维修类企业。

【东航主办第九届国际航空运输协会全球货运大会】3月10日，由东航主办的第九届国际航空运输协会全球货运大会在上海开幕，全球民航货运物流界1000余名高层决策者、中外民航企业专业人士、媒体嘉宾代表交流探讨航空货运领域如何应对社会变革以及技术发展带来的挑战。

【东航第四次运输援非医疗队赴西非开展国际救援】3月13日，编号为B5938空客A330-200飞机，载送76名医疗队员、医学专家赴利比里亚和塞拉利昂抗击埃博拉疫情，这是东航按照国家和民航局的部署，执行的第四批第9架次的援非空运重要包机任务。

【东航联合法航、荷航启动上海浦东机场双向中转服务】4月1日，东航与法航、荷航双向中转服务合作项目正式启动，该项目主要内容是搭乘东航航班经浦东机场转乘法航、荷航航班的旅客，在始发站办理值机手续时，可直接领取联程登机牌，并将行李直接托运至目的地。

【东航紧急调配全货机运载物资“支援”福建】4月6日18时56分许，福建省漳州古雷发生化工爆炸事故，东航于4月7日紧急抽调三架货机由浦东机场调机至青岛，顺利完成青岛至厦门的300吨消防物资的运输保障任务。

【东航股份公司获“上海市文明单位”称号】4月10日，东航股份公司、客舱服务部、上海东方飞行培训有限公司和东航金控有限责任公司4家单位分别被上海市人民政府授予2013-2014年度“上海市文明单位”称号。

【上航获2014年仁川机场“最佳服务航空公司奖”】4月22日，上航获2014年仁川机场“最佳服务航空公司奖”，上海航空也是中国大陆航企中唯一获得最佳服务殊荣的航空公司。

【东航飞机赴加德满都接回滞留旅客】4月25至26日，东航第一时间调派四架飞机连夜飞往加德满都，共计接回493余名受尼泊尔地震影响滞留的中国旅客。

【“凌燕”乘务示范组等三集体获上海市同创共建文明口岸荣誉】4月，客舱服务部“凌燕”乘务示范组、地面服务部虹桥旅客服务中心巾帼组、空地互联项目组获得上海市“文明口岸创新服务奖”。

【东航同时获评“最值得信赖航空公司”和“TTG 最佳中国航空公司大奖”】 4月，东航以排名全球第三的成绩获评美国知名旅游网站 Wanderbat“最值得信赖航空公司”奖项，同时，在4月16日第八届年度 TTG 中国旅游大奖颁奖典礼上，东航荣获“TTG 最佳中国航空公司”大奖。

【东航凌燕获“十大服务品牌”荣誉称号】 5月12日，由上海市交通委文明办主办的上海建设交通行业精神文明建设工作会议在沪举行，来自建设交通系统的10家单位获窗口行业“优秀服务品牌”称号，东航凌燕作为上海市唯一一家航空港民航单位获此殊荣。

【东航与云南省政府签署战略合作协议】 5月15日，东航与云南省人民政府签署战略合作协议，根据《协议》，双方将积极开展战略合作，通过相互支持，共同建设昆明国家门户枢纽机场。

【东航获评“2015世界最受欢迎航空公司”】 5月15日，第六届世界航空公司排行榜新闻发布会暨第五届世界空姐节颁奖典礼在香港举行，东航获评“2015世界最受欢迎航空公司”。

【东航“绿地集团号”彩绘飞机正式投入商业运行】 5月17日，注册编号为 B-5902 的“绿地集团号”飞机执行浦东至法兰克福的 MU219 航班，这是继“人民网号”、“新华网号”之后，东航投入商业运行的第三架企业主题彩绘飞机。

【东航股份公司签约购买50架波音737系列飞机】 7月9日，东航股份公司与波音公司在上海签订《购买 B737 系列飞机协议》，东航向波音公司购买50架 B737 系列飞机。

【东航法籍乘务员在巴黎航线上首航】 7月21日起，9位东航法籍乘务员陆续在东航上海—巴黎—上海的航线上为旅客提供个性化、本土化，融入法国元素的客舱服务。

【东航与达美航空签署股份认购协议】 7月27日，作为促进双方战略合作伙伴关系的一部分，东航与达美航空签署了一份附条件的股份认购协议，达美将投资4.5亿美元认购东航在香港联合交易所上市的H股股份，以获取东航3.55%的股份。

【东航集团与湖南省政府签署战略合作框架协议】 7月30日，东航集团与湖南省政府签署新一轮战略合作框架协议，双方将继续深化良好战略合作关系，全面提升战略合作水平，共同推进湖南航空运输发展。

【东航入选工信部2015年互联网与工业融合创新试点企业】 7月，东航入选工信部公布的2015年互联网与工业融合的百家创新试点企业，东航创新试点方向为“基于移动互联网的民航枢纽运行控制指挥体系”。

【东航物流建成启用全国最大跨境电商航空物流综合服务平台】 8月6日，上海市跨境电商航空物流综合服务平台暨跨境电商示范园区启用揭牌仪式在东方航空物流有限公司浦东西货运区举行，该平台是上海市第一个经海关批准的跨境电商航空物流综合服务平台，同时也是全国规模最大的空港跨境电商服务场地。

【东航集团与上海浦东新区政府签署战略合作协议】 8月12日，东航与上海市浦东新区政府签署战略合作协议，继续深化良好战略合作关系，全面提升战略合作水平，共同推动上海航运中心建设和航空产业发展。

【东航外航服务中心正式揭牌成立】 8月28日，东航外航服务中心正式揭牌成立，该中心的成立标志着东航在深入推进航空枢纽保障体系、构建全球服务保障网进程中，将进一步打造成为具有较强影响力和知名度的综合地面服务供应商。

【东航与达美全面升级战略合作关系】 9月1日，东航与美国达美航空在上海正式签署《关于达美航空战略入股东航认股协议确认书》和《市场协议》，这标志着全球排名前十强的两大优秀航空公司的战略合作关系全面升级，代表了全球前两大经济体之间航空领域的交流与合作。

【东航集团与浙江省政府签署战略合作框架协议】 9月14日，东航集团与浙江省政府在杭州签署战略合作框架协议，根据协议，双方按照“优势互补、远近结合、发展共赢”的原则进一步深化合作，共同推动浙江航空运输业发展。

【东航接收第50架空客A330飞机】 9月19日，东航第50架空客A330飞机抵达上海浦东机场，随着这架飞机的交付，加上新的15架订单，东航成为A330机型全球最大的运营商之一。

【上海市副市长赵雯赴东航集团调研】 10月8日，上海市副市长赵雯到东航调研航空与旅游合作发展工作，并实地察看东航运行控制中心、培训中心等处，召开座谈会听取有关工作情况。

【东航主办天合联盟“大中华携手飞”2015年高峰会议】 10月20日，天合联盟“大中华携手飞”2015年高峰会议在云南开幕，此次峰会东航作为主办航，华航作为秘书航，来自东航、南航、华航、厦航、上航的高管层应邀参会。

【东航与华航携手打造天合联盟在亚洲的第一家专属贵宾室】 10月27日，天合联盟、东航、华航共同在香港机场举行天合联盟香港贵宾室启用开幕仪式。该贵宾室是东航与华航联手打造的天合联盟在亚洲地区的第一家联盟专属贵宾室，也是天合联盟继伦敦、伊斯坦布尔、悉尼之后的第四个专属贵宾室。

【东航获2015年新加坡知名品牌奖】 11月6日，新加坡“Influential Brands TOP BRAND”（“具影响力知名品牌大奖”）在新加坡洲际酒店举行2015年颁奖典礼，东航获航空公司类知名品牌，成为唯一获此殊荣的航空公司。

【东航顺利实现2015航空安全年圆满实现“十二五”发展目标】 12月31日24时，东航以安全飞行179.5万小时、安全运输旅客近9400万人次、完成运输总周转量177.4亿吨公里，顺利实现2015航空安全年，经营业绩创历史新高，实现连续七年盈利。

（郭晓静）

【中货航圆满完成首批消防物资包机任务】 4月7日，中货航2架B777（B2078、B2076）和1架B747（B2433）执行的CK5001、CK5003、CK5005救灾航班，紧急运送300吨“漳州古雷事故”消防桶装灭火剂陆续抵达厦门机场，标志着中货航首批消防物资包机任务的圆满完成。

【中货航获“埃博拉出血热疫情防控工作先进集体及先进个人”荣誉称号】 11月11日，人力资源社会保障部、国家卫生计生委、中宣部、外交部、商务部、解放军总政治部、解放军总后勤部联合发文授予中货航飞行部B747机队“埃博拉出血热疫情防控工作先进集体”、授予中货航运行控制部国防动员办公室唐豪“埃博拉出血热疫情防控工作先进个人”荣誉称号。11月25日埃博拉出血热疫情防控工作表彰大会在北京人民大会堂举行。会议表彰了在此次疫情防控工作中表现突出的60个先进集体、280个先进个人。民航系统共有五个集体和个人受到表彰。

【中货航股权变更】 12月25日，中货航获得国家商务部关于同意中货航股权变更的正式批复，股权变更为物流公司83%、中远集团17%，中货航由中外合资企业变更为内资企业。12月31日，中货航取得上海工商行政管理局颁发的新营业执照，公司性质由“中外合资”正式变更为“国内合资”。

（朱彤）

【扬子江快运增加国内定期载客运行】 2015年7月21日，民航局同意扬子江航空快运航空有限公司变更航空运输经营范围，同意其经营范围增加“国内航空旅客运输业务”。民航华东地区管理局授权民航上海安全监督管理局，对扬子江快运开展了变更经营范围补充运行合格审定。12月14日，扬子江航空首航推介会在上海举行。推介会上，上海监管局按华东局授权，向扬子江快运颁发了新的运行合格证。2015年12月15日，扬子江航空客运航线正式开航，开通的首条航线为上海 -- 三亚。

【啸翔通航获颁CCAR-91部运行合格证】 11月23日，按民航华东地区管理局授权，民航上海安全监督管理局在上海召开上海啸翔通用航空服务有限公司CCAR-91部运行合格证颁证会议。

基地设在上海的航空运输公司年度基本情况

航空公司	东方航空、上海航空	春秋航空	吉祥航空	扬子江快运	中货航
旅客运输量(万人次)	9377.99	1299	995.37	1.28	—
比上年增长(%)	11.89	13.5	27	—	—
在上海地区(万人次)	3995.02	911	857.26	1.28	—
占上海民航两个机场旅客运输量(%)	40.28	9.18	8.64	0.01	—
货邮运输量(万吨)	83.46	4.58	5.56	18.7	56.49
比上年增长(%)	6.66	-2.62	22	-14.8	-2.74
在上海地区(万吨)	44.89	1．73	5.04	9.37	56.49
占上海民航两个机场货邮运输量(%)	12.1	0.47	1.36	2.53	15.23
航线	857	127	99	27	17
拥有飞机(架)	526	52	50	24	9
年平均客座率(%)	80.5	92.84	84.81	77	—

注:根据东方航空、上海航空、春秋航空、吉祥航空、扬子江快运、中货航报送资料整理。

2015年上海新开通的部分国内航线

航空公司	航线	开通日期	航班号	机型	出发机场	班期
东航	合肥-浦东-三亚	2015.10	MU 5468	A320/1	浦东	2357
东航	宁波-浦东-乌鲁木齐	2015.10	MU 5699	A320	浦东	1234567
东航	浦东-大连-哈尔滨	2015.9	MU 2221	A320/1	浦东	1234567
东航	浦东-敦煌	2015.7	MU 5611	A320	浦东	123467
东航	浦东-福州-昆明	2015.10	MU 9583	A320	浦东	1234567
东航	浦东-合肥-昆明	2015.10	MU 5505	A320	浦东	1234567
东航	浦东-南昌-昆明	2015.10	MU 9599	A320	浦东	1234567
东航	浦东-汕头	2015.2	MU 5463	A320	浦东	1234567
东航	浦东-温州-三亚	2015.10	MU 9639	B738	浦东	1234567
东航	浦东-烟台-牡丹江	2015.10	MU 5465	A320	浦东	2 4 6
东航	浦东-张家口	2015.4	MU 9577	A319	浦东	1234567
东航	虹桥-安庆	2015.3	MU 7361	A320	虹桥	1234567
东航	虹桥-桂林	2015.2	MU 5585	A320	虹桥	12567
东航	虹桥-永州-昆明	2015.12	MU 9597	B737	虹桥	135
东航	虹桥-六盘水-昆明	2015.8	MU 5675	B737	虹桥	2467
东航	虹桥-拉萨	2015.8	MU 2175	A333	虹桥	25
东航	虹桥-铜仁-昆明	2015.1	MU 2219	B737	虹桥	1234567
东航	虹桥-天津-乌兰浩特	2015.10	MU 7397	A320/1	虹桥	12467
东航	虹桥-天津-哈尔滨	2015.10	MU 5808	A320	虹桥	1357
东航	虹桥-天津-延吉	2015.7	MU 5816	A320/1	虹桥	3 5
东航	虹桥-武汉-昆明	2015.1	MU 7087	B737	虹桥	135
东航	虹桥-武夷山-南宁	2015.10	MU 5882	A320	虹桥	1234567
东航	虹桥-西宁	2015.7	MU 5643	A319	虹桥	1234567
东航	虹桥-宜昌	2015.3	MU 9585	B733/8	虹桥	1234567
东航	三亚-浦东-合肥	2015.10	MU 5143	A320	浦东	1234567
东航	乌鲁木齐-浦东-宁波	2015.10	MU 9587	A320	浦东	1234567
上航	浦东-包头	2015.1	MU 5852	B737/8	浦东	1234567
上航	浦东-长沙-昆明	2015.10	MU 5535	B738	浦东	1234567
上航	浦东-鄂尔多斯	2015.7	MU 2362	B737/8	浦东	1234567
上航	浦东-衡阳	2015.1	MU 2676	B738	浦东	14
上航	浦东-衡阳-昆明	2015.12	MU 5467	B738	浦东	1357
上航	浦东-井冈山	2015.2	MU 5700	B737	浦东	1234567
上航	浦东-南昌	2015.2	FM 9135	B737/8	浦东	124567
上航	浦东-日照-大连	2015.12	FM 9437	B738	浦东	1234567
上航	浦东-石家庄	2015.2	FM 9541	B737/8	浦东	2467
上航	浦东-温州	2015.10	FM 9397	B738	浦东	23567
上航	浦东-温州-海口	2015.10	FM 9543	B738	浦东	1234567
上航	浦东-烟台	2015.5	FM 9393	B737/8	浦东	57
上航	虹桥-太原-呼和浩特	2015.9	FM 9117	B738	虹桥	1234567
上航	虹桥-温州-珠海	2015.10	FM 9429	B737/8	虹桥	1234567
上航	虹桥-湛江	2015.11	FM 9827	B737	虹桥	3
春秋	上海-恩施	2015.12.10	FM 9855	A320	虹桥	246
春秋	上海-东营	2015.10.25	FM 9125	A320	虹桥	1234567
春秋	上海-太原	2015.9.24	FM 9831	A320	虹桥	1234567

航空公司	航线	开通日期	航班号	机型	出发机场	班期
春秋	上海-张掖	2015.6.24	FM 9525	A320	浦东	136
吉祥	浦东-西安-固原往返	2015.5.9	FM 9529	A320	浦东	246
吉祥	浦东-西安-中卫往返	2015.5.8	FM 9557	A320	浦东	1357
吉祥	浦东-汉中	2015.3.31	HO1021/2	A320	浦东	136
吉祥	浦东-惠州	2015.2.5	HO1011/2	A320	浦东	1234567
吉祥	浦东-兰州	2015.3.29	HO1029/30	A320/321	浦东	1234567
吉祥	浦东-张家界-昆明	2015.4.21	HO1017/8	A320	浦东	247
吉祥	浦东-绵阳	2015.1.25	HO1025/6	A320/321	浦东	1234567
吉祥	浦东-郑州	2015.10.26	HO1069/70	A320	浦东	1234567
吉祥	浦东-天津-白山	2015.10.25	HO1135/6	A320	浦东	1234567
吉祥	浦东-武汉-丽江	2015.3.29	HO1073/4	A320	浦东	1234567
扬子江航空	深圳-浦东-深圳	2015.3.29	Y8-7971/2	B737	深圳	1
扬子江航空	广州-浦东-青岛	2015.11.10	Y8-7923/81/82/24	B737	广州	23456
扬子江航空	浦东-三亚-浦东	2015.12.15	Y8-7501/02	B737-800	浦东	1234567
扬子江航空	浦东-贵阳-浦东	2015.12.15	Y8-7509/10	B737-800	浦东	1234567
扬子江航空	浦东-珠海-浦东	2015.12.15	Y8-7503/04	B737-800	浦东	1234567

注:根据东方航空、上海航空、春秋航空、吉祥航空、扬子江快运报送的资料整理。

2015年上海新开通的部分国际及港澳台地区航线

航空公司	航线	开通日期	航班号	机型	出发机场	班期
东航	长春-浦东-新加坡	2015.10	MU545/6	A332	长春	1357
东航	昆明-浦东-温哥华	2015.6	MU597/8	A332	昆明	257
东航	浦东-迪拜	2015.2	MU705/6	A332	浦东	37
东航	浦东-科伦坡	2015.9	MU231/2	A332	浦东	1246
东航	浦东-羽田	2015.10	MU539/40 MU575/6	A332/333	浦东	1234567
东航	三亚-浦东-莫斯科	2015.10	MU5065/6	A332/767	三亚	357
上航	浦东-沙巴	2015.7	FM867/8	B738	浦东	135
上航	浦东-羽田	2015.6	FM815/6	B757/333	浦东	234567
上航	浦东-马累	2015.9	FM9861/2	B767	浦东	1234567
春秋	上海-旭川	2015.3.29	9C8571/72	A320	浦东	14
春秋	上海-甲米	2015.2.9	9C8519/20	A320	浦东	357
春秋	上海-名古屋	2015.6.29	9C8601/602	A320	浦东	1234567
春秋	上海-东京羽田	2015.8.5	9C8515/516	A320	浦东	1357
吉祥	浦东-东京羽田	2015.8.6	HO1385/6	A320	浦东	247
吉祥	浦东-福冈	2015.6.25	HO1389/90	A320	浦东	1234567
吉祥	福州-浦东-名古屋	2015.9.25	HO1387/8	A320	福州	1234567
吉祥	沈阳-浦东-曼谷	2015.10.24	HO1357/8	A320	沈阳	1234567
扬子江航空	浦东-首尔-青岛 青岛-香港-浦东	2015.3.10	Y8-7423/4 Y8-7425/7920	B737	浦东	234567
扬子江航空	浦东-天津-新西伯利亚-阿姆斯特丹-慕尼黑-天津-浦东	2015.3.29	Y8-7471/2	B747	浦东	26
扬子江航空	浦东-安克雷奇-芝加哥-布鲁塞尔-慕尼黑-天津-浦东	2015.3.29	Y8-7485/6	B747	浦东	246
扬子江航空	浦东-天津-新西伯利亚-阿姆斯特丹-天津-浦东	2015.3.29	Y8-7473/4	B747	浦东	3457
扬子江航空	浦东-天津-安克雷奇-芝加哥-安克雷奇-天津-浦东	2015.3.29	Y8-7457/8	B747	浦东	7
扬子江航空	浦东-郑州-安克雷奇-芝加哥-安克雷奇-天津-浦东	2015.5.8	Y8-7479/89/58	B747	浦东	57
中货航	郑州-浦东-安克雷奇-芝加哥-安克雷奇-郑州	2015.5.4	CK241/2 CK239/40	B777F/747F	郑州	3456/124567
中货航	浦东-安克雷奇-亚特兰大-芝加哥-安克雷奇-天津-浦东	2015.10.25	CK233/4	B777F/747F	浦东	1234567

注:根据东方航空、上海航空、春秋航空、吉祥航空、扬子江快运、中货航报送的资料整理。

2015年上海取消的部分国际及港澳台地区航线

航空公司	航线	取消日期	航班号	出发机场
扬子江航空	青岛-香港-浦东	2015.4.30	Y8-7425/7920	青岛
中货航	浦东-新加坡-浦东	2015.3.29	CK283/4	浦东
中货航	浦东-达卡-重庆-浦东	2015.3.29	CK291/2	浦东
中货航	郑州-阿姆斯特丹-浦东-郑州	2015.3.29	CK243/4	郑州
中货航	浦东-米兰-浦东	2015.10.25	CK211/2	浦东
中货航	浦东-安克雷奇-达拉斯-芝加哥-安克雷奇-浦东	2015.10.25	CK229/30	浦东
中货航	浦东-安克雷奇-芝加哥-安克雷奇-天津-浦东	2015.10.25	CK227/38	浦东

注:根据扬子江快运、中货航报送的资料整理。

（熊巍）

十二、邮政事业

（一）综述

2015 年，上海市邮政管理局在国家邮政局、市委市政府的坚强领导下，勇创新、促融合、推转型、建高地、通末端、强法治、创文明、抓组训，扎实推动“项目建设年”70 项任务的实施，发展活力进一步释放，产业贯通能力显著增强，全面巩固和提升了上海邮政业在全国的前沿、高地、核心地位。

2015 年，上海市邮政业业务总量完成 385.8 亿元，同比增长 24.2%；业务收入完成 507.6 亿元，同比增长 23.6%。其中，快递服务企业业务量累计完成 17.1 亿件，同比增长 33%，占全国快递业务量的 8.3%，业务收入累计完成 455.2 亿元，同比增长 26%，占全国快递业务收入的 16.4%。民营快递超高速发展，业务量占比达到 91%，业务收入占比达到 86%，总部收入贡献率 52.1%。全市年人均寄送快件 70 件，年人均寄送快递支出 899 元，年支撑网络零售交易额 4000 亿元，带动工业品销售下乡 170 亿元，推动出口近 100 亿元。邮政业每日承载 12 亿元的商品流通，年收入在全国邮政业、上海地区生产总值和第三产业增加值中的占比分别为12%、2%、3%，年缴本市超30亿元的税费和30多万人的直接间接就业，同时支撑网购就业人员80万。

2015年上海市同城、异地、国际及港澳台、其他快递业务收入分别占全部快递收入的10.8%、27.4%、9.7%和52.2%；同城、异地、国际及港澳台快递业务量分别占全部快递业务量的37.1%、60.6%和2.9%。

（二）规划和政策

【概况】 继续推进地方立法工作。深化《上海市邮政业服务与安全监督管理办法》立法项目研究工作，召开多次立法调研会，征求邮政、快递企业和公安、安监等政府部门意见，调整立法目标和路径，形成《上海市寄递安全条例》立法研究课题报告，申报上海市人大常委会2016年立法预备项目。

做好规划、政策、规范编制工作。完成《上海市邮政业发展"十三五"规划》、《长三角地区快递服务发展"十三五"规划》的编制工作，《上海市新一轮城市总体规划—邮政基础设施规划》也已进展到最终阶段。

起草制定《上海市邮政管理局行政规范性文件制定程序规定》、《上海市邮政管理局兼职法律顾问管理办法》，做好规范性文件审查工作，加强法律监督，强化队伍依法行政意识。

完成《上海市促进邮政业科学发展政策集成（2015版）》汇编，发挥政策引领作用，推进上海市邮政业进步发展。开展《上海市民营快递企业总部评估指标体系（2015版）》、《上海青浦"全国快递行业转型发展示范区"指标体系》项目工作。开展《上海快递业突破"最后一公里"瓶颈研究》课题研究工作。赴天天快递上海部开展实地调研，结合材料形成《关于天天快递全网快递安全保险的调研报告》，探索民营企业快件保险新模式。开展快递收派创新项目调研，联合市商务委召开电子商务配送与邮政快递末端建设研讨推进会，支持东方网智慧屋、物联驿站、零公里、E邮柜、金山快递超市等快递收派创新项目发展。与东方网开展战略合作，共同推进快递收派体系建设。韵达快递的"全自动智能分拣及二维码快件识别技术提升改造"成功申报2015年上海市产业转型升级发展专项资金项目，EMS的"国际商业快件监管中心建设"和顺丰快递的"上海顺丰ILSS服务项目—智能物流标准化"成功申报2015年上海市物流标准化试点项目。

落实"双重管理"，积极融入地方，推动"双轮驱动"。2015年，上海市邮政管理局联合市交通委制定《上海市交通运输业和邮政业开展战略合作、促进融合发展的意见》，排定了《交邮融合工作项目清单》（2015版），从规划互编、政策互补、资源互享、执法互动、企业互联、信息互通六个方面全面推动交邮融合发展。提出推进长江经济带合作发展机制。与上海市城乡建设和交通发展研究院、上海邮政科学研究院、市交通港航发展研究中心、上海永驿管理咨询有限公司等四家研究机构签署《合作框架协议》，共同建设"上海市邮政业创新发展研究基地"。与国家局新闻中心签署合作协议。以浦东新区祝桥镇商飞总装基地及配套产业区为载体，积极推动浦东祝桥国际现代快递物流园区建设工作，与祝桥镇签署合作协议，着力将浦东祝桥国际现代快递物流园区建设打造成为服务跨境电商、服务先进制造业、服务国家邮政局"向外"工程的战略高地。

【研究《上海市寄递安全条例》立法课题】 2015年，为深化《上海市邮政业服务与安全监督管理办法》立法项目研究工作，邮局召开多次立法调研会，征求邮政、快递企业和公安、安监等政府部门意见，调整立法目标和路径，形成了《上海市寄递安全条例》立法研究课题报告，申报了上海市人大常委会2016年立法预备项目。

【完成《上海市邮政业发展“十三五”规划》和《长三角地区快递服务发展“十三五”规划》的编制工作】2015年，邮局统筹协调工作任务，成立规划编制工作领导小组和工作小组，明确规划指导思想、基本原则、进度安排，确立了工作例会机制，有序启动编制工作。各规划工作组坚持“开门编规划”，通过网络建言献策、专家研讨会、企业座谈会、多政府部门走访等方式，广泛征求意见和建议，保证规划科学性、实操性、合理性。《上海市邮政业发展“十三五”规划》、《长三角地区快递服务发展“十三五”规划》编制工作圆满完成。

【推动交邮融合发展意见出台】2015年1月，上海市邮政管理局、上海市交通委员会联合印发《上海市交通运输业和邮政业开展战略合作、促进融合发展的意见》，提出到2020年要基本建立上海市交通运输业与邮政业全方位、深层次、宽领域的融合发展格局，力创全国交邮融合工作先行经验。

【上海市邮政管理局与机场集团签订合作备忘录】2015年9月6日，上海市邮政管理局与上海机场（集团）有限公司签订《促进上海快递业健康快速发展，打造国际航空快递枢纽战略合作备忘录》，通过加强战略合作和战略协同，促进上海航空快递发展，落实和推进上海国际航空枢纽港的建设要求，服务于上海及长三角区域经济发展。

【上海市邮政管理局与四家研究机构签署合作协议框架】2015年10月28日，上海市邮政管理局与市城乡建设和交通发展研究院、上海邮政科学研究院、市交通港航发展研究中心、上海永驿管理咨询有限公司等四家研究机构举行签约和授牌仪式，共同签署《合作框架协议》，深入谋划推动“上海市邮政业创新发展研究基地”建设相关工作。

【上海市邮政管理局与国家邮政局新闻宣传中心签署战略合作协议】2015年11月27日，国家邮政局新闻宣传中心和上海市邮政管理局签署全国首个邮政业新闻宣传领域的战略合作协议，通过在《中国邮政快递报》搭载《上海邮政业暨快递总部经济专刊》等具体项目，推动双方在新闻宣传的资源整合、平台耦合、手段融合、内容复合等方面开展深度合作。

【上海市邮政管理局与祝桥镇签订合作协议】2015年12月18日，与浦东新区祝桥镇人民政府签署《共建祝桥国际现代快递物流园区战略合作协议》。协议以强化规划衔接、加强政策研究、完善基础设施、促进多业融合等四个方面为战略合作重点，以商飞总装基地及其配套产业区为载体，深入推进祝桥国际现代快递物流园区建设，促进上海市快递业转型升级。

【邮政快递业基础设施建设列入上海市政府推动长江经济带发展的重要措施】上海市政府在其官网发布关于贯彻《国务院关于依托黄金水道推动长江经济带发展的指导意见》的实施意见，提出加强与国家层面的对口衔接与协调，率先在改革开放、创新发展、交通设施和生态环保等重点领域取得突破性进展，为长江经济带和全国发展做出新贡献。其中，邮政快递业基础设施建设列入上海市政府推动长江经济带发展的重要措施。2015年，上海市邮政管理局草拟了《长江经济带邮政业发展合作框架协议（代拟征求意见稿)》，得到国家局充分肯定，并已建立相应的工作沙龙，下一步国家局将统筹推进此项工作。

【政策集成工作】 对2005-2015年期间，国家、上海市政府以及各相关部门出台的政策规章，进行系统的收集梳理，择其精要完成《上海市促进邮政业科学发展政策集成（2015版）》汇编，发挥政策引领作用，推进上海市邮政业进步发展。

【支持快递收派体系建设】2015年8月13日，上海局联合市商务委召开电子商务配送与邮政快递末端建设研讨推进会，支持东方网智慧屋、物联驿站、零公里、E邮柜、金山快递超市等快递收派创新项目发展。委托上海市城乡建设和交通发展研究院开展《上海快递业突破“最后一公里”瓶颈研究》课题研究工作，形成课题报告。与东方网开展战略合作，共同推进快递收派体系建设。

【完善相关文件规范】 起草制定《上海市邮政管理局行政规范性文件制定程序规定》《上海市邮政管理局兼职法律顾问管理办法》，做好规范性文件审查工作，加强法律监督，强化队伍依法行政意识。

【行业发展相关内容获专项支持】 韵达快递的“全自动智能分拣及二维码快件识别技术提升改造”成功申报2015年上海市产业转型升级发展专项资金项目，EMS的“国际商业快件监管中心建设”和顺丰快递的“上海顺丰ILSS服务项目—智能物流标准化”成功申报 2015年上海市物流标准化试点项目。

（三）行业建设

【概况】 2015年，中国邮政集团公司上海市分公司结合区域特点，构建起以市场为导向、以客户为中心的经营组织架构，在继续认真履行普遍服务义务的基础上，强化金融和一体化物流两翼发展，把报刊发行、函件、集邮、电子商务等专业整合为“机身业务”，确立“一机两翼”业务发展新模型。积极做好抗战胜利70周年纪念活动及新疆、西藏建区系列活动期间的安全综治工作，全年服务质量、安全生产均有序受控。加大基础设施建设投入，提升普遍服务能力。提升信息化应用水平，支撑业务发展。以信息化、金融化、高效化为目标，打造现代化企业。年内，中国邮政集团公司上海市分公司积极组织推进基础设施建设，支撑业务发展。改造上海浦东邮件处理中心工艺流程，提升邮件处理能力；完成基础设施年度更新、配置计划，助力金融业务发展；全方位推进仓配运/仓配递一体化配套信息及基础设施建设，为上海邮政一体化物流业务服务创新提供保障。加快智能包裹柜布点进度，解决“最后一公里”投递问题。

2015年，中通在上海全网拥有员工25万人，服务网点 10000家，分拨中心72个，运输派送车辆40000多辆，开通全国98%的区县和超过70%的乡镇网点，业务通达全球50多个国家和地区。在信息化建设方面，中通自主研发的中天业务信息系统、人力资源信息化管理系统（EHR）、CRM客户工单系统全面上线，并全面推行电子面单应用，正式投入全自动智能化分拣设备和全球最长快件分拣伸缩机设备。

2015年，韵达速递在上海全网拥有员工16万人，营业网点50000余家，设立了50个枢纽分拨中心，全网开通了3000余条陆运线路（包括主干线、支干线、卡班物流线路和网点直发线路等），并在全国各省会城市、航空城市设立航空部，通过与各大航空公司开展战略合作，设立航空直发线路800余条，满足客户对时效快件的寄递需求。韵达速递自主研发了先进的快件运营信息管理系统、全球货运系统等，通过官方网站提供客户自助服务、QQ 在线咨询等服务，开通手机客户端服务，并在全网络快递员中统一投入使用手持终端设备，实现了快件操作与信息采集的同步和快件运营信息的实时传递。同时，韵达速递与国际知名企业合作，开发并应用了 SAP 系统，实现了商务智能、客户关系管理及供应链管理以及可持续性。

2015 年，圆通速递在上海全网拥有员工 20 万人，自营枢纽转运中心 60 个，终端网点 24000 个。圆通速递汽运网络网运输车辆超过 32,000 辆，陆路运输干线 2,928 条；服务网络覆盖全国 31 个省、自治区和直辖市已实现全覆盖，县级以上城市覆盖率达到 93.9%；航线覆盖城市 101 个，累计开通航线数量 1,110 条。2015 年 5 月，圆通对核心业务系统“金刚”进行改造，最大限度发挥它的管理作用，进一步提升了管理能力和服务能力。

2015 年，申通快递在上海全网拥有员工 28 万人，营业网点 1507 家，拥有自营枢纽转运中心 20 个，终端网点 20000 个。2015 年，申通快递千乡万镇工程启动，大力扩张申通网络在乡镇地区的覆盖面，截至 2015 年年底，申通快递乡镇服务网点达到 12000 余家，并已在俄罗斯、美国、日本、韩国、台湾、香港、加拿大、泰国、英国、澳大利亚等地建立了申通分公司。年内，申通快递实施上线了新巴枪平台、国际业务管理平台、申通信息沟通平台、丰巢快递柜系统和延误件半自动处理系统等先进的软硬件产品与设施。

中国邮政速递物流股份有限公司上海市分公司年内全市共设置邮政速递营业部 75 个，其中直属营业部 5 个、基层营业部 70 个。全年邮件及时妥投率 77.43%，56 个重点城市邮件次日妥投率 67.89%，73 个重点城市邮件次日妥投率 64.95%，汽车线路准点率 98.6%，民航计划执行率 96.05%，标快 12 小时及时经转率 95.11%。

（卢与湘）

【居住社区配套邮政网点建设获政府补贴】 2 月起，关于邮政网点规划建设的财政补贴问题被提上市政府各委办局的议事日程，并对邮政网点建设的支持政策开展专题研究。8 月，市长杨雄批准同意大型居住社区内邮政网点建设的有关补贴政策，即对邮政企业新建、回购的邮政网点（共计 41 处）的专项补贴资金在 2013 年 3080 万元的基础上增加 5793 万元，合计 8873 万元。为使用好政府补贴，为市民提供更好的邮政服务，中国邮政集团公司上海市分公司充分研究网点设置的可行性，合理布局大型居住社区内邮政网点，并将浦东航头、闵行新选址一号、青浦华新、松江泗泾、宝山罗店 5 个规划网点作为新政策的试点网点，全面推进大型居住社区网点建设。

【启动浦东邮件处理中心工艺改造工程】 浦东邮件处理中心工艺改造工程项目为中国邮政集团公司投资建设项目，投资 2523 万元，主要建设内容为增设两台直线包件分拣机及相关配套传输设备。6 月起，中国邮政集团公司上海市分公司对项目整体方案、工艺流程、生产配套、土建改造、施工周期、进度计划等都作出周密部署，同时对施工现场安全防范、施工质量、安装进度、现场协调等工作进行监督和管理。“双十一”前完成直线、环形分拣机的设备安装工作，两台直线分拣机日处理能力共 10 万件，为提高包状类邮件分拣处理能力起到积极作用。

【加快智能包裹柜布点布局】 年内，中国邮政集团公司上海市分公司立足于推进上海智慧城市建设的战略高度，将智能包裹柜布点建设从企业单向行为上升到关系社会民生的具体措施。认真总结和推广与虹口区政府紧密合作布放智能包裹柜的经验，坚持“政府主导、邮政主体、社会参与”的运作思路，积极争取各区县政府、街道、社区、用户的支持，主动对接房办、物业、机柜供应商等单位，积极拓展和引进社会合作力量，提升智能包裹柜运作效率效益。全面完成年内布放2000个智能包裹柜的目标任务，为社区和电商公共服务提供平台。

【中通自主研发的中天系统投入使用】 2015年，中通自主研发的中天业务信息系统全面上线，并通过注册著作权等一系列法律认证，中通正式拥有了核心业务系统完整的知识产权，“中天”成为中通重要的无形资产。

【韵达速递跨境电子商务平台——优递爱（UDA）网上购物商城正式上线】 2015年2月2日，韵达速递跨境电子商务平台——优递爱（UDA）网上购物商城正式上线，为海内外客户提供跨境电商寄递业务。

【圆通核心业务系统“金刚”改造升级】 2015年5月，圆通对“金刚系统”进行改造，可根据管理者的岗位职责，将信息实时自动推送给相应的管理人员，随时了解网络整体运行情况，并对出现的问题进行修订和处理，此次升级最大限度发挥“金刚”的管理作用，进一步提升了管理能力和服务能力。

【圆通开通首条国际航线，成立圆通航空公司】 2015年3月，圆通开通首条国际航线；2015年9月，圆通航空公司成立，3架自有航空飞机成功起航。

【申通快递移动端解决方案正式上线试运行】 2015年4月，申通快递移动端解决方案正式上线试运行，主要包含申通快递用户版APP、快递员版APP、快递助手网点管理中心三大部分，其中快递员版APP软件是申通快递移动互联网终端战略的重要载体。快递用户版APP、快递员版APP、快递助手网点管理中心构成了整个快递在线服务平台，通过这个平台可以实现快递网点、快递员、快递客户三者之间的实时链接和沟通，最终利用先进的信息化手段为各方创造核心价值。

【申通新版APP清新上线】 2015年4月20日，申通新版APP清新上线，新版APP界面更简洁、更清新，通过独到的创意视角和别致的卡通风格打造了时尚、流畅的交互界面；功能更强大，增加了一键下单、订单管理、消息推送、常用工具等功能。

【申通快递与顺丰、中通、韵达、普洛斯共同投资创建深圳市丰巢科技有限公司】 2015年6月6日，申通快递与顺丰、中通、韵达、普洛斯联合发布公告，共同投资创建深圳市丰巢科技有限公司，致力于研发运营面向所有快递公司、电商物流使用的24小时自助开放平台——“丰巢“智能快递柜，以提供体验最佳的平台化快递收寄交互业务。

（汤琳）

（四）普遍服务

【概况】 邮政普遍服务监管基础数据信息化，基础能力进一步夯实。开展对本市邮政营业场所基础信息的核准工作，完善了信息系统相关数据内容；完成投递处理场所和建制村通邮情况调查工作。完成了邮政专用标志车辆备案工作；建立了上海市邮政普遍服务保障政策台账。全面利用信息系统开展日常工作，完善数据库基础信息。

推进大型居住社区邮政设施配套建设工

作。完成《上海市浦东新区三林滨江南片地区邮政系统专业规划》的批复工作；获得市政府给予邮政设施建设资金支持，市级财政给予大型居住社区邮政局所建设资金累计达8800余万元；配合做好上海市邮政普遍服务“十三五”规划制订工作。

邮政网点覆盖全市。中国邮政集团公司上海市分公司全市共设置邮政综合网点537个，其中邮政支局238个、邮政所299个；邮政金融服务网点503个。投递服务面积约6340.5平方公里，服务人口约2645.46万人。全年通信服务质量始终保持受控有序，用户综合满意度得分为88.85分，收到用户各类表扬信594件。

创新工作方式，加强社会监督。2015年共开展社会监督活动789人次，反馈监督报告973份，走访用户1487人，监督邮政服务网点334个，占邮政服务网点总数的61.5%，提出建议和意见10条，反馈各类存在问题16个，其中涉及邮政普遍服务问题的0个。2015年共受理并解决各类来信来访121件，所有来信来访均得到妥善解决。

积极做好上海邮政行业的“扫黄打非”工作。将“扫黄打非”工作纳入了邮政普遍服务日常检查，纳入了快递安全检查，纳入了安全教育工作。扎实开展了秋风、清源、固边、护苗等几个专项行动，两次接受全国“扫黄打非”办的督导检查，并受到了好评。全年共出检3642人次，检查了280个邮政网点、1124个快递网点、168个东方书报亭。

加强审批和监管，提升邮政普遍服务质量。2015年全年共出检534人次，实地检查267处邮政普遍服务营业场所，占总局所的49.7%，共下发责令改正通知书7份，立案3个，处罚1个。开展邮政企业服务外包情况摸底调查，开展无法投递又无法退回邮件处理情况专项检查。开展上海市市内普遍服务邮件时限测试工作，组织上海16区1县之间及区（县）内互寄普遍服务邮件，形成了《2015年上海普遍服务邮件时限测试数据分析报告》。

做好上海地区纪特邮票销售的监督管理工作。对《乙未年》、《北京申办2022年冬奥会成功纪念》、《中国人民抗日战争暨世界反法西斯战争胜利七十周年》等重大题材邮票发行开展专项监督检查。开展纪念邮票选题推荐工作，推荐发行“交通大学建校120周年”纪念邮票。

【做好上海地区纪特邮票销售的监督管理工作】 2015年1月5日，第三轮生肖邮票收官之作《乙未年》特种生肖邮票正式首发。为切实做好特种邮票的发行过程安全工作，保障集邮爱好者的合法利益，各管理局组织开展了《乙未年》特种生肖邮票发行销售专项监督检查。

【参加上海人民广播电台“政风行风热线”上线直播】 2015年1月31日，上海市邮政管理局刘宪民副局长参加了上海人民广播电台“政风行风热线”上线直播活动，相关业务处室负责人及市邮政公司相关部门人员陪同参加。直播期间，刘宪民副局长重点介绍了“五个邮政”的内涵；介绍了2014年上海市内邮件时限测试情况；同时结合目前上海快递业发展情况，回应了近期备受关注的海淘邮件滞留事件，并就下一步如何加强监管、提升服务做了说明。

【完成邮政专用标志车辆备案工作】 2015年6月初，完成了本市邮政专用标志车辆信息备案工作。在本市邮政企业开展邮政专用标志车辆自查梳理基础上，建立了本市邮政专用标志车辆信息基础档案，内容包括车牌号码、品牌型号、使用部门和用途等。

【上海集邮网厅开张】 3月，上海集邮网上营业厅建设成功并投入试运营，通过线上、线下结合，最大程度满足集邮爱好者的多样需求。上海集邮网厅以具有上海特色的邮品、上海自主开发的精品邮品为主，如豫园纯银仿印邮票、2014上海精装年册、“挥扇仕女图”、“春·24节气系列”邮品等。为稳定和巩固新老客户群，还推出预售服务。集邮网厅建成后，也为外地集邮爱好者购买上海邮品提供了一个窗口。

【开通官方微信】 6月20日，中国邮政集团公司上海市分公司开通官方微信（微信号shanghaipost），用户关注官方微信后，可以及时获得企业最新资讯和集邮信息，查询邮件动态、邮政编码和邮政网点，了解海淘屋门店分布，参与上海邮政组织开展的线上线下活动。

【推出跨境物流产品“Wish邮”】 上海邮政携手北美最大的移动购物平台Wish，联合推出跨境物流产品——“Wish邮”，6月26日，正式全面对商户开放，助力更多商户将产品从中国卖向全世界，帮助更多国外买家直接购买中国产品。所有通过“Wish邮”发运的包裹，邮政方承诺使用绿色通道，给予快速处理，实现24小时交航，并提供实时动态跟踪服务。

【中邮保险上海分公司成立】 10月9日，中邮人寿保险股份有限公司上海分公司正式挂牌成立，这是中邮保险在全国范围内开设的第18家省级分公司。中邮保险推出的保险产品包括富富余、禄禄通、绵绵寿、贷贷喜、年年好五大系列，涵盖养老、意外、健康以及理财类等方面；同时，为满足企业团体的需要，承保团险业务。中邮保险产品首先在全市各区县邮政、邮储银行部分网点销售，并逐步扩展至全部网点。

【新一代东方书报亭试点亭落地】 11月30日，新一代东方书报亭试点亭在静安区延安中路990号落地。新一代东方书报亭大小约6平方米，亭体以黑色幕墙玻璃为立面，镶以灰色铝合金框架，亭体外立面各有四块电子信息屏，不间断播放公益广告短片、报刊出样展示；亭体背面大屏上方的LED滚动显示天气预报等便民信息；互动体验区为用户提供附近信息、票务服务、旅游信息、便民付费等信息查询，用户还可以通过东方书报亭提供的免费WIFI，扫描二维码，下载各类电子杂志，体验移动互联网时代主流媒体的便捷资讯。

【上海至重庆火车邮路正式运行】 为加快陆运网能力建设，上海邮政主动与上海铁路部门沟通协商，租用铁路火车行李车运邮。经报中国邮政集团公司网路运行部批准，自8月18日起，上海至重庆铁路行李车运邮正式启用，由铁路部门负责邮件拉运、安检、称重、贴票签、开具交接凭证及火车运邮等，上海邮政安排人员全程监视邮件拉运和装车等，并协同做好相关工作。启用首日，装发重庆各类邮件463袋，重量6.893吨。

【开通上海至青岛干线汽车邮路】 10月，上海至青岛干线汽车邮路开通，这是继上海至济南开通汽车邮路后，第二条上海直达山东省境内的干线汽车邮路。为确保邮路顺利开通，上海邮政组织开展多次商研，对开通邮路的可行性进行预测分析，并对邮路运行路径进行实地勘察。邮路开通后，对优化陆运结构，提升网路运行效率和效益都起到积极作用。

（汤琳）

（五）快递服务

【概况】严把市场准入关，依法监管邮政业市场。2015年，上海市快递市场依法经营快递业务的企业有1570家，经备案的快递企业分支机构有700家，协助国家邮政局进行许可核查的企业有25家；对1249家企业提交的年度报告材料进行审核；依法注销《快递业务经营许可证》148家；依法注销经备案的快递企业分支机构53家。针对上海市邮政用品用具市场，依法对58家信封生产企业、16家信报箱企业进行换证，配合国家邮政局对15家其他企业进行换证。

2015年，快递市场共出检1547人次，出检754次，检查企业612家。查处违法违规行为186起，下达整改通知书85份，实施行政处罚27件，其中吊销《快递业务经营许可证》5张，罚款共计13.1万元。集邮市场共出检200人次，检查企业102家。信报箱出检50次，检查企业25家次。

加强安全监管，提升行业安全能级。成立上海市寄递安全管理工作领导小组及办公室，共同研究落实加强寄递行业安全管理的专项措施。会同市综治办等本市十一委办局联合出台《关于本市进一步加强邮件、快件寄递安全管理工作的实施意见》。制定《本市邮件、快件寄递安全管理工作任务分工明细表》。会同市综治办联合发布《上海市邮件、快件寄递安全管理工作属地责任考评细则》。会同轨交公安部门组织快递企业召开专题会议，共同加强对进入地铁开展寄递服务的快递企业的安全监管和规范化管理。会同铁路、安监等部门联合开展铁路寄递企业、寄递渠道安全检查。指导各派出机构邮政管理局与各区（县）公安局、公安派出所建立日常联合执法机制，加大对邮件、快件寄递安全管理执法检查力度。会同公安、国安等部门联合发布《进一步加强本市寄递渠道安全监管工作的通告》。会同禁毒部门联合开展“6.26”国际禁毒日、“禁毒宣传月”等活动，强调执行收寄验视制度的重要性。邀请公安、安监等部门专家对邮政企业和规模以上快递企业进行安全培训。开展危爆物品寄递清理整顿以及安全生产大检查、危化品和易燃易爆物品安全专项整治等专项行动，制定专项行动实施方案。指导、督促快递企业配置X光安检机。印发《上海市邮政管理局关于在本市寄递行业组建治安、反恐信息员队伍的通知》，形成一支约3600名热心社会治安的人员组成的寄递行业治安、反恐信息员队伍。

对《2014—2016年上海邮政业“安全为基”三年行动计划》进行责任分解和中期评估，对《上海邮政业安全管理工作实施纲要（2016—2020）》进行责任分解。推进“安全标准化”、“服务安全第三方评估”等课题，调研开展上海市邮政业安全生产标准化管理工作，起草行业安全生产标准。将邮政业监管网格化管理相关内容纳入上海市2015年城市网格化管理相关标准，进一步促进行业信息动态化管理。

做好重大活动与业务旺季期间的服务保障，确保邮路安全。做好纪念抗战胜利70周年、2015年世界田径锦标赛、纪念西藏自治区成立50周年等重大活动期间寄递渠道安全保障工作。制定下发寄递渠道安全保障工作实施方案与相关通知，编制寄递渠道安全保障工作手册，取消重大活动期间工作人员休假，严格落实24小时值班制度与每日信息报告制度。对重点时期或寄往重要区域、特殊场所的邮件、快件实行100%实名收寄与过机安检。严格执行100%收寄验视，确保收寄安全。圆满完成“双11”快递业务旺季服务保障工作。经统计，2015年11月10日至17日共八日内，EMS、申通、圆通、中通、韵达、百世汇通、国通、顺丰、宅急送上海市九家重点快递企业在上海市的快件揽收量共7617万件，快件投递量共3319.9万件，上海市快递企业快件揽投量再次刷新历年“双11”记录。

提升行业服务水平，强化行业服务质量

监管。2015年，上海市“12305”申诉受理中心共受理邮政业消费者申诉23975件，同比上升4%；其中有效申诉3626件，同比下降7%，为用户挽回经济损失约60万元，同比下降4%。主动走访12319热线机构，探索“12305”热线扩容基本条件，启动“12305”热线升级改造工程。

召开中国快递论坛，开启快递业转型新局面。2015年3月26日，2015年中国快递论坛在上海青浦区东方绿舟的绿舟剧场举行。此次论坛主题为“全面开放下的中国快递业转型升级”。2015年5月，青浦区人民政府成立了青浦区快递业发展协调领导小组。9月16日，首届“上海快递论坛—聚焦快递安全”在沪举行。10月，上海市邮政管理局启动“上海市青浦区‘全国快递行业转型发展示范区’评价指标体系建设”项目开题，设置了6个一级指标、21个二级指标、34个三级指标。

【联手综治部门加强邮件、快件寄递安全管理】2015年2月初，上海市邮政管理局会同上海市综治办等11个委办局，联合发布了《关于本市进一步加强邮件、快件寄递安全管理工作的实施意见》（沪综治办[2015]5号），切实加强上海地区邮件、快件寄递安全管理。

【提升寄递渠道安全管理部门合作层级】在与公安、国安等部门联席会议的基础上，成立上海市寄递安全管理工作领导小组及办公室，研判、分析上海市寄递行业安全管理形势，部署安全管理工作任务，共同研究落实加强寄递行业安全管理的专项措施。领导小组办公室设在上海市邮政管理局，有序开展日常工作。

【构建邮政业治安、反恐信息员队伍】广泛发动行业从业人员参与群防群治社会综合治理工作，积极动员寄递企业物色、发动本企业管理人员、快递员等从业人员加入治安、反恐信息员队伍，向全市寄递企业印发《上海市邮政管理局关于在本市寄递行业组建治安、反恐信息员队伍的通知》，最终共形成一支约3600名热心社会治安的、从事邮（快）件揽收、投递业务的人员组成的寄递行业治安、反恐信息员队伍。

【开展寄递渠道安全监管专项行动】根据国家邮政局统一部署，开展危爆物品寄递清理整顿以及安全生产大检查、危化品和易燃易爆物品安全专项整治等专项行动，制定专项行动实施方案，认真贯彻执行。

【加强邮政业安全管理制度建设】对《2014—2016年上海邮政业“安全为基”三年行动计划》进行责任分解和中期评估，对《上海邮政业安全管理工作实施纲要（2016—2020）》进行责任分解。推进“安全标准化”、“服务安全第三方评估”等课题，调研开展上海市邮政业安全生产标准化管理工作，起草行业安全生产标准。

【加快邮政监管网格化建设】主动走访上海市城市网格化管理中心，向市建委提交邮政业监管网格化管理工作需求，将邮政业监管网格化管理相关内容纳入上海市2015年城市网格化管理相关标准，依托上海城市网格化管理推进快递安全监管，进一步促进行业信息动态化管理。

【提升邮政业技防保障能力】指导、督促快递企业配置X光安检机。目前上海市规模以上品牌快递企业的30个处理中心共配置40台X光安检机，暂未配备安检机的企业已计划采购。经突击夜查，被抽查企业的航空件均能做到100%过机安检；对重大活动期间发往敏感地区的邮件、快件，均能做到100%过机安检；对于其他陆运快件，大多数企业已建立抽检制度。

【会同相关部门联合开展行业执法检查】 针对地铁运营安全，会同轨交公安部门组织快递企业召开专题会议，共同加强对进入地铁开展寄递服务的快递企业的安全监管和规范化管理。会同铁路、安监等部门联合开展铁路寄递企业、寄递渠道安全检查。指导各派出机构邮政管理局与各区（县）公安局、公安派出所建立日常联合执法机制，加大对邮件、快件寄递安全管理执法检查力度。

【加大寄递渠道安全宣传培训】 会同公安、国安等部门联合发布《进一步加强本市寄递渠道安全监管工作的通告》，印发各快递企业，宣传寄递安全须知和禁限寄物品相关规定。会同禁毒部门联合开展“6.26”国际禁毒日、“禁毒宣传月”等活动，强调执行收寄验视制度的重要性。快递企业协助公安部门破获不法分子利用寄递渠道寄递毒品案件多起。邀请公安、安监等部门专家对邮政企业和规模以上快递企业进行安全培训。

【上海局召开上海市邮政业迎“双11”动员暨产业发展大会】 2015年10月29日，上海局召开上海市邮政业迎“双11”动员暨产业发展大会，贯彻落实《国务院关于促进快递业发展的若干意见》（以下简称《意见》），动员部署本市“双11”等快递业务旺季服务保障工作。上海局党组书记、局长曾军山在会上指出，当前行业上下都在认真学习贯彻《国务院关于促进快递业发展的若干意见》，这是在中国经济进入新常态、中国快件量成为全球第一大国形势下出台的一个具有划时代意义的文件，上海的贯彻工作要考虑到上海处于中国快递业发展高地、发展前沿、发展核心的地位，服从国家邮政局、市委市政府的领导，紧密结合实际，聚焦五个方面。

【2015年中国快递论坛在上海青浦区东方绿舟的绿舟剧场举行】 2015年3月26日，2015年中国快递论坛在上海青浦区东方绿舟的绿舟剧场举行。此次论坛主题为“全面开放下的中国快递业转型升级”。各省、区、市邮政管理局的负责同志，中国快递协会的全体会员及快递企业的代表，以及200多家中外媒体记者出席论坛。

【首届“上海快递论坛—聚焦快递安全”在沪举行】 2015年9月16日，首届“上海快递论坛—聚焦快递安全”在沪举行。论坛由上海市邮政管理局指导，上海市快递行业协会主办，永驿物联智库承办，圆通速递有限公司支持。上海市寄递安全管理工作领导小组成员单位领导、市邮政管理局领导、行业知名专家学者及15家快递企业分管领导共50余人出席论坛。

【启动“上海市青浦区‘全国快递行业转型发展示范区’评价指标体系建设”项目】 2015年10月，上海市邮政管理局启动“上海市青浦区‘全国快递行业转型发展示范区’评价指标体系建设”项目开题，设置了6个一级指标、21个二级指标、34个三级指标，未来将依据该指标体系，对青浦区“全国快递行业转型发展示范区”建设进行评估。

【圆通成功召开 “全球包裹联盟—上海峰会”】 2015年4月22日，由圆通速递发起的“全球包裹联盟”峰会在上海隆重召开。来自韩国、日本、俄罗斯等不同国家和地区的快递企业作为意向创始成员参加了本次峰会。峰会探讨了如何发挥各成员在资源和服务方面的优势，共同建立覆盖全球主要市场的包裹服务网络。

【阿里巴巴战略投资入股圆通】 2015年5月，圆通速递宣布获得阿里巴巴联手云峰基金的战略投资，并签署相关协议。阿里巴巴表示希望通过本次对圆通速递的战略投资，使菜鸟与圆通融合，打造出电商快递的新平台，将服务质量提升到一个新阶段。

【申通快递与俄罗斯驿马快递签订深化合作协议】 2015年8月16日，申通快递与俄罗斯驿马快递签订深化合作协议。与驿马快递的签约是申通快递积极响应国家邮政局快递“向下、向西、向外”发展战略，积极融入国家“一带一路”经济带战略的重要举措。

【申通快递召开首届国际业务发展大会】 2015年8月17日，申通快递召开首届国际业务发展大会，动员全网上下乘着跨境电商的东风，扬起加快国际业务发展的风帆，为实现申通快递持续健康发展打下坚实基础。2015年，海外申通网点已经遍布香港、日本、韩国、泰国、澳大利亚、加拿大、荷兰、俄罗斯等国家和地区。申通国际业务从无到有，从小到大，取得了阶段性成果，走出了一条具有申通特色的国际业务发展之路。

【开办“同城当日递”业务】 针对上海商务楼集群和金融服务业聚集的城市特点，中国邮政集团公司上海市分公司优化现有同城网络和操作模式，招聘100名学历在大专以上的揽投人员，于12月30日正式推出“同城当日递”业务，提供上海市中环内当天寄件当天送达的“门到门、桌到桌”快递服务。

（凌伟）

【“关邮沪通”系统上线】 为更好地服务社会、服务民生、服务地方经济，满足“海淘一族”的需求，提高申报邮件的处理能力，中国邮政集团公司上海市分公司与上海海关邮办处开展深度合作，开发“关邮沪通”系统。该系统除有网上申报、网上缴费、委托退运、海关审批、委托投递等功能外，还能根据报关、催领、缴税、报关失败的情况自动向用户发送短消息。用户只需登录网站完成注册手续，足不出户即可领取申报邮件，有效缓解市民个人邮件申报“最后一公里”问题。

（周俊瑾）

【启用邮件处理中心浦东分中心】 1月，邮件处理中心浦东分中心启用，主要负责浦东所管辖区域国内进出口特快邮件分拣封发、部分国内国际总包邮件转运及干线运输与市内驳运工作。用于工作日处理北京、广州邮航一频次进口邮件和11点前到达的浦东机场民航进口邮件，开设1300和1600两个处理和下发频次，日处理能力达3万件，有效提升浦东落地民航和邮航邮件的进口时限，稳步提升运行质量。

【启用徐德路国内进口邮件处理场地】 6月，徐德路国内进口邮件处理场地启用，场地面积由原来的2700平方米增至7600平方米，为原联明路处理场地的2.8倍，充分提升邮件处理中心的进口处理能力。11月上旬，进口分拣处理设备上线，“双十一”期间徐德路场地峰值日处理量超过22万件。

（赵芳）

【新商业快件平台建成】 针对商业快件业务量的快速增长，中国邮政集团公司上海市分公司对原商业快件处理场地进行迁址扩容，在经过一年的建设后，于12月24日通过海关验收。新场地占地8800平方米，其中海关监管区域面积4500平方米，快件清关处理和暂存场地面积2000平方米，装卸场地面积2300平方米，是全国最大的邮政快件操作场地。清关流水线由原有的2条增至7条，并配有矩阵式分拣流水线；日处理能力由原先日均1万件提升至5万件，经实际测试，每小时清关上线量为4000件，日峰值达到2.5万件。平台建设期间，受到政府部门高度重视，该建设项目被上海市商务委员会列为“上海市物流标准化试点项目”。

（周俊瑾）

（六）精神文明和科技文化

【概况】精神文明建设稳步推进。2015 年，上海市邮政管理局把“文明创建”作为上海邮政业“五条主线”项目建设年的一号项目，推动文明创建与党群工作、行业管理同规划、同部署、同推进、同考核。一是进一步深化组织领导。优化文明办组织机构，吸纳政府部门、行业协会、相关企业人员参与，制定《市局精神文明建设工作制度》、《2015 年市局精神文明创建重点工作及任务分工》，形成党政结合、政企结合、上下结合、总分结合、全系统全行业全面参与、全员投入的文明创建工作格局。二是进一步深化典型选树。带头救助车祸受伤人员的圆通快递员周建飞，为投件服务的小区大厦救火的顺丰快递员王开武，顺丰快递员邬引军家庭被评为全国五好家庭。周建飞入围“全国物流行业劳动模范”上海市上报名单。快递员雷娟娟被推荐评为“上海市青年岗位能手”。三是进一步深化创建活动。开展“3.15”国际消费者权益日活动，定期参加上海人民广播电台“政风行风热线”直播节目，将《快递服务》国家标准与上海市窗口行业文明服务测评要求相结合，制定七个方面 25 项《上海市快递行业文明服务测评标准》，印发了《上海市快递行业文明单位考评管理办法》，明确了评选条件、评选程序、考评指标、名额配比等关键内容。四是进一步深化网点创建。召开市快递行业精神文明创建现场会，快递行业文明创建融入文明城区创建和社区文明共建，局领导及各处室、管理局、协会、企业负责人每人对接一个快递服务网点作为联系点，签订联系责任书，定期走访、检查、推进文明创建工作。

以职业技能鉴定为依托，加强行业人才培训培养工作。扎实推进快递业务员职业技能鉴定工作。2015 年报名 6551 人，鉴定合格 4818 人（其中初级工 4944 人，中级工 637，高级工 848 人，业务师 40 人）。首次组织快递业务师职业技能考试和综合评审。组织开展快递业务员考评员培训班，二十余人参与培训考核，壮大了考评员队伍。启动业务师培训鉴定，职鉴等级走向深层次。中心按照职鉴工作要求及时与国家局职鉴中心完成工作对接，熟悉相关操作程序，并组织人员参加国家局职鉴中心组织的二级培训师培训，同时组织上海地区参考人员培训。2015 年度共有 122 人报名，考生以企业中、高层管理人员为主，参加考试 109 人，鉴定合格 59 人，合格率为 48.4%（其中，有 20 人，高级证书不满 3 年，成绩保留）。顺利举办上海市首届邮政行业职业技能大赛。职鉴中心与市快递协会联合组织了上海市首届邮政行业职业技能大赛决赛，共有 14 家企业，104 名选手参加竞赛活动。其中，92 名选手成绩合格，可获得快递业务员高级证书。按 5% 的晋升比例，有 4 人已申报晋升业务师资格，有两人已申报“上海市青年岗位能手”称号。同时，中心根据竞赛条件和要求，选拔了三名选手代表上海队参加了第十一届“振兴杯”全国青年职业技能大赛决赛，最终上海韵达的选手杨金丰在全国大赛上取得了第三名，为上海队和上海快递行业争得了荣誉。

紧密服务中心工作，提升新闻资讯工作。聚焦中心工作，全面宣传报导“五个邮政”、“五条主线”项目推进成效，组织编发各类政务信息 481 条，其中在国家局网站刊发 84 条，“一报一刊”刊发 42 篇，全面发布和传播上海邮政业的新发展、新变化和新气象。聚焦央地联动，与国家局新闻宣传中心签署战略合作协议，以合办《上海市邮政业暨快递总部经济专刊》为契机，启动双方在行业新闻宣传媒体资源、传播平台、报导内容和发布渠道等方面的深度合作。与市快递行业协会合作，改版发刊《上海快递》杂志。聚焦内宣外联，建立“机关文化宣传墙”，在各办公室安装部门职责、廉政规定和“三大纪律八项局训”宣传板；编印2013、2014年《上海市邮政管理局年报》，创编《上海市促进邮政业发展视窗》，向国家局、地方党政领导报送《上海市邮政管理局政务信息》、《上海市邮政管理局政务信息专题报告》，全面反映上海邮政业最新发展动态。充分利用市政府新闻办“上海发布”官方微博和上海交通委“上海交通”官方微信，在春节、纪念抗战胜利70周年活动期间、“双11”等重点宣传节点，发布微博5篇、微信6篇。对接《解放日报》，在世界邮政日刊发领导致辞，刊发“两新星空”快递专刊。全面融入市政府办公厅、市建设交通党委网站、《建设交通党的信息》（简报）、市交通委网站、《市交通报》、《国际航运中心简报》等地方部门媒体，开展“政府营销”。主动加强报刊、广播、电视、网络等全方位媒体的舆情监控，重点关注微博、微信等新型媒体舆情情况和网友评论倾向，及时应对了EMS滞港邮件、“西安快件泄露”、快递实名制实施等媒体和社会关注的行业重点事件，形成《舆情监控报告》，报局领导和国家局新闻中心参考。组织开展“双11媒体一线行”活动，“双十一”期间各家媒体共发表刊登新闻报道78篇，形成良好舆论氛围。聚焦效能提升，印发《关于提升局新闻宣传工作整体效能的若干意见》，结合“三严三实”专题教育活动要求，从提升信息编报质量、加强新闻宣传媒介载体建设、加强队伍能力建设、规范管理措施四个方面，提出进一步提升新闻宣传工作整体效能的举措。

【国家邮政局党组成员、纪检组长解畅调研考察行业精神文明创建工作】 2015年5月22—23日，国家邮政局党组成员、纪检组长解畅在上海市调研考察了上海局、松江局以及中通快递公司总部、申通罗泾网点精神文明创建工作，对上海局和快递企业深入开展精神文明创建活动的工作给予了高度评价并提出了几点思考和建议。2015年7月27—29日，国家邮政局在上海召开全国邮政行业精神文明建设工作研讨会，就新形势下如何深入推进邮政行业精神文明建设、提升行业发展软实力进行了深度研讨。

【建立、落实精神文明创建联系点制度，举办联系点授牌仪式】 2015年5月18日，上海市邮政管理局在申通快递上海罗泾公司组织快递行业精神文明创建现场会暨联系点授牌仪式，展示文明创建活动启动一年来的工作成果，并以建立联系点制度为新起点，推动创建工作再上新台阶。

【顺利举办上海市首届邮政行业职业技能大赛】 职鉴中心与市快递协会联合组织了上海市首届邮政行业职业技能大赛决赛，共有14家企业，104名选手参加竞赛活动。其中，92名选手成绩合格，可获得快递业务员高级证书。按5%的晋升比例，有4人已申报晋升业务师资格，有两人已申报“上海市青年岗位能手”称号。11月2日至5日，中心根据竞赛条件和要求，选拔了三名选手代表上海队参加了第十一届“振兴杯”全国青年职业技能大赛决赛，最终上海韵达的选手杨金丰在全国大赛上取得了第三名，为上海队和上海快递行业争得了荣誉。

【申通快递举行2015首届职业技能竞赛】 2015年8月21日，申通快递举行2015首届职业技能竞赛。此次职业技能竞赛的举办，即是积极响应上级管理部门的要求，也是对企业战斗力的一次实践检验。

【“服务文明进社区”同创共建项目获奖】 3月19日，上海市社会宣传重点项目总结表彰大会在上海图书馆西楼报告厅举行。中国邮政集团公司上海市分公司“服务文明进社区”同创共建项目获评上海市100个“群众喜爱的培育和践行社会主义核心价值观项目”。“群众喜爱的培育和践行社会主义核心价值观项目”评选活动，由市委宣传部主办，自2014年11月启动后，在全市各地区、系统征集240个候选项目，通过东方网投票通道，面向全市市民集赞投票，评选出全市100个切实体现“落细、落小、落实”，把社会主义核心价值观日常化、具体化、形象化的优秀项目。中国邮政集团公司上海市分公司“服务文明进社区”同创共建项目，作为市建设交通系统推荐渠道2个获奖项目之一，得票数最终位列37。市委宣传部部长徐麟出席会议并向获奖单位颁发证书。

【网点授权集中系统上线】 5月起，中国邮政集团公司上海市分公司网点授权集中系统工程推广项目正式启动。该项目是中国邮政集团公司上海市分公司贯穿全年的一项重大金融信息化建设项目，旨在通过技术手段，实现网络化远程集中授权，将原有的授权人员现场授权的操作通过网络转移到中后台进行统一集中授权。至6月26日，中国邮政集团公司上海市分公司代理金融共计103个网点完成授权集中系统上线工作。随着网点授权集中系统的建设成功，柜面业务实现了集中式的远程实时授权，缓解了网点柜面操作人手紧张的问题，提高了网点服务质量，规范了授权操作流程，加强了资金风险管控。

【开发东方CJ项目信息系统】 5月，中国邮政集团公司上海市分公司与东方CJ达成合作意向，为其提供同城配送服务。为确保项目顺利启动，中国邮政集团公司上海市分公司在一个月内完成与东方CJ对接的系统开发工作，包括实现订单信息、结单信息、配送信息、邮件跟踪信息、支付信息等的互联互通，同时，还对商务投递系统的处理流程进行相应改造，包括出班投递、代收货款结算等。7月1日，中国邮政集团公司上海市分公司商务投递系统与东方购物对接项目上线试运行，经过两个多月的测试，系统运行稳定有序。

【实施推广ERP系统工程】 8月底，中国邮政集团公司上海市分公司ERP系统推广上线。ERP系统是对企业所拥有的人、财、物、信息、时间和空间等资源进行综合平衡和优化管理的应用软件系统，基于统一的数据源，帮助企业实现跨部门、跨职能的流程控制和信息共享，是决策支持体系的基础。本次ERP项目包括财务管理、采购管理、投资项目管理、审计管理和主数据管理等五大核心功能板块。按照项目实施计划，中国邮政集团公司上海市分公司成立ERP工程实施组织机构，召开ERP项目推广启动会，明确各部门和单位的职责分工，展开主数据清理收集等工作。同时选派具有一定协调组织能力、具备较强学习力的人员，组成上海ERP推广实施驻京团队，到中国邮政集团公司参加ERP项目实施工作。

（汤琳）

十三、海洋海事

（一）综述

2015 年，海洋综合管理进一步加强。市政府首次召开上海市海洋工作会议，与国家海洋局签署战略合作框架协议，出台《关于上海加快发展海洋事业的行动方案》。完成海洋发展战略研究，形成指导未来 10 ~ 20 年海洋发展的顶层设计。海岛保护等规划获市政府批准。组织开展上海第一次全国海洋经济调查和无居民海岛基础调查。加强海洋环境保护，开展海洋生态红线选划的研究，组织实施海洋生态环境监测与评价。首次开展海底电缆保护执法海陆空协同应急演练，海洋执法协同机制进一步完善。

2015 年，上海海事局以海事“革命化、正规化、现代化”建设为统领，以落实管党治党责任为主线，以确保辖区水上交通安全持续稳定为中心，坚持深化改革，坚持创新发展，不断提升海事监管服务能力，有效服务经济社会发展。

上海海事局辖区共发生一般及以上等级事故 11 件，沉船 3 艘，运输船舶人员死亡 / 失踪 4 人，经济损失 3293 万元。与去年同期相比，事故件数减少 21 件（下降 65.63%），沉船艘数减少 16 艘（下降 84.21%），人员死亡 / 失踪人数减少 11 人（下降73.33%），经济损失减少3640万（下降52.50%），辖区水上安全形势总体基本平稳可控。全年巡逻艇共完成巡航16156次，海事空巡飞机共完成空巡193架次，专属经济区巡航47架次，空巡查获非法排污船舶7艘次。协调完成搜救行动189次，出动海事巡逻艇218艘次，专业救助船舶29艘次，飞机61架次，社会船舶148艘次，渔船63艘次，军舰1艘次，过往船舶39艘次，成功救助船舶104艘次，人员1084人次（遇险1134人次），搜救成功率达95.59%。海事调查实验室承担并完成"东方之星"轮事故模拟仿真试验，为国务院调查组事故调查发挥关键作用。

2012-2015年水上搜救行动统计

年份	协调搜救行动	出动海事巡逻艇（艘次）	协调专业救助船（艘次）	社会船（艘次）	飞机（架次）	成功救助（人）	救助成功率（%）
2012年	220	250	69	376	67	1126	96.57
2013年	243	309	63	323	91	2787	98.38
2014年	213	273	49	195	77	1277	96.23
2015年	189	218	29	148	61	1084	95.59

上海海事局2015年船舶签证和口岸查验数据统计

项目		船舶艘次	与2014年同比	单船数
国际航行船舶口岸查验	中国籍船舶	1518	−22.23%	186
	外国籍船舶	40663	4.02%	5301
	小计	42181	2.77%	5487
沿海船舶航次签证		120895	25.63%	4289
内河船舶航次签证		236381	−18.41%	14955
定期签证	沿海船舶	1006艘/33762艘次	−55.86%	109
	内河船舶	16888艘/1000781艘次	−1.91%	1425
	小计	24229艘/1034543艘次	−5.67%	1534
合计		1434000	−5.89%	25458

上海海事局2015年在册登记船舶总体情况

船舶种类	船舶数量（艘）	与2014年同比	总吨	与2014年同比	平均单船总吨	与2014年同比
国际航行船舶	416	0.24%	11181201	-1.36%	26877	-1.60%
其中：特案免税船舶	17	-32.00%	157198	-51.99%	9246	-29.40%
国内航行海船	1085	-0.64%	5950488	-7.86%	5484	-7.27%
国内航行河船	750	-4.21%	1033712	-0.03%	1378	4.39%
总计	2251	-1.70%	18165401	-3.52%	8069	-1.85%

上海海事局2015年在册登记船舶总体情况

指标名称		单位	年内累计
测量	序列图测量	项	69
		换算平方公里	8640.83
	应急测量	项	12
		换算平方公里	663.8
	校核性测量	项	53
		换算平方公里	6347.46
	其他测量	项	19
		换算平方公里	468.6
制图	纸海图	幅	282
	优良数	幅	282
	电子海图	幅	211
	优良数	幅	211
海图发行量	纸海图	幅	115057
	电子海图	幅次	599245
制印	海图制版	幅	291
	海图印刷	印张	255400
	改正通告制版	期	52
	改正通告印刷	册	173565
	其他制版	幅	1066
	其他印刷	印张	467654

（陌上）

（二）海洋管理

【**概况**】2015年，海洋综合管理进一步加强。市政府首次召开上海市海洋工作会议，与国家海洋局签署战略合作框架协议，出台《关于上海加快发展海洋事业的行动方案》。完成海洋发展战略研究，形成指导未来10～20年海洋发展的顶层设计。海岛保护等规划获市政府批准。组织开展上海第一次全国海洋经济调查和无居民海岛基础调查。加强海洋环境保护，开展海洋生态红线选划的研究，组织实施海洋生态环境监测与评价。首次开展海底电缆保护执法海陆空协同应急演练，海洋执法协同机制进一步完善。

【**海洋环境监测与质量概况**】2015年，本市海洋环境质量监测要素涉及水文气象、海水、沉积物、生物等百余项。监测海域覆盖上海市海域注及邻近区域，面积逾1.72万平方公里，共布设水质站位336个，沉积物、生物站位各206个，共采集样品8200余个，获得监测数据85000余个。监测结果表明，2015年本市海域海水水质状况有所改善，劣于第四类海水水质标准的要素仍为无机氮和活性磷酸盐；沉积物环境质量状况良好；浮游植物、浮游动物、底栖动物、潮间带生物等生物多样性状况一般；长江口生态监控区处于亚健康状态。

注：上海市海域指《上海市海洋功能区划（2011~2020）》海域，面积10754.6平方公里。

【**海洋环境放射性监测**】2015年，青草沙水库邻近水域、佘山岛邻近海域海洋环境放射性监测的结果显示，海水中总β、131I、137Cs、90Sr放射性水平均在近海海洋天然本底范围内，其中，131I、137Cs均未检出，90Sr远低于海水水质标准的标准值。

【**海域使用管理**】2015年，上海市海洋局共完成审批海域使用项目12个，共登记发证10宗用海，确权面积747.4844公顷。全年我市共完成征收市批项目的海域使用金1097.8484万元；受国家海洋局委托，征收国批项目的海域使用金248.8126万元。

【**海洋倾废管理**】2015年，上海市海洋局共签批海洋倾废许可证正本207份，批准疏浚物倾倒总量567.24万立方米，骨灰撒海3131盒，涉及使用了长江口1#、2#、3#疏浚物海洋倾倒区、长江口骨灰撒海倾倒区以及金山疏浚物临时海洋倾倒区。

【**市政府批复同意《上海市海岛保护规划》**】3月15日，《上海市海岛保护规划》获市政府批复同意（沪府〔2015〕21号）。批复同意将上海岛屿划分为2个一级类、5个二级类、10个三级类，以及对各岛屿的分类功能定位，要求加快推进实施海岛保护重点工程项目，维护海岛生态系统，改善海岛人居环境，提升海岛防灾减灾能力，服务上海经济社会可持续发展。

【**本市正式发布《关于上海加快发展海洋事业的行动方案（2015—2020年）》**】10月22日，《关于上海加快发展海洋事业的行动方案（2015—2020年）》（以下简称“《行动方案》”）发布。《行动方案》确定了本市海洋事业发展的指导思想、基本原则和主要目标，明确相关部门、单位推进海洋事业发展的责任分工，并从海洋发展统筹协调、金融支持、海洋人才队伍建设、海洋文化建设等4个方面加强工作保障。《行动方案》强调加快发展现代海洋经济，加强海洋资源开发利用，建立现代海洋产业体系，打造“两核三带多点”的海洋产业功能布局，提升海洋经济开放水平，对接和服务“一带一路”长江经济带等国家重大战略，加强海洋经济统计核算和评估；提升海洋科技自主创新能力，强化海洋科技发展政策引导，加强重点海洋科技攻关，推动海洋科技协同创新，积极争取国家对上海海洋科技发展的支持；保护海洋生态环境，加强入海污染控制、海洋生态修复、海洋环境监测和应急处置，建立海洋生态红线制度；完善海洋综合管理体制，加强海洋管理装备和能力建设。

【世界海洋日暨全国海洋宣传日宣传活动】 6月8日，2015年“上海市纪念世界海洋日暨全国海洋宣传日活动”“上海市临港海洋节”“上海海洋论坛”在上海市临港地区开发建设管理委员会举行。本次会议以“对接国家战略，发展海洋经济”为主题，与会专家围绕“一带一路”国家战略与上海海洋经济发展的机遇专题、上海海洋事业创新发展路径等海洋经济领域的热点和难点问题展开深入研讨。

来自上海市海洋局、浦东新区人民政府、上海市临港地区开发建设管理委员会、上海海事大学，上海海洋大学，中国航海博物馆，上海临港海洋高新技术产业发展有限公司，上海市海洋工程咨询协会等相关部门、涉海企业、科研机构300余专家学者参加了此次活动。

会上，与会专家学者分别围绕“一带一路”国家战略与上海海洋经济发展的机遇专题和上海海洋科技创新发展路径等海洋经济领域的问题进行了深入研讨，广泛交流，为海洋事业发展研究畅言献策。全国政协常委、民建中央副主席、上海市政协副主席周汉民，同济大学政治与国际关系学院院长夏立平，上海海事大学校长黄有方就“‘一带一路’国家战略与上海海洋经济发展的机遇”作专题报告。上海交通大学船舶海洋与建筑工程学院院长助理、长江学者万德成，上海社会科学院中国海洋战略研究中心主任金永明，上海海事大学海洋科学与工程学院院长、长江学者尹衍升，上海振华重工（集团）股份有限公司海洋工程研究院副院长王文涛就“上海海洋事业创新发展路径”作专题报告。本次活动的成功举办，将为促进上海海洋产业转型升级，加快上海海洋事业发展起到积极作用。

（谷鸿鹄）

（三）海事管理

【概况】2015年，上海海事局以海事“革命化、正规化、现代化”建设为统领，以落实管党治党责任为主线，以确保辖区水上交通安全持续稳定为中心，坚持深化改革，坚持创新发展，不断提升海事监管服务能力，有效服务经济社会发展。

上海海事局辖区共发生一般及以上等级事故11件，沉船3艘，运输船舶人员死亡/失踪4人，经济损失3293万元。与去年同期相比，事故件数减少21件（下降65.63%），沉船艘数减少16艘（下降84.21%），人员死亡/失踪人数减少11人（下降73.33%），经济损失减少3640万（下降52.50%），辖区水上安全形势总体基本平稳可控。全年巡逻艇共完成巡航16156次，海事空巡飞机共完成空巡193架次，专属经济区巡航47架次，空巡查获非法排污船舶7艘次。协调完成搜救行动189次，出动海事巡逻艇218艘次，专业救助船舶29艘次，飞机61架次，社会船舶148艘次，渔船63艘次，军舰1艘次，过往船舶39艘次，成功救助船舶104艘次，人员1084人次（遇险1134人次），搜救成功率达95.59%。海事调查实验室承担并完成“东方之星”轮事故模拟仿真试验，为国务院调查组事故调查发挥关键作用。

定期开展水上安全形势分析、VTS 绩效评估；开展内河船参与海上运输专项整治、水上客运安全隐患排查治理、涉渔“三无”船舶整治、VTS 覆盖区零事故行动、防台防汛等工作，优化辖区水域通航环境，提升海事现场监管能力和应急反应水平。开展水上客运安全隐患排查专项治理，排查黄浦江游览船、崇明三岛和跨省水上客运、游艇、大型邮轮、市轮渡及交通船（私渡船）安全隐患。开展客运船舶专项检查、沿海小型货运船舶安全管理专项整治，定期开展辖区客运船舶和危险品船舶的安全大检查活动，组织实施东京备忘录有关船员进入封闭处所港口国集中检查会战，开展“阳光安检”和“蓝盾安检工作室”品牌创建工作，研究和翻译东京、巴黎两大备忘录的港口国监督争议案例并出版。全年共实施港口国检查 896 艘次，缺陷 2955 项，滞留 19 艘次；实施船旗国检查 2843 艘次，缺陷 15520 项，滞留 42 艘次。

深化船舶监管模式改革，全面实施国内航行海船电子签证，落实取消船舶签证的相关准备工作。截至 12 月 31 日，全局在册登记的国内航行海船电子签证注册率为 96.78%。服务地方经济发展，积极融入上海国际贸易“单一窗口”建设，全年共查验国际航行船舶 42181 艘次，办理国内航行船舶航次签证 357276 艘次，办理船舶定期签证 24229 艘。积极推进中国（上海）自由贸易试验区国际船舶登记制度的落地，加快推动海事自贸区监管服务试点举措复制推广进程，助推自贸区建设和上海国际航运中心建设。简政放权，优化船舶登记工作流程，下放船舶登记部分业务行政审批事项。截至 2015 年底，上海港注册船舶共 2251 艘（其中特案免税登记船舶 17 艘），船舶总吨位 18165401。

加强航运公司管理，严把航运公司和船舶体系审核质量关，开展航运公司日常监督检查，强化诚信管理。对航运公司发生重大事故、船舶连续被滞留等情况，适时启动约谈机制。全年共组织实施或安排国内公司审核 78 次，国际 / 双证公司审核 62 次，船舶审核 184 艘次；实施航运公司日常监督检查 249 次。

辖区全年共发生船舶污染事故 1 起，无重大等级船舶污染事故。开展船舶污染事故（含险情）及船载危险货物事故险情应急处置工作 1 起，船舶污染事故处置率达到 100%。全年共实施危险品与防污染现场检查 15774 次，处理违法案件 753 起。与检验检疫部门共实施联合执法查验 142 次 /211 标准箱（TEU），查获了 14 起进口集装箱危险货物未申报案件；与海关部门实施联合开箱检查 206 次 /323 标准箱（TEU），查获谎报瞒报危险品案件 146 件。

全年共实施船舶临时吨位证书发证 95 艘，开展现场复核和计算复核 35 艘，增发船舶临时吨位证书 9 艘。完成注册验船师资格考试问卷调查，组织完成 2015 年 01、02、03 期注册验船师资格考试题库整理集中办公。协调江苏、浙江、上海海事局船检机构与英国劳氏船级社开展船检业务交流。牵头组织实施对河北省、河南省、安徽省和青海省地方船舶检验机构的不定期检查工作。组织对辖区气胀式救生筏检修站开展年度不定期检查和互查工作。

完成上海船员评估示范中心初设单位的招标和合同签订工作，12 月 23 日土建工程正式开工。完成《中国 – 东盟海事教育与培训发展战略》起草和翻译工作，11 月 5 日在第 14 次中国 – 东盟交通运输部长会议上获得通过。审查、备案、公布上海国际旅行卫生保健中心取得船员体检并出具《船员健康证书》的资质，实现船员一次体检，可以同时申办国际公约要求的《健康证书》和出入境人员防疫要求的《健康证》。制定我国海船船员培训纲要，修订我国海船船员考试大纲。举办 7 场“我和船员有个约会”互动活动，近九百名船员、三百余名航海类在校生参加活动。率先在船员业务电子系统推出个人业务向导功能、船员适任证书办理业务预警功能，初步实现微信证书查询、进度推送、预约办证、委托确认等功能。全年发放船员适任证书 13242 本（张），引航员适任证书 72 本，培训合格证 6345 张，海员证 8632 本，船员服务簿 1979 本，专业技术资格证 226 本。

严格落实国家各项减免征政策，全年累计免征各项海事规费近 1.4 亿元。深化服务便民，创新港口建设费电子舱单取代纸质舱单便利举措。强化规费稽查，加强规费征收事中事后监管，加大长江来沪船舶稽查力度，重点做好代收单位稽查工作。加强信息支撑，做好《港口建设费货物信息申报及电子支付系统》全面推广工作。

清理并废止 24 件海事规范性文件和 8 件执法程序类文件。认真推进行政审批制度改革，开展对已下放行政审批事项的评估。对外公布上海海事局权力清单。制定《上海海事局 2014 版海事行政执法政务公开指南》《上海海事局海事执法业务流程》和《上海海事局常见海事违法行为行政处罚参照表》，建立登轮工作告知单制度，规范海事执法。承接法制研究任务，完成规范海事执法案件移送、规范海事执法协查、海事行政处罚裁量基准、规范海事行政备案等 4 项研究任务，完成在系统内推广上海海事局网上 / 自助处罚系统准备工作。启用海事行政执法督察信息化工作平台，完成执法记录仪推广使用试点工作。全年实施海事行政处罚 3884 件。全局共计开展定期、专项以及不定期督察合计 537 次，发放执法督察“红牌”4 张、“黄牌”10 张。

管理航标总数 6059 座，航标总数比去年底增加 260 座。全年共完成 2172781 航标维护座天，航标正常率为 99.95%，维护正常率 100.00%。编制 e- 航海发展战略，建设上海洋山港 e-Navigation 示范区，组织开发“引航操作系统”。组织开展上海海事局 AIS 岸台系统补充及安全应用二期工程补点建设工作。配合交通运输部海事局召开北斗海事民用现场会，编制北斗海事推广方案。“极地综合航海保障工程”项目获 2015 年度中国航海学会科技进步奖特等奖，“超高分子聚乙烯灯浮”“北斗高精度定位系统”项目获得二等奖。完成泉州湾跨海大桥、国家海洋局东海计量中心东海海底观测等 52 项航标工程技术审查，完成 6 项专用航标技术评估报告。全年共启动航标现场应急反应 18 起。

开展“S-10X 标准跟踪研究”“基于海洋空间基础设施的测绘生产模式研究”“浙江沿海水文信息站点建设工程”“水面无人智能测量工作平台（二期）”“长江口及杭州湾区域北斗精密定位服务系统建设工程”“机载和星载测量技术研究”“数字化海洋情报系统前期研究”“航行安全信息云发布和海 e 行移动终端动态监控系统”“中国沿海碍航物数据库建设”等项目研究。为辖区内重要港口、水域的水运工程提供通航尺度核定测量服务 53 次。及时完成“浙岱渔 06427”轮沉船水域应急扫测等指令性应急测绘项目 12 项，累计测量面积 663.8 换算平方公里。测绘产品优良率 100%。

全年共播发海上安全信息 29 万次，处理数字选择性呼叫（DSC）约 99 万条，处理遇险通信 326 次。水上安全信息播发准确率达 100%、水上安全通信设施可用率 99.99%、水上安全通信设施恢复及时率 98.56%，全面达到预定目标。应急通信保障有力，在“甬龙”轮船员施救等应急行动中发挥水上通信的关键作用。积极推进通信新技术在水上应用研究，开展了海上数字广播（NAVDAT）示范工程建设。2015 年为 50 家公司所属 119 艘船舶办理电台执照，为 1402 家公司所属 1693 艘船舶办理识别码证书。

联合上海市交通委、上海市教委等部门

组织开展“水上交通安全知识进校园”活动，完成《中国海事史》（古、近代部分）内审稿专家评审，在中国海事博物馆推出“中国船舶登记历史回顾展”“上海海事测绘60周年专题展”，普及传播水上交通安全知识，提升及社会公众特别是青少年的海洋意识，不断夯实海事文化建设。

【陈维海事危防监管创新工作室获评“全国示范性劳模创新工作室”】1月23日，陈维海事危管防污创新工作室“全国示范性劳模创新工作室”揭牌仪式在上海举行。在2014年底中华全国总工会命名的97个全国示范性劳模创新工作室中，陈维海事危管防污创新工作室是唯一的行政执法类劳模创新工作室。陈维海事危管防污创新工作室将严格按照中华全国总工会要求，弘扬劳模精神，发挥先进典型示范引领作用，激发广大干部职工的创造激情和创新活力，探索行政执法类劳模创新工作室的新路径。

【上海海事局官方微信公众号正式上线】2月12日，上海海事局官方微信公众号“上海海事发布”正式上线对外提供服务。该平台支持IOS、ANDROID两类移动终端，主要功能包括微发布、微查询、微服务。“上海海事发布”立足服务航运、便民服务，为服务相对人提供及时、重要的业务办事及服务信息。

【上海海事局核发首本个人申办海员证】按照交通运输部海事局关于放开个人申办海员证的要求，自3月1日起，上海海事局取消海员证单位申办限制。3月4日，上海海事局核发了上海港第一本由个人申办的海员证，标志着上海海事局落实交通运输部海事局简政放权清单措施，切实便利服务行政相对人举措的落地。

【国际航标协会（IALA）法律咨询委员会(LAP)第14次会议在上海召开】3月9日至11日，由中国海事局承办的国际航标协会（IALA）法律咨询委员会（LAP）第14次会议在上海召开。国际航标协会现任秘书长FrancisZachariae、IALA理事国成员代表等参加会议，我国交通运输部、中国海事局派员参加会议。本次会议的一项重要议题是推进国际航标协会向政府间组织转变。会议期间，来自中国、丹麦、法国、英国、挪威、德国、瑞典、芬兰、澳大利亚及IALA秘书处的多名代表就国际航标协会向政府间组织转变所需的准备工作和法律问题进行了研讨，就解决方案达成了共识，为拓展国际航标发展空间打下坚实的基础。

【第31次南极科考极地航海保障任务圆满完成】4月10日，执行第31次南极科考极地航保任务的两名海事测绘人员返沪，圆满完成南极冰区航标导航、科考站水域航道扫测及海图编绘任务。海事测绘人员在中山站、维多利亚地新站共执行6项极地航海保障任务，前后历时162天，先后完成“雪龙”号科考船专用自动识别系统（AIS）移动基站、北斗自动识别系统（AIS）船载终端及单人自动识别系统示位仪（AIS-MOB）极地航行环境测试、维多利亚地新站附近海域海底扫测及水深测量等工作，首次运用无人智能测量艇在南极罗斯海水域发现新锚地，并制作完成该水域1:5000大比例尺专题海图。这是我国开展南极科考以来交通运输部首次派员参加该科考任务，在极地航标导航、海道测量及绘图等领域取得重大突破性成果。

【辖区内首架水上飞机成功完成验证飞行】4月28日，上海海事局辖区首架水上飞机在金山完成验证飞行。飞行期间，金山海事局派出巡逻艇和执法人员加强现场警戒，在飞行区域内实行海上交通管制，禁止船舶和人员进入起降水域，保障通讯畅通，加强应急值班，做好应急救援准备，为本次水上飞机的成功验证飞行创造了有利条件。

【上海国际航运中心船舶通航能力实现重大突破】5月20日，上海海事局会同上海市交通委和上海国际港务（集团）召开“上海国际航运中心船舶通航能力实现重大突破”新闻通气会。上海海事局徐国毅局长在新闻通气会上宣布，从2015年5月20日起，上海洋山深水港全面推进船舶在能见距离500米以上时正常进出港；能见距离200～500米时，2000标准箱（TEU）以上大型集装箱船舶进出上海洋山深水港开展通航试验。

大型集装箱船舶在能见度不良天气下进出洋山深水港，标志着上海国际航运中心船舶通航能力实现重大突破，也标志着上海港已跻身于世界上为数不多的全天候、现代化港口之列，将进一步提高港口和航运公司的运营效率、降低运营成本，惠及往来上海洋山深水港的世界各大航运公司，提升上海国际航运中心核心竞争力和安全保障能力。

【上海港全面推行国际航行船舶进出口岸查验电子化】5月25日起，上海海事局在全港推行国际航行船舶进出口岸查验电子化。国际航行船舶到上海海事局办理进出口岸查验手续时，不必再到政务窗口办理，只需通过网络就可办妥所有手续，自行打印相关许可文件。在便利船方的同时，上海海事局通过事中事后抽查的形式，对船舶的申报行为进行事中事后监管，按照诚信管理机制对存在不良记录的船舶或其代理给予严格惩戒，从而引导和促进船舶及其代理等企业的自律。此举推行，有效地缩短船舶办理口岸查验手续时间，降低码头、船舶和代理企业的运营成本，提高通关效率，营造高效、诚信的航运市场环境。

【《上海港船舶污染防治办法》正式施行】6月1日起，以上海市人民政府28号令形式对外公布的《上海港船舶污染防治办法》（以下简称《办法》）正式施行。相比制定于1996年的《上海港防止船舶污染水域管理办法》，新《办法》将适用范围扩大为包含海港和内河港口在内的全上海港，同时新增了船舶大气和噪声污染防治规定。《办法》的正式施行，标志着上海港船舶污染防治迈上了新台阶，将进一步规范船舶污染防治行为，减轻船舶在上海港航行、停泊、作业产生的污染，改善上海城市环境，促进上海生态文明建设。

【上海举行第五个“世界海员日”庆祝活动】6月25日，2015年世界海员日上海地区庆祝活动启动仪式在上海国际客运码头举行。2015年世界海员日的主题为“海员职业生涯”，旨在通过海员日活动向社会大众展示多姿多彩的海上职业，进而加深对海员职业及其重要性的认识，吸引年轻人投身航海事业。仪式上宣读了全国100名优秀海员及100名优秀海员家属的表彰决定。全国60万余名海员朋友将收到由交通运输部海事局赠发的，包含《海船船员职业手册》《中国海事局第二批便利船员服务清单》等内容的“海员日礼包”。在第二批便利船员服务清单中，交通运输部海事局推出了包括统一公布海船船员适任考试计划、提供《海船船员内河航线行驶资格证明》查询和自助打印、海船船员短信提醒、海船船员理论考试异地补考、海事监管记录查询打印等5项服务措施，海员将享受到比以往更多的便利。

【上海海事局举行2015世界环境日船舶溢油应急演习】6月5日，上海海事局与上海市应急办等单位开展2015年世界环境日船舶溢油应急演习。演习模拟某滚装船由于燃料油内部转驳操作不当，导致大约3吨船舶燃料油从燃油舱透气孔溢至主甲板，并有约1吨燃料油落江。在接到事故报告后，上海海事局所属浦东海事局迅速启动辖区船舶污染事故专项应急预案，调派辖区应急力量，组织开展溢油应急处置工作，并首次试用长江口船舶溢油应急设备库参与演习。经过1个多小时的连续作业，圆满完成设备库应急响应、溢油围控、回收、清除等既定科目的训练。此次演习有效检验了上海港船舶溢油应急处置实战水平，对今后开展水上船舶溢油应急处置工作有着重要的指导意义。

【海事护航“海洋量子号”中国首航】 6月24日，被称为全球最先进的豪华游轮，可容纳4180名乘客的“海洋量子号”驶抵上海吴淞口国际邮轮港，开启了中国首航。上海海事局事先征求航运公司及引航站等多方意见，制定周密的进港方案。在吴淞交管中心、引航员的引导下以及海事巡逻艇护卫下，“海洋量子号”安全靠泊上海港国际邮轮码头，以吴淞国际邮轮港作为母港开启亚洲之旅。

【中国船舶油污损害理赔事务中心在北京揭牌】 6月18日，在北京召开的中国船舶油污损害赔偿基金管理委员会成立会议上，中国船舶油污损害理赔事务中心揭牌成立，我国船舶油污损害赔偿机制正式开始运作。今后，船舶油污事故受害者将得到更加充分的赔偿，将对我国海洋环境保护和海洋运输业持续健康发展起到良好的促进作用。

为保护航运业健康发展，我国确立了由船东和石油货主共同分担责任的船舶油污损害赔偿机制。中国船舶油污损害赔偿基金管理委员会由交通运输部、财政部、中国石油天然气集团公司、中国石油化工集团公司、中国海洋石油总公司等9家单位组成，秘书处设在交通运输部海事局。中央编办批准在上海设立中国船舶油污损害理赔事务中心，开展船舶油污损害赔偿、补偿等具体日常事务以及相关的技术服务和支持保障工作。

【160名上海海上搜救志愿者上岗】 6月23日，上海海上搜救志愿者总队160名海上搜救志愿者正式上岗，上海市应急办、上海海上搜救中心、上海市交通委、共青团上海市委共同为志愿者代表授旗。海上搜救志愿者是对政府主导搜救的有效补充，具有公益性和广泛参与性。上海海上搜救志愿者总队的建立，对于推动完善我国海上搜救体制机制具有重要意义。

【洋山港首次实现大型集装箱船舶夜间双套泊作业】 7月20日2030时，大型集装箱船“日邮女神”轮和“中远泰国”轮准时解缆，离开冠东1号泊位和盛东4号泊位，随即等在附近水域的“日邮新加坡”轮和“达飞卡洛斯”轮缓缓靠上以上两个泊位，于2100时安全靠妥，标志着洋山港首次大型集装箱船舶夜间双套泊作业试验成功，洋山港的运营效率得到了进一步提升。

背景链接：“夜间双套泊”作业，是指夜间两艘进口船载码头边侯泊，等出口船离泊后立即接靠的作业模式。此次参加夜间双套作业的4艘船舶均为重量级的大型国际干线集装箱船，船长达到300米，可装载8000个标准集装箱。本次夜间双套泊作业，是在前期推行内支线集装箱船舶“双档靠泊”、大型集装箱船舶“日间双套泊作业”和“双向试通航”的基础上，实施的又一创新举措，可以缩短船舶待泊时间2～3小时。

【上海海事局全面试行客运船舶安全管理长效机制】 8月3日，上海海事局在辖区全面试行客运船舶安全管理长效机制。客运船舶安全管理长效机制包括高峰错时开航制度、客渡船监控制度、定期检查制度、安全警示制度和责任奖惩制度5项制度，旨在将相关责任方纳入客运船舶安全管理中，把对客运船舶安全管理的各个环节通过制度形式予以保证，形成政府牵头、各方联动，严管真帮、公司自律的工作机制，进而提升客运船舶安全管理水平和能力。

【沪浙海事部门合力组织救援起火油船“业池”轮】 8月3日，装载29000吨柴油的中国香港籍油船“业池”轮途经大洋山岛西南水域时船舶生活区着火，5名船员受伤，其中1名重伤员死亡。上海海上搜救中心接报后，指挥上海海事局“海巡012”轮第一时间抵达现场应急处置，协调4艘专业消防拖轮往现场协助灭火。东海第一救助飞行队救助直升机分别于1815时、1918时抵达事故现场，将4名伤员及1名陪同人员送医救治；21时，一名在事故中遇难的船员由东海救助局“东海救101”轮接下送岸。1918时浙江海事局协调13名消防官兵登上“业池”轮协助灭火。上海海事局“海巡011”轮与“东雷5”等2艘清污船前往现场进行清污。8月4日，经确认火势已被完全扑灭。0518时，“业池”轮在护航警戒下移至大洋山南面安全水域抛锚，接受事故调查处理。

【开展“百日行动”筑牢安全链】 天津“8·12”重特大火灾爆炸事故后，为深刻吸取事故教训，深入贯彻国家有关安全生产工作的指示精神，8月21日至11月30日，上海海事局开展船载危险货物安全运输及船舶防污染专项整治“百日行动”。在整治行动中，通过加强对辖区各危险货物运输单位及防污染作业单位的检查力度，指导相关单位及时整改存在的隐患；督促企业落实安全生产主体责任，完善船载危险货物安全运输及船舶防污染管理长效机制；开展无脚本应急演练，提高码头和船员的应急响应能力和水平等活动，深化“责任链、安全网”建设，确保辖区水上安全形势持续稳定。整治期间，共排查出各类安全隐患共计846项，查获谎报瞒报危险品案件27起，查获瞒报危险品集装箱38个；实施危险货物集装箱开箱检查71次；累计查获船载危险货物及船舶防污染违法案件109起。

【“六区一线”长江口重点水域海事监管区域联席会议在上海召开】 9月1日，“六区一线”长江口重点水域海事监管区域联席会议在上海举行。来自沪、苏、浙、皖直属及地方海事部门代表参加会议。会上，上海海事局介绍了长江口重点水域水上安全形势及海事监管存在的问题，各与会单位针对辖区交界区域应急处置、内河船违法开展海上运输、砂石料运输管理、船舶治超等重难点问题开展深入交流。会议就加强沪、苏、浙、皖直属及地方海事部门合作达成共识，将从直属局、分支局多层次建立协调联络机制，增强信息互通和执法联动，充分共享各类数据和信息，不断提高长江口重点水域海事监管能力。

【首期国际航标管理培训在上海圆满结束】 9月25日，由中国海事局和国际航标协会环球学院联合举办的首期国际航标管理培训班在上海正式结业，来自东盟和金砖国家的高层次航标管理人员通过考试，并获得中国海事局和国际航标协会环球学院共同颁发的一级航标管理人员资格证书。

在为期23天的培训中，各国学员先后在上海、温州、厦门等地海事部门、航标实训基地、航海院校、科研院所及港口现场进行学习参观。来自国际航标协会环球学院、中国海事局、大连海事大学、上海海事大学、集美大学、武汉理工大学等学研机构的专家教授围绕国际组织、航海知识与助导航、航标设计与管理、航标技术和能源5个模块为学员进行了集中授课。

这次国际航标管理人员培训班，是中国

海事局和国际航标协会环球学院首次合作开展的国际培训，是推动国际区域助航能力建设，贯彻“一带一路”“海上丝绸之路”国家战略的重要举措。

【上海海上搜救中心在东海海域开展大型邮轮远程医疗暨人员落水无脚本搜救演练】 10月17日，上海海上搜救中心在长江口海域连续开展了大型邮轮远程医疗暨人员落水搜救无脚本应急演练。演习模拟一艘拖驳船翻沉后8名船员落水以及大型国际豪华邮轮游客受伤场景，上海海上搜救中心组织上海海事局、东海救助局、交通运输部东海第一救助飞行队、上海市公安局警务航空队等单位派出船艇、飞机参加演习，并联系东海海洋预报中心推算落水人员漂流轨迹，协调医学专家对大型邮轮开展远程医疗指导，首次将两名专业医疗人员通过直升机投送至遇险船舶开展现场急救。演练着眼实战，讲求实效，是在接近实战的情况下进行的无脚本应急演练，有效锻炼并检验了上海港水上人命救助从接警、处置、到搜救全过程的远程应急处置能力。

【上海首个移动爱国主义教育基地在上海海事局“海巡01”轮上揭牌】 11月12日，上海海事局“海巡01”轮爱国主义教育基地揭牌，成为上海首个移动的爱国主义教育基地。“海巡01”轮除执行正常的任务外，将利用在港靠泊时间面向社会承担爱国主义教育的责任，并在中国海事博物馆设置专题展区，通过观众参观和互动节目，努力增强广大市民特别是青少年海洋意识和航海知识，激发热爱蓝色国土、建设海洋强国的爱国热情。

“海巡01”轮于2013年4月正式列编，总长128.6米，排水量5600吨，最高航速20.8节，续航能力超过10000海里，是目前中国最大的海上公务执法船。列编以来，曾代表中国政府出访澳大利亚、印度尼西亚、缅甸和马来西亚四国，多次出色完成东海海上巡航搜救任务。2014年作为中方指挥船参与马航MH370客机搜寻，组织协调中方10艘舰船和4架飞机在南印度洋的搜寻行动，展示了中国政府积极参与国际搜救的负责任大国形象。2015年9月17日，上海海事局“海巡01”轮（中国海事博物馆）被正式命名为第六批上海市爱国主义教育基地。

【《上海海事局船舶安全与防污染诚信管理办法》颁布实施】 1月1日起，上海海事局在洋山港辖区试行船舶安全与防污染诚信管理。3月1日起，在上海海事局全面试行。经过试运行和评估总结，并吸收各方意见建议，对管理办法及其实施程序进行修改完善后，11月12日，《上海海事局船舶安全与防污染诚信管理办法》正式颁布实施。

《上海海事局船舶安全与防污染诚信管理办法》按照公正公开、综合评价、动态跟踪、差异管理的原则，通过评定船舶诚信等级，对辖区船舶实施分级管理，对诚信等级高的船舶给予便利措施，对诚信等级低的船舶采取重点监管，引导促进航运公司及船舶加强自主管理，营造安全、公平、有序、诚信的航运市场环境。

【海上搜救力量成功从倒扣36小时的渔船中救出被困渔民】 11月27日，上海海上搜救中心接渔船报告，“苏赣渔运02886”轮在长江口灯船东北方向约120海里处倾覆，船体倒扣在海面上，船上人员情况不明。接报后，上海海上搜救中心发布航行警告并组织搜救。0938时，海事空巡飞机第一时间抵达现场确认遇险渔船位置，并引导相关救助船舶向该水域集结。1315时，“海巡01”轮抵达事发水域展开搜寻行动。28日清晨现场海况有所好转，“海巡01”轮搜救人员登上翻扣渔船船底，发现船舱内有微弱回应。上海海上搜救中心立即协调派遣东海第一救助飞行队应急队员和上海打捞局潜水员到现场解救被困人员，于1558时成功在翻扣船机舱内找到并救起一名被困36小时的遇险人员。经过应急救治之后，获救渔民生命体征平稳。

【全球首部中文版《北极航行指南（西北航道）》通过专家评审】 12月2日，全球首部中文版《北极航行指南（西北航道）》项目通过海事、海洋等多方专家评审，预计将于2016年正式对外出版发行，届时将为今后航行北极西北航线的中国籍船舶提供全方位航海保障信息参考服务。

《北极航行指南（西北航道）》由上海海事局、东海航海保障中心联合上海海事大学、中国极地研究中心等学研机构编撰。指南涵盖了北极地区地理环境以及航行区域的水文、气象、碍航物、水道航法、助航设施、救助服务、港口服务等安全保障资料，兼顾船员、船舶、船机、操控等方面内容和相关国际公约以及沿岸国管理要求等，内容丰富、详实，是一份准确、全面、实用的北极航行“攻略”。

（范锋）

十四、上海国际航运中心建设

（一）综述
（二）集疏运体系
（三）航运服务业
（四）航运业务
（五）国际航运发展综合试验区
（六）邮轮产业发展

（一）综述

2015年国际集装箱市场整体行情惨淡，运价创历史新低；国际干散货运输市场整体低谷震荡，旺季反弹力度较低。根据《新华—波罗的海国际航运中心发展指数报告（2015）》，上海在全球十大国际航运中心中位列第六，比2014年前进一位：2015年上海港完成货物吞吐量7.2亿吨，同比降低5%；集装箱吞吐量3654万标准箱，同比增长3.5%，集装箱吞吐量保持世界首位，集装箱水水中转比例达到45%。上海两场实现航班起降70.58万架次、旅客吞吐量9919万人次、货邮吞吐量371万吨，同比分别增长7.68%、10.63%和2.63%，国际（地区）航线客、货吞吐量蝉联大陆机场之首。上海港共靠泊邮轮341艘次，同比增长26.8%；邮轮旅客吞吐量164.3万人次，同比增长35.2%。航运服务环境不断完善。2015年5月起，洋山深水港区实现能见距离500米以上时船舶正常进出港，使上海港跻身全球为数不多的全天候、现代化港口之列。航运央企掀起重组浪潮，中远集团与中海集团的整体改革方案获得国务院批准。上海航运保险协会代表中国加入国际海上保险联盟，进一步提升了我国航运保险话语权。依托自由贸易试验区，营商环境取得积极突破，上海自贸试验区国际贸易“单一窗口”正式上线，12 家外资船舶管理公司落户自贸试验区。积极呼应国家“一带一路”等国家战略，上海国际港务（集团）股份有限公司获得以色列海法新港自 2021 年起 25 年的码头经营权，上海航运交易所编制的“一带一路”航运系列指数正式对外发布。

（二）集疏运体系

【概况】2015 年，洋山深水港四期工程全面开展，吴淞口邮轮港后续工程正式启动，临港产业东港区公用码头一期工程投入运营，外高桥八期前期工作进展有序，小洋山北侧建港所需前期基础资料收集工作完成。内河高等级航道建设全线启动，平申线、大芦线二期、长湖申线航道二期等航道整治工程加快建设。完善铁路集疏运通道布局，沪通铁路南通至安亭段开工建设，沪通铁路太仓至四团段、沪乍杭铁路前期工作加紧推进。创新“夜间双套泊”作业模式，洋山深水港全面推进能见距离 500 米以上时正常进出港。加快航空枢纽建设。浦东机场第五跑道工程按计划推进，三期扩建项目开工，T1 航站楼改扩建工程完工；虹桥机场 T1 航站楼 A 楼结构封顶，交通中心开工建设。两场航线网络持续拓展，通航点增加到 255 个。民航部门在浦东机场启动航班时刻资源市场配置改革试点。浦东机场航班中转最短衔接时间（MCT）由 150 分钟缩短至 120 分钟，增加了中转衔接机会，旅客中转率达 10.2%，是国内“通程航班”航点最多、中转量最大的枢纽。

【国家积极支持上海内河高等级航道网建设】 1 月，交通运输部再安排 9.27 亿元资金用于支持上海内河高等级航道网建设，其中，大芦线二期工程宣桥段 4.40 亿元、老港书院段 2.93 亿元，大治河西枢纽二线船闸工程 1.94 亿元。“十二五”期以来，交通运输部和国家发展改革委在支持内河航道续建项目基础上，已安排 26.7 亿元资金补贴大芦线航道“五段一闸”和长湖申线航道建设，促进本市打造内河“水上高速公路”和完善上海国际航运中心集疏运体系。

【上海港码头泊位结构加固改造工作全面完成】 1 月 8 日，华能上海石洞口第二电厂码头结构加固改造工程通过市交通委组织的竣工验收。至此，本市实施码头结构加固改造工程的项目已全部建成并通过验收。根据交通运输部的统一部署，2009 ~ 2014 年期间，本市组织开展了沿海港口码头结构加固改造专项工作，洋山、外高桥、宝山罗泾港区等全港共 50 多个码头泊位实施了码头结构加固改造工程。

【浦东机场货运服务质量完成测评】 1 月，“2014 年度浦东机场货运服务质量测评”完成，这是我国民航业第一次开展航空货运领域的全面服务质量测评。在浦东机场开展货运业务的航空公司和货代企业被设置为两类不同的测评参与对象，共 20 多项测评指标。上海空港物流协会已经将测评结果反馈给调查涉及的相关部门，并计划使之成为助推上海航空货运枢纽建设的长效措施。

【**平申线航道（上海段）整治工程（一期）初步设计获批**】2月16日，平申线航道（上海段）整治工程（一期）初步设计获批，这是继赵家沟、大芦线、苏申外港线、杭申线等航道之后，本市即将进行整治的第五条高等级航道。平申线航道连接浙江，上海段全长19.3公里，将按照Ⅳ级通航标准建设，主要工程内容包括航道疏浚、新建（或加固）护岸、新建靠船墙和靠船桩，同步实时防汛通道（包括道路、支流桥、绿化）、设置交通标志等，以及原位拆除并按照规划新建G1501泖港大桥、设置朱平公路胥浦塘桥和S36亭枫公路胥浦塘桥水上防撞设施等，项目总投资约16.5亿元。

【**上海机场太仓航站楼启用**】2月10日，上海机场太仓城市航站楼正式启用。这是继2011年昆山城市航站楼、2014年无锡城市航站楼之后，上海机场与东上航、地方政府合作推出的第3座异地航站楼，将为苏锡地区旅客提供更加便捷、舒适的"一站式"空地联运服务，进一步扩大上海航空枢纽辐射效应。

【**大芦线航道整治二期宣桥段航道2标开工**】3月16日，大芦线航道整治二期工程宣桥段航道2标开工。该标段位于浦东新区宣桥镇，建设航道里程为1271米，主要工程内容包括新建护岸、防汛道路和支流桥，航道疏浚，以及排水设施建设，计划工期540天。大芦线航道整治二期工程宣桥段全长5.7公里，分为3个航道标、2个桥梁标和1个监督站(服务区）标段。目前，3个航道标均已开工，其余标段将在二、三季度先后开工。

【**浦东机场第四跑道首航成功**】3月28日上午10:05，从兰州飞往浦东机场的东航MU2351航班空客A320飞机从浦东机场第四跑道顺利降落。这是浦东机场第四跑道承载的第一班商业航班，标志着经过三年的建设、校飞和终验，浦东机场第四跑道正式投入日常运行，浦东机场也成为国内首个拥有四条跑道的机场。3月25日，国家民航局向上海国际机场股份公司颁发了第四跑道投入使用的《民用机场使用许可证》。

【**上海国际航运中心船舶通航能力实现重大突破**】5月20日，上海海事局在"上海国际航运中心船舶通航能力实现重大突破"新闻通气会上宣布，从2015年5月20日起，上海洋山深水港全面推进船舶在能见距离500米以上时正常进出港；同时，开展能见距离200–500m时2000标准箱（TEU）以上大型集装箱船舶进出上海洋山深水港通航试验。此举标志着上海港已跻身世界上为数不多的全天候、现代化港口之列，将进一步提高港口和航运公司的运营效率、降低运营成本，惠及往来上海洋山深水港的世界各大航运公司，极大提升上海国际航运中心核心竞争力和安全保障能力。

【**平申线航道（上海段）整治工程（一期）开工建设**】6月23日，平申线航道（上海段）整治工程（一期）开工建设。该工程南起胥浦塘上海与浙江省界，北至黄浦江上游横潦泾交叉口，航道全长19.30公里，建设内容包括航道工程和跨航道桥梁工程两部分，均按Ⅳ级航道标准建设。工程总投资16.49亿元，其中航道工程投资12.12亿元，桥梁工程投资4.37亿元。平申线航道是连接上海和浙江平湖的主要水上运输通道，承担着集装箱和大宗散货运输，是上海内河航道网"一环十射"的重要组成部分，也是"十二五"期间长三角地区高等级航道网建设的重点项目，建设后将优化本市内河航道功能，全面提升内河航道层次，降低运输成本和缓解城市交通压力。

【海航首开上海－波士顿航线浦东国际机场通美航线亚洲第二】6月20日和22日，海南航空分别开通上海至波士顿以及西雅图航线，其中上海至波士顿航线是海南航空的首条上海至美国航线。至此，浦东机场已通航美国11个城市，拥有12条沪美直达航线，航线数量在亚洲各大航空枢纽中仅次于东京成田机场，位居第二。

【“新美洲”轮实船供电试验取得成功】6月24日，由上港集团工程技术部牵头，岸电各建设单位和冠东公司联合实施的岸基供电项目在中海“新美洲”轮上开展实船供电试验并取得成功。在5小时实船供电过程中，船电与岸电的热切换过程平稳且一次切换成功，电流、电压、频率等主要参数总体平稳。该项目的成功测试，将为洋山港实现船舶靠泊作业期间关闭船舶柴油发电机组、使用市电杜绝排放黑烟提供技术支持，向绿色港口又跨出了坚实的一步。

【跨大芦线航道二团桥开工建设】7月18日，大芦线航道整治二期工程大团惠南段5标——二团桥开工建设，标志着浦东新区范围内跨大芦线航道（大治河）的桥梁工程全面启动。二团桥位于浦东新区大团镇团新村，道路全长1140.477米，起终点均接现状英墩路。本次建设工程内容包括：拆除老二团桥、新建二团桥，新建工业园区一号河桥（即北引桥东西两侧地面辅道桥各1座），航道疏浚和新建护岸，建设地面辅道道路、排水工程及交通设施等附属配套工程，计划工期约为2年。

【洋山港大型集装箱船舶“夜间双套泊”作业试验成功】7月20日20时30分，大型集装箱船“日邮女神”轮和“中远泰国”轮准时解缆，缓缓离开冠东1号泊位和盛东4号泊位，同时淌航在旁的“日邮新加坡”轮和“达飞卡洛斯”轮徐徐靠向泊位，并于晚21时安全靠妥，此举标志着洋山港首次大型集装箱船舶“夜间双套泊”作业试验成功，可有效缩短船舶待泊时间2–3小时，洋山港的运营效率得到进一步提升。

【上海港和太仓港启用“沪太通”模式】8月5日，上海港与太仓港共同举行“一港集散，两港联动”——“沪太通”服务方案推介会，两港合作打造的苏南地区远洋货物从太仓港转运洋山港出口物流新模式正式启用。“沪太通”物流新模式是指将太仓港上港正和码头作为上海港的延伸，出口集装箱进入上港正和码头视同于进入上海洋山港。客户只要将从洋山码头出口的集装箱在规定时间内送至上港正和码头，经太仓海关放行后，即可由每8小时1班的“太仓快航”运送至洋山港码头直接装船出海。以前，太仓出口报关模式为转关模式，箱子运抵洋山港后还需在洋山中转报关再放行，现在“沪太通”模式下只需太仓报关放行，运抵洋山即可装船出口，大大简化了通关流程、节省了通关时间和成本。“沪太通”物流新模式启用后，预计每年可吸引苏南地区约30万标箱集装箱远洋货物改从太仓港中转洋山港，将进一步提升太仓港对区域经济的服务能级和水平。

【上海机场海门城市航站楼正式启用】8月20日，上海机场海门城市航站楼正式启用，成为继昆山、无锡、太仓城市航站楼之后，上海机场、东上航与地方政府合作推出的第4座上海异地航站楼，标志着上海航空枢纽网络首次直接延伸服务至苏中苏北地区。海门城市航站楼试运营初期，主要为周边地区居民提供东方航空、上海航空、中国联合航空在虹桥机场的远程国内航班问询、售票、值机、行李托运等服务，后续业务范围将扩大至浦东机场的航班以及其他航空公司。

【G60 沪昆高速公路大蒸港桥开放通车】9月，杭申线航道整治工程 G60 沪昆高速公路大蒸港桥顺利建成，9 月 28 日晚已恢复通车。G60 沪昆高速公路大蒸港桥于 2013 年 10 月开始建设。为保质保量完成建设任务，参建各方共同努力，在水上通航、高速公路通行的情况下，不间断实施了引桥顶升、主桥拆除新建等建设。新建成的大蒸港桥，除标高满足Ⅲ级航道通航标准外，按照双向 6 车道 + 应急停车带布置，总宽 38 米，设计车速 120 公里 / 小时。

【浦东机场三期扩建工程初步设计获批】11 月 30 日，浦东机场三期扩建工程初步设计获市住房城乡建设管理委批复，三期扩建工程主要包括飞行区工程、航站区工程、生产辅助设施工程及市政配套工程等。三期扩建工程以卫星厅工程为主体，卫星厅建筑面积约为 62 万平方米，共设有 83 座各类登机桥固定端，能够提供 86–125 个机位，并考虑了未来发展适当预留。两座卫星厅（S1 和 S2）相连，形成工字型的整体构型，其中西侧的 S1 与现有的 T1 航站楼联合运行，主要为东上航及天合联盟航空公司提供服务；东侧的 S2 与现有的 T2 航站楼联合运行，为国航、南航及星空联盟和其他航空公司提供服务，形成“南北一体、东西分置”的总体格局，主楼和卫星厅之间通过旅客捷运系统连接。三期扩建工程建成后将使浦东机场的年旅客吞吐量达到 8000 万人次，计划于年底开工。

【浦东机场 T1 航站楼改造工程通过竣工验收】12 月 18 日，浦东机场 T1 航站楼改造工程通过竣工验收。浦东机场 T1 航站楼改造工程自 2012 年 12 月底开工，历时 36 个月的不停航施工共完成了新建区域 67770 平米、改建区域 48300 平米的施工，新建国内出发安检通道 24 个、国际出发边检通道 44 个，新建国际出发安检通道 30 个、国际达到边检通道 38 个。

【浦东机场三期扩建工程全面开工】12 月 29 日，浦东机场三期扩建工程全面开工。随着国家“一带一路”、长江经济带、以及上海自贸试验区战略的深入推进，上海航空枢纽发展迎来新机遇。预计到 2020 年，上海“两场”的年旅客吞吐量将达到 1.1—1.2 亿人次，有望进入全球城市机场群前三位；年货邮吞吐量将达到 400–440 万吨，保持全球前列。三期扩建工程的建设，将有力缓解上海航运输市场快速增长带来的压力。

（三）航运服务业

【概况】促进航运功能性机构集聚。中国船东互保协会与上海市政府签署战略合作备忘录，将在沪设立协会管理公司。上海船员评估示范中心土建工程开工建设。中国船舶油污损害理赔事务中心正式运营。全球第一大国际船舶管理公司——威仕（V.SHIP）、中国外运长航集团有限公司航运总部——中国经贸船务有限公司等重点航运企业落户上海。国内最大的跨境电商航空物流综合服务平台在沪启用，上海虹桥航空服务业创新试验区挂牌成立。优化口岸服务环境。国际贸易单一窗口 2.0 版上线运行，实现口岸监管环节全覆盖，并延伸到国际贸易管理的各主要环节。通关无纸化改革深入推进。上海自贸试验区保税区域正式实施货物状态分类监管。过境免签政策由航空口岸延伸至水、陆口岸，时间从 72 小时延长至 144 小时。“一带一路”货运贸易指数、“海上丝绸之路”运价指数等指数相继发布。航运中心门户网站主体功能开发完成。航运保险产品注册制改革率先在上海试点。上海航运保险协会代表中国加入国际海上保险联盟（IUMI）。2015年，上海船舶和货运险保费收入38.33亿元，占全国船舶货运险保费收入的26.8%，其中船舶险保费收入占全国船舶险保费收入的44.5%。拓展航运金融服务功能。融资租赁业务规模化发展，截至2015年底上海自贸试验区累计设立融资租赁企业1771家，累计租赁资产总额超过2000亿元人民币。积极探索航运运价衍生品交易业务，上海航运运价交易有限公司首次实现全球集装箱运力、国际干散货期租运力交收，上海清算所与上海航运交易所合作推出人民币集装箱掉期和中国沿海煤炭远期运费协议中央对手清算业务。

【船舶油污损害赔偿基金提上议事日程】1月15-16日，交通运输部海事局在上海召开中国船舶油污损害赔偿基金（下简称“基金”）管理委员会成立大会筹备工作会议。会议对基金管理委员会成立大会筹备工作方案、《基金管理委员会章程》（草案）进行了讨论，并依据相关规定，重点对近期中编办批复成立“中国船舶油污损害理赔事务中心”后，该机构的设立登记事宜进行了逐项梳理。与会专家对船舶油污损害理赔事务中心（筹）前期起草的《基金索赔指南》、《基金理赔导则》等基金运作文件展开了深入探讨，针对基金赔偿范围和标准的细化、船舶油污理赔事务中心法律地位的明确、基金代位求偿权的履行等内容提出了意见和建议。

【上海海关支持空港电子运单应用】上海海关积极关注电子运单应用发展趋势，以电子运单业务试点为契机，加快监管职能实现方式转变，逐步实现与航空运输企业信息系统互联互通，将海关监管延伸至整个物流链。与此同时，上海海关加强与机场集团、航空运输企业合作，推进通关作业无纸化等海关改革与电子运单业务同步发展。自2014年6月以来，上海海关已监管中国货运航空公司在浦东—阿姆斯特丹、浦东—香港航线上运行电子运单货物462票；国泰、法航、卡塔尔航空等企业也将于2015年开展相关业务。

【航运大数据实验室私有云计算环境搭建完成】上海国际航运研究中心积极开展港航大数据实验室建设，于2月28日完成了航运大数据实验室基础硬件实验环境的安装和配置，搭建了基于XenServer的私有云计算环境。该实验环境由4台服务器和一个磁盘阵列组成，拥有10T的数据存储能力，并配备了20M的专用光纤线路带宽资源。实验室将在私有云环境基础上实现基于Hadoop和MapRaduce技术的大数据分布式存储环境，从而为航运数据的存储和挖掘提供良好的实验条件。

【无船承运人资质信誉评估方案通过验收】2月5日，上海航运交易所承担的“上海市社会诚信体系建设专项资金项目——无船承运人资质信誉评估”通过市经济信息化委验收。无船承运人作为航运业的主要构成之一，其行为直接影响行业的健康发展。对无船承运企业进行资信评估，能够有效规范其经营行为，提高企业的竞争能力和服务水平。无船承运人资质信誉评估将与班轮、船代与内陆水运企业等资信评估工作相结合，为在航运领域建立较为全面的诚信体系建设奠定坚实的基础。

【港航大数据实验室发布MTP通信协议】3月30日，上海国际航运研究中心港航大数据实验室发布“多目标报文”（Multi-target Packet, MTP）通信协议。该通信协议是由上海国际航运研究中心港航大数据实验室研发团队，围绕“多式”监控的港航大数据采集需求，经过1年多的深入研究而制订的，协议解决了利用物联网技术对车、船、飞机、火车、人等一切移动目标的位置、信息、状态、故障等监控信息的编码与传输问题，是一种属于会话层的网络协议数据包，默认采用 UDP/IP 协议传输，可以适应各种异构网络环境。

【上海海损理算中心组建专家团队】4月10日上午，中国贸促会上海海损理算中心专家聘任仪式在浦东陆家嘴召开。20位来自航运、造船和航运服务等行业领域的专家、律师和海事仲裁员加入了中国贸促会理算中心专家团队。此次专家团队的建立将为理算中心进一步发展业务提供强大的专业技术支持和权威性专家意见，更有效地提升浦东航运法律服务软实力。

【全国首家外资航运保险运营中心获批在沪开业】6月1日，我国首家外资航运保险专业运营机构—美亚财产保险有限公司航运保险运营中心获上海保监局批复正式开业。至此，上海已有10家航运保险运营中心开业运营。一季度，在沪航运保险运营中心完成船舶险业务占上海船舶险业务比为69.48%，完成货运险业务占上海货运险业务比为42.71%，已成为一支重要的专业险类运营力量。

【上海虹桥航空服务业创新试验区挂牌成立】5月29日，中共长宁区委、长宁区人民政府联合举办了“上海虹桥航空产业服务业创新试验区签约启动仪式”。上海市委常委、副市长艾宝俊为“上海虹桥航空服务业创新试验区”揭牌。签约仪式上，长宁区政府与上海航交所、上海机场集团等五家单位，就共同推进虹桥商务区东片区综合改造及上海虹桥航空服务业创新试验区建设签订战略合作框架协议。根据协议，长宁区与上海航交所将共同推进航空货运指数交易平台建设，促进航空要素市场化配置功能在试验区的落户和深度拓展；长宁区与机场集团将通过紧密合作，致力于发挥东片区对接上海国际航运中心、集聚航空运输企业优势，推进东片区与周边区域的融合发展。

【中国船舶油污损害理赔事务中心正式运营】6月18日，中国船舶油污损害赔偿基金管理委员会在北京正式成立。由船东和货主共同承担风险、各类海上船舶油污均纳入赔偿范围的中国特色船舶油污损害赔偿机制启动运作，将充分保障船舶油污事故受害者足额获得赔偿、油污清理方及时获得补偿，彻底告别此前“谁清污，谁吃亏”、“谁受害，谁倒霉”的尴尬局面，极大促进我国海洋环境保护和海洋运输业持续健康发展。同日，位于上海市虹口区的中国船舶油污损害理赔事务中心正式揭牌，面向社会提供油污损害赔偿的技术和咨询服务，接受船舶油污受害人的损害赔偿申请，开展具体理赔工作。

【上海将筹建游艇交易中心】7月9日，上海航交所与中国交通运输协会邮轮游艇分会签署《合作谅解备忘录》，就共同推动我国游艇休闲新兴产业的健康可持续发展达成多项共识。自今年下半年起，双方将合作组建工作团队，共同在全国范围收集、汇总和发布各类游艇交易信息。年底，双方将共同发起，联合有关单位筹备成立“上海游艇交易中心（暂名）”，通过提供交易鉴证、资产评估、保险公估、融资租赁等服务，打造全国游艇交易的权威性、服务型实体平台。

【上海庆祝中国航海日活动丰富多彩】7月11日是我国第十一个“中国航海日”。当日，上海策划了“上海沙船发展历史文物文献展”、“沙船百年兴衰”历史文献片、“上海沙船发展历史与‘海上丝绸之路’文化论坛”等一系列丰富多彩的活动庆祝航海日，向市民宣传普及航海及海洋知识。此外，包括中国航海博物馆在内的本市涉海领域博物馆都在活动期间向市民免费开放。

【“新华－波罗的海国际航运中心发展指数（2015）”在沪发布 上海反超迪拜跃居全球第六】7月24日，新华—波罗的海国际航运中心发展指数（2015）和《上海国际航运中心建设蓝皮书（2015）》在虹口北外滩发布。本年度指数排名结果显示：上海反超迪拜跃居全球第六位。指数报告指出，随着航运中心发展方式不断转型升级，航运服务逐步成为国际航运中心发展的核心驱动力，伦敦、新加坡和香港在航运服务能力上稳居前三名，上海、雅典航运服务发展迅猛，迪拜、纽约等城市排名有所下滑。

【全球第一大国际船舶管理公司－威仕（V.SHIP）所属全资子公司落户上海自贸区】7月14日，全球第一大国际船舶管理公司－威仕（V.SHIP）完成工商注册手续，全资子公司－上海卫狮船舶管理有限公司正式落户自贸试验区，公司未来将重点聚焦豪华邮轮、特种船等船舶管理服务领域开展业务。威仕全资子公司的落户标志着全球顶尖航运服务企业对上海国际航运中心营商环境，及自贸试验区航运服务业对外开放的充分认可。目前，上海自贸试验区集聚外资国际船舶管理企业近10家，初步形成规模化发展效应。

【上海航交所发布“一带一路”货运贸易指数与“海上丝绸之路”运价指数】7月29日，上海航交所宣布其开发编制的“一带一路”货运贸易指数与“海上丝绸之路”运价指数正式对外试运行。其中，“一带一路”货运贸易指数包括“一带一路”贸易额指数、“一带”货运量指数和“一路”货运量指数；“海上丝绸之路”运价指数则包括“海上丝绸之路”进口集装箱运价指数、“海上丝绸之路”出口集装箱运价指数、“海上丝绸之路”进口干散货运价指数和“海上丝绸之路”进口原油运价指数。上述指数的发布，顺应了国家“一带一路”战略实施的需要，将此战略背景下的贸易及海运需求、市场即时运量以及运价等航运要素信息及时公布于众，能够为港口、物流和航运等各类市场主体决策提供重要参考。

【中外运长航集团航运总部实体公司正式落户上海】 9月9日，中国外运长航集团航运板块管理平台——中国经贸船务有限公司从北京迁入上海陆家嘴，标志着中外运长航集团航运总部实体公司正式落户上海自贸试验区。该公司将统一管理原集团航运事业部内从事油品运输、汽车滚装运输、集装箱运输等业务的九家专业公司，管理船舶超过215艘、983万载重吨，在建船舶12艘、80万载重吨。浦东新区将支持中外运长航集团利用上海自贸试验区航运政策优势和创新开放平台，加速开拓海外市场，增强整体竞争力和综合实力，积极参与国家“一带一路”建设。

【上海市与中国船东互保协会签署战略合作备忘录】9月11日，上海市人民政府与中国船东互保协会在沪签署战略合作备忘录。双方将充分依托上海国际金融中心、国际航运中心和自贸试验区制度创新优势，不断拓展合作领域，深化合作内容，共同促进中国船东互保协会在沪发展，共同打造具有国际竞争优势的发展环境，共同培养保赔领域专业人才，努力打造具有国际一流水平的国际化、市场化和专业化的保赔协会，促进上海国际金融中心、国际航运中心融合发展。中国船东互保协会是我国唯一的国际船东互保组织，提供保赔保险、互助船舶保险、战争险、租船人责任保险和抗辩险等保险业务，是中国最大的保赔保险承保人。经过30余年发展，中船保保赔基金已高达17亿美元，规模居国际同业首位，承保船舶吨位3400万总吨，排名世界第11位，拥有中海集团、中远集运、中外运长航、招商集团等140余家会员单位。近期，中国船东互保协会将在沪成立协会管理公司，建立与国际接轨的运行机制。

【上海航运保险协会代表中国加入国际海上保险联盟】9月16日，国际海上保险联盟（IUMI）2015年年会正式通过决议，同意上海航运保险协会代表中国加入国际海上保险联盟，并于2016年1月1日起成为正式会员。上海航运保险协会加入国际海上保险联盟（IUMI），有利于借助IUMI的全球网络资源为国内保险行业组织、保险公司搭建国际交流平台；有利于参加IUMI各专业委员会和申办年会，提升我国航运保险业在全球航运信息共享和规则制定方面的国际话语权；有利于缩小我国航运保险业与亚太航运保险中心在业务参与度、区域影响力等方面的差距，提高我国航运保险业的区域竞争力；有利于加强与“一带一路”沿线会员国家的合作，提高“一带一路”投资贸易便利化水平，服务国家“一带一路”发展战略的实施。

【航运企业组团式校园招聘成果显著】为响应“十三五”上海航运人才发展规划，吸引更多人才投身上海国际航运中心建设，由市人才服务中心牵头组织、市交通委支持的“航运成就你的未来”航运专场校园招聘活动，于10月21日起在大连海事大学、集美大学举办。中远集团、中海集团、中外运长航集团、锦江航运、中船集团、中航商用、德迅（中国）公司等39家中外航运知名企业，提供了480多个招聘岗位，其中有20家单位提出了招聘电商营运、海商法等相关专业人才的需求。招聘现场签约意向率达到80%以上，现场签约16人。

【中国进口集装箱运价指数发布】11月30日，由上海航运交易所研发的中国进口集装箱运价指数（简称“CICFI”）正式发布。CICFI包括了一个综合指数和5条分航线运价指数（欧洲、地中海、美西、美东和澳新），综合指数表征了中国进口集装箱运输市场主要航线的供需关系和市场景气程度，分航线运价指数则反映了航线平均单箱运费收入水平的变化趋势。所有指数均以2014年11月28日为基期，基期指数1000点。CICFI的发布将进一步丰富完善中国集装箱运价指数体系，为各类市场主体的经营和政府部门的宏观决策提供参考依据。

【上海清算所推出人民币集装箱掉期和中国沿海煤炭远期运费协议中央对手清算业务】12月11日，上海清算所推出采用上海航运交易所指数为最终结算标的的集装箱掉期和中国沿海煤炭远期运费协议中央对手清算业务。人民币集装箱掉期以上海出口集装箱运费为标的，现金交割、人民币计价，产品标的包括上海出口至欧洲集装箱运费、上海出口至美西集装箱运费。中国沿海煤炭远期运费协议则以中国沿海煤炭运费为标的，同样现金交割，人民币计价，产品标的包括秦皇岛至上海航线运费、秦皇岛至广州航线运费。此次清算业务的推出，不仅使航运金融要素市场的品种更加丰富，还能帮助航运相关企业对冲运费价格波动风险，提升中国航运指数在国内外航运市场上的影响力。

【第18届中国国际海事会展在上海举行】12月1日至4日，2015年中国国际海事技术学术会议和展览会（Marintec China 2015）在上海新国际博览中心举行。本届会展共吸引来自34个国家和地区的2000多家参展企业，以及来自约90个国家和地区的60000多名专业观众，展览面积超过8万平方米，会展规模再创新高。中船集团和中船重工集团在本次会展上首发多款国产船用主机，与瓦锡兰、罗尔斯罗伊斯、曼恩等全球重要主机厂商同台争艳。与展览同期召开的高级海事论坛以“创新驱动发展，绿色引导未来”为主题，主论坛举办了主题报告专场、造船和海洋工程专场、21世纪海上丝绸之路上海国际论坛（航运和港口专场）、海事金融专场和船舶配套设备技术论坛，同期还举办了多场技术论坛。

【市人大正式启动《上海市推进国际航运中心建设条例》（草案）审议工作】12月29日，市十四届人大常委会第二十六次会议对《上海市推进国际航运中心建设条例》（草案）进行了审议。会议听取了时任市交通委主任孙建平作的《上海市推进国际航运中心建设条例》（草案）的说明和解读，以及市人大城建环保委副主任委员陈兆丰所作的相关审议意见报告。会议围绕航运中心建设与自贸试验区发展的衔接、航运服务体系建设、设立专项资金等进行了专题讨论研究，并对条例草案进行了分组审议。目前，《条例》（草案）已全文向社会公布征求意见。

（四）航运业务

【概况】2015年，航运市场经历了极度低迷的一年，国际集装箱市场整体行情惨淡，国际干散货运输市场整体低谷震荡，旺季反弹力度极低，整体表现市场需求不振、运力过剩难解、多项运价指数降至历史最低点，这已经是自2008年全球金融危机以来，航运业经历的第8个寒冬。航运业掀起重组浪潮，12月份，经报国务院批准，中国航运业两大巨头中国远洋运输（集团）总公司与中国海运（集团）总公司启动重组。重组后的新集团拥有8家上市公司，员工总数11.8万人。截指2015年末，集团总资产近6000亿元，总收入超过2200亿元，预计可进入世界500强前350位；合并利润总额超过140亿元。新集团的综合运力1250艘、8500万载重吨，位居世界第一；其中集装箱运力158万TEU，位居世界第四；干散货运力4300万载重吨，位居世界第一；油轮运力1735万载重吨，位居世界第一。

【中远集运将进一步加强以比雷埃夫斯港为枢纽的支线网络】 5月中旬，中远集运将新开一条以比雷埃夫斯为中转港的土耳其/黑海支线(TBX)，该航线将与阳明共同投入2条1500–1700TEU型船舶。中远集运目前已独立投船运营2条以比雷埃夫斯为枢纽港的支线。此外，中远集运每周可通过欧地干线提供9个班次的比雷埃夫斯服务。比雷埃夫斯作为战略中转枢纽，可提供高效便捷、覆盖面广泛的中转服务，有效连接西北欧、地东、地西、黑海、亚德里亚海、北非以及其它各相关区域。

【中远集运加强爱尔兰区域支线网络】为提供客户更广泛、优质的服务，自2015年5月底中远集运投入一艘1008TEU船舶提供以鹿特丹为中转港的爱尔兰自营支线服务。通过舱位互换合作，中远集运可提供每周4班鹿特丹至爱尔兰支线服务，覆盖爱尔兰主要港口都柏林（Dublin）、科克（Cork）和贝尔法斯特（Belfast）。

【中远集运将进一步加强欧洲支线网络】 7月初，中远集运新增波兰、立陶宛快航（PLX1）和瑞典于、荷兰快航（SNX1）二条新支线服务。结合2015年5月开辟的黑海土耳其航线（TBX）以及爱尔兰航线(INX)，中远集运在西北欧、地中海区域总计可提供12组航线服务（包含一组西非线）。从2015年初开始，中远集运欧洲公司（中远集运在欧洲区域的全资子公司）已经开始全面负责运营和操作欧洲区域的上述所有航线。依托主干航线和支线网络，中远集运不仅能够通过枢纽港提供高效便捷、覆盖面广泛的中转服务，而且能够提供高品质的欧洲区域运输服务，覆盖西北欧、地东、地西、黑海、亚德里亚海、西非以及其它各相关区域。

【中拉友谊的海上桥梁——中远集运拉美航线】中远集运在2015年从亚洲运输到拉丁美洲的货物遍布28个主要港口。为更好的提供远东至南美东岸的服务，8月30日，第一艘SAMMAX（南美最大型）船舶将上线ESA航线，后续该类型船舶将陆续上线。该船型更适合南美东浅吃水港口，减少码头等泊和停留时间，舱位和重量上更有保障，随时满足客户最迫切的需求。

【中远集运鲁新欧国际班列首发】8月28日上午，“鲁新欧”青州至中亚国际班列首发仪式在山东半岛中部的青州港天物流园举行。班列将沿着陇海－兰新线一路向西，在新疆阿拉山口边境口岸换装后直接抵达中亚。班列全程约4900公里，将原来半个多月的运输时间，缩短为六天左右。此次班列的成功首发标志着中远集运在“一带一路”相关市场开发上迈出了坚实的一步，也为中远集运广大客户提供了一条新的中亚地区进出口路径。同时，中远集运还将青州港天物流园班列发运点列为集装箱还箱点，进一步方便客户用箱。

【中远集运14500TEU新船开工建造】9月1日，中国远洋订造的第1艘14500TEU和第4艘9400TEU新船的开工仪式在上海江南长兴造船有限公司举行。此批船舶的建造将有助于进一步完善中远集装箱运输网络，满足绿色环保需求，提升服务品质，为客户提供更加全面、更加优质的服务。按计划，这两艘船舶将于2017年第一季度交付中远集运营运。

【中远订造11艘19000TEU型集装箱船】9月9日，中远订造11艘19000TEU型集装箱船。这11艘船是中远有史以来订造的最大的集装箱船舶，将大幅度提升中远集装箱船队竞争力；同时，这批新船更加注重节能减排和绿色环保，在同等舱位水平情况下，单位燃油消耗水平和相关成本将显著降低，船队结构将得到进一步优化。这11艘船预计从2018年初开始陆续交付。

【“中远上海轮”成功营救21名菲律宾遇险船员】10月17日当地时间1633时，正航行在南太平洋上的“中远上海轮”收到了遇险船舶（船名：FOXHOUND）求救信号。船长在确认航线安全的情况下，立即调整航向驶往遇险船舶，随后将这一情况通过卫通报告公司，同时将此情况报告了澳大利亚搜救中心，得到澳大利亚搜救中心指示：先驶往遇险船舶，等靠近遇险船舶再行报告。同时获知遇险船舶为一艘101米的杂货船，一共有21名船员，国籍都属于菲律宾，由于进水，21名船员已经逃离大船，正在一艘失去了动力，且因大风浪而不断进水的救生艇中等待救援。1954时，遇险船舶灯光出现在视野中，中远上海轮锁定目标缓缓靠拢救生艇。经过大家的共同努力，21名遇险船员于2033时全部成功获救。“中远上海轮”成功施救菲律宾船员，既是一种积极履行国际公约的自觉行为，也是一种敢于承担社会责任的表现。

【庞巴迪运输项目启动并顺利装船】10月29日，青岛至汉堡的庞巴迪运输项目开始正式启动。该项目为出口至欧洲的地铁车厢，货物长度达17米多，作业困难度较高。在准备该项目的过程中，中远集运组织现场协调专项会议，会同码头、物流、绑扎等各方认真研究集港、装船、绑扎技术工艺等重要事项，反复梳理各运输环节，确保该项目顺利装船。在各方的努力和推动下，庞巴迪运输项目第一批货物已于10月29日顺利装载上“中远西班牙”轮，开启了地铁车厢集装箱班轮运输的新时代。

【中国海运第三艘19100TEU集装箱船“中海印度洋”轮命名交船】1月23日，中国海运与韩国现代重工集团在韩国蔚山举行新船命名暨交船仪式，庆祝中国海运第三艘19100TEU集装箱船——“中海印度洋”轮的交付运营。“中海印度洋”轮交付后将即刻启程，与前两艘191000TEU“中海环球”轮、“中海太平洋”轮一起，投入至远东－欧洲航线的运营序列，进一步提升中国海运的国际竞争力与品牌影响力，为“21世纪海上丝绸之路”建设贡献力量。

【中海“义乌、衢州、合肥—宁波”集装箱班列开行】1月29日，合肥—宁波、义乌—宁波及衢州—宁波三列中海海铁联运班列同日发车，标志着中海在华东地区的海铁联运事业从此掀开了新的篇章。随着铁路货运体制改革的深入，以及中海海铁联运业务的蓬勃发展，中海集团与中铁总公司形成了日益紧密的战略合作伙伴关系，在华东地区率先开展全面的海铁联运业务合作，义乌、衢州、合肥三地集装箱班列的开行正是双方紧密合作的发端。

【中海集运与济南铁路局签订战略合作协议】3月6日下午，中海集运与济南铁路局就积极落实最近中海集团和中国铁路总公司签署的战略合作协议展开友好协商，一致认为中海集运和济南铁路局有着广阔的业务合作空间，双方要进一步在人员交流、信息共享、资源优势互补、业务机构对接等方面密切业务合作，打造业务“紧密结合体”，发挥各自优势，进一步提升服务客户能力，形成市场核心竞争力，共同开发市场，实现发展共赢。3月6日，中海集运青岛公司与铁路合作的黄岛－淄博（农中）班列顺利开通运营，整列发运40TEU，拉开了中海集运与济南铁路局正式合作的序幕。

【中国海运中欧公司在维也纳开业】6月22日，中国海运中欧有限公司在奥地利维也纳举办开业仪式，这是集团在欧洲内陆地区开设的第一家公司。赵彬大使和丁农副总共同为公司揭牌。赵彬大使在致辞中祝贺中国海运中欧有限公司在维也纳正式开业，并表示奥地利是东、西欧互联互通的门户，具有重要区位优势，是众多中国企业进入欧洲市场的桥头堡，中国海运中欧公司必将借“一带一路”的东风，充分利用奥地利的综合优势，努力开拓，为中奥、中欧经贸合作做出新的贡献。

【新加坡新集装箱码头启用仪式】6月23日，中海集运1.9万箱集装箱船“中海太平洋”号停泊在新加坡港新建的巴西班让3、4期码头泊位旁，附近两艘港作船喷出高高的水柱，迎接“中海太平洋”的到来，庆祝新码头的启用。巴西班让3、4期码头共投资35亿新元，到2017年全部建成后将拥有6公里长的岸线、15个泊位，将可以满足世界最大型集装箱船的装卸需求。中国海运高度重视与新加坡等国际重要港口的合作，通过港航协力共同推动国际集装箱运输业的发展。“中海太平洋”轮在新加坡港新码头启用的当天靠泊新码头，不仅将在新加坡港发展历史上留下永远的形象，而且再次体现了中国海运对客户和合作伙伴的一贯承诺。

【中国海运签署8艘13500TEU集装箱船新造船合同】7月29日，中海集运与中船集团所属沪东中华在北京签署8艘13500TEU集装箱船建造合同。本次订造的8艘13500TEU集装箱船舶，技术性能高、船型配载佳、节能环保强，将有利于优化集装箱船队结构，提升集装箱船队市场竞争力。

【“中海之星”首航越南】 10月29日凌晨3点30分，中海集运欧洲七线的“中海之星”轮成功靠泊越南盖梅港CMIT码头，标志着14100TEU的“中海之星” 轮成为越南历史上靠泊该国最大的集装箱船舶。同时泰国、柬埔寨出口的一批集装箱在盖梅港中转上“中海之星”轮前往欧洲。越南快速发展是地区企业巨大的发展机遇，中国海运将在越南和周边国家开展更加深入和广泛的业务合作。

【中海集运与中远集运确认重组整合，重构航运新格局，打造全球化企业】 中海集运、中海发展、中国远洋及中远太平洋公布重大资产重组方案， 正式揭开了中国航运业央企改革重头戏的序幕。整合后的新集运公司将跻身全 球前四大集装箱航运巨头的行列，经营船队包括288艘集装箱船舶，其中8000标准箱以上运力的船舶达84艘，总运力近160万标准箱。此轮重组将为我们整 合这些优势资源，为客户提供更加优质的服务奠定坚实基础。 重组整合交易完成后，中海集运将通过出租船舶，收购两个集团及中国远洋持 有的租赁业务，并择机注入其他航运金融业务和金融类资产，实现产融结合和 业务转型。中国远洋下属子公司中远集运将租入中海集运船舶和集装箱等资产， 同时剥离干散货航运业务，中远太平洋购入中海集团和中海集运的码头资产， 从而实现中国远洋对集装箱运输及码头业务的整合。

（五）国际航运发展综合试验区

【概况】 推动海运业进一步扩大开放。经交通运输部同意，率先在上海自贸试验区允许外商独资设立国际船舶运输企业。优化沿海捎带业务流程。进一步推进中资非五星旗船沿海捎带业务，截至2015年底共41艘船舶获得业务资质，业务流程成功试点。推动空运国际快件中转集拼业务规模化运作。继续推进国际快件中转集拼通关流程简化，检验检疫环节实现夜间电子化放行。2015年国际中转集拼快件业务达43.13万票、2835吨，同比分别增长4.4倍和6.2倍。继续试点海运中转集拼业务。上海海关试点“保税+口岸”的综合监管模式。检验检疫部门出台《上海自贸区国际中转及国际集拼货物监督管理办法》，并进一步完善中转货物原产地签证制度。外高桥保税物流园区初步搭建国际中转集拼公共服务平台。不懈探索国际船舶登记制度创新。研究形成《中国（上海）自由贸易试验区国际船舶登记制度深化试点方案》，在放宽审批条件、优化审批程序、探索高效率的登记流程方面取得初步成果。目前，国务院已原则同意上海先行试点自贸区国际船舶登记制度。

【上海实现全球首次集装箱运力交收】 2015年1月，上海航运运价交易有限公司成功完成了全球首次集装箱运力交收。根据上海出口集装箱运力交易美西1501合同规定，运力交收期限为1月10日至25日，航线为上海至洛杉矶。此次交收打破了航运业传统的经营模式，为航运业风险管理的提升和转型发展带来新机遇。参与交收的企业在统筹安排生产、分配运力，保值避险的同时，能够充分利用航运金融工具分散并转移企业在经营过程中遇到的风险，最终实现资源优化配置的重要功能。同时，这也标志着我国在取得全球航运运价市场话语权和定价权上迈出了坚实的一步。

【关检“三个一”扩至外高桥进口分拨仓库货物】上海海关会同检验检疫部门克服分拨仓库点多分散、涉及企业类型多样等难点，自1月14日起在外高桥港区内三骏、通运、外贸3个同时设有关检查验、检验点的进口分拨仓库全面开展关检联合查验工作，涉查货物整体物流时间平均可缩短1天。经海关、检验检疫部门协调，分拨仓库将原先因关检分别查验、检验产生的两次费用归并，每票关检联合查验货物可为进口企业减免费用50–100元。

【“红利”释放 中远集运等24家企业获启运港退税运营资质】根据国家税务总局最新发布的适用启运港退(免)税政策的运输企业及运输工具名单，中远集运等24家运输企业及旗下的107个运输工具从武汉、南京等港口运往洋山港的货物可获得及时退税。“启运港退税”试点扩围政策得以落地，将为更多运输企业、货主企业带来“红利”。数据显示，启运港退税政策实施后，企业提供海关出口报关单等资料办理启运港退税，退税办结时间将由原先的30天缩短为10天至15天。

【浦东机场快件顺利完成进口放行信息电子化切换工作】3月30日，上海海关正式完成浦东机场快件放行信息电子化切换工作，为深化通关作业改革奠定基础。目前，上海海关7家MOU快件企业均已完成进口放行信息电子化切换。实施首日，共收到电子放行信息约5500条，业务运行平稳有序。放行信息电子化的成功切换，有效缩减了货物放行时间，为深入推进区域通关一体化改革奠定基础。下阶段待浦东机场快件公共库改造完成后，新设立的4家专业库快件企业和公共库第三方监管场所将一并纳入放行信息电子化切换，实现快件监管场所全面实施放行信息电子化的管理要求。

【关检首次实现跨境电商直购进口模式下“一次查验”】为支持跨境电商发展，有效降低企业成本，3月30日，上海海关、上海检验检疫局首次联合实施跨境电商直购进口模式下的“一次查验”，首批货物为DHL空运服务（上海）有限公司承运进口的6票食品及保健品，均在“一次查验”正常后予以放行。

【沪展览品监管领域首度开展关检联合查验】第十六届上海国际汽车工业展览会期间，上海海关首次会同检验检疫部门对参展车辆试行关检“联合查验、一次放行”通关模式，在国家会展中心（上海）临时查验场地对部分参展车辆实施联合查验，共涉及大众、沃尔沃品牌汽车7辆，总价值40.05万美元。

【上海自贸试验区保税区域正式实施货物状态分类监管】5月20日，市口岸办会同自贸区管委会保税区管理局联合发布通知，明确在自贸试验区海关特殊监管区域实施货物状态分类监管，主要适用于国内货物入区与区内其它货物集拼，面向国内配送或销售业务。实施货物状态分类监管，将有利于企业利用保税功能降低仓储物流成本，统筹国际国内两个市场、两种资源，促进内外贸一体化发展。

【外高桥口岸首次试点进口工业食品关检一次查验】5月20日，外高桥检验检疫局和外港海关根据《深化“三个一”合作，落实“三互”工作实施方案》要求，首次试点进口工业食品关检一次查验，涉及果酱3432千克，糖浆9953千克，货值近51万元。此次试点对于缩短保质期限较短的工业食品查验流程具有积极意义，是外高桥口岸拓展关检“一次查验”覆盖面，优化口岸通关模式的又一次探索。

【上海率先启动航运保险产品注册制改革】 6月25日，航运保险产品注册制改革发布会暨启动仪式在上海举行，航运保险产品注册制改革于7月1日起正式实施。航运保险产品注册管理以形式审核取代实质审核，上海航运保险协会承担注册制管理职能，建立注册制度，管理注册行为，对注册产品进行程序性、标准化形式审核，监管部门保留产品注册制的行政监管权力。航运保险产品注册制改革以市场化、国际化、法制化为导向，突出简政放权、放管结合、优化服务，充分发挥市场作用，是保险业贯彻落实保险“新国十条”，服务国家自由贸易试验区和“一带一路”战略，支持上海“四个中心”建设的重要举措。

【上海国际贸易单一窗口1.0版上线运行】 6月30日，上海国际贸易单一窗口1.0版上线运行。系统实现了23项功能，涵盖货物申报、运输工具、贸易许可、企业资质、支付结算、信息查询等六大功能板块，参与建设的单位达到17家，基本形成了上海国际贸易单一窗口框架。截至6月29日，已有近300家企业完成登记注册，可以进行业务办理。下一步，建设推进组将继续做好单一窗口的宣传推广工作、不断完善功能和服务保障。同时，将积极探索口岸监管流程优化再造与单一窗口功能完善的进一步融合、申报数据标准化和简化、出入境人员申报、长三角区域单一窗口、通过数据接口开放实现在单一窗口办理出口退税和贸易许可等各项工作。

【首批“空检海放”食品在外高桥保税区顺利通关】 6月1日，首批采用“空检海放”模式通关的进口食品在上海检验检疫局外高桥保税区办事处拿到检验检疫证书，顺利通关，全流程较传统模式缩短三周。进口食品“空检海放”模式是指在一批海运进口食品到港前，先行空运同批食品的少量样品实施检验，待海运批次到货后简化检验流程，缩短通关时间的检验检疫模式。

【上海自贸试验区率先试点“先进区后报检”模式】 7月6日，上海自贸试验区率先试点“先进区后报检”模式，对自贸区拟入境进区货物，允许区内企业向检验检疫机构电子申报后，按照指令至入境口岸提货后先进区，后在规定时限内向驻区检验检疫机构办理入境货物报检、交单或查验。此举为企业节省了通关物流时间，实现货物到货和入区的无缝连接，将加快上海口岸物流通关效率。目前已试点企业3家，申报货物15批。

【上海虹桥机场海关启动跨境电商直邮业务试点】 8月12日，上海虹桥机场海关跨境电商直邮业务试点启动，首单货物顺利通关进境。跨境电商中的直购进口模式与普通网上购物相似，国内买家网上选购下单，即可享受和购买国内货物一样的便利。为了保障消费者享受直邮网购的便利，上海海关推出多项举措，包括开通直邮绿色通道，允许直邮进口商品采取提前申报模式进境，对进入绿色低风险通道的海外电商平台商品实时验放等。下一步，上海海关还将积极探索跨境电商进口退换货监管模式，免除消费者的后顾之忧。与其他口岸相比，上海虹桥机场港澳台、日韩航线集中，航程时间短，跨境电商货物可以利用航空集装箱作为运载工具，充分发挥直邮的优势，实现产地直达，让消费者享受便捷的跨境购物体验。

【全球首次国际干散货期租运力顺利交收】 9月8日，全球首次国际干散货期租运力交收仪式在广东阳江港顺利举行，这是上海航运运价交易有限公司推出的第三款运力交易产品。这一交收打破了国际干散货市场传统的经营模式，使得出租方可提前锁定运价、承租方可提前锁定成本，有效地控制了运费频繁涨跌所带来的风险。上海航运运价交易有限公司在对国际干散货期租运力交易产品的设计上，充分考虑到交收双方的资质，使交易双方能够匹配到具备优质资信和较强实力的对手企业，实现了双赢局面。此次国际干散货期租运力交易产品的顺利完成，也推动了金融资本与产业资本的有效融合，对提升上海国际航运中心的服务能级，稳定我国海运市场，促进航运业健康发展产生积极影响。

【上海港试点政府承担查验作业服务费用】 9月15日，市口岸办、市交通委、上海海关、上海检验检疫局、上港集团联合发布《上海港试点政府承担查验作业服务费用公告》。上海海运口岸对除进口固体废物外的经海关查验正常的集装箱货物，免除企业向港口经营企业缴纳的吊装、移位、仓储等查验作业服务费，改由政府承担，进一步降低企业通关成本，提升口岸服务环境，促进贸易便利化。以2014年为基数测算，预计每年在上海海运口岸由政府承担的进出口集装箱货物查验作业服务费约4亿元。

【长江经济带检验检疫通关业务一体化全面启动】10月16日，由上海检验检疫局牵头，长江经济带12个直属检验检疫局全面启动检验检疫通关一体化模式。该模式是指通过优化检验检疫工作流程，以通报、通检、通放为基础，对长江经济带区域内进出口货物实施出口直放，进口直通。一体化模式下，在长江经济带12个直属检验检疫局辖区内，进出口报检企业可以实现“一地备案、全域报检”，进出口货物可以实现“一地施检、全域认可”，通关单可以实现“一地签发，全域放行”等一体化功能。一体化改革后，出口通关模式由原先“产地报检、口岸换通关单”的多个环节简化为“产地报检并出具通关单”的单一环节；进口企业可以根据自身需求或物流情况定制个性化的通关流程，自主选择在货物入境口岸或目的地申请报检，并且能在目的地实施检验检疫，实现货物快速通关，节约大量企业成本。

【上海航空口岸为跨境电商量身定制“三位一体”监管新模式】为支持贸易新业态的发展，空港检验检疫部门为直邮进口模式跨境电子商务快件量身定制了“无纸申报+电子审核+即查即放”三位一体的监管新模式：一是无纸申报，即跨境电子商务快件通过“快件物流监控系统”进行7×24小时全申报，无须报检，无须提交纸质单证；二是电子审核，即通过设置电子审单规则，“快件物流监控系统”对已申报信息进行自动的风险审核和拦截操作，并即时发出放行、查验或交单指令；三是即查即放，即对实施比例查验的跨境电子商务快件，查验人员在现场给予优先查验，核实货证信息后即时发送放行指令。通过“三位一体”的新监管模式，将不需查验的快件通检时间从最初的2–3天缩短至1分钟，将需查验的快件通检时间从3–5天缩短到半个工作日，显著提升了上海航空口岸贸易便利化水平。今年前三季度，上海空港检验检疫部门共受理直邮进口模式跨境电子商务快件约22.8万批，日均844批次，是2014年同期的46.5倍，呈现高速增长的态势。

（六）邮轮产业发展

【概况】简化邮轮运营监管手续。检验检疫部门以“过境检疫模式”对邮轮食品进行监管，海关支持境外邮轮船供物资简易过境监管操作，助推邮轮物资配送业务发展。边检部门在全国率先开展邮轮检查改革试点，简化邮轮旅客检查手续。积极推动本土邮轮发展。市旅游局等部门推广《上海市邮轮旅游合同示范文本（2015 版）》、《上海市邮轮旅游经营规范》，保障邮轮旅游业健康发展。上海首艘本土邮轮“天海新世纪号”在吴淞口码头开启首航。2015 年，上海港共靠泊邮轮 341 艘次，同比增长 26.8%；邮轮旅客吞吐量 164.26 万人次，同比增长 35.2%。其中，以上海为母港的靠泊次数为 317 艘次，同比增长 32.1%；母港邮轮旅客吞吐量 159.53 万人次，同比增长 38.6%。

【首艘中国出发环球邮轮在吴淞口启航】3 月 1 日，歌诗达邮轮公司旗下 8.6 万吨“大西洋号”从吴淞口国际邮轮港启航，成功开启首个中国出发的环球邮轮航线。该航线将历时 86 天，横跨三大洋、五大洲，途径 18 个国家和地区，到访包括马尔代夫、雅典、罗马、巴塞罗那、里斯本、纽约、迈阿密、洛杉矶、旧金山、夏威夷等 28 个目的地 .

【宝山区探索“区港联动”发展】3 月，宝山区出台《关于复制推广自贸试验区改革试点经验，积极推动探索“区港联动”制度创新的行动方案》。“行动方案”围绕投资管理、贸易监管、金融服务、政府职能转变和“区港联动”等五个领域提出制度创新内容。其中，在“区港联动”方面，宝山区将结合邮轮产业发展特色，抓紧推进制度创新，完善母港功能，探索实施邮轮通关便利化，提升邮轮经济发展能级。

【宝山区与口岸联检单位签署战略合作协议提升上海邮轮经济发展能级】5 月 20 日，宝山区人民政府分别与上海海关、上海出入境检验检疫局、上海海事局、上海出入境边防检查总站签署《关于复制推广自贸试验区改革试点经验 推进“区港联动”战略合作协议》。今后，宝山区将与各口岸单位在探索实施境外旅客搭乘中国邮轮的便利化措施、开展近海邮轮旅游业务、建立上海邮轮物资配送中心、建立邮轮旅游跨境商品交易中心及电商平台、发展邮轮维修保养业务、设立综合保税区等方面进一步加强合作，不断优化邮轮口岸通关环境，提升邮轮经济发展能级

【上海首艘本土邮轮“天海新世纪”号首航吴淞】5 月 15 日，上海首艘本土邮轮“天海新世纪”号承载 1800 多名游客从吴淞口国际邮轮码头首航，开启五天四晚的日韩之旅。“天海新世纪”号邮轮总吨位为 7 万吨，长 248 米，宽 32 米，载客人数 1814 人，平均航速 22 节 (40 公里 / 小时)，去年由携程麾下天海邮轮公司从皇家加勒比邮轮公司购入，目前“天海新世纪”号主要经营日韩航线。

【吴淞口国际邮轮港后续工程开工建设】6 月 18 日，上海吴淞口国际邮轮港后续工程(水工部分）正式开工建设。邮轮港后续工程将新建 2 个 22 万吨级码头及平台、引桥、客运大楼及廊道，其中水工建筑面积为 81953 平方米，码头部分总建筑面积为 34780 平方米。扩建后，吴淞口国际邮轮港岸线总长度将在目前 774 米的基础上延伸至 1600 米，可布置 22.5 万吨级、15 万吨级大型邮轮泊位各 2 个，实现“四船同靠”。整体工程将于 2016 年底竣工，2017 年正式投入运营，形成年接待邮轮 1000 艘次和游客 500 万人次的靠泊服务能力。

【“海洋量子号”登陆吴淞邮轮港】6 月 24 日，皇家加勒比游轮公司旗下“海洋量子号”邮轮靠泊吴淞口国际邮轮港，并举行中国首航庆典。“海洋量子号”长 348 米，宽 41 米，排水量达 16.8 万吨，可容纳 4180 名乘客，于 2014 年 11 月下水，是世界十大邮轮之一，也是目前在亚洲运营的最大邮轮。皇家加勒比游轮公司此次将旗下最新邮轮布局中国，显示出对中国邮轮旅游市场的高度信心。“海洋量子号”在上海运营，体现出国际邮轮巨

头正加快实施其中国战略，在提升中国邮轮旅游品质的同时，也极大提升了上海在国际邮轮业界的影响力。

【本市出台《关于推进中国邮轮旅游发展实验区与中国（上海）自由贸易试验区联动发展的实施意见》】8月底，市旅游局、市发展改革委、市交通委、市金融办、市口岸办、上海海关、上海海事局、上海检验检疫局、上海边检总站、央行上海总部联合制定并发布了《关于推进中国邮轮旅游发展实验区与中国（上海）自由贸易试验区联动发展的实施意见》，明确将推动上海自贸试验区与邮轮旅游发展实验区的区港联动，完善贸易便利化监管措施，鼓励邮轮金融服务与监管创新，延伸、优化和完善邮轮旅游产业链，增强国际竞争力。

【上海放宽境外食品直供邮轮审查】10月18日，来自爱尔兰、日本等10余个国家的近百种食品，经过皇家加勒比邮轮公司美国总部统一采购配货，自美国迈阿密启运，在上海吴淞港邮轮码头现场开箱，接受检验检疫部门查验后，直接运至“海洋量子号”邮轮上，供数千位出入境邮轮旅客消费食用。这是上海首次实现国际航行邮轮供应过境食品，免去了原来的审批准入环节，满足国际航行邮轮过境食品供应总量少、品种多、变化大、供应快的行业特点。今年6月，上海检验检疫局出台《支持上海邮轮产业发展若干意见》，规定只要符合相关条件，上海检验检疫部门便可对邮轮公司总部用集装箱集中配送上海邮轮母港的船供食品以过境检疫模式进行监管，不改变物流流程，免去审批准入环节、加强检疫监管、弱化检验要求，力求建设境外食品在上海港直供邮轮“快通道”。

【宝山区联合六方发表共同宣言首艘国产邮轮有望在沪建造】10月13日，宝山区政府、中船集团、中投公司、美国嘉年华集团、意大利芬坎蒂尼集团和英国劳氏船级社在上海就合作发展中国本土邮轮制造产业达成一致意向，并发表六方共同宣言。宣言指出，各方将加快推进建立全面战略合作伙伴关系，携手形成中国邮轮制造产业发展联盟，积极争取中央及地方政府支持；积极探讨开展多种方式的互利友好合作，共同发展中国本土邮轮制造产业，合作培育本土邮轮产业链；精诚合作、共同努力，争取早日在上海外高桥建成交付具有国际一流水平的中国第一艘本土制造邮轮。

【第十届中国邮轮产业发展大会暨国际邮轮博览会在上海成功举办】10月13–14日，由国家旅游局、上海市人民政府和中国交通运输协会联合主办的“第十届中国邮轮产业发展大会暨国际邮轮博览会”在上海成功举行。本届博览会以“邮轮·海上生活新时尚”为主题，共吸引来自国内外的50多家单位参展。博览会期间，举办了全国邮轮旅游推进会、行业政策、行业领导者论坛、亚洲港口和目的地论坛、邮轮城市与旅游论坛、邮轮修造论坛、邮轮人才论坛、邮轮管理与发展论坛等一系列活动，并发布了“2015中国邮轮发展绿皮书”。

（屠爱华）

十五、建筑建材业管理

（一）综述

2015年，紧紧围绕市政府重点工作，认真按照建设交通工作党委、市住房城乡建设管理委的中心部署，聚焦招投标制度改革、建筑市场执法、企业人员资质资格管理、数字化审图、建筑信息模型（BIM）技术应用推广等重点工作，全力以赴抓推进、抓保障、抓落实，取得了积极显著成效。主要从以下三个方面入手：一是强化招投标监督管理力度。根据中央和市委巡视组要求，制定《本市建设工程招投标监管整改工作方案》及《整改任务分工》，修订出台新的《上海市房屋建筑和市政工程施工招标评标办法》、《上海市建设工程评标专家库和评标专家管理办法》，起草编制《上海市建设工程招标投标管理办法》，加强顶层设计，制度规范，通过“制度＋科技”手段提升招投标监管水平。二是加强建筑市场执法工作。根据住建部和本市工程质量治理两年行动总体安排，牵头重点针对建筑市场转包挂靠等行为进行集中专项整治，有力震慑了一批违法违规企业，整顿规范了建筑市场秩序。三是深入推进行业科技创新管理水平。成立上海市建筑信息模型技术应用推广联席会议，出台《上海市推进建筑信息模型技术应用三年行动计划》及《上海市建筑信息模型技术应用指南》；完成本市设计图纸白代蓝工作；完成电子化资质审批试点工作；推进现场管理人员和作业人员实名制系统，推动建筑业科技创新管理水平迈上新台阶。

（二）招标投标管理

【概况】2015 年，全市共完成勘察发包 1068 项，总投资 6221.12 亿元，两项同比分别减少 24.58% 和 16.15%；设计发包 1395 项，总投资 5822.45 亿元，两项同比分别减少 24.96% 和 30.37%；监理发包 1730 项，总造价 3052.10 亿元，两项同比分别减少 5.21% 和6.61%；施工发包6111项，同比增加0.86%，发包价（建安费）2765.84 亿元，同比减少 11.86%，施工项目公开招标率 %，同比提高个百分点。同时，跨前一步，积极参与本市重大工程建设前期审批手续申办工作的服务协调，全年共参加各类重大工程协调会 100 多场次。

【编制出台新评标办法】组织编制并出台新的《上海市房屋建筑和市政工程施工招标评标办法》，2015 年 7 月 1 日起正式实施，主要修订内容包括：对不同的工程采用不同的评标办法，计算机客观分析科学设定“合理最低价”，减少评标专家和招标代理机构的自由裁量权，强化招标人的权利和责任等。

【加强评标专家管理】完成《评标专家和评标专家库管理办法》起草工作并由委印发；加快评标专家管理信息系统开发建设；专家招聘常态化，充实了紧缺专业，并进行了专家库扩容；对全市评标专家进行继续教育、专题培训、并对专家实施动态化管理。

【开展全市建设工程招标代理机构专项检查】通过自查、抽查、点评总结等三个阶段，对涉及投诉、诚信记录排名靠后的 60 余家代理机构开展重点检查。检查内容包括经营行为、办公场所、人员资格、代理业务质量等方面。突出“全覆盖自查与差别化抽查相结合、实地检查与飞行检查相结合”，重点检查了大居、房建、市政、交通、水利及带施工一体化项目。

【加大对违法违规行为的打击力度】根据减政放权和行政审批制度改革要求，认真梳理权利清单、责任清单，严格依法行政。加大对非正常投标、围标串标等行为的整治，对有 3 次以上非正常投标行为的 220 家投标单位进行了约谈，其中 49 家暂停承接新项目 1 个月，10 家暂停承接新项目 1 年；细化各种违法违规行为的认定标准，主动出击，加大对违法违规行为，特别是围标串标和虚假招标行为的查处力度。对 2 家施工单位共处罚款近 92 万元。

【规范招投标监管体系】制定并发布了《上海市建设工程招投标重要环节监管要点》，进一步统一建设工程招投标监管规则，规范市区两级监管人员行为；修订《招标文件示范文本》和《建设工程招标代理规范》，通过更新、补充和完善原示范文本和规范，使之与现行法律、法规的统一，进一步提升招标代理行业的整体水平；制定并发布了《上海市建设工程评标委员会评标工作规范》（施工项目），该规范将主要评审内容和评标要求具体化和规范化，以提高评标专家的工作质量和水平。

（三）资格资质管理

【概况】2015 年，共受理各类事项 64642 项。项目流程类 9259 项。其中工程报建 1273 项；直接发包 74 项；建材备案 1658 项；合同信息报送 4676 项；竣工验收备案 195 项；施工许可 763 项；安全质量报监 620 项。受理、办理各类企业资质 16307 项。其中安全生产许可证 4395 项；资质事项批准 2957 项；企业信息变更 2046 项；外省市企业信息报送 6909 项。各类人员资格受理 39076 人 / 次。其中注册建筑师 2044 项；造价师 1738 项；监理师 3037 项；勘察设计工程师 2685 项；一级建造师 6231 项；二级建造师 20252 项；各类当场办结事项 3089 项。

【推进“1+5+X”大平台建设，开创信息化工作新局面】基本完成五大系统建设。根据建设市场管理信息平台建设要求，按计划做好大平台验收的准备工作。一是完成建设程序审批系统的建设，包括完善招投标办事系统，优化其数据修改流程；完成合同报送、直接发包、小型项目登记、施工许可证、竣工验收备案系统的开发。二是完善工地现场监管系统，包括调整安全生产标准化申报系统，调整现场用户登录方式等。三是完成建设主体管理系统，包括企业资质、人员资格系统、安全生产许可证系统的调整和完善。四是完成建设市场信息服务系统，包括建筑建材业网站的调整，综合查询系统的优化等。五是完成建设程序信息服务过程中的统计分析。全面推进业务信息化建设。一是完成企业资质电子化审批系统及企业资质电子证书的系统建设。勘察、设计、施工、监理资质电子化审批按时上线。2015 年 10 月 1 日起，所有本市审批的勘察、设计、施工、监理、招标代理、造价、检测等七个类别资质已全部实行电子证书，不再发放纸质资质证书。二是完善注册人员管理系统，完成注册人员审批入库系统、注册造价师申报系统改造，增强各类数据的关联功能。三是完善报建系统，增加系统材料上传、绿色建筑、装配式建筑等内容；梳理合同报送、直接发包、小型项目、施工许可证、竣工验收备案等系统的业务流程。四是调整外省市进沪企业信息报送管理方式，将外省市进沪备案改为信息报送，取消了沪办建管处或窗口的人工比对环节，企业电子化申报系统自动比对正确后完成信息报送手续。五是推进电子招投标交易系统建设，完成并发布电子招标投标文件数据格式、施工工程量清单计价文件数据格式及其数据交换标准，现已进入电子开评标软件试点应用阶段。

【加快行政审批改革，全力提升业务受理效能】严格企业资质准入。一是调整原有的审查流程，将专家三审改为了一审，取消了批次概念，将两周一次评审改为一周一次，缩短流程，提高效率。二是对本市依申请换证的 72 家勘察企业（不包括海洋勘察资质）完成换证工作，部分不达标或未在规定时间内提出申请的企业，由建委发文公告注销。三是按照电子化申报和简单换证要求，完成 1800 余家施工企业资质新标准的换证工作。四是根据有效期内简单换证的原则，完成 350 余家设计施工一体化资质企业的换证。五是调整安全生产许可证管理方式，下放三级资质企业安全生产许可证管理权限，与资质管理权限基本同步，解决了三级企业后续安全生产许可证的延续、信息变更的问题。有序开展执业人员注册。一是针对中铁十五局集团有限公司注册人员跨注册地变更调入的申请，秉承方便企业、特事特办的原则，首次完成注册地变更相关手续，确保上海网和建造师网数据库保持一致。二是完成2015年度化工工程师、电气工程师、公用设备工程师等初始、变更、延续注册工作，上报材料合格率100%。三是调整了上海建筑建材业管理系统造价工程师失效人员进行初始注册的相关申报程序，完成造价工程师2015年度新取得执业资格证书人员初始注册工作和年底大批量延续注册工作，本市400多名已失效造价工程师正常开展初始注册申报，为其恢复执业提供途径。

【加强事中事后监管，全力提升行政执法能力】深入开展动态核查。一是完成《企业资质动态核查管理办法》征求意见稿，调整动态核查的相关法律文书。二是由建管处牵头，配合市场管理总站对纳入检查的61家招标代理机构资质达标情况进行检查，59家本市企业中，达标企业共计46家，对不达标的13家企业发出整改通知书。三是2015年12月3日至18日，与勘察设计协会一起对纳入检查的36家勘察资质企业达标情况进行了现场检查。加强注册执业人员管理。一是对提供虚假学历证书申请监理工程师初始注册的人员实施行政处罚。二是将通过部网数据比对的重复注册执业人员和社保数据比对的人证分离执业人员，在本市监管系统中实施冻结的监管措施。三是对四家本市二级建造师继续教育培训单位从培训情况、师资、培训资质、收费等方面进行梳理登记，对培训机构提供的二级建造师培训合格名单进行审核，确保过期或即将过期的二级建造师进行网上延续注册申报。

（四）设计文件审查

【概况】2015年，本市进一步加大勘察设计监管力度，完善市区两级管理体系，建立审图市场诚信体系，全面推进数字化审图工作，积极推进建筑工程设计“蓝转白”试点应用工作。2015年，上海市设计文件审查部门共完成总体设计文件征询项目810个，由企业自行完成总体设计文件征询项目88个。按项目类型分，其中工业类项目547个，公共类项目145个，住宅类项目167个，其他类项目39个。

【组织各类专项检查】2015年，上海市建设工程设计文件审查管理事务中心共组织开展勘察、设计、审图、设计文件征询等各类质量检查7次，共计检查项目251个。检查项目类型包括工业厂房、商办、住宅、学校等房屋建筑。检查重点为装配式建筑、保障性住宅工程、基坑工程、结构安全、建筑节能等。开展上海市勘察单位土工试验室的专项检查，共检查上海市29家土工试验室，抽查58个项目的土试档案，深入并全面了解土工试验室的工作质量情况，为下一步全过程开展勘察质量监管打好基础。

【积极推进数字化审图】自2014年10月全面开展数字化审图试点以来，截止到2015年底，进入数字化审图试点项目共1058个，其中已经完成项目748个，占70%，尚在进行中的项目310个，占30%；数字化审图试点涉及单位共1501家，参与人次共计6942人次，完成项目共发现违反强制性条文、法律法规、标准7045条次。通过试点实践，数字化审图“快捷高效、即时审查、过程留痕、监管有据、数据共享”等作用得到较好体现。

（沈琼）

（五）建筑质量安全监管

【概况】2015年本市建设工程质量安全工作以党的十八届三中、四中全会精神和习近平总书记、李克强总理关于安全生产工作的一系列批示要求为指导，按照国务院和市委市政府关于安全生产工作的总体部署，紧紧围绕城市运行安全和生产安全这个核心目标，按照“理清职责、落实责任、强化监管、统筹管理”的原则，按照十八届三中全会精神推动监管方式和现场管理方式的改革，按照十八届四中全会的精神坚持问题导向，注重查漏补缺，加强制度建设，强化执法检查，强化有效管控，进一步提升建设工程质量工作水平，确保城市运行安全和生产安全。全年安全生产形势实现“双下降”，即生产安全事故的起数和死亡人数持续下降。2015年本市建设工程共发生生产安全死亡事故22起，死亡24人。与2014年的25起，27人相比，事故起数下降12%，死亡人数下降11.1%。未发生质量事故。

【加强顶层设计】2015年年初根据市委市政府主要领导关于全面加强安全生产工作的指示精神，深入梳理本市建设工程安全生产管理上的问题和不足，市建设管理委出台了《关于进一步加强本市建设工程安全生产工作的通知》（沪建管〔2015〕326号）（以下简称：通知），并经市政府同意印发各区县政府，对当前及今后一段时间的安全生产工作进行总体的部署，同时明确了若干项重点任务。根据通知的要求，出台了《关于加强施工现场安全防护用品管理的通知》，定于2016年起在全市建设工程开展安全网检测，弥补法规执行的空白。完成了建设工程安全责任保险制度研究的课题，提出了开展建设工程安全责任保险的探索性意见。开展了建设工程安全管理标准化的工作。

【践行党政同责】2014年的“12.31”外滩踩踏事件发生以后，市建设管理委第一时间印发《关于做好本市建设系统特殊时段和春节期间安全生产工作的通知》，对春节期间的安全生产工作进行全面部署。2015年1月4日和8日，市建设交通工作党委两次组织召开本市建设交通系统安全生产工作会议，市建设交通工作党委崔明华书记传达市委市政府会议精神并作重要讲话，市建设管理委汤志平主任作工作部署。随后两委的领导分别于1月5日、7日、8日带队赴地铁人民广场换乘枢纽、世博B片区央企总部建筑工地、共青森林公园等地检查地下空间、燃气管道设施安全。2015年12月，市建设交通工作党委崔明华书记和市住房城乡建设管理委顾金山主任等主要领导及其他分管领导也都在按照计划分头带队开展安全生产检查，确保岁末年初本市住建系统生产形势平稳。

【强化制度建设】一是加强对施工项目经理的动态监管和信用管理。在深入分析当前存在的履职问题后，出台了《上海市建设工程施工项目经理质量安全违法违规行为记分管理办法》，进一步规范了项目经理的履职行为。二是加强对基坑工程降水的管理。为确保基坑工程施工质量安全，研究出台了《上海市建筑基坑工程降水管理规定》等文件，强化了危险性较大工程环节的管理。三是完成安全生产许可制度的改革。2015年一季度，根据国务院和市政府简政放权工作要求，为强化属地监管责任，加大简政放权力度，下放行政许可项目审批事权，完成三级企业安全生产许可证审批的下放，充分发挥区县建设管理部门的管理优势，形成完整的三级企业管理链条，有效地提高了小型建筑施工企业的监管效率。

【推进监管创新】一是开展了数字化审图试点工作，加强了勘察设计质量监管，提高了审图质量和效率，从基础上保证了施工安全；二是开展了工程质量保险制度的研究，探索解决新建住宅质量问题的第三方解决渠道。在此基础上出台了《上海市住宅工程施工质量投诉处理管理规定》；三是推进“建设工程现场施工质量管理标准化”试点工作。通过日巡查、周检查、月度评价，建立起企业自我评价、监理现场复核、监督机构备案三个层面的立体管理框架；四是开展了建筑工地在线监管的研究，探索利用物联网信息技术，强化施工过程的质量安全监管。

【加强专项整治】一是强化工程质量通病治理，开展质量专项治理二年行动；二是开展建设工程落实施工方案专项行动。按照住房城乡建设部的部署，在全市危险性较大的工程中开展施工方案专项检查，督促建设单位严格审查施工方案，并督促施工单位严格落实；三是开展勘察设计专项检查，强化对审图质量的管理，从源头上确保施工的质量和安全。通过专项治理，进一步提炼管理经验，以此构建质量安全管理的长效机制；四是启动项目经理千人培训计划。在推进项目经理记分管理的基础上，启动了“千人培训”计划，进一步提高项目经理的业务素质和法律意识、责任意识，以确保工程建设的质量和安全。

【提升执法效能】一是优化质量安全巡查制度。2015年上半年，经过充分的酝酿和听取修改建议后，我委进一步修订完善了建设工程质量安全巡查制度，按照“年度部署全面、季度突出重点、月度强化操作”的原则，科学制定巡查工作计划，进一步优化巡查工作内容，使巡查工作既重点突出，又高效可行。同时，还邀请了部分行业协会的专家和区县监督人员参与，进一步提高了巡查工作质量和区县监督人员的业务水平。此外，巡查工作还就引入第三方参与进行了探索和尝试，引入了资质高、实力强的监理公司和安全生产服务机构参与，提高了对基层监督工作指导的专业性。二是加大行政处罚力度。2015年1–12月，市区两级监督机构共签发行政措施单6030份，同比上升了23.3%。其中安全质量隐患（问题）整改单4901份，局部暂缓施工指令单1029份，停工指令单100份。共实施行政处罚结案1113起，，收缴罚款8753万元，同比上升了21.4%，共对21家单位暂扣安全生产许可证、4家暂停在沪承接工程。

【加强文明施工管理】一是以强化文明施工管理为统领，将建筑渣土管理要求和减少施工扰民的措施进一步强化，理顺文明施工管理体制，突出属地管理部门和专业管理部门的责任。二是推进建筑工地噪声、扬尘在线监测系统的安装。根据市政府的统一部署，全面推进本市建筑工地扬尘在线监测工作，截止到9月底已按照时间节点全部完成已开工存量工地在线监测系统的安装任务。新开工的增量部分也基本能够按照有关文件的要求，在规定的时限内完成安装。三是推进绿色搅拌站改造和扬尘在线监测。2015年上半年完成了对全市188家混凝土搅拌站的绿色拌站改造任务，并于9月份全面推广扬尘在线监测。截止到11月底完成相关推进任务。

（徐建福）

（六）建筑节能和建筑材料监管

【概况】2015年上海绿色建筑进入规模化发展，经施工审图通过的绿色建筑面积达3620万平方米；完成绿色建筑标识项目129个，认证建设面积超1237万平方米，2015年度全市标识认证项目占历年认证项目总数的43.4%，较2014年环比增加84%。截至2015年12月，累计完成建筑能耗统计67613栋，建筑面积41871万平方米；累计完成建筑能耗审计1033栋，建筑面积1125万平方米；累计完成能效公示建筑472栋，建筑面积139.95万平方米；通过能耗监测平台，实现建筑能耗监测1288栋，建筑面积5719万平方米。2013–2015年，上海完成公共建筑节能改造73项，累计建筑面积508万平方米。2015年完成居住建筑节能改造面积167万平方米。2015年，上海建筑废弃混凝土资源化利用量327.64万吨，其中约80%为再生骨料，可替代天然骨料用于生产混凝土；约20%为再生粉料，可用于生产墙体材料及作为路基材料使用。推动绿色建材与部品的四新技术产品设备发展，包括太阳能光热光伏、地源热泵、绿色建材、装配式构件、节水器具、遮阳产品、立体绿化等，其中2015年度全市新增太阳能光热应用建筑面积335.57万平方米，集热面积9.37万平方米；年度新增太阳能光电建筑应用装机容量3.17兆瓦；年度新增浅层地能应用面积87.42万平方米。

【上海市绿色建筑指数居全国首位】严格落实《绿色建筑三年行动计划》，在土地出让阶段提出绿色建筑星级要求，从政策法规、体制机制、产业支撑等方面积极推动绿色建筑快速发展。出台了《上海市公共建筑绿色设计施工图设计文件审查要点》和《上海市住宅建筑绿色设计施工图设计文件审查要点》（沪建管〔2015〕83号），印发了《上海市绿色建筑工程设计文件编制深度规定》（沪建管〔2015〕755号）、《关于绿色建筑设计文件中景观、全装修、玻璃幕墙等施工图审查要求的通知》（沪设审发〔2015〕64号）、《关于进一步强化绿色建筑发展推进力度提升建筑性能的若干规定》（沪建管联〔2015〕417号）等配套文件。深入落实第三方评价机制，出台了《上海市绿色建筑评价标识管理办法》和《上海绿色建筑标识评价实施细则（暂行）》，编制了《上海市既有大型公共建筑节能（2016–2020）中长期发展规划》、《上海市绿色建筑（2016–2020）中长期发展规划》、《上海市新建建筑节能（2016–2020）中长期发展规划》。开展上海绿色建筑国际论坛、绿色建筑与建筑节能科技周等活动，发布了《上海市绿色建筑发展报告（2014）》，促进国内外绿色建筑成果交流和经验分享，营造了良好的发展氛围。市住房城乡建设管理委、市发改委、市教委联合开展“绿色建筑进校园系列活动”，全面倡导节能低碳的绿色生态城市理念。举办了国际大学生绿色建筑领袖夏令营，全国首部贯穿基础教育到高等教育的系列教材《绿色校园与未来》发行，并开展了绿色校园建设和运营管理培训。上海市绿色建筑协会、建筑科学研究院、城建集团、建工集团和城投集团联合建立了绿色建筑供应链服务平台“绿智汇”，为行业发展提供了展示、推广、认证、金融、交易与孵化等平台。截至2015年底，上海共有12个项目获得绿色建筑创新奖，其中4个项目获得全国绿色建筑创新奖一等奖。2015年，共有3个项目荣获“2015年度全国绿色建筑创新奖”，5个项目获得市级绿色建筑示范工程并获取得政府财政补贴。据中国建筑节能网（Chinagb.net）统计，上海以43.8的绿色指数荣登标准排名2016年中国十大绿色建筑城市排行榜首位，北京、深圳以18.3和17.6的绿色指数分列二、三位。

【既有建筑节能改造推进力度不断加大】建成全国首个公共建筑能耗监测平台，实现1个市级平台、17个区级分平台、1个市级机关分平台联网，依托平台编制发布了《2014年度上海市国家机关办公建筑和大型公共建筑能耗监测情况报告》。共有1288栋国家机关办公楼和大型公建完成了能耗监测装置的安装，覆盖建筑面积达5719万平方米。定期实施发布平台统计数据，开展建筑能耗数据的挖掘与利用研究工作，探索用能指南和约束工作，在已有《上海市办公建筑合理用能指南》、《上海市商业建筑合理用能指南》等多部指南的基础上，对《市级机关办公建筑合理用能指南》进行了修订，新编发布了《大型公共文化设施建筑合理用能指南》。在全国率先完成400万平方米公共建筑节能改造，改造后平均单位建筑面积能耗下降25.1%，顺利通过了住建部节能改造示范城市任务目标验收。全面推广合同能源管理模式，开展了国家机关和大型公建能源审计。

【装配式建筑得到快速发展】政策引逼方面，市住房城乡建设管理委印发《关于进一步强化绿色建筑发展推进力度提升建筑性能的若干规定》（沪建管联【2015】417号），出台装配式建筑分阶段验收、提前预售的激励政策，进一步降低了开发企业的财务和时间成本。修订了《建筑节能扶持管理办法》，将装配式建筑纳入资金补贴范围。以土地出让为抓手，严格落实装配式建筑的两个强制比率和规模控制。市住房城乡建设管理委、市规土局等部门开展全市装配式建筑任务落实情况联合检查，及时掌握了全市装配式建筑推进情况。2015年，上海装配式建筑项目落地数量持续增长，市场已经初具规模。全年落实装配式建筑项目已达610万㎡，连续两年翻番，累计落实总量超过1000万㎡。标准规范方面，强化装配式建筑事中事后监管，在报建、施工图审查、施工许可、验收等环节设置管理节点，确保相关技术指标落实到位。编制发布了《装配式住宅性能评定技术标准》、《装配整体式混凝土住宅体系设计规程》、《装配式部品、构件图集》等，进一步完善了装配式建筑的技术标准体系。强化了预制构件产品监管，发挥行业协会作用，开展构件生产企业和产品流向登记备案，研究了预制构件芯片技术，推动构件产品使用的动态管理。上海装配式建筑项目的工业化水平不断提升，部分项目单体预制率已达80%。产业链培育方面，上海装配式建筑上下游产业链初步形成。成立了上海建筑工业化产业技术创新联盟，涵盖开发、设计、施工、构件生产及科研单位，形成了良好的互动平台。拍摄了上海装配式建筑发展宣传片，召开绿色建筑和装配式建筑推进情况新闻发布会，通过电视、网络、报刊等多种媒体，广泛宣传了上海装配式建筑推进政策、典型案例和先进经验，社会关注度持续升温。依托行业协会平台，举办了装配式建筑政策、技术宣贯培训，培训人次达1000余名。开展“十三五”行业专项规划和课题研究工作，编制了《上海市建筑行业转型发展“十三五”规划》、《上海市装配式建筑发展“十三五”规划》、《上海市装配式建筑能力建设课题报告》、《上海市建筑工业化实践案例集》。2015年上海获评“国家住宅产业现代化综合试点城市”，装配式建筑市场需求不断释放，示范引领作用逐步显现。全市构件生产投资量持续增长，共建成自动流水线8条。截至2015年底，上海预制构件产能已达500万㎡，可全面满足上海装配式建筑建造需要。

【建筑材料监管和资源综合利用进一步强化】编制发布《上海市建设工程材料使用监督管理规定》（沪建管【2015】726号），在重要建材使用、新型建材认定、质量检测、监督抽查等环节，形成备案与监管、市场与现场的联动管理机制，实施差异化监管，编制了10大类结构性和功能性建材重点监管目录。启动了建材监管信息系统建设，开展建材备案模块试运行。持续推进粉煤灰、脱硫石膏综合利用，2015年上海建设工程商品粉煤灰使用量为230万吨（含外省市）。经测算，这些粉煤灰用于混凝土和砂浆后，可替代水泥约190万吨（约150多万吨水泥熟料），节约原材料成本约2.8亿元；可少消耗石灰石210万吨、粘土49万吨、标煤25万吨；向大气少排放二氧化碳162万吨、二氧化硫0.32万吨、氮氧化物0.65。2015年度全市11家燃煤电厂脱硫石膏总排放量88.37万吨，综合利用量87.13万吨，综合利用率98.60%。推动建筑废弃混凝土资源化利用，发布了《上海市建筑废弃混凝土资源化利用管理暂行规定》（沪建管联【2015】643号）。强化收集和运输管理，在招投标文件中需明确建筑废弃混凝土处置要求；落实废弃混凝土处置合同管理；要求施工单位分类堆放、及时清运。促进了再生建材推广应用，要求政府投资项目优先采用建筑废弃混凝土再生建材产品；将再生建材产品使用率列入工程项目评奖条件，鼓励非政府投资项目采用再生建材。

（张倩）

（七）建筑信息模型技术应用推广

【概况】2015年，本市BIM技术应用政策和市场环境逐步完善，行业响应度正不断上升，BIM技术应用不断扩大和深入，BIM技术正逐渐成为本市建筑业新技术应用的热点，制定的标准和文件被外省市同行采用和借鉴，本市BIM技术应用和管理水平处于全国前列。据普查，截至2015年底，全市共有162个建设项目已采用BIM技术。

【成立建筑信息模型技术应用推广联席会议】由蒋卓庆副市长担任总召集人，市住房城乡建设管理委等13个部门为成员单位，成立了上海市建筑信息模型技术应用推广联席会议。建立了区县政府和特定区域管委会BIM技术应用推广协调组织和机制。成立了上海建筑信息模型技术应用推广中心。建立了以企业为主导的BIM技术应用推广平台，并协助联席会议办公室开展具体推进工作。

【制定三年行动计划】制定了《上海市推进建筑信息模型技术应用三年行动计划（2015—2017）》，将三年行动分为“试点培育、推广应用、全面应用”三个阶段，对工作任务按照具体事项进行分解，明确了牵头单位和完成时间。力争在2017年下半年，在本市一定规模的政府投资工程中全面应用BIM技术。

【建立完善标准体系】编制出台了《上海市建筑信息模型技术应用指南（2015版）》，立项编制了《建筑信息模型应用标准》、《城市轨道交通建筑信息模型技术标准》、《城市轨道交通信息模型交付标准》、《市政给排水信息模型应用标准》、《市政道路桥梁信息模型应用标准》、《人防工程设计信息模型交付标准》6项地方标准，编制发布了《上海市建筑信息模型技术应用咨询服务招标示范文本（2015版）》和《上海市建筑信息模型技术应用咨询服务合同示范文本（2015版）》。

【全面启动试点工作】自2015年9月1日起，在本市工程建设和运营中开展BIM技术应用试点工作。截至2016年2月，已有34个项目申报试点。其中，瑞金医院肿瘤（质子）中心、张马泵站等10个政府投资工程以及嘉定新城F04-2地块项目等4个社会投资工程已通过专家评审和联席会议成员单位会议审议并报联席会议批准同意，其余20个项目已完成专家评审。

【完成BIM联审平台研究课题】联合上海国际旅游度假区管委会、市规划国土资源局、市消防局等部门开展了从规划方案、初步设计、施工图设计和竣工资料归档，基于三维模型的审批和归档的研究，目前课题研究已结题，并完成了启动联审平台建设的总体方案。

【组织宣传培训】建立了 BIM 技术应用推广信息简报制度和新闻宣传渠道，设置了“BIM 沪动”网站和“BIM 推广中心”微信平台。联合上海国际旅游度假区管委会举办了以“创新设计与可持续发展—BIM 技术与智慧城市建设”为主题的“上海 BIM 国际论坛”，通过宣传培训，较快地增加了社会、企业、政府部门的对 BIM 技术的认知度。

（沈琼）

（八）标准定额造价管理

【概况】2015 年是全面完成“十二五”规划的收官之年，是全面深化改革的关键之年，是全面推进依法治国的开局之年，也是谋划十三五规划布局之年。在紧紧围绕 2015 年市政府重点工作，认真按照市建设交通党委，市住房和城乡建设管理委员会的部署，以科学发展观为指导，紧密结合实际建设工程发展，关注民生，关注科技创新，积极开展，稳步推进标准定额管理工作，不断完善政策法规，不断出台更新重点领域标准，促进建筑市场健康有序发展。

【完善建设标准及造价管理制度】一是为进一步推动本市建设行业科技创新，充分发挥标准在科技成果转化中的技术支撑作用，促进新材料、新工艺、新技术、新设备在本市建设工程中的应用，上海市住房和城乡建设管理委员会制定出台了《关于加强本市工程建设企业应用标准备案管理的通知》，同时组织上海市建筑市场管理总站制定备案实施细则，落实操作路径，推动新技术在工程中更好地应用，截止至 2015 年 12 月底，经备案的企业应用标准共 154 项，其中标准 81 项，图集 73 项。二是启动了《上海市工程建设地方标准管理办法》修订工作，以适应工程建设领域标准改革要求与建设工程市场需求。启动制订《上海市建设工程造价管理办法》，开展相关的调研工作。三是为贯彻《上海市建筑市场管理条例》关于竣工结算文件备案和实现“最高投标限价、中标价、竣工结算价”三价公开要求，上海市住房和城乡建设管理委员会制订出台了《上海市建设工程竣工结算文件备案管理办法》，明确自 2015 年 10 月 1 日起，建设单位将项目竣工结算文件在网上备案，规范建设工程竣工结算行为，实现社会监督。同时对本市全部使用国有或国有资金投资为主的建设项目在上海市住房和城乡建设管理委员会网站上进行了“三价公开”，以此遏制计价“阴阳合同”现象，倒逼投标报价合理回归，促进工程造价公开、透明，截止至 2015 年 12 月底共有 962 个建设工程项目进行了三价公开。

【谋划十三五开展城市管理技术标准体系研究】一是根据国务院关于整合精简强制性标准、优化完善推荐性标准、培育发展团体标准、放开搞活企业标准等深化标准化工作改革的部署，按照上海市总体发展规划，围绕上海市“四个中心”、自由贸易试验区建设的战略目标，结合上海市工程建设发展现状和需求，上海市住房和城乡建设管理委员会标准定额处开展上海市工程建设标准化“十三五”规划编制工作。二是关于落实《住房城乡建设部关于进一步推进工程造价管理改革的指导意见》的工作方案，深入开展调查研究，理清本市造价现状，确定改革目标，根据实际情况，提出可行的“十三五”规划。将规划层层分解落实到年度计划，扎实推进各项工作，力争到 2020 年建成与市场经济相适应的工程造价体系和工程造价信息化标准体系。完善工程造价监管制度，培养与行业发展相适宜的造价人才队伍，呈现出工程建设市场竞争有序，造价行业发展健康规范的新常态。三是为进一步适应上海建设国际化大都市的城市综合管理需要，根据市委市政府领导关于依标准加强城市管理的要求，按照建设交通党委、市住房和城乡建设管理委员会领导安排，标准定额处对城市综合管理所涉及的各类设施管理及运营养护作业技术标准进行了专题梳理研究，形成了包括“建筑运维管理、城市交通设施管理、城市配套设施管理、地下空间运维管理、城市防灾减灾管理、市容环卫及园林绿化管理、城市信息化管理”在内的 7 大类技术标准体系，并形成了标准编制建议，为城市设施管理标准化工作提出了积极建议。

【聚焦工程建设标准复审推进重点领域标准编制】一是根据《上海市城乡建设和管理委员会关于开展 2015 年度上海市工程建设规范复审工作的通知》（沪建管［2015］266 号）的文件精神，结合标准实施情况，组织对实施（或复审有效期）满 3 年的本市 27 项地方工程建设规范及相关强制性条文进行复审。经审核，确定其中 15 项标准继续有效、12 项标准应予修订，并将复审结果文件公开发布。同时，2015 年全年本市立项工程建设标准 70 项，并全部完成开题工作。二是通过制定完善相应的工程建设标准，充分发挥工程建设标准对工程安全质量和行业转型发展的技术支撑作用，到 2015 年 12 月底，本市现行工程建设规范、图集共计 320 项。根据《关于申报 2016 年度上海市建筑建材业科研项目的通知》(沪建市管［2015］63 号) 和《上海市城乡建设和管理委员会关于征集 2016 年上海市工程建设规范和标准设计制订、修订项目的通知》（沪建管［2015］313 号）文件精神，紧紧围绕海绵城市建设、工业化建筑检测技术、BIM 应用技术、建筑节能和绿色建筑适宜技术、绿色建材和资源化综合利用、绿色建筑定额等重点领域科研项目和标准规范的研究，以及按照“创新驱动发展、经济转型升级，突出本市工程建设领域对标准的需求，鼓励将现行标准整合为综合性、骨干性标准，并向特别重要和急需制定的标准倾斜”的原则，力求申报的科研项目为本市地方标准规范的制（修）订提供前期的技术研究储备，形成的科研成果宜转化为地方标准规范。同时，结合《上海市工程建设标准体系表》，对相关标准作进一步梳理，突出重点领域、亟待修订、急需制定标准的编制。经专家评审，2016 年共确定 12 项建筑建材业科研项目编制计划，64 项工程建设地方标准制修订计划，其中，37 项为新制定，27 项为修订。三是聚焦装配整体式混凝土建筑、BIM 技术应用，根据绿色建筑发展三年行动计划，加大装配式建筑标准编制力度，形成了较为完整的标准体系。积极推进《人防工程设计信息模型交付标准》、《建筑信息模型应用标准》、《城市轨道交通建筑信息模型技术标准》、《城市轨道交通建筑信息模型交付标准》、《市政给排水建筑信息模型应用标准》、《市政道路桥梁建筑信息模型应用标准》等 6 项 BIM 类标准的编制，并相继编制发布《装配整体式混凝土住宅体系设计规程》、《装配整体式住宅混凝土构件制作、施工及质量验收规程》、《装配整体式混凝土结构施工及验收规范》、《装配整体式混凝土公共建筑设计规程》、《预制混凝土夹心保温外墙板应用技术规程》等 5 项标准，以及《装配整体式混凝土住宅构造节点图集》、《预制装配式保障性住房套型（试行）》等 2 项图集。持续推进绿色建筑节能、提升住宅性能、建筑外保温防火、养老建筑等政府关注、社会关心的重点领域标准编制，针对本市住宅设计标准部分指标偏低的问题，积极开展建筑性能相关指标提升的研究工作，提出了提高建筑门窗系数、楼板厚度、同层排水等技术指标要求的具体方案，具体内容已在上海市住房和城乡建设管理委员会印发的《关于进一步强化绿色建筑发展推进力度提升建筑性能的若干规定》中予以明确。除此之外，上海市住房和城乡建设管理委员会制定出台了《民用建筑外保温材料防火技术规程》、《居住建筑节能设计标准》和《公共建筑节能设计标准》。

【聚焦工程定额编制完善工程计价依据】一是加强顶层设计，构建《上海市建设工程与基础设施养护定额体系》。基于本市工程建设领域发展现状，结合定额未来发展趋势，对本市现有各类工程建设定额和城市基础设施养护维修定额进行梳理，编制了涵盖本市工程从建设到养护维修全寿命周期的工程定额体系表。经梳理截止至2015年12月底上海地方制定的各类建设工程概算、预算定额及养护维修预算定额、估算指标等共有60余册，其中需待编20余册。二是加速推进上海市2000定额修编工作，建筑装饰、安装、市政、轨道交通、水务（水利和给水）、民防、园林、燃气和房修等9大专业先后完成了初稿编制工作，对照现行施工工艺和标准规范，对建筑装饰、安装、市政、轨道交通、燃气和园林绿化等专业进行了统稿，使得编制工作得到进一步规范和统一，同时进行消耗量的平衡工作，并制定了统一的定额水平测算方案。并完成了《上海市建设工程施工费用计算规则》编制工作，结合各专业定额修编工作，做好专业工程的数据采集和调查工作，制定了建设工程造价各类费率调整方案。同时为适应国家营改增税制的改革需要，实行建筑业价税分离的价格核算体系，完成了上海市《营改增要求下的费率组成》测算方案，确定了管理费中的增值税比例，并按照价税分离的原则，编制完成了施工费用计算规则的调整方案。三是根据国家和上海市《绿色建筑评价标准》的要求，组织编制了《上海市绿色建筑工程预算定额》，围绕节地、节能、节水、节材四大方面以及环保所需特有技术的内容展开，重点体现绿色建筑关键技术增量部分，共涉及300多个子目的编制，截止至2015年底完成征求意见工作。编制发布了《上海市城市综合管廊养护维修预算定额（试行）》，为上海市的综合管廊建设提供造价依据和2015年度现行价单位估价表。四是加强本市定额修订动态管理工作，对上海市定额的适用情况进行梳理，明确2016年定额编制计划24项，其中16项为历年在(修)编、8项为新（修）编。

【进一步完善信息价发布机制】一是编制了《上海市建设工程人工材料设备机械数据标准》，对建筑工程中人、材、机等造价要素按照国家标准进行统一编码，为造价管理信息化及各专业定额统一奠定基础。二是将水务造价信息归集到统一的上海建设工程造价信息网上发布，完善了本市建设工程造价信息。三是根据国家对建筑业“营改增”规定，落实“营改增”后调整价格信息发布要求，做好人、材、机要素价格信息价税分离的准备工作。四是收集、整理和编制“建设工程要素价格信息”，在上海市建筑建材业网站上定期向社会动态发布人工价格、材料价格和施工机械台班价格等工程要素价格信息，主要建材月度分析，以此来满足建筑领域各方的需求。编制完成了建设工程各类工程造价指标与指数，为投资估算、概算审核提供了参考依据。贯彻落实住房和城乡建设部城市住宅建筑工程造价信息测算和发布工作，完成本市保障性住房项目指标与指数分析工作。五是通过对上海市建筑建材业网上的招投标数据进行分析和挖掘，实现数据的二次利用，及时完善工程造价要素价格信息清单目录，并与信息发布价格进行比对验证，实现既监控中标价要素价格，又预警发布价格的异动，从而有效地形成对行业的指导和监管，提升对行业的造价信息服务水平。六是建立投标交易市场实际交易工程量清单综合单价分析机制。从而有效地形成管理部门对造价行业的宏观指导和监管，提升对行业的造价信息服务水平，为遏制恶意低价竞标、高价结算提供价格依据。

【进一步规范标准执行及造价行为】一是加强与设计审图机构的协同配合，组织不同层面的专家，深入工地现场，对上海市工程建设规范《住宅设计标准》、《岩土工程勘察规范》、《地基基础设计规范》开展上海市工程建设规范强制性条文执行情况的专项检查，并且针对标准执行中的难点问题进行调研。同时，还编印了《上海市工程建设规范强制性条文汇编》，其中纳入了现行所有本市工程建设规范强制性条文，方便相关单位和专业人员查阅使用，为保障和提高工程质量起到了积极作用。二是根据相关法律法规加强对投资估算、概预算编审、清单编制、竣工结算价编审全过程造价控制等内容进行专项检查。2015 年上海市住房和城乡建设管理委员会组织上海市建筑市场管理总站牵头成立 6 个检查小组，用一个月的时间对全市建设工程造价咨询企业的咨询质量与计价行为进行专项执法检查，在企业进行自查自纠的基础上，共抽查了造价咨询企业 122 家的咨询成果文件，并将检查结果在上海市建筑建材业网站上进行公布，从而进一步提高和规范本市建设工程造价咨询企业咨询市场行为。

【不断完善信息化建设】一是上海市工程建设标准科研信息网正式上线，该网站基本具备工程建设标准的法律法规、地方标准和强制性条文的搜索、浏览、下载等功能，初步实现了新闻公告、工程建设体系表和企业应用标准的查询，做到上海市工程建设标准信息的统一平台、统一发布、统一更新，为企业、公众提供及时、准确、全面的标准信息。二是创新工作机制，计价依据解释和争议调解工作实现网上预约，2015 全年以来上海市建设工程计价依据解释与争议调解全面实现网上预约，目前系统运行情况良好，对切实维护建筑市场各方主体的合法权益起到了积极的作用。全年共计接待 250 多人次。主要涉及建筑和装饰、安装、市政、园林、房修和费用等专业，完成了《关于上海振华重工研发大楼工程合同价款争议协调处理情况的专报》。同时，充分发挥社会力量，通过建立造价专家库协助做好计价依据解释与争议调解工作，截止至 2015 年底，已完成专家招聘报名工作，并对 90 多名专家进行梳理。三是“上海造价”微信公众号平台的不断完善，不断提高服务能力，截止至 2015 年 12 月底共有 10086 名用户进行了关注，比 2014 年增加 1700 人。2015 年微信公众号平台共发布信息 19 期，图文信息 77 条，图文阅读人数高达 43604 人次，转发 1699 次。

（朱迪）

十六、城市综合管理

（一）综述

2015 年，上海城市综合管理围绕市委、市政府的中心工作，一方面全面深化改革和机构职能调整，另一方面推进重点工作和“十三五”谋划，紧紧扭住突出问题和短板不放松，狠抓城市安全和基层建设，加强社会治理、城乡统筹发展和环境综合治理，各项工作推进有序有力。城市综合交通、城乡建设管理“十三五”规划编制取得新成果。城市管理信息化深入推进，城市网格化综合管理进一步向街镇延伸，12319 城建热线与 12345 市民服务热线的对接不断深化，市民诉求处置流程更加适应管理体制。

（二）市政市容管理

【**概况**】全市市政市容管理部门在市委市政府的正确领导下，围绕“整洁、有序、美观、平稳”的总要求，对照年度总体工作安排并结合区县实际情况，有序推动年度各项工作任务，有效提升了本市市政市容管理水平。

【“特定区域”环境治理三年计划落实情况】根据《本市“特定区域”环境治理三年行动计划纲要（2013—2015年）》，三年治理计划的3164个单元中，最终治理达标的共有3041个，达标率为96.1%，不达标单元共123个。各区（县）补充上报的221个单元中，实际治理完成了207个单元，达标率为93.7%。经实效测评，全市特定区域环境治理保障实效评分为79.93分，接近良好水平。与2013年上半年摸底时的73.02分相比，三年内累计提高了6.91分。

经过三年治理，学校周边、医院周边、轨交站点出入口周边三类环境达到良好水平，菜场内外环境、旧居住区内外环境这两类环境达到尚可水平。其中，原先实效水平最差的菜场内外环境提升幅度最大。通过三年治理，大面积解决了困扰老百姓日常生活中“医、食、住、行、学”五个方面的“脏、乱、差”等问题。对于特定区域治理行动，各区（县）领导高度重视，加大投入，充分依托市政市容联席会议平台，形成条块联动的有效运行体系。在治理过程中，涌现出一批紧逼督办、技术创新、市场运作等成功有效的机制，并形成一批可复制、可推广的典型案例和特色工作。市联办对其中部分案例进行梳理汇编，推广好的经验和做法，发挥示范引领作用。

【完善联席会议制度设计】在市市政市容联办的协调推动下，各区县进一步创新思路，完善联席会议平台，统筹、协调、督促和考核作用明显增强。如：黄浦区成立了由区长担任主任的市政综合管理委员会，定位于城市管理问题的“兜底”单位，专门研究相关职能部门的协调决策问题。“顶层上移”，由区级层面统筹协调相关部门开展城市综合管理各项工作，研究决定有关规划、重要决策等；“力量下沉”，专业执法管理力量实施区属街管街用，充实基层街道管理力量。闵行区联办结合辖区实际，编制系列指导文件，为市容环境综合提升提供制度保障。一方面着力于对内构建“大市容”平台格局，整合景观灯光、市容环卫、投诉保障等专业管理部门力量，推进建设与管理联动，提升联办平台的综合性和高效性；另一方面进一步对外构建“大协调”工作格局，加强横向、纵向主动协调，形成管理合力，破解和消除管理盲区。宝山区联办着力发挥好牵头协调、宣传发动和考核督查作用，和区网格中心紧密合作，通过系统化、专业化、科学化的检查考评手段，加强对环境问题的自查自纠，提高对环境问题的发现处置能力。

【结合部环境治理】针对轨交东宝兴路站点周边、河南北路七浦路天桥、万航渡路长寿路口等三处区际结合部的设摊集聚点管理问题。在各区共同努力下，技防加人防，保持常态长效。静安区重点抓好街面市容环境，加大区际结合部整改力度，对占道设摊、跨门营业、违规店招、夜间食品摊点进行集中治理，并以制度化、常态化巩固整治成效。奉贤区加大城乡结合部和城中村的治理，对奉柘公路、奉新公路、六墩村等城乡结合部，开展多次专项整治，改变了区域“脏、乱、差”面貌。闵行、普陀、浦东、嘉定、松江等区切实加强城乡结合部、城中村区域市容环境综合治理，为下一步补短板工作奠定良好基础。

【违规标志牌的专项整治】会同市交通委开展道路非法指示牌清理工作，按照本市《道路标志牌管理规定》和《关于开展本市道路非法指示牌清理工作的通知》，明确对本市城市道路、公路和沿路公共绿地上违规设置的道路指示牌实施清理，相关区县加强了违规标志牌的执法查处力度。如：普陀区对市政道路非法指示牌进行了专项整治，对排查出来的45条道路设置单独立杆的各类指示牌89块，于2015年7月底即完成相关整治工作。青浦区在上海车展期间，拆除了11处高炮广告牌和1处大型楼顶广告。松江区全部摸清区内户外广告底数，为全面监管提供基础，共完成市级督办33处53块违规广告的拆除；自拆任务超额完成，共拆除120块违法户外广告，超额完成下达治理的任务量。

【违规亭棚治理】今年不少区县已作有益尝试，重点整治一批违规占道设置、违反经营内容的亭棚。徐汇区加快推进各类违规设置亭棚升级改造，调整管理模式和管理人员结构，加大日常管理执法力度。金山区推进拆除城区金山蓝亭和各类非法自制棚亭，优化便民服务亭，规范福利彩票亭和东方书报亭，规范设置，确保整洁。

【无序设摊综合治理】市、区、街镇城管执法部门按照“属地负责、部门联动，加强管理、强化执法”的要求，开展聚集点集中整治，实施销项式管理，积极协调源头治理、坚决遏制城市无序设摊蔓延势头，圆满完成2015年度的治理任务。坚持聚焦重点，扎实推进聚集点综合治理。中心城区104个集聚点，2015年完成35个点的治理工作，累计完成63个；郊区96个集聚点，2015年完成38个，累计完成66个。加强源头治理，推动协同治理项目落实。今年年初与市商务委对接，共同推进24个周边500米无菜场，和15处“菜场尾巴”的无序设摊协同治理项目，全市共新设社区微菜场455处，治理项目全面完成。多部门联合发文《上海市城市临时设摊集中疏导点指导意见》对疏导点建设管理作了进一步规范。依托街镇属地化管理，强化监督，落实“五定”管理要求。2015年，全市共新建、改建各类临时疏导场所18余处，吸纳本地摊贩1000余人。强化分类管理，实施严格执法和日常管控。在市民投诉无序设摊处理方面，全年市民反映无序设摊问题数较2014年下降了33.3%，处理满意率上升为85%以上。

【《上海市市容环境卫生责任区管理办法》实施情况】《上海市市容环境卫生责任区管理办法》（以下简称《管理办法》）正式施行以来，全市各级领导高度重视，各相关部门紧密配合，各街镇充分发挥主体作用，广泛发动，条块结合，落实机制，大力推进市容环境卫生责任区管理工作，各项工作协同有序，责任区管理工作成效显著。期间，市、区各级市容管理部门协同开展了“百千万”宣传活动，加强宣传和培训的力度，落实协调联动机制、责任告知机制，推行自律自治工作、垃圾上门收集工作，加强责任区专项执法工作等。

（三）城市管理信息化

【概况】智慧城市建设新一轮三年行动计划有序推进，地下空间信息基础平台数据建设继续向全市拓展，建设市场管理信息平台、城市管理综合信息共享交换平台、上海市交通综合信息应用服务工程等项目有序推进。城市信息化水平再上新台阶。

【交通综合信息平台】深化完善智能交通决策支持系统建设。推进“基于大数据的上海交通预测、预警应用示范”项目的实施，完成算法模型、数据处理和系统应用软件开发，逐步拓展系统的数据应用。开展“上海交通大数据服务平台构建与应用关键技术研究”，完成数据资源中心机房、网络、硬件建设和系统集成，接入全国40个城市的公交车和“两客一危”车辆的GPS，以及滴滴打车、快的打车等数据，现正在开展应用模式研究。以市交通综合信息平台等为依托，不断创新交通信息服务，逐步形成城市综合交通运行年报发布、道路交通"智行者"APP 软件等相关交通服务品牌。2015 年，建立"交通思语"微信公众号，关注用户遍及包括香港、台湾在内的 32 个省、市、自治区。

【**建设市场管理信息平台**】该平台的建设程序审批、工地现场监管和市场主体管理等 3 个核心业务系统开发完成并上线运行，基本形成建设市场 1+5+X 的管理格局。

【**地下空间信息基础平台**】浦东新区（内环内）、静安、虹口、闵行、宝山区完成地下管线外业普查；大部分地下构筑物数据完成收集并建模，平台综合服务管理功能开发和示范应用完成建设。

【**城市管理综合信息共享交换平台**】平台云计算环境、共享数据库、应用软件功能和示范应用建设业已完成并投入试运行，同时进一步开展深化应用研究。

（四）城市网格化综合管理平台

【**概况**】2015 年，本市城市网格化管理平台共计立案 368 万余件，年度平均结案率为 97%。年内，各区县切实贯彻落实市委"1+6"文件，在推动城市网格化综合管理方面做到了领导重视、贯彻坚决、推进有力，各项工作基本落实到位，完成了年度任务，达到了预期目标，集管理体制、管理标准、管理平台与一体的城市网格化综合管理体系已形成，实现了常态长效管理。

【**系统升级改造**】市级平台完成了升级改造的项目立项并启动了招投标工作。区级平台在 2015 年底已基本完成，超过 85% 的街镇（含开发区）在 2015 年底已完成平台建设。同时，各区县正在结合街镇平台建设进一步延伸工作终端，积极推进村居工作站的建设，截止年底，村居工作站的覆盖率已经超过 50%。

【**管理机构建设**】各区县均已成立直属于区县政府的城市网格化综合管理机构，为正处级事业单位，相关干部和管理人员配备全部到位。大部分区县在向街镇下沉工作力量的同时，保留了区级监督员队伍，对街镇工作及重点区域加强监管。街镇层面 2015 年的任务是建立权责一致、职能规范的城市网格化综合管理机构。目前，各区县均已全面建立街镇城市网格化综合管理机构，编制全部落实，人员基本到位，职责开始履行。

【**管理标准实施**】新版《上海市城市网格化综合管理标准》修订完成后，于 2015 年 7 月 1 日起施行。新版标准在原 12 大类 120 小类的基础上，修改、合并、删除了部分事项，增加了市场监管、街面治安、小区管理、农村管理的内容，形成了 13 大类 144 小类的市级标准。结合新修订的《管理标准》颁布，分别组织区级管理人员和街镇管理人员集中培训。各区县在市级标准的基础上，结合各自需求进一步拓展了管理内容，结合区县、街镇系统平台的建设，同步实现了新版标准的部，组织了业务培训署。

【**管理重心下沉**】强化街镇中心的指挥能力，各街镇网格中心紧紧围绕"应发现尽发现、应处置尽处置"的工作要求，加强指挥协调和监督考核。优化网格划分，因地制宜、结合实际调整责任网格划分，提高了问题的发现能力。加强处置力量建设，将城管执法、市场监管等力量下沉到街镇，将街镇层面的房管、绿化市容等相关队伍进行整合，增强了基层的处置能力。

（周虹）

（五）12319 城建热线

【概况】 2015 年，上海城建热线服务中心（12319 热线）共受理建设交通行业相关市民诉求 64 万件。其中咨询 34.1 万件，占 53.3%；投诉 23.2 万件，占 36.3%；举报 3.7 万件，占 5.8%；建议 1.5 万件，占 2.5%；报修 1.0 万件，占 1.6%；表扬 0.3 万件，占 0.5%。

【2015 年“夏令热线”】 蒋卓庆副市长及相关各委办局领导陆续来到 12319 热线接听市民来电。7 月 8 日至 8 月 11 日，活动持续一个月，12319 热线共受理各类信息 7.6 万个，经第三方测评，市民满意度达 84.62，为历年之最。新民晚报、电台电视台等新闻媒体积极做好“夏令热线”报道工作。12319 热线周密制定工作方案，组织人员落实各项工作安排，圆满完成了“夏令热线”各项保障任务。

【拆违办主任接热线】 6 月 15 日至 26 日，2015 年拆违办主任接热线活动举行。时任市城管执法局副局长徐志虎、市拆违办及 17 个区县的拆违办领导陆续走进 12319 热线，接听市民举报电话 85 个。此次活动共拆除 20 处违法建筑，拆除面积达 19.5 万平方米。12319 热线配合市拆违办做好活动期间市民举报案件的梳理与跟踪督办，新民晚报予以大幅报道，取得了良好的社会效应。

【12319 热线与 12345 热线深化对接】 2015 年 12319 热线共计受理 12345 市民服务热线工单 5.6 万件，其中市住房城乡建设管理委受理 8387 件，占 14.9%；市交通委受理 4.8 万件，占 85.1%。为有效提高工单处置效率，提升绩效考核成绩，对市住房城乡建设管理委受理的工单，不断探索和完善工作方法和制度，细化流程，完善系统功能。成效主要体现在，工单先行联系率明显提高，预警提醒机制效果显现，系统功能进一步予以完善，新业务不断强化。

【稳步推进市级网格督察工作】 对 9 个中心城区共计督察 27 次，郊区县 30 次，累计出动督察员 1074 人次，督察道路总长 11516 公里，覆盖地域面积 1606 平方公里，发现问题 6033 件。其中部件 2837 件，事件 3196 件，经比对，先发现 1099 件，先发现率 20%，同比上升 4%。在全部 6033 件问题中，立案 4386 件，结案 4371 件，结案率 99.7%。

【落实“城市应急保障资金”项目】 针对市民投诉多、反映强烈，处置部门缺乏资金暂时无法解决的问题，12319 热线根据市住房城乡建设管理委的要求，落实了两个“城市应急保障资金”项目，加大市民诉求的解决力度。一是用于普陀区甘泉一村“小包围、强排水”工程，解决了小区暴雨被淹问题。二是用于宝山区淞南一村生活水泵房综合改造工程，解决了整个小区居民用水问题。

【第五届“城建杯”服务热线技能竞赛】 6 月底，市建设交通工会主办了第五届“城建杯”服务热线技能竞赛，参赛队伍包括建设交通系统内、外 8 家热线单位。12319 热线积极做好竞赛的各项保障工作，确保竞赛顺利举行，并作为参赛队伍之一在竞赛中取得了优异成绩。此次活动在提高各热线职工技能和服务水平等方面取得良好成效，得到市建设交通工作党委领导的高度评价。

（胡献华 刘臣）

（六）专项治理

【概况】2015 年，继续深化城市网格化综合管理，推进城管综合执法体制改革。在市政府领导下，推进生态环境综合治理工作，加大违法建筑治理力度，加强建筑垃圾和工程渣土管理。贯彻落实市委一号课题精神，推进住宅小区综合治理。

【深化城市网格化综合管理】编制完成 2015 版《上海市城市网格化综合管理标准》，编制印发了《关于城市网格化综合管理向住宅小区延伸的实施方案》，持续推进城市网格化综合管理的深化拓展，建立了网格化综合管理在住宅小区的发现、处置机制。各区县均已成立区县政府直属的城市网格化综合管理中心，相关人员已基本配置到位；街镇城市网格化中心完成设立工作，全市约 220 个街镇（开发区）中，已完成 160 个街镇平台建设，其中闵行、奉贤、崇明已完成村居工作站的全覆盖。

【推进城管综合执法体制改革】牵头组织、统筹协调、督促指导本市城管体制改革工作，新的城管组织架构基本建立。一是机构单设工作全面完成。二是执法力量下沉工作基本完成。三是法规修订工作基本完成。《上海市城市管理行政执法条例》已出台，《上海市城市管理行政执法若干规定》即将出台。

【加大违法建筑治理力度】在去年《关于进一步加强本市违法建筑治理工作的实施意见》的基础上，出台了《关于贯彻落实〈关于进一步加强本市违法建筑治理工作的实施意见〉的若干意见》、《违法建筑查处拆除一般程序操作手册》、《违法建筑快速查处拆除操作手册》。推动无证建筑普查工作，组织召开全市动员大会和业务培训，并对普查结果组织核查。推进违法建筑治理工作，作为生态环境综合整治工作的主要抓手之一，成功拆除了合庆镇地区、青东农场地区的违法建筑，重点拆除了桥荫桥孔、高压线下、占压燃气管道、人民群众反映强烈等类型的违法建筑，有力保障了人民生命财产安全。截至 11 月，全市共拆除违法建筑 1286.46 万平方米，比去年同期增长 31.6%。

【加强建筑垃圾和工程渣土管理】研究制定《关于进一步加强建筑垃圾和工程渣土管理工作的实施方案》，围绕加强组织领导、强化源头管控、落实消纳场所、加强运输管理、健全管理措施、加大保障力度等六个方面提出对策措施。加强建筑渣土日常管理，偷乱倒情况较去年同比下降 56.5%；推进实施严管严惩措施。1–10 月份，本市渣土车共发生道路交通死亡事故 26 起，共造成 28 人死亡，死亡人数同比下降 12.5%，主责以上道路交通死亡事故 16 起，共造成 16 人死亡，死亡人数同比下降 20%。启动对 8 家单位（涉及近 450 辆渣土车）市场退出程序。推进卸点规划建设，参与编制建筑垃圾和工程渣土消纳场所规划布局方案，协调推进渣土卸点落实。

【推进生态环境综合治理工作】与市环保局等部门联合印发了《关于进一步加强本市部分区域生态环境综合治理工作的实施意见》，指导区县开展治理工作；加强日常推进，建立了市住建委与市环保局双牵头的工作制度，通过联络员会议、信息报送等机制，及时协调相关问题，重点推进今年 9 区 11 个重点地块生态环境综合治理，涉及土地 6700 多亩，企业 1300 多家。崇明、嘉定、闵行、宝山、奉贤将于年底前全面完成整治。浦东、金山、松江将于明年第一季度全面完成整治。

青浦区青东地区将于明年 6 月底前全面完成。结合水环境治理、大气环境治理、产业结构调整、安全隐患治理，组织确定 2016 年治理重点区域。

【推进住宅小区综合治理】 编制完成《关于加强本市住宅小区综合治理工作的意见》、《上海市加强住宅小区综合治理三年行动计划 (2015–2017)》，经市政府办公厅转发，作为全市推进小区治理工作依据。编制完成《住宅小区综合治理责任清单》、《关于城市网格化综合管理向住宅小区延伸的实施方案》、《住宅小区综合管理联席会议工作考核体系和考核办法》等文件。起草制定《关于加强本市居住房屋违法违规装修和使用治理工作的实施意见》；推动电能计量表前供电设施改造等相关工作的进展。

【推进无障碍环境建设】 组织开展无障碍示范市(县)创建，16 个区县全部达到工作标准，推荐为无障碍环境达标区。其中，普陀、杨浦、松江、宝山、黄浦等五个区推荐为无障碍环境示范区。10 月 12–14 日，普陀区代表上海市接受国家住建部等五部门专家检查，顺利通过检查。结合国务院《无障碍环境建设条例》的贯彻，开展无障碍立法调研，加强明确无障碍环境建设推进的法律责任和法律主体，研究加强对无障碍设施的监管。参与推进 1000 户农村困难残疾人家庭无障碍改造，完成市政府实事项目。

【推进市政市容管理】 完成重大活动和重大节点的保障工作。顺利完成国际滑联世界花样滑冰锦标赛、上海国际车展、上海环球马术冠军赛、上海国际半程马拉松赛等重大赛事活动及相关重大节假日的市政市容保障。完成特定区域环境治理和无序设摊整治年度计划。印发《关于 2015 年度“特定区域”环境治理工作的通知》，推动“特定区域”环境治理工作的全部落地，完成 2015 年计划治理量 345 个单元，三年行动计划确定的 3164 个治理单元的治理工作基本完成。推动无序设摊治理，中心城区 104 个集聚点，2015 年完成 35 个点的治理工作，累计完成 63 个；郊区 96 个集聚点，2015 年完成 38 个，累计完成 66 个。参与市容环境卫生责任区、道路沿线标志标牌清理等专项工作，推动落实对韩正书记 7 月下旬调研基层城市管理工作发现相关问题的处置，并举一反三，对全市面上市政市容极度脏乱差区域进行全面排摸，推动制定专题实施意见，补上市政市容管理短板。

（戚艳平）

十七、科研工作

（一）综述

2015 年是全面深化改革的关键之年，也是全面完成“十二五”规划的收官之年。上海正在加快向建设具有全球影响力的科技创新中心进军，市委、市政府颁布的《关于加快建设具有全球影响力的科技创新中心的意见》及相关配套政策为打造更具活力的创新型城市“升级版”提供了有力保障。在建设全球科创中心背景之下，市住房城乡建设管理委积极响应，对接中央城市工作会议精神和上海城市发展战略，立足行业实际，开展了一系列科技工作。年内，开展科技政策研究，完成完善行业科技创新体制机制研究和“十三五”行业科技发展规划研究。为促进行业标志性领域转型发展、城市更新和营造绿色宜居环境，围绕城市建设和管理重大需求，2015 年度市住房城乡建设管理委将科研重点聚焦于建筑工业化、建筑信息模型应用、地下空间开发、海绵城市建设等关键技术研究与示范应用。同时做好行业内相关科技服务工作。

市住建委科技委积极筹划新形势下的新发展，也为本市住房和城乡管理的科技创新和转型发展提供更有力的支撑。2015 年紧紧围绕市委一号课题，进一步加强平台建设，提高服务水平，强化政府科技管理的智库功能。2015 年共开展各类咨询课题研究 6 项，内容涉及“十三五”规划预研究、轨道交通、建筑业管理后评估等。围绕政府关注的热点、难点及转型发展，2015 年《专家建议》更注重针对性和前瞻性。全年组稿近 20 篇，经过筛选评审后，共上报 7 篇。2015 年组织行业内的科研项目立项论证 28 项，对住建部立项的 87 项科研项目进行管理，完成 15 个项目结题验收。

2015 年住建系统共有 34 个项目获得 2015 年度上海市科技进步奖，其中，一等奖 3 项，二等奖 13 项，三等奖 18 项。同时，2 个项目技术发明二等奖，2 个项目获得技术发明三等奖。

（周君俊）

（二）科研管理

【概况】上海正在加快向建设具有全球影响力的科技创新中心进军，市委、市政府颁布的《关于加快建设具有全球影响力的科技创新中心的意见》及相关配套政策为打造更具活力的创新型城市“升级版”提供了有力保障。2015 年，在建设全球科创中心背景之下，市住房城乡建设管理委积极响应，对接中央城市工作会议精神和上海城市发展战略，立足行业实际，开展了一系列科技工作。

【完善行业科技创新体制机制研究】对接市委 2015 年一号课题，上海市住房和城乡建设管理委组织开展了课题研究。组织开展了关于完善行业科技创新体制机制的研究，发掘和剖析了阻碍住建领域科技创新的体制机制问题，厘清实施科技创新发展的思想脉络，为进一步完善行业内科技创新政策环境、打造和完善城市建设管理行业科技创新生态链提供研究基础。

按照市委一号课题的总体思路和研究部署，结合上海城乡建设和管理实际，课题围绕本领域科技创新体制与机制，从政府推进科技创新的角度找到存在的问题与解决问题的思路，并提出了城乡建设和管理科技创新的发展方向与对策建议。为推进上海城乡建设和管理科技创新、实施创新驱动发展战略方面提供了有益的参考。

【“十三五”行业科技发展规划研究】组织调研了市水务局、市绿化市容局、市房管局、市建设管理委科技委等相关单位和建工、隧道股份等企业，开展了专题研讨，回顾并总结评估了“十二五”以来的科技发展现状，明确了“十三五”期间科技发展目标和主要任务，完成了《上海城乡建设和管理“十三五”科技发展规划纲要》，并将成果纳入《上海市城乡建设和管理“十三五”规划》。

【上海市建设和管理“十三五”规划预研究】在回顾了“十二五”期间上海城乡建设和管理的主要成效和存在问题的基础上，课题分析了“十三五”上海城乡建设和管理的总体思路、目标、重点领域和保障措施，通过五大专项报告反映不同专业范畴的深入研究结果。

1. 市政基础设施建设

“十三五”时期，上海将进入创新驱动发展、经济转型升级的更高阶段。市政基础设施建设要适应城市综合实力和发展能级加速提升的要求，加快建成系统衔接、安全高效、低碳绿色、城乡一体的城市基础设施体系，为上海基本建成“四个中心”和现代化国际大都市、不断提升城市核心竞争力提供有力支撑。

1）加快构建高效便捷的综合交通体系。

从对外交通看，上海国际航运中心的集疏运体系亟待优化；从城市交通看，激增的人口对交通带来巨大压力，机动车增长与有限道路的矛盾突出，公共交通体系还不能很好地满足需求。“十三五”期间，上海要加快对外交通体系升级，包括航运集疏运体系建设、完善长三角区域交通体系；加快一体化公共交通体系建设，包括完善地铁和市郊铁路线网、发展中运量公共交通体系、优化公共交通网络、推进市政道路与慢性交通体系建设。通过发展完善以上举措，构建上海顺畅便捷的综合交通网络。

2）打造安全可靠的水务设施体系。“十三五”期间，上海要不断加强水务基础设施建设，努力提高供水安全、加快防汛体系建设，为城市安全有序运行提供有力保障。目前供水保障能力仍有待提高，包括强化水源地整治和保护、建成黄浦江上游水源改造工程、开展不同水源地连通管建设等。针对防汛体系的薄弱环节，可以通过加快排水管网建设和提标改造、建设地下雨水调蓄设施、加强河道疏浚开挖等举措来提高防汛能力。

3）构筑高效清洁的能源供应体系。近年来，上海能源发展面临诸多挑战，特别是能源对外依存度不断提高，能源供应偏紧局面持续。“十三五”期间，上海要积极拓展天然气气源、完善天然气主干网络及天然气调峰和应急储备能力，以满足未来5年天然气快速增长的供应；优化电源结构（重点发展清洁能源发电）、提高电网调峰能力、加强电力项目规划，以缓解未来电力供需矛盾。

4）推进生态环保体系建设。通过推进大气污染和水污染治理、加快固体废弃物处置、强化土壤污染防治，推动上海生态环保迈上新的台阶。同时，多层次、成网络地加快郊野公园建设、加快市域绿环和生态间隔带建设，提升上海的绿化品质。

5）建设智能泛在的信息寄出设施体系。“十三五”期间，上海以深化智慧应用为主线，以强化网络安全为保障，在智慧城市建设取得突破性进展。

2. 城市地下空间开发利用

“十三五”期间，上海市的地下空间开发和利用面临着一系列新形势、新情况和新任务。已有的地下空间无序开发产生各种问题，有关地下空间管理体制和机制亟待建立与完善，成立统一的地下空间开发利用的管理部门协调统合规划、设计、施工，推进地下空间开发利用。在此基础上，建立和完善本市地下管线基础信息综合管理系统，实现数据互联互通和数据共享。建立一套针对地下空间的环境影响评价方法和体系，避免对自然环境造成影响。通过政策、市场化手段等推动地下空间开发利用的研发与创新，使地下空间开发水平达到一个新的高度。在推动地下空间开发的同时，加强地下空间开发管理，避免地下空间碎片化建设等。推进深层地下空间开发利用，以因应上海市政建设日益减小的空间。

3. 城市供水和城镇排水

经过几十年的积淀与发展，上海城市功能定位不断升华，未来上海城市定位为有影响力具世界一流的“全球城市”、“安全城市”、“智慧城市”，城市定位明确了上海对水资源供给保障、水安全保障、水务管理能力和水平更高的要求。“十三五”期间加强水源地建设、保护和监管，确保集中式饮用水水源水质达标；提升供水水质和供水安全服务保障，完善供水安全保障体系，实现城乡供水服务均等化；加强排水系统提标改造及“海绵城市”建设，完善排水防洪保障体系，提高抵御城市内涝风险的能力；通过“智慧水网”建设，提高水务信息化能力和水平。多措并举实现水务服务的综合能力与城市经济、社会发展相适应。

4. 市容绿化环境

“十三五”的总体发展目标：以人为本、价值重叠、创新管理，构建城乡交融、人物相宜、空水澄鲜的“深绿城市”。到2020年，确保上海的生态资源要素总量、质量有所提升，快速发展立体绿化，解决林地稳定性问题，优化绿地布局，建立健全湿地管理和保护机制；建设合理、高效、节能、环保的生活固体废弃物收运处置和管理系统，实现原生垃圾零填埋，100%生活垃圾无害化处理率，提高生活垃圾分类的社会接受度。通过推进上海市生态文明建设，营造低碳、宜居、文明、繁荣的现代化大都市形象。

5. 住房保障和房地产

“十三五”期间，上海要进一步加强对住房市场体系的完善，在市场资源配置的基础上，以政府主导构建住房保障体系，形成住房市场与住房保障和谐运作。住房政策的设计需要结合上海“十三五”城市整体发展目标，综合考虑经济新常态、人口控制、资源约束等背景，同时住房政策要加强与相关部门横向关联。“十三五”期间的重点任务：完善保障性住房的相关政策、明确共有产权保障房上市机制、探索公租房可持续发展的路径、建立历史文化风貌保护与旧改相结合的决策机制、优化征收安置房的房源供应机制、推进旧住房综合改造、政策中心由“增量”转向“存量”、完善住房市场的税收和金融政策体系、加强住宅小区综合治理、加快住宅产业化步伐等。

【上海市建筑工业化核心技术研究与示范应用】针对上海市建筑工业化发展的现状，开发适用于工业化公共建筑的、具有标准化和模数化特征的、新型装配整体式混凝土建筑体系，建立标准化构件体系，并研发预制混凝土构件规模化制备技术与自动化生产线，研究形成装配整体式混凝土建筑施工技术并研制配套机具，构建涵盖建筑工业化全过程的信息技术体系，研究适用于上海市的建筑工业化推进机制，建立上海市建筑工业化技术标准体系，为上海市建筑工业化在公共建筑领域的发展提供重要的技术支撑。

【民用建筑项目建筑信息模型（BIM）技术全生命期应用关键技术研究与示范】通过建筑信息模型（BIM）在工程全生命周期（立项、规划、设计、施工、验收、运营）中应用关键技术（建模、可视、分析、模拟、控制、协同、工程量计算、数据交换和存储等）的研究和工程示范，建立在本市全面推广BIM技术的技术体系、应用技术、产品及配套技术规范，打通全过程信息链，实现示范工程比传统建设方式节约投资、缩短工期、提高运营效率，施工安全质量得到显著提升；建立基于BIM技术的政府监管模式；实现装配式和绿色建筑技术融合，为智慧城市提供基础支撑信息。

【典型区域既有建筑地下空间开发关键技术】针对目前历史建筑保护区、部分中心商务区与住宅小区等典型区域地下空间开发需求，研发配套设计方法、专项装备与施工工艺，形成既有建筑下、既有密集建筑间地下空间开发，以及地下空间连通成套技术，并实现工程示范，为上海典型区域既有建筑拓展地下空间，提升功能和可持续发展，提供有效的技术储备。

【上海市海绵城市规划与建设关键技术研究】围绕上海市城市建设和生态环境改善的需求，从技术标准、技术路线和建设管理等方面开展研究，构建上海市海绵城市建设管理和技术导则体系；针对上海市新老城区特点，研究符合上海实际的低影响开发雨水系统指标体系、规划标准和低影响开发技术类型，开展系统梳理和技术集成，分区分块提出适用于上海城市排水、建筑与小区、城市绿地、城市道路等不同对象的技术路线；获取适用于上海高地下水位、高土地利用率、高不透水面积和低土壤入渗率条件下，各类低影响开发集成技术的设计参数和适用条件；开展海绵城市规划与建设指标标准示范应用，为上海市海绵城市规划和建设提供技术支撑。

【做好科技服务】组织科技信息资源共享平台升级完善工作，围绕科研项目管理系统进行功能测试与修改工作，达到符合各类科研项目从申请到立项直至验收的网上填报的服务功能。组织本市相关企事业单位目申报国家住房城乡建设部科技项目，并做好预审和推荐工作。做好市科学技术奖各类奖项申请的培训、审核和推荐。

（周君俊）

（三）课题研究

【概况】2015 年全年共开展决策咨询课题研究 6 项，其成果斐然。具体表体现在：1、聚焦“十三五”，开展中长期规划研究。2015 年 3 月完成了《上海市建设和管理“十三五”规划预研究》课题，并通过课题验收。该课题着重对未来一个时期上海城市建设和管理的阶段特征与形式进行深入分析，按照上海市发展战略目标和“十三五”规划总体要求，提出“十三五”加强城市建设和管理的总体思路和目标，并就若干领域重大问题提出思路性建议，为“十三五”规划编制工作提供有益的借鉴与参考。该课题包括市政基础设施建设、城市地下空间开发利用、城市供水和城市排水、市容绿化环境、住房保障和房地产等五个专项报告。2、开展前瞻性研究，关注行业热点课题。启动《完善上海城乡建设和管理科技创新体制机制研究》课题，经中期论证，完成了课题成果报告并上报。此外，完成了由科技委轨道交通专业委员会承担的《上海市轨道交通多网融合的规划研究》和由绿色建筑与节能专业委员会承担的《上海地区绿色办公建筑设计和运行情况调研》的结题评审；完成了由建筑设计与保护专业委员会、标准规范与工程经济专业委员会共同承担的《上海市适老住区及住宅设计指南》课题的中期评审。3、全年上报及刊发《专家建议》7 篇，建议内容涉及 BIM 技术、海绵城市、综合管廊等，紧扣市住房和城乡建设管理委的工作重点。其中《关于开展长三角多城市大气污染协同控制的建议》和《关于提升本市立体绿化水平的若干建议》得到蒋卓庆副市长批示。

【完善区县城市综合管理体制机制研究】考虑目前市级层面和街镇层面已初步形成统筹协作的城市综合管理体制机制，但区县层面城市管理体制机制还处在相对分散的局面，按照上下对口、协同联动的原则，从全面加强城市综合管理的新形势、新要求出发，对进一步推进区县城市综合管理体制机制改革，研究提出系统思路和对策建议。该研究列入委年度重大调研课题，依托市政府发展研究中心的研究力量联合推动，形成初步研究成果。

【完善建设管理系统科技创新体制机制研究】按照市委“大力实施创新驱动发展战略，建设具有全球影响力的科技创新中心”重点调研课题相关工作部署，会同委科技信息处、委科技委办公室共同推动。主要对本市城乡建设和城市管理行业涉及科技创新的主要领域进行梳理分析，研究完善相关部门在推动科技创新工作中的配合协调机制，梳理一批建设管理系统科技创新工作任务，优化我委推动科技创新的工作机制。

【开展“十三五”规划思路研究】按照市政府关于“十三五”规划编制工作的总体部署，在委综合规划处的牵头下，配合开展本市城乡建设和管理"十三五"规划等专项规划编制工作，参与起草本市城乡建设和管理"十三五"规划基本思路，参与研究本市城乡建设和管理领域相关行业专项规划。负责起草关于"十三五"规划编制情况汇报稿，并多次向蒋卓庆副市长、黄融副秘书长汇报。

【完善本市地下管线管理体制机制研究】 在本市地下管线管理职责分工调整的背景下，根据蒋卓庆副市长要求，配合委设施管理处，就本市如何进一步协调推动地下综合管廊建设、加强地下管线综合管理工作开展专项研究。参与起草调研工作方案，研究起草相关研究报告，主要负责起草关于完善本市地下管线管理体制机制研究向市领导汇报稿。目前完成课题研究报告、相关实施意见和三年行动计划的起草工作。

【组织开展行业难题问题相关研究】 聚焦课题研究，力求成果有效管用。抓制度建设，根据委领导要求和实践总结，修改完善课题管理办法 2015 年版；抓过程管理，组织实施年度 22 个课题项目的调研工作；抓成果转化，组织参与 2015 年全市决策咨询课题评奖活动，组织开展委优秀课题研究成果评选活动。聚焦共性问题，完善政策研究例会制度。定期组织两委三局政策研究部门，就行业共性问题开展专题研究，并邀请市委、市政府相关研究部门就有关问题提出意见，传达市委、市政府重要会议精神。

2015年度调研课题优秀成果

奖项等级	课题名称
一等奖	完善本市地下管线综合管理体制机制研究；
二等奖	建设交通系统优秀青年干部选拔"238"工程实践探索与工作机制研究；
	上海市海绵城市建设技术导则体系研究；
三等奖	上海市城市房屋使用安全管理立法研究；
	完善建设管理系统科技创新体制机制研究；
	上海市城市综合管理法规框架研究。
特别奖	上海手册——21世纪城市可持续发展指南2016年版
优秀奖	市建设交通工作党委推动加强城市综合管理若干措施研究
	关于本市建设管理与交通行业社情民意分析研判与对策研究
	通过行业文明创建助推社会治理机制创新研究
	归口单位纪检组织履行党风廉政建设监督责任研究
	本市建设交通系统重大突出涉民矛盾化解工作评估及机制研究
	加强本市城乡一体化建设的深化研究
	新形势下上海市地下空间管理深化研究
	重大城市基础设施（市政道路）建设影响范围及处置办法研究
	城市管理标准定额与技术规范框架体系研究
	数字化审图监管模式研究
	建筑工地在线监管研究
	建设工程勘察设计质量监管机制的研究
	徐汇滨江慢行空间规划研究
	进一步规范上海市重点工程实事立功竞赛工作研究
	上海建筑工业化实践研究

【上海市轨道交通多网融合的规划研究】课题对上海轨道交通发展的现状进行了评估，重点就目前上海轨道交通系统中存在的问题进行了分析，借鉴多个国际城市轨道交通功能层次划分、多网融合的实证经验，提出了上海轨道交通分层次功能定位、实现多网融合的规划策略和相关政策建议。研究成果对上海新一轮总体规划的轨道交通专项规划编制、新一轮轨道交通近期建设规划编制等提供了新的思路。

【上海地区绿色办公建筑建设和运行情况调研】围绕建筑遮阳、自然通风、天然采光、地源热泵、建筑新风、排风热回收、太阳能技术、非传统水源利用等专项技术，并结合近年来上海地区建设完成并投入运营的典型绿色办公建筑项目，课题对绿色建筑技术与产品系统适宜性、建设和运营增量成本以及物业管理模式等方面进行了详细分析，从技术发展、政策制定等层面提出了提升绿色建筑品质的意见和建议，对推广绿色建筑的政策及相应标准体系的完善提供了有益的借鉴，研究成果对未来进一步发展与应用绿色建筑具有指导意义。

【上海市适老住区及住宅设计指南】通过实地调研和考察了解老年人的真正需求，分析整理上海市居家养老规划配置和适应性设计等的研究成果和成功经验，本指南提出上海市适老住区的规划、公共服务配套、住区环境及住宅适老化等目标。对老人全生命周期进行全过程干预、关注，使老年人在身体机能下降或出现故障时也能继续维持原来的生活方式，本设计指南对上海老龄社会居家养老住区的规划、建筑设计及现存住区的提升、完善方面具有良好的参考价值。

【上海市建筑业管理后评价工作研究】为适应上海城市转型发展的要求，深化建筑行业管理体制改革，进一步提升上海市建筑业管理的水平，上海市住房和城乡建设管理委启动开展此项课题，旨在探索建筑业管理中对行政行为的监管模式，加强建筑业管理的执法监管。通过对比国内外建筑业管理，重点分析本市建筑业管理现状及存在的问题，课题提出了建筑业管理后评价工作机制、建议及保障措施，对规范和监管建筑业管理行政行为提出更高的标准和要求，并为“十三五”规划的编制提供参考和依据。

【关于开展长三角多城市大气污染协同控制的建议】大气高浓度PM2.5造成的低能见度灰霾现象是上海及我国城市和区域面临的最突出的环境问题之一，也是领导重视、媒体关注、公众热议、涉及民生的重大问题。经过多年的建设与发展，上海先后在国内率先建立了大气污染源排放清单、空气质量多模式系统，实现了空气质量实时发布、48小时预报预警等，大幅度提高了大气高污染的预警能力。然而，当前在提升上海环境空气质量进程中还存在不少障碍。如对细颗粒物中有毒有害污染物的含量及其健康风险还不十分清楚；针对大气高污染，目前上海还缺乏有效的应对手段；面对区域性大气污染显得束手无策。消弭这些障碍的具体建议如下：

1. 开展细颗粒物中有毒有害污染物的检测与健康风险评估。自2000年起，上海市各科研机构在市政府、市科委、市环保局等政府部门的支持下，围绕PM2.5开展了大量的分析测试研究工作，人们对颗粒物的化学组成从原来“知之甚少”到现在“基本了解”，对细颗粒物的来源得到了初步认定，对灰霾的认知水平有了大幅度提升。然而，颗粒物的化学组成除人们熟知的硫酸盐、硝酸盐、铵盐、有机碳、元素碳等外，还含有大量的有毒有害污染物，而具体包括哪些化学物质、其污染的健康风险和污染来源等，到目前为止尚不完全清楚。要做好大气高污染期间颗粒物中有毒有害污染物的污染程度分析、对市民健康存在风险范围及来源的追溯等情况的掌握和信息发布等工作，对建设健康上海、保障市民健康（特别是女性和儿童）、防范风险显得尤为重要。

2. 开展大气高污染来源的解析预报，提高污染防范的准确性。经过多年的努力，上海在空气质量预报预警等方面取得了长足的进步，目前已可预报未来48~72小时的空气质量。然而，仅仅预报未来是否出现污染或污染程度，而不能说明造成污染的原因及污染的源发地，不仅对污染防控缺乏指导意义，而且致使职能部门在应对大气高污染时缺乏准星，也会导致公众对政府应对大气重污染突发事件的能力产生质疑。开展大气高污染来源的解析预报的目的，就是要提前48~72小时告知职能部门造成未来大气高污染的“源凶所在地”、“污染源的类别”及其采取措施后可以取得的环境效果等，变目前“被动应对”为“主动预防”。

3. 开展多城市大气污染协同控制，切实改善环境空气质量。长三角是我国城市化、机动化、工业化高度发达的地区，也是我国石化、电力、钢铁最密集的地区之一，同时又是能源消耗、污染物排放密度和排放强度较高的地区之一。这一产业结构、产业布局为特定气象条件下形成大气高污染提供了充分的排放基础。以2013年12月初长三角地区出现的大气高污染为例，期间多个城市大气PM2.5的小时浓度超过600微克/立方米。当前，我们面临的是“共同的但靠一个城市无法解决的问题”，需要建立多目标城市的多城市大气污染协同控制方案。建议：建立多城市空气质量预报预警指标体系；建立多城市空气质量预报预警业务化流程，开展业务化运行；研究制定面对大气高污染的多城市协同减排目标；建立政府搭台、企业主演、科研支撑、监测监察、全社会共同参与的多城市大气污染协同减排机制；建立大气污染物实时减排的可测量的监督监察机制；六是改变“传统中医”式的“望闻问切”的高污染防控方式，改变大气污染预防中的“人海战术”，加大硬件投入和关键技术的研发力度，充分利用全球眼技术实施大气污染源的远程监测和在线监测，大幅度提高在大气高污染预防和应急中的硬实力及软实力；要建立长三角区域大气污染防治法，要制定长三角大气污染防治的法律依据，切实改善长三角城市和区域环境空气质量。

【关于提升本市立体绿化水平的若干建议】

立体绿化是上海城市绿化转型发展的重点，也是改善城区环境的有效出路。为进一步促进本市立体绿化的可持续发展，提出以下建议：

1. 增强立体绿化的认识，明确立体绿化工作的定位属性，理顺条块关系。

改变将立体绿化作为装饰性的“锦上添花”项目的观念和想法，充分认识立体绿化在改善城市环境和建设绿色城市中的不可或缺的作用，深刻认识硬质空间对人与自然分离的不利影响，通过实施立体绿化，将灰色城市改造成绿色城市，让自然回归城市。因此，立体绿化也是改善民生和实现生态普惠的重要抓手。

2. 将立体绿化纳入城市发展规划，完善强制性规定和财政激励政策。

改变立体绿化普遍存在的“零打碎敲”现象，最大限度地统筹协调城市土地、空间和环境三者关系，如柏林利用生物栖地指数（Biotope Area Factor，BAF）控制高度城市化地区的硬质化铺装，突出规划的引领和强制作用，将立体绿化纳入城市绿地系统规划，并与城市土地利用规划和城市总体规划有效衔接。在全面普查和登记可绿化屋顶的基础上，与建筑产权单位确认立体绿化的实施计划、目标和标准规范，纳入各级政府绩效综合考评。

强制性政策和财政激励是近期推进立体绿化发展的有效方式，突出立体绿化的生态补偿和污染源头控制的特点，在目前税费渠道还不完善的背景下，强化项目规划审批的强制性执行，以直接财政补贴和“以奖代补”等形式进行财政激励，对已建立体绿化项目进行奖补，缓解建设与养护资金压力。同时，深入探讨运用抵扣税费和低息贷款等措施，鼓励更多建筑业主以优质的立体绿化项目主动参与绿化生态建设，开发空间绿色资源。建议开展屋顶绿化折算地面绿化的探索，制定配套的鼓励政策，鼓励在一定地面绿化率的基础上，根据屋面标高与基地地面的高差进行立体绿化的地面绿化折算，实事求是地推进中心城区立体绿化的可持续发展。

3. 加强集成技术研究，形成与绿色城市相适应的立体绿化技术体系。

随着立体绿化的快速发展，如何进一步提高立体绿化在人居环境改善的作用，顺应日益多样立体绿化类型，显得尤为重要。经过多年的技术引进和自主研究相结合，以屋顶绿化为重点的立体绿化技术取得明显进展，如适宜植物筛选、防渗漏、轻质基质等技术，为屋顶绿化的快速发展提供了技术支撑。应改变以往偏于照搬地面绿化的做法，针对建筑物硬质环境以及完全人工生境营造的鲜明特点，逐步形成与绿色城市相适应的立体绿化体系，完善立体绿化建设规范和标准。

立体绿化技术有待突破和完善，如突出建筑物安全保障与生态景观的有机结合，在安全的前提下，适当丰富植物种类，增加绿量，提高生态景观功能。同时，筛选利用抗逆性强、管护简便、且能持续生长的适生优良植物，研究推广最佳土层厚度、轻型栽培营养基质等生境营造技术，突破有限空间栽培植物根系活性维护技术，结合新型防水、防渗漏、轻质栽培基质、耐根穿刺材料的模块化技术，形成与完善立体绿化集成技术体系。

目前，就立体绿化而言普遍存在重建设而轻养护的现象，养护技术的研究远落后于施工技术，因此，很有必要开展低维护、健康且持续生长发育的养护设施与技术研究，以形成科学性和有效性的标准和规范。

4. 培育立体绿化市场，推进产业化，促进长效化管理。

立体绿化发展应处理公益性和经营性的

2015年立项的比较重大科研项目一览表

序号	项目名称	牵头单位
1	超（特）大城市养老服务模式创新和专项规划编制实施研究	上海市城市规划设计研究院
2	城镇污水污泥深度脱水技术研究与设备开发	上海市政工程设计研究总院（集团）有限公司
3	中等规模低碳宜居城市智能交通系统规划及应用示范	上海市城市建设设计研究总院
4	超深埋长大越江隧道设计施工关键技术研究	上海黄浦江越江设施投资建设发展有限公司
5	软土地质条件下钻孔灌注桩施工泥水分离设备和工艺的研发与应用	上海市机械施工集团有限公司
6	金属建筑被动式房屋建筑体系的开发应用	美建建筑系统(中国)有限公司
7	武汉三阳路公铁合建超大型盾构隧道设计与施工关键技术研究	上海隧道工程股份有限公司

2015验收的比较重大科研项目一览表

序号	项目名称	牵头单位
1	生活垃圾焚烧厂满足欧盟2000标准的烟气处理关键技术及应用研究	上海市环境工程设计科学研究院
2	中国（上海）自由贸易试验区空间发展规划研究	上海市城市规划设计研究院
3	固废综合园区低碳发展战略研究	上海市环境工程设计科学研究院有限公司
4	虚拟设计与施工（BIM/VDC）在地道工程中全生命周期的应用研究	上海市城市建设设计研究总院
5	大型深基坑工程施工对运营地铁风险控制技术的研究	上海建工五建集团有限公司
6	交通隧道与地下车站结构抗震分析标准化方法研究	上海市隧道工程轨道交通设计研究院
7	安全供水水质在线鱼类预警技术研究与示范	上海城投水务（集团）有限公司制水分公司

关系，在政府的支持和引导下，通过法治管理、技术标准规范、技术规划指导以及必要的资金投入，营造良好的行业规范；发挥市场机制作用，推进立体绿化的专业化和市场化，培育责权明确、技术雄厚、管理科学的专业化企业，培育和形成立体绿化产业。

同时，由于立体绿化造价高，管护难度高于地面绿化，政府的投入资金往往不足，需要拓展资金渠道，更好地协调立体绿化的实施者利益与公共利益的关系，除了秉承“谁受益，谁投入”的原则，更要完善激励机制，广泛利用市场化手段，拓展立体绿化的使用功能，多渠道筹措资金，吸引社会资本，形成立体绿化产业，调动各方面对立体绿化的认知度和参与度。

（金曙）

（四）科研项目

【概况】2015年科研项目管理97项，验收各类科研项目15项。其中验收重要项目6个，重大立项7个。

【超深埋长大越江隧道设计施工关键技术研究】本课题在总结上海大型越江隧道工程建设经验的基础上，针对超深埋长大越江隧道建设中的设计、施工、管理关键问题展开全方面研究。课题研究着力点表现在：
1. 深埋隧道衬砌优化技术、盾构；2. 明挖法施工隧道的渗漏水防治技术；3. 大埋深变化条件下盾构隧道施工技术；4. 隧道信息化施工管理技术；5. 危险环境下的大型越江隧道安全施工技术等方面取得突破。
课题成果集中体现当前我国大型越江隧道工程的核心技术体系，为隧道的建设、设计、施工、运营养护提供大量可供借鉴的成功经验。

【生活垃圾焚烧厂满足欧盟2000标准的烟气处理关键技术及应用研究】该项目通过调研生活垃圾焚烧厂不同烟气净化工艺，研究了满足欧盟2000标准（EU2000/76/EC）的脱酸工艺，并对SNCR脱硝工艺进行数模研究和参数优化，还对湿法烟气净化产生的白烟脱除进行了技术方案比对，最后对二噁英控制技术进行了调研，为设计满足欧盟2000标准的烟气净化工艺提供依据。该项研究成果在老港再生能源利用中心进行了应用和示范。项目发表论文2篇。

【中国（上海）自由贸易试验区空间发展规划研究】该课题从城市规划视角切入，对自贸区空间发展规划进行系统研究，通过概念辨析、国际案例研究、发展态势判断、现状评估分析，提出规划思路和空间发展应对策略，并进一步提出规划土地政策建议。此外，该课题对明确中国（上海）自由贸易试验区及其周边区域功能定位与空间发展策略，提出了符合中国（上海）自由贸易试验区发展需求的规划编制与管理方法以及土地管理方法，为上海自贸区的规划建设提供参考和借鉴，同时为上海市新一轮城市总体规划编制提供一定的技术支撑。

【固废综合园区低碳发展战略研究】该课题依托老港固废综合处理基地，基于IPCC的质量平衡法，计算出了基地内主要固废处理设施在2013年处理固废的CO2排放总量。该课题还初步探讨了不同分类模式下垃圾处理技术的碳排放结果，提出了固废综合园区的低碳发展水平评价指标体系，对指导固废园区的低碳化发展具有一定的参考价值，成果具有一定的创新性。

【虚拟设计与施工（BIM/VDC）在北翟路地道工程中全生命周期的应用研究】该项目作为国内最早将BIM/VDC技术用于大型市政地道的完整案例，在提升设计质量、整合现状信息、虚拟工程建造等几方面进行了探索性应用。该项目探讨了BIM与GIS结合、基于模型的出图、分析及模拟；在施工阶段对市政管线进行综合、结合现场开挖，提出合理的管线搬迁方案，有助于施工方案可实施性、准确性的提高；还为行业标准制定，BIM人才培养提供了实践基础。

【大型深基坑工程施工对运营地铁风险控制技术的研究】该项目以浦东世纪大都会（2–3地块）工程为背景，针对运行地铁6号线区间横贯深基坑及紧邻多条地铁线路换乘车站的复杂条件，进行深大基坑的施工技术研究，提出了深基坑工程分块开挖的顺序和方法、分区按需降水和回灌、应用改进型自适应支撑系统、在运行区间隧道下方联通道的开启等的成套技术；完成了浦东世纪大都会（2–3地块）的深大基坑的施工，确保了地铁运行及周边环境的安全。该项目申请国家专利3项，其中发明专利2项（受理），实用新型专利1项（授权）；工法2项，发表论文2篇。

【交通隧道与地下车站结构抗震分析标准化方法研究】该项目根据中国地下结构抗震分析的发展现状及最新规范要求，采用五种地下结构抗震计算拟静力方法及与动力时程分析法对比分析的方法，开展抗震分析标准化方法的研究，提出地下结构抗震分析宜采用反应位移法和反应加速度法，并开发地下结构抗震计算软件，成果已应用于实际工程的抗震设计。该项目自主开发《STEDI SAUS抗震计算软件》获得软件著作权，发表论文3篇。

【安全供水水质在线鱼类预警技术研究与示范】该项目针对上海市原水水质特点，开展鱼类品种筛选与毒性敏感性测试、目标鱼类的驯化及水环境控制技术、鱼类生物行为学特征与信号采集技术、信息分析系统和预警预报系统等关键技术研究，建立预警鱼类图像处理与模式识别算法；开发了1套鱼类预警预报软件；研制了3套水质在线鱼类预警监测仪；编写了水质在线鱼类预警系统运行管理技术规程。项目申请2项实用新型专利（已授权），发表论文4篇。

（金曙）

（五）获奖成果

【概况】2015 年度共获奖项 38 项。4 个项目获得技术发明奖；34 个项目获得 2015 年度上海市科技进步奖，其中，一等奖 3 项，二等奖 13 项，三等奖 18 项。

【污泥深度减量与有机质高效利用技术及示范】该项目属污水处理领域。针对我国污水处理厂污泥在定量化、减量化和资源化等 3 方面缺乏适用技术的问题，围绕污泥精确定量、深度减量和有机质高效利用等内容，开发适合我国泥质特点的污泥处理技术，建立污泥产量精确预测基础上的深度减量和资源利用 2 套技术体系。主要创新点包括：

1. 首次建立适合国情的污泥产量计算模型，解决了我国污水处理厂污泥产量预测不准确的技术难题，理论污泥产量与实际污泥产量差值小于 10%，并为国家规范的修订提供理论依据。

2. 创新开发污泥高效低耗深度脱水工艺，将电化学处理和 Fenton 试剂复配调理引入污泥预处理，解决了污泥水分结合形态破解困难、脱水动力不足的技术难题，不同泥质脱水泥饼含水率均能一次降至 60% 以下。

3. 集成开发污泥生物质高效利用技术，通过开发除砂除渣技术和设备，解决了污泥高砂渣含量影响厌氧消化效能的技术难题，解决了污泥低有机质制约厌氧消化效能的技术难题，沼气产量提高 60% 以上；通过开发沼气精细脱硫技术，解决了高硫化氢含量影响沼气利用的难题，沼气硫化氢含量低于 5mg/L。

该项目发表论文 18 篇，出版著作 2 部，授权和申请专利 12 项，编制国家标准 2 项。成果成功应用于亚洲最大的上海白龙港和中西部最大的重庆鸡冠石等特大污泥处理工程，经济和社会效益显著。

【地面出入式盾构法隧道新技术与工程示范】该项目属工程机械领域。针对超浅覆土、负覆土盾构隧道"失稳、失衡、失效、失准"四大难题，围绕该新技术的可行性、可靠性、可掘性及可控性目标，首次建立了"地面出入式盾构法隧道技术体系"，主要创新成果如下：

1. 首创环境友好型地面出入式盾构法隧道新技术，突破了传统盾构法隧道对覆土的限制，实现了地面道路与地下隧道连接段的一体化设计与施工。

2. 首次提出超浅覆土修正三角形抗力模型和负覆土壳 - 弹簧计算模式，创新了隧道内外组合抗浮体系，研发了新型防水密封垫和地面道路与地下隧道连接一体化设计方法。

3. 自主研发世界首台地面出入式地铁隧道盾构掘进机，实现了后配套系统的集约布置及 60% 开口率的刀盘最优结构。首创使用于负覆土隧道的微调型管片稳定装置，控制精度小于 1mm。预设不同掘进模式下的 PID 控制参数，上压平衡控制精度由 ±10% 提高到 ±5%。

4. 创新研发高流动性早强型同步注浆浆液及高粘度低比重触变型土体改良泥浆，创建了全新的超浅覆土和负覆土条件下隧道结构变形控制、抗浮控制、盾构姿态控制和隧道防水技术体系。

该项目获得授权发明专利 10 项，发表论文 19 篇，申报工法 2 项，项目总体达到国际领先水平。研究成果成功应用于南京机场线秣陵站至将军路站区间隧道工程，并在宁波地铁 3 号线等工程中推广。近三年项目实现创收和节支高达 2.75 亿元，有效降低了动拆迁量及施工对环境的影响，促进了城市地下空间的有好开发和资源节约，推动了我国自主产业项目建设和发展。

【**超深等厚度水泥土搅拌墙成套施工装备与技术研发与应用**】该项目属土木建筑领域。针对沿江沿海地区深大地下空间开发中深层地下水控制面临的安全、经济和可持续发展问题，研发了安全高效、节能降耗的超深等厚度水泥土搅拌墙成套施工装备与技术。该技术通过插入地基的链锯型刀具对设计深度范围内成层地基土整体回转切割喷浆搅拌，并横向推进构筑上下品质均一的等厚度水泥土墙体，为深大空间开发提供了强有力的技术支撑。取得如下创新成果：

1. 首次研制了具有完全自主知识产权的超深等厚度水泥土搅拌墙成套施工装备——TRD-D 型工法机，打破了国外装备的技术和市场垄断。该设备在整机性能、施工质量和节能降耗等方面全面领先国外设备，已批量生产，在上海、天津、南京、武汉等多地工程中成功应用。

2. 揭示了等厚度水泥土搅拌墙承载变形特性，建立了成套设计计算和检测方法，编制了软件，提出了关键构造措施，相关成果已纳入规范标准。

3. 首次系统地建立了复杂地质条件下超深等厚度水泥土搅拌墙成套施工关键技术及敏感环境条件下超深墙体施工微变形控制关键技术，解决了在逾 40m 厚标贯击数 40~100 密实砂层、粒径 20~50cm 的卵砾石层、单轴抗压强度达 10MPa 岩层中施工的技术难题。

该项目成果获上海市高新技术成果转化 A 类项目，授权专利 18 项、工法 3 项、软件著作权 2 项，成果纳入科技著作 2 部、标准 1 部，发表论文 31 篇。近三年新增产值逾 5.1 亿元，节省工程造价逾 2.38 亿元，并在节能减排、保护环境方面效果显著。

（金曙）

2015 年度调研课题优秀成果

<table>
<tr><th>奖项等级</th><th>项目名称</th><th>完成单位</th></tr>
<tr><td rowspan="2">技术发明
二等奖</td><td>大型混凝土结构耐久性强化与监测新技术</td><td>上海交通大学
上海轨道交通十三号线发展有限公司
山东高速青岛发展有限公司
上海地空防护设备有限公司</td></tr>
<tr><td>超大口径高精度钢筋混凝土顶管研发与应用</td><td>上海城建市政工程（集团）有限公司
上海城建市政工程集团预制构件厂</td></tr>
<tr><td rowspan="2">技术发明
三等奖</td><td>阻燃型组合式整体提升脚手架体系研制及工程应用</td><td>上海建工一建集团有限公司
上海建工七建集团有限公司
上海建工二建集团有限公司
上海建工四建集团有限公司
上海建工五建集团有限公司</td></tr>
<tr><td>海绵城市雨水集蓄处理利用关键技术与应用</td><td>上海市城市建设设计研究总院</td></tr>
<tr><td rowspan="2">科技进步
一等奖</td><td>污泥深度减量与有机质高效利用技术及示范</td><td>上海市政工程设计研究总院（集团）有限公司
上海交通大学
同济大学
上海市政工程设计科学研究所有限公司</td></tr>
<tr><td>地面出入式盾构法隧道新技术与工程示范</td><td>上海隧道工程有限公司
上海市城市建设设计研究总院
上海盾构设计试验研究中心有限公司
上海城建（集团）公司
上海大学
上海交通大学
同济大学</td></tr>
</table>

科技进步一等奖	超深等厚度水泥土搅拌墙成套施工装备与技术研发与应用	华东建筑设计研究院有限公司 上海广大基础工程有限公司 上海工程机械厂有限公司 上海市基础工程集团有限公司 上海市机械施工集团有限公司 上海智平基础工程有限公司 上海远方基础工程有限公司 上海建工七建集团有限公司
科技进步二等奖	复杂条件下垃圾填埋场失稳灾变及污染控制关键技术	同济大学 浙江大学 上海老港废弃物处理有限公司 西安市固体废弃物管理处 苏州市环境卫生管理处
	软土隧道运营安全预警技术及装备	同济大学 上海市建设工程管理有限公司 上海城投公路投资（集团）有限公司 上海市政工程设计研究总院（集团）有限公司 国网上海市电力公司检修公司 上海地铁维护保障有限公司 上海岩土工程勘察设计研究院有限公司
	上海轨道交通全生命周期地质安全与风险控制关键研究及应用	上海市地质调查研究院 上海地铁维护保障有限公司
	公共建筑用能评估与诊断专家系统开发与应用	上海市建筑科学研究院（集团）有限公司 同济大学 上海建科建筑节能技术股份有限公司
	饮用水源突发污染控制关键技术开发与应用	上海城市水资源开发利用国家工程中心有限公司 上海城投原水有限公司 上海市供水调度监测中心 上海城投水务（集团）有限公司制水分公司 同济大学
	上海崇启通道工程建设关键技术	上海崇启通道建设发展有限公司 上海城建市政工程（集团）有限公司 同济大学 上海市市政规划设计研究院
	优秀历史建筑保护与节能改造关键技术研究与应用	上海市房地产科学研究院
	电子信息显示用超薄浮法玻璃基板成套技术及装备开发	中国建材国际工程集团有限公司 蚌埠玻璃工业设计研究院 蚌埠中建材信息显示材料有限公司
	下穿既有线铁路的立交建设新技术	上海市机械施工集团有限公司 上海建工集团股份有限公司 同济大学 上海金山铁路有限责任公司

<table>
<tr><td rowspan="4">科技进步
二等奖</td><td>大跨径预应力混凝土鱼脊梁桥关键技术与产业化</td><td>上海市城市建设设计研究总院
上海鑫东投资发展有限公司
上海同丰工程咨询有限公司</td></tr>
<tr><td>千万人口输水隧道工程建造关键技术创新与应用</td><td>上海隧道工程有限公司
上海市隧道工程轨道交通设计研究院
上海青草沙投资建设发展有限公司
上海大学
同济大学</td></tr>
<tr><td>苏州河底泥疏浚和防汛墙加固改造关键技术研究</td><td>上海市水利工程设计研究院有限公司
上海市环境科学研究院
上海市水务规划设计研究院（上海市海洋规划设计研究院）
上海市堤防（泵闸）设施管理处
上海市水文总站</td></tr>
<tr><td>超大直径混凝土顶管成套技术研究与开发</td><td>上海市城市排水有限公司
上海市政工程设计研究总院（集团）有限公司
上海市基础工程集团有限公司
上海城建市政工程（集团）有限公司
上海浦东混凝土制品有限公司</td></tr>
<tr><td rowspan="8">科技进步
三等奖</td><td>历史建筑可靠性检测鉴定与节能改造技术</td><td>上海理工大学
上海市建筑科学研究院
中国建筑科学研究院上海分院
上海市房屋建筑设计院房屋质量检测站
深圳市华育昌国际科教开发有限公司</td></tr>
<tr><td>“建桥合一”型高铁枢纽站（南京南站）建造技术研究与应用</td><td>中国建筑第八工程局有限公司
上海铁路局南京南站工程建设指挥部
东南大学
北京市建筑设计研究院有限公司
中建安装工程有限公司</td></tr>
<tr><td>水生植物与群落构建及其修复城市湿地的关键技术与应用</td><td>上海市园林科学研究所
华东理工大学
上海上房园艺有限公司
上海植物园
上海普陀区园林建设综合开发有限公司</td></tr>
<tr><td>闵行区城市综合管理和应急联动信息及应用</td><td>上海市闵行区城市综合管理和应急联动中心
上海三高计算机中心股份有限公司</td></tr>
<tr><td>地下连续墙关键工艺创新</td><td>上海隧道工程有限公司</td></tr>
<tr><td>城市能源用（LNG）低温绝热容器的制造安全关键技术</td><td>上海市安装工程有限公司
上海市特种设备监督检验技术研究院</td></tr>
<tr><td>面向高预制率的承重体系预制装配关键技术研究与应用</td><td>上海建工五建集团有限公司
上海建工七建集团有限公司</td></tr>
<tr><td>河网地区轨交薄壁U型梁的运、架梁成套施工技术和装备</td><td>上海市机械施工集团有限公司
上海建工材料工程有限公司</td></tr>
</table>

科技进步三等奖	建筑结构节能环保工业化建造技术及相关装备研究应用	上海建工集团股份有限公司 同济大学 上海建工七建集团有限公司 上海建工材料工程有限公司
	沿江临海复杂地质盾构隧道施工技术	上海市基础工程集团有限公司
	城市快速路高架工程跨线桥关键技术及应用	上海建工七建集团有限公司 上海城市建设设计研究总院 同济大学 上海建工四建集团有限公司 上海电力大学
	大型公共建筑改造施工技术	上海建工七建集团有限公司 华东建筑设计研究院有限公司华东建筑设计研究总院 上海建科工程咨询有限公司 上海建工四建集团有限公司 上海建工五建集团有限公司
	基于数值风洞的建筑结构抗风设计研究与应用开发	上海现代建筑设计（集团）有限公司
	生态型钢渣透水混凝土及其制品综合利用技术	中冶宝钢技术服务有限公司 上海市建筑建材业市场管理总站 同济大学 上海市宝山区节能管理服务中心 上海宝冶钢渣综合开发实业有限公司
	古民居建筑异地重建再生关键建造技术	上海建工四建集团有限公司 同济大学 上海市建筑装饰工程集团有限公司
	低碳城区指挥交通协同管控关键技术创新及规模应用	上海市城市建设设计研究总院 上海市城乡建设和交通发展研究院 珠海市交通运输局 上海市路政局
	再生混凝土装配式建筑结构关键技术与应用	上海城建物资有限公司 同济大学 上海市城市建设设计研究总院 上海城建市政工程（集团）有限公司 上海城建（集团）公司
	上海地区地源热泵系统设计及施工关键技术研究	上海现代建筑设计（集团）有限公司 上海市地矿工程勘察院 上海亚新建设工程总承包有限公司 上海沃特奇能能源科技有限公司

十八、区县建设

编者按：本栏目选录各区城市建设和管理政府机构年终报告，按实际情况，略有删选。

（一）黄浦区
（二）静安区
（三）徐汇区
（四）长宁区
（五）虹口区
（六）闸北区
（七）普陀区
（八）杨浦区
（九）浦东新区
（十）宝山区
（十一）闵行区
（十二）金山区
（十三）松江区
（十四）嘉定区
（十五）青浦区
（十六）奉贤区
（十七）崇明县

（一）黄浦区

黄浦区建设和管理委员会

2015年是全面贯彻党的十八届四中全会精神、全面深化改革的第一年，是实施“十二五”和谋划“十三五”的承上启下之年，区建管委在区委、区政府的正确领导下，对照市委、市政府提出的打造“四个标杆”和实现“四个前列”的总体要求，紧紧围绕年度工作目标，一手抓旧区改造和重大项目建设推进，一手抓城区管理常态长效制度建设，以强烈的责任感和使命感做好2015年的各项工作。

（一）旧区改造平稳推进

按照区委、区政府关于旧区改造“四个优先”的总体原则，区旧改建设系统坚持速度、稳定、成本相统一，坚持体制、机制、队伍建设相协调，坚持“拆、改、留、修”多策并举，全面聚焦功能区建设、民生保障和历史风貌保护项目，全力推进旧改各项工作。全年共启动（生效）7 个项目，收尾 8 个项目，累计完成旧改居民签约 5830 户。

启动项目方面，太平桥 118 街坊、老西门新苑（1–4、1–5 地块）、21 街坊（北块）、160 街坊风貌保护改造、轨道交通 14 号线区间段、豫泰确诚、国洲城等 7 个项目顺利启动，收尾项目方面，董家渡 10 号地块、太仓路吉安路拓路、186 街坊、115 街坊（东块）、115 街坊（西块）、国货路－南车站路配套工程、124 街坊、14 号线大世界站国洲城等 8 个项目已完成收尾，董家渡 18 号地块、160 街坊等项目基本收尾，各项目的启动和收尾为黄浦区“十三五”旧改工作开局起步奠定了基础。

今年，黄浦区旧改系统在继续完善已有推进经验的基础上，着力于资金筹措、房源管理、成本控制、群众工作等关键问题，多策并举，创新突破，取得良好效果。

一是提高协议生效比例。在今年下半年新启动的轨道交通 14 号线区间段和豫泰确诚两个项目均将协议生效比例从 85% 提高至 90%。围绕提高生效比例，相关职能部门、街道社区在前期开展了大量的深入细致的宣传引导，充分赢得广大居民群众的理解和支持，有效的减少了项目收尾面临的推进难度和司法执行压力。

二是提升货币化安置水平。在房源配置上，逐步降低房源配置比例，按照“保基本、控多套”的总体原则，采用区别化的政策设计，充分保障居民基本需求，并积极引导居民通过市场化手段选购房屋。

三是充分发挥工作合力。各相关职能部门、街道社区、派出所、企业集团紧紧围绕项目推进，充分发挥各自在前期审批、政策研究、宣传发动、秩序维护、实施推进等重点环节的职能优势，条块结合，主动作为，有效保障各项目的顺利推进。同时，积极构建由党员代表、人大代表、政协委员、律师组成的调解工作站，从第三方的公正立场为居民群众提供各类咨询服务，取得良好反响。

（二）重大项目建设取得成效

今年，黄浦区重大建设项目的协调推进工作重点围绕“一带、四组团”建设和重大市政项目、社会事业性项目，以“开工一批、推进一批、竣工一批”等“三个一批”为抓手，聚焦难点瓶颈，转变工作职能，提升推进效率，原“黄浦区重大市政工程指挥部”整合并入区重大办，基本形成以领导小组指挥决策、区重大办统筹协调、相关职能部门配合、街道社区参与、企业集团一线操作的总体框架，原推进协调机制得到进一步优化。

市重大项目方面，轨道交通 14 号线黄浦区段涉及的豫园站、黄陂南路站、大世界站 3 座地下车站和茂名南路风井，前期手续正在抓紧办理；轨道交通 13 号线淮海中路站车站主体竣工，13 号线通车运行。按照 2016 年 8 月底居民回搬的时间节点，淮海中路 670 弄房屋修缮工作正有序开展，卜龄公寓房屋修缮已进入前期施工准备；大世界修缮工程二期已完成建设工程规划许可证的核发工作，三期将于 2016 年二季度完成相关前期手续；中山南路地下通道工程已进入全面开挖施工阶段，正在加快推进。南外滩滨水岸线综合改造工程、十六铺中心二期项目、日晖港平桥等 3 个项目也正按计划稳步实施。

商业商务项目方面，根据年初制定的任务目标，坚持按“开工一批、推进一批、竣工一批”等三个一批的年度工作计划，突出重点，分类有序推进商业商务项目建设。截至目前，复兴地块已开工，龙凤地块地下部分已开工；163 地块已竣工，8-1 地块已完成结构封顶，进入内外装修阶段，顺利实现全年竣工 60 万平方米的总量目标。

（三）安全生产底线思维得到强化

一是保持建筑工地安全监管高压态势。以全面落实企业安全生产责任主体为抓手，以落实项目经理带班制度为切入点，确保工地现场安全生产保障体系正常运行。将地毯式大检查与各专项检查相结合，积极开展节假日、夏季高温和汛期等重点时期的专项检查。推进工程建设重大危险源监控管理，确保对市、区重大工程以及高支模、脚手架、深基坑、大型机械设备装拆等重大危险源监控到位。二是聚焦市政设施安全运行管理。与区内三家市政养护企业签订年度安全生产双向责任书，分解落实安全监管责任。多次组织人员对区域内在建市政工地、掘路工地现场以及人行天桥、地道和车行地道、防汛墙等市政设施开展安全大检查，并且在汛前开展排水设施专项整治。积极做好堤防设施的下放接管工作，加强堤防设施日常巡查和保护。修订完善寒潮、大风、雨雪冰冻等恶劣天气的安全防范预案，不断充实抢修队伍力量。积极做好高架桥荫桥孔安全隐患整治，进行了全面的隐患排摸检查，认真梳理检查结果，及时协调解决发现的问题，于 11 月 10 日前完成黄浦区所有整治任务。三是确保停车场（库）安全运行。采取突击检查和常规检查相结合的方式开展安全检查，在各个重大节日期间以及汛期要求各停车场（库）加大安全防范力度，做好安全事故紧急预案，落实安全工作责任制，提高应急处置能力及迅速清障能力。在“8·12”天津特大爆炸案发生后，更是严格按照“全覆盖、零容忍、严执法、重实效”的总体要求，落实危险化学品“减量、集约、受控”的原则，严格实行“危险化学品禁止、限制、控制目录”的监管措施。

（四）各项民生实事工作按时间节点要求有序落实

1. 按时间节点要求推进区政府实事项目。2015 年区政府实事工程中，3 条市政道路大修工程和 15 条街坊道路排水系统修缮工程全部完成；36 万平方米老式居民住宅二次供水设施改造工程已全面实施，明年 3 月底完成。

2.“两会”办理圆满完成。今年区“两会”期间，区建设交通委共收到办理件 44 件，其中区人大代表建议 22 件（主办 16 件，会办 6 件），区政协委员提案 23 件（主办 12 件，会办 11 件）。区建管委克服任务重、时间紧、协调难等困难，采取主要领导负总责、分管领导具体抓、办公室组织协调综合督办、各科室各负其责的层级工作制度，积极跨前、主动协调、创新方法，按时、高效、圆满完成了区“两会”办理件的办理工作。

3. 积极做好依法行政工作。深化行政审批制度改革，完成行政审批事项目录（第三版）的公开和“四项清单”的梳理、上报及公示，共确立权利事项 369 项、责任事项 3257 项、服务事项 6 项、效能事项 14 项。全年共办结行政处罚案件 23 件，处罚金额 93.2 万元，其中建筑行业 22 件，金额 92.2 万元；水务行业 1 件，金额 1 万元。

4. 高效办理来信来访、信息公开和市民热线答复工作。年内，受理来信来访件共计 2190 件，其中受理网上来信 353 件，居民来电信访 348 次，接待来访 862 批次，1617 人次。初次信访受理告知率、办结率、网上信访公开回复率均达 100%，初次信访事项新增重复率小于 1%。主动公开公文 35 件，政府信息 74 条，全文电子化率达 100%，受理政府信息公开申请 28 件。密切关注 12319、12345 市民服务热线、网格化平台和门户网站网民留言等服务渠道，共处理 12345 市民服务热线 1563 件，网格监督员上报 4863 件，先行联系率、及时处置率均达到 100%，做到了件件有落实，单单有反馈。

（五）各项城市运行管理工作规范有序推进

1. 静态交通管理持续加强

区建管委坚持以整合管理资源、完善规划编制、强化停车场库管理、提升智能化水平为抓手，有效提高了全区的静态交通建设和管理水平。一是认清形势，应对管理体制变化。随着2015年初市级主管部门由市运管处转到市路政局，区建管委积极应对管理体制的变化，对原有的管理流程进行相应优化，对受理、监管等各项行政管理工作环节继续进行规范。通过《黄浦静态交通工作动态》等专刊，向各停车场（库）积极宣传管理的新思路、新举措，构建信息交流平台，加强行业信息共享。二是依法行政，强化行业监督管理。对全区所有公共停车场（库）及道路停车区域进行地毯式安全工作检查，做好督促、复查工作。对停车服务投诉的处理、回复等情况主动进行督查、梳理和分析。三是夯实基础，提高行业管理水平。在进一步完善行业监管，提升管理能级上下功夫。年内，全区停车场（库）共完成方案阶段5项，竣工验收6项。新开业5家，涉及泊位2665个；歇业10家，涉及泊位630个；先停业后复业1家，涉及泊位378个；停业1家，涉及泊位96个；变更47家，涉及泊位减少465个。在经营备案中继续采用“一次受理，两次办结”工作机制以及继续沿用“前台一口受理、后台协同办理”、“分级管理”常态化工作机制。在行业监管中坚持依法行政、从严管理，以质量信誉考核及市民满意度测评为重点，结合管理实际，积极会同市、区相关执法部门开展公共停车场（库）、道路停车场检查，并组织场库互查，尤其对规范开展经营行为、严格票据管理、规范场库标志标识、优化场库停车环境等几方面开展重点检查，发现问题及时督办整改。四是切实推进公共停车设施建设。积极配合市路政局推进电子收费系统改造工作。根据区域特点，引导利用现有资源，挖掘潜力，着力解决停车难矛盾。1、结合地块开发及项目建设，严格执行配建停车场库建设标准，从源头上缓解停车难；采取严格审批环节、错时利用、开设道路停车场等措施，大力推进停车场建设，以缓解停车矛盾。2、规范现备案在册的停车企业对停车泊位的管理，大力整治擅自占用停车泊位或将停车区域挪作他用的违法行为，责令拆除违法搭建，恢复原有审批的停车泊位数量。

2. 市政道路养护和水务设施管理工作有序开展

加强市政水务设施的日常养护维修，确保设施的安全运行。一是抓好设施日常养护。完成道路养护154019平方米，清洗路名牌39912块次，新装、调换隔离设施9669米，油漆、保洁隔离设施5680.52公里，人行天桥、地道保养4281座次。累计疏通下水管道687公里，清捞检查井、进水口14万1千3百余只次，清除管道污泥11694吨，修理沟管893.5米。二是开展道路路况、天桥地道、道路井盖等专项整治。完成原世博园区（浦西段）道路、下水道二期、金门路（金陵路—人民路）、成都北路、滇池路等道路专项整治。对管辖范围内的人行天桥、地道进行全面安全运行检查，在淮海路、河南南路天桥增设了安全探头和指示标志。对委托第三方管理的地下通道等设施进行了全面普查、登记。对区内中山南路、延安东路等以及内环下道路上各类检查井盖进行了升井和更换防沉降井盖整治，累计完成791余套公用管线防沉降井盖的更换工作。三是不断提升行业依法行政和管理服务水平。共受理路政许可444件，其中掘路204起，临时占路240件。夜间施工备案226起，与区城管部门双向告知10次。行政处罚1件，处罚金额1万元。四是配合做好水、电、燃气、电信各类配套协调工作。根据上海市燃气行业安全工作会议精神，组织召开区燃气安全工作会议，全面部署本区燃气安全大检查、非法液化气和管道占压专项整治工作。会同区公安消防支队、安监局等单位对露香园路液化气换气站违法灌装液化气行为及消防安全隐患等开展联合执法查处。

3. 做好防汛防台各项工作

一是加强防汛预案修编，落实防汛责任制。2015 年黄浦区防汛防台应急预案》、相关专项预案和区防汛指挥部各成员单位预案如期修订完成。结合全区防汛责任分解，为全区 723 名各级防汛干部和抢险救灾队伍负责人办理了手机接收气象预报和预警短信功能，同时还组织了各街道联络员完成防汛防台信息平台和防汛三级视频会议系统应用的专题培训，以及基层干部防汛防台工作专题培训。二是加强排水系统建设和养护，提升防汛排水能力。共完成 15 项街坊积水点改善工程总计。三、成功防御了台风、特大暴雨，保障区内安全运行。今年台风、特大暴雨频频入境，整个汛期，黄浦区累计平均降雨量 876 毫米，较常年平均值高 25%，最大小时降雨量 53 毫米。汛期成功防御了第 9 号台风“灿鸿”、第 13 号台风“苏迪罗”、第 15 号台风“天鹅”、第 21 号台风“杜鹃”、“6.17”特大暴雨、“8.24”特大暴雨的侵袭。在台风“灿鸿”影响之前，黄浦区及时撤离居民 61 人、建筑施工人员 1773 人。四、发挥网格化管理平台作用，加强巡查发现，完善信息收集工作。将防汛视频会议系统纳入街道网格中心建设之中，各街道防汛指挥部在日常巡视检查中能够尽早地发现隐患，并尽早排除，区防汛指挥部也能在第一时间统筹指挥、开展避灾避险工作。此外，黄浦区建立完成了“黄浦排水”、“黄浦街道、房管物业防汛专群”、“黄浦绿化防汛专群”等防汛微信群，通过手机新媒体的运用能快速及时地了解掌握各条线的防汛工作情况。一旦市防汛指挥部发布防汛防台预警信息，能够第一时间收集防御部署情况，灾情、汛情的实时情况，抢险处置情况。五、大力开展防汛演练和防汛减灾知识宣传。黄浦区根据区内防汛实际情况，针对不同的防汛部位开展了形式多样的防汛演练。市政养护单位开展了排水专项演练、房管物业单位开展了房屋抢险专项演练、堤防抢险单位开展了堤防专项演练，民防部门组织开展了地下空间专项演练。在防汛减灾日科普宣传活动中，向广大市民派发印有防汛防台减灾知识的小卡片，以提高市民自身的避险救灾意识。

（六）建筑市场整顿工作深化推进

1. 注重实效，加强建设行业监管

一是以先行先试工作为抓手，强化建设工程质量监管。在各工地进一步落实工程建设五方主体项目负责人质量终身责任制度，有效遏制违反基本建设程序等违法势头，使工程质量总体水平得到明显提升。对重点涉及深基坑、主体结构、屋面外墙防水、建筑幕墙及建筑节能等重要环节开展首次样板监督，加强巡查力度和监督频次。此外，积极培育优质工程，进一步加强对保障房、公租房和住宅工程质量节能等监管，健全施工现场质量保证体系，严格执行质量标准化管理要求。黄浦区七建集团香港新世界花园 11# 楼、四建集团中山学校校区扩建项目体育综合馆、浙江建工董家渡 10# 地块改造 9 号楼、二建集团 596 地块上班用房项目 S1 楼、S2 楼等 5 个工程获得了区优质结构工程，并推荐申报了 2015 年市优质结构工程；七建集团香港新世界花园 11# 楼、二建集团 8-1 南块 S2 楼等 2 个工程申报了市优质结构安装工程；七建集团香港新世界花园 11# 楼机电进行了市创优观摩。二是健全长效管理机制，加强工地文明施工管理。通过加强与社区居委的联建共建，认真实施重大施工节点转换告知、定期听取居民代表意见、每月 15 日向居委会征询文明施工意见等制度，形成工地围墙内外加强文明施工管理的联动、互动，促进工地社区和谐，实现共创双赢。开展“文明工地与文明城区同行”教育实践活动，主要以破解施工扰民这一城市管理顽症为重点，通过系列措施，不断完善黄浦区文明施工常态长效管理机制。2015年获得区文明工地22个，其中黄浦区204地块项目、局一发展项目（二期）、109街坊改造工程等3个工地申报了市文明工地。今年全市共开展了4次全市文明指数测评，黄浦区取得了4次全市第2名。其中卢湾65号地块、南京东路179号街坊、淡水湾花园三标二期等项目在历次测评中分获全市前三名的好成绩。三是依法监管，促进黄浦区建设工程规范有序。严肃查处无证施工，违法分包非法转包挂靠等违法违规问题。着力加强行政处罚案件内部移交机制，案件办理过程中严格执行行政处罚自由裁量标准，落实重大案件处罚合议制度，无案件申请行政复议或诉讼。

2. 构建长效，扎实做好建筑业各项管理服务工作

一是发挥合力，叠加优势，受理水平再创新高。自原建管署、受理中心的受理服务窗口合并以来，窗口人员完成工作融合、队伍融合、感情融合，完善流程、规范管理，进一步提升服务质量。窗口统一着装，优化岗位设置，以良好的精神面貌打造全新受理大堂。梳理流程，提高行政审批效率，不断完善窗口受理缺件告知和收件回执制度，并在涉及行政审批的事项中全面覆盖推行，达到“一次告知、两次办结”。进一步完善项目情况一览表的内网共享，做好人员身份证读卡和企业证书核对工作，配合施工企业资质新标准换证程序的上线，助推企业资质电子化审批等工作顺利进行。二是积极尝试，多措并举，招标监管公平公正。首先，推进招投标监管标准化建设，进一步加强招标流程监管，严格开、评标场内行为，提高项目监管质量。其次，倡导事前服务，靠前服务，为管理相对人提供良好的政策咨询服务平台。最后，根据区行政审批制度领导小组办公室《关于完善行政审批办事指南和业务手册的通知》要求，完成了招标备案指南的编制工作，为进一步加强行政审批项目标准化建设走出了坚实的一步。三是立足实际，深入调研，资质管理扎实推进。按照《2015版的建筑施工企业资质标准》，对区域内的施工企业进行调研，摸清区管建筑施工企业现状，掌握企业动态，建立有效服务平台，为企业提供咨询服务、政策解读。通过群发短信、举办讲座的方式，将资质管理的各项最新要求发送给企业，让其及时了解政策导向。

3. 积极落实装配式建筑的目标任务，大力推进绿色建筑的建设

装配式建筑方面，认真贯彻落实市政府《关于本市进一步推进装配式建筑发展的若干意见》（沪府办〔2013〕52号）和《上海市绿色建筑发展三年行动计划的通知》（沪府办发〔2014〕32号）的文件精神，将每个新出让土地的建设项目按照专项征询制度，从工程项目的源头抓起，明确各建设项目装配式建筑建设比例，以区装配式建筑推进工作小组为载体，由区规土、建设、房管等部门共同审核建设方案，明确办理装配式建筑的报建、报监、验收、备案等相关流程，鼓励建设企业进行装配式建筑的建设。绿色建筑方面，首先严格把好节能审核关，今年以来共完成设计方案节能审查6项，施工图设计文件节能审查7项。其次积极推进既有建筑节能改造。截止12月底，区内有6个既有建筑完成节能改造，改造面积75.3万平方米。最后推进绿色建筑建设。认真贯彻执行上海建筑节能工作的有关法律法规和技术标准，加强节能工作的日常监管，在抓好节能全覆盖工作的基础上，重点推进新建绿色建筑高标准的管理，积极推广太阳能、地热、雨水、光伏发电等可再生能源在建筑中应用，着力打造绿色、低碳的中心城区。2015年共建成绿色建筑10幢，建筑面积61万平方米，其中获得绿色三星认证的建筑4幢，获得美国

LEED 金奖认证的楼宇 6 幢。

（七）工会工作成效显著

2015 年区建设工会紧紧围绕区建设管理党工委、建设管理委的工作中心，积极开展劳动竞赛、文化体育活动和调研活动，为一线职工服务。同时按照市总和区总相关工作要求，积极推进黄浦区建设工程项目工会联合会建设。

1. 服务中心能力有新突破

一是加强对职工思想教育。开展一系列主题教育活动及讲座，建立了以工会代表、工会干部组成的思想骨干队伍，定期与职工谈心交心。二是积极联系职工群众。特别是在事业单位绩效工资过程中，全方位与职工谈心交心，了解职工利益诉求，主动反映情况。三是开展劳动竞赛。认真组织了“服务标兵”、“岗位标兵”、“全能受理员”等各类竞赛活动，通过上海市重大工程立功竞赛评比活动，调动职工的积极性。四是做好各类先进培育工作。在党工委的支持下，与各直属单位制定了先进培育计划，积极参加“上海市先进工作者”评选。检测中心党支部书记、主任蒋昭瑜同志获得了“上海市先进工作者”光荣称号后，立即筹建了劳模工作室，并被区总工会命名为“蒋昭瑜建工材料检测工作室”，成为全区 9 个劳模工作室之一。

2. 服务职工水平有新提高

积极开展元旦、春节帮困送温暖活动和“五一节”劳模慰问活动，把温暖送到每一个困难职工的手中。开办了职工健身操培训班和瑜伽培训班，并为 106 名意愿参与场馆锻炼的职工办理了体锻卡。组织职工参加参观洋山深水港、秋游等活动，建立了三个职工书屋、两个职工书架。

3. 工会自身建设有新举措

年初召开了黄浦区建设和管理工会第一届代表大会第四次会议，每月召开工会委员会和主席例会，交流工作信息并传达布置工作任务。制定并下发了《黄浦建设和管理工会委员会规范化建细则》、《建设管理工会会员代表常任制管理办法》、《建设和管理工会委员会关于加强工会财务管理若干规定》在年底对每个委属工会进行年度工作考评，组织了“模范职工之家”，“优秀工会工作者”评选。

4. 建设工程项目工会建设有新创新

经过年初调研，在市总和区总的大力支持下，建立了建设工程项目工会联合会筹备组，在上海建工二建集团有限公司进行试点，而后采取逐个工地走访的形式，协商项目工会建设事宜。截至年底，除已峻工的工程项目外，已有 20 个工地完成了工会组建工作，农民工入会工作正在有序进行。此外，以建设工程项目工会为平台，组织了黄浦区“建设杯”第四届农民工运动会和第二届农民工技能比武。

黄浦区绿化和市容管理局

2015 年，黄浦区绿化市容局在区委、区政府的坚强领导下，在市绿化市容局的有力指导下，聚焦“十二五”规划收官阶段、聚焦创新社会治理加强基层建设、聚焦重点重大项目、聚焦绿化市容景观面貌提升，以党的群众路线教育实践活动及“三严三实”专题教育为契机，紧紧围绕区政府年度工作目标，恪守以民为本、法治引领、改革创新、突破瓶颈、转型发展的工作原则，持续推进生态文明建设，大力打造绿化市容保障“品牌”。全局干部职工凝神聚力、真抓实干、开拓进取、攻坚克难，圆满完成年度各项工作目标和任务。现将主要工作情况报告如下：

年度重点工作完成情况：

1. 区府实事项目：作为区府实事项目之一的“79 座倒粪站除臭改造工程”于 5 月中旬全面启动，8 月底完成全部施工改造任务。经过 2013–2015 年连续三年的实事项目推进，全区倒粪站基本实现除臭改造装置安装“全覆盖”。

2. 落实“1＋6”文件精神：积极推进创新社会治理、加强基层建设工作，主动与区、街道两级网格中心进行对接，落实管理力量下沉街道并进行移交，梳理下沉职责，明确工作流程并开展集中培训，拟定下放街道的职责清单，同时对10个街道管理所员工情况、工资收入情况、日常办公经费使用情况、固定资产情况等经全面梳理汇总后，于10月上旬正式与10个街道进行移交签约，有力有序推进新型条块关系构建。

3. 绿化建设任务：全年计划新增绿地面积18000平方米，新增立体绿化面积30000平方米。实际完成新增绿地面积19184.3平方米，新增立体绿化面积31185平方米，绿化建设“两项指标”均实现超额完成。

4. 垃圾分类减量：完成“日均生活垃圾运输处置量不超过690吨”年度减量指标。巩固和推进垃圾分类“绿色账户”工作，建成示范点138个，开通“绿色账户”92000余户。

5.“十三五”规划编制：在认真总结“十二五”期间绿化市容规划完成情况的基础上，区绿化管理局结合黄浦实际，聚焦发展未来，同时联合相关专家院校等力量共同编制黄浦区绿化、环卫、景观灯光等行业“十三五”发展规划。

一、优化存量，挖掘增量，绿化建设和管理取得新成效

一是多措并举推进立体绿化建设。为了全面完成3万平方米立体绿化（其中2万平方米屋顶绿化、1万平方米其他形式立体绿化）的建设任务，同时实施高架沿线第一排建筑立体绿化建设的年度目标，区绿化管理局积极牵头区绿委成员单位，以区绿委会工作会议、区立体绿化建设推进会议召开等契机，分解部署立体绿化建设任务，明确建设任务和时间节点，着力推进立体绿化建设。对区内三条高架沿线建筑进行情况排摸，有序推进屋顶绿化建设工作。完成新增立体绿化面积31185平方米，其中，屋顶绿化面积20862平方米，其他立体绿化面积10323平方米，超计划完成1185平方米，思南公馆、延安路高架桥柱绿化等一批优秀立体绿化建设成果成为行业标杆。

二是区域绿化景观面貌进一步提升。结合劳伦斯颁奖典礼在上海举办等重大契机，实施外滩区域4631平方米绿地花坛草花布置、170株灌木补种、20㎡草坪修补，外白渡桥堍新建名为“腾跃浦江”的立体花坛一座，602只花箱更换时令花卉，618平方米花墙进行草花更新、维修花墙灌溉系统和花墙构架，完成46套行道树支撑架的维护更新，大同中学（南车站路沿线）前人行道设置栏杆悬挂马鞍式花箱143只，人民广场区域完成2300平方米花坛草花更新和四根花柱（2300盆草花）布置，西藏中路（九江路—福州路）布置38组新式花箱组成的中央隔离栏共220米。在迎“五一”、“十一”、上海马拉松20周年等重大节庆活动绿化景观保障期间，结合区域道路实际状况，因地制宜、突出特色地进行景观布置，设置了腾跃浦江、和谐城市等19个立体景点，外滩、人民广场等区域8150平方米花坛布置，延安路西藏中路、外滩、南北高架等处812个花箱摆放，西藏中路220个花球悬挂等工作，共使用各类草花115万盆。打造西藏路、淮海路、雁荡路“花街”特色，成为黄浦又一亮点。

三是制定完善中山路通道绿化景观整体方案。中山南路地下通道项目是市、区重大工程，是连接外滩和南部滨江的重要通道。为了高水平的规划好中山南路沿线的绿化，区绿化管理局委托市风景园林学会，邀请沪上权威的园林专家对绿化方案多次进行专题研讨，提出把南外滩区域打造成“适宜步行，空间连贯，识别性高的富有生命的城市绿廊”，以行道树为骨架，形成“春繁花秋色叶，夏林荫冬劲枝”的四季景观。在后续实施中将充分考虑总体规划与分步实施之间的

关系、充分考虑总体控制与具体实施之间的关系、充分考虑总体协调与各有特色之间的关系，体现黄浦江两岸公共绿地建设的整体性、协调性、统一性。这一工作模式对今后的区域绿化整体规划具有借鉴作用。

四是精心组织落实植树节系列宣传活动。今年是黄浦区以“幸福林”为品牌的全民义务植树系列活动的第五年，区绿化管理局积极发挥街道绿委作用，把植树节的宣传活动和年度宣传计划任务、2015“市民绿化节”工作紧密结合，在3月12日植树节当天开展了以“绿化走进你我，绿色改变生活”为主题的义务植树活动和绿化宣传活动。在世博旧址苗江路绿地举行区四套班子领导、市绿化市容管理局领导、区绿委会成员单位代表以及绿化志愿者代表等共同参与的“健康林”种植活动。在复兴公园、南园滨江绿地、蓬莱公园、古城公园启动全民义务植树绿化宣传活动，开展家庭养花、绿化法规、病虫害防治等咨询活动，现场受理树木、绿地认建认养、绿化投诉等，各街道绿委因地制宜地开展小区居民志愿者护绿保洁活动，在全区范围内营造全民爱绿、护绿的宣传氛围。据统计，参加活动的工作人员、志愿者、社区居民及游客共5800余人，悬挂宣传横幅4条，绿化宣传展板42块，黑板报展示76块，解答市民咨询260余条，提供便民服务170余人次，受理树木认养55棵。

五是日常管理工作常抓不懈。根据2015年行道树冬季修剪技术标准，并结合市民群众反映遮挡问题较多等情况，开展行道树疏枝修剪工作，按计划完成了8000余株悬铃木修剪任务。完成玉兰园和四明里绿地密植植物调整工作，完成南浦大桥A块绿地、小桃园绿地和大境阁绿地改造。同时，深刻吸取外滩拥挤踩踏事件的教训，对公园及各项设施进行全方位隐患排查，加强双休日、节假日等时间点的巡逻值守，完善大客流应对措施及工作预案，未发生因管理疏忽而产生的安全事故。同时进一步提升园容园貌，整治公园噪音污染，加强对园林式小区、花园单位和绿化合格单位的审核检查，确保问题及时发现并有效整改。做好古树名木及野生动植物保护工作，对全区143棵古树名木现状进行调查，编制古树名木保护规划。

二、聚焦重点，突破难点，城区管理和服务取得新发展

一是推进管理力量下沉构建新型条块关系。积极贯彻落实《中共黄浦区委关于进一步加强基层建设创新社会治理的若干意见》，切实发挥绿化市容管理部门在城市网格化管理中的职能作用，推进管理职能重心下移、力量下沉、权力下放。全面梳理和推行效能、权力、服务、责任“四张清单”，规范权力运行，明确管理服务职责，积极构建新型条块关系。进一步梳理和明确街道绿化市容管理所工作职责，按照有利于直接回应群众、有利于直接解决问题为原则，将绿化管理、环卫设施设备管理、环卫作业质量管理及环境卫生责任区管理、灯光景观广告管理等与市民群众密切相关的工作职责，逐步下沉到街道绿容所。按照“区属街管街用”的运行模式，确定街道网格中心、各工作站的人员配备标准和工作制度，完善工作流程和考核机制，制定绩效考核办法，严格按时间节点进行对接移交，全力推进创新社会治理加强基层建设工作发展。做好职责梳理、人员安排、对接走访、岗位培训等各项工作，拟定下放街道的职责清单，同时对10个街道管理所员工情况、工资收入情况、日常办公经费使用情况、固定资产情况等经梳理汇总后，形成移交表册，于10月上旬完成移交签约，有力有序推进新型条块关系构建工作。

二是顺利完成区政府实事项目。作为今年区府实事项目之一的“倒粪站除臭改造工程”于8月底全面完成。根据年初计划，今年的任务是对全区剩余的满足改造条件的79座倒粪站实施改造并安装除臭装置。1月至5

月，区绿化管理局精心筹备周密部署，顺利完成了项目立项、论证、材料准备、施工排摸、方案设计等工作，5月下旬正式启动现场施工，8月底全面完成施工改造。经过2013–2015年连续三年的实事项目推进，全区倒粪站除明确列入动拆迁范围及不满足通水、通电等基础改造条件的之外，已基本实现了除臭改造装置“全覆盖”安装，其消除倒粪站周边异味，改善周边居民群众生活环境的良好效果，得到了市民群众、新闻媒体等的高度评价，也引起了其他区县及外省市相关部门的广泛关注。

三是扎实推进生活垃圾分类减量。2015年黄浦区生活垃圾减量指标为“日均生活垃圾运输处置量不超过690吨”，推进垃圾分类与“绿色账户”年度工作目标为“巩固已推进场所分类成效并形成30个示范点，推进85000户居民家庭建立绿色账户”。截止年底，区绿化管理局顺利完成“日均生活垃圾运输处置量不超过690吨”年度减量指标。垃圾分类及“绿色账户”工作成效进一步提高，建成示范点138个，开通“绿色账户”92000余户。

四是精细管理提升区域景观灯光水平。落实景观灯光行政审批制度，完善内部制度建设，制定了《关于加强黄浦区店招店牌常态长效及精细化管理的工作方案》（草案）、《黄浦区灯光景观管理所信访工作办法（2015版）》、《黄浦区灯光景观设施网格化协同管理机制》等一系列管理规定，有序推进网上审批和监管系统运作。及时更新广告、灯光普查数据，强化网格化管理力量，健全道路巡查制度，重点强化三条高架、十条景观道路、“5+1”周边巡查工作，发现违章、污损、亮灯残缺等问题及时整改。深化与城管等执法力量的信息互通、联勤联动，共同解决难点顽症。共整改各类户外设施94块，其中，属于市局督办“举一反三”的31块，整改临时户外广告1000余处，景观灯光设施300余处，及时完成市区两级13件督办案件的处置，完成率100%。同时，针对日益严峻的户外设施安全问题，尤其是世博600天期间政府代为设置的店招店牌设施陈旧老化，组织相关力量，先后两次对区内20000余块店招店牌设施设置使用方发放安全告知单督促整改，截至目前已对其中13000块左右可能存在安全隐患的设施进行了复查，拆除410块问题设施，排险加固880块。

五是强化渣土运输专营管理。启动并完成渣土运输单位项目招投标，4月正式举行黄浦区建筑垃圾和工程渣土运输单位项目招投标开、评标会议，确定上海路统实业有限公司、上海建南土方工程运输有限公司成为黄浦区2015–2016年度渣土招投标的运输企业。继续实施渣土运输专营管理，强化全程监管和制度约束，确保车容整洁、不超速、不超载、不跑冒滴漏、不偷倒乱倒；截至目前全区共有工地10个，申报审核数334次，其中工程渣土67次，居民装修垃圾256次，泥浆7次，建筑垃圾4次，共核发《处置证》3903张，共检查各类车辆820余辆。

三、巩固常态，打造品牌，市容环境保障水平取得新提升

一是圆满完成各项重大保障任务。牢牢抓住“节前整治”、“节中保障”、“节后巩固”三个环节，完善保障预案，部署保障力量，先后完成了元旦、春节、“两会”、“五一”、“十一”以及劳伦斯世界体育奖颁奖典礼系列活动、上海马拉松赛20周年等重大保障任务，展示了黄浦整洁靓丽的环境面貌。成立重大节庆（活动）保障领导小组，重点区域建立一线指挥部现场组织、协调，组织环卫作业公司开展环卫薄弱环节整治，强化服务意识，清除各类卫生死角，成立应急机动队伍，按照“三个二”要求快速处置各类突发污染和支援重点地区重要时段的应急保障，确保节庆（活动）期间环境卫生水平整体保持良好状态，努力打造环卫保障“品牌”。

二是保持难点顽症治理高压态势。全力推进城市管理顽症专项治理工作，针对市民群众反映强烈的市容环境卫生难点顽症开展集中整治，四牌楼路、东台路、东街、唐家湾菜场、徽宁路周边等一批难点区域和路段，市容环境面貌得到明显改观。同时认真总结四牌楼路、唐家湾菜场等一批难点顽症集中整治的工作经验，固化工作机制，强化与网格中心、街道等联勤联动，发挥网格化综合管理平台作用，始终保持难点顽症治理高压态势。进一步建立健全暴露垃圾治理机制，牵头负责全区暴露垃圾治理工作，实施暴露垃圾处置“2 个 2”托底机制及 24 小时反馈机制，遏制暴露垃圾对城区环境的污染和破坏。

三是稳步推进环卫作业养护市场化改革试点。将五里桥街道整个区域内的人工清道、人工冲洗、废物箱保洁以及电动车收集四项环卫作业工种作为环卫作业养护市场化改革试点内容，明确招标工作由路吉公司组织实施，确定市场化试点实行区内环卫行业邀请招标方式，邀请不少于 3 家具有道路清扫保洁资质、地域临近、作业质量优良的企业参与竞争，招标过程全程引入第三方鉴证和局纪检部门监督的方式，确保邀请招投标过程公平、公正、公开。5 月 12 日正式启动实施市场化改革试点工作，6 月 18 日完成了招投标等一系列工作，中标单位为上海申杰保洁服务有限公司。6 月 30 日完成养护作业相关人员、设施设备等移交，7 月 1 日起，中标单位正式进行养护作业。目前，该项工作运行有序，员工思想稳定，道路保洁质量稳中有升。

四是组织开展绩效评价工作。以绩效评估项目自评工作为契机，开展环卫保洁作业养护工种任务量经费测算，对道路保洁企业实行“三统一”填报要求，即统一作业时间、统一计算方式、统一作业班次，客观反映环卫保洁作业养护现状。邀请市局专家对定额运用等项目进行指导，确保定额运用的科学性和合理性，委托第三方审计公司对各类基础数据、任务量以及经费测算进行核实，确保基础数据以及经费测算的公正性和准确性。该项工作目前已基本完成，测算结果将运用于 2016 年预算编制。

五是日常市容环卫保障常抓不懈。建立健全道路保洁长效机制，实行道路差别化保洁管理模式，重点地区和主要道路推进“精细化保洁”，展现中心城区道路保洁的高效率和高质量，集市菜场等重点污染道路继续推行“一路一策”治理，对全区 34 处集市、菜场等重点污染道路重点污染时段、污染成因、目前保洁方式及岗位配置等进行了梳理，掌握污染规律，对菜场道路每周普遍增加水冲洗二次，重点污染道路达到每天冲洗一次。组织开展“示范公厕”创建活动，武胜路 10 号等 10 座公厕参加首轮创建活动。组织开展了公厕“示范保洁员”评选活动，首批评选出 10 名“示范保洁员”。组织了开展清运专项治理，重点整治“三同时一手清”、车容车貌等方面的薄弱环节。2015 年上半年社会公众满意度测评显示，黄浦区道路保洁、垃圾清运、公厕服务均列全市排名第三名；2015 年下半年度全市道路保洁和垃圾清运、公厕管理与服务行业公众总体满意度均列全市第二。欣谊公司陈冶、黄浦新苑垃圾分类志愿者朱国忠分别被市局及行业工会授予“十佳城市美容师”、“十佳环卫志愿者”称号。

四、强化服务，创新举措，保持工作常态长效注入新动力

一是稳步推进行政审批制度改革。全面贯彻区委、区府关于推进行政审批制度改革精神，结合绿化市容行业行政审批项目特点梳理审批清单、责任清单和权力清单，简化审批流程，公开办事制度，制定和完善了《行政审批办事指南》、《行政审批工作流程》、《行政审批效能监督办法》等一系列服务手册和

工作制度，同时明确了把关依据、落实审批权限、透明办事制度，审批效能进一步提升。

二是圆满完成“两会”建议提案办理。今年区绿化管理局共收到“两会”建议提案18件，其中：区一届人大七次会议代表建议2件（均为会办件）；区政协一届六次会议委员提案16件（主办7件、联合主办4件、会办5件），内容涉及进一步推进垃圾分类、建设立体绿化、加快老城厢环卫设施升级改造等社会关注、市民关心的诸多方面。区绿化市容局高度重视建议提案的办理工作，通过精心组织、主动走访、跟踪落实等办法，截至5月27日按步骤完成代表沟通、材料拟写、上报审核、网上答复、书面材料寄送等办理工作各项环节，“解决采纳”率为100%，圆满完成“两会”建议提案办理工作。

三是东台路古玩市场关闭工作进入收尾阶段。根据区委、区政府的部署要求，牵头成立东台路古玩市场关闭工作领导小组，领导小组及各成员单位积极协调、联手攻坚，目前，东台路市场关闭腾退工作已进入收尾阶段。截至目前，除了5户正在进入司法程序之外，其余已全部腾退完毕，已签约的腾退率为100%，创出了“东台速度”，同时逐步恢复道路原貌，使被占用道路30年后重新还路于民，也消除了消防安全隐患，得到区委、区政府领导的高度评价。

四是全力做好信访投诉处理工作。共受理信访件192件，其中：信访来信126件，区信访接待12次25人次，局信访接待54次73人次。各类信访处理率均达到100%。认真做好市民投诉受理工作，共受理市传案卷1121件：其中“12345”市民服务热线转来案卷581件，“12319”城建服务热线转来197件，市绿化市容热线转来278件，其他渠道转来65件；自主受理各类诉求679件，含“阿宇热线”受理244件，处理率100%。圆满完成2015年“夏令热线”投诉受理工作，共受理各类诉求类案件214件，及时率、处理率为100%，处理满意率为88.51%。

五是促进职工工资待遇水平合理规范。进一步完善职工收入正常增长机制，调整环卫行业最低工资标准，由原来的1915元调整为2185元。同时通过提高环卫职工健康体检标准，鼓励职工参与职业培训等方式促进环卫行业职工待遇提升。同步完成机关事业单位工作人员工资标准调整、事业单位工作人员绩效改革、职工招录培训等方面工作。

六是安全稳定警钟长鸣。健全工作制度，落实安全生产责任，着力减少和预防各类事故发生，截至目前区绿化管理局共召开各类安全生产会议9次，开展各类安全生产检查32次，检查抽查部门66处次。基层单位开展各类安全自查336次，参与人数达1267人次，检查部门和重点部位1342处，复查部位170处次，发现和排查隐患9处次，均已在规定期限内整改排除，检查效果明显，整改情况落实到位。

（二）静安区

静安区建设和管理委员会

（一）高效推进重大工程建设，服务区域经济发展

静安区现有重大工程项目25项，分为市重大工程（4项）、区正式项目（15项）和预备项目（6项）。其中，区正式项目分为确保年内竣工项目5项，加速推进在建项目10项。

1. 项目推进情况

4项积极配合的市重大工程中，地铁14号线（静安区段）项目武宁路站、静安寺站取得建设用地规划许可证，武宁路站已启动市政绿化搬迁工作；北横通道新建工程（静安区段）计划2016年盾构穿越静安区范围，

静安区的主要工作为配合保障社会稳定。区建管委积极配合市规土局、建设单位启动规划方案公示；地铁12号线、13号线南京西路站建设进入收尾阶段，计划2015年11月具备试运营条件，其中13号线汉庭酒店事宜，静安地铁公司、十三号线项目公司已起诉转租人（上海云水信息技术有限公司），一审判决为静安地铁、轨交公司胜诉，但云水公司不服并上诉，二审于9月17日开庭，结果将择期判定。

5项确保竣工项目中，老干部活动中心及党校综合楼、区检察院改建工程及市文艺活动中心改扩建项目已启动竣工验收；常德路370号项目，已完成竣工验收备案；长乐路524号项目目前正根据区领导要求，维修4户居民的房屋，在确保安全的前提下边维修边桩基施工。

10项在建设项目均按年度计划目标平稳推进，其中上海棋院项目、梅村地块以及大中里综合开发项目46号地块中的T2、T3塔楼已结构封顶，提前完成了年度目标；60号地块地上部分已结构封顶。

6项区预备项目中，江宁卫生服务中心建设项目、95-C地块、78号地块、老年健康中心项目、锦沧文华改建工程、开开大厦改建工程正在规划前期研究阶段，酝酿成熟后再转入2016年重大项目。

2. 工作措施

一是明确定位、牢记职责，贯彻落实《区重大项目管理实施意见》。7月，区政府颁布了《关于进一步加强静安区重大工程项目建设管理的实施意见》，区建管委坚决贯彻落实意见的相关精神，严格按照重大项目管理流程和职责进行梳理整合、分工负责，充分发挥在区重大项目推进过程中项目管理、资源整合等方面的专业优势和作用，为项目推进提供坚实的保障。

二是落实责任、分工明确，重点发挥建设单位主体作用。以"及时发现问题、深入剖析问题、积极解决问题"为原则，提前介入、统筹协调、充分考虑各个建设单位的困难和难点，帮助建设单位解决实际问题，更好服务于区重大项目建设。并与各相关委、办、局、街道、建设单位一起，上下联动、形成合力，以重大项目年度计划为工作目标，不折不扣地抓推进、抓落实，形成全区上下一盘棋的局面。

三是深入基层、以人为本，主动适应工地矛盾化解"新常态"。重大建设项目周边存在群体性矛盾成了目前项目推进中的新常态。面对新情况新态势，区建管委在2+1+X的维稳工作模式下，积极搭建项目推进平台和居民沟通平台，充分发挥政府部门、基层组织的力量，妥善解决项目推进过程中遇到的各类社会矛盾，用法、用情、用心、用智慧做好矛盾化解工作，妥善解决项目推进过程中遇到的各类社会矛盾。在老干部活动中心及党校综合楼项目、上海棋院、文艺活动中心改扩建工程、大中里、60号地块项目等项目的维稳工作中取得了良好效果。

四是深化改革、常学常新，提高项目推进效率。以"互联网+"思维，不断改革创新，例如，在江宁卫生服务中心项目中，推出首个"互联网+建设项目推进"微信工作平台，方便区职能部门和建设单位、代建单位第一时间交流工作，畅通沟通渠道。首次利用微信平台牵头召开"微会议"，区发改委等七个部门的项目负责人参加，会议一小时内商定了下阶段项目推进内容，并即时形成了会议纪录。区建管委将以此为起点，顺应大局、改革创新，尝试把新思维、新理念、新办法体现在重大项目推进建设中，建立具有静安特色的、可复制、可推广的重大项目管理模式和经验。

（二）率先探索和实践城市更新，发挥标杆引领作用

随着静安区大规模成片旧改进入尾声，"十三五"内静安区土地增量将十分有限，

静安转变规划理念，率先进入全面的城市更新阶段，精准定位静安的位置和功能，巩固保持优势地位。目前城市更新项目包括但不限于：东斯文里保留保护与滨河区开发、重点区域楼宇连通、张园地区保护性开发、展览中心的功能定位与开发、慢行步道系统建设、街口环境建设和江宁路文化街建设。

近期，静安区将楼宇连通工作领导小组更名为城市更新工作领导小组，由区长担任组长，进一步加强对城市更新工作的组织领导。领导小组办公室设在区建管委，负责城市更新工作的统筹推进和具体实施。各成员单位根据职责分工，分别推进项目落地落实。关于滨河服务业聚集区及67、59街坊风貌保护：苏州河滨河现代服务业集聚区是在原“东八块”基础上规划新建的大型商务区，规划建筑面积50万平方米。目前雕塑公园和自然博物馆已经建成，60号地块和西斯文里两个商办项目正在施工，剩余的67、66、59街坊最后三幅地块搬迁率均已超过90%，原规划均为拆平新建。关于展览中心和锦沧文华酒店改造：初步设想是开放展览中心，拆除现有围墙，成为市民和游客娱乐休闲的广场，然后是结合锦沧文华酒店改造，整合两侧历史风貌里弄建筑，通过功能置换和风貌更新，植入文化演艺、艺术体验、餐饮休闲等多元复合功能，优化城市形态、增加公共空间，成为静安的“城市客厅”。关于慢行步道系统建设，初步划定南京西路商务休闲圈、昌平路宜居生活圈、巨鹿路旅游风貌圈等三个具有不同空间特征及使用需求的道路区段试点。关于街口环境建设，发挥精细化管理优势，在五个街道分别选取部分试点街口，通过美化垃圾箱房、控制箱等设施、添置城市街具、整治店招店牌和外立面、优化景观灯光和街角绿化、加强管理执法等手段，以点带面，以街口带动沿线，营造美丽城区。关于江宁路文化街建设，以江宁路为轴线，调整沿线规划，引导产业布局调整，进一步集聚文化资源，营造文化氛围。

区建管委在统筹协调各项目实施单位做好整体城市更新工作的基础上，重点完成：

1. 推进重点区域楼宇连通规划及实施。楼宇连通工作是静安经济发展的重要机遇，做好楼宇连通工作是静安区突破土地瓶颈、推进城区更新、增强综合功能的重要手段。区委、区政府高度重视该项工作，于2014年年初成立了“楼宇连通工作领导小组”，区建管委任组长单位，按照“整体规划、分步实施”的原则，积极走访楼宇企业、梳理审批流程、探讨管理运营模式，同步推进曹家渡、静安寺、南京西路三大重点区域的楼宇连通。曹家渡地区地处三区交界，经一年来三区政府、职能部门多次共商及专业机构多轮研究，一致认为该地区的发展需要打破区划概念，重塑功能定位、整体统一规划，通过规划重构、品牌建设、文化融入，商业业态错位分布形成特色，变单栋楼宇竞争为整体商圈融合、联动与协同发展。重现“沪西小上海”城市副中心的辉煌，打造上海市城市更新的示范和样板。今年1月底，跨越三区交界的《曹家渡商圈平台总体布局方案》获得批复，成为全市首个获批的地区性商圈连通总体方案，也被市级部门列为首批上海市城市更新试点案例。跨区建设项目协调难度高、审批流程复杂、为加大推进力度，区委、区政府多次走访普陀、长宁两区，共同商讨跨区连通项目启动事宜，并向市有关部门起草报告，建议市领导统一支持、协调三区事务，组建相关市区联合部门予以推动。今年10月，区政府与上实集团签订战略合作协议，共同推进金廷88与金采广场长宁路地道等项目建设，并确定了项目投资模式。目前，区建管委正在全力落实长宁路地道等项目立项的前期准备工作。静安寺地区今年10月，区政府与机场集团签订战略合作协议，以静安寺地区城市更新、转型升级为目标，就城市航站楼项目改建、升级达成基本共识，近期正在结合城市航站楼功能调整、愚园路两侧久光、交通枢纽、宏安瑞士、明园等建筑连通进行统一规划，优化完善《愚园路地区楼宇连通总体布局方案》报市规土局审批后分段实施。梅泰恒地区今年上半年，区建管委牵头完成了该地区楼宇连通国际方案征集工作，优胜设计方案中将梅龙镇、中信泰富、恒隆广场等地标性楼宇以功能多元的连桥连通，目前正在与区规土局等部门研究总体布局方案编制工作。

2. 推动张园地区保护性开发。张园位于静安区南京西路历史风貌保护区，是上海体量最大、种类最丰富、保存最完整的石库门建筑群，其保护性开发具有十分重要的现实和长远意义，是静安城市更新的一张名片。2013年，静安区成立张园综合开发领导小组，以区长组长，区委常委及分管副区长为副组长，区相关职能部门和置业集团为成员单位。

领导小组成立后，工作推进卓有成效。目前，项目分两期推进：一期项目北至南京西路，东至石门一路，西至茂名北路，南至威海路，紧邻吴江路休闲街，距梅泰恒商圈仅百米之遥，交通便利，周边配套十分成熟。目前一期现有房屋108幢，居民1154户，单位10家，占地面积约60000平方米。二期项目拟向西扩展至静安别墅等周边区域，在陕西路至石门路之间形成“大张园”概念。区建管委积极发挥牵头抓总作用，会同区相关部门和区置业集团对张园项目进行了大量基础研究，各建设子项目也初见成效。一是开展历史文化挖掘和规划研究，完成《张园项目总体规划》编制与深化。二是加快推进各建设项目。张园99项目去年投入运营，形成餐饮新亮点。海港宾馆项目及张园77项目（置业集团办公楼）的设计选定和招商规划逐步推进。丰盛里项目（地铁12号线上盖地块）已完成项目建筑和景观设计方案，土建拟年底竣工。拟对吴江路两侧进行业态调整，提高品质，改善环境。三是对张园项目的征收政策、开发模式、开发主体进行研究，提出了多种模式（管委会模式、开发商模式、PPP模式）并用，多种主体参与（政府、企业、居民），多种利益分配（包租、转让、自营）并存的新思路。四是向区委区政府建议将张园项目列入区“十三五”规划，聚全区之智，集全区之力，更系统、科学、权威地推进项目。

3. 探索静安区空中列车研究项目。与空列集团、上海工业设计院、上海市政设计院等相关单位对接，探索研究空中列车贯穿南京西路选线方案的可行性和项目创新示范模式，做好地下管线排摸等前期工作，积极配合市相关部门开展工作。

（三）深化审批制度改革，提升行业管理规范化水平

1. 审改工作取得实效

今年建管领域重点改革任务有两项，分别是深化“权力清单”审改模式和健全政府事中事后监管措施。区建管委高度重视审改工作，专门成立改革工作领导小组，务必使改革落到实处。

一是建立以发改、规土、建管牵头的建设项目审批协调平台，形成会商机制。对重点项目、疑难项目，提前介入指导，明确审批流程，提高审批效率。二是建设受理服务中心，实现“一门式”服务。充分发挥“一个窗口”受理平台的作用，将分散的建设、规划、房管办事服务窗口集中，实现一门式受理服务模式。三是根据审改事项涉及的不同层面，形成了若干具体方案。先后制定了《静安区商业商务楼宇装饰装修项目行政审批操作规程》、《优化静安区建设工程行政审批的实施方案》等文件。简化了工程竣工验收手续，试行合并安全质量报监和施工许可，缩减招投标时限，项目报建和招标登记实行当场办结制，各个环节累计减少收件32件，最多的环节精简材料53%。目前，在建设管理审批领域，已建立了有静安特色的“双非”、“报备”流程，审批环节和周期大为

压缩。截止9月底，31个项目自愿申报了“双非”，16个顺利竣工；17个项目自愿申报了“报备”，7个顺利竣工。四是全面梳理权力、责任清单。先后完成50部建设工程相关法律、法规、规章、42份规范性文件和一系列工作规程的整理。清理出行政检查21项，行政备案8项，行政指导2项，行政奖励2项，其他权力5项，行政处罚396项，行政责任113项，编制了21项审批事项的办事指南和业务手册。五是制定《静安区建筑市场信用信息使用管理办法》并得到市建管委试点的批复。自去年8月起，33个建设项目从招投标环节开始，运用企业信用信息进行管理，遴选出一批优秀施工企业参与到静安区建设中，保障了项目现场的管理水平、履约能力和专业水准。

2. 建设工程质量安全总体受控

截止10月底，静安区在建工程数433个，其中土建工程38个（在建建筑面积124万平方米），市政工程11个，装饰装修工程384个（投资额100万以上的108个，100万以下的276个）。区建管委深入开展隐患排查治理，牢牢把握安全生产工作主线和底线，不断加强建设工程的监督力度。

一是重点突出，实行差别化管理。针对静安区土建项目“高大深险”、装修项目量大面广的不同特点，打破条线分割，将监督力量整合为两个小组，分别对口土建和装修两类项目，每个小组均配备安全、质量监督人员。装修项目划片、土建项目分组，明确片、组的监督负责人员，确保监督力量集中有力，监督项目分类管理，监督指令落实到位。

二是层层分解，细化工作分工。坚持“关口前移”，根据建筑施工领域的特点，抓住重点领域、重点环节，将检查内容细化到工作子项。坚持“重心下移”，明确区市政配套局对市政维护类项目、区建管署对受监土建、装饰类项目的安全监管责任，区重大中心对重大项目的督促责任，消除监管空白。

三是重拳出击，严格现场监管。针对建设施工不同阶段、不同季节，委领导班子亲自带队，先后组织开展了打非治违、安全生产月等各类专项检查。全年共出动检查人数3000余人次，累计到位工地数1400余个次（其中深基坑专项检查45次，参建企业负责人履职专项检查83次，消防专项检查66次）；签发整改单88份、暂缓施工单6份，签发停工单3份；对违法违规当事人立案查处9件，处罚金额20.8万元。

四是多措并举，强化文明施工。结合环保三年行动，推动所有13个符合条件的土建工地安装了扬尘污染在线监控系统，利用信息技术开展日常扬尘、噪音监控。加强文明施工宣教、现场检查，组织工地互评互比，提升现场管理水平。认真处理关于施工扰民的投诉，督促参建各方及时整改，努力做到市民投诉核查、处置和回复率达到100%，并对重访、急访开展专题研究，力争将问题化解在萌芽阶段。今年以来，在全市已经开展的4次建筑工地文明施工测评中，静安区全部获得了前三的名次，其中3次获得了全市第一。

3. 服务企业工作有序推进

一方面，积极完成20家重点企业的走访工作，帮助企业解决实际问题。制定《建交委机关处级领导干部联系基层工作实施办法》，按照每位处级干部带领一名科长对口走访一家重点企业的模式，做好会谈记录、信息汇总和问题梳理，并督促相关职能部门及时解决企业存在的问题，每月必须保持联系一次以上。阶段性走访结束后，对企业反映的问题，委领导班子召开专题会议，根据具体问题进行梳理分类，研究制定不同的解决办法，同时落实相关责任人，限期完成，如不是部门职责范围内能解决的需向相关部门转交的，也及时转交，并向企业作出答复。另一方面，建立良性沟通机制，在业务工作提高服务的能力和水平。如民生实事项目万航渡路767弄养老院改建项目实现专人跟进制度，在重要节点实行24小时热线服务，为重点项目提供便捷、高效、优质的“绿色”服务。又如，PRADA修缮项目中，区建管委多次牵头区发改、规土、房管、消防支队、文化等部门和建设单位、施工单位、设计单位召开协调推进会，研究解决设计变更等难点问题，全力帮助实现9月初完成项目建设的目标。再如，报业集团修缮项目中，区建管委牵头规土、市政配套局等职能部门，加强与建设单位的协调沟通，指导帮助其解决规划许可、停车等问题，加快推进项目实施。

（四）妥善解决历史遗留问题，改善民生促发展

1.72、73街坊“毛地”成功处置

区建管委牵头会同相关单位反复研商，历经清退原开发商、招商引资、规划方案比选、投资收益估算、制定处置政策口径、房屋征收和毛地政策衔接等工作，经过一年多的努力，终于实现了72、73街坊“毛地”历史遗留问题的妥善处置，目前确定由静投公司和土控集团分别开发72、73街坊，房屋征收工作也在区房管局的统筹下稳步推进。

2.长丰公寓修缮工程基本完成

项目自去年11月4日工程正式开工以来，区建管委多次召开工程协调会，至现场调研、听取居民意见，确保了项目顺利实施。去年农历春节前完成了主楼和裙房外墙修缮、公用部位整修、空调外罩和伸缩衣架恢复性安装、场地清理等工作。今年完成了主楼屋面渗漏翻修收尾工程、裙房屋面防水卷材翻修、受损道路铺设、绿化恢复工作，以及居民室内受损部位统计及补偿款的发放等工作。目前项目已基本完成，正在进行工程决算和费用支付。

3.积极推进110KV镇宁站的启动工作

一方面密切关注电站所在地块的拆迁进展情况，另一方面会同市电力公司、区规土局共同研究电站规划的具体细节，配合电力公司开展前期工作的研究，进行电站设计方案优化和调整，积极推进该电站的实质性启动。

（五）加强市政交通建设，优化城区发展环境

1.强化交通管理职能

根据职能转变和机构改革的相关要求，4月，区建设和交通委员会更名为区建设和管理委员会，挂交通委员会牌子。此次机构调整，进一步整合并突出交通综合管理职责，为充实力量，区交通委配备了专职分管副主任，将原有委内市政交通管理科拆分为市政管理科和交通管理科，专设交通管理科室，并对原建交委下属市政配套局和交通管理中心的职能进行了重新梳理。

区交通委在保持原有静态交通管理、交通战备等工作不脱节的基础上，就交通管理职能与市交通委下放的各项工作一一对接，不断加强区交通管理工作，在黑车黄车整治、轨交应急联动、破解“停车难”、缓解交通拥堵、推进充电桩建设等工作上取得突破，特别是非法客运综合整治效果全市领先。同时，重点推进停车场(库)出入口电子收费系统信息化改造，加强停车场智能信息终端建设，提升公共服务能级。

8月，市交通委主任孙建平带队来静安区调研交流静安区交通管理工作时提出，静安区近几年积累了不少精细化管理的经验，在交通硬件、软件建设上全市领先。希望静安区能先行一步，率先将静安打造成“上海标准”示范区。区建管委高标准加强交通管理，加强市区联动，探索在路网管理、停车管理以及新能源推动等方面形成具体方案，努力推动先行先试，打造“上海标准”示范区。

2.扎实做好市政实事重点项目

一是万航渡路767弄等14条小市政道路路灯安装工程9月底全部实施完成，14条小市政道路共计新装149个路灯。二是北京西路（陕西北路－石门二路）道路大修和积

水点改善工程已开工建设，由于该项目所在北京西路交通繁忙，工程实施期间的交通组织和夜间施工的矛盾预计较大，将积极与交警部门配合确保施工与交通两不误。三是愚园路246弄道路积水点改善工程5月中旬已经顺利完成。工程采用新型的HDPE（双壁缠绕）管替代原来的水泥管，增加管道强度，提高水流速度；同时采用分流的方法，原来小区排水单一向愚园路排放，改建后的部分管道将向北京西路分流排放，减小了整体的排水压力。四是石门一路（延安中路–威海路）道路大修工程已经完成了方案设计、评审招标、合同签订等前期工作，正与电力公司等单位协调，落实施工计划，确保按期完成。五是镇宁路、泰兴路等7条道路中修工程目前7条道路中修工程已经基本完成，有效改善了道路的质量和平整度。六是市政道路市政窨井更换自调式井盖二期工程已经完成招投标和施工合同签订，近期准备进场施工。

3. 稳步推进落实养护市场化改革

一方面积极研究通过政策等多方面扶持，培育养护企业专业化发展，提升养护水平，使其成为自主经营、自负盈亏、自我发展的市场主体；另一方面建立健全养护工作良性机制，引进日常养护维修项目监理和投资监理机制，形成作业、监管分工明确、职责清晰、互相监督的工作链，切实实现公正公平的市场竞争，全面提高区道路、排水设施养护水平。

4. 做好防汛防台工作

一是编制修订防汛预案，建立完善防汛应急联动机制。二是组织开展道路下水道、住宅小区地下车库、大型户外广告牌等重点场所汛前防汛安全大检查，及时发现和整改安全隐患。三是加强下水道、在建工地及周边市政排水、地下空间等区域的执法检查。做好街道内地势低洼易积水小区及居民室内防汛排水、安全防范、避险救灾、抢险救助工作。通过汛前的精心准备、汛中的及时应对、汛后的认真总结，平安有序度过今年汛期。

（六）提高认识，确保“撤二建一”各项工作平稳有序

静安区正面临重大区域布局调整，“撤二建一”后静安、闸北将强强联合。两区的城建工作既有共同点，又有差异性。区建管委将立足两区区情，做好整体工作的前端性谋划，保持工作的机动性和灵活性，确保工作衔接顺畅。同时，做好队伍的思想工作，强化进取心和担当意识，确保各项工作不断不乱。

（三）徐汇区

徐汇区建设和交通委员会

2015年是全面贯彻落实党的“十八大”和十八届三中、四中、五中全会精神之年，区建交委在区委、区政府和建交党工委的正确领导下，围绕全面完成“十二五”规划目标和认真谋划“十三五”规划，深入推进创新和改革工作，加大推进重大项目、旧区改造、基础设施和城区管理、运行等工作，基本完成了确定的年度各项目标任务。

一、建立健全工作机制，全力推进重大项目建设

今年市、区项目共“24+4”，其中24个区重大项目、4个市重大工程。年内加强跟踪项目进度，协调相关矛盾，加快各个项目开工和建设，总体推进有力。

1. 有序推进市重大工程。协调轨道交通12号线陕西南路站、大木桥路站、虹漕路站建设矛盾，配合完成10个站点周边的还路、还绿工作，年底通车试运行。推进轨道交通15号线8个站点前期工程站点规划、腾地方案和投资框架协议等协调工作。推进虹梅南

路－金海路工程，基本完成单位部分腾地，启动责令交地程序。

2. 基本完成区重大项目。24个项目中，已开工、施工或完工的18个。徐家汇地区徐家汇中心项目一期结构封顶，二期项目开工；西亚宾馆改造项目完成结构封底和幕墙安装。滨江地区西岸传媒港、梦中心地下部分开工并加快施工；四大中心、龙华综合改造项目加快施工建设；完成云锦路建设，跑道公园开工；“北连”日晖港桥开工并基本完工，“南拓”龙腾大道及公共开放空间部分路段进场施工；“一河两岸”一期完工，二期开工。衡复地区：东湖绿地建成开放；永平里、建业里基本完工。南站商务区万科一期竣工，二期加快建设；仪电1号地块全面加快建设。民生事业项目进展顺利，南部医疗中心、嘉会国际医院加快施工；口腔医院开工；龙吴路大修工程（二期）完工；外环绿地项目完成10公顷绿地建设。

3. 加大重点环节协调。围绕审批、开工矛盾等重要环节中的难点加大跟踪、协调、督办。创新推进模式，田林路下穿中环道路新建工程前期腾地、规划审批、管线搬迁、资金筹措等工作同步开展，年内全面完成各类前期工作。开展方案协调，落实徐家汇天桥(一期)、太平洋数码重建涉及管线工作方案，督促规划方案报批工作，调推进滨江西岸传媒港、城开商务楼地块开展综合管廊试点工作。加强开工矛盾协调，南部医疗中心、徐家汇中心1号地块等项目开工矛盾协调，确保项目推进和周边稳定。

4. 进一步完善工作机制。坚持每周工作例会制度和信息快报制度。区财政性投资的重大项目中加大探索了建制，进一步发挥代建单位在全过程管理中的作用。

二、创新突破政策瓶颈，着力开展旧区改造工作

围绕确保“十二五”期间基本完成成片旧区改造的目标，全年共新启动改造地块4块，完成收尾地块6块，完成签约786户，完成市、区确定的本区旧区改造目标。

1. 加快启动剩余成片旧区。上半年协调罗秀路潘家塘、左村地块资金问题，加快改造签约；重点推进西薛家宅收地处置工作，开展多轮谈判和研讨，协调推进完成地块收回处置程序，加快方案制定和资金落实，年底正式启动改造签约，完成本区成片旧区全部改造的总体目标。加快国土房屋征收和零星旧改探索工作，配合市重大工程建设，启动金海线、姚家塘国土部分房屋征收工作；零星旧改取得突破，乌鲁木齐南路378–386号（双号）地块通过二次征询，正式启动改造，稳步推进姚家塘集土部分、小陆家宅前期工作程序。

2. 加快平地收尾工作。以乔家塘高家浜、中东三家里、南站6–7号等为重点，定期组织工作例会，加快收尾相关工作力度，全年区相关部门共作出行政裁决和责令交地18件，司法裁定22件，强制执行15件，完成许家堰、老坟山、龙华A地块、张行浪、毛家塘北块、外环生态专项（单位）等6块平地工作。

3. 加强房源及管理工作。全面推广“电子协议”，实现征收信息全公开。结合零星旧改规划的制定，研究制定零星旧改地块轮候征询制度。加快房源建设和筹措，督促协调建设单位水利、广厦动迁安置房加快开工进度，推进和落实区消防支队过渡方案，加快华悦家园最后一期安置房建设。结合房源管理需要，更新房源管理系统，完成一期开发并投入使用。

三、完善区域配套功能，市政基础设施建设稳步推进

1. 有序推进市政道路工程建设。配合轨道交通15号线方案，优化大型居住社区配套道路老沪闵路拓宽工程施工方案，完成管线搬迁、1标段道路工程和2标段桥梁桩基、引桥立柱、桥台工程，调整防汛墙专项设计

方案，启动3标段工程。完成宜山路（柳州路－中山西路）道路辟建工程建设。开展全区区区对接道路、断头路前期方案研究，确定田林路下穿中环地道、景洪路等7条区区对接道路和武宣路1条断头路建设工程，加快推进前期工作，其中田林路下穿中环地道工程年内完成了腾地、管线搬迁、施工手续报批等前期工作。继续加快薄弱路网地区道路建设，加快推进吴中一路、二路前期工作。完成龙吴路二期、桂林路、番禺路大修工程建设，启动天钥桥南路大修工程。

2. 加大水环境改善工作。继续开展河道水质改善工作，组织实施张家塘河道疏浚、机场河河道整治、吴中地区雨污混接改造等工程。提升河道亲水和景观环境，实施蒲汇塘亲水平台改造、漕河泾龙华港、华泾港景观设施改造等专项工程；加快推进徐汇区二次供水改造工作方案的落实，年内启动二次供水改造212万平方米。

3. 加快“四站”配套设施建设。排水设施，新宛平泵站、龙华机场泵站完成主体工程建设，龙漕路污水管新建工程完工，白龙港污水厂南支线（徐汇部分）工程加快施工，宛平路积水点改造工程启动施工，推进龙水南路泵站迁建、华泾西泵站新建选址工作。电站设施，龙南电站年内投入使用，华展电站、定安电站完成工程施工，双峰电站、丰谷电站开工，推进百色、云锦、恭城等5个电站前期工作，完成长春电站配套工程架空线入地工程。消防设施，协调推进和完成南站消防站、全州路消防站腾地和手续报批工作。公交设施，推进宜山路公交枢纽加快建设，协调优化徐家汇公交枢纽建设方案。

四、落实常态长效机制，城区运行和管理安全有序

1. 加强重点矛盾协调处置。南站噪声治理工程稳步推进，完成居民房屋置换工作，全面启动降噪治理工程，房屋改造和隔声屏安装工作基本完成。根据全区扬尘治理工作要求，配合区相关部门协调区域内相关搅拌站、码头关停工作。

2. 保障城市安全运行。全面落实市、区关于城区安全运行管理的要求，制定桥梁、建筑工地、在拆基地等安全管理的意见。开展桥荫桥孔下空间安全专项整治，对高架桥下空间699孔、118座桥梁检查全覆盖，督促完成3个市级督办项目的整改工作。完善与市政管线单位的联动应急机制，推进燃气管网隐患整治，年内完成14条道路约9.8公里的管网改造工程。开展既有建筑玻璃幕墙隐患排查，督促责任单位及时排除隐患。防汛防台工作总体平稳、有序、汛期共遭受13次强降雨侵袭、9次天文大潮汛和2次台风影响，积极做好全区防御组织工作。

3. 加大市政日常养护管理。制定徐汇区推进城市维护项目管理工作实施办法和养护市场化改革工作方案，在滨江地区开展综合养护试点工作。结合文明城区工作，做好市政设施养护工作。结合民生需求，继续落实无障碍设施建设工作。

4. 推进综合交通管理工作。开展系统研究，与交通专业研究院合作，开展徐汇区整体交通情况调研分析，启动徐家汇、南站等重点区域专项交通研究课题。开展南站地区规划道路方案编制研究。组织开展徐汇区轨交站点、医院、学校周边慢行设施调查。开展顽症专项整治，会同相关部门推进宜山路六院、淮海西路胸科医院、斜土路中山医院交通缓解措施。

5. 加强公共交通管理工作。配合区行政服务中心建设，落实临时停车场建设工作，增加行政服务中心周边引导标识设置。协调实施上海长途客运南站2号门安检顶棚建设工作。继续推进公交最后一公里，开通漕河泾社区、长桥社区最后一公里，改善居民出行。建立非法客运车辆整治和黄标车治理工作机制，实现常态管理。组织实施交通管理信息平台二期建设，推进对区内公共停车场

（库）实时使用数据采集和共享。

6. 规范建筑业行业管理。全面推广代建制工作，在教育基建项目试点基础上，制定和出台徐汇区财政性投资项目代建管理办法。推进限额以下工程监管制度的运行，开展徐汇区限额以下工程监管制度的专题培训和工程质量安全巡查。以滨江地区作为试点，开展建筑工程实名制管理系统开发和作业人员实名登记，利用“互联网+”技术直观、有效地实现建设工地现场人员管理，年内向全区建筑工地推广。加强绿色建筑推广，推进T20、南站商务区项目和龙华国际四大中心项目约15万平方米项目绿色建筑申报评定工作。在滨江地区加快开展BIM技术应用的推广工作。

同时，在全面完成年度工作的同时，今年工作推进中也有值得总结的方面，一是理旧账力度不够，对水环境、零星旧改、断头路等长期存在的短板工作，重视程度不够，造成城市管理压力持续存在。二是要进一步提升确定项目的水平，对项目启动的成熟度、工程进度、预算执行安排要有更加科学的分析和安排。三是要积极转变观念，尽快适应城市建设管理新理念、新常态。

徐汇区绿化和市容管理局

2015年，区绿化市容局在区委、区政府的领导和市局的指导下，紧紧围绕徐汇建设一流中心城区的总体目标，部署落实绿化建设、市容管理、环卫保洁等各项工作任务，确保城区整洁、有序、美观的市容环境。2015年，区绿化市容局主要做了以下几方面工作：

一、完善工作机制，加强市容环境长效管理

1. 着力重点，市容环境卫生责任区管理更加有序。组织集中宣传动员，集中送达《责任告知书》，切实提高市民的知晓率，形成“我的门前我清洁，我的区域我负责”的良好氛围。积极推进责任区管理“先行先试”工作，以功能提升进一步树立示范样板。从完善特定区域治理入手，落实全市开展责任区“千路检查”工作，进一步提升城区市容景观管理效率和水平，不断深化拓展落实市容环境卫生责任区管理空间。各街镇重点对各沿街商铺、单位等责任主体进行宣传培训累计1.4万余人次。本局统一部署，街镇实施、组织人员开展新版《责任告知书》的上门发放上墙和告知工作。至今已累计发放责任告知书1.45万余份，基本完成了责任人的告知工作。各街镇通过引入非政府组织、社区自治组织、志愿组织等参与城市管理工作现已逐步成熟。本区各街镇签约购买的市容保障公司15家。社区市容环境卫生自治组织各街镇分别成立1到2个。其中虹梅街道的“虹梅市容门责自律管理联席会”已发展的较为成熟，多次被市绿容局作为案例交流学习。

2. 巩固成果，全面落实景观灯光日常维护和保障工作。继续传承和延续管理经验，深化市容景观管理的机制，进一步发挥工作能动性，确保徐汇夜景灯光完好靓丽。继续抓好巡查工作，加强对景观灯光线路和灯具的日常巡检，积极消除安全隐患，确保正常亮灯率。提高集控覆盖率，完善应急抢修机制，做好各种情况下的维护抢修工作，切实保证徐汇地区夜景灯光的整齐美观。

3. 传承与更新相结合，规范广告设置审批的同时对违法设置的广告开展专项整治。广告行政审批窗口集中进驻徐汇区行政服务中心后，区绿化市容局创新互联网政务管理理念，切实加强行政管理主体之间联动，跨系统、跨部门合作，打造广告审批新模式。市容、工商部门以一窗两席形式对外服务，规划部门采用前置审批方式。通过信息化手段为支撑，试点开展户外广告全程网上办理工作，优化户外广告审批流程，进一步提升政府效能和公共服务水平。全年受理审批数280件，不予受理15件，不予许可7件。

按照市局下发的有关违法户外广告设施专项治理行动的通知要求，结合实际情况制定了相应的整治工作方案，明确时间节点、破解管理顽症。配合城管执法部门，今年已经完成市局督办违规广告 3 处 6 块拆除任务，另外 1 处 2 块户外广告下画面，清理宜山路建材街区域、虹桥路恭城路口等 9 处 41 块违章广告设施。

4. 加强制度管理，多方联手开展渣土监管。落实建筑渣土网上申报流转工作，强化申报资料的审查、工地现场勘查及分层审核审批。截止目前，共受理渣土处置申报 228 个次，总排放量 4602719 吨。依托驻所城管，加强与建委安质监站、交警机动中队协作，开展每日和每周的出土工地巡查与联勤检查，运用 GPS 定位系统、视频监控等信息化管理手段，加强对出土工地、运输车辆的实时监控。截止目前，共出动检查人员 1300 余人次、开展检查 900 余次、教育和纠正违规现象 35 起、对 11 个违规情节较为严重的出土工地及运输车队下发了暂缓出土整改的通知。开展对渣土转运码头的日常检查及渣土流向的监控。对码头申报的卸点赴现场核查，及时掌握新增卸点动态。积极参与龙吴路扬尘整治专项行动，在龙吴路各主要路口设卡检查，重点对渣土车等大型运输车辆的超载、未密闭、滴漏散落、无证运输、偷乱倒等违法违规行为的管控，加强对龙吴路沿线扬尘污染监控，切实打击运输车辆扬尘违规行为。

4. 提升管理水平，抓好文明行业创建。进一步提升公厕满意度，完成 2015 年新建和改建环卫公厕的数据收集工作，整理更新了局公厕管理信息系统数据库资料。与区旅游局合作，逐步推广太阳能公厕、生物除臭设备等新技术的应用，并加大无障碍设施和第三卫生间的改造力度，全面提升徐汇区公厕的硬件设施标准。保证设施巡查次数，提高应急维修效率，今年共出动巡查 600 人次，通过设施巡查、电话报修及网络平台接到设施故障报修共计约 600 次，做到应急维修 24 小时内完成，常规设施故障 2 个工作日内完成。今年完成全区 14 座公厕大修，8 座垃圾分类库房和 8 处倒口的修缮，康健作业队停车棚新建工程以及田林作业队业务用房整体修缮工程。

5. 注重管理精细化，开展各项绿化整治工作。为提升徐汇区绿化景观整体面貌，积极推进绿化整治，做到绿化面貌整洁、绿化设施完好。补种、绑扎华山路、淮海西路、龙恒东路、辛耕路、徐梅路、望月路等区域行道树 544 棵；补种上海南站、漕宝路、漕溪路等区域各类灌木 1340 株、地被草皮等近 6500 平方；更新全区行道树附属设施 392 套。

二、加大建设整治力度，优化城区市容面貌

1. 抓住要点，落实管理机制。以改革街道、镇机构设置，启用“6+2”模式为契机，依托第三方测评机制，利用网格化管理“巡查发现、派单、处置、监督、考核”闭环形式，加强城区市容环境精细化服务管理，逐步发挥好各街镇社区管理中心在市容环境管理工作中的主导作用，上下互动督查，信息资源共享，形成整体合力，细化目标任务，进一步整合信息、加强监管，以制度之间的有效衔接和“发现、督查、整改、固守”四个环节之间的无缝衔接，积极引导辖区责任单位（责任人）完善门责自治、共治和自律机制，建立健全共建、联谊和路管会等责任区共建、联合（谊）等自治、共治和自律性组织，努力把市容环境卫生责任区管理落到实处。

2. 固化创全成效，创新亮点，落实购买服务，全面提高道路保洁水平。为全面提升道路保洁水平，首先通过引入社会力量，对天平街道 16 条段试点道路人工保洁开展招投标与跟踪评价，发挥“鲶鱼效应”，提高市场化改革实效。通过组织社会力量人员分期分批，开展有针对性的岗前培训及日常教育与技能全员业务培训，规范保障服务行为，提升队伍形象，提高职业道德水平及服务技能水平。其次为做好龙吴路、上师大国控点及云锦路等道路扬尘控制工作。积极落实市政专用供水装置取水工作，在龙吴路增设供水点，配合机扫车、洒水车通过加强机械清扫力量，做到每日五次全面冲洗，缓解扬尘污染。

3. 着力推进，治理市容环境管理难点顽症。继续开展徐汇区无序设摊综合治理工作，现已累计整治取缔列入市“无序设摊”清单的无序设摊聚集点 2 处，完善无序设摊疏导点 4 处，徐汇区无序设摊基本做到有效遏止和管控。针对跨门经营、门责不洁等城区市容环境管理难点顽症问题，加强了管理执法的协同，引入非政府组织、社区自治组织、志愿组织等公共治理主体共同参与城市管理，通过政府签约购买社会服务的方式，采购公共秩序的维持服务，推进责任区管理向法治、共治和自治的转变，不断提升城区管理法治化和精细化水平。

4. 加大建设力度，加快新老绿地建设改造工作。完成新建公共绿地 24 公顷。积极推进生态专项建设工程，生态专项七标段、桂江路绿地一期、漕宝路毛家塘绿地、徐汇中城绿谷等项目施工基本完成。完成东湖花园绿地、龙华港一河两岸（一期）、12 号线各站点绿地、居住区集中绿地等公共绿地建设任务。完成小安桥、嘉川路小游园、东北杨河绿地改造共计 1.6 万平方米，已经超额完成今年的改造目标。如北潮港绿地改造中，通过改建，合理布置植物群落，整合绿地中各功能场所（如群众文化广场、体育健身场地等），维护和更新绿地内的服务设施，使绿地更好地发挥生态、服务、科普等功能。

5. 加大拆违力度，力争新建违法建筑零增长。加大拆违力度，力争新建违法建筑零增长。截止今年 12 月 25 日，徐汇区共拆除违法建筑 1252 处，面积 30 余万平方米，超额完成了 12 万平方米的全年拆违计划目标。对 2014 年起推进的重点地块拆违项目，今年 1–12 月，徐汇区共发现在建违法建筑 719 处，快速处置拆除 13978.8 平方米，在建违法建筑拆除率 100%。1–12 月通过区拆违受理平台、“12345”、“12319”、信访等渠道共受理各类投诉 5268 件。今年 7 月至 10 月底，开展无证建筑普查工作。截至 11 月 10 日，共登记无证建筑 29019 处，面积约 196 万平方米。

三、落实各项措施，改善城区环境质量

1. 按照既定部署，踏实推进垃圾分类减量。严格把握“大分流”这一减量重点，以公开招投标形式确定湿垃圾、餐厨垃圾、建筑装潢及大件垃圾末端处置单位。配合龙吴路扬尘污染综合整治工作，疏通与衔接建筑装潢及垃圾外运码头关闭后的垃圾处置渠道，确保过渡平稳有序、处置安全稳定。多方协调，促成上海环境实业有限公司在徐汇区徐浦垃圾中转码头上马湿垃圾处置项目，填补徐汇区湿垃圾处置能力空白。加强与处置单位所在区县的沟通联系，做好餐厨垃圾跨区县处置的协调工作。联动区财政局、民政局、机关局，同时走访各街镇，做好源头分类、分流运输体系建设，加快绿色帐户工作有效推进。全年完成 7.2 万户绿色帐户用户覆盖（超过 6 万户的目标）及 220 个示范居住区创建指标。

2. 配合门责管理，试点上门收集服务。配合门责管理工作，重点推进上门收集服务试点工作。在每个街道选择一条具有代表性的路段进行试点，一般固定上门收集两次，根据路段情况协调确定上门时间，确保服务覆盖 70% 以上的店面商家。通过充分告知、到位服务、管惩结合三管齐下，进一步提升城区环境水平。重点在康健、虹梅两个试点街道及徐家汇商圈一个试点区域总结上门收集服务工作经验及成效，进行精细化管理。就每条段试点道路制定收运台账，对店面商家配合上门收集或仍存在乱扔垃圾的情况进行动态跟踪，为后续执法奠定基础。

3. 花卉布置改造绿地，优化城区景观面貌。今年主要围绕“五一”、“十一”开展花卉景观布置工作，累计布置花坛花境约1.89万平方米、花卉组合容器4300组；布置主题绿化景点3处，年度总用花量达到150万盆。通过定品种、定数量、定花色，精心布置花卉景观，使绿地与徐汇街景互为补充又协调统一，提升了城市整体形象。

4. 做好园林绿化工作，推进绿化进社区。完成光启公园水生植物400平方米种植及桂林公园排水系统改造；参加上海植物园《上海花展》，制作“怡家”景点获得金奖。落实“电影进公园”文明游园主题活动。徐汇区公园内绿地调整3000平方米。植树节前夕，发动各街道（镇）绿委开展系列绿化宣传活动，近300人次参加；周密组织3月12日桂江路绿地区四套班子领导植树活动，共种植悬铃木、无患子、榉树等乔木160余株；做好市民认建认养接待工作，共有2家单位、12人认养了树木及绿地；组织社区绿化志愿者50余人参加市绿办组织的“市民绿化节”的各类活动。

四、加强政风行风建设，抓好稳定安全工作。

1. 明确政风行风责任，加强投诉受理处置。与市局、区政府及基层单位签订了政风行风建设责任书，明确责任和责任人继续抓好十项承诺的检查落实，主动听取市民的意见建议。渣土、广告、绿化、环设四个审批窗口从硬件到软件建设进一步加强，审批更加规范、高效。坚持24小时受理市民投诉，并做到及时受理、及时处理、及时反馈。2015年1月至10月共受理诉求1705件，与去年同期1604件相比，增加106件，增长率6%。网格受理投诉全年共1192件，完成1192件。

2. 落实安全措施，确保安全稳定。始终把安全稳定作为重点工作来抓，局同下属各单位、公司签订了安全生产目标责任书，明确安全生产责任制。坚持每月召开一次局安全生产工作会议，传达市、区安全生产工作会议要求和精神，分析安全生产利害，明确下一步工作重点。请消防支队、交警支队和相关专家对相对人员进行安全培训。局和各公司定期不定期地进行安全生产检查，发现问题及时整改。做好防汛防台各项工作，在全年汛期中，共接到各类预警信号25次，市容环卫行业出动值班巡查、抢险人员共计3250人次，灯光所出动管理、检查、维修人员共计155人次，拆除多处有安全隐患的店招店牌、户外广告等设施，拆除电杆迎风旗1300余对。

通过全局上下的共同努力，消防安全得到落实，行车安全也基本做到了跟踪。全局现有作业机动车294辆，年累计行驶里程4738271公里。电动车辆共有225辆。基本上杜绝了大的责任事故。

（四）长宁区

长宁区建设和交通委员会

今年区政府48项重点工作目标中，区建交委牵头推进6项，配合实施21项。针对重点项目，坚持狠抓落实，细化节点到天，责任落实到人。

一、经济载体建设总体顺利

正式开工项目2个，总建筑面积5.2万平方米，目前各项目均已开工。其中：威宁路办公项目已于7月23日取得桩基部分施工许可证开工，目前正在进行桩基施工；舜元产业园改扩建项目已于11月9日桩基部分施工许可证，正式开工。

预备开工项目1个，即上钢十厂商办项目，建筑面积27万平方米，根据区委、区政府尽早开工的要求，区建交委积极主动牵头协调推进，在市建管委、市交通委、市区供电公司、区规土局等市区各部门的支持配合下，已于8月28日取得北区桩基部分施工许可证正式开工，9月15日进场施工，预计年底完成北区部分桩基工程70%。

在建项目19个，总建筑面积205.2万平方米，均按照年度既定目标有序推进中。

竣工项目5个，总建筑面积51.8万平方米，东方国信工业楼改扩建、中海油大厦、九华福缘湾广场、上海城三期和上海融真钢铁国际贸易中心总部商务楼等全部竣工。

二、重点区域形态全面提升

加强步行系统建设。地下人行地道项目：仙霞路（尚嘉中心－友谊商城）人行地道完成始发井底板浇筑100%。紫云路（绿城SOHO－上海城三期）人行地道完成土建工程100%。遵义路（虹桥天都－绿城SOHO）人行地道完成始发井土建工程100%，进行接收井施工准备。

优化区域路网结构。福泉路（金钟路—北翟路）道路辟建工程、新渔路（协和路—福泉路）道路改建工程均已完工。加快东片区开发建设，实施机场东片区绥宁路（仙霞西路－联虹路）、联虹路（绥宁路－迎乐路）、东航路（友乐路－围场路）、空港八路（友乐路－围场路）以及围场路（友乐路地块南侧规划路）等5条市政道路前期工作，目前已完成项目建议书、规划选址和环评批复；其中，绥宁路、围场路、空港八路、联虹路已完成工可批复，东航路正在进行工可报批，目前推进情况正常。

推进市重大工程建设。北翟快速路已完成居民、单位征收和绿化搬迁，已全部完成拆房和场地平整工作，9月29日已正式向市建设单位交地。北横通道配合市建设单位完成高架段（中环立交－威宁路）建设用地规划许可证，同步开展对高架段的腾地工作；区绿化部门正在开展中山公园工作井绿化搬迁工作；配合开展江苏路匝道段征收范围的调查摸底。轨交15号线配合市建设单位进行前期手续办理。外环西河已完工。

推进排堵保畅项目建设。茅台路娄山关路交叉口工程已于12月14日竣工通车。仙霞路（古北路－娄山关路）交通改善工程目前已完成车行道并已通车，人行道正在施工，计划12月底竣工通车。完成市交通委下达的中山西路武夷路、凯旋路虹桥路两处排堵保畅项目。优化调整74路公交车线路，加强北临空商务楼宇与轨交2号线的换乘衔接；开设新泾1路高峰线，缓解潮汐式公交需求，8月中旬已开通。

启动城市更新战略。中山公园地区，结合定西路重要节点的改造提升，推进部分街区整体景观打造，定西路已完成长宁路至延安西路段路面及绿化带整治，已完成延安西路至安顺路段道路整治，计划12月底完成绿化带整治。虹桥地区，优化虹桥地区交通信息发布，完成虹桥地区智能交通诱导系统建设、推进区综合交通信息平台建设。临空地区，推进临空地上、地下勾连前期工作，完成园区周边福泉路、新渔路道路建设，全面提升综合配套环境。

三、确保城区运营安全

狠抓安全隐患专项治理。开展深基坑工程、大型机械等专项检查。组织开展“安全生产月”活动，在远洲酒店工地组织综合观摩活动和应急演练，召开安全质量讲评会；开展严厉打击建筑施工违法行为专项检查，已完成全面检查，检查工地44个；已组织开展玻璃幕墙专项检查，检查楼宇70幢，开具整改通知单17份。

全面开展防汛防台工作。针对7月23日、7月26日、8月24日暴雨，及时启动预警响应，严格落实防汛措施、确保防汛安全。暴雨期间，加强对市政道路和河道的巡查，安排人员在积水路段蹲点，协调交警部门路段疏导，加强对绿地、行道树和公园的巡查，对住宅小区及时实施排水和下水口疏通。针对8月24日暴雨造成长宁区部分小区、道路积水问题，深入查找积水原因，全面排查梳理，明确改进措施，进一步加强汛期河道水位控制，加强部门和区域联动，加强防汛薄弱环节排查，强化防汛基础设施建设。

妥善化解居民矛盾。积极推进房屋修缮，程桥二村受损相对较重的9幢房屋（共462户）居民矛盾化解工作有序推进，每周召开工作例会分析研判居民诉求，目前已基本完成6幢房屋的维修和1幢房屋的纠偏加固。推进联建新村房屋修缮工作，正在实施3幢房屋的维修，另外3幢房屋正在实施维修手续办理。加大矛盾化解力度，积极协调处理协和花苑、新泾港西块二期、江苏路320弄等涉民矛盾，采取有效措施及时消除安全隐患，有序推进各类重大工程施工。

四、深化推进职能管理

科学谋划“十三五”发展。全力冲刺“十二五”规划目标任务，确保各项目标任务全面完成。根据区“十三五”规划编制工作安排，牵头开展的课题研究包括前期重大问题研究1项、基本思路专题研究4项，按照整合资源、统筹推进的工作原则，区建交委从完善城区建设与管理、优化交通发展等两个方面总体牵头，思考如何完善路网体系，打通断头路，提高支路密度和连通能力；加大道路瓶颈和交叉口提升改造等力度，完善道路微循环系统。

提升常态长效管理水平。落实全行业、全要素、全覆盖管理要求，推动城区管理一体化。落实城市维护管理，提高城市精细化管理水平。完善全行业管理职能，探索新型一体化养护机制，强化市政市容管理联席会议牵头协调功能，加大市容顽症问题的整治力度，促进市容环境保持较好水平，制定并下发《上海市长宁区区级城市维护项目管理暂行办法》，推动维护项目的科学决策、统筹安排和规范管理。完成2015年河道设施养护、绿化水生植物养护和河道一体化养护公开招投标工作，推进市政设施量的排摸工作，进一步加强市政设施接管工作。制定市政设施新一轮招标方案；完成2014、2015年城市维护资金情况调查，推进落实长宁区城维管理办法。

持续提升生态环境品质。启动实施第六轮环保三年行动计划；深入推进中小河道治理，提升河道生态养护水平，实施野奴泾等河道疏浚工程和纵泾港泵闸大修理项目。对区内新、改建项目按要求配置新能源车位。会同国资委、机管局及各街道镇共同推进黄标车治理工作。大力推进装配式建筑，在区域供地面积总量中落实装配式建筑50%的目标任务。

长宁区绿化和市容管理局

2015年，区绿化市容局在区委、区政府的坚强领导下，贯彻落实十届市委七次全会、九届区委十一次全会精神，紧紧围绕加快建设“三个城区”的目标，以精品化建设、精细化管理为主线，努力做到“三个转变”，即由建设向管理转变、突击整治向常态长效转变、传统观念做法向改革创新转变，着力打造精品景观，不断完善城区市容环境管理机制，继续坚持服务民生，有序推进队伍建设，促进城区环境品质进一步提升。主要工作有：

一、着眼提升城市品位，聚焦精品景观建设

一是推进立体绿化和公共绿地建设。调整修订《长宁区立体绿化规划方案》，草拟《长宁区立体绿化管理办法》；完成新增3万平方米立体绿化；完成新增3万平方米公共绿地。二是推动西部地区公园建设。继续推进一号公园、中新泾公共绿地二期、苏河50米林带、400米林带建设。三是有序推进公园改造。完成凯桥绿地（二期）项目；北横通道中山公园工作井绿化建设提前完成大树搬迁腾地；完成水霞公园改造方案设计工作。四是推动精品街区打造。做好城市小尺度更新工作，完成愚园路景观提升（一期）项目；推进定西路市容景观建设，延安西路以北段完工；完成黄金城道景观道路建设，结合步行街特点，从亲子、休闲、便民角度将功能性公共设施融入市容景观打造之中，打造宜商宜居的区域环境；完成银珠路（红宝石路－蓝宝石路）林荫道创建。五是改造提升景观灯光。完成虹桥、古北地区重点路段景观灯光提升工程第二批23幢楼宇景观灯光的提升施工、整体调试及验收工作；完成新泾八村景观灯光提升工程的建设与验收；完成黄金城道步行街景观灯光提升。

二、着眼加强精细管理，提升养护作业水平

一是促进垃圾分类源头减量。完成人均生活垃圾处理量减量3%的指标；新增推进居住区47个，覆盖居民15254户，完成了新增垃圾分类覆盖1.5万户的目标；创建市级生活垃圾分类示范居住区190个；协调区文明办、区妇联介入并积极开展全区层面的绿色帐户宣传，全区绿色帐户已推进97个居住区，覆盖居民约6万余户，共登记绿色帐户卡4.8万余张，开卡比例达80%，全区积累绿色帐户积分1000万余分，累计消纳绿色帐户积分400万余分。二是加强绿化养护管理。全面完成大树遮阳整治工程，修剪、迁移942株；完成东部、西部地区行道树连接带建设；启动协和路意杨迁移调整绿化恢复整治项目；做好“五一”、“十一”两季花卉布置工作；全面发动绿地树木和古树名木认建认养活动，对辖区内107株古树名木进行普查登记；按季度组织公共绿地行道树养护考核。三是深化环卫作业质量监测。探索和创新质监工作机制，制定并实行《2015年长宁区市容环境质量检查实施办法》；落实自查抽样单的信息采集和处理，共完成抽样单采集10429件，查处问题近4921个，问题整改率为100%。四是规范户外设施管理。加强户外广告设施管理和联动执法，联合相关部门推进违规户外广告设施整治；保持“市级道路每天覆盖一次”、“区级道路每周覆盖一次”、“中小道路每月覆盖一次”的巡查频率，坚持对违规户外设施的快速处置，累计拆除山寨指示牌、违规对旗广告和中小型固定广告设施等各类户外设施1539块。五是加强垃圾收运处管理。对区内餐厨垃圾试点产生单位实行收运处一体化作业监管，共推进完成辖区内160余家餐厨产生单位，实现了日均40余吨餐厨垃圾的有效分离；落实垃圾末端处置工作，通过考察调研，引入热裂解项目(100吨级)用于处置湿垃圾。六是规范渣土运输管理。在抓好安全生产和作业运输监管的同时，全面规范渣土申报受理，全年共受理申报267万余吨；聚焦运输企业规范作业、现场管理人员就位、车辆出场整车清洗、车辆持证运输等重点，落实日常巡查，加强部门联动，快速处置违法行为；增强信息化监管，实现工作范畴内运输车辆GPS监控全覆盖；积极推进新一轮渣土招投标工作。七是开展环卫设施改建和环卫车辆采购。实施环卫公共设施改建；完成环卫设施（垃圾桶、废物箱等）采购；有序推进环卫作业车辆及环卫设备（移动公厕、压缩机）更新。

三、着眼改善市容环境，提升常态长效管理

一是深化门责制与网格化相结合的管理机制。继续完善大门责与网格化相结合工作中的各项工作职能，强化门责指导员属地综合管理；指导街镇加强大门责与网格化相结合，强化街镇市容微信平台综合协调、统筹指挥作用；加强对街镇巡查发现、督促整改、监督考核，落实对商家考核、自律小组综合考评的奖惩工作。二是深化“百街千路”门责专项检查。广泛开展《上海市市容环境卫生责任区管理办法》宣传，完成所有责任告知书的送达和上墙工作；检查“百街千路”门责路段告知书上墙、门责要求知晓、门责履责实效情况。三是开展市容环境示范道路创建。以黄金城道为基础，围绕愚园路、定西路和玉屏南路等试点路段，强化自治管理，开展市容环境示范道路创建；指导每个街镇申报1条市容环境示范道路创建，并开展检查评比。四是积极推进“特定区域”治理。全面梳理长宁区“特定区域”环境三年行动计划355处点位完成情况，重点与街镇对接2015年度“特定区域”环境待治理点位（10处），2013、2014两年不合格点位（5处），2014年不合格点位（10处），指导街镇牵头拟定计划并配合开展治理。五是强化道路暴露垃圾整治。继续推进生活垃圾上门收集，制定《长宁区沿街商铺生活垃圾上门收集实施方案》，在10个街镇优选20条道路进行试点，不断完善工作方案和工作流程，并坚持定期走访街镇对接开展情况；结合文明进步指数测评加强道路保洁，对重点区域、路段增加巡回保洁力量和班次，落实应急响应保洁队伍。六是综合治理无序设摊。根据《长宁区无序设摊综合治理工作计划任务书（2015–2017）》要求，提前完成集聚点整治和销项工作，依法取缔了安化路88弄等五处集聚点，强化了对长宁路1120弄等四处弄内管控点管理，规范提升了天山西路158号等五处设摊疏导点。

四、着眼深化改革创新，提升管理服务水平

一是推进绿化养护市场化改革。继续推进剩余的50%养护量市场化招投标，继续引入绿化养护监理，做好全程跟踪管理，同时通过市场化推进，以招投标方式明确绿化养护作业内容，细化养护职责；开展养护本底资料调查采购工作，做好各项绿化本底调查邀标委托准备工作。二是推动环卫养护作业市场化改革。科学测算养护任务量，通过价格机制测算环卫作业养护经费，根据作业任务量确定相应的市场化标的和标准。三是推进垃圾收运处市场化改革。启动建筑垃圾和工程渣土运输单位招投标准备工作，初步完成田度运营单价测算工作并启动项目招投标。四是强化管理与执法工作对接。在城管执法体制改革完成后，落实双向告知、案件移送、管理执法协作等工作机制。

2015年，在局系统全体干部职工的努力下，完成了年初预定各项任务目标，但是仍存在一些不足：在提升城区环境精品精细上还缺乏火候，市容环境常态长效的管理水平有待进一步完善，攻坚克难、改革创新的勇气和能力还需进一步加强。针对这些问题，需要继续提高认识、认真研究，积极行动加以解决。

2016年是实施“十三五”规划的开局之年，任务艰巨，区绿化市容局将继续围绕“三个城区”的奋斗目标，抢抓“十三五”开局机遇，主动担当、积极作为，坚持精品化、聚焦常态化、推进市场化，全面提升绿化园林、市容环卫、景观灯光、干部队伍等方面的建设管理水平，争取各项工作再上新台阶。

（五）虹口区

虹口区建设和管理委员会

一、推动重大工程、市政水务工程与停缓建项目的建设

（一）推进重大工程建设

2015年大力推进的54项重大工程项目的建设，目前长阳路舟山路绿地项目、海伦路（海拉尔路－四平路）拓宽工程、虹口区第三福利院、北宝兴路185号地块、虹湾绿地、北虹高级中学改扩建项目、彩虹湾商业、彩虹湾三期、复兴高级中学改扩建项目、国家指南针计划专项青少年基地、彩虹湾福利院、上海船员评估示范中心、瑞虹10号商业地块

共计 14 个项目实现开工。开工项目总建筑面积 103.82 万平方米。

推进长阳路舟山路绿地项目、彩虹湾保障房基地一期 A 块公租房项目、彩虹湾一期 B 块动迁安置房项目、海南路 10 号地块、凉城中心商办楼、瑞虹新城 3 号地块、虹口区第三福利院、虹口法院审判大楼项目、新港城二期（166 地块）共计 9 个项目实现竣工或基本建成。竣工项目总建筑面积 51.62 万平方米。

一是处于施工阶段的项目有 29 个，部分项目主要进度为：国航中心东块 2 号、5 号楼竣工验收，1 号楼二结构施工完成；国航中心中块 8 号、9 号楼、10 号楼二结构施工；白玉兰广场主楼幕墙施工；星港国际中心（海门路 55 号地块）地上结构施工；商丘路 387 号地块二结构施工；北苏州路 190 号地块精装修施工；四川北路 108 号地块内装饰施工；中美信托金融大厦地下结构施工；轨道交通 10 号线综合开发项目南区二结构施工，北区地下结构施工；彩虹湾商业地上结构施工；66 街坊综合开发项目地上结构施工；虹口港泵闸已通水，新建大名路桥已恢复交通，管理用房施工；虹湾绿地桩基施工；海伦路拓宽工程海伦路桥南侧桥管道架设完毕，梧州路侧、辽宁路侧拔除围堰桩；东大名路地下人行通道施工收尾；虹口看守所内装饰施工；第一人民医院扩建项目主楼二结构施工完成；中西医结合医院特色楼地上结构施工；岳阳中西医结合医院综合楼改扩建项目二结构施工；北虹高级中学改扩建项目地下室施工；复兴高级中学地下室施工；国家指南针计划专项青少年基地开工建设；彩虹湾福利院开工建设；上海船员评估示范中心开工建设；瑞虹 10 号商业地块现场试桩；北宝兴路 185 号地块地上结构施工；彩虹湾二期各单体二结构施工；彩虹湾三期桩基围护施工；瑞虹新城 2 号地块精装修施工；瑞虹新城 9 号地块精装修施工。处于前期手续阶段的项目有 12 个，主要进度为：周家嘴路 901 号地块已取得桩基工程规划许可证；宝华甜爱广场进入扩大用地部分出让流程；黄浦路 229 号地块设计方案编制中；公平路拓宽可研报告评审中；北横通道（虹口段）征收工作启动，管线搬迁进场；四平路地下人行通道项目工可报告调整中；曲阳污水处理厂外排管道及减量提标工程已取得施工许可证；提篮桥消防站已上报可研报告；彩虹湾综合医院 EPC 招标完成；上海国际教育考试服务中心可研报告调整中；澄衷高级中学改扩建可研报告评审中；上外附中（东部）校区已取得规划用地许可证。处于待开发阶段的项目有 2 个，主要进度为：89 街坊土地已完成出让；邯郸路产业园一期出让准备阶段。旧改项目 2 个，分别为新开征收项目和收尾项目，主要进度为：截止 12 月底，共计完成 69 街坊、142 街坊、多伦地块动迁 8113 户；完成 4 个拔点地块。

（二）推进市政和水务工程建设

推进区区对接道路项目前期工作，天潼路拓宽工程、规划衡水路新辟工程已完成立项。推进虹口区主次干道大修工程，推进四平路、大连西路、江杨南路等主次干道大修工程的前期工作。推进汉阳排水系统二期工程先行实施段，10 月 10 日封交并完成配套工程、管线搬迁和顶管准备工作。完成东大名路地下人行通道、天宝路地下通道建设。完成四平路一号桥应急抢修工程。完成四川北路 - 东江湾路（黄渡路 - 甜爱路）道路积水点改善及其配套道路中修、山阴路（甜爱路 - 吉祥路）道路积水点改善及其配套道路大修、塘沽路（河南北路 - 吴淞路）道路积水点改善及其配套道路大修工程等。完成沙泾港（新陆花苑段）防汛墙改造工程。开工建设沙泾港（柘皋路—通州路）防汛墙改造工程和俞泾浦（看守所）防汛墙改建工程。完成水电路 - 柳营路（北宝兴路 - 广中路）道路大修。完成区排堵保畅（小改小革）工程—虹口足球场交通枢纽周边交通组织优化工程。完成2座道路下立交防汛安全工程性改造。

（三）推进停缓建项目建设

指导、帮助金轩公司梳理项目存在问题和矛盾，协调金轩大邸8、9号楼阳台违章接入水表事宜；虹口商城已进入后期办理产证阶段；蝶恋花项目已完成司法拍卖，目前在进行概念方案设计和房屋征收准备工作。

二、抓好行业管理工作

（一）市政水务管理、防汛防台工作

一是加强市政水务养护作业。道路养护总面积26235平方米。河道保洁累计出动打捞船只3475艘次，累计打捞量1817吨。下水道养护长度482594米，疏通连管255423米；清捞检查井32830座、进水口45804只；污泥量4677吨。二是顺利完成防汛防台任务。2015年汛期市防汛指挥部先后发布防汛防台蓝色预警信号8次，黄色预警信号15次，橙色预警信号3次，区防汛指挥部均及时启动相应预案；汛期经历了超强台风“灿鸿”、“杜鹃”、“6.17”特大暴雨以及多场局部地区暴雨的严峻考验，有效地抵御了灾害侵袭，把损失降到了最低限度，确保了全区平稳正常运转。三是加强制度建设和行业管理。修订了《虹口区建交委市政水务项目管理办法（试行）》、制定了《虹口区河道养护管理考核办法（试行）》、《委存量房屋（历史遗留）管理办法》、《桥梁桥下空间使用管理办法》，完成2015年防汛预案修编工作。四是开展全覆盖桥梁检测，基本完成全区地下管线普查。五是完善低标高桥梁汛期压桥方案。

（二）建筑业管理

一是开展建筑工地质量安全抽巡查。共开具质量监督整改单33份、局部暂缓施工指令单2份，开具安全监督整改单79份，暂缓施工单30份，停工单7份。二是在建工地组织开展了多次专项安全检查；配合市建管委对区内在建工地开展综合巡查；6月安全月策划开展文明工地观摩、安全知识竞赛、消防救灾演练等活动；开展三级资质和劳务分包企业的安全生产许可证受理审批事权下放工作。三是根据市里统一安排，组织新建筑业企业资质等级标准的宣贯，指导企业开展换证工作。四是配合区发改委开展节能减排考核迎检工作，指导、配合开展分项计量系统安装推进。根据市建筑节能办部署，开展分项计量及能效测评专项检查工作；开展绿色施工工地评选；配合市建管委开展绿色建筑设计技术调研。五是开展打击违法分包转包专项整治工作；配合市建管委对违法分包转包专项检查。六是会同区房管局、规土局制定《虹口区2015年装配式建筑实施计划》；组织装配式建筑构件厂考察、组织装配式建筑宣贯培训、组织参观装配式建筑工地等活动；完成市稽查办对虹口区装配式建筑和绿色建筑检查迎检工作；开展《装配整体式混凝土结构建筑监管关键问题研究》课题研究。七是继续加强党建联建平台在工程施工矛盾化解中的作用。

（三）静态交通管理

一是推进旅游巴士在虹口北外滩开通。二是完成静态交通专项考核。三是推进静态交通车位挖潜和街道错时停车工作。四是公交139路、机场4线引入龙之梦公交枢纽。五是在停车行业开展质量信誉考核工作。

（四）公共事业管理

一是对燃气安检未合格用户进行上门督促整改，2014年—2015年度完成整改3746户，整改率71.5%。更换不安全灶具539只，热水器31只。二是协助推进老式小区燃气明支管改造，完成10公里。三是完成东体小区燃气管道违章占压整改10处。四是配合做好低压配网可靠性提升工程。今年共完成10个小区进行提升改造任务。五是积极开展燃气安全的宣传，利用安全月对居委相关人员燃气安全培训800人。六是完成物华路水管爆裂等5起应急抢修工作。

三、推进文明城区创建工作

在2014年创卫成功的基础上，2015年虹口区继续开展了上海市文明城区的创建工作，根据区委、区政府统一部署以及区委宣传部、区创文办的工作要求，建管委成立了领导小组、领导小组办公室和工作小组，并细化分工、逐级落实相关工作。根据责任分工，完成了管网覆盖率证明材料递交，从道路养护、公益围墙、工地文明施工和安全生产等各个方面进行自查自纠，落实创文责任；牵头或配合开展了区内建筑工地和市政工地开展扬尘防治联合检查、2015年零星无障碍设施改造、部分工地扬尘在线监控系统的安装和喷淋降尘装置安装等工作，并根据区文明办的部署在交通指示牌背面设置创文宣传标语。

四、“十三五”规划编制情况

根据区委、区政府的要求，建管委已会同区发改委、规土局、财政局和旧改指挥部等部门，编制形成了虹口区的“十三五”城市建设和管理专项规划。

五、推进依法行政工作

（一）做好信访接待、12345市民热线、网格化等工作

做好来信来访、市民热线、网格化管理等日常工作，截至12月底共收到信访件237件：其中来信58件，接待来访141批687人次，网上信访电子邮件25件，接听来电13个；处理市民热线367件，及时回复率100%；处理网格化7285件。

开展依法行政工作，做好执法事项基础数据统计。认真贯彻虹口区行政复议办案规范，建立行政诉讼首长出庭应诉制度。建管委不断加强执法人员基础理论知识和专业法律法规培训，提高了执法人员素质，依法行政意识。2015年，建管委行政机关负责人出庭应诉案件1件，出庭应诉案件总数占本年度行政诉讼比例100%。推进“依法行政考核‘一票否决’实施方案”。建管委荣获了上海市依法行政示范单位荣誉称号。

（二）完成城市管理导则编制

建管委按照区领导要求，牵头区规土局、城管执法局、绿化市容局等部门完成《虹口区城市管理导则》的编制，并报区政府常务会审议通过。

（三）推进矛盾化解工作

配合区信访办迎接国家信访局督查江湾镇A06-05地块矛盾处置；会同街道重点协调推进66街坊涉民矛盾；会同教育局协调推进复兴高级中学扩建等项目居民矛盾；接待榆林路114弄、保民村上访居民，协调居民开展房屋维修等工作。

六、完成两会件办理工作

2015年区两会期间，建管委共收到人大代表书面意见13件，其中主办6件，会办7件，主办件中解决采纳3件，正在解决1件，留作参考2件。收到政协提案33件，其中主办17件，会办16件，主办件中解决或采纳7件，列入计划拟解决4件，留作参考6件。

在办理过程中，建管委严格遵照办理规定，积极主动走访联系区人大代表和政协委员，其中主办件的走访率达到100%，满意率达100%。截至4月30日，建管委在2015年两会期间所收到的书面意见和政协提案均答复完毕，并按要求将办理结果提交至办理平台。

建管委还按照区政协的要求完成了区政协第十三届一次至三次会议提案办理情况梳理工作。

虹口区绿化和市容管理局

2015年，虹口区绿化市容局在区委、区政府的正确领导下，在市局的有力指导下，以“管理工作促创新、环卫工作抓规范、绿化工作出成果、景观工作做亮点、渣土工作抓实效”为目标导向，全局干部职工凝神聚力、攻坚克难、真抓实干，圆满完成了全年

各项目标任务。主要工作：

一、坚持建管并举工作思路，市容环境面貌进一步改善

（一）抓点线面结合，绿化景观全面提升。

以公园建设为点，全面实施公园养护和管理。按期完成爱思儿童公园、霍山公园改造工程。有序推进凉城公园、昆山公园维护的前期工作。创建广灵一路、同心路两条林荫道，超额完成2015年林荫道创建工作（计划创建一条）；“五一”、“十一”对重点区域进行花卉景点、花坛花境、花箱花球的布置，为节庆增添祥和气氛。

以景观道路建设为线，提升路面景观效应。四川北路景观灯光三期按期竣工验收，四川北路全线楼宇景观灯光全部建成。北外滩景观灯光三期项目、周家嘴路海宁路景观灯光一期项目启动项目建设程序，力争2016年10月前完工。大连路景观灯光改造项目方案已报立项审批，力争2016年上半年启动实施。

以绿地建设为面，推进虹口区自然生态提升。全年新辟绿地3160.5平方米，建成长阳路舟山路绿地（白马咖啡馆绿地）。完成新建规划凉城路临时绿地892平方米和建设汶水东路西段7000平方米绿地调整优化工作。推进东长治路旅顺路绿地、215街坊绿地、临平北路绿地、71街坊绿地等工程的前期工作，启动新市北路1501弄绿地的建设程序。

（二）抓规范化服务，市容面貌整洁有序。

全面实施道路延长保洁作业时间。加强环卫作业管理，全面延长道路保洁作业时间，内环线内道路以机械化清扫为主，做到24小时保洁，中环线内1级道路延长至22时，2级道路延长至21时，3级道路延长至20时，其它道路延长至18时（包括街巷、无名通道）。虹口区主要道路基本实现机扫率85%、冲洗率85%以上的工作目标，最大限度地减少道路扬尘造成的环境污染问题。

开展“抓管理促效率、抓规范出质量”专项活动。活动按照道路保洁全覆盖、无盲区的工作要求，着力解决保洁养护失位、缺位和不到位现象。自9月份起，活动以绿化带保洁、垃圾厢房保洁、道路保洁和规范作业为重点，强化作业检查管理，结合开展街道对各作业块工作满意度测评，环卫保洁作业质量明显提高。

加强对环卫设施的维护保洁。按计划对环卫设施进行大修改造，全年维修小压站设施55座，大修道班房18座、公厕14座、垃圾间10座。加强环卫设施的日常保洁力度，加强冲洗保洁，及时清运垃圾箱房和废物箱垃圾，垃圾满溢、异味现象明显改观。

（三）抓“创文”工作落实，促进业务处置工作能力的提升。

加大违规户外设施整治查处力度。截止去年12月底，组织综合性整治19次，拆除违规店招41块、广告54块、违规道路指示牌136块、违规道路对旗172对。

加强政风行风督查工作。组织政风行风督查队对市容环卫工作的监督，建立行业监理员日检日报制度，强化督促整改措施。去年，区环卫中心对接市质检平台、市废管平台，进行各类督查整改，在日常检查和暴露垃圾、车辆放水等环卫专项检查中，对发现的问题及时要求整改，合格率100%。全年共处理各类投诉电话172件，存在的问题及时得到解决，投诉人表示满意。

强化渣土整治工作。开展生活暴露垃圾专项整治活动。截止12月31日，全年组织人员检查道路14444条（次），当场整改549起，清除暴露垃圾2136.9吨，追缴费用145369元。加强对建筑渣土违规行为的查处力度，组织综合整治18次，开具9张督查整改单，5张双向告知书，重点对超载、违规处置、车况不达标等行为进行检查，力求降低扬尘和道路污染。

二、坚持以民为本思想理念，为民服务意识不断增强

（一）群众绿化工作有效落实。一是积极推广立体绿化建设。全年建成嘉杰广场、北外滩工业园区等屋顶绿化20007.3平方米，虹口SOHO、技术物理研究所等墙面和沿口立体绿化10058.2平方米。二是群众绿化活动形式广受好评。去年7月—9月，每周五晚7点在鲁迅公园进行“露天电影”放映活动吸引上千市民观影；在绿化服务“六进”活动中，向市民赠送花卉近3000盆；在“虹口区市民盆景展”活动中，由各街道选送作品，在和平公园内展出，取得良好反响。三是积极发挥行业指导作用，通过提供技术指导等手段，帮助交大附中创建申办全国绿化模范单位。四是通过不定期举办市民绿化知识宣讲会，发放宣传资料3000余份，赠送花卉盆景1000余盆，提高了市民爱绿、护绿意识。

（二）积极解决市民关心的市容难题。坚持以问题为导向，以办好“两会”人大代表书面意见、政协委员提案与市民来电处理件为抓手，促进市容环境水平进一步改善。2015年共承办人大代表书面意见和政协提案共57件，其中书面意见21件(主办14件，会办7件)，政协提案36件(主办27件，会办9件)，解决率和满意率有了明显提高。去年1—11月共处置市绿化市容服务热线工单1373件，处置区“12345”市民服务热线平台工单355件；截止12月30日，共处置网格化案件28014件，其中部件3907件，事件24108件，处置率、及时率均为100%。通过办理工作，群众关注的民生问题得到了落实解决，市民群众对市容环境管理的满意率进一步提高。

(三)积极做好创文督查整改工作。以“创文”工作为契机，全力做好市容环卫的整改工作。在对创文点位20次全覆盖检查中共发现问题104处，整改合格率100%；进行各类专项检查58次，共发现问题5686处，已全部整改完毕；去年共收到区创文办各类检查整改单16件，对发现的16个问题全部及时整改完毕。

三、坚持常态长效管理机制，促进工作机制逐步完善

（一）全面实施垃圾分类减量工作，严格把关分类质量，推广分类场所。一是初步建立起餐厨垃圾、菜场（小区）湿垃圾、枯枝大件垃圾等“大分流”收运处置系统。截止12月28日，生活垃圾日均量控制在599.1吨，完成市局下达的指标。二是制定实施《虹口区2015年生活垃圾分类减量工作实施意见》，在全区8个街道40个示范小区全面开展“绿色帐户”推进工作，完成绿色帐户63018户（143个居住区），其中开卡激活率为84%。三是严格开展餐厨废弃油脂管理。制定实施虹口区规范废弃食用油脂收运单位管理工作要求，截止去年12月底，全区餐厨垃圾、餐厨废弃油脂申报量为847家。

（二）建立渣土运输、暴露垃圾日产日清工作机制。针对虹口区暴露垃圾较严重的情况，采取“三个一点”（即公司收费，街道补贴，市容局托底）的方式，落实资金，由作业公司派专人加强对小区的巡查，确保居民装修垃圾日产日清。在渣土管理方面，一是加强源头管理，抓实渣土申报审批关，严格管控虹口区现有16个在建工程，加强渣土网上申报管理。同时，加强对渣土审批的事中事后监管，加大对建筑工地和运输企业的日常检查，坚决将问题消除在源头。二是加强部门联动，严打违规行为。三是强化安全生产监管，将渣土运输车辆交通安全问题作为重点工作。此外加强建筑渣土处置实施全程监管，定期对外省市建筑渣土消纳卸点进行现场检查，进一步规范建筑渣土消纳处置行为。

（三）深入推进“门责制”管理机制。一是为深入宣传“门责制”，区绿化市容局

共发放《责任告知书》1.5万余份，安装了责任牌1.5万余块，“门责”知晓率达100%，同时建立了市容环境卫生责任区责任人信息档案。目前，虹口区8个街道共完成182条路段的“门责牌”张贴工作。二是积极开展自治组织试点工作，建立了欧阳路、祥德路服务联盟党支部，挂牌门责自治党员责任区，建立路段自治管理协会，开展了“门责自律优秀商户评比活动”。目前全区已在欧阳路、祥德路、宝安路、巴林路、东体育会路、广灵二路、东余杭路等路段建立了门责自治组织。去年12月初，完成了8个街道市容所的下沉对接工作，使一线市容管理力量得以更好地融入街道网格化管理中，更好地为社区服务。三是在开展门责管理的过程中，结合“特定区域整治三年行动计划”和“无序设摊综合治理三年行动计划”，加大整治力度，将突击专项整治与门责自律管理有效互补，双管齐下。为配合有关街道开展门责管理，区绿化市容局在欧阳路、祥德路、东余杭路、江西北路、四川北路、宝安路、天宝路等路段开展了生活垃圾定时定点收集，取得了良好的效果。

（六）闸北区

闸北区建设和管理委员会

2015年是闸北区域城市建设和管理持续快速发展的重要时期。在区委、区政府正确领导下，闸北区域牢牢把握“南高中繁北产业”发展战略，坚持聚焦苏河湾地区、聚焦重大项目建设，坚持“建管并举、重在管理”，抢抓机遇、攻坚克难，各项城建工作按照年度计划有序快速推进，有效确保“十二五”规划目标任务圆满收官。现将2015年城建工作总结如下：

一、聚焦重大征收项目，持续加快旧区改造

旧区改造事关民生改善和城市发展。2015年，市政府下达闸北区政府旧区改造受益居民目标为4200户，区委、区政府确定的目标为5000户，收尾5个结转基地。根据“态度积极，突出重点，稳妥推进，长期准备”总要求，闸北区有效聚集资源、创新路径、形成合力，坚定不移加快推进旧区改造。截至11月底，闸北区域完成受益居民7766户，拆除旧住房建筑面积22.85万平方米，其中二级以下旧里14.31万平方米。今年5个结转基地共完成受益居民数约912户，剩余约278户。目前，全区在拆结转基地5个，新拉开基地1个，即安康苑基地。此外，华兴新城基地房屋征收已完成一次征询。旧区改造推进已经提前超额完成“十二五”规划各项指标任务。

今年旧区改造推进主要呈现出三个工作特点：一是“毛地出让”征收地块处置取得突破，社会资金积极参与安康苑等旧区改造项目；二是旧区改造签约速度取得突破，上海最大体量旧区改造项目安康苑基地接连创造了9天签约率超90%，11天突破95%的旧区改造新记录。三是旧区改造的规范运作、成本控制等建设取得突破。初步建立了“四清”核查、方案测算、成本控制、信息化运作、群众工作等一系列旧区改造规章制度，用制度来保障旧区改造征收过程全阳光、全透明、全参与、全监督。

二、聚焦重大项目建设，加强重点工程管理

2015年区政府确定重点工程共计五大类（旧改储备类、功能性产业类、住宅类、公共服务设施类、市政基础设施类）110个。为突出和强调对闸北区经济发展、民生保障具有重大意义的建设项目推进和管理，在今年110项重点工程中特别明确了华侨城商住办、长安西商住办、久光项目、宝华寺养老院、大宁国际二小等四大类 18 项 37 个项目作为区重点工程重大项目，建设推进情况良好。中铁上海设计院科研设计生产用房、彭浦镇科技街坊 3c-1、沪太路养老院等 30 个开工与力争开工项目，392 街坊市北新中新、456 街坊公共绿地、明园森林都市二期等 25 个竣工与力争竣工项目，上海大学信息中心、宝华寺一期等 55 个推进项目均按年初确定的形象节点有序稳步推进。

在重大项目、重点工程建设有力推动下，全区各类房产开发开、竣工情况、质量安全始终处于总体受控状态。根据区政府 2015 年各类房产开发项目开、竣工两个 120 万平方米的年度目标，闸北区狠抓房产项目建设推进，截止 11 月底，闸北区域各类房产项目开、竣工已经全面完成年度目标。

三、聚焦综合交通建设，缓解交通拥堵压力

今年以来，闸北区重在编制区域综合交通规划，推进市、区重大市政道路工程建设。综合交通规划已形成中期研究成果，由 1 份总报告 +4 个专项规划报告组成。总报告为《闸北区综合交通规划》，4 个专项规划分别为《闸北区道路系统近期实施方案研究》、《北横方案优化及施工期间交通组织方案》、《闸北重点地区地下空间交通组织规划研究》、《闸北区公共交通系统优化研究》。综合交通规划研究成果（送审稿），计划 12 月底形成最终研究报告。

市、区重大市政道路工程建设，主要为配合实施北横通道（闸北段）新建工程。一期工程已在长安西地块内开工建设，闸北区主要任务是前期土地征收及提供施工场地；二期工程（高架段）初步设计已批复。闸北区还抓紧落实北横通道工程相应的配套项目，其中南北高架中兴路下匝道新建工程方案正在征询意见中，跨苏州河桥梁工程（昌平路桥、安远路桥）项目建议书已上报待批，恒通路改建工程已列入区与区对接道路项目，曲阜西路项建书已批复。南北通道（普善路—万荣路—三泉路道路辟通工程），南起中山北路，北止场中路，全长约 5.55km。该项目分二段实施，一期北段工程场中路 - 延长中路已开工建设，沿线相关的土地征收工作也在抓紧进行中。一期南段工程延长中路—中山北路，其中柳营路—洛川路红线调整公示已完成，正在审批；洛川路—延长路规划红线调整尚未公示。此外，年内计划开工的天潼路 - 曲阜路（河南北路 - 西藏北路）、平利路人非桥、江场西路等新建工程，前期准备工作积极加快推进。

此外，闸北区坚持标本兼治、新增与挖潜并举，积极缓解停车难。继续加强房产开发项目停车场（库）建设服务指导，从源头上把好停车设施配建审批关。实施市青少年活动中心、机电大厦、长安大厦专项机械停车场（库）建设工作；实施停车诱导系统信息化工作，第一期苏河湾西块停车诱导系统建设已开始实施。根据市交通委关于实施信息化建设工作要求，开展全区各公共停车场（库）信息系统改造，并加快推进电动汽车充电桩建设工作。

四、聚焦城区公共安全，推进基础设施建设

根据区域经济社会发展，闸北区积极协调电力、燃气、上水等单位，研究解决区内水、电、燃气等相关问题；加强城维资金使用管理，进一步推进市政、河道养护作业市场化，确保城区基础设施正常运转，有效保障城区公共安全。

1. 协调推进上水、排水系统建设。协调推进福建北排水系统建设，天潼路、浙江北路雨水总管施工力争年底完工。协调城投公司、排水公司、设计单位，对北横通道闸北段排水方案进行评审，确保排水、防汛安全。协调市区规土局、市北园区、城投水务建设公司，落实彭浦水库（新）用地调整工作，协调推进彭浦水库搬迁相关事宜。协调解决旧改基地水费收缴及设施折旧清算，协助开发单位、建设单位解决施工临水、正常用水申请，解决开发单位的雨、污水纳管问题。

2. 配合、协调电力设施建设。京江电站、长安电站已列入国家电网建设计划，正在加快实施土建工程；甘肃电站选址工作已完成。协调推进灵石路电力隧道建设，闸北区积极配合项目施工。推进道路建设架空线入地工作，南北通道、天潼路—曲阜路拓宽工程同步实施架空线入地，按时完成四行仓库周边道路架空线入地工程。

3. 加强市政道路设施养护管理。加强日常巡路检查，严格控制掘路，加强占路审批，实施市政道路养护、维修全覆盖管理。深入推进市政作业养护市场化，完成芷江西路（共和新路—普善路）车行道“白改黑”工程；启动实施中华新路（大统路—普善路）新辟非机动车道工程及芷江西路（共和新路—西藏北路）新装护栏工程、中兴路（东宝兴路—西藏北路）道路整修工程等市政道路整修项目。抓紧推进桥梁桥荫安全整治工作，积极落实市行业主管部门下达的监管、整治任务，完成中山北路（沪太路）下匝道桥孔桥荫新装固定式高护栏工程。

4. 加快推进中小河道整治。按照市水务局调水工作统一安排，持续开展彭越浦、走马塘、西泗塘等河道引清调水工作，并加强6条区管河道每月水质监测工作。加强中小河道堤防日常养护，推进河道疏浚及防汛墙新建、改建工程，基本完成走马塘北岸（北郊水闸—共和新路）防汛墙达标建设工程，项目总投资1465.7万元。在市水务局业务指导下，有序推进中小河道生态治理工程，积极改善水环境，优化沿河绿化环境，为市民群众提供良好的娱乐休闲环境。

5. 全面加强防汛设施建设。按照市防汛指挥部总体部署，闸北区全面落实各项防汛工作。汛前及汛期，加快推进并完成场中路3123弄、少年村路662弄等14个易积水小区改造工程。闸北区重新修订《闸北区防汛应急预案》和《闸北区防御大暴雨专项应急预案》，并结合防汛工作实际，重点修订完善人员转移预案，确保暴风雨期间及时处置各类突发事件。按照“六个不放过”的要求，闸北区有针对性、不间断地开展防汛安全大检查，督促各部门落实各项防汛措施，把隐患消除在萌芽状态，有效保障城区安全运行、安全度汛。

五、聚焦工程安全质量，规范建筑市场秩序

今年以来，闸北区持续开展建筑工地安全质量大检查，形成常态长效高压态势。根据本区去年制定的建设工程“1+5”监管文件，闸北区将逐步建立全市最严格的区域建设工程监管体系，全面推进在建工地安全生产、质量检查和文明施工标准化建设。按照《闸北区2015年–2017年安全生产重点领域专项整治三年行动计划》要求，今年闸北区持续通过日常巡查、飞行抽查、双休日检查等多种形式，强化综合执法行政处罚，有效形成安全生产和质量监管常态化检查机制。

施工安全方面，春节前全面开展建筑工地安全生产大检查，重点是深基坑、防火安全；节后复工检查，重点是安全教育、复工前的安全检查；二季度开展以防汛安全为重点的安全生产检查，开展既有玻璃幕墙建筑汛期安全防范工作，共巡查闸北区既有玻璃幕墙建筑33幢，填写巡查情况表33份；下半年重在夯实安全管理基础，围绕安全生产标准化管理、文明施工，开展专项检查及加强全区在建工地大型机械状况排摸检查。工程质量方面，重点对重大项目深基坑进行质量检查，开展大型工程分项计量装置检查。行政执法方面，规范劳务用工行为，保障农民工合法权益，开展在建工程劳务用工检查；严厉打击建筑施工转包违法分包等行为，重点对建筑施工违法发包、转包、违法分包及挂靠等行为进行查处。全区建设工程安全质量总体可控，建筑市场秩序规范有序。

（七）普陀区

普陀区建设和管理委员会

2015年，作为十二五的收官之年，建管委围绕区“一轴两翼”的发展大局，大力开展普陀城市建设和管理工作，全面完成了十二五目标，为经济社会发展提供了有力的环境保障。

一、围绕区域发展大局抓建设，市政基础设施体系逐步完善

围绕区“一河五区”发展大局，区建管委聚焦重点，在全区大力推进轨道交通、道路、桥梁、积水点改造等工程建设，目前，全区市政道路已达257公里，桥梁28座，下水道总长744公里，交通路网布局更为成熟。积极配合推进了14、15号线和北横通道建设，较好地完成了征地、腾地、交地工作，妥善处理了建设引起的相关矛盾，确保了市重大工程在普陀区顺利推进。为改善道路条件，解决道路功能陈旧、积水点等问题，全力推进了道路整治、积水点改造、桥梁景观等工程项目12项。特别是金沙江路人行天桥建设项目，是亚洲跨度最大的人行天桥，而且地下管线复杂，交通组织难，克服重重施工困难，完成了主体工程建设。为了科学推进普陀区城市建管大环境建设，根据市委市政府相关要求和区领导指示，结合普陀区区域发展实际，完成了《普陀区城区建设和管理十三五规划》编制工作。紧紧围绕桃浦智慧城建设，积极做好道路、水利等专项规划的编订工作，探索研究海绵城市科学规划，开展综合管廊建设的研究规划，深入开展绿色建筑、BIM技术在该地区的设计研究。

二、瞄准市民关切抓治理，普陀水环境质量有所好转

普陀是上海水系最发达的中心城区之一，拥有大小河道55条，河道总长86.91公里，水域面积达186.64万平方米。这是得天独厚的馈赠，但由于水系动力不足、排水系统不完善、上游进入水质差等原因，河水黑臭现象仍是困扰普陀人民的一大顽症。为下大力解决这一问题，区建管委采取了泵站排水、定期疏浚、水生物综合治理等等手段，但仍不能彻底治本。15年，区建管委把工程性治理与防汛防台结合起来，一方面加大水利基础设施建设力度，重点推进了北环水系工程等一系列水利工程建设，持续改善水环境面貌；另一方面，区建管委落实河道长效管理，深化养护作业市场化改革，提高养护作业水平。2015汛期的形势非常严峻，普陀区汛期降雨总量为1175mm，较常年降雨总量（750mm）偏多五成，创近十年降雨量新纪录。区建管委抓好工程性措施的推进，充分发挥“泵管联动”机制作用，落实“四合一”联动机制，推进防汛信息平台建设，抵抗住了台风等袭扰，保障了城市安全运行。

三、聚焦“最后一公里”抓优化，进一步完善市民交通出行网络

普陀境内已经有7条轨交线路，公交125条，长途汽车站两个，但普陀发展起步较晚，交通运能还有很多瓶颈需要解决。为进一步缓解交通矛盾，改善市民交通出行环境，区建管委15年动态交通和静态交通齐抓并管，做出了一些努力。在动态的公共交通上，继续优化公交线网布局和配套建设，在光复西路、枣阳路、馨悦公寓等公交空白地区开设“最后一公里”短驳公交线路，859路公交、1223路公交都已列入2015年全市公交调整计划。1230路巴士公交车作为上海市首条社区试点便民巴士，在普陀区桃浦新村地区开始试运行。桃浦便民巴士线路灵活，扬招即停，票价低廉，安全便捷，这对于上海交通管理部门来说是一项重大的政策

突破，而且有效挤压了黑车市场。在静态交通上，通过不断努力扩大空间，目前普陀区公共停车场库经营企业达171户，公共停车场（库）176个，公共停车泊位33462个，电子收费总比例达到50%以上。在中潭路3、4号轻轨下探索建设立体停车库，缓解周边居民“停车难”。另外，区建管委还集中力量做好了黄标车淘汰、春运保障、交通战备建设管理和铁路道口管理等工作。

四、铆牢城市运行安全抓管理，努力提升城市综合管理水平

普陀建设欠账多任务重，普陀同样设施陈旧管理任务重，普陀有又破又大的称号。为尽快改变这一状况，区建管委坚持“建管并举，重在管理”的理念，全面推行社会化管理，管理水平逐年提升。建筑业管理出新招。在传统管理的基础上，注重借助科技手段、引入专家和第三方服务机制，提高检查的权威性、实效性。注重做好安全生产和消防安全工作，确保无重大责任性事故发生。注重提高工地文明施工整体水平，加强建设工程扬尘污染防治和管理。15年申报市、区级优质结构工程33项(其中市级10项)，“普陀杯”区优质工程17项，“白玉兰”市优质工程3项，上海市市政金奖1项；申报区级“文明工地”15项，推荐参评上海市“文明工地”8项。坚持高质量进行市政设施日常养护维修工作。对普陀区部分道路市政井进行自调式井盖调换，目前市政井盖存量整治已完成今年制定的目标，累计完成3519个自调式防沉降窨井盖的调换工作。开展桥荫桥孔集中整治并建立长效管理机制。普陀区共清除22处非法占据桥荫桥孔，全部完成市路政局移交普陀区S20外环和S5沪嘉高速下共5处20跨拆违桥孔的整治任务。加强桥荫桥孔规范化管理，制定了《普陀区桥荫桥孔设施管理办法》，《桥荫桥孔设施使用技术标准》等一系列规章制度，建立GIS信息化平台，实现“一桥一档案”管理，相关工作走在全市前列。建立普陀区下立交防汛全监控和“四合一”联动机制，保障下立交汛期安全。加紧整治区域内27处燃气管道非法占压，现已整治完成26处，剩余1处正抓紧推进，力争按照节点全面完成整治任务。加大规化管理力度。对全区713幢玻璃幕墙开展专项检查、整治，开发试运转普陀区玻璃幕墙信息管理系统。稳步推进建筑节能各项工作，新一轮的区级能耗监测平台的升级工作即将完成，完成申报满足有关建筑节能资金扶植条例的项目3项，积极推进新建建筑实施可再生能源建筑一体化应用。大力开展全国无障碍环境示范区创建，普陀区以上海市17个区县第一名的成绩被推荐为全国无障碍环境示范区，并代表上海市通过了住建部、中残联等国家五部委的核查验收。在2013年–2015年新一轮无障碍环境创建中，全区各项无障碍设施建设和改造内容，均达到并超过国家五部委无障碍环境市县创建工作标准。另外，努力做好了“特定区域”的环境治理工作。

五、扎实推进党风廉政建设和信访稳定工作

以严守“八项规定”为保障，进一步营造反腐倡廉氛围。加强宣传教育，通过组织集中、观看警示教育片、通报违法违规典型案例、谈心谈话等形式，教育干部职工知敬畏、明底线、受警醒。专题研究党风廉政建设和惩防体系建设推进工作，制定了主体责任、责任分工和责任书等文件。进一步细化完善了《建管委关于执行“三重一大”制度的实施细则》，明确会议决策主体和内容。加强监督检查，深化推进建设工程领域“制度+科技”重点项目建设，与区检察院签订共建协议，对列入黑名单的将不再进入招投标程序。强化效能监察，对12345热线等进行问题实例跟踪，认真抓好整改落实。建立廉政谈话制度。

信访工作注重做好六个抓：一是抓信访渠道畅通。区建管委初信初访办结率为

100%；网上信访公开答复为100%；二是抓平台对话机制。普陀二村、普陀四村（一期），普陀四村（二期），顺义村，同乐村，瞿家廊等动拆迁群体性矛盾对话沟通平台机制保持常态。紫藤苑、绿杨路36弄小区、新村路570弄8--11号以及万航渡后路85---87号、金鼎路道路改建等一批曾引起是领导高度关注的群体性矛盾的得到稳控。通过平台对话沟通，促进了长风、长征、桃浦、真如、甘泉一批动迁、房屋质量、建筑施工、重大工程建设矛盾缓解可控；三是抓积案专项治理。开展"以案清事明促案结事了"专项治理工作；四是抓稳控值守常态。"关注节点，切实维护社会稳定"始终是委信访室的一项重要工作；五是抓议案提案办理，每一件议案提案都认真对待，及时回复；六是抓重访对象接谈。根据区委、区府信访办要求，区建管委信访室办理对象6人。

普陀区绿化和市容管理局

2015年，区绿化市容局在区委区府的领导下，紧紧围绕建设"科创驱动转型实践区、宜居宜创宜业生态区"目标，不断加强绿化市容行业建设和管理，深入开展"三严三实"专题教育，全面回顾"十二五"发展情况，认真编制《普陀区绿化市容"十三五"规划》，真抓实干、努力奋斗，全面完成各项目标任务，全力提升区域绿化市容环境水平。

一、精心部署，科学编制"十三五"规划

1.全面动员，深入开展调研。2015年3月，按照区委区府要求，成立以党政主要领导为组长的局"十三五"规划编制领导小组，召开普陀区绿化市容"十三五"规划编制动员会，以各分管领导为小组长，各相关科室为组员，组成绿化、环卫、市容三个调研小组，对普陀区绿化、环卫、市容三方面工作进行深入调研，于4月形成规划编制思路。

2.认真编撰，广泛征询意见。在深入调研的基础上，历经横向讨论、纵向沟通，形成绿化、环卫、市容"十三五"规划材料，由局党政办公室牵头进行汇总编撰，于2015年9月形成初稿。通过党政领导班子例会、中层干部参加的专题讨论会、青年讲堂等多层次全覆盖的"十三五"大讨论，解决存在的问题，形成大讨论成果，于10月形成了征求意见稿，向区发改委、区环保局、区建管委、各街镇等18家单位征询意见。

3.严密对接，形成规划送审稿。结合征询意见，召开专题研讨会，对征求意见稿进行了讨论。11月，局党政主要领导向区委区府专题汇报了普陀区绿化市容"十三五"规划的编制情况，与区分管领导进行了专题汇报和项目细化。同时，在各项指标核定过程中，严密对接上海市绿化市容"十三五"规划和普陀区"十三五"规划，于12月形成送审稿。

二、多措并举，持续提高绿化建管水平

1.有序推进绿化建设。全年新建绿地40.97万平方米，种植行道树1047株。完成立体绿化建设43726.1平方米，其中垂直绿化10822.1平方米，屋顶绿化32904平方米。完成公共绿地调整改造12.98万平方米。至2015年底，区域绿化覆盖率26.21%，人均公共绿地面积6.8平方米。持续推进外环生态专项和南大地区综合整治绿地建设。完成轨交13号线武宁路站等三个站点累计5412平方米绿化恢复工作。完成真北路曹安路西北角公共绿地、近铁广场周边绿地等项目建设。

2.切实加强公共绿地、行道树管理。深入推进林荫道创建，成功创建棠浦路（梅岭北路－兰溪路）、普雄路（曹杨路－武宁路）2条道路（路段）为市级林荫道，累计区域内共有市级林荫道17条，创建数量位列全市第一。全面启动行道树精细化养护，对区域内17条市级林荫道开展专题巡查。完成市重大工程北横通道（普陀区段）、轨交14号线、15 号线普陀区站点绿化动迁工作。结合“五一”、“十一”等重要节点和重大活动，做好全区主要道路、重要区域花卉景点布置。

3. 不断提升公园管理水平。充分发挥公园文化阵地作用，成功举办梅川公园梅花展、长风公园牡丹展、月季展和宜川公园菊花展等特色花展活动，配合市区各部门在公园举办环保、禁毒宣传、学雷锋志愿者服务、群众文艺演出等各类文体活动 47 场次。通过新建 2 条百姓健身步道，增设儿童游乐设施等硬件设施提升，为民服务功能进一步放大。根据市局工作要求，结合公园实际，今年进一步扩大夜公园开放范围，曹杨、管弄、甘泉、祥和 4 座公园延长开放时间，累计开放夜公园 13 座，更好的满足市民游园需求。

三、突出重点，有效提升市容环境管理水平

1. 创新推进责任区管理。自今年 3 月 1 日《上海市市容环境卫生责任区管理办法》颁布实施以来，深入贯彻落实“互联网 +”提升智慧城市服务水平的理念，创新思路，创建微信公众号，利用客户端进行责任人信息采集工作，累计完成 1.3 万户的信息采集，达到全覆盖，高效推进责任区管理工作。与各街镇分级分层开展培训，目前全区开展各街镇管理人员培训 673 人次，责任人培训 4045 人次。同时，通过全区 98 条路段推行沿街商铺垃圾定时定点收集、引入社会第三方加强管理、开展责任区管理实效测评以及与街镇探索建立各有特色的责任区管理模式等工作机制，促进责任区长效管理。此外，利用商业区、公厕屏幕滚动播放各类责任区宣传资料；利用景观围墙美化与责任区宣传主题相结合的方式，使宣传工作更加亲民；通过在全区 8 个路段设置 500 多对宣传对旗的形式，进一步提高市民知晓率。

2. 有力开展市容环境治理。推进无序设摊综合治理，对 52 个点位落实“一店一策（档）”跟踪管理。对亚新广场周边及澳门路新疆人主麻日等 4 个无序设摊聚集点开展集中治理，实现 14 处无序设摊聚集点的治理销项并强化长效管理。以问题为导向，通过特定区域专项整治、市容环境社会公众满意度测评、拓展“五项测评”内容等方式，加强城市顽症治理，提升区域市容环境质量。

3. 不断加强设施建管。规范对户外广告、店招店牌设置的行政审批和监管工作，全年总计新建、维修店招店牌 1100 块，完成 19 个路段景观围墙美化 7686 平方米。加强主要道路两侧灯光设施巡查，落实四大节日前景观灯光集中维修和日常的维护保养工作，确保亮灯率和安全性。同时，根据上海市绿化市容局工作安排，开展违法户外广告设施专项整治行动，全年共拆除市局督办单中违法户外广告设施 9 处 22 块，完成目标量的 84.62%，拆除进度列全市第二。

四、提高效能，不断强化环卫作业质量

1. 清道、清运效能进一步提升。以道路保洁及垃圾清运文明创建为抓手，通过增加道路机扫、冲洗频率，增加巡回保洁速率等工作措施，切实提高道路保洁垃圾清运效能。配合各街镇环境整治，开展中小道路整治，加强道路人工巡回保洁、道路冲洗，尤其针对排挡遗留的油渍污垢，制定整治计划，定期对人行道、固定污染点进行油污冲刷，着力加强夜间重污染区域的保洁、冲洗。对生活垃圾、大件垃圾、绿化垃圾、餐厨垃圾、废弃油脂等垃圾实现单独收集、运输、处置，今年尤其在清运上更新废弃油脂收运电子系统，强化餐厨垃圾和废油脂源头申报宣传，推行网上便民申报服务，全年，普陀区共处置餐厨废弃油脂 1946 吨，比去年同期增加了 12.4%。

2. 环卫设施改造扎实开展。继续加大对老旧垃圾压缩机房、小区垃圾房、环卫和绿化道班房、社会公厕的升级改造任务，与区商委联合发布《关于推进普陀区社会公厕体系建设和提升社会公厕能级的实施意见》，今年共完成26座压缩房、405只小区垃圾箱房、5座环卫道班房、6座绿化道班房的维修更新，全年一次性保洁集市公厕28座，升级改造各类社会公厕7座，并对10座环卫公厕开展美化工程。有效结合环卫设施和立体绿化建设，针对区域内50多座有条件的环卫设施种植近6000平方米立体绿化。

3. 渣土运输处置监管卓有成效。今年，区绿化市容局加强宣传教育、提升监管力度、提高技术含量，进一步规范渣土运输管理。在宣传教育方面，联合交警、城管对本区300名建筑渣土驾驶员、现场管理人员和企业负责人进行3次集中培训，并协助区建管委编制《关于加强普陀区建筑垃圾和工程渣土运输处置管理的通知》；在提升监管力度方面，排摸渣土运输车辆等信息并建立数据库，采取三级巡查和联合整治相结合的模式，有力打击违规超载运输车辆；在提高技术含量方面，引进30辆新能源车，并对80辆渣土运输车辆实行软加盖，有效控制扬尘污染。

五、夯实基础，拓展服务民生能力

1. 生活垃圾分类减量不断深化。定期召开分类减量例会，加快设施改造步伐，规范收运中转处置服务，加强垃圾分类减量监管考核，切实完成当年度分类场所实施推进目标，全年完成新增垃圾分类5.01万户，全区分类覆盖累计达20.86万户，完成市政府下达的从2011—2015年累计分类覆盖20万户的指标任务。通过购买第三方服务社会化的运作模式，有序开展绿色账户物料申请、微信公众号建设、绿色帐户开卡及积分兑换礼品筹措、绿帐社区宣传培训指导等工作。全年新增覆盖8.68万户，超额完成年新增覆盖6万户指标任务。按照市局工作要求，完成年度生活垃圾减量指标。

2. 各类诉求快速处置。今年，处理区人大书面意见9件，其中主办件7件，会办件2件，办理结果满意率、办理态度满意率均为100%；区政协提案12件，其中主办件7件，会办件5件，办理结果同意率、办理态度满意率均为100%；区党代表意见9件，均为主办件，办理结果同意率、办理态度满意率均为100%。受理处理市区信访108件，处理完毕107件，办结率99.1%；受理各类投诉意见1898件，处理率100%，市民满意率98.16%；做好媒体曝光受理回复工作，全年，受理回复媒体曝光16件，受理回复率100%，满意率100%。圆满完成今年“夏令热线”市民诉求处理和“政风行风”接听保障任务，及时解决市民急难愁问题，树立行业良好形象。

3. 宣传模式逐步拓展。围绕社会主义核心价值观宣传，开展“学身边先进、树优良作风、建一流业绩”主题实践活动，自上而下开展“每季一星”评比，全年共评选出爱岗敬业、诚实守信等各类“每季一星”18人。经过精心采编，全年在中国上海门户网站和上海市绿化市容局门户网站刊登区绿化市容局各类工作信息200余篇，发布政务微博500余条。在《新普陀报》刊登区绿化市容局工作报道19篇，绿化市容你我他专栏刊载11期，刊发专版2期。完成全年12期《普陀绿化市容报》的编撰发行工作。利用各级网、报、台、微博等平台及时报道全系统各项工作措施与成果，与市民形成良好互动。

回顾一年来的工作，区绿化市容局在肯定成绩的同时，也清醒地认识到绿化市容环境、城市管理水平的质量与国际化大都市中心城区的标准相比还有差距，在新的一年中，区绿化市容局将以建设“科创驱动转型实践区、宜居宜创宜业生态区”为目标，团结一心，抢抓机遇，克难前行，开拓进取，进一步提高市容环境的美誉度和满意度，不断开创绿化市容事业新局面！

（八）杨浦区

杨浦区建设和管理委员会

2015年是完成“十二五”规划、谋划“十三五”规划的关键一年，更是区委确定的基础设施建设年。按照区委、区政府2015年工作部署和安排，区建管委紧紧围绕建设科技创新中心重要承载区的目标，重点推进“路、桥、轨、隧、水、电”六大功能项目建设，牢固树立新建交精神，齐心协力做好基础设施“补短板”、“惠民生”的工作。

一、工作主要特点

（一）凝心聚力，共谋发展

围绕科创中心重要承载区的建设和基础设施补短板的要求，按照区委、区政府2015年工作部署和安排，年初，党政班子分别研究制定了《党的建设工作重点项目清单》、《党风廉政建设责任制主体责任和监督责任项目任务清单》、《行政工作重点项目清单》，明确了29项党建项目、43项建设和管理项目以及9项党风廉政建设项目，切实贯彻区委关于“落实责任化、推进节点化、任务项目化”的工作要求，明确任务、厘清边界、强化责任，确保各项工作有条不紊开展，为工程建设和管理提供坚实的制度保障。

（二）审时度势，细致谋划

年中在班子调整后，全委上下进一步统一思想，围绕年初制定的各项工作目标任务，继续狠抓落实，以“实的作风、实的情怀、实的标准”做好工作推进。在充分认识市政基础设施建设对于杨浦发展的重要意义的同时，区建交党政班子全力做好各项准备工作，一是在充分考虑、反复酝酿的基础上，根据工作推进要求，做好班子分工调整；二是推动项目建设，成立了由主要领导为组长的区建交党工委重大市政基础设施建设推进工作小组，完善组织设置；三是从委机关各科室、各委属单位抽调骨干力量，充实到重大市政基础建设推进小组办公室。

（三）既往开来，锐意创新

党工委在系统内发动全体党员干部围绕“工程优质、管理优胜、干部优秀”的“三优”目标，开展了专题大讨论。经反复比对取舍，最终形成了“善攻坚、敢担当、重诚信、守规矩、乐奉献”的新“建交精神”，作为建设交通系统党员干部的价值追求和共同遵循，切实增强道德使命感和工作责任感，心无旁骛的投入到杨浦新一轮大建设大发展中来。主动出击，为打好基础设施“补短板”、市政项目“抓双十”这场硬仗做好思想上精心准备，不负重托，全面贯彻、落实好诸葛书记对于加快杨浦基础设施建设发展的要求和杨浦百万人民对于改善城区面貌的殷切期望。

二、2015年度各项重点工作推进情况

按照区委、区政府2015年工作部署和安排，区建管委紧紧围绕建设科技创新中心重要承载区的目标，重点推进“路、桥、轨、隧、水、电”六大功能项目建设，制定了《杨浦区建交委2015年重点工作任务分解表》，明确时间节点、分管领导、责任人，坚持项目化管理，加强项目推进中的检查、考核与评估。根据区委、区政府的统一部署由区建管委承担落实的“1+11”区委重点工作”、政府实事项目及各类年度重点工作任务共由26项。目前，城市建设和管理各项目标任务达到预期成效。

（一）市政工程建设推进情况

1.“1+11”区委重点工作实施情况

根据区委确定“1+11”工作目标，由区建管委牵头实施区建管委承担的“以基础设施为重点，全面推进重大工程项目建设”共涉及9项，除长阳路拓宽工程二期正在加紧实施，确保年内实现通车目标外，其余项目均已实现年初确定的节点目标：

（1）长阳路拓宽工程一期（大连路－宁国路）：（大连路－宁国路）段共2.3公里，由原来14米的车行道拓宽到35米，双向4快2慢车道布置，工程于2014年6月开工，2015年6月竣工通车。

（2）长阳路拓宽工程二期（宁国路－内江路）：（宁国路－内江路）段共1.8公里，建设规模双向4快2慢，于2015年3月开工，南侧道路已建成通车，北侧完成非电信架空线入地，正施工路基，计划年内基本建成。

（3）江浦路道路拓宽改善工程（延吉西路－抚顺路）：长约240米，建设规模双向4快2慢，2014年11月开工，2015年2月竣工通车。

（4）江浦路道路拓宽改善工程（本溪路－周家嘴路）：（本溪路－周家嘴路）段长约740米，建设规模双向4快2慢。2015年3月开工，6月竣工通车。

（5）新江湾城通道及空中连廊（淞沪路－三门路下立交工程）：总体项目2014年12月31日立项，8月14日取得规划总体方案批复。通道部分（下立交工程）已启动绿化搬迁等前期工程。

（6）军工路高架快速路：市发改委于2015年7月批准立项，杨浦段方案基本稳定，市城投公司正协调宝山范围立交方案，计划年内完成工可报告。

（7）完善道路网络服务水平，提升公共交通服务能级，均衡区域停车供需矛盾，提升诱导系统服务范围，实现区域智能交通管理：在市交通委的关心和领导下，通过市区密切配合，目前五个大类15个项目总体进展情况良好。微枢纽、新江湾城公交枢纽、部分交通设施、标志标线、公交专用道等已经建成；交通诱导系统、五角场交通枢纽外立面改造和标志标线的实施方案市交通委已批复，并落实经费，正在分步实施。

（8）配合推进北横通道开工：杨浦段含4处下立交（大连路、江浦路、黄兴路、隆昌路），已有3处完成了规划方案公示，计划12月取得建设用地规划许可证，仅江浦路下立交方案还在论证。

（9）配合推进轨道交通18号线开工：8个站点中6个已启动腾地工作、1个已完成签约。

2. 其他重点工程项目推进情况

按照市区相关部门的工作，由区建管委承担的有明确节点目标要求的工程建设项目还有6项，目前正按计划节点要求，积极推进。

（1）截污纳管：市政管网建设已于2014年12月开工，除涉及穿越铁路标段其他标段已全部完工。涉及铁路标段已进入施工阶段，同时启动实施滨江7个单位的联通工程，力争12月份完成通水。

（2）大定海排水系统建设：泵站主体工程已竣工；大定海低标支管工程目前所有排管与道路修复已基本完成，总管工程2014年8月底开工，目前已达到20%排水效能。

（3）松潘、丹东、民星南排水系统建设：松潘排水系统市排水公司已上报工可；丹东排水系统已完成工可初稿；民星南排水系统专项规划已获批，启动项建书编制，同时启动排水系统配套支管网的方案研究。

（4）杨树浦泵闸管理用房建设：根据区委、区政府指示要求，在时间紧、任务重的情况下，在各职能部门的协助下，于2015年6月5日顺利取得施工许可证，并于2015年9月25日如期完工，实现了杨树浦港泵闸管理用房管理用房于今年汛期结束前竣工的总体目标。

（5）凉州路（内江路－定海路）道路辟通工程：已完成扩初批复，已完成工程招标，确定了施工总承包单位，正在办理合同备案手续，计划于12月中旬取得施工许可证。

（6）明园村地铁受损房屋加固修复：根据中央联席办督导组的意见，区建管委对加固修复设计方案和设计图纸组织了多学科多专业的专家进行顶格评审。根据专家的论证结果，区建管委对加固修复设计方案和设计图纸进行了修改，并办理了相关法律程序。现已启动损坏最严重的4号房的加固修复工程。与此同时，完成了明圆村3幢受损房屋的第一个半年跟踪监测工作，之后将根据相关要求，启动第二个半年跟踪监测工作。

3. 区政府实事项目推进情况

通北路积水改善工程、吉林路积水改善工程、长海路周边区域停车诱导系统及配套改善项目。各政府实事项目已按期完成。

（二）重点业务管理工作推进情况

按照市区相关管理部门的要求，涉及区建管委落实重点业务管理事项共10项。分别涉及市政、水务管理、建筑业管理、交通管理等各个领域。

1. 市政业务管理

（1）全面实施市政水务设施养护作业市场化改革：对2014年已开展养护市场化的市政排水设施霍山平凉、民星嫩江、五角场3个区域，按照新的监督考核办法，加强考核，市政、排水设施的养护工作得到较大改善；今年5月正式启动第二阶段的养护市场化改革工作，市政排水设施5个板块、中小河道、中小泵闸等养护市场化项目已进入招投标程序，预计年内可以完成。新江湾城基础设施养护市场化于6月正式启动，由于新江湾城三位一体的管理管理特点，无法正常实施财政实行的网上评标等方法，经过沟通讨论仍采用线下评标方案，并于10月23日完成招标工作，发出中标通知书，目前养护合同已拟定签署。

（2）区区对接道路条贯通：殷行路殷高西路（国权北路–淞沪路）段11月8日贯通，实现通车。江湾城路（国帆路以北–军工路）已完成项建书编制。淞沪路杨浦段、政涟路等跨铁路的区区对接道路计划与军工路北段高架统筹研究、同步建成，杨浦区已启动方案研究。民府路（政青路以西）已配合国权北路拓宽启动方案研究，民府路（政青路–国安路）部分道路受部队26师影响还在协商腾地。宝山区已将国权北路（三门路–殷行路）工程方案报送市交通委，市交通委方案评审后调整规划线型。国帆路（淞行路–逸仙路）因涉及铁路、高架、轨交，宝山区未启动国帆路接军工路的方案研究，鉴于该路段对杨浦交通的重要性，区建管委请市政设计院对该路段进行可行性研究。

（3）加强燃气安全管理：牵头召集区安监局、区市场监管局、杨浦公安分局、杨浦交警支队、区城管执法局、区环保局、各街道（镇）进行专题讨论，提出开展大检查的实施意见，明确企业的主体责任，落实燃气行业单位对学校、敬老院、医院、餐饮饭店等人员密集场所、公共场所的用气安全进行检查，消除安全隐患，保障用气安全。对市燃气市北销售有限公司“自查自纠”排查出35处“燃气输送管道占压”（四平街道1个、五角场街道1个；平凉街道19个；长白新村街道14个）逐一到实地检查，提出整改意见。目前，四平街道、五角场街道已整改完毕；平凉街道19个由市北公司已制定技术改造方案，计划年底前完成；长白街道14个采取书面告知、上门宣传、进行约谈等方式要求住户自行整改，逾期未改的将进行强制拆除。

（4）加强桥梁孔洞安全：根据市里统一要求在杨浦区内环、中环及国伟路桥下共计408孔桥孔进行了排摸，对桥梁桥孔下被占用空间进行安全隐患大排查，约谈了9家被占用单位负责人，对违规占用的各单位已要求清退撤出，对存在消防用电隐患的各单位已要求其整改。同时在国庆前夕海安路桥维修工程全面竣工，原桥梁混凝土网裂、梁板断裂等病害得到加固和修复，消除了安全隐患，确保进出复兴岛车辆的行车安全。

2. 建筑业管理

（1）建筑节能和装配式建筑完成了市级部门下达的任务指标（各区县政府在本区域供地面积总量中落实的装配式建筑的建筑面积比例，2015年不少于50%。采用混凝土结构体系建筑的装配式住宅单体预制装配率和装配式公共建筑预制装配率应不低于30%）：考虑到装配式建筑既是绿色建筑的组成部分，也是建筑信息模型技术实施的重点领域，将三者进行综合运用，目前，建筑信息模型工作方案已经形成初稿，装配式建筑计划落实整体比例为56%，超额完成市住建委下达的50%的目标。；绿色建筑完成27.6万平方米、既有公共建筑改造完成18.3万平方米；能源审计8项，分项计量68幢建筑上传数据；都完成了市级部门下达的任务指标。在滨江示范区的建设中，制定了《杨浦滨江可持续发展规划导则》，明确地块内所有项目绿色建筑达到二星级认证的比例应达到100%（其中达到三星级认证的比例应达到50%），设计能耗应满足上海市不同类型公共建筑合理用能指南的要求，一次能源利用率不低于150%或160%。

（2）无障碍示范区创建：牵头组织相关部门，保质保量完成道路、公共建筑设施、公共交通设施、福利及特殊服务建筑等多个方面无障碍环境建设和改造，成功创建上海市无障碍设施示范城区。

（3）加强大气污染控制：重点加强对42（长阳路以南的工地）+18（全区出土、桩基工地）+4（“国控点”周边工地）工地的大气污染控制，联合区环保局等相关职能单位，共同打好大气污染防治“攻坚战”。在全区20个工地分批安装扬尘在线监测系统，全天24小时实时监控扬尘污染。

(4) 深化建设工程行政审批改革：①继续优化审批流程：在重点项目的审批中将行政审批时间从409个工作日进一步压缩到175个至241个工作日，并将重点项目审批的经验进行总结和提高，形成杨浦区建设项目行政审批优化操作的模式和路径，便于区重大项目的整体推进。②深入推进行政权力公开工作：在2014年作为试点单位，公布行政权力117项的基础上，今年继续加强动态管理，做好权力清单修正工作，根据市里的文件精神，对原有的117项权力新增2项，取消2项。经过“+2-2”及时调整后，目前区建管委行使的行政权力仍是117项。其中，行政审批29项，行政处罚74项，行政强制1项，行政备案8项，其他行政权力5项，内容涉及市政道路桥梁、水务、防汛、建筑业、交通、其他等六个行业领域。与此同时，编制《业务手册》和《办事指南》，并全面梳理与行政权力清单相配套的行政责任清单，明确4140项行政责任追究方式。通过公开行政权力，加强责任追究，促进权力行使得到有效监督。

(5) 基本完成城市地下管线数据库建设：目前项目的软件系统已开发完成，各项主要功能经测试已可以顺利应用。探测方面，外业探测以及内业已经全部完成，已于10月底全部提交监理审核及送各管线权属单位进行单一管线图的校对，总计探测3300公里的管线长度。

3. 交通管理工作

按节点要求推进“黄标车”淘汰工作：自2015年6月明确区建管委牵头开展此项工作后，区建管委立即于6月中旬组织召开了专题动员宣传会，将相关政策宣传资料和相关文件分发至区各相关部门、各街镇，要求各街镇主动上门对辖区“黄标车”企业和个人进行政策宣传和解读，指导督促其落实“黄标车”淘汰工作并加快实施进程。每月召开推进会，落实推进这项工作，截至10月24日，杨浦区已淘汰530辆，尚余507辆“黄标车”待淘汰。

三、长效管理工作

（一）市政管理

2015年道路大中修项目中翔殷路已竣工，松花江路进入施工收尾阶段，水丰路、安图路、延吉中路进入施工许可证办理阶段，武东路已取得开工批复。2015年桥修项目中，军工路虬江桥、控江路跨铁路天桥已竣工。定海路桥、杨树浦路桥、平凉路桥、政本路农场桥正在施工许可证办理阶段。海安路桥大修加固工程、地下空间管线数据库建设已竣工。开展道路检查井专项整治工作，对内环线沿线的地面道路、主次干道上存在“路框差”、“盖框差”问题的井盖进行排摸，统一调换成自调式防沉降窨井井盖。目前，已完成调换 2015 只井盖，完成率 38.5%。

防汛、水务管理工作：加强排水管道日常畅通养护。委托专业单位对排水管道进行下水管道 CCTV 及声呐自查，及时了解下水管道的养护情况及存在问题。结合市排水处月度检查报告及区自查报告、日常疏通养护，开展连管的检测和翻排工作。对历史遗留性的江浦路 1420 弄、虬江码头 8 号以及上海煤气厂等闲置地块实施“小包围”工程建设，对 10 余处私房旧里的积水点进行整治以及全区小市政井盖座调换工作。加强河道保洁及防汛设施维护保养工作。根据市相关要求，扎实开展“三清”专项行动，对河道的保洁盲点、违规堆五、违章搭建及违规排放等问题进行全面清查、统计并进行整改。认真组织内河防汛墙沉降、开裂等异常情况的巡查、施工及整改。加强泵闸设施的日常管理和设施维护，及时对损坏的设施进行维修和更换，对中原河水闸等部分泵闸进行革新。

（二）加强建筑业长效动态管理

杨浦区在中心城区在建工地最多，目前区受监工地 171 个，总建筑面积 347 万平方米，其中土建工地 83 个（其中深基坑项目 14 个）、装饰装修工地 62 个、市政工地 12 个，全年累计竣工项目 92 个，竣工面积 59.1 万平方米。

1. 针对建设高峰期，杨浦区狠抓工程安全、质量监管。一是加强建设工程安全监管。组织开展消防疏散大演练和安全演练，举办建筑工人比武竞赛。开展大型机械、危化品及易燃易爆物品储藏、宿舍用电安全等 15 次专项检查。二是严格建设工地执法。今年共签发各类整改文书 217 份；对 55 家违法违规的单位进行立案查处，行政处罚金额共计 247.2 万元，比去年同比增长 2 倍。市安质监总站在杨浦区召开现场会，充分肯定了杨浦区“打非治违”、质量治理两年行动的推进情况，认为措施扎实有力，工作效果明显。三是打造“智慧工地”品牌。在平凉街道 16 街坊和 22 街坊商办项目试点，开发现场信息发布、二维码巡更、周遭报警等功能；研发远程监控客户端 APP，打造可移动、便携式的监督系统，获得新民晚报的区县创新案例。

2. 强化文明施工管理措施。一是加强扬尘在线监控。在全区 22 个工地分批安装扬尘在线监测系统，全天 24 小时实时监控扬尘污染，超额完成市下达任务。截止目前创市文明工地 7 个。二是创新围墙文化建设。制定《杨浦区建设工地围墙文化长效管理工作方案》，开展围墙文化系列活动，评选“十佳最美工地围墙”，在围墙文化建设载体和实效上均有新的突破。

3. 规范建筑市场管理秩序，一是加强源头把控，今年共受理项目报建 157 个，涉及总投资额 147.79 亿元；发放施工许可证共 149 张；办理建设工程竣工备案 69 个；办理专业交易 26 个、涉及合同金额 2.24 亿元；建材交易 111 个，涉及合同金额 1.82 亿元。编制招投标内部监管手册。今年共办理承发包项目 218 项，中标金额 328.68 亿元，其中施工承发包项目 149 个，设计招标 20 个，勘察招标 16 个，监理招标 16 个，累计召开各类开评标会议 438 次，1800 余家投标单位参与了招投标活动，792 位评审专家参与了项目的评标工作，公开招标率和应招标率均达到了 100%。加强招投标内部流程管理，在招标信息发布、评标办法、否决条款备案等环节，试行完成 AB 角复核环节后方可进行相关文件的备案。

4. 深化行政审批改革，切实提高行政服务效能，施工许可证、竣工备案办理时间由法定的 15 个工作日缩减至 10 个工作日。推进公开行政权力清单工作。在梳理行政审批权 7 项、行政处罚权 45 项，其他行政权力 2 项的基础上，制定《服务手册》、《办事指南》，有序开展权利清单、流程图、责任清单的三联单清理和制定工作。

（三）信访稳定工作

今年以来区建管委信访维稳工作总体平稳有序，截至10月底，区建管委共受理信访矛盾类、热线类事项6083件/次。其中来信来电类1887件/次、来访接待内89件/次、网格化城市管理类3367件/次、市民服务热线类740件/次。各类信访事项都能按照《信访条例》等相关规定全部按期办结，按时告知率为100%，按时回复率为100%。

区建管委共收到两会主办、合办的书面意见和提案57件，经过全委的积极努力，于5月下旬全部办理完毕，办理态度满意率为99%。

三、特色工作

1. 五角场交通示范区建设

交通，城市的命脉，与老百姓的生活息息相关。为了提高上海这个东方国际大都市的交通品质，打造综合交通体系，探索可复制、可推广的经验，2014年，市交通委会同杨浦区开展了江湾－五角场城市副中心综合交通示范区的规划研究，明确了未来一段时期内改善区域交通的目标和任务。根据市领导的指示精神，为确保五角场综合交通示范区建设“当年立项、当年开工、当年见效”的目标实现，区建管委与市交通委、市政局、交通集团、区绿化局等单位通力合作，加快推进示范区5个大类15个项目的建设。目前5个大类15个项目总体进展情况良好，得到了市里领导的高度支持，在市区相关部门召开的现场会议中，市有关部门对示范区的建设，特别是微枢纽建设给予了充分肯定。

2. 创建无障碍环境示范区的工作

根据“建标〔2013〕37号”《住房城乡建设部关于开展创建无障碍环境区县工作的通知》的要求和“沪建管联〔2015〕327号”《关于开展创建无障碍环境区（县）检查验收工作的通知》的规定，杨浦区成为上海17个区县中五个无障碍环境示范区之一。上述创建工作已经经过市级核查、部委抽查。通过了关于创建全国无障碍环境示范达标市县的公示。下一步，将在北京召开大会，进行正式表彰和颁发证书。

上述工作既是国家层面推进的无障碍工作，又是创建全国文明城区重要组成部分。既体现了政府对弱势群体的关心，又体现了专业部门的城市管理水平。既涉及新建、改建、扩建项目的专业化审批，又涉及既有建筑改造的精细化管理。为此，杨浦区建管委高度重视，克服量大面广、基础设施薄弱的不足，千方百计整合资源、多措并举，协调有关委办局和街镇根据组织管理、道路无障碍环境建设和改造、公共建筑设施无障碍环境建设与改造、公共交通设施无障碍环境建设与改造、福利及特殊服务建筑无障碍环境建设与改造、居住小区、居住建筑无障碍设施建设与改造、信息交流无障碍环境建设八个方面的要求开展和完成106项指标的工作。

3. 防汛防台工作

近三年来，杨浦区防汛办按照市防汛办防汛防台各项工作部署和要求，在市防汛指挥部、区委、区政府的高度重视和坚强领导下，深入学习贯彻落实新修订的《上海市防汛条例》，完善应急预案、落实防汛责任、做好应急保障、加强协调联动，履职尽责，与全区防汛成员单位和广大防汛干部职工密切协作，发扬不畏难、敢吃苦、勇担当的精神，

在防御“菲特”、“凤凰”、“灿鸿”等台风和特大暴雨、大暴雨的过程中，特别是今年“6.17”“8.24”等多次大暴雨中按照市紧急通知和视频会议的部署和要求，加强值班备勤，检查各成员单位、各街道镇响应、到岗情况，加强信息报送和沟通，按照应急预案认真做好各项防御准备。面对突如其来的灾情和汛情，在市防汛指挥部和区委、区政府的领导下，及时发布工作指令，落实各项工作要求，迅速组织力量，做好受灾严

重的道路、居民居住小区，开展应急处置工作，做到水不退人不撤，并全力以赴做好受灾居民的安抚和安置工作。争取市、区各排水管理部门的大力支持，通过“市区联手、泵管联动”充分发挥各街道（镇）、区防汛指挥部各成员单位和市、区两级防汛、排水部门横向和纵向的整体联动作用。在排水管网满管时，通过科学决策、协调指挥，市排水部门配合区建管委迅速开启泵机予以抽、排水，确保了“退水快”目标的实现。

杨浦区绿化和市容管理局

2015年，区绿化市容局认真贯彻党的十八大精神，在区委、区政府的正确领导和市绿化市容局的指导下，以“创全”工作和加快推进科创中心重要承载区建设为重要契机，以市容环境综合建设和管理为载体，进一步改善城区市容环境面貌，提升城区市容环境综合管理水平。

扎实推进全年各项目标任务完成。人均公共绿地面积预计达4.32平方米，生活垃圾日均处置量预计控制在市下达的876吨指标内，政悦路（闸殷路–泵站）被成功命名为“上海市林荫道”。在上半年度市容环境市民满意度测评中，杨浦区总体评价结果为81.45，在全市17个区（县）的市民满意度测评排名中位列第5位，保持“良好等次”，与2014年下半年度的水平（80.98）相比，略有提升。区环发公司海英保洁分公司清运班副班长宋飞飞获得“杨浦好儿女”荣誉称号，海浦保洁分公司清道班班长王祖宝获提名奖。

一、以服务民生为重点，确保实事项目建设管理任务圆满完成

一是做好8座社区公园6月–9月夏令期间延长开放工作。持续做好公园开放的硬件维护和软件提升，为市民游园做好安全保障。二是有序推进街头绿地新建改造。截至11月底，新建绿地12.43公顷，其中公园绿地4.35公顷，新建立体绿化30216.6平方米，完成10块街头绿地新建改建。三是积极推进环卫设施建设。全面完成34座环卫设施新建改造任务，包括新建公厕3座，改建公厕14座，新建生活垃圾压缩站4座，改建生活垃圾压缩站2座，改建垃圾箱房11座。四是深入推进生活垃圾分类减量。今年在180个居住区开展生活垃圾分类示范小区创建，新增58个居住区实施生活垃圾分类，覆盖户数达到33万户，居住区分类覆盖率达到68%。持续开展控江街道、四平街道、五角场镇、新江湾城等区域的“绿色帐户”日常宣传、管理及推进工作，今年以来，已在98个小区推进“绿色帐户”正向激励机制试点，覆盖居民户数6万户，其中已办卡户数4.95万户，办卡率达到82.5%；居民参与日常干湿分类并进行积分的有35100张，开卡率达74%，全面完成市局下达的指标。截止11月底，生活垃圾日均处置量为875吨/日，控制在市减量控制指标876吨/日以内。

二、以创建全国文明城区和科创中心重要承载区为契机，不断提高市容环境综合管理水平

（一）市容环境治理持续推进。一是加强“四大顽症”整治。堵疏结合治理无序设摊，将全区无序设摊控制点由7个调整至6个，进一步压缩无序设摊规模和数量。基本完成对设摊控制点沿线破损、陈旧店招店牌的更新及沿线违规设置的户外招牌、灯箱广告等户外设施的拆除工作。二是加强“三类区域”拾遗补缺。重点对波阳路、控江路等道路沿线和区政府机关周边开展市容环境顽症问题综合整治工作，对影响市容环境的硬件设施进行拾遗补缺和巩固提升，进一步改善提升城区市容环境面貌，为迎接市相关部门的复查做好准备。三是推进“特定区域”环境治理。以治脏治乱、整洁有序为目标，重点对列入市局督查的26个“特定区域”单元开展市容环境专项治理工作，并根据第三方每月组织开展的城区市容环境综合管理质量评估和每

季度组织开展的公众满意度测评，对接相关街镇，加强日常巡查，及时发现问题，快速处置解决，基本完成《三年行动计划》的既定任务，进一步改善、提高“特定区域”周边市容环境整体水平，推动城区市容环境综合管理水平和社会公众满意度的不断提升。四是配合开展“薄弱区域”专项整治。结合18个社会管理“薄弱区域”中的市容环境顽症，明确具体整治点位，制定实施方案，会同相关街镇全力推进整治工作，较好的改善了“薄弱区域”周边市容环境面貌。

（二）积极推进市容环境卫生责任区建立。制定《关于本区贯彻落实<上海市市容环境卫生责任区管理办法>的实施方案》，分解任务，明确职责。确定了以五角场商圈为试点区域，控江路（大连路－军工路）为“门责管理示范道路”试点道路，四平、控江、五角场镇3个街镇为先行先试街镇，通过“点、线、面”试点先行，指导各街镇充分利用社会组织，推广以店家业主为管理主体的门前市容环境卫生责任制联建活动。截至目前，共有大桥水果协会等15个自律组织参与责任区管理。同时，广泛开展宣传培训，共计开展68场次宣传活动，组织培训46场，28503人次参训；组织对全区1.8万余家门责单位进行“一对一”上门宣传告知，签订《门责自律承诺书》18568份，采集责任单位（人）基本信息建立信息库，《责任告知书》上墙率、《门责自律承诺书》的签约率及“一店一档”信息采集率达到99%。

（三）进一步优化提升重点区域市容景观。重点对五角场核心区域及四平路、周家嘴路等全区重点区域和主要道路实施景观景点布置。截至11月底，结合元旦春节、“五一”、“七一”、“十一”等重大活动和节假日，共布置绿化面积约6500平方米，栽植各类花卉约140万盆，布置花箱约1000个。开展对中环高架（国宾路－国定东路）立柱景观灯光、大连万达西立面景观灯光、新纪元南立面大景观灯光以及五角场绿地繁星（黄兴路、淞沪路和环状绿地）的维修工作，预计年内完成。协调社会力量完成紫荆广场、同博大厦、上海移动杨浦大楼生产调度用房等楼宇景观灯光的建设。完成对区政府投资建设的236个景观灯光集控点进行集中开关灯控制，保障景观灯光的正常运行，提升杨浦区夜景景观管理水平。结合《杨浦区户外广告设施设置阵地实施方案》，加强对过期、破损、违规户外广告的整治力度，重点做好户外广告拆、改、留工作。截至目前，共巡查263次，拆除违规广告设施24块，拆除违规的临时广告（对旗、横幅）430块、指路牌183块，整治店招店牌65处。根据市局《关于开展2015年违法户外广告设施专项整治行动的通知》，对排摸出的5处24块违法户外广告开展整治并全部拆除。

（四）扬尘污染得以有效遏制。一是加强建筑垃圾日常监管。完成渣土招投标工作，确保渣土运输工作规范有序；加强工地源头管理，及时掌握新建工地情况，督促落实地面硬化措施；加强渣土运输车辆作业全过程监管，确保密闭防漏措施安装率达到100%；加大严惩严管力度，严格落实每日巡查制度，区城市废管所牵头会同相关部门定期开展联合检查，及时发现存在的问题并落实整改。扬尘污染得以有效遏制，截至11月底，共出动检查执法人员616人次，车辆280辆次，检查工地763家次，开具整改通知书11份、约谈告诫23次。二是强化绿化环卫作业规范。加强绿地整治、保洁和绿化降尘，规范环卫作业服务，减少和杜绝作业过程中的扬尘现象；加强对重点区域保洁力度，在对军工路、杨树浦路、海安路、共青路等扬尘易污染区域增加人工清扫保洁班次的同时，进一步加大全区范围的机械化道路冲洗力度，做到主要道路车行道至少每日冲洗1次，主要道路人行道至少每3日冲洗1次，易污染路段至少每日冲洗4次，并落实夜间强化冲洗，努力保持道路洁净，减少扬尘产生。三是完善道路“一路一档”基础台账。全面掌握道路基本情况，对道路实施动态监控，及时组织力量对污染路段进行保洁，保证道路保洁质量达到优良水平。

三、以提升城区环境品质为目标，着力推进生态环境建设

（一）不断强化规划引领作用。一是积极谋划“十三五”。认真编制《杨浦区绿化市容“十三五”发展规划》，努力提升城区面貌和城市管理水平，加快城区转型升级。二是完善年度建设、管理项目计划编制。编制完成今年绿化市容建设和管理项目实施计划，确保项目落地、有序推进。三是关注并积极配合杨浦区重大项目建设，围绕全区中心工作和区内重大市政基础设施建设，主动介入、提早谋划、加强跟踪，保障绿化市容规划指标落地，绿化市容建设同步实施。

（二）扎实推进绿化市容项目建设。一是按照启动一批、建设一批、储备一批的要求，做好区级重大项目建设。加快推进五角场公交枢纽示范垂直绿墙建设和长阳路道路绿化改造工程，推进江浦公园、黄兴公园改造工程，做好滨江等重点区域、两条路（长阳路、江浦路）、两座桥（三门路下立交、军工路高架桥）、北横通道杨浦段、轨道交通18号、德法国际学校、区中心医院、杨浦区图书馆（旧上海市图书馆）、太平报恩寺等其他重大项目的跟踪配合推进工作。二是积极推进城区生态绿化建设。成功创建政悦路（闸殷路－泵站）为市级林荫道，完成市光路（民约路－民庆路）、国和路（国和路桥－政立路）等8条道路更新行道树计划240株。

四、以制度建设为抓手，切实转变政府职能

（一）绿化养护作业领域市场化改革有序推进。全面推进剩余7个标段的公共绿地和行道树养护市场化改革；将江浦公园作为试点，推行公园绿化养护公开招投标。结合“创全”等工作，通过加强巡查与整改，强化绿地保洁频次、及时对绿地空秃进行补种、树穴损坏进行更换、加强对行道树修剪作业规范等措施，拾遗补缺，以确保街道绿地、行道树养护面貌。

（二）进一步强化服务意识。一是深入推进审批制度改革工作。结合城市管理综合执法体系调整工作，做好部门行政权力的梳理、界定、剥离和转移，共梳理行政权力47项，编制完成36项行政审批事项的业务手册和办事指南。制定行政权力责任清单，完善行政权力责任追究机制，切实加大事中、事后监督力度。二是认真做好“两会”提案意见办理工作。今年区绿化市容局承办“两会”提案意见共35件，答复率、办结率均为100%。三是进一步加强“12345”市民服务热线受理和处置。1–11月共受理处置绿化、市容、环卫问题共74704件，受理率和处置率均为100%。

（三）严格规范行政行为。一是规范合同管理，严格执行《绿化市容建设和管理项目合同管理若干规定》，继续加强对规范性文件，尤其对合同等的合法性审查，聘请律师参与合同管理，为合同合法性及有效履行提供法律支持。二是加大信息公开力度。截至11月底，共主动公开公文类信息49件，依申请公开17件。

五、以行业建设为立足点，有效夯实行业发展基础

（一）政风行风水平持续提升。一是加强“12345”市容环境问题受理处置的监督检查。每月编发《“12345”市民服务热线满意度情况专报》，通报满意度情况、优秀典型诉件和不满意诉件，分析薄弱环节。建立局投诉受理处置和政风行风监督员2个微信群，用新媒体手段加大投诉处置的跟踪、督办工作。对不满意件、督办件、重复投诉件等进行重点检查并委托局政风行风监督员再次现场督察，进一步落实整改责任、提高

整改实效。二是不断推进效能监察工作。按照区编办、区纪委要求，对区绿化市容局47项行政权力开展行政责任定责工作。按照“有权必有责”的原则，逐项明确不履行或者不正确履行法定职责的追究基准、追究程序、追究内容、责任形式、追究对象等，确定上报追究事项190项。对2014年度由区财政资金向社会组织购买公共服务项目进行调查，确定上报38项购买服务项目。根据《杨浦区财政投资小型工程项目管理办法》要求，按照“谁建设、谁负责”和“谁主管、谁负责”的原则，对2015年政府投资建设限额以下小工程合同进行备案，共备案合同47余份。

（二）行业文明程度不断提高。以创建全国文明城区为契机，全面提升精神文明建设成效。一是深入开展文明单位创建。指导系统各创建单位完成2013–2014年度市区两级文明单位创建工作，区绿化管理事务中心获上海市文明单位命名，区绿化和市容管理局、区绿化管理事务中心获杨浦区文明单位命名。13座公园、137座公厕分别获得上海市文明公园、文明公厕命名，7个清道班和5个清洁班获得市道路保洁和垃圾清运文明班组命名。二是结合行业特色开展形式多样的创全活动。在区域内公园、公厕、局属各单位办公场所布置“创全”宣传海报、“伟大胜利历史贡献”纪念抗战胜利70周年宣传挂图和800份，营造“创全”良好环境氛围。组建一支覆盖全系统单位近40人组成的信息员队伍并开展培训；制定“创全”信息工作管理办法，及时有效地宣传系统“创全”风采。

（三）文化建设进一步增强。深入开展“绿化市容进社区”主题实践活动，截至11月底，共开展活动60次，参与市民9100余人次。持续推进社会主义核心价值观建设，开展“注重家庭、注重家教、注重家风”主题活动。组织赴陈云故居、上海市公安部门开展主题教育活动。积极开展“传承中华优秀传统文化，弘扬社会主义核心价值观”诗歌创作征集活动、“我心中的国歌”廉洁从政勤政征文活动，获杨浦区二等奖和优秀组织奖。以第四届“杨浦好儿女”评选活动和首届“上海市环卫工人日”等为契机，挖掘系统先进典型，杨浦环发公司海英保洁分公司清运班副班长宋飞飞获得“杨浦好儿女”荣誉称号，杨浦环发公司海浦保洁分公司清道班班长王祖宝获提名奖。组织开展“平凡好党员”微故事征集活动、“点赞党员先锋·记录感人瞬间”微镜头征集活动和“党课我来讲”微党课活动。

（四）内部管理进一步规范。一是加强财务管理，保障财政资金安全，提高财政资金的使用效益。严格控制开支范围和开支标准，从严控制公务接待、车辆运行维护、会议、培训、差旅等支出。截止11月底，“三公”经费支出4.16万元，比年初核定预算下降85.92%。严格公务卡支付，截止11月底，局公务卡支出108.05万元，现金支出0.64万元，现金支出占公用经费支出0.3%。严格政府采购管理，坚持应采尽采原则，今年共实施采购项目53个，经费7313万元。落实财政信息公开，切实发挥公众监督作用。二是加强人事管理。完成局机关公务员、局属事业单位及区环发公司领导班子成员，共计96人的人事档案专项审核工作。根据《杨浦区行政机构“三定”工作安排》，完成对局《主要职责、内设机构和人员编制规定》修订、局属15家事业单位法人年检工作。三是加强信访矛盾化解工作。今年共受理处置各类来信来访120件，办结率100%。四是加强安全生产和防汛防台工作，全年无重特大事故发生。截至11月底，共开展安全生产检查21次。

（五）社会动员更加广泛深入。一是充分发挥局政务网站和微博服务民生的作用。在各类主流媒体上发表报道85篇，宣传绿化市容行业工作动态、经验亮点和先进典型。截至11月底，共发布微博1700条，被市局和区新闻中心政务微博平台转发130条，努力塑造良好媒体形象。二是围绕“创全”工作和建设科创中心重要承载区的有利契机，深入开展《上海市市容环境卫生责任区管理办法》主题宣传活动，共收到投稿作品785份，有效提升《办法》知晓率；开展“绿色走进你我，绿色改变生活”植树节主题活动，共吸引3000名市民参与，发放宣传资料2400份，小盆栽4000份；开展生活垃圾“绿色帐户”活动，动员市民积极投入生活垃圾分类减量活动。三是加强市容环境第三方巡查发现机制，继续委托社会第三方机构开展每月一次的市容环境综合管理实地实效检查评估和每季一次的社会公众满意度测评，及时解决群众反映集中的城市管理顽症。

（九）浦东新区

浦东新区建设和交通委员会

刚刚过去的一年，任务繁重而艰巨。建设交通系统干部职工，解放思想、改革创新、攻坚克难，较好完成了全年各项目标任务。概括起来，有“五个突出”：突出服务自贸试验区建设，启动实施建筑业改革，加大简政放权、放管结合、优化服务力度；突出区委、区政府年度重点任务落实，确保重点工作、重大工程按要求完成；突出机构职能整合优化，提高行政运行效能；突出“三严三实”专题教育，加强和改进机关作风；突出干部队伍建设，强化干部特别是年轻干部培养，营造想干事、能干事、干成事的良好氛围。主要做好了以下六方面工作：

（一）以自贸试验区扩区为契机，加大改革创新力度

认真贯彻市、区加快推进自贸试验区建设要求，以加强制度创新、推进政府职能转变为重点，全面推进各项改革。

启动实施建筑业专项改革。把建筑业改革作为“头号工程”，推动成为新区推进政府职能转变和先行先试改革专项。制定出台《在自贸试验区深化企业投资建设项目行政审批制度改革实施方案》，细化提出17项配套改革措施，得到住建部、市住建委充分肯定，为争创成为“国家级建筑业改革示范区”奠定基础。牵头实施的7项改革措施有序推进，发布工程建设项目勘察设计发包和招投标监管改革文件，推出房屋建筑工程行政审批技术规范标准库，建立深基坑工程认可人士审查制度，推动20个建设工程项目启用工程总承包管理模式；企业投资建设项目“开工三件事”一口受理审批、建筑师负责制等其他改革措施进展顺利；建设工程内部综合审批机制初步建立，实行相对集中审批。

推进完善管理体制机制。设立征收管理处，完成集体土地征收事权移交接管，形成国土集土统一征收格局；制定《集体土地上企事业单位房屋征收（动迁）补偿实施意见》、《规范协议动迁制度》，推动集土农民房屋、企业房屋征收补偿标准统一，促进协议动迁补偿口径与征收补偿标准一致；完善全过程阳光征收；探索货币补偿安置，完成征收（动迁）8244户、基地清盘78个。推进公交投发隶属关系调整，保障公交轨交联动发展；推动公交基础设施纳入城市维护范围，实现维护长效化；建立航道常态化疏浚机制，计划每年投入资金1亿元。建立住宅小区综合治理管理体制，落实常态化运行机制；启动实施物业收费市场化改革，将物业服务费、停车费信息纳入《浦东新区价格监测系统》，建立物业服务市场信息发布机制，引导业委会、物业服务企业协商确定物业服务内容和收费标准。形成教育公建配套项目建设机制优化建议。

推动提高建设品质标准。细化道路绿化建设费用标准、提升分项工程造价指标，拟

定城市道路绿化景观设计导则，推进道路和绿化同步实施，提增道路景观品质。完成征收安置房与商品房建设品质调研，拟定出台《征收安置房收购指导价方案》，提升建设标准，明确改善措施，提高保障房质量。落实绿色建筑746万平方米、装配式建筑24.98万平方米（含装配式住宅17万平方米），推动BIM技术应用。

加快实施行政审批制度改革。完成与自贸区管委会事权划转备忘录签订，将建管、民防、交通等17项事权划转至自贸区；制定出台《自贸区范围内出让地块住宅建设项目配建公共租赁住房（人才公寓）建设使用方案（试行）》，保障自贸区人才住房需求。完成1111项行政权力事项梳理，推出权力清单、责任清单，编制配套业务手册、办事指南；承接市级部门下放事权5项；推进"证照分离"改革，对57项社会类行政审批事项，减少实质性审批、简化优化审批程序、提高审批透明度；梳理提出市政工程项目前期手续办理优化建议；制定出台《招拍挂用地保障性住房项目行政审批告知承诺改革实施意见》，实现技术准备、动迁腾地、手续办理并行。

（二）以基础设施规划建设为引领，完善综合交通体系

坚持高起点规划、高品质设计、高水平建设，推进全周期管理，提升综合交通体系能级。

着力深化规划储备研究。基本编制完成"十三五"综合交通规划，专项研究张江科技城综合交通规划；深化黄浦江滨江综合交通配套研究，形成迪士尼区域交通组织应对方案；做好轨道交通网络优化研究。开展项目储备研究51个（31个立项批复、9个工可批复），推进济阳路、龙东大道快速化改造等项目预可配套研究3个。优化杨高路世纪大道交叉口城市景观等重大项目技术方案3个，前期研究的广度和深度不断提高。

持续加强重大工程建设。健全完善重大工程建设推进机制，制定出台《推进重大工程建设若干规定》，建立健全《重大工程月报（简报、摘报）》，研究拟定重大工程前期审批手续操作办法，开发试用手机APP系统，开辟设立开工报告绿色通道，83项市、区重大工程完成投资140.4亿元，市级重大工程（含轨道、隧道、航道）年度动迁腾地任务基本完成，杨高路等11项工程开工，中环线浦东段等21项工程竣工，其他重大工程建设顺利，在全市重大工程建设推进考核中位列第一。规范一般市政、村庄改造道路项目建设，竣工334个项目。

全面落实公交优先战略。公交城区创建6类18项任务有序推进。建成曹路公交停车场，加快推进泥城公交枢纽等10个公交场站，完成公交场站整新15个、公交候车亭新建200座、新式站杆更新538根。拟定《公交线路开辟调整管理办法》，调整公交线路72条。编制"4+2+1"地面公交线路和应急公交配套保障方案，做好迪士尼开园公交保障准备。研究制定公交专项资金管理办法及配套实施细则，开展公交企业经营情况调查，进一步优化公交成本规制、规范公交专项资金管理。更新纯电动、油电混合公交车413辆。

（三）以加强运行管理为重点，保障城市安全有序

突出重点领域、紧扣薄弱环节、应对极端天气，切实落实企业主体责任、部门监管责任，确保安全形势总体受控。

严格工程安全质量监管。实行安全、质量、材料综合监管，开展打非治违专项整治和质量治理行动，加大"四不两直"检查力度，实施执法检查877起、处罚金额1323.02万元，较好落实项目负责人质量终身责任、企业安全质量主体责任，推动工程质量通病下降。安全生产责任事故死亡人数控制在新区下达指标内，67个单位建设工程推荐为市级优质结构。

深化交通运输建设管理。完成春运工作。

开展交通港航企业安全生产标准化建设，企业创建参与数、创建成功率全市第一；曹家沟疏浚工程2016年一季度完成，浦东运河、川杨河疏浚工程顺利开工。新增各类停车位2.5万个，开展居住小区与商业楼宇错时停车试点。完成区域出租车调价，实现平稳衔接。推进黄标车整治，完成淘汰9203辆。

推进民防人防综合管理。实施人防军事斗争准备检验评估试点，完善人防指挥部组织架构，完成“9.19”全民国防教育日防空警报试鸣。完成民防工程批准新建67.25万平方米、竣工验收59.93万平方米、投入使用53.93万平方米，开展保留报废民防工程安全整改，做好23个公用民防工程维护工作。推进落实地下空间属地化管理，6038个地下空间纳入网格化系统。做好民众防护服务保障；加强防震减灾管理。

（四）以提升保障水平为目标，满足不同群体居住需求

着眼于住有所居、品质提升，持续提高住房保障水平，促进房地产业平稳发展。

深化住房保障体系建设。启动三林、曹路区级征收安置房基地建设。建成征收安置房房源调拨管理系统（二期）。制定出台《代理经租闲置存量住房工作扶持政策》、《征收安置房收储和供应管理实施意见》，加大征收安置房、廉租房、公租房筹措力度，提升公租房公司运营管理水平。大居住宅开工79万平方米、配套推进任务完成117项；区级征收安置房、公租房、廉租房开工（筹措）225.29万平方米，征收安置房竣工131.87万平方米。完成在外过渡动迁居民回搬3029户，完成配套费征收13.8亿元、使用11.5亿元。36所学校全部取得《施工中标通知书》，进场施工33所。

规范房地产交易登记测绘。贯彻落实房地产调控新政，强化商品房预售管理，实现预售项目与规划、土地等前置许可指标相一致，核发商品房预售许可证154件、销售方案备案144件。改进交易登记流程，实行限时计件考核，加大件袋抽查频率，提高交易登记及时率、准确率，完成商品房交易登记452万平方米、二手房交易登记593万平方米。规范房产测绘，完成商品房面积实测12088万平方米。

加强旧区改造。结合市“城中村”地块改造政策，配套制定申报认定办法，细化出台实施推进意见，研究突破前期手续办理难点，全面推进12个“城中村”地块改造，基本完成项目公司设立、土地勘测定界，加快实施地块规划调整，实现7个地块启动征收（动迁）。西小黄家宅、昌邑荣成等其他旧改项目有力推进。完成旧区改造4068户。

推进历史文化名镇名村保护利用。“三镇一村”保护利用方案编制审议基本完成，开发合作单位全部落实，房源收储、基础设施建设启动实施。新增上海市优秀历史保护建筑47处。

（五）以群众感受为标杆，推动解决突出问题

坚持尽力而为、量力而行，突出重点、统筹兼顾，推动问题实质性解决，提高基层和群众的满意度、获得感。

启动住宅小区综合治理。建立共治格局，协调出台《加强住宅小区综合治理若干意见》；按照“谁监管行业、谁负责，谁主管市场主体、谁负责，谁收费、谁负责”原则，分解落实职能部门、管理单位、专业服务单位、街镇共同治理责任；推动出台物业纠纷人民调解、小区保安队伍建设等10个规范性文件；实现区、街镇两级住宅小区综合管理联席会议全部建立并常态化运作。推进业主自治，推动三分之二的街镇成立业主委员会指导办公室，落实居委会、业委会“交叉任职”，完成业主大会、业委会成立改选295家。解决突出问题，优化老旧小区物业达标补贴方式；完成旧住房综合整新开工241万平方米、竣工52万平方米；消除严重损坏房

屋安全隐患 10 万平方米；牵头制定《加强老旧电梯维修改造更新工作实施方案》、《住宅小区机动车停放管理指导意见》，推广塘桥街道"潮汐式"停车经验；完成全部存量"群租房"整治（共计 6362 套），建成"无群租房小区"139 个，实现向农村集体土地私有房屋租赁延伸覆盖。

加大历史遗留问题处置力度。重新梳理情况、重新审视问题、重新调整方案、重新评估风险，在形成各方认可、具体可行、管用有效解决方案上下功夫。区委主要领导、区人大主要领导街镇调研事项解决率达到 33.3% 和 26.9%，总计解决 11 项；63 个"走千听万"问题（占全区总量 40%）全部办结；17 件初信初访专项矛盾、7 件领导包案专项矛盾全部化解；世博带拆居民遗留矛盾、海防新村改造、S32 资金清算、塘一塘二旧改项目房源结算等突出矛盾得到解决或不同程度缓解。

（六）以提高行政效能为基础，全面加强党的建设

落实"三严三实"要求，统筹推进思想、组织、作风、反腐倡廉和制度建设，夯实思想政治和组织保障。

认真开展"三严三实"专题教育。党组成员带头，推动各级党组织书记为党员上党课；分三个专题，举行集中学习、开展专题研讨；深入查摆"不严不实"问题，坚持边学边改、边查边改；开展"解放思想大讨论"，所提建议均被新区采纳。

加强干部队伍建设。优化干部队伍结构，选拔任用机关处级干部、事业单位班子成员 14 名，完成机关处级干部、事业单位班子成员交流 5 人次；加强年轻干部培养，选拔任用 80 后处级干部 2 名，完成委系统优秀中青年干部专项调研；推进干部挂职锻炼，轮换临时机构挂职锻炼人员 14 人次；加强干部培训，选派 9 人次干部参加新区党校培训班、选送 1 名干部赴美国交流学习，举办基层党组织书记和新任委员培训班；从严管理干部，基本完成领导干部企业兼任职、"吃空饷"等 10 个专项检查清理整改工作，初步完成机关公务员、事业单位班子成员档案核查。

夯实创新基层党建。逐一签订《基层党建工作责任书》，重点落实党组织主要领导第一责任；建立党建责任清单，完善党建责任制考评体系，将基础、特色、服务中心工作列入党建考核内容，提高党建规范化水平；推行党建工作项目化管理，分 7 个专项 27 个小项推进；深化基层党建示范点建设。

巩固扩大作风建设成效。将解决基层和群众诉求作为作风建设的重要载体和检验标准。143 件市、区两会件 100% 按时办结，区人大书面意见主合办件、区政协提案主合办件解决率达到 56.6%、77.4%，超全区平均水平；9530 件"12345"热线事项较好办理；3317 件信访件 100% 办结（同比下降 35.2%）；审计、巡查涉及问题得到切实整改，基本完成房产普查清理，牵头制定《加强财政性资金工程建设项目招标投标监管若干意见》。

深入推进反腐倡廉建设。制定《建交委"两个责任"实施细则》，明确党组织、纪检组织和党员领导干部责任范围、职责任务；成立建交委基层工作纪委，推动委属单位全部设立纪委（纪检委员）；抓好 138 个风险岗位管理，加强风险预警、识别和处置；加大办信查案力度，共登记上报案件线索 9 条、开展初核初查 5 件、提醒谈话 9 人次、组织处理 3 人、立案调查 2 人，给予党纪政纪处分 5 人。

一年来，建交委党组、行政重视抓好班子自身建设，树立目标导向、问题导向，对照"三严三实"要求，深入抓学习、搞调研，带头想办法、破瓶颈，注重转作风、树形象，团结带领干部职工较好完成了全年各项目标任务。经统计，全系统全年共荣获市、区以上先进集体 60 个、先进个人 68 名。这些成

绩和荣誉的取得，主要得益于区委、区政府的正确领导，得益于区人大、区政协的指导关心，也离不开各委办局、管委会、街镇、园区企业、行业协会和社会各界的大力支持，更凝结着全系统干部职工的顽强拼搏、无私奉献。

（十）宝山区

宝山区建设和交通委员会

今年以来，区建交委按照区委、区政府的目标任务，围绕“稳增长、调结构、促转型”的工作要求，着力把“三严三实”教育活动与搞建设、促改革、惠民生等工作结合起来，主动破解难题，有序推进各项建设管理工作。

今年5月，区建交委启动“三严三实”专题教育活动以来，委党委始终把“三严三实”专题教育作为当前首要的政治任务来抓，党委书记带头上好专题党课，共组织开展了5次学习研讨，梳理出涵盖了“不严不实”六个方面的10大类问题，并形成问题清单。梳理出涵盖了“不严不实”六个方面的10大类问题，并形成问题清单。针对问题清单，制定了22条具体的整改措施，并按任务分工和时间节点做到边查边改、即知即改。实行多措并举加强作风建设，坚持问题导向狠抓整改落实，各项工作取得了阶段性成效，较好地完成了全年目标任务。

一、加强矛盾协调、做实工作机制，按计划节点全力推进重大工程建设。

一是全力争取市级重大工程落地开工。结合G1501沿江通道建设，争取将G1501A段（牡丹江路－江杨北路）和B段（江杨北路－蕰川路）同步抬升，A段预计年底开工。将S7公路（S20－宝钱公路）、军工路高架等快速道路纳入即将开工项目,S16列入技术储备项目。15、18号线线形和站点设计方案已固化，南大路站、丰翔路站等9个地铁上盖开发方案将与站点出入口、风井设置有效结合。潘广路－逸仙路电力隧道14个井位全线开工，泰和水厂、G1501和长江西路越江隧道动迁基本完成。

二是加快区级重大工程建设。借市大居外配套、区区对接等道路补贴政策，实施大居外配套项目9项、区区对接道路6项。目前，已建成殷高路等3条区区对接道路，年内将基本建成杨南路、潘广路等道路。同时，加快富长路、集宁路等区级道路施工，优化中运量交通方案和陆翔路－祁连山路建设方案。

三是做实重大工程推进机制。针对重大工程前期矛盾多、协调难度大、涉及面广等问题，完善推进机制，强化区重大办统筹协调职能，明确计划节点和部门、街镇（园区）分工，并建立立功竞赛激励机制。对列入重大工程范畴的项目，走行政审批绿色通道，减少审批环节，压缩审批时间，并在土地指标、征收补偿、资金落实等方面给予支持。

二、聚焦重点，加大公共交通发展力度，完善区域道路交通网络。

一是开展道路微循环项目建设。着力解决群众出行“最后一公里”难题，“十二五”期间提出完成30条微循环道路目标，通过完善道路微小网络的建设，目前30个项目中已竣工19个，在建6个，其余7个正在办理前期手续。编制《宝山区“十三五”完善道路微循环计划》初稿，目前正在进一步细化完善中。

二是进一步优化公交线网。今年新辟两批10条公交线路。8月底集中开通了宝山90路等5条公交线路，解决了罗店大居、月浦盛桥、杨行友谊家园等地区近二万居民的公交出行问题；10月底集中开通了宝山27路等5条公交线路，方便顾村大居、杨行万业紫辰苑、大场中环1号等地区近二万居民的出行，填补菊泉街等道路上的公交空白。调整了公交线路12条，满足北部地区居民换乘轨交的需求。到目前为止，宝山区的公交线网密度达到1.56公里/平方公里，提前完成“十二五”规划目标。

三是落实公共交通设施建设。完成罗和路公交首末站建设、完成萧云路和康宁路2个公交枢纽站建设，推进顾村公交枢纽建设，研究宝杨路码头综合交通枢纽、顾村公园综合交通枢纽方案。组织开展淞南、高境等6个街镇共214个公共自行车网点建设，投放公共自行车5680辆。明年还将在罗店、罗泾等地区继续落实公共自行车网点建设，通过三年达到建成614个网点，投放14900辆自行车，覆盖全区的目标任务。

四是加强非法客运整治。制定《宝山区2015年非法客运整治工作方案》及《宝山区2015年非法客运整治考核办法》，细化街镇属地管理责任和“一点一方案”，深入开展非法营运整治。截至目前共查扣非法客运车辆625辆，全市排名第一。

三、强化安全工作责任，落实各项措施，加强行业安全监管。

一是加强建设工程安全监管。开展以深基坑等为重点的大检查、大整治；通过建设工程综合管理信息平台，实现条块结合、协同监管，截至2015年10月底，宝山区在监在建工程222个，面积528万平方米，共巡检6173次，监管人次12878，发现问题数5296，安全隐患数877。开具各类行政处理单272份。全区共262家在建工地安装了指纹考勤设备，工地现场关键岗位人员的到岗履职情况总体受控。

二是保障交通运输安全。联合区公安局等部门开展超载超限车辆专项执法检查，查处超限运输15次、超限车辆8辆；对辖区内7家危险品港口经营企业、54家危险品运输企业开展上户检查，共上门检查码头130余户次（普通码头75户次、危险品码头55户次），出动检查人员390余人次，执法车130余车次。发整改通知书11份（城管加环保），立案处罚7件，处罚金额7000元，关闭无证码头3家；完成7家老码头安全评估和整改工作，强化码头纳管，规范船舶进出港管理；推进航道监控视频建设，练祁河骨干航道项目已完成可研报告，蕰藻浜LED电子助航系统正在安装、调试。

三是加大燃气管道占压整治力度。宝山区共有燃气管道占压点64处，其中42处为市重点督办项目，其中：2015年目标23处，2016年目标19处。为推进整治力度，区建交委成立安全工作专项组，协调推进管道占压整治等安全生产管理任务。截至10月14日，宝山区已完成36处，剩余6处，全市14个区县中排名第5位。

四是加强全区燃气站点管理。对辖区内28家液化气供应站点进行排摸，形成《宝山区液化气站点管理情况报告》及《进一步加强液化气行业管理的工作方案》，测算整治经费，为下阶段整治工作打下扎实基础。

四、加强管理，提升城市综合管理水平

（一）开展项目技术储备，编制“十三五”规划。开展13项道路交通储备项目的研究，重点有中运量公共交通规划、吴淞口邮轮港枢纽及周边配套道路改造工程方案研究、顾村公园综合枢纽及交通组织研究及祁连山路陆翔路南北贯通工程等。完成了宝山“十三五”加强城市建设管理和完善城市交通体系功能两个课题的编制工作。启动编制“十三五”城市建设管理专项规划和综合交通专项规划，已完成编制大纲，正深化专项规划内容。

（二）推进市政公路大中修管理。积极推进道路养护作业市场化改革，牵头制定行业改革方案；妥善应对吴淞大桥引桥发生的险情，对大桥进行全面检测并对其安全性进行评估，科学制定大桥抢修和交通组织方案，工程于6月下旬开工，目前正抓紧推进大桥东幅桥桥面第三阶段施工。区管市政道路大中修工程14项中7项已竣工、3项完成主体工程、2项年内竣工、1项已开工、1项调整施工；区管公路大中修工程16项中3项已竣工、7项年内竣工、3项年内开工、1项调整施工、2项完成招投标。农村公路大修项目共2项，1项竣工、2项开展招标工作、1项年内竣工。

（三）继续加强桥梁养护管理。推进农桥改造项目24座，其中2013、2014年结转农桥改造项目14座，已竣工13座；2015年农桥改造项目10座，已完成1座。

（四）加快燃气内管改造速度。2015年实施张庙地区14326户燃气内管改造实事工程，6月已正式进场施工，计划完成呼玛地区14326户老旧公房燃气内管改造，截止至10月底已经完成9312户，已完成总任务量的65%，预计年底前全部完成。

（五）不断规范建设工程监管。规范建筑市场，开展执法检查15批次，检查项目32个，发现问题33个，立案查处9起，开具整改通知单11份，涉及查处金额77.53万元。严管施工现场，落实建筑工程质量终身责任制，签署质量终身责任承诺书，建立质量信用档案，并对履职情况实施动态监管。

（六）认真办理人大、政协意见提案，切实维护社会稳定。办理人大代表建议、政协提案共81件，其中主办56件、会办25件已全部按时完成。至10月底受理来信来访687件，已办结593件。办理12345市民热线470件，及时解决了与群众生活息息相关问题。处理拖欠民工工资114批次，涉及务工人员2620人，共计金额7124万元，维护了社会稳定。

（七）推进行政审批改革，全面推行网上预审，提高工作效率。区建交委共59项行政审批事项，52项全部于去年9月22日入驻区行政服务中心。（除中心不具备开评标条件的建设工程招投标和6项需在各水上交通口岸现场服务项目外）。共有五个审批主体，常驻人员25人。目前所有行政审批事项全面推行网上预审，其中建筑业企业资质、工程监理企业资质许可和建筑渣土泥浆船舶备案完全实行网上审批，进一步方便行政相对人，受到广泛好评。

宝山区绿化和市容管理局

2015年，宝山区绿化市容局全面贯彻区委六届七次全会精神，按照“三个围绕，三个确保”的工作思路，全局干部职工凝智聚力，奋发有为，各项工作进展平稳有序。

1. 改革发展。一是行政管理体制调整。区绿化市容局完成与区城管执法局分离，下属市容景观管理所与绿化市容质量监督中心合并，区绿化管理署改名为区绿化建设和管理中心，区生态指挥部整体划归区绿化市容局管理，均运行良好。局机关和基层事业单位“三定”职能调整梳理基本完成，新组建的绿化管理科到位。本局行政权力和行政责任完成第一轮梳理，行政许可窗口“两集中、两到位”运行顺利，完成办事指南和业务手册编制。二是环卫市场化改革。完成新增道路保洁作业项目公开招投标，环卫公司劳务用工改革进入试点实施阶段。三是十三五规划编制。完成生态绿化、市容景观、环卫作业等课题调研和规划编制。

2. 生态绿化。一是“123”生态绿化工程。完成墙体绿化3万平方米；钢雕公园和临江公园一期竣工；基本完成大黄大型休憩绿地的建设，另3幅正在建设中；建成5个市民街心花园，4个正在建设中；完成9条景观林荫道创建；统计新增古树名木50余棵。二是“一纵、三横、多点”景观布置。完成花卉换种3次，每次约32万盆、面积5000平方米，新增景点和花境花箱4处。三是重点绿化项目建设。南大二期走马塘A、C地块进场施工，南大路、祁连山路、铁路防护林等绿化项目正在办理前期手续。罗店大居完成19个项目前期手续，其中13个基本竣工，完成14条红线配套道路绿化和5个公建绿化配套项目建设。启动宝山区生态绿道网络建设。全年新建各类绿地152公顷。

3.市容保障。一是文明城区创建。以联席会议为平台，开展了各类市容创建、责任区专项整治行动和“千路专项检查”工作，宝杨路景观灯光项目竣工，上半年全市满意度测评宝山排名第七。二是区域市容环境治理。完成“特定区域”32个单元和214个任务点治理。制定“无序设摊”三年计划45个任务点治理方案，完成14个点的年度任务。三是生活垃圾计划管理。全年日均生活垃圾外运量1556吨。在9个镇城市化地区约5万户居民实行了生活垃圾分类，绿色账户覆盖5.4万户。四是配套环卫设施建设。罗店大居停车场进入施工招标阶段，顾村四高小区停车场完成土地预审，月浦镇、南大整治区、罗店新镇、四高拓展区等停车场正在开展规划选址等前期工作。

4.队伍建设。一是以教育促提高。举办“三严三实”专题教育、局基层“一把手”培训班，转作风，拓思路；开展“学法规、守纪律、讲规矩”主题教育，组织观看《作风建设永远在路上》，参观区廉政教育基地、陈云纪念馆、淞沪抗战纪念馆，提认识，明责任。二是先进典型引路。以本局市劳模程宏亮、“感动宝山人物”单宝新、“十佳美容师”郭健等先进典型为榜样，在全局开展“立足岗位，创先争优，为创建文明城区立新功”主题活动，让身边人身边事感召更多人学先进赶先进，爱岗敬业。三是选优配强干部。坚持标准、严格程序、规范操作，强化对局系统12位新任干部试用期满考核和公务员平时考核；进行机关、事业和企业领导及中层干部3人的选拔任用，组织开展事业单位2个副职领导岗位的竞聘，民主推荐产生各层次后备干部10名。四是强制度促整改。结合市委巡视组、区纪委和区审计部门检查，全面落实教实活动整改方案，制定和完善了“三重一大”议事规则、企业管理费用支出、公务用车补贴、职工疗休养等系列制度。

在肯定成绩的同时，区绿化市容局必须清醒地认识到面临的问题，有待于在下一步工作中高度关注，逐步化解：一是理念跟不上形势的需要。绿化市容行业历史上带有浓厚的计划经济色彩，面对观念的碰撞、格局的变化和利益的调整，在理解和执行上有一些延迟和滞后。二是节奏上跟不上社会的发展。二十一世纪以来，我国经济、社会和科技继续保持较快发展，绿化市容行业较为低端，但属于朝阳产业，目前在生态建设、精细化城市管理、固废处置系统建设等领域，都还有不相适应之处。三是工作上跟不上市民的要求。宝山区是传统重工业区，是城乡结合区，是人口导入区。随着宝山建设滨江新区和城乡一体化进程，社会和市民对生态环境和城市管理都提出了更高的要求。从最近的测评情况看，区绿化市容局在难题顽症治理、公共服务质量、设施功能配备等方面还不够稳定和完善。

（十一）闵行区

闵行区建设和管理委员会

2015年，区建管委紧紧围绕区委区政府中心工作，积极适应机构改革后的新情况、新任务，聚焦城市建设和管理，坚持管建并举，重在管理；坚持严格执法，切实履职；坚持勇于担当，服务大局，圆满完成了2015年各项工作任务。

一、主要工作开展情况

2015年，本区区级监管在建工地共416个，总建筑面积约1665万平方米（其中市政工程69个，造价45.7亿元）。街镇限额以下建设项目1031个，建筑面积131万平方米。

全年发生9起安全生产事故，死亡9人，较去年有所增加。2015年市住建委对本区建筑施工安全生产考核指标是3个，实际纳入指标2个。

（一）强化监管，健全城市建设长效管理机制

建设工程安全监管方面。一是切实加强组织领导。结合机构改革调整充实安委会成员，定期召开例会，研究部署安全生产监管工作任务与措施。二是深入开展系列安全专项整治活动。突出重点区域、重大项目、重要环节，组织开展了大型机械设备、脚手架、临时用电、消防安全、建筑渣土与文明施工、防台防汛等7次专项检查活动，并联合区安监、消防、防汛办等部门联合执法。全年下达安全隐患整改通知书194份、局部暂缓施工指令书23份、停工单3份。三是积极推进安全生产标准化建设。建立企业安全生产信用记录，落实重大风险源评估制度，重点对项目负责人带班制度、重大隐患督办制度落实情况进行督查；强化安全生产动态考核，落实建筑企业三类人员安全生产管理规定。四是加强行业培训。组织开展系列行业安全管理知识培训。组织突发事件应急处置演练活动，提升施工企业在突发事件中的应急处置能力。五是做好抵御强台风各项防范工作。台风“灿鸿”来袭之际，全区共实施撤离工地176个，撤离人员31150名，没有发生任何伤亡事故。六是做好创优工作。完成区文明工地工程现场检查和评审项目77个，申报市文明工地39个。

建设工程质量监管方面。一是开展质量专项检查。以保障性住宅为重点组织开展监理行为、安装施工质量等专项检查，下达质量问题整改指令单136份，局部停工单4份，停工指令单1份。二是持续推进工程质量治理行动。全面落实“五方主体”项目负责人质量终身责任和竣工后永久性标牌等制度，排查在建项目承发包情况，有效遏制建筑施工违法发包、转包、违法分包及挂靠等违法行为多发势头。三是加大监督抽检率。对92个工程进行了实体结构监督检测；对22个工程进行桩基质量监督检测，均符合要求。四是推动质量管理标准化试点工作。根据推进建筑工程现场质量管理标准化扩大试点工作的要求，对14个项目进行试点，并对质量管理标准化操作手册进行修订。五是继续实行住宅分户验收第三方复核工作。实行住宅工程的质量通病常态化管理，今年完成分户验收第三方质量复核的项目25个。六是做好创优工作。完成区优质结构工程现场评审项目203个，申报市优质结构工程38个；申报市“白玉兰奖”优质工程32个；“闵行杯”优质工程63个，申安杯8个；市优质安装工程7个。

（二）加强联动，提高城市综合管理成效

限额以下小型建设工程管理机制建设。完善监管体制，加强街镇联动，落实属地化管理。对街镇实施情况进行调研，做好业务指导和服务工作；优化信息管理系统，初步实现了全过程监管；制定了《2015年镇、街道绩效考核实施细则和评分标准》以及《区建管委关于深化“大联动”体制机制建设的实施方案》，结合“大联动”工作职责、流程的梳理，强化基层发现、甄别、处置机制。结合实际制定辖区内分级分类管理要求，如：采取多部门会审的方式，有效对限额以下工程立项进行把关，提高工作效率。部分街镇还采用购买第三方服务提高专业监管能力。

全年街镇完成项目报建1031个，建筑面积131万平方米；施工许可698个；现场监督471个；竣工备案266个。项目数及建筑面积均超过2014年。各街镇现有监管人员约86人，基本确保了街镇对辖区内200万元以下工程监管工作的开展。

加强“两会”提案办理。今年共承办“两会”意见提案8件，其中主办件2件、会办件6件，主要涉及机场噪声治理、搭违监管

等。在办理过程中，一是明确责任，分管领导具体负责，专门责任人负责协调联络工作。二是加强沟通，主动与代表、委员沟通，共商解决办法或达成共识；三是及时办理，按照时间节点要求和工作程序答复，确保办理质量；四是跟踪办理，认真做好“两会”办理的跟踪工作和后续的“回头看”。

（三）科技创新，促进行业健康发展

大力推进装配式建筑工作。严格把关，切实在供地总量中落实装配式建筑的建筑面积比例不少于50%的年度目标。牵头做好推进工作，2015年全区共落实6块出让土地实施装配式建筑28.24万平方米，占供地总量的52%。同时，做好土地招拍挂、协议出让前实施意见的征询工作，全区完成意见征询24次，要求21块土地实施装配式建筑153万平方米，且单体预制装配率不低于30%，拟实施比例达到了97%。

推行建筑工地扬尘在线监测系统。为切实加强施工现场噪声、扬尘污染情况监测，提高施工现场污染防控能力和文明施工水平，已对45家符合条件的在建工程安装噪声扬尘在线监测系统。

落实绿色建筑三年行动计划。重点关注莘庄商务区、七宝生态商务区等商业办公高星级绿色建筑的开发建设；马桥镇、浦江镇两个市级大型保障居住社区的绿色建筑建设；以及紫竹园区内研发办公建筑和高档工业建筑的绿色建筑建设。全年完成建筑节能设计方案审核的建设项目61个，设计建设面积520万平方米，其中明确在方案阶段：按要求设计绿色建筑项目53个，建筑面积496万平方米（其中一星建筑45个，二星建筑10个）。可再生能源一体化应用项目43个，建筑面积317万平方米（其中太阳能热水项目42个，地源热泵项目2个，太阳能光伏项目1个）；建筑用能分项计量系统项目11个；建筑能效测评项目12个。完成建筑节能分部工程竣工验收项目184个，总建筑面积715万平方米。完成预缴新墙专项基金项目121个，建筑面积419.1万平方米，预缴金额4191万元。创建区绿色施工工地29个。

做好信用体系建设工作。牵头做好区诚信平台数据日常维护工作。召开建筑企业信用信息管理工作会议，布置了2016版信用信息“数据清单、应用清单、行为清单”编制工作，要求对区诚信平台账号进行梳理，明确专人做好日常数据维护工作。

启动既有建筑玻璃幕墙安全监管工作。明确了实施方案和时间节点，启动政府购买第三方服务招投标工作。通过政府购买第三方服务方式，建立全区建筑玻璃幕墙数据库，逐步形成有效的玻璃幕墙安全监管体系。

（四）提升服务，深化行政审批制度改革

全年行政审批工作中，完成项目报建375项、合同信息报送1025项、项目报监305项、施工许可364项、竣工备案296项、建材备案30项；企业资质新办1家、变更31家、注销2家；安全生产许可证受理、审查、发证43张。总体设计文件征询汇总受理80件，初步设计文件审批受理58件，设计文件抗震审查受理101件，施工图审查合格备案185，玻璃幕墙结构安全性论证工作完成14件。

多举措提升服务质量。一是重新梳理、编制、修订和完善新版行政审批业务手册和办事指南。二是设计文件审查实行短信服务，第一时间短信告知建设单位审批结果。三是施工图审图进行满意度测评。建设单位可以从审图质量、审图收费、审图服务等方面进行网上测评打分，有效提高审图公司的审批质量和服务水平。

主动介入服务重点项目建设。一是确保审批时限。提前介入，主动告知手续办理所需资料。实行告知承诺制，部分资料先办后补、先承诺后补正，开辟绿色通道，极大地缩短审批时限。二是完善服务措施。调整部分岗位设置，分设项目类和企业类两个工作小组，对咨询、受理岗位采取 A、B、C 角制度。三是做好联动服务。积极与区发改委、区经委等相关部门进行项目流程对接，建立健全重点产业项目联动服务机制。

调整建设工程总体设计文件征询工作。根据市建管委工作要求，已将设计文件审查总体设计征询汇总环节由建管委牵头一门式受理模式改变为企业自主征询和建管委牵头征询服务两种模式并举，全面实行双轨制。

优化行政审批过程中中介服务评审机制。成立区玻璃幕墙结构安全性专项论证专家库，玻璃幕墙结构安全性专项论证均由库内专家抽选进行评审。

（五）勇于担当，积极推进重点项目实施

虹桥机场航空噪声治理工作。牵头协调推进本区虹桥机场航空噪声治理工程，华美地区噪声治理工程任务基本完成，通过降噪治理和环境综合改造，相关小区面貌焕然一新，大部分居民对政府实施的民心工程称赞叫好。积极与市联合工作组协调沟通，拟定了“十三五”期间本区航空噪声治理工作计划，确定了工作原则，明确了相关治理工作的项目与任务清单，得到市联合工作组的肯定。

康城小区信访调处工作。及时组建工作领导小组，狠抓落实工作举措，会同区信访办、区房管局、莘庄镇政府等单位，通过不断地协调沟通，开展了富有成效的整改落实工作方案。目前，就修复方案及评审结论意见与居民代表进行沟通释疑。信访、居民代表基本同意不再恢复 GRC 线条而采取修复为主的修缮方案，区建管委将继续跟踪落实以确保圆满解决。

华美路 100 弄重建工作。牵头召开十余次工作推进会议，参与建设标准、手续办理等工作研究讨论，起草了《关于华美路 100 弄综合整治重建设计方案的说明》，定期向区府督查室、拆违办等部门汇报工作推进情况。按照区政府所确定的建设时间节点要求，按时保质交付使用。

创建无障碍环境区检查验收工作。做好检查验收的筹备工作，顺利完成创建无障碍环境区达标核查活动。

（六）适应发展，做好村镇建设指导工作

推进农村低收入户危旧房改造工作。2015 年按计划完成农村低收入户危旧房改造 5 户。

村民建房统计工作。按照市建管委要求，配合《上海市农村村民住房建设管理办法》修订工作，对各镇、街道及莘庄工业区提供的数据资料进行统计汇总和上报。数据显示自 2008 年至 2014 年闵行区审批个人建房（含新建、改扩建、翻建）共 4301 户、宅基地面积 73.3 万平方米、建筑占地面积 29.7 万平方米、建筑面积 57.5 万平方米；实施集体建房数为零。

历史文化名镇名村和传统村落的保护工作。本区浦江镇的革新村和马桥镇的彭渡村列入中国传统村落，革新村同时列入了中国历史文化名村。进一步梳理传统村落资源现状和存在的问题，并对目前保护工作开展评估。

做好农村人居环境调查工作。为推进农村基础设施建设和城乡基本公共服务均等化，逐步改善农村人居环境，根据《住房城乡建设部办公厅关于做好 2015 年全国农村人居环境调查工作的通知》（建办村函 [2015]698 号）的要求，已将 2015 年农村人居环境调查工作落实到各镇及街道。

（七）依法行政，维护社会稳定

行政处罚。针对参建各方各类违法行为，共实施行政处罚 85 件，处罚金额 1065.37 万元，每件约 12.53 万元，同比上升 12%。对 26 起提前开工工程进行全区通报。

信访受理。受理各类信访 154 件，已办结150件，按期办结率100%。受理大联动平台案件370件，100%办结。

农民工维权。处理各类农民工维权案件483件，涉及人数4407人，涉及金额4064.197万元。举办“送文化进工地”活动，共送书进工地达800册，送戏进工地5场。编制《关爱建筑务工维护民工权益》宣传册5000份和录像宣传VCD300片。

二、存在困难和瓶颈

1. 需进一步理顺建设管理体制。地下空间监督管理、道路和公共区域照明长效管理机制建设等，市、区工作职责无法完全对应，也未明确相关机构、职责分工，缺失相关的工作规范和监管措施，工作存在盲区。

2. 需进一步完善监管机制。各街、镇对限额以下小型建设工程的监管在队伍建设、监管水平等方面参差不齐，导致部分小型工程的日常巡查力度不够，存在安全管理措施落实不到位，各方主体安全责任意识淡薄等现象。

3. 执法能力不足，执法效能不高。行政处罚案件的种类、依据和案件来源较单一，未起到较大的震慑警示作用，执法力度有待加大加强，执法人员查案、办案能力有待提高。

4. 建设体量大，监管任务繁重。作为中心城区拓展区，闵行区承担着大量的市重大工程和民生项目建设工作，工程量大面广，“高、大、精、深”，给监管工作提出了新的更高的要求，建设工程安全质量监管任务仍然艰巨。

5. 行业风险大，安全生产形势严峻。2015年建设行业死亡事故高发，项目经理带班制度及项目经理、监理履职不到位，存在转包、违法分包等违法行为，对从业人员培训教育不够，企业安全责任落实存在缺失。

（十二）金山区

金山区建设和管理委员会

2015年是“十二五”的收官之年，也是“建交分设”后区建管委正式运转的第一年。区建管委深入贯彻党的十八届三中、四中、五中全会以及习近平总书记系列重要讲话精神，紧紧围绕区委、区政府的工作部署和工作要求，按照“建管并举、注重管理”的工作目标，坚持“管理引领建设”，更加注重“兜底”协调职责，统筹谋划、主动跨前作为，稳步推进金山区重大工程实事项目，努力确保金山区城市运行有序、城市安全平稳可控，积极推动金山区城市绿色环保事业的发展，不断提升区域化党建联建水平，扎实推进党风廉政建设，积极稳妥地做好了信访维稳工作，为金山区经济社会平稳健康较快发展提供了保障。

一、注重改革创新，城市建设管理体制机制逐步完善

（一）调整完善组织架构，确保工作正常运转。

区建管委贯彻落实区委、区政府关于政府机构改革的要求，按照“平稳过渡、有序衔接、理顺关系、职能转变”的工作原则，稳步推进了机构改革工作，按照“三定”方案，完成了机构设置，确定形成了“一办、四科、两单位”的组织架构；逐步完成了党政领导班子配置；调整充实了各科室、单位的工作人员，逐步建立健全了工作架构。

（二）健全工作体系机制，确保工作推进有力。

贯彻落实“党政同责，一岗双责”制度，明确了党政领导责任，共同研究制定了城市建设管理联动机制，建立了建设口城市建设和城市综合管理的联席会议制度、地下空间联席会议制度，并着手筹建金山区重大工程

建设管理事务中心，进一步完善市区、区镇上下联动和职能部门之间的横向联动机制，为扎实推进国家新型城镇化综合试点工作和“智慧新城”试点工作提供机制保障。创新了建筑业质量安全监管制度体系，进一步加强建设领域市场和现场的双向联动，整合现场监管力量，调整现场监管模式，创新现场“抽巡查”模式，切实落实体系化监管模式。

（三）深化行政审批改革，优化窗口服务工作。

按照“两集中、三到位”的要求，积极开展标准化服务窗口建设，统一“一站式”服务标准。大力推行“并联式”审批。提供标准格式文本样本和统一服务标准，推行审批服务、审批模式标准化。开展横向和纵向的业务学习培训，不断落实深化“AB岗”建设，重点加强与各行业管理单位相关业务科室的沟通，提高服务质量和效率。

（四）完善课题调研工作，着力破解工作难题。

配合区发展改革委开展“十三五”规划中新型城镇化专题的编制工作；完成了《金山区燃气“十三五”专项规划》的编制上报工作；着手拟定了《关于加强金山区建筑工地用工管理的工作方案》（送审稿）、《金山区建筑市场“黑名单”制度管理办法》（送审稿），通过建立制度体系，着力破解农民工“欠薪”难题。修订了《金山区政府投资项目工程建设管理实施意见（试行）》并已送审，研究拟订了《金山区重大工程建设前期审批工作优化意见（试行）》，加强制度规范，确保金山区工程建设管理工作有序推进。

（五）提升依法行政水平，全面深化区建管委自身建设。

按照依法治区的要求，区建管委不断提升依法行政水平。一是以城市综合执法体系的建立为契机，进一步厘清区建管委执法权限，明确行政执法依据；二是组织区建管委执法人员参加区行政执法人员基础法律知识培训，加强执法队伍建设。三是组织全区工程项目管理人员集中培训，切实提高各委办局、街镇、工业区建筑工程项目依法管理水平。四是完成区建管委依法治区重点项目《重要燃气设施行政许可后监管管理》，以项目为抓手，有效提升区建管委依法监管水平。

二、统筹城乡发展，新型城镇化建设平稳推进

（一）狠抓落实，重大工程、实事项目有序推进。

重大工程实事项目建设是金山区惠民生、稳增长、调结构、促发展的重点工作，区建管委通过建立重大项目台账管理制度，重点项目月报、旬报制度，项目流程跟踪制度，专题协调例会制度，依托金山区城市建设和管理联席会议制度建设综合管理平台，狠抓项目计划落实，优化项目流程管理，确保了全年54个重大工程、实事项目有序推进，总体情况进展顺利。

全区42项重大工程、12项实事项目中，24项重大工程和12个实事项目已完工，平申线航道整治工程一期、亭林大居一期安置基地北部项目等18个项目已进入施工阶段。以年初计划完工36个项目的目标计算，项目竣工率为100%；今年54个重大工程实事项目开工率为100%，较去年同期上升11个百分点，顺利实现了项目开工率及竣工率“双百”目标。

（二）全力以赴，城市运行、安全生产平稳可控。

1. 重安全、抓常态，加强建筑业安全生产监管。

为确保安全生产平稳可控，区建管委通过落实工作责任制，明确三级监管制度体系；调整现场监管模式，加强建筑市场和现场的联动，实行日常巡检、抽查、专项检查、稽查相结合，同步引入第三方安全技术服务，选取金山区30个建设工程项目为试点，力图

打造更加科学合理的监管体系，全力确保金山区在建工程现场生产安全和质量安全。

全区受监工程项目为200个，截至11月底实际受监在建项目173个，共开展抽、巡查工地925次，开具质量整改指令单105份，局部暂缓施工通知书14份；开具安全隐患整改单147份、局部暂缓施工通知书55份、全面停止施工指令书1份。各施工项目自己排摸上报的重大危险源154个、安全隐患7533个，发生安全生产死亡事故0起。复核季度安全标准化达标工地365个次（其中：优良345个次，合格20个次，优良率94.5%）。对违反安全生产、文明施工法律法规和规范标准的相关单位和个人进行严肃处理：各类人员实施约谈147人次，不良行为记分处理28人次（其中项目经理12人次、施工安全员8人次、项目总监5人次、安全监理1人次、企业负责人1人次、施工工地1人次）。

2. 抓专项、促长效，全面保证燃气行业持续安全。

一是积极推进城镇燃气管道占压安全隐患治顽除患工作。金山区共有9处城镇燃气管道占压安全隐患项目（3处列入市级督办项目，6处列入区级督办项目），于11月底全部整治完成。二是有序推进天然气压力管道检测工作。2015年金山区计划完成142Km的全面检测工作，截至12月底，累计完成149km的全面检测工作，完成排查出的73处管道隐患整改任务，超额完成了年度天然气压力管道全面检测工作。三是全面完成劳动密集型企业大中型商场市场安全用气专项整治工作。全区196户非居民用户用气安全隐患整治工作，已于9月下旬全面完成。四是持续开展燃气行业“打非治违”工作，打击违法行为。年度累计有效打击违规运输、非法销售燃气的违法行为21起，累计收缴液化石油气钢瓶572只，并依法严肃处理了涉案人员及车辆。五是认真落实燃气应急处置工作，确保无重大事故发生。修订完善了燃气行业应急处置预案，组织开展燃气应急演练28次，有效检验了燃气行业的应急物资储备、应急人员响应、应急抢修质量和效率。年度累计有效处置燃气事故49起，未发生燃气重大事故和衍生事故。其中，7月9日启动区级应急程序，燃气行业应急联动部门快速反应，有效处置了柳城路天然气管道遭外力破坏应急处置工作，区主要领导在全区工作讲评会议中予以充分肯定。六是多渠道、多形式地开展燃气安全知识宣传活动。结合“3.5学雷锋日”、“6月安全生产月”、“11.7燃气百日安全宣传”、“11.9消防周”、“宪法宣传周”等系列主题活动，先后开展有影响力的燃气安全宣传20余次，发放宣传品近两万份。利用金山电视台，滚动播出燃气公益宣传广告，与石化街道联手，先行试点利用社区电子屏幕和社区报进行燃气安全知识宣传，不断扩大燃气公益宣传覆盖面。积极组织燃气企业开展多途径的燃气公益服务活动，先后会同枫泾镇、吕巷镇、石化街道、山阳镇等地方政府开展“关爱弱势群体，优质服务进家庭”等各项活动，为近300户孤寡老人等弱势群体送上“免费上门安检、安全隐患整改”实惠。

（三）主动作为，环境整治、节能减排稳步推进。

1. 有序推进企业清洁能源替代工作。

一是组织燃气企业完成松隐、干巷、兴塔等3处104地块的天然气配套项目建设；二是配合区经委和各镇（工业区），组织金山天然气有限公司、上海万事红管道燃气经营有限公司实施74台燃煤（重油）天然气替代工作，10月底全部完成。三是2015年全年累积完成6867户居民天然气转换工作，至此，为期三年的区政府实事项目“石化城区居民天然气转换”工作圆满收官，共计完成居民天然气转换63500户，比原计划提前3个月完成。

2. 积极推进装配式建筑、绿色建筑。

一是积极落实装配式建筑项目考核指标。2015年市政府对金山区落实装配式建筑项目的指标数为全区土地总出让面积的50%，本年度全区预计出让地块的总建筑面积为87.628万平方米，计划落实装配式建筑面积45.013万平方米，装配式建筑面积落实比例51.37%。目前落实装配式建筑地块6幅，总用地建筑面积51.078万平方米，建筑面积24.1219万平方米，装配式落实比例47%，同比去年增长10个百分点。二是全面落实绿色建筑要求。2015年金山区按照绿色建筑实施要求，完成项目方案征询和初步设计批复23个，绿色建筑总建筑面积141万平方米，其中绿色二星级项目2个。

3. 全面加强建筑工地扬尘管控工作。

大力推进噪声扬尘在线监测系统安装工作。根据市相关规定，在金山区建筑面积8000平方米以上、学校医院居民小区等敏感地区周边的建筑工地推广安装噪声扬尘在线监测系统。目前符合条件的24个建筑工地项目均已安装完成。切实加强对全区13个混凝土搅拌站扬尘监测，除了建筑工地，目前9家搅拌站已经安装完成，3家搅拌站在选择供应商，1家搅拌站处于停产状态。

4. 扎实推进区域生态环境综合整治工作。

区建管委会同区环保局共同牵头，狠抓落实朱泾镇新泾村区块的生态环境综合治理工作，成立了金山区区域生态环境综合治理领导小组，对该区域内存在的综合违法问题进行了全面排查，清理出“五违现象”涉及违法用地21.12亩、违法建筑32696平方米、违法经营企业12家、违法排污企业112家、违法居住企业5家，以及噪音、粉尘污染和其他安全隐患等问题，在此基础上锁定了整治对象，研究制定了综合治理工作方案和任务清单，明确了各相关部门的责任，目前该区域7家主体单位均已全面启动以停产、清场、除“五违”为目标的整治工作，截至12月23日，共拆除违章建筑9343平方米，完成21.12亩违法用地整治复垦工作，已签订搬迁协议的租赁和经营企业126家。下一步在做好搬迁工作的同时，大面积、大规模的清除“五违”工作将实质性启动。

5. 协调推进金山区城市养护工作。

区建管委发挥牵头协调职能，会同交通委、水务局、绿化市容局共同推进金山区城市养护作业市场化改革，加快推进综合养护作业；在充分调研金山区市政道路养护、公路养护、绿地养护、环卫养护、河道设施养护和排水管网养护六块养护作业资金现状的基础上，形成了《关于逐年提高金山区城市养护经费的建议专报》，已上报区领导，现交由财政局进一步研究中。

（四）积极推进，美丽乡村、宜居小镇建设顺利。

一是农村低收入户危旧房改造工作顺利开展，全区计划安排的92户已全部开工，开工率达到100%；已竣工90户，剩余两户将于年底前按计划完成。二是积极开展宜居小镇、美丽村庄申报工作，金山区张堰镇、山阳镇完成宜居小镇、美丽村庄创建上报工作，张堰镇通过市级专家的评审与答辩，已报送住建部进入最后评审程序。三是启动了年度农村人居环境调查工作。

三、创新社会治理，社会和谐稳定工作稳妥推进

（一）完善监管体系，破解建筑业农民工欠薪难题。

区建管委通过成立“双欠”工作领导小组，将农民工欠薪问题的预防和处置贯穿于建设工程的监管全过程中，有效地缓解了因欠薪问题导致的群访、闹访及群体性讨薪事件等矛盾。截至12月15日，区建管委共受理信访166件，要求解决类案件166件，已化解157件，化解率达到94.5%，接待来访127批次，人员555人。其中涉及建筑管理

类信访要求解决类146件，接待来访116批次；建筑管理类中涉及农民工欠薪104件次，占全部来访的81.8%，金额7308万元，涉及农民工3450余人，已化解99件，占总件数的95.2%，化解欠薪额4680万元，涉及农民工2310人；涉及房屋质量的36件，已化解33件次，化解率为91%。

（二）维护群众利益，加强办信查案审理。

区建管委认真贯彻落实“党要管党、从严治党”的要求，工作中不断完善查信办案线索发现、初核、查处工作机制，形成查信办案工作合力。2014年原建设交通委纪工委共审理案件5件（其中：金山航务管理所案件2件，上海金山市政工程有限公司案件3件）。今年机构分设后，区建管委虽不是上述案件管理单位，但经区纪委案件审理室研究，为确保所办案件质量，继续委托区建管委负责完成案件审理工作。尽管案件办理难度较大，但区建管委严格按照案件审理工作标准，逐项抓整改落实，较好地完成了案件审理工作。

（三）积极主动对接，做好人大代表建议、政协委员提案答复工作。

今年两会期间，区建管委共收到人大代表建议四条，其中主办一条；政协委员提案三条，其中主办两条。区建管委严格按照相关程序和制度，在做好建议、提案的办理工作中，充分加强与代表、委员们的协调联系，听取和吸纳代表、委员对办理工作的意见和建议，认真圆满办结了主办的人大代表建议和政协委员提案。

金山区绿化和市容管理局

2015年，区绿化市容行业以党的十八届四中、五中全会精神为指导，按照区委、区府的总体工作部署，认真总结“十二五”行业工作，做好“十三五”行业规划，围绕“推进城乡生态环境建设，改善区域环境面貌，加快行业改革发展、增强为民服务能力”等重点工作，坚持系统谋划，加强重点突破、注重推进落实，力求创新发展，顺利完成了各项年度目标任务。

一、“十二五”工作简要回顾

（一）生态环境规模品质持续提升

通过加大绿化养护管理工作，提升绿化管理效能，城市景观面貌不断得到提升，金山区顺利通过了2011年和2014年国家园林城区复查。完成枫溪公园、张堰公园老公园改造工作，隆平路、金零路、临桂路、卫二路、金一东路、柳城路6条道路先后获得“上海市林荫道”荣誉称号。完成各类绿地建设278.5公顷，其中公共绿地85.7公顷。金山第二工业区防护林带105.27公顷基本建成，老龙泉港生态绿地等3000平方米以上的公共绿地增加了15块，松卫北路金山段、朱平公路（漕廊公路－浙江省界）等道路绿化相继建成，绿化建设整体稳中有进。建成区人均公共绿地19.95平方米，绿地率35.68%，绿地覆盖率37.46%。完成立体绿化38806平方米，其中屋顶绿化20477平方米，其他立体绿化18329平方米。

（二）生活垃圾管理水平稳步提高

完成生活垃圾处理方式由卫生填埋为主向焚烧发电为主的转变，实现处理方式质的突破，生活垃圾无害化处置率达到了100%。全面推进生活垃圾分类减量工作，2015年全区生活垃圾末端设施处理量为420吨/日，人均末端处置量减少15%（以2010年为基数），覆盖了全区259个居住小区、15.6362万户居民。建立了全区生活垃圾集中收集运输体系，建设了朱泾、吕巷、廊下、张堰、亭林、漕泾、枫泾、金山工业区8个转运站，完善了“村收集、镇转运、区处理”的城乡一体化收运体系。

（三）市容环境总体面貌整洁有序

优化保洁作业模式，积极推广重点区域白天人工保洁、夜间机械作业的保洁模式以及“收、拾、淋、扫、冲、磨、清、运、巡”的组团式保洁法，道路机械化清扫率由61%提高至76.5%(可实施机械化清扫道路面积)，冲洗率由56%提高至76.5%（可实施机械化清洗道路面积）。逐步配置完善环卫公共设施、设备，新增7座环卫作息点，新建5座环卫公厕，增加社会厕所对外开放50座；新增、更新压缩式生活垃圾收运车74辆，更新吸粪车3辆，配置扫路车2辆，高压冲洗车3辆，路面养护车9辆，购置小型电动快速保洁车64辆。积极做好全区建筑渣土运输企业招投标管理，确定5家企业为金山区建筑垃圾和工程渣土运输单位；实施工地、车辆、卸点全方位监督检查，共受理建筑垃圾申报审批997家，申报量780.76万吨，申报规范率为100%。加强景观灯光管理，完成杭州湾大道、金山大道、沪杭公路等重点地区的景观灯光建设。推进环境治理专项行动，完成农村环境卫生治理、“特定区域”专项治理、村(居)社会管理专项治理、达标示范责任区、村容整洁示范村创建、无序设摊治理等专项活动。

二、2015年工作总结

（一）聚焦工作重点，环境整治工作有序开展

一是制定完善整治方案。根据杨雄市长在金山区环境综合治理工作会议讲话精神以及区委、区府工作要求，进一步明确了当前的行业重点工作是加快推进环境综合治理工作。牵头制定了一般工业固体废物分类收运、处置方案；控制道路扬尘工作方案；修改完善了城市公共绿地、绿色廊道、林荫道和城市防护林带建设方案、“补短板，治顽症，奋战100天，全面提升市容环境”专项整治活动方案等多项与环境综合整治相关的工作方案。同时，根据区委、区府相关工作要求，开展了“让金山的明天更美好”大调研大讨论活动，梳理了拟请市级部门支持解决11条行业相关意见建议。

二是做好前期准备工作。成立局环境整治工作推进小组，加强对列入环境综合方案的绿化建设项目的组织领导，协调相关委办局、街镇开展前期准备工作。根据《金山地区环境综合整治行动方案》要求，对金山区绿化专业规划进行修编，邀请专家对公共绿地和防护绿带建设项目提出意见和建议，完善设计方案，确保项目能及时落地和顺利推进。

三是推进落实整治任务。按照区域生态环境治理工作要求，积极参加朱泾镇新泾村地块生态环境综合整治行动，会同相关职能部门，现场排摸整治区域总体任务量，细化工作方案，明确任务分工，加强协调沟通，稳步推进整治工作，整治暴露垃圾35处，规范宅前屋后堆物30处，处理墙面“三乱”（乱张贴、乱涂写、乱刻画）40处。

（二）加强资源管理，生态环境建设全面推进

一是重大绿化工程稳步实施。按照区府、区重大办工作部署，以“系统化、精细化、功能化”为目标，有序推进杭州湾大道（金山大道—G15高速北出口）两侧绿化调整工程、金山大道（城河路—学府路）南侧开放绿地建设工程、临桂路(杭州湾大道－战斗港)绿化补缺工程建设，顺利完成龙轩路（卫零北路—杭州湾大道）双排行道树建设以及枫溪公园改造。全年完成各类绿化建设20.67公顷，其中公共绿地6.5公顷。

二是廊下郊野公园风貌初显。开展廊下郊野公园重要景观节点的优化设计工作，完成郊野公园沿线环卫设施配置标准编制，通过结合廊下郊野公园现有生态景观，融入当地文化景观元素，丰富廊下郊野公园乡村风貌特色。

三是城区景观亮点丰富多彩。在城区主要道路布置立体花坛5组，调整优化草花花坛图案形式，增加了三角梅、月季等观赏性佳的植物品种。布置草花面积近9000平方米，

容器花卉140组，四季草花种植量约90万盆。对金山大道农行前绿地、沪杭路沿线绿地和梅州新村绿地进行景观优化，对东礁苑西侧绿地、随塘河路大草坪进行了地被调整，共改造面积20151平方米。柳城路成功创建为金山区第六条市级林荫道。

四是立体绿化建设再上台阶。根据本市立体绿化工作实施方案的要求，积极挖掘立体绿化资源，引导社会单位积极开展立体绿化建设，丰富绿化形式。截止目前，共完成立体绿化10832平方米，其中屋顶绿化4700平方米，其他立体绿化6132平方米。

五是绿化管养质量不断提升。按照“建管并举、重在管理”的工作原则，开展街镇绿地季度检查工作，加强对居住小区的绿化指导管理，落实“两病两虫”防控措施，共编制《金山植保快讯》16期，推广无公害药剂药剂、监测仪器等31类，合计药剂量2000余公斤，开展天牛捕杀专项工作2次。开展金山区古树名木详规编制工作，完成古树抢救项目1个、区级技措项目4个。推进树枝等园林废弃物利用工作，对试验基地进行扩建改造，新增翻堆发酵大棚2座，增设排污水水循环利用系统和防尘等设备，有效提升绿化用栽培基质的堆肥量，进一步实现废物利用、低碳环保的目标。

（三）坚持深化拓展，生活垃圾管理成效凸显

一是生活垃圾分类减量工作不断拓展。按照《金山区2015年生活垃圾分类促进源头减量实施方案》，在巩固2011—2014年分类减量成果的基础上，完成朱泾镇、亭林镇、张堰镇、吕巷镇、金山工业区5个镇117个小区48941户居民生活垃圾分类减量工作任务，分类减量工作覆盖到各街镇（工业区）（全区11个街镇、工业区均已开展生活垃圾分类减量工作）。同时，联合中国银行金山分行共同推进绿色账户工作，目前全区各街镇（工业区）都已启动该项工作，开设绿色帐户卡3.8万户，超额完成市局下达的任务指标。

二是生活垃圾资源化利用水平得到提升。制定《关于建设金山区生活垃圾分类减量湿垃圾末端处置设施的方案》，积极推进石化街道、朱泾、亭林、廊下镇4处湿垃圾末端处置设施建设，并在政府机关食堂、单位食堂推广湿垃圾生化处置设备。目前，朱泾镇湿垃圾末端处置设施已建设完成并进入试运行。

三是对金山环境再生能源有限公司监管持续加强。通过招标聘请第三方祥鼎环保技术服务（上海）有限公司对金山环境再生能源有限公司运营实施监督管理，实时监督公司运营期间各类指标的排放情况。同时，进一步加强对8个转运站、湿垃圾末端处置设施以及专用运输车辆的巡查监管，确保整个生活垃圾收运系统运行安全平稳有序。

四是农村生活垃圾专项治理工作成效显著。按照《金山区农村生活垃圾全面治理工作推进方案》，全面推进金山区农村生活垃圾治理工作，共更新户内收集桶22384只，新建维修村级收集房204座，新增更新240升收集桶2656只，新增维修人力收集车563辆，新增转运车12辆，培训保洁员682名，建立镇级建筑垃圾处理利用点4处，健全村内有害垃圾集中定时收运点26处、农村可回收物资收购点14处，清除陈年生活垃圾602.3吨。

（四）破解难题顽症，市容环境面貌有效改善

一是推进市容环境责任区管理工作。制定《金山区2015年—2017年市容环境卫生责任区管理推进工作方案》并由区政府转发。石化街道于6月开展了市容环境责任区管理的“先行先试”工作，取得了初步实效。各镇（工业区）于7月开始全面推进市容环境卫生责任区管理工作。同时，结合爱国卫生月、“五一”、“十一”等重大活动、重要节日，开展以“我的区域我负责，我的门前

我清洁”为主题的系列宣传活动，全区共发放《上海市市容环境卫生责任区责任告知书》13811份，区域内责任单位（人）知晓率近97%。

二是开展市容环卫综合化管理。做好建筑垃圾和工程渣土源头管理，共受理审批申报企业125家，申报量100万吨，申报规范率100%。开展违法违规运输处置渣土行为联合整治行动10次，检查工地67个，查获违规车辆3辆。强化装潢垃圾偷乱倒整治措施，共消除偷乱倒区域56处，消除暴露垃圾12050吨。严格地沟油和餐厨垃圾日常监管，共回收地沟油（含水量）1673吨，处置量（含水量）668吨。规范户外广告和店招店牌管理，审批户外广告设施1座，拆除跨线桥广告1处和高立柱广告1处，自拆广告28块，店招店牌备案11家，发送双向告知书11份，开具整改通知书21份。加强景观灯光日常维护管理，完成亭卫公路东侧草坪灯、杭州湾大道庭院灯等的大修工作。细化机动车辆清洗保洁管理工作，规范清洗场站备案流程，开展微水洗车宣传活动。

三是推进各类专项整治行动。在不断巩固治理成效的基础上，加强自查自纠以及督查整改，完成24个老旧小区、8个集市菜场、1处医院周边、25处校园周边、55个自然村落的“特定区域”专项治理工作。按照“一点一策”的项目式管理要求，开展无序设摊整治工作，完成漕泾镇富漕路横泾路聚集点的取缔工作以及亭林镇亭朱公路聚集点的管控工作。推进中心城区棚亭专项整治行动，落实体育、福利彩票亭、东方书报亭、便民服务亭的规范优化工作以及自制棚亭的清除工作。

四是完成环卫设施更新改造。对中心城区2座公厕、4个小区垃圾房、1座环卫工人作息点开展维修改造。完成环卫专用车辆采购，共采购环卫专用车辆45辆，其中新能源环卫车20辆。做好废物箱、垃圾桶的补充更新，更新垃圾桶8524个、废物箱584个。

（五）注重规划改革，政府职能转变不断推进

一是推进绿化市容“十三五”规划编制工作。根据行业“十二五”发展规划后期评估，按照市绿化市容局“十三五”总体规划并结合本区实际，启动编制工作，明确“十三五”期间行业发展的重要指标、重要任务、重点项目，于11月底完成区绿化市容“十三五”规划编制。

二是完成机构改革相关工作。按照《关于金山区人民政府职能转变和机构改革的实施意见》要求，启动城市管理综合执法体制改革，原局属金山区城市管理行政执法局独立。通过职责梳理，将原金山区绿化和市容管理局（金山区城市管理行政执法局）涉及城市管理行政执法相关职责划转至金山区城市管理行政执法局，于3月完成区绿化和市容管理局的机构调整和“三定”工作。

三是深化本区城市养护作业领域市场化改革工作。根据《本市进一步深化绿化市容养护作业市场化改革的实施方案》文件要求，研究制定阶段性改革目标，逐步转变监管模式，健全完善考核机制，强化养护作业合同管理，落实第三方考评机制，配合推进金山二工区综合养护的试点工作，以政府采购的方式确定了区域内环卫作业养护项目的实施单位，新增绿化养护项目及合同到期绿化养护项目采用政府采购公开招投标。

四是推进行政审批改革。不断规范审批程序、优化审批流程，共办结行政审批事项484件，其中园林绿化类211件、市容环卫类273件，未发生不满投诉和行政复议情况。编制完成30项审批事项的业务手册和办事指南。加强执法证件管理工作，审验执法证件54件，注销执法证件5件。全面开展行政权力清单清理工作，对照相关法律法规，共梳理100项。

（六）增强宗旨意识，行业服务能力再

上台阶

一是做好诉求处置工作。根据区委、区府相关通知要求，积极沟通协调，严谨规范办理，落实跟踪督办制度，15件人大代表建议、批评和意见及政协委员提案全部办复。完善局系统诉求处置热线平台，明确岗位职责，细化工作流程。全年共受理各类诉求270件，处理率100%，办结率100%。其中绿化条线55件，市容条线215件，电话回访市民980余人次。共受理信访件29件，已办结26件，无推诿拖办超期情况。

二是加强行业宣传力度。开展首届“市民绿化节”活动及全民义务植树系列活动，参与人数950余人，绿化面积36100余平方米，发放各类宣传材料800余份，开展绿化咨询、现场技术指导、市民插花讲座、乔木修剪等各项绿化服务近60次，向街镇、社区等赠送盆花约8000盆。通过报刊、网络等渠道向市民公开认建认养信息，共认养绿地2500平方米、古树及后续资源9株。

三是开展便民惠民服务。依托公厕文明行业创建、道路保洁和垃圾清运文明行业创建，推行“第三卫生间”配建，开展“一路一策”管理，规范垃圾清运作业。同时，根据行业需求开展专项培训，举办了绿化上岗工、绿化工中、高级绿化工技能竞赛班，共计培训绿化技术人员151人次，进一步提升行业专业服务能力。

2015年，金山区绿化市容行业始终保持着科学发展的势头，但也应该清醒地看到行业工作中存在的一些问题：

一是生活垃圾处置管理与低碳发展要求存在差距，生活垃圾资源化利用水平待提高。

二是面对渣土管理、无序设摊等城市管理顽症，通过长效管理从源头化解问题的手段还比较单一。

三是城市公共绿地特别是老绿地存在绿化形式和功能单一，绿地的休憩、文化、服务功能拓展有限。

三、“十三五”行业发展规划

（一）主要指标

1. 绿化：规划2020年城镇建成区绿地率36%，绿化覆盖率38%。3000平方米以上公共绿地500米服务半径覆盖率金山新城达到90%，镇、工业区达到50%以上。人均公园绿地面积17.5平方米。

2. 市容环卫：生活垃圾无害化处理率100%；生活垃圾分类收集覆盖率90%；人均生活垃圾末端处理量减量率25%（相对2010年）；餐厨垃圾收集率50%；装潢垃圾规范收运率80%；文明公厕比例达到90%；主要道路整洁优良率在92%以上，城市化地区道路机械化清扫、冲洗率70%；区管水域整洁优良率85%；市容环境卫生综合管理示范街镇示范区域应达80%以上；户外广告设施规范审批率达100%。

（二）重要任务

1. 绿化：围绕“一园、二道、二网”（一园：郊野公园，二道：廊道、林荫道，二网：城市生态防护网、城市公共绿地网）绿化总体规划发展布局，加大绿地建设，严格资源保护，精细养护管理，创新科技支撑，持续投入机制，夯实基层基础，从根本上改善本区的生态环境质量、人民居住生活质量。

2. 市容环卫：完善固废收运处置“减量化、资源化、无害化”处理体系；按照“管理出实效、市民得实惠”的价值取向，加强市容景观日常管理和维护；按照《上海市市容环境卫生责任区管理办法》，进一步推进“管理为核心、单位和市民自律为关键、作业为基础、执法为保障”的市容环境责任区“四位一体”工作机制。

（三）重大项目

1. 绿化：完成公共绿地建设55公顷；完成防护林带建设83公顷；完成通道防护林55公顷；完成林荫道建设6条，共8.76公顷。

2. 市容环卫：规划建设金山区生活垃圾残渣填埋场；餐厨垃圾处理设施（规模50吨

/日）；装修垃圾处置场（金山工业区、亭林镇、张堰镇联合设置一处，朱泾镇、枫泾镇、廊下镇、吕巷镇联合设置一处）；环卫公共设施的大修和更新（公厕 15–20 座/年，垃圾房 50 间/年，垃圾桶 500 个/年，废物箱 200 个/年）。

（十三）松江区

松江区建设和管理委员会

今年以来，在区委、区府的坚强领导下，区建管委紧紧围绕全区中心工作和委年初确定的目标任务，以改革创新为统领，转作风、解难题、求实效，有力推进年内各项建设、监管服务；同时全面梳理“十二五”期间工作的经验得失，加强调查研究，以确保“十三五”专项规划编制切实、有效、可操作。

一、咬住目标，重大工程有序推进

一是积极落实市重大工程前期工作。加强对接，破解难题，确保重大工程不因为动迁问题拖进度后腿。目前 100 万伏淮南–南京–上海输变电工程塔基全部建成；嘉闵高架（莘松路–联明路）通车；22 万伏松工、华阳桥、金枫三条输变电工程开工建设；嘉闵高架南二期松江段动迁前期摸底工作。

二是协调推进市、区重点工程。强“内力”，借“外力”，及时沟通相关街镇、园区，助推重大工程。完成了松蒸公路、北松公路、千新公路、梅家浜路等道路新建、改扩建和大中修道路 98.8 公里；基本建成四鳃路、佘北公路；上海第一座跨黄浦江的全混凝土结构斜拉桥 -- 辰塔路跨黄浦江大桥建成通车；G60 一期文翔路立交工程完成专项规划公示，进入审批程序。G60 二期整线抬升工程专项规划公示已协调明确，待油墩港航道工程专项规划完成后，在“十三五”期间适时实施。

三是稳步推进民生项目。聚焦热点，逐步解决百姓关心、关注的问题。建成松江天然气第二门站–华阳门站并正式运行，铸铁–燃气管网年度计划全面改造完毕；推进浦南三镇天然气管网建设步伐，目前已完成辰塔路北段管道敷设；推进松江区农村低保低收入户危旧房改造，共落实了改造户数 45 户，已完成 37 户，追加的 8 户加紧施工中；加强无障碍环境建设，圆满完成国家级示范区创建工作。全年新建和改造盲道 2.6 公里，无障碍停车位 6 个，无障碍电梯 3 台，残疾人家庭无障碍改造 295 户。

二、自加压力，把改革不断引向深入

一是不断深化招投标改革。全面实施公共资金项目施工招投标新规和 200 万以下小型工程摇号发包办法，有效维护建筑市场有序、健康发展。目前小型项目摇号平台共受理审核申请入库的施工企业 201 家，完成小型项目摇号 278 项。共完成公开招投标项目 512 个，实施新规后中标单位呈现较分散的现象，进一步改善了报名不投标、借资质、串标围标等现象。

二是编制完成“十三五”规划。上半年启动“十三五”规划编制工作，实地调研广泛收集资料，积极征求各部门和单位对委“十三五”规划编制意见和建议。下半年开展委内系统自评、区部门和单位互评工作，通过“二上二下”程序不断修改完善规划编制内容。期间，区府领导率区“十三五”规划领导小组成员专程调研区建管委“十三五”规划编制情况，得到了肯定和好评。召开专家评审会，并根据评审意见修改文本及项目库，形成正式稿后报区“十三五”规划领导小组。

三是深化政府机构改革。调整区建设和交通体制机制，区建设和交通委员会更名为区建设和管理委员会；稳步推进事业单位分类改革，平稳完成了建管中心与质安监站的机构及人员身份分流工作；原建管署属下股份制企业－康诚招投标代理公司顺利脱钩，转为民营企业；全面完成凯达公司划归国资委工作。

三、主动拓展，不断提高建管工作监管水平和覆盖面

一是加大行政处罚、协调力度。开展燃气管道占压专项整治工作，全年全区统计占压9起，目前解决8起，1起处置中；在公安、安监部门协助下，燃气部门共开展执法行动56次，收缴非法经营液化气钢瓶1150个，公安部门拘留35人；对各类建筑市场违法违规行为处罚123例，处罚单位123家，处罚金额1664.6439万元；加强民工维权，共接待上访民工453批次，涉及农民工人数7232人，涉及工资11015.49万元，已协调解决10585.49万元，调解成功率为96.1%。共受理民工工资拖欠纠纷183件，解决176件。

二是全面加强社会建设和社会治理。共收到人大书面意见25件，政协提案7件，办理态度、结果均100%满意。今年又恰逢2012–2015回头看工作，全面完成了2011–2015年回头工作，在时间节点内将97件回头看一一落实，并做到书面、电话二次答复。由于办理出色，提案办理工作均得到了人大、政协、区府督查室的肯定和好评，今年考核位列全区第一，办理优秀蝉联第五个年头；实现了大联动、网格化和“12345”热线的资源整合。全年共受理群众来信、“12345”市民服务热线各类信访案件691件；加强地下空间管理，制定《松江区地下空间管理联席会议成员单位职责分工》，进一步强化各成员单位监管责任，推进地下空间建设和安全使用各项工作落实。摸清底数，排查整治安全使用隐患，全区地下空间安全形势总体良好受控。

三是提升行政审批服务效能。全面开展行政权力和行政责任清理工作，共梳理出各项行政权力591项，行政过错责任137项、行政协同责任1项，2014年共行使行政权力99项8891次；抗震设防审查工作截止目前共受理165个项目，审查办结161个项目；审计文件审查共收到项目申请60个，通过施工图程序性审查备案项目178个；建设工程初步设计审批受理112个，已批复91个；完成新车公路拓宽改建工程等7个公路市政项目方案预审。

四是加强建筑市场和燃气市场安全监管。全区新开工项目286项，完成工程项目报建342项；受监工地295个，已报监工程监督覆盖率达100%；发放施工许可证286件；建设工程竣工验收备案受理并办结202项。由于建筑市场专项整治工作有力有序，在市建管委第二次督导检查中，成为全市唯一免检区县；创新建筑工地渣土管理新模式，起草完成《关于进一步加强建筑渣土工作方案》及配套的11项制度；不断完善燃气市场科技监管，出台了《关于进一步加强燃气管理的实施意见》，开展相关宣贯工作；积极探索运用科技手段，液化气钢瓶综合管理系统正式上线进入试运行阶段，对试运行的华阳门站实行监控对接，确保松江区燃气行业重点部位全部纳入监控范畴。

四、立足实际，全面加强党的各项建设

一是精心组织，主题活动精彩纷呈。组织开展了“领导干部讲党课、上讲台”活动，拟定讲课主题，书记带头上课，辅导交流宣贯，确保实效；着力开展“三严三实”专题活动。明确教育三个专题，制定了以自学、组织专题交流学，外请讲座学的学习计划，并将个人情况纳入对照；“七一”前夕，结合区建管事业发展现状和改革要求，组织开展了“我是党员敢负责、勇示范”专题讨论会。

二是完善党风廉政建设责任制，落实“两个责任”。抓责任清单的入脑入心。充分利用党委中心组专题学习、辅导报告等形式宣贯“两个责任”的主要内容。在确保委党委、主要负责人及其他成员知晓自身落实“两个责任”各项职责的同时，下移宣传重心，有

计划有步骤地向基层党政班子宣传，为“两个责任”落实深根创造良好氛围；抓“一岗双责”的压力传导。委党委年初专门召开了党风廉政建设干部会议，与基层单位和机关科室签订了党风廉政建设责任书，明确了在抓好业务工作的同时，抓好本单位、本部门的党风廉政工作，真正做到党风廉政建设与业务工作同部署、同检查、同落实、同考核；抓履行责任的检查督办。委纪委对两级班子成员落实“一单两书”情况每季度以书面通知送达班子成员本人进行督查，要求对照责任清单内容进行自查，形成自查报告报委纪委，充分履行了纪委的监督责任。

三是依法依规稳步储备干部库。依法依规程序规范建立处级、科级党内外优秀青年干部人才库；认真严格审核机关事业单位干部档案；组织开展副科级干部培训，记录学习档案。今年共提任机关正科实职干部1名，副科实职干部1名，副科虚职干部1名；事业副科干部2名；完成了对去年新提任的10位同志的试用期满考核工作。

四是加强精神文明和群团建设。项目办、工会和文件审查中心工会正式成立；加强核心价值观的引领，在职工中开展“弘扬社会主义核心价值观，宣讲身边感人事”活动；认真做好文明工地创建工作，在文明施工管理工作中主动靠前，加强执法；开展青年岗位建功，今年区建管委“金盾”突击队荣获上海市优秀青年突击队，1名青年获得上海市优秀青年志愿者；围绕家庭建设，开展家庭美德小故事征集活动；落实老干部待遇，组织开展“老青结对”，关心老干部身心健康。

回顾一年来工作，区建管委取得了新的进步和成绩。所有这些都是全委上下共同努力、奋斗的结果。今年机关绩效考核仍名列前茅。

过去一年行之有效的思路和做法，要在今后继续坚持、不断探索与完善。同时，区建管委也要清醒认识到，目前存在的问题。一是行业监管的力度和水准尚需提高，如招投标；二是工作作风还欠扎实，深入、主动；三是破解难题的本领还不够强。

松江区绿化和市容管理局

2015年，区绿化市容局按照区委、区政府和市局年度工作总体部署和要求，紧紧围绕全面提升绿化市容环卫管理整体水平的目标，锐意进取，扎实工作，各项任务成效明显。区委、区政府重点推进和督查的涉及区绿化市容局的工作主要有7项，除拆违工作已移交城管外，其余的谋划“十三五”规划、作风建设、推进生活垃圾分类减量、天马项目、立体绿化建设、固废厂残留垃圾处理等6项工作，都按时间节点得到有序推进落实。目前，松江区市容环境质量综合考评成绩保持全市郊区第一，生活垃圾分类减量工作实效全市郊区第一并被评为第一批全国示范城区，绿色帐户覆盖全区222个居住区、159214户居民家庭，在全市排名第一。道路保洁和垃圾清运社会公众满意度测评全市第二、郊区第一，环卫行业市民诉求处理工作全市第一，防汛工作获“上海市先进集体”。主要工作和成效体现在以下“五个持续提升”上：

1. 园林绿化管养水平持续提升。完成了6个绿化配套建设工程、36个绿化迁移恢复工程、新优植物引种和绿地推广运用工程、以及佘山垃圾综合处理厂外围防护绿化的设计与预算，提前完成了1万平方米立体绿化建设，顺利完成10万平方米有轨电车沿线绿化搬迁和3处共约15000平方米绿化避让带内抽稀，增强了5座公园共约27000平方米的绿地结构功能，增创了2条市级林荫道路，做好了20处古树名木市、区两级示范点工作，组织开展了新春游园、义务植树、绿化认建认养、杜鹃展、菊花展等系列绿化主题活动，同时方塔园、醉白池公园园容园貌“精细化”管理水平不断提升。

2. 市容景观面貌颜值持续提升。认真宣传实施市市容环境卫生责任区管理办法，建立自律组织 15 个，实施商街门店垃圾定点投放 21 条道路，新桥、佘山、新浜、叶榭创建市容环境综合管理责任区；“特定区域”177 个单元综合治理，完成指标率 95.5%；扎实推进无序设摊，取缔无序设摊聚集点 5 个、设立疏导点 2 个、管控点 7 个；加强户外广告管理，规范旗帜式临时广告设置，编制《松江区户外广告（招牌）日常管理指导手册》，建立户外广告数据载体，截止目前，全区共有户外广告 1808 处 /1992 块，拆除了市局督办违法广告 34 处 /55 块完成任务量的 90.2%、区自查违法广告 97 处 /120 块完成任务量的 196.7%。

3. 环卫行业管理能级持续提升。坚持日常道路保洁和公厕管理的规范化、标准化，结合文明创城工作，在全区 103 座公厕内制作宣传标语，中心城区的四星、五星级公厕内设置智能化应急系统，11 个镇车站及道路果壳箱上安装公厕二维码导向 760 处，共更新“公厕”导向牌 36 块、安装助老扶手 202 个、改造无障碍坡道及扶手 2 处；排除困难确保垃圾外运工作的正常，1–10 月日均生活垃圾外运处置 921.91 吨；启动实施全区农村生活垃圾全面治理专项行动，共新建维修村级收集房 18 座、镇级中转房 4 座，清除陈年垃圾 1607 吨；同时，组织开展了劳动竞赛及第四个“松江环卫工人日”纪念系列活动等主题活动，不断强化环卫作业监管，稳妥推进环卫作业市场化工作，积极探索形成了垃圾分类“松江模式”。

4. 重点工程项目质量持续提升。年内续建和在建基本建设项目共 9 项，目前除松金公路环卫水上作业基地争取年内复工，其余的低价值可回收仓储物流中心、嘉松公路绿化抽稀、生活垃圾填埋场 2、4 号坑单元封场、滨湖路绿化工程等 4 项续建项目都已进入验收阶段；新建项目新浜垃圾转运站、董其昌书画艺术博物馆和填埋场污水处理用房改建等 3 项均顺利完成初步审批工作；天马垃圾焚烧项目安全有序推进，年底可望点火，计划明年 4 月试运营；固废厂残留垃圾处理已经完成。同时，修订完成局工程项目管理工作手册。

5. 安全和诉求处置效能持续提升。积极应对以清理美圣公司固废厂库存垃圾为重点的影响安全稳定的遗留问题。认真汲取上海“踩踏事件”教训，严密组织了两个公园新春文化游园和“五一”节日活动，整个系统没有发生重大安全责任事故。认真开展防台防汛期间的市政道路路边进水口保洁操作规范和户外广告设置巡检工作，共处置安全隐患户外广告及店招店牌 103 处、道旗 2000 对，配合供电部门完成影响供电安全隐患树木 125 株，清空废物箱 14325 只。组织开展档案管理培训和保密专题学习教育，建立健全相关制度；坚持依法行政，梳理并明确了正在实施的行政权力和正在承担的行政责任清单共 29 项；稳妥做好各类诉求工作，有效办理区人大、区政协议提案工作和市、区党代表联系社区收集意见共 27 件。逐步完善诉求处理处置工作机制，理清行业指导与行政执法、属地管理之间的边界关系，明确责任主体。截止 11 月底，受理“12345”、“12319”和其他各类绿化市容热线诉求件共 12662 件，处置率和回复率为 100%，反馈及时率为 99.2%，满意率为 63.7%。

（十四）嘉定区

嘉定区建设和管理委员会

2015 年是全面完成“十二五”任务、科学谋划“十三五”发展的关键之年。嘉定区城市建设管理和交通工作深入贯彻落实区委、区政府的决策部署，紧紧围绕“争当上海郊区面向未来发展样板”的发展要求，积极开展规划研究编制，全力推进重大工程和基础设施建设，不断提高公共交通和城市管理水平，有力提升了城市品质，逐步完善了城市功能，明显改善了城市形象，为嘉定打造现代化新型城市夯实了基础。

（一）规划修编

基本完成《嘉定区城市建设和管理“十三五”规划》、《嘉定区综合交通“十三五”规划》的编制。《缓解新城、老城节点交通拥堵》规划方案征集已经完成中期成果。与区规划土地局合作完成《嘉定区中低运量骨干公交网络规划（2015–2040年）》，目前已经进入网上公示阶段。积极组织推荐嘉定新城参加住建部开展的中国人居环境范例奖评选活动，最终嘉定新城核心区生态系统规划建设被授予2015年中国人居环境范例奖。推荐华亭毛桥村申报住建部宜居村庄、工业区虬桥村村规民约申报住建部优秀村规民约。开展农村人居环境调查工作，完成区域144个行政村调查并上传建设部农村人居环境信息系统。

（二）重大工程推进

2015年共安排基础设施、大居外配套、产业发展、社会事业和住房保障等五大类项目47个，项目总投资约681亿元，计划新开工项目22个，建成或基本建成项目13个，加快建设进展项目12个，完成年度投资约100亿元。由于早落实、早启动，勤协调、多督促，以及各实施主体、各街镇和各相关部门的通力协作，截止12月底，除区第一社会福利院（二期）、安川电动机器公司产业化基地因建设环境发生变化外，共实现新开工项目20个，建成或基本建成项目13个，提前完成年度计划项目6个，累计完成投资147.7亿元，其中基础设施类完成96.7亿元，大居外配套类完成7.1亿元，产业发展类完成16.1亿元，社会事业类完成4.0亿元，住房保障类完成23.8亿元。另外，基本完成京沪高铁嘉定段沿线众百路等6处非法大型停车场重点目标整治。

（三）安全生产监管

工程建设。不断强化对建设工地安全监管，加强对施工现场的监管，加大对违规行为的处罚力度，共组织安全检查1793次，开具“安全隐患整改单”292份，“暂缓施工指令书”136份。有计划地开展专项检查与综合检查，先后开展了节前停工、节后复工、防汛防台、大型机械、安全月等专项检查。大力推进项目经理及总监理工程师远程考核系统，基本做到了较大规模工地的全面覆盖，有效促进了施工现场关键岗位人员的到岗履职率。危险品运输。加强危运企业安全监管，每月对区内危险品运输企业开展上门检查。认真贯彻落实交通部5号令，督促12吨以上大型车辆或牵引车辆按规定接入全国联网监控系统。组织开展了道路危险货物运输与停车场（库）行业应急救援实战演练。加强对危险品码头及船舶的检查，突出对危险品罐区安全隐患的排查治理工作，重点对储罐的检测报警设施、安全防护设施、消防设施及码头储罐的压力管线进行排查，同时加强危险货物装卸前、过程中、结束后的安全检查。燃气管理。切实加强燃气行业安全风险管控，认真履行燃气管理服务群众各项职责，按时间节点要求顺利完成燃气管道占压整治任务。继续加强与公安、消防等部门的联动与配合，共计开展联合执法行动30次，出动执法人员220人次，取缔非法经营液化气窝点23处，查没收用于非法经营的液化气钢瓶787只，行政拘留25人。同时联合燃气企业，共检查天然气用户129家，检查出隐患6家，液化气用户355家，检查出隐患1175处。桥孔整治。克服时间紧、任务重、难度大等困难，圆满完成市政府下达的286孔桥孔整治任务，并自我加压，将县道和城市道路的部分桥孔也纳入整治范围。在整治行动中，坚持依法整治与教育引导相结合，共完成询问笔录25

份，发出《限期履行义务决定书》25份，并对桥孔占用人进行教育引导，促使其配合整治、自行撤离，尽量避免采取强制措施。同时，为防止整治后违建回潮，积极落实长效管理制度，制定并经区政府批转《嘉定区道路桥梁桥下空间管理暂行规定》，严格桥孔使用管理，落实安全、公益两个基本原则。

（四）道路建设与养护

骨干道路建设。嘉闵高架路北段二期正在抓紧主体结构施工，房地征收基本完成；沪宜公路改建（S6–叶城路）于7月开工，正在进行管线搬迁和远香湖桥梁施工；S7公路征收腾地已完成准备。区区对接道路建设。塔新东路基本建成，正在进行收尾工作；嘉盛东路二期跨罗蕰河大桥实现复工，华江路跨吴淞江桥开工建设。大居外围配套项目建设。惠平路南段基本建成；华江路、嘉盛路污水管及世盛路污水泵站已完成；塔新东路正在进行收尾工作；陈翔水库增压泵站扩建及输水管、北区污水厂二期扩建基本建成；陈翔路地道管线搬迁基本完成并实现开工；和宁路（北段）正在推进房地征收工作。下立交改造。本区范围内共93个下立交，尚未达标下立交46个。2015年已完成14个下立交改造，正在施工23个下立交，计划2016年底实现嘉定区下立交设施应改尽改，改造后下立交泵站排水标准达到5–10年一遇。道路养护管理。进一步规范道路大中修项目的实施，制定了《嘉定区城市道路及公路维修项目实施细则》。认真做好区管道路的日常养护管理，加强道路、桥梁设施巡查，发现设施病害、缺损及时落实处置措施，不达标桥梁均进行维修或落实安全措施，确保运行安全。加强道路养护行业管理，积极开展对各街镇道路管理部门的业务指导、培训及考核，有力提升了全区道路管养水平。另外，顺利完成区管道路交通四类设施的移交接管和2016年度养护招投标。

（五）建筑业管理

截至12月底，嘉定区共有在建项目488个，建筑面积1392万平方米。全年建设工程报建项目293个，建筑面积488万平方米；核发建设工程施工许可证276项，建筑面积469万平方米。建筑市场监管。积极开展资质动态监管，提高准入标准，共注销企业资质5家，35家企业撤回建筑资质。开展了建筑市场经营行为专项检查，开具整改通知单10份，对有违法违规行为的企业进行了行政处罚。不断加大清欠力度，全年共接待、受理建筑农民工上访289起1284人，涉及被拖欠农民工8056人，涉及拖欠金额16169万元，已解决金额7519万元，为维护农民工权益、促进地区和行业稳定作出了贡献。工程质量监管。加强建设工程日常监督抽查，通过抓重点、抓难点、抓薄弱点、抓整改落实，及时发现问题、消除隐患，共实施监督检查工地1426次，开具整改单258份、暂缓施工指令单3份。同时，全面落实五方主体项目责任人质量终身制，积极推进建筑工程现场质量管理标准化工作。全年共申报区优质结构工程39个，市优质结构工程15个，获评市白玉兰工程8个，获评国家鲁班奖工程1个。招投标管理。进一步加强对招标文件的审核备案管理，全面推行使用标准招标文件；积极推行并完善新的评标办法，嘉定区实施的公开招标项目全部按规定实施新的评标办法，并根据嘉定区实际，对新的评标办法进行了完善；强化中标后续监管，实施市场、现场联动；继续实行不良行为名单制度，逐步建立健全投标企业诚信机制，营造诚信守法的市场环境。初步设计审查。进一步落实审批制度改革各项要求，共办理初步设计审批项目68个；审图合同备案项目80个，出具征询意见汇总项目66个，建筑面积227万平方米；完成施工图审查备案项目142个。建筑节能。大力推进装配式建筑，落实装配式建筑面积42万余平方米，落实比例达59%；全面推进新建建筑绿色化，落实绿色建筑72万平方米；积极推进嘉定区国家机关和大型公共建筑能耗监测系统建设，完成24幢既有大型公建的分项计量装置改造及14幢新建建筑分项计量装置安装及联网工作。

嘉定区绿化和市容管理局

2015年，区绿化市容局紧紧围绕区委、区府中心任务，在全区范围内加强了绿化林业、市容环境的综合建设和管理，使得区域生态环境和市容景观的总体水平有了跨越式的发展，全面完成了“十二五”的规划目标。

一、以改善生态环境为宗旨，进一步推进重点项目建设

今年来，区绿化市容局深入推进“百、千、万”、外环林带和再生能源利用中心等工程建设，深化垃圾减量分类，逐渐形成生态宜居、环境优美的城市生态系统。

1. 拓展城市绿地面积，努力提升绿化品质。到2015年底，已建成具有嘉定区特色公园70座，正在建设公园9座，包括嘉北郊野公园一期、百果园、母亲河文化园等公园。新建各类绿地216.52公顷，其中公共绿地71公顷，居住区绿地133.67公顷，单位绿化11.85公顷。完成东方肝胆医院、轨交11号线、S5快速通道立体绿化建设1.2万平方米。目前嘉定区建成区绿化覆盖率达到38.5%，人均公共绿地面积达到16.7平方米。

2. 全力打造绿色廊道，稳步提升森林覆盖率。2015年，以通道林建设为抓手，四旁林建设为辅助，相继实施G2、G15和G1501快速通道一期和S6沿线绿色廊道项目，完成通道林建设3125亩，四旁林2.1万株。“十二五”期间，共新增林地面积1.5万亩，净增8873亩。据上海市森林资源调查数据统计，目前嘉定区森林覆盖率已达13.22%，提前完成“十二五”12.03%的目标任务。

3. 有序实施重点项目，逐步提升项目实效。一是顺利推进京沪高铁沿线整治工作。会同建管委成立京沪高铁嘉定段沿线环境联合整治执法工作组，明确对铁路征地红线及两侧共48米范围内沿线进行环境综合整治，重点整治众百路非法大型停车场等6家单位。目前，已完成京沪高铁绿色廊道整体规划方案，在京沪高铁公司配合下，正组织落实众百停车场、外青松公路两个样板段的建设，下阶段做好启动铁路用地红线外的地块绿化种植和绿色廊道建设的各项准备工作。二是加快推进外环林带建设。上海外环线生态专项嘉定段目前已完成建设任务31公顷，正在建设面积为20.13公顷，力争在2016年底全部完成。三是稳步推进再生能源利用中心工程。项目于5月28日正式开工建设，目前，正在进行垃圾基坑施工，力争12月底完成基坑底板浇筑工作，同时协助维稳办、新闻办做好舆情沟通和维稳工作。

4. 扎实开展垃圾分类，顺利完成减量目标。一是积极拓展分类区域。今年新增27个居住区1.8万户居民家庭和6家机关实施生活垃圾分类，累计推进302个居住区及计15.5万户居民，36家机关、企事业单位，132所学校，6座公园，68个菜场实施了生活垃圾分类工作。二是推进绿色账户先行先试。完成南翔镇、安亭镇、嘉定新城（马陆镇）12个居住区8千多户居民家庭实施绿色账户先行先试工作，共有87个居住区5万多户居民家庭申领了绿色账户积分卡，激励居民进行垃圾分类。三是强化末端处置和资源利用。已有24个湿垃圾处理站点投入运营作业，各菜皮处置点和居住区生化处理机的处置量达到110吨/日。目前，全区进入市、区两级生活垃圾末端处置系统日均垃圾量938吨，低于市局核定指标量939吨/日，无害化率达到98%。下阶段要加快江桥镇、安亭镇和马陆镇等街镇的餐厨垃圾处理点建设，编制《嘉定区湿垃圾处置小型末端处理设施布局与选址专项规划》，为湿垃圾处理设施设备的推进和管理提供依据。

二、以完善管理机制为目标，进一步提

高行业服务能力

今年来，区绿化市容局深入开展林业“三方体系”建设、农村环境卫生治理、市容环境专项治理等工作，苦练内功，加快提升行业管理水平。

1. 强化行业指导。一是稳步提高绿地林地管养水平。落实绿化养护和生态公益林补偿考核机制，制定新城四大景观、S5沿线样板段等各类考核细则，组织开展行道树冬修、病虫害识别、容器花卉制作和森林防火等技能比武，加强古树名木保护、行道树养护、病虫害防治、林地抚育和林木种苗生产等方面的技术指导，推进林荫道、园林式小区创建和经济果林“双增双减”，进一步完善管理体系。二是加强市容环境卫生责任区管理，巩固文明行业创建成果。组织发动江桥、外冈、徐行等3个街镇开展了市容环境综合管理达标街镇创建活动，目前已完成市级初验。新增安亭镇和徐行镇两家作业公司开展道路保洁和垃圾清运文明行业创建工作，全区累计已有10家公司开展了创建工作，创建率达到83%。在江桥镇和徐行镇的7座公厕试点推广了立体绿化美化工作。目前共有100座公厕创建成为文明公厕，其中有20座公厕列入市民满意度测评对象。

2. 强化农村环境卫生治理。一是推进农村厕所新建和改建。根据区农村社会管理专项整治目标任务分解表，今年完成43座农村公厕新、改建任务，其中新建30座，改建13座。新、改建厕所全部达到公厕三类标准，进一步提升了农村公厕硬件水平。二是实施农村生活垃圾治理。全区134个行政村共更新户内垃圾收集桶1.2万余只，新建、维护垃圾收集房339座，培训保洁员919名，清除暴露堆积垃圾532.6吨，取缔露天小粪缸88只。通过完善环卫设施设备，清理暴露、堆积垃圾，稳定农村保洁队伍等工作，进一步提升农村环境卫生管理水平。

3. 强化林业“三防”体系建设。一是改建区级三防分中心一处，新建镇级三防管理用房5处、改扩建3处，完成《嘉定区林业“三防”体系建设项目实施管理办法》文件编制。二是扎实开展森林防火体系建设。修订发布了《嘉定区森林防火应急预案》，明确职责，完善了应急预案体系建设。2015年，全区林火阻隔体系建设面积1800亩，设立森林防火警示牌100块，建设森林防火取水口115个，森林防火蓄水池2座。三是完善林业有害生物预警防控体系。开展林业有害生物普查，通过对9个街镇的苗圃、道路绿带、护岸林等林地的调查，共采集各类病虫标本2400余份，查获林业有害生物492种，进一步完善了嘉定区有害生物资料库，为今后制定嘉定区防控策略提供依据。四是加强野生动物保护和疫源疫病监测。完成浏岛野生动物重要栖息地项目建设，目前已通过了市级验收。

4. 强化推进专项治理和执法。一是开展无序设摊综合治理。组织各街镇对集市菜场、老旧居住小区、医院、校园和轨交站点等19个“特定区域”展开治理。对城市化地区、集镇范围内5个疏导点，12个控制点，3个聚集点开展无序设摊治理。开展违法户外广告设施专项治理，整治拆除27块违规固定户外广告设施。二是开展森林资源专项稽查。为保证“十二五”森林覆盖率达标，严肃查处毁林、占林违法行为，恢复林地3700多平方米。开展野生动物保护专项行动，检查集贸市场115家/次、大卖场24家/次、饭店129店/次，查获非法携带野生动物1起，非法经营野生动物2起，拆除捕鸟网31张，解救活体野生鸟类16只。

5. 强化行政审批和诉求处置。一是严把审批关，进一步规范审批工作。今年共受理行政审批申请5.1万余件，涉及审批事项11项，不予受理31件。二是组织开展审批证件督查工作。依法对行政相对人开展监督检查，对渣土运输和绿林地征占用开展了专项治理，共撤销绿林地征占用行政许可69件。

三是开展行政权力事项梳理工作。共梳理出区绿化市容局行政权力 14 类 146 项，完成业务手册和办事指南的编制和网上政务大厅的信息录入工作。四是规范投诉处理工作。进一步规范“12345”诉求处置，提高诉求处置质量。今年共受理绿化林业、市容环卫各类诉求 1275 件，其中“12345”热线 438 件，处理率为 98.8%，总体满意率为 84.8%。

6. 强化社会宣传发动。一是开展义务植树和植树节宣传活动，积极营造全社会爱绿护绿氛围。在江桥镇嘉闵高架植树点和嘉定镇街道登龙广场举办主题为“绿化走近你我、绿色改变生活”的植树宣传活动，活动总人次达 1.1 万人 / 次，共设置义务植绿展板 104 块，发放家庭养花宣传资料 6000 余份，回收废旧电池 6000 多节，赠送盆花 2000 余盆，进一步提了高市民爱绿护绿意识。二是深入推进绿化认建认养工作。继续设立市民绿化认建认养点，让更多的市民参与到绿化认建认养活动中。目前，已认养乔木 94 株，绿地 450 平米。三是结合“爱鸟周”、“湿地保护日”等重大节日，组织形式多样的宣传活动。发放各类宣传资料，全年共制作展板 12 快，张贴宣传标语 200 张，发放湿地保护、野生动物保护等宣传资料 2400 余份，为市民提供免费林业法律法规咨询、技术服务。四是加强垃圾分类工作宣传，提高市民知晓率和参与度。

7. 强化便民服务措施。一是组织开展绿化“六进”活动。深入推进绿化“六进”活动，在外冈、安亭、工业区等街镇深入学校、村宅、园区、楼宇、社区开展“绿化六进”便民活动 231 余次，惠民 7000 余人次。二是组织举办特色花展，提高公园服务水平。以公园升星创建工作为抓手，先后在秋霞圃开展“牡丹花展”，在汇龙潭开展“菊花展”等特色文化活动，提高公园的景观亮点和景观特色。三是完成重大活动的保障工作。完成紫藤花节期间市民游客游览紫藤公园的安全保障工作，完成 F1 赛事期间上赛场周边的市容环境卫生保障工作和“2015 嘉定菊花展”安保工作。

三、以推动行业发展为任务，进一步明确“十三五”目标

认真开展“十三五”规划的编制工作，召开专题编制工作务虚会，落实各单位各自职责和编制要求，进行梳理汇总，并委托专业编制单位，统筹各单位材料，精心编制“十三五”规划。到“十三五”末，森林覆盖率将达到 15%，比“十二五”增加 1.78 个百分点，即新增造林 1.2 万余亩；基本实现建成区绿化覆盖率 38.55%，比“十二五”增加 0.05 个百分点。全区生活垃圾无害化处理率达到 100%；垃圾分类城市化地区全覆盖；再生能源利用中心建设完成并投入使用，年处理规模达到 1500 吨 / 天；配套完成新建、改建街镇垃圾中转设施 9 座；规划建设一座日处理能力 150 吨 / 天的餐厨垃圾综合处理厂。

四、以坚持从严治党，坚持依法行政，坚持服务群众为原则，进一步加强党建工作

1. 深入开展专题教育活动，全力抓好作风建设。一是以党政领导班子和处级以上干部为重点，深入开展“三严三实”专题教育活动。从“学习教育、工作推进、查摆问题”三个环节中坚持“严”与“实”，深入剖析存在的问题，把班子和个人“不严不实”的问题列出了负面清单，为进一步改进工作、改进作风明确了努力的方向。二是在党员中开展了“守纪律、讲规矩”主题教育活动。重温入党誓词，牢记党的宗旨，提高党性觉悟，让守纪律、讲规矩内化为自觉意识、自觉行动。真正将作风建设落地生根，让好的作风成为区绿化市容局党员干部的思想自觉和行为习惯。

2. 规范抓好干部队伍建设，强化日常管理与监督。一是认真抓好干部的选拔任用。全面落实《嘉定区区管领导干部选拔任用工

作记实暂行办法》和《嘉定区科级干部选拔任用工作记实暂行办法》的要求，严格按初始提名、民主推荐、考察实施、征求意见、讨论决定、任职等程序实施，确保了民主、公正、规范。今年来，区绿化市容局选拔任用了1名副科级干部。二是开展普遍谈心交流活动。局党委主要负责人分别和党政班子成员、局中层干部、各所站骨干力量和全局青年干部共70多名干部开展了个别交流和集体座谈，通过面对面的交流，耐心地倾听全方位、全行业、全人员的意见建议。通过多层次的交流谈心，既找准了着力点、明确了突破口，也拉近了上下的距离，营造了良好的工作氛围。三是严格落实因私出国（境）证件审查备案工作。制定了局科级干部出国（境）审批流程，从申请、承诺、政审、证件管理进行了系统规范，目前局系统科级干部证件均有组织人事部门统一管理。四是开展科级干部述职述廉工作。区绿化市容局专门制定了科级干部述职述廉方案，对局系统基层所站班子领导和机关科室领导进行专项述职述廉工作，目前此项工作正在进行中。

3. 落实党风廉政责任制，筑牢勤政廉政防线。一是认真落实党风廉政建设责任制。推动局党委和局纪委的职责和分工，推进主体责任和监督责任的落实。开展局党委与班子成员、科室负责人、基层单位负责人党风廉政责任书的签约，明确任务。二是严格落实八项规定。切实抓好2014年政风行风民主评议中反馈问题的整改落实。认真做好窗口服务、投诉处理工作及政风行风实例反馈。严格执行《关于进一步规范党员领导干部操办婚丧喜庆事宜的规定（试行）》。制定公务接待审批流程和实施标准，严格执行公务接待标准，使公务接待规范化。三是深化党风廉政教育。通过党委书记上党课、观看宣传教育片、收听报告会、一月一案一例等形式，经常拉拉袖子，敲敲警钟，时刻警醒广大领导干部。四是强化制约监督，规范权力运行。修订完善《区绿化市容局“三重一大”实施办法》，将“三重一大”报告备案制度上提一级，要求各基层单位严格落实“三重一大”制度，每半年向上级报告备案。

（十五）青浦区

青浦区建设和管理委员会

2015年是“十二五”规划的收官之年，是全面深化改革的关键之年，是全面推进依法治国的开局之年，也是“十三五”规划的谋划之年。过去一年，在区委、区政府的正确领导下，区建设管理委全面贯彻落实党的十八大和十八届三中、四中、五中全会精神，主动适应机构改革和职能调整后的新形势、新任务、新常态，以“三严三实”教育活动为抓手，狠抓机关作风纪律建设，进一步解放思想、与时俱进、求真务实、加强监管，严格落实区委区政府工作要求，以完成年度重大项目、重点工作为工作中心，市政公路、建筑建材、燃气行业、交通港航等各行业工作有序推进。现将区建管委年度工作总结如下：

（一）以编制“十三五”规划为契机，全面谋划好行业中长期发展。

新的建设管理委成立之后，十分重视“十三五”规划编制计划，多次召开道路、市政、交通运行专题大讨论。委托上海市交通港航发展研究中心编制了《青浦区建设和交通发展“十三五”规划》和《青浦区公共交通“十三五”规划》，包括公路与城市道路、公共交通、静态交通、内河航道、建筑管理、燃气设施等方面。完成《青浦区建设和交通发展“十三五”规划》、《青浦区公共交通“十三五”规划》中期成果。

1. 认真谋划青浦区公路与城市道路

“十三五”规划，结合规划梳理青浦区道路建设项目数据库。根据市委、市政府要求，梳理上报 2015–2017 区区对接道路及断头路建设清单。为沟通区省交界处道路建设需求，梳理区省对接道路。根据初拟的“十三五”期间拟实施道路建设项目清单，梳理 2016、2017、2018 年实施项目。

2. 研究开展各类专项规划。根据综合交通规划的要求，全面梳理各分项规划。年内，青浦区燃气专项规划、公交场站专项规划、慢行交通专项规划、静态交通专项规划、水上交通专项规划、轨交 17 号线公交接驳方案等专业规划已完成评审。根据各项规划编制要求，还委托开展了 5 个专项规划（研究）的编制工作，分别为青西三镇路网建设及环路路网专项研究、青浦区城市综合管廊专项研究、青浦区中运量有轨电车专项规划、海绵城市专项规划、青浦城区交通改善方案研究。年内，青浦城区交通改善方案已基本定稿，在研究成果的基础上，提出了青浦城区交通“排堵保畅”三年（2016–2018）行动计划，将于2016年起逐步实施。其余各专项规划（研究）正在研究编制阶段。

3. 开展部分项目前期方案研究。逐步开展道路、交通枢纽及停保场、停车场建设、撤渡建桥等项目前期方案研究工作。协助市相关部门推进崧泽高架西延伸、G318 拓宽改建、G15 高速公路抬升、G50 西岑出口，对缺少规划红线或者需要调整规划红线的项目，如青浦大道、白鹤镇拟建道路、东航路等启动专项规划编制工作。

（二）以保障安全为底线，确保建设管理领域安全稳定。

1. 深刻吸取夏阳燃气爆炸事故教训。“8·7”夏阳街道液化气泄漏爆炸事故敲响了安全生产工作的警钟，区建管委第一时间布置落实相关工作措施，在燃气行业、公路市政、建筑建材、交通客运、水上监管等几大行业迅速开展一系列安全与防火大检查，要求各行业排摸安全风险点，做好引进第三方力量推动安全监管的准备，对各风险点采取评估、检测、监管，确保各风险始终处于有效监管之中，并将行业安全监管工作纳入到了全区公共安全整治工作中去。

2. 抓好建筑工地安全生产。建管行业开展一系列综合执法检查、专项监督执法检查。年内分别开展了建筑起重机械安全专项检查、建设工程监理专项检查、住房工程质量暨建筑节能质量专项检查、建设工程综合执法检查、建设工程绿色施工专项检查、建设工程设备安装质量专项检查、玻璃幕墙建筑专项检查、建筑工地住宿彩钢板临时建筑消防安全专项整治等，使青浦区在建工程安全生产工作和工程质量再上新台阶。深化“打非治违”等专项整治工作，组织全区在建项目深入排查在建工程执行法律法规和标准规范的执行情况，危险作业、临时作业的风险管理、施工方案，审批执行等情况。排查施工现场可能使用的含危险化学品成分或者易燃易爆物品成分的建筑材料及装饰装修材料的存储隐患，切实吸取天津“8·12”爆炸事故的教训。

3. 抓好燃气管线运行安全。加强燃气行业安全排查，大力推进燃气隐患管道改造和城镇燃气管道占压整治。根据上海市建设管理委等六部门联合发文《关于印发 <上海市燃气管道占压专项整治工作方案> 的通知》精神，青浦区共涉及天然气管道占压 23 处，要求 2016 年春节前全部完成整治。其中：上海天然气管网公司涉及 3 处占压，目前徐泾镇联民路九泾路 G50 跨线桥下占压整治已完成，白鹤镇纪鹤公路 1 处占压整治市级验收未通过，进一步整改中，华新镇杨家庄村凤溪教堂 1 处占压已由华新镇进入强拆程序，预计春节前完成。区煤气所涉及 20 处占压，年内全部完成。

4. 抓好交通港航领域安全。完成春运、清明扫墓、“十一”黄金周、冬至扫墓和

2015年国际车展交通运营保障工作。推进安全生产标准化建设，规范企业安全生产行为。制定青浦区安全生产标准化建设行业培训计划，对普通货物运输企业、机动车维修行业、港口普通货物码头进行宣传培训。开展“打非治违”专项整治行动。开展主题为“加强安全法治、保障安全生产——平安交通、为您服务”安全生产月活动。强化取水口、渡口、泖河作业区、朱家角水上旅游等重点航段和水域的日常巡航监管，确保辖区水上交通安全形势持续稳定。2015年，巡航累计10571小时，出动海巡艇7118艘次，人员19962人次。在春节、“两会”、清明、五一、国庆等重点时段，加强对辖区渡口渡船及水上旅游单位的现场安全检查。

（三）以重大工程为保障，不断完善交通基础设施体系。

1. 积极推进道路项目建设。

（1）区建管委实施的道路项目

徐乐路三期（新凤路）2013年5月开工，计划2016年6月完成。2015年12月底进展：西半幅雨污水管道完成；西半幅道路基层完成施工；过路管涵施工结束；上达河桥东半幅下部结构施工；东半幅路基施工开始；上水搬迁完成。盈港路六期开工日期为2014年8月，2015年12月底已基本完成。外青松公路南段计划竣工日期为2016年12月。2015年12月底进展：除油墩港桥外道路部分已完成通车，油墩港桥南半幅已完成通车。

（2）青发集团代建道路项目

山周公路新建工程、佘北公路（沪青平公路－松江区界）改建工程、纬一路二期、蒸俞公路（省界－老朱枫公路）改建工程、盈港路四期新改建工程、城中北路延伸段新建工程、盈港路二期改建工程、秀横路油墩港桥、青赵路西大盈港桥按计划推进中。

（3）西虹桥道路建设项目

蟠龙路（崧泽大道－盈港东路）拓宽工程、蟠龙路（崧泽大道－天山西路路）新建工程、天山西路（华徐公路－小涞港）新改建工程、诸光路（崧泽大道－区界）道路改建工程、诸光路道路改建工程（三期）按计划推进中。

2. 继续推进燃气项目建设。嘉松公路天然气复线工程嘉松公路西侧1.37公里天然气中压管道（崧泽大道－盈港路），目前已完工。青浦老城区燃气户内管及表具改造工程（二期）工程涉及范围：城东新村、万寿新村、淀湖路、胜利路、青湖路等小区，涉及用户数16029户，目前工程已完工。重固门站二期工程新建一座调压撬，建设出站管线二期，目前已投入运营，正在财政审计。液化气灌装站开灌工程目前已完工，正由审计局审计。练塘蒸淀社区供气管网建设4.6公里外管和三个社区地下管、户内管，提供练塘蒸淀社区天然气使用，目前正在办理招投标。白鹤镇赵屯社区项目建设4.6公里外管和三个社区地下管、户内管，提供白鹤赵屯社区天然气使用，目前正在扩初编制。制订《关于加快推进青浦区各镇居民小区天然气落户的三年行动计划》，计划在2016-2018年加快推进各镇居民小区天然气落户工作，使更多的老百姓能使用上安全、清洁、方便、经济的天然气。

3. 加快郊区农村基础设施建设。“村村通”公交道路修缮工程，涉及夏阳街道郁金路、朱家角薛间村路、白鹤镇鹤祥路。夏阳街道郁金路、朱家角薛间村路已基本完成，白鹤镇鹤祥路计划春节前完成。香花桥街道公交枢纽项目目前正在办理用地手续，计划2016年年内开工。扎实推进“美丽乡村”建设，配合推动历史文化名镇工作。

4. 做好国家会展中心过渡期交通保障。拟定国家会展中心交通组织保障方案，包括交通管理、停车管理、公交运营、出租车管理，以及打击非法营运等主要工作内容。会同交警、西虹桥管理中心等部门和单位，按实施方案操作运营，确保国家会展中心过渡期交通安全有序畅通。

（四）以改善民生为根本，持续改善市民居住生活环境。

1. 继续推进“城中村”改造。有序推进列入第一批试点建设的徐泾镇罗家小区、老集镇；盈浦街道城西 1、2 组、城西 5 组、俞家埭 5 组、俞家埭 1、2、3 组、南横村和重固镇新联村、毛家角村改造项目。在推进第一批试点建设同时认真梳理第二轮“城中村”改造计划工作。初步改造方案已向市“城中村”领导工作小组汇报，第二批改造方案根据市领导相关意见和建议进行修改。

2. 农村危旧房改造。2015 年青浦区农村低收入户危旧房改造任务 48 户，其中翻建 28 户，修缮 20 户，总投资 380 万元。年内，所有项目完成，各类归档资料及第一批资金拨付工作也基本完成。

3. “十二五”农村桥梁改造。2015 年全区计划改造桥梁 185 座，其中 7 座航桥按照基本建设程序改造，涉及全区 10 个街镇，计划总投资约 40000 万元左右，列入年度市政府实事工程 120 座。年内所有街镇施工，12 月底完成 120 座，其余 2016 年上半年全部完成。其余涉及华新镇、香花街道 10 座桥暂缓实施。7 座航桥中，1 座已完成维修加固，5 座招标阶段，1 座通航论证阶段。

4. 农村经济相对薄弱村村内道路改造。2015 年青浦区计划改造农村经济相对薄弱村村内道路共 321 条约 141.693 公里，其中：村主路 215 条约 92.318 公里，村支路 106 条约 49.375 公里，总投资 9345.67 万元。年内，除练塘镇招投标中，其他街镇均在施工中，12 月底完成 50 公里。

5. 公交线路优化及班次加密。新辟公交线路 2 条，分别为 710B 线和 773 路，服务于华新地区居民出行。为解决新城一站大型居住社区居民“最后一公里”问题及青浦区其他地区居民出行，共调整 35 条公交线路走向及站点设置。因市政建设等原因临时调整 11 条公交线路。为方便青西地区居民就医，试点开设前往朱家角人民医院的区间车，实行定班营运。完成城区高峰时段青浦 1 路、青浦 3 路、青浦 4 路、青浦 11 路、朱徐线、虹桥枢纽 6 路等 11 条公交线路的班次加密，试点“村村通”公交线路优化，完成华新 1 路、华新 2 路、赵巷 1 路、徐泾 4 路线路拆分和 13 条“村村通”公交线路定时服务工作。

6. “村村通”公交提升工程。“村村通”公交道路中修（练塘镇顾林路、白鹤镇万狮、新江）竣工。“村村通”公交道路修缮工程（夏阳街道郁金路、朱家角薛间村路、白鹤镇鹤祥路）年内基本完成。150 座公交候车亭 11 月完成，150 根立杆式站牌、5 座公交港湾式站点建设年内全部竣工。

7. 撤渡工作。完成金泽南新渡撤渡工作的工可研究，并列入 2016 年政府性投资项目。完成练塘中心渡撤渡建桥的研究论证工可，并列入 2016 年政府性投资项目。

8. 下立交整治。青浦区下立交整治项目共 141 处，其中 3 处列入市府实事工程。整治项目包括 14 处泵站维修改造、17 处新建泵站、31 处监控系统。进展如下：改建维修工程：涉及 125 处下立交，其中 14 处为泵站改造（2 处列入市政府实事项目）。年内全部完成。新建泵站工程：新建 16 处泵站，区管和 2 个街镇施工中，其余 5 个街镇招标中；华新镇由于牵涉征地，办理征地手续周期较长，争取年内完成征地相关手续。监控系统安装工程完成投资批复，正在办理招投标手续。

9. 桥下空间整治。按照市委、市政府要求，公路桥孔违法设施整治工作从原来的 2015 年、2016 年两年整治计划调整为 2015 年一并整治。全区共有 30 座桥梁桥孔需要整治清理，其中市管公路 15 座、区管公路 9 座、市政道路 6 座。年内全部完成整治。

10. 创建无障碍设施区建设。开展创建无障碍环境区工作，工程总投资 195 万元。该项目于 2015 年 6 月底顺利通过验收检查。

11. 静态交通工作。开展体育馆广场地下停车场建设前期准备工作。已完成体育馆广场地下停车场建设方案设计比选及汇报，并初步确定实施方案，列入2016年政府性投资储备项目。2015年，完成机动车停车场（库）建设工程审核136件，机动车停车场（库）竣工验收114件，全区新增停车位19279个。完成土地出让前交通审核66件，参与建设项目交评影响评价审核21件。

12. 推进青浦区公共自行车服务项目。青浦区公共自行车服务项目一期规划公共自行车站点76个，共计投放公共自行车约2100辆。本期规划范围主要在青浦新城范围，2016年1月中旬基本完成并投入运营。

（五）以推动落实为抓手，全面深化行业体制机制改革。

1. 完成行政权力清单和行政责任清单的梳理工作。梳理行政审批事项共64项：公路（市政）16项，建筑11项，国防交通3项，道路运输13项，海事11项，港航10项。开展行政审批业务手册与办事指南的编制工作，业务手册共66项，办事指南共66项。梳理道路运输、海事、港航3大类的行政权力清单。根据青浦区网上政务大厅建设和推进工作方案的时间节点，完成平台建设所需要的基础数据与服务指南等相关材料，除保密等相关要求外，共有63个审批事项（132个分项）按计划完成网上服务指南数据录入。本年度行政执法证换证30件，新证17件。

2. 继续深化养护作业市场化改革。面对青浦区农村公路管理工作存在机构不健全、管理力量不足、养护资金投入不足等问题，认真开展农村公路相关调研工作，研究修改《青浦区农村公路养护管理实施办法》，并由区政府进行转发。为确保道路建设质量，杜绝道路失管失养现象，规范本区范围内的公路、城市道路、桥梁设施交接管理工作，保证新建、改扩建、大修的公路、城市道路、桥梁设施建成后正常投入使用，拟定青浦区公路、市政道路设施量接管实施意见。

3. 开展区域性出租汽车运价结构调整。根据市交通委有关会议精神以及市发改委《上海市发展改革委关于本市区域性出租汽车运价管理有关事项的通知》，为更好地适应区域出租汽车管理和运营的实际需要，提升出租汽车行业综合服务水平，2015年7月正式启动青浦区区域性出租汽车运价结构调整工作。经过《青浦区区域性出租汽车运价和额度调整风险分析与评估》专项调研、制定运价结构调整方案、成本监审、制作听证报告等前期准备，10月28日召开青浦区区域性出租汽车运价结构调整听证会，并于11月15日起取消燃油附加费，正式实施调整后的运价结构。

（六）以行业监管为常态，继续加强建设交通管理能力。

1. 建筑建材业审批。

（1）工程安全质量监督：报监工程154项，建筑面积381.3万平方米，总工程量135.2亿元。目前在建工程项目273项，与去年的319项减少了46项；建筑面积1150万平方米，比去年的1025.6万平方米增加了124.4万平方米；总工程量：371.0亿元，比去年的293.7亿元增加了77.3亿元。其中住宅工程82项，建筑面积593.3万平方米，总工程量：159.3亿元，其中保障性住宅19项，建筑面积177.7万平方米，工程量49.8亿元，市政道路26项，总工程量：10.2亿。

（2）建筑建材业受理：项目报建531个项目，总投资296.24亿元，总建筑面积为297.39万平方米。同比去年项目数增加113个，增加27.03%；总投资同比减少295.29亿元，减少49.92%；总面积同比减少191.18万平方米减少39.13%。总投资超过10亿元的项目有7个，比去年同期减少7个，减少50%。

（3）建筑市场监管：施工公开招标：210标段，中标价37.6451亿元，50.2511万平方米。比去年同期项目数减少7.9%，中标金额减少69.6%，建筑面积减少75.96%。施工邀请招标：33标段，中标价55.7805亿元，183.9033万平方米。比去年同期项目数减少8.33%，中标金额增长3%，建筑面积减少10.71%。施工小型项目招标：363标段，中标价3.4892亿元。比去年同期项目数增长40.15%，中标金额增长36.52%。勘察公开招标32个，邀请招标10个；设计公开招标54个，邀请招标11个；监理公开招标37个，邀请19个。勘察比去年同期项目数持平。

（4）初步（总体）设计审批：年内，初步设计审批：受理项目共75个，审批办结项目共67个。总建筑面积33万平方米，总投资52.7亿元；总体设计文件审查：受理项目共50个，意见汇总项目共61个，项目总建筑面积414.6万平方米，总投资272.4亿元；其中工业项目39个，总建筑面积117.3万平方米，总投资79.3亿元；房产项目13个，总建筑面积213万平方米，总投资137.7亿元；商业项目8个，总建筑面积71万平方米，总投资51.4亿元；网上施工图备案：149个；审批改革后，企业自行送审：共有项目16个；建设项目抗震设防审查：受理项目79个（其中复审项目12个），完成审查项目77个，另有2个项目正在审查程序中。

2. 公路养护管理。

（1）区管公路。2015年区管公路养护资金计划为13250万元（其中日常养护4200万元，大中修工程5707万元，综合管理2693万元，应急抢险抢修费用650万元）。截止12月底，累计完成养护经费12951万元，占全年的97.7%。

（2）农村公路。2015年农村公路养护资金计划为11602万元（其中日常养护7036.5万元，大中修工程3942.5万元，管理经费623万元）。截止12月底，累计完成养护经费11150万元，完成率96.1%。

（3）市政道路。2015年市政道路养护维修资金计划为3500万（其中日常养护2206万，大中修1034万，应急等小专项经费260万）。截止12月底，累计完成养护经费3426万，占全年的97.9%。

3. 道路运输管理。

开展日常和专项稽查共计932次，出动执法人员6240人次，查获各类交通违法案件共计件997件，其中：公交汽电车18件、出租汽车44件、长途客运55件、普通货运67件、危险货运25件，车辆维修7件、驾培行业13件、停车场（库）2件、非法营运599件（通过多次视频取证查处115辆、克隆车9件）、利用货运车辆年检处理二级维护脱保案件167件。处理2015年各行业案件845件。

办理交通运输业行政许可（备案）事项，2015年专业运输开业129户，非专业运输开业224户；专业新增车辆949辆，非专业新增车辆565辆；检测车辆共计5650辆。汽车维修业态二类机动车维修开业9户，三类机动车维修开业11户，其中快修A类1户，二类摩托车维修1户。停车业态经营业户新开业停车场（库）4户、歇业4户，实际新增泊位总数869个。更新发放区域内汽电车运营证702份，校车备案车辆共计101辆。受理建设工程配建机动车停车场（库）初步审批31户。

4. 港口码头监管。

（1）行政审批严格把关。年内，受理审批桥梁建设、通航水域堤岸维护、航道疏浚等各类区管通航水域施工作业许可16件，受理初审市管通航水域施工作业11件。发放内河小型船舶驾驶员适任证书46本。办理船舶进出港签证28353艘次，开展船舶安全检查581艘次。

（2）企业经营资质核查。开展辖区内2015年水路运输（服务）企业核查工作，上门现场核查经营资质维护情况及各项制度落实情况。本辖区所管辖水路运输企业5家全部参加并经市航务处复核通过了本次年度核查。本次年度核查企业(包括个体运输户1户)各类船舶82艘(其中个体运输户1艘)。

(3)港口岸线规范管理。继续做好《上海港口岸线临时使用证》及《中华人民共和国港口经营许可证》核发、换发工作。年内,共向28家码头单位下发《上海港口岸线临时使用证》(包括换证),向23家码头单位下发《中华人民共和国港口经营许可证》(包括换证)。

(4)保障航道设施完好。积极开展辖区航道日常巡查,及时发现问题并解决问题,顺利完成辖区内局部航段应急疏浚工程。年内,共计疏浚土方8280立方米、清除无主沉船12艘,检查航标632座次,修复8座次。

(5)船舶检验规范运行。年内,共检验船舶192艘,3478总吨,总功率为11210.04千瓦。没有发生一起因检验失误而造成的责任事故,确保了所检验船舶具备安全航行和作业的技术条件。

(七)以科技创新为先导,加快推动行业创新转型发展。

1. 大力发展装配式建筑。年内,青浦区共有13个地块完成了土地出让合同签订,总建筑面积约为143.7万平方米(商办63.2万平方米,住宅80.5万平方米)。其中装配式建筑的建筑面积为72.1万平方米(商办14.7万平方米,住宅57.4万平方米),占总出让土地建筑面积的比例为50.2%。

2. 继续推进绿色建筑和建筑节能。根据《上海市绿色建筑发展三年行动计划(2014-2016)》,青浦区同步出台区级三年行动计划,制定淀山湖新城、西虹桥区域内的绿色建筑星级创建计划。落实建筑节能备案制度。年内,青浦区建筑节能备案项目共87个,总建筑面积437万平方米。建筑节能验收备案顺利推进。可再生能源建筑一体化青浦区目标任务为10万平方米,2015年区内共有7个项目采用可再生能源应用设计,总建筑面积为27.19万平方米,总应用面积为17.63万平方米。积极推进绿色施工节约型工地创建工作,青浦区已创建36个节约型工地,总建筑面积达261万平方米。

3. 开展扬尘污染综合整治。会同有关部门共同制定《青浦区扬尘污染综合整治实施方案》,成立青浦区扬尘污染综合整治推进办公室。推进码头、堆场、露天仓库的扬尘整治。混凝土搅拌站绿色改造。20家正常生产的搅拌站已完成改造,1家正在恢复生产的搅拌站将同步进行改造,另外1家已停产。加强日常监督执法,累计实施117次执法。推进建筑工地扬尘和噪声在线监测系统,28个工地完成扬尘在线监测系统的安装。规范工地管理,青浦区文明施工达标率已超过95%这个年度目标。

4. 推进高污染车辆环保治理工作。为加快推进机动车污染物排放总量控制,改善城市大气环境质量,推进青浦区高污染车辆环保治理工作,全面淘汰青浦区在册黄标车,基本淘汰国Ⅰ标准汽油车,大力推进其他老旧车辆淘汰。根据市交通委数据,2015年青浦区黄标车保有量为5839辆,年内已淘汰3218辆,淘汰率55.1%。根据上海市交通委、上海市环境保护局、上海市公安局、上海市质量技术监督局联合发布的《关于进一步加强本市在用机动车环保治理的通告》,剩余2621辆黄标车将由交警部门于2016年初予以强制注销。

5. 加快新能源车辆更新力度及配套建设。2015年新增或更新新能源车辆265台。其中,油电混合车148台、纯电动车87台、插电式混合动力车30台。与青岛特来电公司签订充电桩合作备忘录,标志着青浦区正式引进第三方投资建设和运营管理新能源公交车充电桩设施,2015年12月中旬完成场内建设。

(八)以“三严三实”为抓手,深入推进作风建设和廉政建设。

1. 顺利完成机构改革工作。根据《青浦区人民政府职能转变和机构改革方案》精神，青浦区建设和管理委员会正式成立，原区建设和交通委员会与原区交通运输管理局的职责一并划入新成立的建管委。为使各项工作尽快步入正轨，从6月起加快拟定了区建设管理委“三定方案”。在区编办的指导下，通过多次征求委班子成员意见、班子会商量讨论，结合市建管委、市交通委“三定方案”内容，经过近10轮的反复修改，最终形成区建设管理委“三定方案”。7月6日，青浦区建设和管理委员会正式举行揭牌仪式，华源副区长亲自揭牌。从6月初区建设管理委班子组建以后，委班子通过召开会议、走访调研、党课学习等多种形式，统一了全委干部职工的思想认识，加快了两个单位的人员融合和工作融合，确保了年度工作计划的稳步推进，做到了人心不散、队伍不乱、工作不断。

2. 认真开展“三严三实”专题教育。开好了“三严三实”专题学习研讨会。委领导班子等共同学习了习近平总书记关于“三严三实”的重要论述、优秀县委书记先进事迹材料、习近平谈“为官四要”等重要论述，集中交流了“三严三实”学习体会。委领导班子前往各基层单位上了7堂党课。组织开展了参观陈云纪念馆，学习邹碧华、汤庆福等先进典型事迹，收看《筑梦中国》等活动。通过征求意见，共梳理出委领导班子“不严不实”问题12条，班子成员“不严不实”问题84条，形成《区建管委“三严三实”专题教育需要委协调解决的问题清单》13条。针对这些问题，分门别类进行了责任分解落实，制定了整改措施，明确了整改时限。

3. 切实加强干部队伍建设。委“三定方案”正式批准以后，及时做好了科室人员安排及相关岗位干部任免工作。按照《干部任用条例》，通过民主推荐、个别访谈、考察测评等环节，对设施管理科科长、建管所副所长、燃气管理中心副主任、征稽所副所长等岗位进行了推荐任职，年内共推荐选任副科级以上干部8名。加强领导干部管理，机构改革调整完毕，即对委机关及所属单位领导干部进行了梳理。

4. 深入推进党风廉政建设。组织学习了《领导干部违纪违法典型案例警示录》、《习近平关于党风廉政建设和反腐败斗争论述摘编》等，集中收看了警示教育片《身边的警醒》系列片，增强领导干部的廉洁意识。强化党风廉政建设主体责任，委班子领导认真履行“一岗双责”，确保党风廉政建设对各级干部和业务工作的全覆盖。完善与基层单位党风廉政建设结对联系和谈心制度。围绕落实“八项规定”新要求，修订内部管理制度16项。举办基层单位贯彻落实中央“八项规定”专题培训班。对“八项规定”执行情况每季度开展专项检查。发送“廉情速递”类提醒信息196条。加强对权力运行的监督，抓重大项目、重点岗位的廉政风险防控，继续开展行政审批事项廉政风险防控工作，目前公路行业廉政风险防控手册已编制完成。年内，委纪检监察机关处理信访举报2件，区纪委转办件1件。针对委执法监管部门和窗口单位开展“四查四治”活动，进一步规范执法行为，转变干部作风。

5. 不断提升党建工作水平。“七一”期间，开展走访慰问老党员和困难党员活动。召开庆祝建党94周年纪念大会，开展新党员宣誓和基层优秀党员干部典型宣讲等活动，对荣获系统优秀共产党员称号的同志进行表彰。做好党员发展工作，2015年发展新党员7名，6名预备党员转为正式党员。

同时，还完成了公交场站公司的成立、财务、工青妇、老干部、组织、人事、宣传、统战、人大代表建议和政协委员提案办理工作、信访、市民热线、信息、信息化、档案、保密等各项工作。

青浦区绿化和市容管理局

2015年，区绿化市容局按照区委、区政府和市局的总体工作要求，围绕创建第二轮上海市文明城区和国家生态区建设的目标，进一步巩固国家卫生区复审结果，扎实推进市容环境专项整治和重点项目建设，积极探索绿化、环卫养护作业市场化改革，不断提升管理和作业服务水平，基本完成了年初预定的目标任务。

一、推进文明城区创建工作

一是明确文明城区创建目标任务。制定了“创建第二轮上海市文明城区实施方案”，明确了文明城区创建工作的总体目标，梳理出了15项主要工作任务、19项测评标准和11项文明进步指数“直接引用”测评指标。二是实施文明城区创建工作督查。建立了文明城区创建工作督导机制，组建了4名人员组成的专门督查队伍，从6月8日起在全区实施绿化市容环境“每周一查”，列出问题清单，加强与各街镇的工作对接，抓好回访复查，形成督查情况通报和月度专报。三是着力提升管理和作业水平点上，在中心城区，推进重点道路和区域绿化养护管理水平提升，细化养护作业标准和考核要求，实施养护作业单位作业养护质量承诺制，并设立公示牌接受社会公众监督；开展市容环境卫生示范道路创建，明确重点道路和区域市容管理、环卫保洁和道路设施等方面整洁、有序的要求，并与市政市容示范道路创建相结合；实施环卫作业管理分类保洁，重新划定一类、二类、三类道路和区域，重点保障一类道路和区域的环卫保洁质量。面上，针对检查考核和第三方测评反映出的问题，落实推进各街镇进一步健全管理作业队伍，开展问题排查和梳理，落实改进措施，提升常态长效管理水平。

二、推进市容环境专项整治

一是特定区域和无序设摊治理任务基本完成。特定区域环境治理三年行动计划91个点位、无序设摊年度治理31各点位，预计年内可完成治理任务，并通过市级验收。二是市容环境责任区管理制度有效落实。各街镇按要求完成责任区制度上墙和签约工作，签约覆盖面达98%以上，并督促组建责任区制度自律组织。三是市政市容示范道路创建工作积极开展。2015年11个街镇中有9个街镇开展创建工作。截至2015年底，2013年的10条创建道路已全部竣工，2014年9条创建道路均已竣工，进入审计审价阶段；2015年9条创建道路中2条已完成，6条已开工建设，1条道路在招投标阶段。四是顽症治理工作取得实效。针对户外广告无序的情况，对本区高速公路、主要道路两侧和城区的大型户外广告设施进行了全面梳理，形成明细清单；建立承诺诚信制度，并在依法的基础上实施最严格的管控；拆除市局锁定的9处11块违法广告。针对建筑渣土管理情况复杂等瓶颈问题，加强源头管理，加大对出土工地的检查力度，落实密闭、冲洗等措施；完善资料申报，严格审批；加强批后监管和执法查处，严格落实严管严惩措施；完善应急处置，健全偷乱倒渣土的发现机制和投诉处置机制。

三、加大环卫建设管理力度

一是生活垃圾分类减量工作积极开展。全年新增垃圾分类户数为5986户，累计推进111763户，完成市级要求达11万户的任务；创建垃圾分类示范居住区73个，生活垃圾处理量控制在645吨/日内，基本完成市局指标任务。二是农村生活垃圾治理任务基本完成。在全区各街镇的共同努力下，基本完成农村生活垃圾治理销项管理，目前正迎接国家级验收。三是生活垃圾物流体系建设加快推进。协调推进西虹桥地区、青西地区生活垃圾转运设施建设，顺利推进天马垃圾焚烧厂项目。四是加强水域管理保洁。落实水域质量监测点位304个，清捞各类河道垃圾13.7万吨，并重点加强24条黑臭河道巡查，确保水面整洁。

四、推进各类绿化建设项目

一是国家生态区绿地建设有序推进，完成863亩集建区绿地建设；二是北青公路绿化环境整治加快启动，徐泾镇已完成3.7公顷道路绿化建设，华新镇、香花桥街道已办理立项手续；三是绿地总量和品质进一步提升，全年完成各类绿地建设55.3公顷。

五、探索养护作业市场化改革

一是健全中心城区绿化养护“三级”督查制度，细化作业标准，实施作业质量考核与作业经费相挂钩的机制，完善奖惩办法，促进养护作业单位责任到位和中心城区绿化管养水平的进一步提升；二是按照环卫作业“先增量，后存量”原则，在中心城区推行新增环卫作业市场化招标，存量部分实施契约化管理；三是指导其他街镇积极推进绿化养护、环卫作业市场化改革工作，完成环卫作业存量部分契约化管理协议签订，实现管理与作业分离。

六、加强党风廉政和干部队伍建设

按照“三严三实”专题教育的总体要求，切实加强党政领导班子和干部队伍建设，在原有的基础上健全各类制度，严格执行廉洁自律的各项规定，着力规范行政行为。一是切实加强党风廉政责任制建设，认真落实党委主体责任和纪委监督责任，坚持“一岗双责”，建立健全党风廉政建设责任体系；二是严格执行廉洁自律的各项规定，认真落实中央“八项规定”，严控“三公经费”支出；三是健全完善各类制度，认真落实“三重一大”，凡涉及“三重一大”事项必须集体讨论、决策，并形成会议纪要；四是着力规范行政行为，做到公开、透明。

（十六）奉贤区

奉贤区建设和管理委员会

2015年，奉贤区建设和管理委员会（交通委员会）在区委区府的正确领导下，深入贯彻落实十八届四中全会精神，以“三化二型一品质”活动为主线，坚持改革创新，转变工作作风，推进依法行政，加强服务民生，扎实推进奉贤区城市建设管理各项工作，主要体现在以下五个方面。

（一）重大基础设施建设迈出新步伐

一是启动2015–2017重大交通基础设施建设。奉贤区所涉项目共19条（27项），总里程约163公里，总投资约396亿。今年重点开展前期项目储备、方案研究等工作，二是推进“区区对接”道路建设。完成航塘公路、瓦洪公路施工建设。三是完善南桥新城各类交通基础设施建设。虹梅南路—金海路越江工程（金海路段）建成通车，同时打通断头路项目—菜场路浦南运河桥3月开工建设，BRT贤浦路段4月开工建设，BRT南奉公路段绿化、管线搬迁基本完成。

（二）行业管理工作取得新成效

一是开展各类整治活动，通过开展“燃气管道占压整治”、“黄标车整治”、“无证班车整治”、“超载超限整治”、“文明施工整治”等专项整治活动，确保各行业管理稳定安全有序。二是全面完成奉城地区相关公路设施的综合整治工作，使新奉公路一带“畅、安、舒、美”的道路面貌得到恢复和保护，对奉贤区穿越城镇道路的道路面貌改观起到示范作用。三是研究并出台《奉贤区公共交通政府购买服务办法》，为奉贤区公共交通事业的发展，改善市民出行条件提供了制度保障。四是吸取“12.31外滩踩踏事件”教训，针对海湾森林公园等点位开展大客流隐患排查工作。五是在全区范围内开展危险品、特种设备等排查工作，针对发现的隐患，及时整改。六是加大违法分包及转包的打击力度，通过检查项目管理人员社保的缴纳及资金的走向，重点查处打击违法分包及转包。

（三）依法行政工作取得新进展

一是成功创建上海市依法行政示范单位。下发《创建“上海市依法行政示范单位”实施方案》，按照依法行政的基本要求，开展上海市依法行政示范单位创建活动。活动中，梳理汇编机关及基层单位各类依法行政制度50余部，为区建管委坚持依法行政夯实了基础。二是深入开展权责清理工作。按照“一个不错，一个不漏”的原则，全委11个机关科室和委属6家单位根据自身职能逐项梳理行政权力和责任事项，每一项都有法律依据和办事流程与之相对应，真正做到依法行政、办事规范。截至目前共清理行政权力清单1322项，行政责任清单13243项，内部管理权责事项共计451条。

（四）便民实事工程再创新佳绩

一是启动实施南桥城区公共自行车租赁系统项目。完成专项规划专家评审，出台《奉贤区公共自行车管理暂行办法》，启动项目建设，年底前正式投入运行。二是牵头推动城中村改造工作。肖塘地区和泰日地区城中村改造方案获得批复，各类项目项目有序推进。三是完成南桥老居住区天然气改造工作。作为南桥老居住区天然气改造收尾之年，今年共完成9500户居民家庭天然气改造。四是配合轨道交通5号线建设，逐步优化调整公交线网。今年共涉及5条新辟公交线路以及12条现有公交线路的调整。

（五）自身建设迈出新步伐

一是开展“三严三实”、“贤城先锋”和“三化二型一品质”等主题活动。把握“三严三实”专题教育和“贤城先锋”活动的主题主旨、目标原则和方法措施，结合建管委实际，以“三化二型一品质”砺练活动为抓手深入开展系列争创活动，切实转变工作作风。全委累计开展各类理论学习活动117场，专题研讨34场。通过活动的开展，党员干部理想信念更加牢固，作风建设更加规范，队伍建设更加过硬。二是继续领衔行政审批改革和政务服务工作。对外审批受理窗口完成整建制进驻区行政服务中心的工作。大力推行窗口服务“延时服务制”、“预约服务制”、“上门服务制”、重大工程项目绿色通道审批制等服务模式，逐步建立健全便捷、高效、优质服务的行政审批和政务服务工作体系。

奉贤区绿化和市容管理局

2015年是奉贤区创建新一轮国家卫生区的验收之年，也是群众路线教育实践活动和全国文明城区创建成效的巩固之年，又是“十二五”规划的收官之年和“十三五”规划的编制之年。全局上下以党的十八届四中全会精神和习近平总书记系列重要讲话精神为引领，认真贯彻区委区政府工作部署，秉承服务保障民生宗旨，以提高行业管理水平为目标，以体制机制为突破口，凝心聚力，攻坚克难，统筹推进，强基础、求创新、谋发展、抓常态、带队伍，推动了绿化市容行业有序发展。

一、夯实基础保常态，市容环卫工作扎实推进

(一)国家卫生区复审顺利圆满

全局上下坚持勤检查、强固守、快整改、重处罚，全力推进“国家卫生区”复审工作，市容环境综合管理呈现新面貌。一是强化组织领导。由区长担任区巩固国家卫生区领导小组组长，抓决策部署，下设办公室，抓统筹协调，建立并落实了“一把手抓一把手”工作机制和双周点评会等六项工作制度。二是聚焦十项任务。梳理道路保洁等十项重点工作，明确主牵头单位、具体任务量和时间节点，切实加以治理，集中精力解决城市管理难题顽症。基本实现主要道路保洁时间不低于16小时，一般道路保洁时间不低于12小时；新改建公厕50座；拆除违法建筑80多万平方米。三是加强宣传引导。制作宣传招风旗1500对，增设工地围墙广告2万多平

米；开展爱国卫生月、关爱环卫工人“五个一”等活动，加大媒体传播力度，加强舆论引导，营造良好的社会氛围。

（二）生活垃圾分类减量进入新阶段

一是加快完善全程分类物流系统，建立了生活垃圾“大分流、小分类”体系，实施了分类投放、分类运输、分类处置物流运行模式，全区11台湿垃圾末端处置设备投入运行，日处理湿垃圾96.2吨。二是落实区、镇两级财政相关配套经费，坚持“先自付、后补贴，超量自理、减量奖励”的生活垃圾处置费结算机制，发挥属地政府主体作用，顺利完成市局5%的生活垃圾减量任务。三是细化垃圾分类实施标准，配备垃圾分拣员和分类桶，加大宣传力度，提升源头分类质量，共创建绿色账户4.8万户和分类达标居住区60个，超额完成市下达任务。四是深化农村有机垃圾处置，分批建立农作物垃圾就地消纳处置站，通过技术手段实现农作物垃圾、农业秸秆类垃圾等有机垃圾的循环利用，力争做到农村垃圾不出村。

（三）市容环卫管理有序开展

一是稳步开展全区户外广告设施专项整治工作，认真落实市局《关于开展2015年违法户外广告设施专项整治行动的通知》（沪绿容〔2015〕86号）文件要求，共拆除各类户外广告设施126块。积极推进“万景峰”等项目的灯光配建工作，着力于方案评审、设计优化、技术指导和工程验收等工作；完成了“正阳三期”D区高层、奉贤中学、解放新村平改坡等景观灯光建设和南桥城区部分景观灯光更换LED冷光源维护工程。二是健全餐厨垃圾管理长效机制，加强源头管理，加大餐厨垃圾非法处理整治力度，提高餐厨垃圾产生的申报率和回收率。三是加强道路保洁和公厕管理，道路保洁和公厕管理在全市检查中取得较好成绩。四是进一步完善区、镇（社区、开发区）二级质监监管体系，完善质监数据库的核对、矫正、录入，确保与市局环卫新数据库匹配，不断提高全区检查覆盖率和整改合格率。五是有序推进环卫车辆更新，强制报废49辆黄标车，更新环卫车辆27辆。

二、紧扣目标抓落实，全区绿化建设成果显著

（一）全区绿化建设有序推进

一是新增绿地83公顷，其中公共绿地20公顷，绿化覆盖率28.85%，比去年提高一个百分点。以“5座公园、8块绿地、20条绿色廊道”为主要任务的37个绿化建设项目有序推进。二是加大绿化建设项目管理力度，制定并落实《本区绿化建设项目管理与资金补贴管理办法》，加强基层绿化建设项目指导、项目建设过程监管和投资成本控制。三是大力发展立体绿化，以行政审批为抓手，推进公共建筑屋顶绿化和市政设施立体绿化建设，同时实施区内环卫设施和高架桥柱的垂直绿化建设。年内，共完成区图书馆、阳光酒店、奉城名人国际花园等项目屋顶绿化7600平方米，完成奉秀路桥柱及环卫设施垂直绿化8700平方米。四是完成环城北路、江海路、环城东路、南奉公路等4条林荫道建设，总里程达6.5公里，增加了道路景观的季相变化，优化了道路绿化的板块结构。

（二）绿化管养和群绿工作积极推进

一是绿化养护水平逐步提升。贯彻《上海市规范公共绿地和行道树养护作业管理暂行办法》，对公共绿地、行道树、小区等实行分类分级管理，深化市民评判、社会评价、专业评定“三评”考核机制，加强养护作业计划管理，完善“定人定岗”制度和对养护企业的考评制度。二是做好有害生物防控工作，加强监测预警，设立2个市级监测点和4个区级监测点，突出重点，开展“两病两虫”专项治理，推广植保技术，做好技术指导工作。三是积极开展群绿工作。年内，参加义务植树1890人次，种植树木28277株，参加树木认建认养5332人、11家单位。广

泛开展绿化科普宣传，向市民赠送盆花和花卉种子。全面指导全区花园单位、绿化合格单位创建工作。

（三）公园管理和服务水平日益提升

一是增强公园硬件服务功能。晚晴园维修改造和功能调整后对外开放，对“品字亭”、东游船码头等进行了大修，注重公园绿化面貌的维护和提升。二是提高公园“软实力”，利用场地优势承办、协办“奉贤区机关事业单位退休老年人健康生活万步行”、童心艺术团迎中秋庆国庆文艺演出等公益活动20余次，举办荷花展，发挥“三位一体”工作机制优势，为重大活动及节庆期间的游园安全提供保障。三是提升便民服务水平。免费为游客提供饮用水，开设百姓棋室、母婴室，对北门外路灯进行改造，方便市民活动。

三、突破瓶颈求创新，行业各项改革初显成效

（一）绿化养护和环卫作业市场化改革稳步推进

一是成立市场化改革工作领导小组，制定实施方案，有计划、分阶段地运用市场化手段推动社会化改革。二是鼓励各镇（社区、开发区）全区域整体推进或选择单独项目为“突破口”逐步推进。三是初步形成“政府主导、社会运作、监管有力”体现公益性特征的城市作业养护服务运行新模式。今年已有柘林、四团等镇陆续开展环卫作业市场化改革试行，奉城、庄行镇继续深化，将公厕管理、绿化带养护等作业内容逐步纳入第三方作业范围。

（二）“门责管理”工作扎实推进

一是制定并下发《奉贤区市容环境卫生责任区管理实施方案》，明确分工。二是开展宣传活动，制作宣传手册，浓厚宣传氛围。三是开展业务培训，提高工作人员业务水平，对商户上门宣讲、授课。四是开展好相关责任区“一户一册、一店一档、一招一照”等业务管理工作。五是通过“市容管理积分制”、“文明商户”评比、社区志愿者队伍、各部门联合整治等工作，不断创新责任区管理工作方法。

（三）渣土末端付费机制建设率先推进

在全市率先引入建筑渣土运输处置作业服务的第三方管理模式，明确了建设单位、施工单位、运输单位及第三方作业服务管理单位各自的工作职责和具体工作流程，测算作业服务管理收费标准，试点工作已取得阶段性成效，试点工地运输车进出工地（卸点）冲洗率和盖平率达98%以上。受理渣土管理方面投诉案件5起，同比下降64%；城管执法部门查处渣土运输处置违法违规案件112起，同比下降45%，每万吨渣土的处置违法违规案件由原来的1.75件下降至0.63件，并未发生一起偷乱倒案件，经验在全市作交流发言。

四、便民为民硬作风，自身建设凸显特色

（一）作风建设不断加强

一是践行“三严三实”。坚持党委中心组学习和支部学习制度，开展领导干部下基层宣讲上党课、“不严不实”问题排摸整改、召开专题民主生活会、组织生活会进行批评与自我批评等活动，以上率下，从正面教育引导广大党员干部践行“三严三实”内在要求。二是争创“贤城先锋”。讨论形成各级“先锋班子、先锋班长、先锋干部”标准；聚集城市管理、重大工程建设、改善民生和党的建设为内容，确定并有序推进15个立功竞赛项目；以开展“每季一星”评选为抓手，挖掘、选树和弘扬行业内先进典型，涌现了市十佳环卫志愿者龚海敏、市十佳环卫工人入围奖钱华玲、区爱岗敬业道德模范和感动奉贤人物提名奖许翔等市、区级先进人物，钱楞已入围区“贤城先锋”先进典型，树立了行业标杆，形成了践行行业精神、向先进学习、争当贤城先锋的浓厚氛围。三是加强党风廉政建设。加大“两个责任”落实力度，继续

抓好领导干部“一岗双责”、党风廉政责任书签约、岗位廉政风险“回头查”、廉政党课、廉政提醒等党风廉政建设工作机制的落实，组织两部党内新法规的专题学习，强化守纪担责意识，督促党员干部职工克己自律。

（二）为民服务能力不断提高

一是行政审批积极推行“首问负责制、一次性告知制、一表式登记、限时办结制、服务承诺制”等制度，积极为广大群众提供方便快捷的服务。二是春节和高温期间走访慰问行业职工和结对村、居委，积极协助西校村“夕笑乐”睦邻点绿化带建设；邀请社区居民共同参与局文体团队活动，为社区开展活动提供各类保障。三是认真处置各类投诉、信访案件，共受理处置各类诉求5204件，处置率为99.7%，综合满意率为91%。获得区大联动平台年度考核市民诉求处置率和满意率第一名，“12345”市民服务热线处置在全市绿化市容行业排名第二，政风行风建设成效显著。

（三）队伍凝聚力和战斗力不断增强

一是稳妥做好机构改革工作，积极与区编办、区人社局协调，做好城管体制机制分离后新绿化市容局“三定”工作，组建新的领导班子，明确新的工作职能，做好机构改革人、财、物交接工作，确保在改革过程中队伍稳定、工作不断、秩序不乱、人心不散。二是加强行业文化建设，继续开展文化建设三年行动，开设垃圾分类、绿化知识专题讲座12次，师资力量从外请转向由本单位年轻职工担任，全体干部职工参加，在系统内普及行业知识，提升基本素质能力。三是提升行业文明。以“规范管理，提升服务”为目标，积极开展绿化文明行业创建，先后举办“绿色课堂”、盆花进社区进家庭、文明施工劳动竞赛等活动。开展公厕垂直绿化建设，加大对老旧公厕改建造力度，巩固105座文明公厕创建成果，加强公厕文明行业创建。积极开展道路保洁和垃圾清运班组基础情况摸底工作，落实“一对一”联络员制度，完善、推广道路保洁“一路一档”、垃圾清运“一线一档”制度，创建道路文明班组、示范班组、垃圾清运文明班组。命名41个“城市站点”，大力推动环卫工人休息点兼环卫行业为社会行人服务点建设，提升市民满意度，营造良好社会氛围。

（四）行业规划和规范不断完善

编制行业“十三五”规划，听取各方意见，充分讨论规划编制方向和具体内容，做好头尾衔接，梳理总结“十二五”规划完成情况，分析存在问题，把准“十三五”目标定位，明确未来五年发展方向，主动与区规土局等部门对接，征求其他委办局意见，确保行业“十三五”规划与区总体规划相符，与其他行业规划进行衔接，为今后规划的有效落实打下基础，为规划编制的导向性和科学性提供现实依据。规范行业管理标准。出台《奉贤区南桥新城景观灯光设施建设和管理办法（试行）》、《奉贤区建筑垃圾和工程渣土处置管理办法》、《关于进一步加强餐厨垃圾和废弃食用油脂管理工作的意见》和《奉贤区加强建筑渣土运输处置管理的实施意见》等文件，锁定管理目标，充实管理依据，细化管理标准，完善管理机制，促进行业健康发展。

（五）行政审改工作不断优化

加强行政审批目录管理，梳理出绿化市容行政许可事项24项，完善业务手册和办事指南，精简审批环节，优化审批流程，开展行政权力和行政责任清理工作，形成奉贤区绿化和市容管理局行政权力事项102项，行政责任事项126项。

（六）安全工作不断强化

一是积极按照市局防汛部门、区防汛办的工作要求，多次组织开展隐患调查、薄弱整改和业务统计等工作，开展绿化树木修枝、加固等汛期防范工作。今年台风期间，紧急拆除临时性户外广告道旗800对，加固新补种大树440株，修剪行道树1982株。二是开展安全大排查活动，加强对三站一码头、景观灯光、户外广告、店招店牌、公园游乐设施的安全隐患排查工作，堵塞管理漏洞，确保生产安全。三是认真贯彻执行并不断完善各项安全工作制度，加强安全教育，举办消防讲座，提高干部职工的安全意识。

回顾2015年的工作，区绿化市容局各项工作取得了长足的进步，也获得了不少的荣誉。区绿化市容局荣获区级部门考核优秀奖，农村有机垃圾不出村项目获区创新二等奖，并荣获市立功竞赛市政市容管理赛区优秀单位、区创建全国文明城区先进集体、区文明机关等20余项先进奖项，有40余人次获评各类市、区级先进个人。在肯定成绩的同时，区绿化市容局还必须清醒地看到，奉贤区绿化建设和市容环境管理不平衡现象依然存在，长效投入和管理机制尚需健全；行业管理还呈粗放型，精细化管理还需加强；队伍专业化程度还不够高，队伍思想建设和业务训练还需加强。以上问题必须引起高度重视，并在新一年工作中予以加强和改进。

展望2016年，区绿化市容局的工作还任重而道远，区绿化市容局将在区委、区政府的正确领导下，坚持“抓巩固、求提升，补短板、促突破”的工作主基调，注重常态长效，创造更好的生态环境和市容环境，努力实现奉贤区绿化市容行业可持续发展。

（十七）崇明县

崇明县建设和管理委员会

2015年，在县委、县政府的正确领导和各乡镇的大力支持下，县建设管理委紧紧围绕“创新驱动，转型发展”的总体要求，继续坚持“以人为本、安全为先、管理为重”的方针，以安全生产重管理、行政效能重提升、实事项目重推进、城乡环境重改善为抓手，稳步推进各项工作。主要开展了以下五个方面的工作：

（一）全面加强了行业质量和安全生产管理。吸取各类重大安全事故的教训，全面排查安全隐患，切实抓好行业质量安全监管。一是加大对建筑市场的监管力度。加强工程建设领域突出问题监管，牵头相关部门对部分乡镇、委局、公司工程建设管理情况进行了全面巡查；开展打击建筑转包违法分包行为专项行动，分别于今年1月和8月对受监项目进行了两次集中抽查，共抽查在建项目19个，涉及建设单位15家，建筑施工总包企业19家，监理企业19家，专业分包企业69家，劳务分包企业17家；开展工程质量治理两年行动，针对全县在建住宅工程和公共建筑工程的质量和经营行为情况开展了大检查行动，对辖区内16个在建住宅项目和21个公共建筑项目进行了重点检查；开展“禁实”“限空”工作，年初对全县4家砖瓦厂下达禁实、限空指标共计2940万块标砖，并对在建工程项目是否违规使用粘土砖进行检查；开展“非正规”搅拌站专项整治行动，联合县市场监管局、相关乡镇政府对各自辖区内混凝土搅拌站进行排查，查处“非正规”搅拌站18家。二是加大燃气安全检查和宣传力度。对全县77家供应站和储配站进行全面检查；开展燃气安全进村居、进学校、进机关和养老机构为主要内容的“四进”服务活动，深入走访宣传边远农村和社区居委33个，参与群众20000余人次，帮助村民发现和解决安全隐患90多个，并为18个机关和养老机构提供宣传教育和服务指导；开展燃气管道占压专项整治工作，制定了《2015年崇明燃气行业安全工作方案》《燃气管道整治攻坚战计划》，并按计划稳步推进；吸取天津“8.12”爆炸事故教训，开展一系列大检查、专项行动、安全演习等工作，进一步提高燃气安全“红线意识”和“底线思维”，构建“重预防、抓本质”的长效管理机制。三是开展防汛防台工作。结合实际修编完成了《2015年防汛防台专项应急预案》，重新修改完善了委防汛指挥体系；委领导班子分别带队，对园林绿化、市容环卫、在建工地等重要防汛责任单位和设施的汛前准备情况进行督查；汛期，各相关条线及时处置各类突发紧急情况，较好地完成了防汛抗台各项工作。

（二）大力推进了重大工程项目建设。按照年初的目标任务，创设条件、攻坚克难、突破瓶颈，各项目建设成效显著。一是有序完成了农村低收入户危旧房改造任务。今年市下达崇明县农村低收入户危旧房改造任务380户，年底前确保竣工验收。二是全面完成了既有建筑节能改造工作。共完成15个既有公共建筑节能改造项目，改造建筑面积为3万平方米。三是推进陈家镇燃气调压站建设。目前，陈家镇调压站已基本完成土建施工和调压设备及附属设施的安装任务，正等待与高压管道的连接和通气后的调试工作。四是推进崇明固体废弃物处置综合利用中心项目建设。目前全厂结构已完成，正全面开展二装和小装施工。高架引桥贯通、卸料大厅结构封顶、冷却塔施工完成、烟气净化间结构完成、主控室13米层女儿墙施工完成、综合楼施工完成开始装修、飞灰车间施工完成、烟囱结构到顶完成开始装修。1号、2号锅炉安装完成并通过水压试验，其他设备正在安装。预计12月底前全厂土建施工基本完成，设备安装基本完成，1号炉具备点火条件。五是推进崇明县固体废弃物处置场工程建设。完成前期各项行政审批手续，目前库区开挖已完成，1号库区水平防渗膜铺设完毕，2号库区水平防渗膜正在施工，预处理车间、综合水池墙体浇筑、预处理车间结构封顶库区防渗施工完成，开始安装设备，预计12月底完成设备安装和调试，开始试运营；六是推进“12万户生活垃圾分类覆盖区域”工作。按照垃圾分类工作方案，在城桥、堡镇、新河三个镇试点经验的基础上，积极推进陈家镇垃圾分类工作。目前生活垃圾末端处置量为362吨/日，相比市局下达指标超额减量14吨/日，人均每日生活垃圾末端处置量为0.54公斤，同比上年减量1.2%。生活垃圾分类覆盖区域累计推进143325户。创建生活垃圾分类达标居住区50个，新建6个湿垃圾处理点，湿垃圾处置能力达到48吨/日。推进“绿色账户”11000多户，已通过公开招投标委托第三方公司推进，年底前可完成覆盖4万户的工作任务。

（三）持续改善了城乡环境面貌。以创建全国文明城市为契机，以优化城乡环境为抓手，强化市容景观、园林绿化行业管理。一是推进景观廊道建设工作。制订了《崇明县景观廊道建设工作指导意见》、《崇明县景观廊道建设方案》等指导性文件，完成全部18个乡镇景观廊道设计方案的专家评审工作及优化调整工作。目前该工作政府采购平台申报工作正在进行中，即将进入设计、监理、施工等工序的招投标工作。二是开展暴露垃圾专项治理行动。开展道路暴露垃圾专项检查3次，建筑装潢垃圾专项整治2次，清除各类垃圾750余吨，全面提升了崇明县市容环境卫生整体水平。三是开展大树保护工作、绿地养护管理工作和绿化工程项目管理工作。进一步完善配套政策，有针对性地对大树保护管理相关文件进行细化，运用崇明报刊文、电视台专访等形式，深入开展大树保护和管理工作的宣传活动。推进三大开发区域大型景观公园绿地建设工作，加强工程安全、质量、进度等方面的监督。着力推进乡镇公共绿地发展，引导乡镇绿地管养向着制度化、规范化、常态化的良好方向发展，逐步提升乡镇绿地建设品质，同时继续抓好林荫道建设和立体绿化建设。做好公园管理工作，完善公园安全设施，创建瀛洲公园志愿者服务示范点，开展“园艺大讲堂”活动。四是强化户外广告景观灯光管理。推进户外广告阵地规划实施工作，积极做好广告阵地的落地，及方案外临时广告的规范设置，确保全县户外广告设施设置规范。加强违章户外广告景观灯光设施整治，加大重要节日和重大活动期间景观灯光及户外广告设施巡检和管理力度，进一步强化广告设施、店招店牌和景观灯光的日常管理，确保设施设备规范安全。做好户外公益广告宣传阵地布局和管理工作，在重要节日和重大活动期间按照县委宣传部要求，以县城城区主要道路、陈海公路两侧和崇明重要景点宣传阵地为主，协调相关广告公司做好公益宣传。

（四）大幅提升了行政服务效能。按照已制定的工作规范和指导意见，完善依法行政、窗口受理、信访维稳等方面的服务标准和要求。一是进一步规范行政审批。共受理项目报建 238 个，总面积 124.2 万平方米，总投资 117.2 亿元；施工许可证 66 张，总造价 25.95 亿元，建筑面积为 42.05 万平方米；竣工备案 56 个，建筑面积 90.18 万平方米，造价 20.73 亿元；直接发包 20 个；项目报监 73 个；合同信息报送 447 个；建材交易 402 个；专业交易 25 个；审批通过 125 家办理安全生产许可证申请；审批新申报建筑施工企业资质 2 家；受理渣土行政许可审批项目 48 起。二是进一步加强建筑节能各项工作。继续推进可再生能源建筑应用示范县工作，共落实示范项目 21 个，示范面积 88 万平方米，争取于 2015 年底完成可再生能源建筑应用示范县工作。推进绿色建筑工作，今年完成初步设计审批或总体设计文件审查的新建民用建筑项目 12 个，总建筑面积 22.42 万平方米，全部落实绿色建筑，其中绿色二星及以上项目 4 个，占比 59.5%。三是及时完成各类提案、意见、信访件的办理工作。完成了对 25 件人大代表书面意见和 24 件政协委员提案的办理工作，办理率和走访满意率均达到 100%。同时，完成了 80 余件来信来访办理及答复工作。

（五）有序推进了“创城”各项工作。依托县文明城市创建市容环境指挥部，统筹其他各职能部门，坚持问题导向、需求导向，着力改善城乡秩序，提升崇明城市文明形象。一是着力推进试点镇、村建设工作。在城桥镇长兴村打造试点示范村，前阶段工作中共清运废弃垃圾近 450 车 1300 多吨，取缔小粪坑 747 处（其中 465 处回潮小粪坑），新建三格化粪池 105 个，深埋墓碑墓房 156 座，新配垃圾桶、果壳箱 30 只。在城桥镇城区沿用迎博办博期间“城市家居”的工作理念，通过城市基础设施更新改造、环境整治等工作，着力打造试点示范镇，对几个环境状况较差的重点地区，如大东船务公司周边区域、城桥镇加油站周边、佘山岛路乱设摊等均进行有效治理；二是开展绿化管养工作。重点对十八个乡镇公共绿地管养情况开展巡查考核工作，共计发现反馈绿地管养问题 238 个，现均已由各乡镇绿化管理部门处置完毕；三是扎实推进集贸市场规划建设和区域专项整治行动。由县经委实地调查全县 59 家集贸市场（临时疏导点）的基本情况并梳理了存在问题，编制了《崇明县集贸市场（临时疏导点）基本情况汇总》；四是整治无序设摊加强门前责任区落实。今年以来，县城管执法局开展各类无序设摊专项整治行动共出动执法人员 15103 人次，执法车辆 4507 车次，劝说教育 11275 余次，发放宣传告知书 6000 余份，取缔无序设摊 4868 起，暂扣经营物品 796 起，立案查处无序设摊 96 起，处罚金额 14911 元，立案查处跨门经营 48 起，罚款 14300 元；五是整治农村乱埋乱葬。截至 9 月底，县民政局共整治骨灰乱埋乱葬总数 21763 个，大寒期间集中整治 17707 个，清明期间集中整治 1791 个，整治率 89.6%，新建公益性埋葬地 9 个，骨灰堂 1 个；六是推进中小河道疏浚整治。今年计划疏浚镇村级河道 4929 条段，共计 2739 公里，目前相关建设工作正在办理前期手续。

回顾一年来的工作，县建管委的城乡建设和管理工作也遇到了一些困难和问题。如有的项目因环评因素导致无法按正常节点推进，部分项目推进需要等待市级部门审批导致节点延后，监督体制机制配套不完善和监管力量薄弱影响建筑市场整顿工作有序开展等。在今后的工作中，县建管委要高度重视这些问题和不足，探索研究切实可行的对策措施。

十九、政策法规

编者按：本栏目选编了与本市城市建设和管理相关的地方性法规，以及政府规章、沪府和沪府办颁发的规范性文件等内容，以发布时间顺序排列。

目 录

发〔2015〕43号）

11. 关于本市贯彻《中华人民共和国契税暂行条例》的若干意见（沪府发〔2015〕44号）

12. 上海市城镇土地使用税实施规定（沪府发〔2015〕45号）

13. 关于延长《本市发展公共租赁住房的实施意见》有效期的通知（沪府发〔2015〕48号）

14. 关于加强城市公共安全火灾防控体系建设工作的意见（沪府发〔2015〕58号）

15. 上海市城市管理行政执法条例实施办法（上海市人民政府令第37号发布）

16. 关于进一步加强公共安全风险管理和隐患排查工作的意见（沪府发〔2015〕63号）

17. 上海市住房和城乡建设管理委员会主要职责内设机构和人员编制规定（沪府办发〔2015〕48号）

18. 上海市城市管理行政执法局主要职责内设机构和人员编制规定（沪府办发〔2015〕49号）

19. 上海市绿化和市容管理局主要职责内设机构和人员编制规定（沪府办发〔2015〕50号）

上海市市容环境卫生责任区管理办法

（上海市人民政府令24号　2014年12月5日）

第一条（目的和依据）

为了加强本市市容环境卫生责任区管理，维护市容环境卫生整洁，根据《城市市容和环境卫生管理条例》、《上海市市容环境卫生管理条例》，制定本办法。

第二条（管理部门）

市绿化市容行政管理部门是本市市容环境卫生责任区（以下简称“责任区”）工作的主管部门，主要履行以下职责：

（一）组织制定本市责任区管理的相关政策、标准与指导意见；

（二）组织检查、考核各区（县）责任区市容环境卫生状况；

（三）协调有关行政管理部门，将责任要求纳入行业管理的有关事项。

本市工商、商务、食品药品监管、房屋管理、经济信息化、建设、交通、卫生计生、教育、旅游等有关行政管理部门按照各自职责，协同实施本办法。

第三条（区县和街镇管理职责）

区（县）人民政府负责本辖区内责任区管理相关事项的综合协调。

区（县）绿化市容行政管理部门负责本辖区内责任区的监督管理，主要履行以下职责：

（一）布置、落实本辖区内的责任区工作；

（二）开展责任区相关宣传、动员、培训、监督、检查工作；

（三）指导镇（乡）人民政府、街道办事处推进责任区自律管理工作。

镇（乡）人民政府、街道办事处负责组织本辖区内的相关单位、个人落实责任区制度，主要履行以下职责：

（一）落实具体责任人、责任区范围；

（二）推进建立责任区自律管理机制；

（三）引入社会第三方参与责任区相关工作。

第四条（责任人确定及责任区范围划分）

责任人按照《上海市市容环境卫生管理条例》的相关规定确定。

本市陆域责任区范围的划分，遵循下列基本规定：

（一）实行物业管理的居住区的责任区范围，为其物业管理区域外侧至人行道外沿；

（二）轨道交通、隧道、高架道路、公路、铁路的责任区范围，为其出入口向外延伸的一定范围以及建筑物、构筑物外侧；

（三）文化、体育、娱乐、游览、公园、公共绿地、机场、车站、码头等公共场所的责任区范围，为该公共场所区域外侧至人行道外沿；

（四）集市贸易市场、展览展销场所、商场、商铺、饭店、施工工地、待建地块等场所的责任区范围，为其经营、使用区域外侧至人行道外沿；

（五）机关、团体、学校、部队、医院、企事业等单位的责任区范围，为其建筑物、构筑物外侧至人行道外沿；

（六）保税区、科学园区、独立工业区和经济开发区的责任区范围，为其所辖区域的公共区域。

市绿化市容行政管理部门应当按照前款规定，制定本市责任区范围的具体划分标准，并向社会公布。

按照第一款、第二款规定不能确定责任区范围的，镇（乡）人民政府、街道办事处应当根据实际情况，提出划分建议，报所在地区（县）绿化市容行政管理部门确定。

城乡结合部或者行政辖区的接壤地区责任区范围不清的，由市绿化市容行政管理部门予以确定。

第五条（责任要求）

按照《上海市市容环境卫生管理条例》的相关规定，责任人的责任要求确定如下：

（一）保持市容整洁，无乱设摊、乱搭建、乱张贴、乱涂写、乱刻画、乱吊挂、乱堆放的行为；

（二）保持环境卫生整洁，无暴露垃圾、粪便、污水，无污迹，无渣土，无蚊蝇孳生地；

（三）按照规定设置环境卫生设施，并保持其整洁、完好。

责任人除了应当履行前款规定的义务外，在责任区内还应当履行下列义务：

（一）及时清除影响通行的积雪残冰；

（二）按照规定投放生活垃圾；

（三）不擅自超出门窗和外墙经营。

责任人对责任区内违反市容环境卫生管理规定的行为，有权予以劝告和制止，有权要求市或者区（县）绿化市容行政管理部门和城管执法部门处理。市或者区（县）绿化市容行政管理部门和城管执法部门应当按照投诉处理规范确定的时限，及时处理，并将处理结果予以反馈。

第六条（公共设施保洁）

邮政、供水、供电、电信、交通等公共设施的产权单位应当按照城市容貌标准的要求，做好公共设施保洁工作。

责任人发现责任区内的上述公共设施不符合要求的，应当向区（县）绿化市容行政管理部门报告。区（县）绿化市容行政管理部门应当要求公共设施的产权单位及时处理。

第七条（责任告知书）

区（县）绿化市容行政管理部门应当制作《上海市市容环境卫生责任区责任告知书》（以下简称《责任告知书》）。《责任告知书》应当载明责任人、具体责任区范围、责任要求以及相应的法律责任等内容。《责任告知书》由镇（乡）人民政府、街道办事处向本辖区内的责任人发放。

责任人应当将《责任告知书》在其办公或者经营场所的醒目位置公示，并保持整洁、完好。

《责任告知书》示范文本由市绿化市容行政管理部门制定。

第八条（责任人信息档案）

镇（乡）人民政府、街道办事处应当建立本辖区责任人信息档案，及时记录和更新责任人名称、具体责任区范围、责任人经营范围、责任要求履行情况等基本信息。

第九条（自律管理机制）

本市鼓励镇（乡）人民政府、街道办事处所辖一定区域内的责任人成立责任区自律组织，对履行责任要求实行自我管理。

第十条（自律性规约）

责任区自律组织应当制定自律性规约，明确责任区自律组织的组成、具体形式、责任人履行的具体责任要求和责任人履行情况的评价机制等事项。其中，自律性规约约定的具体责任要求可以在本办法第五条第一款、第二款规定的基础上，增加其他市容环境卫生责任等要求。

参加责任区自律组织的责任人应当遵守自律性规约的约定。

第十一条（政府推进自律）

镇（乡）人民政府、街道办事处应当根据本辖区实际情况，推进实施责任区自律管理，做好以下具体工作：

（一）引导本辖区一定区域内的责任人成立责任区自律组织，或者依托现有的社区自治组织，将责任要求纳入社区自治组织的相关规范；

（二）对自律性规约的制订提供指导服务；

（三）制定相关配套措施，激励参加责任区自律组织的责任人参与市容环境卫生相关工作；

（四）其他有利于推进责任区自律管理的服务工作。

第十二条（测评）

镇（乡）人民政府、街道办事处应当对责任人履行责任要求的情况进行测评，并公布测评结果；测评时，应当听取公众意见。镇（乡）人民政府、街道办事处可以对自觉履行责任要求的责任人给予奖励；测评结果应当作为实施奖励的依据之一。镇（乡）人民政府、街道办事处可以通过购买服务的方式，委托社会组织开展相关工作。

第十三条（合同指导）

镇（乡）人民政府、街道办事处应当指导居住区、商业办公楼等区域的业主在签订物业服务、商铺租赁、单位装饰装修等合同时，将责任要求纳入合同内容。

第十四条（行业指导和单位示范）

市商务、房屋管理、经济信息化、建设、交通、卫生计生、教育、旅游等有关行政管理部门应当督促本行业单位遵守责任要求。相关行业协会应当将责任要求纳入本行业规范，并督促会员单位遵守责任要求。

国家机关、事业单位和国有企业应当在执行责任区制度的过程中，发挥示范带头作用。

第十五条（精神文明创建评选）

本市文明小区、文明单位、文明社区、文明村镇、文明行业、文明城区等精神文明创建项目的评选标准中，应当包含责任区制度的实施情况。

第十六条（宣传工作）

市和区（县）绿化市容行政管理部门、有关协同实施本办法的行政管理部门、镇（乡）人民政府、街道办事处应当通过多种形式，宣传责任区制度，增强单位和个人参与市容环境卫生管理的意识。

第十七条（绩效考核）

市和区（县）人民政府应当将责任要求的落实情况，作为对本级有关部门和下一级人民政府及其负责人考核的内容。考核结果应当作为政府和各有关部门绩效考核的重要内容，并向社会公布。市、区（县）人民政府进行绩效考核时，可以通过购买服务的方式，委托社会组织开展社会满意度测评等工作。

第十八条（行政处罚）

违反本办法第五条第一款规定，责任人未履行相关责任要求的，由城管执法部门按照《上海市市容环境卫生管理条例》的相关规定予以处理。违反本办法第五条第二款第（一）项规定，责任人未及时清除影响通行的积雪残冰的，由城管执法部门责令改正；拒不改正的，予以警告，并可处50元以上500元以下罚款。

第十九条（行政责任）

违反本办法规定，市和区（县）绿化市容行政管理部门、城管执法部门、镇（乡）人民政府、街道办事处以及其他相关行政管理部门及其工作人员有下列行为之一，造成不良影响的，由所在单位或者上级主管部门依法对直接负责的主管人员和其他直接责任人员给予警告、记过或者记大过处分；情节严重的，给予降级或者撤职处分：

（一）未依法履行落实责任人、责任区范围等职责的；

（二）未依法处理责任人投诉的违反市容环境卫生管理规定行为的。

第二十条（水域环境卫生责任区）

本市水域环境卫生责任区的管理活动，适用《上海市水域环境卫生管理规定》以及其他有关规定。

第二十一条（施行日期）

本办法自2015年3月1日起施行。

上海市旧住房综合改造管理办法

（沪府发〔2015〕3号　2015年1月21日）

第一章总则

第一条（目的和依据）

为推进本市旧住房综合改造工作，进一步改善市民居住条件，提高居住环境质量，根据有关法律、法规、规章的规定，制订本办法。

第二条（定义）

旧住房综合改造，是指对城市规划予以保留、建筑结构较好、但建筑标准较低的住房进行综合改造并完善配套设施的行为。

第三条（适用范围）

本办法适用于本市行政区域范围内城镇旧住房综合改造及其管理。

本市优秀历史建筑和依法确定的不可移动文物及其保护范围、建设控制范围内的改造，按照相关法规执行。

对拆除重建、已经成套住房加层的旧住房改造，另行制定相关规定执行。

第四条（改造原则）

旧住房综合改造应当遵循“业主（公房承租人）自愿、政府扶持、因地制宜、分类改造”的原则。

第五条（改造内容）

旧住房综合改造内容包括：

（一）将厨卫不独用的旧住房，通过改造使其能够独用成套的成套率改造；

（二）涉及面积及部分承重结构变动的成套旧住房改造。

旧住房综合改造实施中，可以根据本办法规定的规划技术要求，增加居住小区停车场（库）、物业管理用房、小区公共配套设施等内容。

第六条（管理机构）

市住房保障房屋管理局是本市实施旧住房综合改造的管理部门。区县住房保障房屋管理部门负责本辖区内旧住房综合改造项目实施的具体管理。

市规划国土资源局是本市旧住房综合改造的规划管理部门。区县规划土地部门负责本辖区内旧住房综合改造项目实施的规划管理。

各区县政府统筹协调推进本行政区域范围内的旧住房综合改造工作。

第二章改造程序

第七条（计划立项）

区县住房保障房屋管理部门综合公有住房产权单位或者业主委员会提出的改造申请后，编制本辖区内改造实施计划，并报市住房保障房屋管理局列入全市旧住房综合改造年度项目计划。

第八条（征询意见和委托改造）

改造实施计划编制后，区县住房保障房屋管理部门应当告知公有房屋产权单位或者业主委员会，由公房产权单位或者业主委员会征求全体公房承租人或者业主的意见。在征得三分之二以上公房承租人或者业主同意后，公房产权单位或者业主委员会可以委托建设单位具体实施有关改造工作。

第九条（编制改造项目规划设计方案）

建设单位应当向区县规划土地部门申请核提规划设计要求，并按照规划设计要求和消防、环保、卫生、民防等其他有关技术标准，编制改造项目规划设计方案。

改造项目规划设计方案应当明确改造项目的范围、建筑改造和环境改造内容、相关技术指标等。

第十条（编制改造实施方案）

建设单位应当依据综合改造项目计划、改造项目规划设计方案，编制该项目的综合改造实施方案。

实施方案应当包括主要改造内容、改造资金的承担方式等。

第十一条（听取意见和签订协议）

建设单位应当将改造项目规划设计方案和综合改造实施方案在改造项目范围内进行公示，听取意见。

改造项目规划设计方案和综合改造实施方案征得改造范围内业主以及三分之二以上公房承租人同意后，建设单位应当与相关的业主签订改造协议；改造协议的房屋属公有住房的，公房产权单位应当与公房承租人签订改造协议。改造协议可以依照本市房地产登记有关规定，办理相关文件登记手续。

第十二条（规划审批）

改造协议签订后，建设单位应当将改造项目规划设计方案报经区县规划土地部门审批，并申请《建设工程规划许可证》。涉及消防、环保、卫生、民防等其他技术标准的，应当征求有关部门的意见。

第十三条（建设工程施工许可）

改造项目施工前，建设单位应当向区县建设管理部门或者其他有关部门申请建设工程施工许可。

第十四条（竣工验收）

改造项目竣工后，建设单位应当向区县规划土地、住房保障房屋管理等相关部门申请竣工验收。

改造项目的工程质量，由建设单位组织有关部门按照规定进行验收。

建设单位应当将改造项目的竣工档案报送城建档案馆（办）存档。

第十五条（房屋权属调查及房地产登记）

旧住房改造后，建筑面积发生变化的，当事人应当按照本市房屋权属调查的相关规定，委托房屋权属调查机构进行房屋权属调查（测绘）。

改造中属加层的房屋、新增小区停车场（库）、物业管理用房、小区公共配套设施等，应当按照本市房地产登记的相关规定，办理房地产初始登记。根据协议归建设单位所有的部分，由建设单位申请登记；归公房产权单位的部分，由公房产权单位申请登记；归全体业主共有的部分，可以由建设单位一并提出登记申请，由登记机构在房地产登记中记载，不颁发房产证。

除第二款情况外，改造后的房屋建筑面积发生变化的，应当按照本市房地产登记的相关规定，申请办理建筑面积的变更登记。整个项目变更登记后，原业主根据协议办理相应的建筑面积变更登记。

改造中属加层的房屋除安置原住户外，应当用于公共租赁住房或者廉租住房使用。

第三章有关技术规定

第十六条（建筑间距）

旧住房综合改造项目的建筑间距按照下列规定执行：

（一）改造范围内建筑与改造范围外建筑之间的建筑间距，应当符合《上海市城市规划管理技术规定》（以下简称《规划技术规定》)的标准；改造前的建筑间距不符合《规划技术规定》的，改造时不得再减小原建筑间距；

（二）改造范围内建筑之间的建筑间距，按照《规划技术规定》中有关浦西内环线以内地区的规定标准折减10%执行；

（三）改造后的建筑底层改为非居住用途的，计算建筑间距时可以将底层高度扣除，但不得再按照第（二）项的规定进行折减；

（四）改造后的建筑间距不得低于消防间距标准。

第十七条（建筑退让）

旧住房综合改造项目的建筑退让，按照《规划技术规定》中有关建筑退让的规定执行。改造前的退让距离不符合《规划技术规定》的，改造时不得再减小原退让距离。

第十八条（高度控制）

旧住房成套率改造项目需要加层的，一般只能在原建筑上增加一层。确有特殊情况，经市规划国土资源局、市住房保障房屋管理局和项目所在地区县政府共同审核，在符合相关技术条件及征询相关利益关系人的前提下，可以增加两层。加层部分的建筑层高应当与原建筑标准层层高一致。旧住房综合改造范围内，24米以上的建筑不得进行加层、扩建。

第十九条（结构安全）

旧住房综合改造项目涉及加层、扩建或者改变主体承重结构的，建设单位应当委托有资质的房屋质量检测单位进行房屋结构和使用功能改变的检测。检测结果作为房屋改造设计的依据。

第二十条（房屋面积要求）

旧住房综合改造除与住户有约定的外，不得减少原住户房屋居住面积。加层部分的房屋参照本市《住宅设计标准》执行。

第二十一条（厨卫基本条件）

旧住房成套改造应当按户配置独用的厨房间和卫生间。

厨房间可以采用封闭式或者通过式，应当具备通风条件，并预留设置燃气灶、水斗、热水器的位置。

卫生间应当敷设上下水管，设置地漏，并预留坐厕、淋浴位置。卫生间不得设置在厨房上部。

第二十二条（屋顶水箱）

旧住房综合改造中，应当对有条件的屋顶水箱进行改造，以提高用水质量。

第二十三条（电表）

旧住房成套率改造应当按户设置计量电表，每户配电标准不低于8千瓦。

第二十四条（防火抗震要求）

旧住房综合改造不得降低耐火等级，并不得将闷顶作为居住、储藏等使用空间。应当使房屋建筑的防火条件、抗震性能有所改善。

第二十五条（环境整治要求）

旧住房综合改造应当统筹各项配套设施建设，有条件的项目应当增设停车位、户外活动场地等设施，并实行围墙透空透绿。空调室外机及所附滴水管、晾衣架以及其他附着于外墙的设施应当统一设置。

第四章其他规定

第二十六条（租金调整）

经改造后的成套公房，公房承租人应当按照独用成套公房的租金标准支付租金。

第二十七条（调整安置）

旧住房综合改造后，由于原居住部位调整使用功能，原公房租赁关系无法继续履行的，公房产权单位可以另行安置原公房承租户，重新建立租赁关系；也可以进行货币补偿，终止原租赁关系。

第二十八条（改造经费来源）

旧住房综合改造费用应当采取多方筹资的办法予以解决。

公有住房改造的费用可以从房屋租金、改造后新增房屋出售收入、改造范围内公有住房出售后的净归集资金等中列支。

第二十九条（新增房产权属）

旧住房综合改造增加的物业管理用房、非公益性的小区公共服务设施归全体业主所有；小区停车场（库）及加层增量部分权属由建设单位与业主协议约定。

第三十条（施行日期）

本办法自2015年3月1日起施行，有效期至2019年12月31日。

关于加强本市住宅小区综合治理工作意见的通知

（沪府办发〔2015〕3号　2015年1月21日）

住宅小区是市民群众生活的基本场所，是城市管理的基础单元，也是社会治理的重要领域。为贯彻落实党的十八大和十八届三中、四中全会精神，按照市委、市政府关于创新社会治理、加强基层建设的要求，现就加强本市住宅小区综合治理工作提出如下工作意见：

一、明确指导思想、基本原则和主要目标

（一）指导思想。以提升人民群众的居住满意度为目标，以解决住宅小区中的突出问题为突破口，以落实主体责任和夯实基层基础为重点，坚持系统施策、综合治理，努力构建政府监管、市场主导、社会参与、居民自治四位一体和良性互动的住宅小区综合治理格局，为加强和创新特大型城市社会治理奠定坚实基础。

（二）基本原则。一是加强领导、合力推进。发挥各级政府在住宅小区综合治理中的领导作用，整合资源，合力推动相关管理责任部门和单位履行职责。二是市场主导、专业服务。加快实现物业服务收费市场调节，进一步培育社会化、专业化、规范化服务市场。三是问题导向、聚焦民生。聚焦安全隐患和顽症难题，加大协调解决力度，着力解决住宅小区中人民群众最直接、最关心、最现实的民生突出问题。四是居民自治、社会参与。发挥居民自治作用，调动居民自我管理、自我服务、自我监督的积极性，提升业主大会、业委会的自治能力，强化居委会的指导、服务和监督功能，引导专业社会中介组织积极参与社区公共事务管理。

（三）主要目标。到2017年，完善住宅小区管理体制、机制，综合管理水平明显提升；形成以住宅小区为基础单元的住宅小区自治和社区共治机制，业主自我管理能力和住宅小区社区共治能力明显增强；建立“按质论价、质价相符”的物业服务收费协商和监督机制，推动物业服务市场社会化、专业化、规范化建设，物业服务水平和行业满意度明显提高；基本解决住宅小区中涉及民生的突出问题，居民居住生活环境得到明显改善。到2020年，形成与上海经济社会发展水平和超大城市管理相适应、符合市场经济规律的住宅小区综合治理新模式。

二、完善管理体制机制，提高住宅小区综合管理水平

（一）推动住宅小区综合管理和专业服务主体责任落实。修订完善本市住宅小区综合管理和服务的责任清单，细化业务流程和操作指导手册，明确市、区县相关部门、管理单位和水、电、气等专业服务单位在住宅小区综合管理中的职责，切实强化政府管理和公共服务进住宅小区。

（二）做实住宅小区综合管理联席会议。落实《上海市住宅物业管理规定》要求，做实市、区县、街镇三级住宅小区综合管理联席会议，市相关部门、区县、街镇要明确同级联席会议工作职责，落实专门工作人员和专项工作经费，完善日常工作制度，及时牵头协调解决住宅小区中跨部门、跨领域的问题。有条件的地区可探索在社区、居民区层面建立住宅小区综合管理协调机制，定期研究、协调解决本住宅小区综合管理问题。

（三）建立健全街镇城市综合管理平台。建立街镇城市网格化综合管理机构，加强街镇层面的联勤联动，完善行业管理、城管执法、作业服务之间信息共享、协作联动、无缝衔接的运行机制，使住宅小区的综合治理职责真正落实到基层一线。

（四）推动城市网格化管理进住宅小区。在本市住宅小区中实施网格化管理，加强物业服务企业、业主、居委会等对住宅小区突出问题的发现能力，畅通报送渠道，加大城市网格化管理对住宅小区内综合管理问题的处置解决力度，推动街镇和社区基层从发现、受理、处置解决的有效循环，提高问题发现率和处置率。

（五）落实住宅小区城管综合执法。适度拓展城市管理综合执法的范围内容，推动城管综合执法进住宅小区，逐步实现住宅小区范围内城市管理领域的综合执法。对大型居住社区、城郊结合部和人口密度高的区域，适度增加城管综合执法力量配置。

三、发挥市场作用，促进物业行业健康发展

（一）建立物业服务市场机制。坚持市场化方向，按照“按质论价、质价相符”的原则，引导业委会和物业服务企业协商确定物业服务内容和收费标准。对协商困难的，鼓励双方委托社会中介机构进行评估，并根据评估结果最终确定物业服务内容和收费标准，推动形成公开、公平、公正的物业服务

价格形成机制。建立物业服务市场信息发布机制，由行业协会或第三方中介机构定期发布物业服务内容、服务标准和服务价格等参考信息。各区县结合本地区实际，对“售后房”小区、保障性住房小区和未成立业委会的早期建设的商品房小区，建立物业服务收费及相关事务的协商协调、指导监督和应急处置机制。完善政府扶持政策，各区县继续对收不抵支的“售后房”小区物业服务实行考核达标奖励补贴，到2017年年底前，基本实现“售后房”小区物业服务收费市场化。对业主大会与物业服务企业采用酬金制物业服务计费方式予以支持，加快形成公平、合理的物业服务市场环境。

（二）进一步提升物业行业监管水平。加强物业服务企业资质管理，建立动态检查和企业资质升降奖惩机制。完善物业管理招投标管理，规范招投标代理行为。完善物业行业信用体系建设，加大物业服务企业和项目经理的诚信信息的公开力度，并将其纳入本市公共信用信息服务平台，依法面向社会提供查询。

（三）推动物业行业创新转型发展。充分运用市场化手段，推动物业服务企业整合、改制、兼并和重组，培育一批具有较强竞争力、较大规模的物业服务企业，引导规模小的物业服务企业走专业化发展道路；鼓励物业服务企业建立新型社区商业服务模式，延伸服务链条，不断满足潜在的市场需求，提升服务能力，实现物业服务升级转型。

（四）促进本市劳动力在物业行业就业。调整本市劳动力和特定人员在物业行业的就业促进政策，在适度提高对吸纳特定人员就业的物业服务企业补贴的基础上，增加对上述人员在物业服务企业就业的个人补贴，进一步提升上述人员在物业行业的就业数量。

四、发挥居民自治和社区共治作用，增强住宅小区综合治理能力

（一）进一步发挥居委会在业主自治管理中的作用。强化居委会对业主大会、业委会组建、换届、日常运作的指导、服务和监督职责。探索在居委会设立物业环境专业委员会，在有条件的居民区合法有序推进居委会和业委会成员交叉任职。

（二）完善优化业主自我管理规制。修订和完善本市住宅小区《管理规约》、《临时管理规约》、《业主大会议事规则》等示范文本，规范居民居住生活秩序和行为；推进实施《上海市文明居住行为规范》，积极培育和倡导文明居住意识，进一步规范物业使用和文明居住行为，探索对不文明居住行为的惩戒制约机制；逐步提高业主大会组建率和业委会运作规范率，对尚无条件成立业主大会和业委会的，由街镇牵头、居委会加强指导，帮助业主加强自我管理。

（三）建立居住领域信用管理制度。建立业主（使用人）居住信用管理制度，将住宅小区内拒交物业服务费、拒不续筹专项维修资金、违法建设和破坏房屋承重结构、“群租”、擅自改变房屋使用性质等违法违规违约行为录入本市公共信用信息服务平台，并依法面向社会提供查询。

（四）积极发挥人民调解化解住宅小区矛盾的作用。完善住宅小区矛盾化解长效机制，充实人民调解专业力量，提升调解人员的专业水平，实现街镇层面调解工作的全覆盖。人民调解员调解住宅小区纠纷所需经费，由区县和街镇按照有关规定予以安排。

（五）积极培育专业社会中介组织参与住宅小区管理。鼓励通过政府购买服务的形式，探索专业社会中介组织提供公共服务和解决事项的社区治理模式，引导专业社会中介组织为业主大会组建、业委会换届改选、物业选聘、维修资金使用、物业矛盾纠纷化解等住宅小区管理事务提供服务，逐步引导专业社会中介组织参与住宅小区事务管理工作。

五、整合各方资源，解决住宅小区民生

突出问题

（一）加大老旧设施设备改造和居住环境改善力度。落实住宅小区供电设施改造方案。加快住宅小区二次供水设施改造。对易积水区域，逐年分批实施市政排水设施改造。开展对住宅小区的老旧消防设施、老旧电梯的安全评估工作。结合专项维修资金的补建、续筹，对住宅小区的老旧消防设施、老旧电梯等高风险隐患设施，实施更新改造。通过规划、建设、管理等措施，努力缓解住宅小区“停车难”矛盾。加大老旧住宅小区绿化建设力度，提升老旧住宅小区绿化布局和绿化品质。完善住宅质量的投诉处理机制，制订实施专项管理办法。

（二）持续开展违法建设、“群租”等顽症治理。继续完善违法建设和破坏房屋承重结构、“群租”、擅自改变房屋使用性质等影响房屋使用安全行为的发现、报告、劝阻、处置机制，落实管理执法主体相应责任，建立快速处置工作流程。整合法律、行政、社会和社区规范等资源，整治和消除一批群众反映强烈、重复信访的违法违规建设和使用房屋的行为。依托物业服务企业和社会专业机构开展住宅小区闲置住房的代理经租，增加公共租赁住房供应保障，从源头上遏制“群租”现象蔓延。

（三）加快专项维修资金补建和完善续筹长效机制。切实解决商品住宅专项维修资金缺失问题。对特定期间规定范围的住宅小区，按照“业主出资为主、政府补贴为辅”的原则，解决商品住宅专项维修资金缺失的历史遗留问题。对原以职工住宅立项“售后房”小区的公共设施维修资金缺失问题，按照初始筹集标准，由市、区县政府支持解决。在此基础上，“售后房”小区维修资金由三项归并为一项，与商品房住宅小区并轨。对维修资金余额不足初始归集额30%的住宅小区，制定完善续筹办法，建立维修资金续筹的长效机制。

六、保障措施

（一）加强住宅小区综合治理的组织领导。各区县、各有关部门要将住宅小区综合治理作为一项重要工作纳入议事日程，加强组织领导，推进工作落实。

（二）完善住宅小区综合治理的制度建设。按照法定程序修改完善相关法规、规章，进一步理清住宅小区内业主共有部分与专有部分设施的管理责任边界，形成责任清单，细化职责分工。市、区县相关部门对住宅小区人口管理与服务、综合安全运行、支持本市劳动力就业等事项进一步研究协同落实机制，细化流程，加快制定制度政策和工作措施。

（三）研究落实物业服务行业税收政策。继续落实国家和本市对物业服务行业的有关财税扶持政策。鼓励住宅小区内物业服务开展专业服务外包。研究完善业主自行管理物业模式的物业服务收费票据管理等配套政策。

（四）推进住宅小区基础管理信息平台建设。利用整合现有商品房、“售后房”、公房等数据，加快推进覆盖全市统一动态更新的房屋数据库，建立跨部门、跨领域的住宅小区业务协同办理系统，完善行业行政监管系统功能，拓展住宅小区综合服务系统功能，形成“一库三系统”的住宅小区基础管理信息平台。基础信息平台建设由市、区县政府统一规划、分级建设，并落实运行维护资金保障。

（五）强化物业相关人员的教育培训。围绕本市住宅小区综合治理工作要求和物业管理工作内容，依托现有的人才培养基地和场地资源，加快物业服务从业人员及相关管理人员公共实训基地建设，基地建设、场地租金和管理经费由市、区县政府予以支持。加大从业人员岗位培训补贴力度，提高从业人员培训补贴标准。居委会、业委会、社会中介机构、房管部门和社区街道等相关人员的培训费用，由区县政府予以支持。进一步加强培训工作的组织领导，不断完善培训大纲和培训教材，增强教育培训的针对性、操作性和实效性。

（六）加大考核督查和问责力度。依托住宅小区综合管理联席会议，建立工作评价指标体系，完善市、区县、街镇三级督促考核和工作评价机制。优化居委会对街镇条线部门、街镇对区县条线部门、区县对市条线部门在住宅小区综合治理工作方面的考核评价机制。建立住宅小区综合治理工作第三方测评制度。健全由行政监察部门牵头的跟踪督办和问责机制，将考核督查结果与相关部门的奖惩绩效挂钩。

2015年市政府要完成的与人民生活密切相关的实事

（沪府办发〔2015〕11号　2015年2月16日）

一、新增7000张养老床位；新增20家“长者照护之家”；新增50家养老机构内设医疗机构；新设40个社区老年人助餐服务点；新建40家老年人日间服务中心。

二、完成90万户老旧住宅小区电能计量表前供电设施更新改造；完成1200台2000年以前投入使用的住宅小区老旧电梯安全评估；为100个居民小区实施老旧消防设施专项改造，为500幢15年以上房龄高层售后公房增配消防设施，在全市每个小区组织开展至少1次消防疏散演练。

三、完成47座道路下立交工程性改造，增设120座道路下立交积水监测点，增设40座道路下立交预警设施；完成中心城区9个路段的道路积水改善工程。

四、帮助8000名长期失业青年实现就业；完善家政服务信息平台功能，建立家政员登记注册制度，完成12万名家政员登记注册。

五、为全市法人和市民在线免费提供一次信用查询报告。

六、新增60所学校少年宫；扶持50所老年学校开展标准化建设；开设200个小学生“爱心暑托班”。

七、新增40万平方米立体绿化；推进实施生活垃圾分类减量，完成“绿色账户”覆盖100万户，新增100万户生活垃圾分类覆盖区域。

八、新增支持4家企业建设早餐加工配送中心（中央厨房）。

九、新建和改建50片社区灯光运动场；在公园、公共绿地及大型居住社区等处新建50条百姓健身步道。

十、完成郊区县100个村庄改造；为1000户本市农村困难残疾人家庭进行无障碍改造。

附件：2015年市政府要完成的与人民生活密切相关的实事项目进度及负责部门、责任人

2015年市政府要完成的与人民生活密切相关的实事项目进度及负责部门、责任人

一、新增7000张养老床位；新增20家“长者照护之家”；新增50家养老机构内设医疗机构；新设40个社区老年人助餐服务点；新建40家老年人日间服务中心。

新增7000张养老床位，进一步缓解现有养老机构供需矛盾问题。具体实施进度：第一季度完成养老床位建设各项筹备工作；第二季度完成1000张养老床位建设；第三季度完成2000张养老床位建设；第四季度完成4000张养老床位建设，并组织验收。该项目由市民政局、各区（县）政府负责，市规划国土资源局、市住房保障房屋管理局配合。其中，市民政局责任人为蒋蕊副局长，市规划国土资源局责任人为史家明副局长，市住房保障房屋管理局责任人为顾弟根副局长，各区（县）政府责任人为分管副区（县）长。

新增20家“长者照护之家”，为老年

人就近提供集中的全托式社区托养服务。具体实施进度：第一季度完成“长者照护之家”各项筹备工作；第二季度开工建设；第三季度完成10家“长者照护之家”建设；第四季度完成10家“长者照护之家”建设。该项目由市民政局、各区（县）政府负责。其中，市民政局责任人为蒋蕊副局长，各区（县）政府责任人为分管副区（县）长。

新增50家养老机构内设医疗机构，缓解养老机构入住老人“就医难”问题。具体实施进度：第一季度完成养老机构内设医疗机构建设各项筹备工作；第二季度开工建设；第三季度完成15家养老机构内设医疗机构建设；第四季度完成35家养老机构内设医疗机构建设。该项目由市民政局、市卫生计生委、各区（县）政府负责，市人力资源社会保障局（市医保办）配合。其中，市民政局责任人为蒋蕊副局长，市卫生计生委责任人为吴乾渝副主任，市人力资源社会保障局责任人为郑树忠副局长，各区（县）政府责任人为分管副区（县）长。

新设40个社区老年人助餐服务点，重点满足独居、高龄、生活自理有困难老年群体的助餐需求。具体实施进度：第一季度完成社区老年人助餐服务点建设各项筹备工作；第二季度完成5个社区老年人助餐服务点建设；第三季度完成5个社区老年人助餐服务点建设；第四季度完成30个社区老年人助餐服务点建设，并组织验收。该项目由市民政局、各区（县）政府负责。其中，市民政局责任人为高菊兰巡视员，各区（县）政府责任人为分管副区（县）长。

新建40家老年人日间服务中心，为符合条件的社区老年人提供生活照料、康复护理、精神慰藉等一系列日间照料服务。具体实施进度：第一季度完成老年人日间服务中心建设的各项筹备工作；第二季度开工建设；第三季度完成10家老年人日间服务中心建设；第四季度完成30家老年人日间服务中心建设。该项目由市民政局、各区（县）政府负责。其中，市民政局责任人为高菊兰巡视员，各区（县）政府责任人为分管副区（县）长。

二、完成90万户老旧住宅小区电能计量表前供电设施更新改造；完成1200台2000年以前投入使用的住宅小区老旧电梯安全评估；为100个居民小区实施老旧消防设施专项改造，为500幢15年以上房龄高层售后公房增配消防设施，在全市每个小区组织开展至少1次消防疏散演练。

完成90万户老旧住宅小区电能计量表前供电设施更新改造，重点对表前的进户线、低压分支箱、总熔丝箱、电能计量箱、电表等设施进行更新改造。具体实施进度：第一季度制定改造实施方案，完成20万户老旧住宅小区电能计量表前供电设施更新改造；第二季度完成30万户老旧住宅小区电能计量表前供电设施更新改造；第三季度完成10万户老旧住宅小区电能计量表前供电设施更新改造；第四季度完成30万户老旧住宅小区电能计量表前供电设施更新改造。该项目由市建设管理委、市住房保障房屋管理局负责，市电力公司配合。其中，市建设管理委责任人为王以中巡视员，市住房保障房屋管理局责任人为于福林副局长，市电力公司责任人为刘运龙副总经理。

完成1200台2000年以前投入使用的住宅小区老旧电梯安全评估。具体实施进度：第一季度制定工作方案和评估技术规范，完成评估机构的确定；第二季度完成400台住宅小区老旧电梯安全评估；第三季度完成500台住宅小区老旧电梯安全评估，并开展中期考核；第四季度完成300台住宅小区老旧电梯安全评估，组织验收考核。该项目由市质量技监局、相关区（县）政府负责，市住房保障房屋管理局配合。其中，市质量技监局责任人为朱明副局长，市住房保障房屋管理局责任人为于福林副局长，相关区（县）

政府责任人为分管副区（县）长。

选择100个居民小区开展消防设施专项改造，增设消防标识，更新修复老旧消防设施设备；选择500幢15年以上房龄高层售后公房，为楼宇公用部位安装简易喷淋、警报装置等；在全市每个小区组织开展至少1次消防疏散演练。具体实施进度：第一季度制定工作方案和技术要点；第二季度完成设计、采购、施工招投标等工作，各区（县）完成辖区30%居民小区的消防疏散演练任务；第三季度各区（县）完成辖区70%的居民小区老旧消防设施专项改造、15年以上房龄高层售后公房增配消防设施和居民小区的消防疏散演练任务；第四季度全部完成，组织开展验收。该项目由市消防局、各区（县）政府负责，市建设管理委、市民政局、市住房保障房屋管理局、市水务局、市民防办配合。其中，市消防局责任人为顾金龙副局长，市建设管理委责任人为裴晓副主任，市民政局责任人为李政副局长，市住房保障房屋管理局责任人为于福林副局长，市水务局责任人为陈远鸣副局长，市民防办责任人为周鸣放副主任，各区（县）责任人为分管副区（县）长。

三、完成47座道路下立交工程性改造，增设120座道路下立交积水监测点，增设40座道路下立交预警设施；完成中心城区9个路段的道路积水改善工程。

完成47座道路下立交工程性改造，增设120座道路下立交积水监测点，增设40座道路下立交预警设施，以进一步提升下立交防汛功能。具体实施进度：第一季度制定工作方案，完成项目报批；第二季度推进项目招投标采购；第三季度完成工作量的50%；第四季度全部完成工作任务并组织验收。该项目由市交通委负责，市公安局、市水务局、市建设管理委、市电力公司、上海铁路局配合。其中，市交通委责任人为戴晓坚副主任，市公安局责任人为陈臻副局长，市水务局责任人为刘晓涛副局长，市建设管理委责任人为袁嘉蓉副主任，市电力公司责任人为陈道彪副总经理，上海铁路局责任人为侯文玉副局长。

完成中心城区9个路段的道路积水改善工程，包括复兴中路、宛平路、塘沽路、四川北路、山阴路、济宁路、通北路、华美路和新沪路等路段的道路积水改善。具体实施进度：第一季度完成施工前期手续和准备工作；第二季度完成工程量的30%；第三季度累计完成工程量的80%；第四季度项目竣工并交付使用。该项目由市水务局负责，相关区（县）政府配合。其中，市水务局责任人为朱石清副局长，相关区（县）政府责任人为分管副区（县）长。

四、帮助8000名长期失业青年实现就业；完善家政服务信息平台功能，建立家政员登记注册制度，完成12万名家政员登记注册。

帮助8000名长期失业青年实现就业。具体实施进度：第一季度帮助1000名长期失业青年实现就业；第二季度帮助3000名长期失业青年实现就业；第三季度帮助2500名长期失业青年实现就业；第四季度帮助1500名长期失业青年实现就业。该项目由市人力资源社会保障局负责，团市委、各区（县）政府配合。其中，市人力资源社会保障局责任人为张岚副局长，团市委责任人为王宇副书记，各区（县）政府责任人为分管副区（县）长。

完善家政服务信息平台功能，建立家政员登记注册制度，完成12万名家政员登记注册。具体实施进度：第一季度制定家政员登记注册管理办法，完成家政员登记注册工作信息化平台建设；第二季度各区（县）启动家政员登记注册工作，完成工作任务的50%；第三季度完成工作任务的90%；第四季度全面完成工作任务并开展评估验收。该项目由市妇联、市人力资源社会保障局负责，市人口办、各区（县）政府配合。其中，市妇联责任人为翁文磊副主席，市人力资源社会保障局责任人为张岚副局长，市人口办责任人为朱慧芬主任，各区（县）政府责任人为分管副区（县）长。

五、为全市法人和市民在线免费提供一次信用查询报告。

利用“法人一证通”平台，以“红、黄、绿”灯形式对自主选择参与的法人进行风险提示；开发市公共信用信息服务平台 APP，市民通过安装 APP、在线申请并通过身份验证后，可以在线免费获取个人公共信用信息查询报告。具体实施进度：第一季度完成工作方案制定、项目软硬件建设、系统调试等工作；第二季度启动面向法人和市民在线免费提供一次信用查询报告工作；第三季度全面推进项目；第四季度完成工作任务，开展评估验收。该项目由市经济信息化委负责，市公安局配合。其中，市经济信息化委责任人为邵志清副主任，市公安局责任人为朱慧芬副巡视员。

六、新增 60 所学校少年宫；扶持 50 所老年学校开展标准化建设；开设 200 个小学生“爱心暑托班”。

依托中小学校现有场地、教室和设施，修缮配备必要的设备器材，新增 60 所学校少年宫，依靠教师和志愿者进行管理，在课余时间和节假日组织开展普及性课外活动。具体实施进度：第一季度部署建设任务，组织开展申报；第二季度确定新增学校少年宫名单，完善管理制度，修缮活动场地，充实辅导员队伍；第三季度利用暑期和新学期启动试运行工作，并开展中期评估和督导；第四季度全面完成工作任务，组织验收评估。该项目由市教委、市文明办负责，相关区（县）政府配合。其中，市教委责任人为贾炜副主任，市文明办责任人为姜鸣副主任，相关区（县）政府责任人为分管副区（县）长。

扶持 50 所老年学校开展标准化建设，通过新增或改扩建专用功能教室，添置为老服务设施设备，进一步提升老年学校办学水平。具体实施进度：第一季度确定需扶持的 50 所老年学校名单，制订标准化配置规范；第二季度指导区县分批开展老年学校建设和改造，配置老年教育标准化设施设备；第三季度加强对学校课程建设、教学研究等方面的内涵建设指导，开展中期评估；第四季度完成建设任务，开展评估验收。该项目由市教委负责，市民政局、相关区（县）政府配合。其中，市教委责任人为袁雯副主任，市民政局责任人为高菊兰巡视员，相关区（县）政府责任人为分管副区（县）长。

开设 200 个小学生“爱心暑托班”，在全市 17 个区县设立教学点，为小学生提供公益性暑期看护服务（以三周为一期，共开设两期）。具体实施进度：第一季度制定暑托班建设标准、课程内容等；第二季度开展暑托班项目招投标，审核各办班点软硬件资源，招募志愿者和学生，完成开班准备工作；第三季度开设暑托班，加强全过程管理；第四季度开展考核评估。该项目由团市委、市文明办、市教委、市妇联负责，各区（县）政府配合。其中，团市委责任人为刘刚副书记，市文明办责任人为姜鸣副主任，市教委责任人为高德毅副主任，市妇联责任人为刘琪副主席，各区（县）政府责任人为分管副区（县）长。

七、新增 40 万平方米立体绿化；推进实施生活垃圾分类减量，完成“绿色账户”覆盖 100 万户，新增 100 万户生活垃圾分类覆盖区域。

新增 20 万平方米屋顶绿化、15 万平方米高架桥柱绿化、5 万平方米垂直绿化，以及新增 20 万盆植物扮绿阳台，以进一步提高城市绿化覆盖率。具体实施进度：第一季度制定工作方案和技术培训计划；第二季度累计完成全年任务指标的 30%；第三季度累计完成全年任务指标的 70%；第四季度全部完成，开展考核评估。该项目由市绿化市容局、市建设管理委、市交通委负责，市发展改革委、市规划国土资源局、市住房保障房屋管理局、市经济信息化委、市国资委、市教委、市商务委、市文明办、各区（县）政府配合。其中，市绿化市容局责任人为方岩副局长，市建设管理委责任人为邓建平副主任，市交通委责任人为戴晓坚副主任，市发展改革委责任人为周强秘书长，市规划国土资源局责任人为徐毅松副局长，市住房保障房屋管理局责任人为于福林副局长，市经济信息化委责任人为徐子瑛副主任，市国资委责任人为胡宏伟副主任，市教委责任人为李瑞阳巡视员，市商务委责任人为吴星宝副主任，市文明办责任人为宋慧副主任，各区（县）政府责任人为分管副区（县）长。

向社区居民发放绿色账户卡，鼓励市民积极参与干、湿垃圾分类获得积分，通过市场化手段募集各类公益服务资源，为市民绿色积分兑换提供保障，计划至2015年底，累积发放100万张；新增100万户生活垃圾分类覆盖区域，实现全市有条件居住区垃圾分类覆盖率达到50%以上。具体实施进度：第一季度制定工作计划，分解落实各区（县）任务；第二季度累计完成全年计划的30%；第三季度累计完成全年计划的70%；第四季度全部完成，开展考核评估。该项目由市绿化市容局、市文明办、市妇联负责，市发展改革委、市建设管理委、市经济信息化委、市商务委、市教委、市科委、市财政局、市农委、市政府法制办、市政府新闻办、市环保局、市规划国土资源局、市旅游局、市住房保障房屋管理局、市食品药品监管局、市质量技监局、各区（县）政府配合。其中，市绿化市容局责任人为唐家富总工程师，市文明办责任人为宋慧副主任，市妇联责任人为刘琪副主席，市发展改革委责任人为周强秘书长，市建设管理委责任人为邓建平副主任，市经济信息化委责任人为原清海总工程师，市商务委责任人为刘敏副主任，市教委责任人为王平副主任，市科委责任人为马兴发副主任，市农委责任人为殷欧副主任，市政府法制办责任人为江子浩高级法律专务，市政府新闻办责任人为徐威副主任，市财政局责任人为马正文副局长，市环保局责任人为吴启洲副局长，市规划国土资源局责任人为史家明副局长，市旅游局责任人为张旗副局长，市住房保障房屋管理局责任人为于福林副局长，市食品药品监管局责任人为顾振华副局长，市质量技监局责任人为沈伟民副局长，各区（县）政府责任人为分管副区（县）长。

八、新增支持4家企业建设早餐加工配送中心（中央厨房）。

新增支持4家企业建设早餐加工配送中心（中央厨房），主要支持企业建设研发中心、生产设备、食品安全检测系统、管理信息系统、冷链配送系统等。具体实施进度：第一季度制定工作方案；第二、三季度遴选企业，启动项目建设，加强工作指导和监管；第四季度组织专家组对项目进行评估验收。该项目由市商务委负责，市环保局、市食品药品监管局配合。其中，市商务委责任人为吴星宝副主任，市环保局责任人为孙建巡视员，市食品药品监管局责任人为顾振华副局长。

九、新建和改建50片社区灯光运动场；在公园、公共绿地及大型居住社区等处新建50条百姓健身步道。

新建和改建50片社区灯光运动场，进一步满足市民群众运动健身需求。具体实施进度：第一季度启动选址勘测工作；第二季度完成项目立项，全面开工建设；第三、四季度推进项目建设，年底竣工验收并向社会开放。该项目由市体育局负责，市绿化市容局、各区（县）政府配合。其中，市体育局责任人为赵光圣副局长，市绿化市容局责任人为方岩副局长，各区（县）政府责任人为分管副区（县）长。

在公园、公共绿地及大型居住社区新建

50条百姓健身步道。具体实施进度：第一季度启动百姓健身步道的选址勘测；第二季度完成项目立项，全面开工建设；第三、四季度推进项目建设，年底竣工验收并向社会开放。该项目由市体育局负责，市绿化市容局、各区（县）政府配合。其中，市体育局责任人为赵光圣副局长，市绿化市容局责任人为方岩副局长，各区（县）政府责任人为分管副区（县）长。

十、完成郊区县100个村庄改造；为1000户本市农村困难残疾人家庭进行无障碍改造。

完成郊区县100个村庄改造，主要开展村内道路改造、桥梁整修、水系环境整理、宅前屋后环境整治等项目建设。

具体实施进度：第一季度制定工作方案；第二季度完成项目前期准备工作并启动建设；第三、四季度推进项目实施，年底竣工验收。该项目由市农委负责，市发展改革委、市建设管理委、市水务局、市交通委、各区（县）政府配合。其中，市农委责任人为邵启良秘书长，市发展改革委责任人为阮青副主任，市建设管理委责任人为倪蓉副主任，市水务局责任人为刘晓涛副局长，市交通委责任人为戴晓坚副主任，各区（县）政府责任人为分管副区（县）长。

为1000户本市农村困难残疾人家庭进行无障碍改造，进一步提升残疾人生活品质。具体实施进度：第一季度部署工作任务，明确工作要求；第二季度开展筛选工作，审核确定进行无障碍改造的家庭名单，完成招投标工作；第三季度完成项目设计，启动施工建设；第四季度完成工程验收考核。该项目由市残联负责，责任人为祝永康巡视员。

上海市电梯安全管理办法

（上海市人民政府令第25号公布　2015年2月27日）

第一章总则

第一条（目的和依据）

为了加强本市电梯安全工作，保障人身和财产安全，根据《中华人民共和国特种设备安全法》和国家有关规定，结合本市实际，制定本办法。

第二条（适用范围）

本市行政区域内电梯生产（含制造、安装、改造、修理）、使用、维护保养、检验、检测以及相关监督管理活动，应当遵守本办法。

本办法所称的电梯，包括载人（货）电梯、自动扶梯和自动人行道等。具体范围按照国家规定的特种设备目录及特种设备安全技术规范确定。

第三条（政府职责）

市、区县人民政府应当加强对本行政区域内电梯安全工作的领导，督促各有关部门依法履行监督管理职责，并建立协调机制，及时协调、解决电梯安全监督管理中存在的问题。

街道办事处、乡镇人民政府应当协助有关行政管理部门做好电梯安全监督管理工作。

第四条（部门职责）

市、区县特种设备安全监督管理部门对本市电梯安全实施监督管理。

本市建设、规划、房屋、交通、工商、公安、安全监管等行政管理部门应当按照各自职责，做好电梯安全监督管理的相关工作。

第五条（保险）

本市推行电梯安全责任保险，鼓励电梯生产、使用、维护保养等单位投保电梯安全责任保险。

第六条（采用先进技术）

鼓励电梯生产、使用、维护保养等单位采用先进技术和科学管理手段，提高电梯安全性能和管理水平，增强事故防范能力和应急救援能力。

第七条（宣传教育）

特种设备安全监督等行政管理部门应当加强电梯安全知识的宣传教育，增强公众安全意识和自我保护能力。

鼓励新闻媒体、学校、社会团体等开展电梯安全知识的宣传教育。

第八条（行业协会）

本市电梯等相关行业协会应当加强行业自律，可以开展以下工作：

（一）推进行业诚信体系建设，开展会员单位信用方案建设和信用评级工作；

（二）开展行业信息分析研究，收集、发布电梯维护保养工时、参考价格等行业信息；

（三）组织宣传咨询、教育培训，提高行业服务水平和电梯安全管理水平；

（四）参与相关标准的制定，协助、配合行政管理部门开展技术鉴定、监督检查、推行电梯安全责任保险等工作。

第二章生产

第九条（电梯生产质量要求）

电梯生产活动应当符合电梯安全技术规范及相关标准的要求。

禁止将报废的零部件用于电梯生产。

第十条（电梯出厂文件）

电梯制造单位（以下简称“制造单位”）对出厂的电梯，应当提供安全技术规范要求的设计文件、产品质量合格证明、安装及使用维护保养说明等相关技术资料和文件，注明电梯及其主要零部件设计使用年限或者次数，并在电梯显著位置，设置产品铭牌、安全警示标志及其说明。

第十一条（制造单位的责任）

制造单位对电梯安全性能负责，并承担以下义务：

（一）明确质量保证期限，在质量保证期内电梯出现质量问题的，予以免费修理或者更换相关零部件；

（二）向电梯使用管理单位（以下简称“使用管理单位”）提供必需的电梯备品备件、技术培训和其他技术帮助；

（三）对电梯安全运行情况进行跟踪调查和了解，对运行中存在的问题提出改进建议；

（四）因设计、制造等原因造成电梯存在危及安全的同一性缺陷的，应当立即停止生产、主动召回，及时告知使用管理单位，并向特种设备安全监督管理部门报告。

第十二条（电梯设置要求）

建设单位应当按照有关规定和标准设置电梯；不符合有关规定和标准的，施工图设计文件审查不得通过，建设行政管理部门不予发放施工图审查备案证明，规划行政管理部门不予发放建设工程规划许可证。

车站、机场、客运码头等公共交通场所的自动扶梯和自动人行道，应当选用符合相关标准要求的公共交通型电梯。

第十三条（视频监控设施）

学校、幼儿园、医院、车站、机场、客运码头、商场、体育场馆、展览馆、公园等公众聚集场所和住宅小区的电梯，应当根据有关规定和标准，配备视频监控设施，并保证正常运行。

第十四条（远程监测装置）

在本市安装使用的乘客电梯，制造单位应当配备具有运行参数采集和网络远程传输功能的监测装置。

鼓励使用管理单位、电梯维护保养单位（以下简称“维护保养单位”）建立电梯远程监测系统，对电梯运行情况实施远程监测。

特种设备安全监督管理部门应当制定电梯远程监测系统的标准规范，并对制造单位、使用管理单位、维护保养单位的远程监测系统运用情况实施监督抽查。

第十五条（施工告知）

电梯安装、改造、修理单位应当将拟施工的时间、地点和内容等情况，于施工前书面告知特种设备安全监督管理部门。特种设备安全监督管理部门应当督促电梯安装、改造、修理单位申报监督检验。

建设项目需安装电梯的，电梯安装单位应当在书面告知时，提供建设项目的建设工程规划许可证和施工许可证的相关信息。建设单位应当予以配合。

第十六条（电梯安装、改造、修理的安全管理要求）

电梯的安装、改造、修理，应当由制造单位或者其委托的取得相应资质的单位进行。受托单位不得转委托或者变相转委托电梯安装、改造、修理业务。

制造单位委托其他单位进行电梯安装、改造、修理的，应当对其安装、改造、修理进行安全指导和监控，并按照安全技术规范的要求进行校验和调试。

电梯安装、改造、修理单位应当在施工前，编制安全施工方案，落实安全防护措施等现场安全生产条件，并检查电梯机房、井道、底坑、通道等土建工程是否符合电梯安装使用要求。

第十七条（电梯安装、改造、重大修理的自行检测）

电梯安装、改造、修理单位应当安排专业技术人员，对电梯安装、改造和重大修理活动的过程实行自行检测。经自行检测合格的，方可报检验机构进行监督检验。

第十八条（电梯安装、改造、重大修理的证明文件和技术支持）

电梯安装、改造和重大修理竣工后，电梯安装、改造、修理单位应当向使用管理单位提供质量证明文件和监督检验证明。

制造单位或者其委托的单位对电梯进行改造的，制造单位应当对改造后的电梯安全性能负责，并提供本办法第十条规定的文件，承担本办法第十一条规定的责任。

电梯修理单位应当对重大修理项目更换的电梯部件、安全附件及安全保护装置明确质量保证期限，在质量保证期内出现质量问题的，予以免费修理或者更换相关零部件。

第三章使用管理

第十九条（电梯所有权人）

业主是建筑物附属电梯的所有权人，依法承担电梯安全运行的相应义务，并应当按照本办法的规定，明确使用管理单位。

第二十条（使用管理单位的确定）

使用管理单位应当履行电梯安全管理义务，对电梯使用安全负责。使用管理单位按照下列规则予以确定：

（一）电梯所有权人委托物业服务企业或者其他管理人管理电梯的，受托方为使用管理单位；

（二）电梯所有权人未委托他人管理的，电梯所有权人为使用管理单位。

电梯属于业主共有且未委托他人管理的，共有人应当书面约定电梯管理的实际负责人，承担具体管理工作。

第二十一条（使用登记）

使用管理单位应当向电梯所在地的区县特种设备安全监督管理部门办理电梯使用登记手续，取得使用登记证书。办理登记手续的时间不得晚于电梯投入使用后30日。

使用管理单位变更的，应当向电梯所在地的区县特种设备安全监督管理部门办理登记变更手续。

电梯报废的，应当在报废后30日内，向电梯所在地的区县特种设备安全监督管理部门办理注销手续。

第二十二条（使用基本要求）

使用管理单位应当按照规定建立电梯安全技术档案，设置安全管理机构或者配备专职安全管理人员。

使用管理单位应当通过书面合同方式，委托制造单位或者取得电梯安装、改造、修理资质的单位承担电梯维护保养工作，签订合同前应当查验相关资质证书。使用管理单位具备电梯制造、安装、改造、修理资质的，可以自行承担电梯维护保养工作。

使用管理单位应当在电梯轿厢内或者出入口的显著位置张贴有效的电梯使用登记标志、安全使用说明、安全注意事项、警示标志、本单位应急救援电话号码、电梯安全责任保险的投保信息。

使用管理单位对电梯轿厢装修应当符合电梯安全技术规范及相关标准的要求，不得影响电梯安全性能。

第二十三条（日常安全管理职责）

使用管理单位的安全管理机构或者安全管理人员应当履行下列职责：

（一）巡视电梯运行情况，并做好记录，巡视记录至少保存 5 年；

（二）保管电梯层门钥匙、机房钥匙和安全提示牌；

（三）配合维护保养单位开展工作，签字确认维护保养记录；

（四）电梯安装、改造、修理、检验、检测时，做好现场配合工作，协助施工单位落实安全防护措施；

（五）在需要暂停使用的电梯出入口张贴停用告示，并采取避免电梯乘用的安全措施；

（六）发现违反电梯乘用规范的行为，予以劝阻；

（七）发现电梯存在故障或者其他影响电梯正常运行的情况时，作出停止使用的决定，并及时报告本单位负责人。

第二十四条（乘客行为规范）

乘客乘用电梯时，应当遵守安全使用说明和安全注意事项的要求，服从有关工作人员的管理和指挥，不得实施下列行为：

（一）乘用明示处于非安全状态的电梯；

（二）乘用超过额定载荷的电梯；

（三）采用非正常手段开启电梯层门、轿厢门；

（四）破坏电梯安全警示标志、报警装置或者电梯零部件；

（五）其他影响电梯安全运行的行为。

学龄前儿童应当在成年人陪同下乘用电梯。

第二十五条（住宅小区电梯安全使用管理）

住宅小区电梯安全使用管理除执行本办法的其他规定之外，还应当遵守下列规定：

（一）建设单位、业主应当在《临时管理规约》或者《管理规约》中规定电梯日常管理、维护保养、改造、修理、检验、检测、安全评估、更新等费用的筹集和使用规则。

（二）业主委员会与物业服务企业签订物业服务合同时，应当明确约定电梯安全使用管理方面的权利、义务和责任。

（三）物业服务企业应当公开电梯安全管理的相关记录，业主、业主大会、业主委员会有权监督物业服务企业的电梯安全使用管理工作。

（四）电梯发生故障影响正常使用或者经检验存在事故隐患的，物业服务企业应当向业主委员会报告。

第二十六条（应急响应和事故救援）

使用管理单位应当确保电梯紧急报警装置有效运行，即时响应乘客被困报警，做好安全指导工作，并在乘客被困报警后 5 分钟内通知维护保养单位采取措施实施救援。

电梯出现故障、发生异常情况或者存在事故隐患的，使用管理单位应当做好警戒工作，控制电梯操作区域，严禁无关人员进入，组织对电梯进行全面检查。电梯经排除故障、消除事故隐患后，方可继续使用。需停止电梯运行时间超过 24 小时以上的，使用管理单位应当公告电梯停止运行的原因和修复所需时间。

电梯发生事故时，使用管理单位应当组织排险、救援，保护事故现场，并于 1 小时内报告电梯所在地的区县特种设备安全监督管理部门。

第二十七条（定期检验）

使用管理单位应当在检验合格有效期届

满前1个月，按照规定向检验机构申请定期检验。未经定期检验或者检验不合格的电梯，不得继续使用。

因建筑物改造、维护等原因，电梯需要停用1年以上或者停用期超出下次检验日期的，使用管理单位应当设置警示标志、封存电梯，并自停用之日起30日内，向电梯所在地的区县特种设备安全监督管理部门办理停用手续。电梯恢复使用前，使用管理单位应当进行检查，并向检验机构申请定期检验。

自监督检验合格之日起使用年限超过15年的电梯，应当每5年在定期检验时，按照监督检验的要求进行功能性试验和制停距离检查。

第二十八条（电梯运行费用管理）

电梯所有权人应当承担电梯日常管理、维护保养、改造、修理、检验、检测、安全评估、更新等所需的费用。

物业服务企业为住宅小区电梯使用管理单位的，物业服务费中的电梯运行维护费用应当单独立账。物业服务企业应当每半年公布1次电梯运行维护费用支出情况。

住宅小区电梯需要修理、改造、更新的，使用管理单位和业主委员会应当及时组织落实，业主应当履行资金筹集义务。所需资金按照以下方式筹集：

（一）已建立住宅专项维修资金的，按照规定程序在住宅专项维修资金中列支；

（二）未建立住宅专项维修资金或者住宅专项维修资金余额不足的，相关业主对费用承担有约定的，按照约定承担；没有约定或者约定不明确的，由相关业主按其专有部分占建筑物总面积的比例承担。街道办事处或者乡镇人民政府可以协助组织相关业主筹集落实资金。

住宅小区电梯经检验、检测机构认定存在严重事故隐患，不采取重大修理、改造或者更新难以消除隐患且相关方对经费筹集、整改方案等达不成一致的，所在地街道办事处或者乡镇人民政府应当组织使用管理单位、业主代表和房屋、特种设备安全监督等行政管理部门共同商议，确定电梯修理、改造或者更新方案和费用筹集方案。

第四章维护保养

第二十九条（维护保养单位的基本要求）

在本市设点开展电梯维护保养经营活动的单位，应当具备电梯制造或者安装、改造、修理资质，依法在本市办理工商登记。不具备相应资质，或者未依法在本市办理工商登记的，不得在本市设点开展电梯维护保养经营活动。

维护保养单位在本市首次开展业务前，应当将单位名称、主要负责人、资质范围、办公地点、作业人员、应急救援电话号码等信息报市特种设备安全监督管理部门备案。相关信息发生变更的，应当自变更之日起30日内，报市特种设备安全监督管理部门备案。

市特种设备安全监督管理部门应当通过政务网站公开已备案的维护保养单位相关信息。

第三十条（承接维护保养业务）

维护保养单位承接维护保养业务前，应当对电梯状态进行检查，并将检查结果书面告知使用管理单位。

维护保养单位不得转包、分包或者变相转包、分包维护保养业务。

第三十一条（维护保养人员的培训教育）

维护保养单位应当定期对作业人员进行安全教育和技术培训，并支持作业人员取得职业技能资格。

维护保养单位应当建立作业人员教育培训记录，并至少保存5年。

第三十二条（维护保养单位职责）

维护保养单位应当对其维护保养的电梯安全性能负责，并履行下列职责：

（一）按照电梯安全技术规范、相关标准和使用维护保养说明的要求，制定安全管理制度、维护保养计划，开展维护保养工作；

（二）在电梯显著位置，标明本单位的名称、应急救援电话号码和投诉电话号码；

（三）对住宅小区电梯在电梯轿厢内或者出入口公布最近一次维护保养信息，信息至少应当包括维护保养人员、维护保养时间和内容等；

（四）维护保养现场作业人员应当具有相应资格，并落实现场安全防护措施，保证施工安全；

（五）更换的电梯零部件应当具有产品质量合格证明，其中安全保护装置还应当具有型式试验证明；

（六）确保应急救援电话 24 小时有效应答，接到乘客被困报警后，30 分钟内赶到现场完成救援解困；

（七）发现故障或者接到故障通知后，及时排除故障，对故障暂时难以排除的，应当将解决方案书面通知使用管理单位，并告知使用管理单位故障排除前，不得使用；

（八）至少每 6 个月对电梯进行 1 次自行检查，并向使用管理单位出具自检报告；

（九）建立维护保养和故障处置记录，并至少保存 5 年。

第三十三条（公共交通场所电梯的维护保养）

车站、机场、客运码头等公共交通场所的电梯，使用管理单位应当选择制造单位或者制造单位委托的取得相应资质的单位进行维护保养。

公共交通场所的电梯，使用管理单位和维护保养单位应当根据电梯运行的实际状况，增加维护保养频次和维护保养项目。

区县特种设备安全监督管理部门应当加强指导、督促。

第三十四条（老旧电梯的维护保养）

自监督检验合格之日起使用年限超过 15 年的电梯，使用管理单位和维护保养单位应当根据电梯运行的实际状况，增加维护保养频次和维护保养项目。

区县特种设备安全监督管理部门应当加强指导、督促。

第五章检验、检测和安全评估

第三十五条（检验、检测机构职责）

检验、检测机构应当履行下列职责：

（一）确保其从事检验、检测的人员具有国家规定的资格；

（二）检验、检测、安全评估活动符合相关规定要求；

（三）在规定期限内出具检验、检测报告或者安全评估报告，并对出具的报告负责；

（四）对检验、检测、安全评估活动中知悉的商业秘密负有保密义务；

（五）检验、检测、安全评估活动中发现电梯存在事故隐患的，应当书面告知使用管理单位；属于严重事故隐患的，还应当书面告知使用管理单位暂停使用电梯、及时采取相应措施，并向电梯所在地的区县特种设备安全监督管理部门报告。

第三十六条（检验机构特别规定）

检验机构依法从事电梯监督检验、定期检验，并履行下列职责：

（一）督促使用管理单位按期申请检验；对逾期未申请检验的，应当及时报告电梯所在地的区县特种设备安全监督管理部门；

（二）在电梯轿厢内、出入口或者采取其他方式公布最近一次电梯检验信息，信息至少应当包括检验机构、检验时间、检验人员和检验结论等内容；

（三）在检验活动中，对电梯生产、使用管理单位执行法规标准规定、落实安全责任的相关工作质量情况进行核查；

（四）将监督检验、定期检验结果报送电梯所在地的区县特种设备安全监督管理部门。

第三十七条（安全评估）

有下列情形之一的，使用管理单位可以委托检验、检测机构开展电梯安全评估，根据评估结论确定继续使用电梯的条件或者对电梯进行修理、改造、更新：

（一）电梯故障频率较高、影响正常使用的；

（二）电梯曾遭遇水浸、火灾、雷击、地震等灾害影响的；

（三）其他需要进行安全评估的。

电梯达到设计使用年限或者次数，需要继续使用的，应当按照安全技术规范的要求，委托检验、检测机构进行安全评估，确定继续使用电梯的条件或者对电梯进行修理、改造、更新，并办理使用登记证书变更。

住宅小区电梯经安全评估后，使用管理单位应当将评估结论张贴在电梯轿厢内或者出入口处的显著位置。

电梯安全评估规范由市特种设备安全监督管理部门制定。

第六章监督管理

第三十八条（监督检查）

特种设备安全监督管理部门应当每年制定安全监督检查计划，按照有关规定对电梯生产、使用、维护保养单位和检验、检测机构实施监督检查。

特种设备安全监督管理部门应当对下列电梯实施重点安全监督检查：

（一）位于学校、幼儿园、医院、车站、机场、客运码头、商场、体育场馆、展览馆、公园等公众聚集场所的；

（二）故障频率较高、影响正常使用的。

特种设备安全监督管理部门应当根据需要，组织实施下列专项监督检查：

（一）电梯主要零部件产品质量监督抽查；

（二）电梯检验、检测和安全评估工作质量监督检查。

第三十九条（老旧电梯监督检查）

特种设备安全监督管理部门应当对本市超过设计使用年限或者次数的电梯和自监督检验合格之日起使用年限超过 15 年的电梯制定专门的监督检查计划，督促使用管理单位按照本办法的规定加强安全管理。

第四十条（安全监察指令）

特种设备安全监督管理部门在依法履行职责过程中，发现违反法律、法规、规章和安全技术规范及相关标准要求的行为或者电梯存在事故隐患的，应当以书面形式发出特种设备安全监察指令，责令有关单位及时采取措施予以改正或者消除事故隐患。

特种设备安全监督管理部门可以对有证据表明不符合安全技术规范要求或者存在严重事故隐患的电梯依法实施查封、扣押。

第四十一条（约谈）

发生电梯事故、存在严重事故隐患未及时消除，或者存在其他安全管理问题的，特种设备安全监督管理部门可以约谈有关单位主要负责人，要求其落实电梯安全责任，采取有效措施消除电梯安全隐患。

第四十二条（使用管理单位和维护保养单位监管）

特种设备安全监督管理部门应当建立电梯安全监督管理档案，记录对使用管理单位、维护保养单位监督检查、行政处罚等情况。对有不良记录的使用管理单位、维护保养单位加强监督检查频次，向社会公开监督检查结果，并向相关部门通报。

使用管理单位、维护保养单位对电梯事故负有主要责任的，或者 12 个月内违反电梯安全管理规定被处罚两次以上的，市特种设备安全监督管理部门应当将有关情况向社会公开，并向相关部门通报。

第四十三条（严重隐患的处置）

区县特种设备安全监督管理部门在接到电梯存在严重事故隐患需暂停使用的报告后，应当及时到达现场，并视情况作出停止使用电梯的指令、责令有关单位采取必要措施予以处理，或者作出需要作进一步技术鉴定的决定。

第四十四条（事故处理）

特种设备安全监督管理部门在接到电梯

事故的报告后，应当立即赴现场，会同有关部门依法进行调查处理。

第四十五条（信息公布）

市特种设备安全监督管理部门应当会同有关部门每年向社会发布本市电梯安全状况报告，内容包括：

（一）电梯数量、种类、分布区域；

（二）电梯事故情况、特点、原因分析、防范对策；

（三）其他需要公布的情况。

第四十六条（有关部门的监督管理）

建设行政管理部门应当对在建项目中的电梯井道、机房等工程质量加强监督管理。

房屋行政管理部门应当对物业服务企业依法履行电梯日常安全运行管理职责、住宅小区电梯运行维护费用管理和电梯修理、改造、更新资金筹集加强指导和监督。

第四十七条（投诉、举报）

单位或者个人发现危害电梯安全的违法行为的，可以向相关行政管理部门投诉、举报。

相关行政管理部门对接到的投诉、举报应当受理，属于本部门职责的，及时进行核实、处理、答复；不属于本部门职责的，应当在3个工作日内书面通知并移交有权处理的部门处理，并告知举报人。有权处理的部门应当及时处理，不得推诿。

第七章法律责任

第四十八条（对违反电梯生产管理规定的处罚）

违反本办法第九条第二款规定，生产单位将报废的零部件用于电梯生产的，由市或者区县特种设备安全监督管理部门责令改正，并处以2万元以上20万元以下罚款。

违反本办法第十条规定，生产单位未注明电梯及其主要零部件设计使用年限或者次数的，由市或者区县特种设备安全监督管理部门责令限期改正；逾期不改的，处以1万元以上5万元以下罚款。

违反本办法第十六条第一款规定，受托单位转委托或者变相转委托电梯安装、改造、修理业务的，由市或者区县特种设备安全监督管理部门责令改正，并处以2万元以上10万元以下罚款。

第四十九条（对使用管理单位违法行为的处罚）

使用管理单位有下列情形之一的，由市或者区县特种设备安全监督管理部门责令限期改正；逾期不改的，处以1万元以上5万元以下罚款：

（一）违反本办法第二十二条第三款规定，未张贴本单位应急救援电话号码的；

（二）违反本办法第二十三条第一项规定，安全管理机构或者安全管理人员未做巡视记录并保存5年的；

（三）违反本办法第二十六条第一款规定，未确保电梯紧急报警装置有效运行的。

使用管理单位有下列情形之一的，由市或者区县特种设备安全监督管理部门责令改正，并处以2万元以上10万元以下罚款：

（一）违反本办法第二十二条第二款规定，未查验相关资质证书，委托不具备资质的单位承担电梯维护保养工作的；

（二）违反本办法第二十二条第四款规定，未按照电梯安全技术规范及相关标准要求装修电梯轿厢的；

（三）违反本办法第二十六条第一款规定，未在乘客被困报警后5分钟内通知维护保养单位采取措施实施救援的；

（四）违反本办法第二十六条第二款规定，电梯出现故障、发生异常情况或者存在事故隐患的，未采取避免使用的安全措施的；

（五）违反本办法第二十六条第三款规定，电梯发生事故时，未按时报告特种设备安全监督管理部门的。

第五十条（违反电梯运行费用管理规定的处罚）

物业服务企业违反本办法第二十八条第

二款的规定，电梯运行维护费用未单独列账或者未按期公布电梯运行维护费用支出情况的，由市或者区县房屋行政管理部门责令限期改正；逾期不改的，处以1万元以上5万元以下罚款。

第五十一条（对维护保养单位违法行为的处罚）

维护保养单位有下列情形之一的，由市或者区县特种设备安全监督管理部门责令限期改正；逾期不改的，处以1万元以上5万元以下罚款：

（一）违反本办法第二十九条第二款规定，在开展业务前，未将相关信息报特种设备安全监督管理部门备案或者发生变化未将变更信息备案的；

（二）违反本办法第三十二条第一项规定，未建立安全管理制度或者未制定维护保养计划的；

（三）违反本办法第三十二条第二项规定，未在电梯轿厢显著位置，标明本单位的名称、应急救援电话号码和投诉电话号码的；

（四）违反本办法第三十二条第三项规定，未在住宅小区电梯轿厢内或者出入口公布最近一次维护保养信息的；

（五）违反本办法第三十二条第九项规定，未建立维护保养和故障处置记录并保存5年的。

维护保养单位有下列情形之一的，由市或者区县特种设备安全监督管理部门责令改正，并处以2万元以上10万元以下罚款：

（一）违反本办法第三十条第二款规定，转包、分包或者变相转包、分包维护保养业务的；

（二）违反本办法第三十二条第五项规定，更换的电梯零部件无产品质量合格证明，或者安全保护装置无型式试验证明的；

（三）违反本办法第三十二条第六项规定，应急救援电话未能24小时有效应答，或者在乘客被困报警后，未能在30分钟内赶到现场完成救援解困的；

（四）违反本办法第三十二条第七项规定，未告知使用管理单位故障排除前不得使用的；

（五）违反本办法第三十二条第八项规定，未对维护保养的电梯进行自行检查的。

第五十二条（违反公共交通场所电梯安全管理规定的处罚）

违反本办法第三十三条第一款规定，公共交通场所的使用管理单位未选择制造单位或者其委托的取得相应资质的单位进行维护保养的，由市或者区县特种设备安全监督管理部门责令限期改正；逾期不改的，处以1万元以上5万元以下罚款。

第五十三条（对检验机构违法行为的处罚）

检验机构有下列情形之一的，市或者区县特种设备安全监督管理部门应当责令其限期改正；逾期不改的，处以1万元以上5万元以下罚款：

（一）违反本办法第三十六条第一项规定，对逾期未申请检验的情况未及时报告特种设备安全监督管理部门的；

（二）违反本办法第三十六条第二项规定，未公布最近一次检验信息的。

检验、检测机构出具虚假的安全评估报告或者安全评估报告严重失实的，由市或者区县特种设备安全监督管理部门责令改正，并对机构处5万元以上20万元以下罚款，对直接负责的主管人员和其他直接责任人员处5千元以上5万元以下罚款。

第五十四条（行政责任）

违反本办法的规定，市或者区县特种设备安全监督等行政管理部门及其工作人员有下列行为之一的，由上级机关或者监察机关对直接负责的主管人员和其他直接责任人员，给予警告或者记过处分；情节较重的，给予记大过或者降级处分；情节严重的，给予撤职处分：

（一）在行政许可工作中违反法定权限、条件和程序实施行政许可的；

（二）违法实施查封、扣押等行政强制措施的；

（三）违法实施行政处罚的；

（四）未按照规定实施监督检查的。

违反本办法的规定，市或者区县特种设备安全监督等行政管理部门及其工作人员有下列行为之一的，由上级机关或者监察机关对直接负责的主管人员和其他直接责任人员，给予记过、记大过处分；情节较重的，给予降级或者撤职处分；情节严重的，给予开除处分：

（一）不依法履行职责，致使可以避免的电梯重大事故发生的；（二）发生电梯重大事故不按规定报告、处理的；

（三）其他玩忽职守、贻误工作的行为。

第八章附则

第五十五条（有关用语的含义）

本办法所称的“使用管理单位”，即《中华人民共和国特种设备安全法》规定的“使用单位”，是指对电梯实际履行安全管理义务，承担电梯使用安全责任的主体。

本办法所称的“重大修理”，是指在不改变电梯的原性能参数和技术指标的前提下，对电梯的主要部件和安全部件进行修理的活动。具体范围按照国家相关规定确定。

本办法所称的“严重事故隐患”，包括以下情形：

（一）非法生产或者利用废旧零部件拼装的电梯；

（二）主要部件、安全保护装置失效或者缺失的电梯；

（三）发生事故后未经全面检查继续使用的电梯；

（四）国家明令淘汰的电梯；

（五）因电梯设备本体原因导致检验不合格的电梯。

第五十六条（实施日期）

本办法自 2015 年 4 月 1 日起施行。2004 年 5 月 15 日上海市人民政府令第 22 号发布，根据 2010 年 12 月 20 日上海市人民政府令第 52 号公布的《上海市人民政府关于修改 < 上海市农机事故处理暂行规定 > 等 148 件市政府规章的决定》修正并重新发布的《上海市电梯安全监察办法》同时废止。

上海市 2015 年 ~ 2017 年 环境保护和建设三年行动计划

（沪府办发〔2015〕13 号　2015 年 2 月 25 日）

近年来，本市通过滚动实施五轮环保三年行动计划，不断加大环境保护和建设力度，环境基础设施能力和环境治理水平大幅提高，环境综合整治取得明显成效，环境保护倒逼转型效果逐步体现，城乡环境面貌总体持续改善。当前，本市正处在建设“四个中心”的关键时期和创新驱动发展、经济转型升级的攻坚期，环境保护形势依然十分严峻，环境质量与国家标准、市民期盼和社会主义现代化国际大都市定位仍存在较大差距。为贯彻落实党的十八届三中、四中全会精神，加快推进本市生态文明建设，加快改善生态环境质量，特制订本计划，即第六轮环保三年行动计划。

一、指导思想、基本原则、总体目标

（一）指导思想

紧紧围绕到 2020 年本市基本建成“四个中心”和社会主义现代化国际大都市的总体目标，以“提升环境质量、促进转型发展”为主线，坚持目标导向、问题导向和需求导向，突出改革创新，加大大气、水等重点领域治理力度，加强能源、产业结构布局优化调整等源头防控，强化资源节约和循环利用，加快生态文明制度建设，加大环境监管执法力度，以环境保护促进转型发展，以发展转型推动环境质量改善。

（二）基本原则

1. 坚持问题导向、民生优先，更加注重环境质量和环境安全。聚焦社会关注和人民群众反映强烈的突出环境问题，强化大气、水等重点领域污染治理，加快完善城市生态网络格局，努力改善城乡生态环境质量，保障城市安全。

2. 坚持预防为主、监管从严，更加注重源头防控和转型发展。以强化源头控制和深化污染治理为抓手，加快推进全过程污染防控体系建设，从严监管执法，倒逼产业结构调整和发展方式转变。

3. 坚持城乡一体、建管并举，更加注重环境公共服务均等化。继续加大环境基础设施建设力度，推动环境基础设施和环境公共服务向郊区农村延伸，加强基层环境监管能力建设，完善长效管理机制，加快实现城乡环境公共服务均等化。

4. 坚持全民参与、合力推进，更加注重全社会协同共管共治。以深化生态文明改革为契机，进一步完善环境保护的责任体系、考核追究机制，落实多部门齐抓共管，推动全社会共同参与，加强区域协作和联防联控，强化环保工作合力。

5. 坚持政府引导、多元投入，更加注重充分发挥市场机制作用。加快构建“政府为主、市场运作、企业参与”的多元化投入机制，充分发挥市场机制作用，创新环保投融资机制，积极推动 PPP 模式和环境污染第三方治理，加快环境治理机制转变完善。

（三）总体目标

到 2017 年，本市环境保护工作继续走在全国前列，全面完成国家和本市环境保护各项规划计划明确的目标任务，生态环境质量进一步改善，资源节约型、环境友好型社会建设初步建成，为 2020 年基本建成“四个中心”和社会主义现代化国际大都市奠定良好环境基础。

——城市环境质量加快改善。重污染天气大幅减少，空气质量明显改善，细颗粒物（PM2.5）年均浓度比 2013 年下降 20% 左右；饮用水水源地水质实现达标，污染相对严重水体大幅减少，重要水功能区主要水质达标率（扣除上游来水）达到 60%。

——生态安全格局初步建立。生态红线体系全面实施，城市生态廊道系统初步形成，生态结构不断优化，自然生态更加和谐，城市环境更加优美，森林覆盖率力争达到 15.5%，中心城区绿化覆盖率进一步提高。

——环境治理水平持续提升。全市城镇污水处理率达到 90% 以上，污泥得到安全有效处置；燃煤电厂大气污染物排放浓度基本达到燃气机组排放限值；生活垃圾无害化处理率达到 100%，危险废物、医疗废物得到全面安全处置。

——资源环境效率不断提高。全市煤炭消费总量实现负增长，单位工业增加值能耗进一步下降，主要污染物排放大幅削减，农药化肥施用强度下降 10%，循环经济发展有所突破，资源回收和利用水平进一步提高。

二、水环境保护

全面贯彻国家水污染防治要求，制定落实上海市水污染防治行动计划，全力保障饮用水安全和改善水环境质量。

（一）全面保障饮用水水源安全

1. 完成饮用水水源地基本建设。完成黄浦江上游太浦河金泽水源湖工程、连通管工程（含闵奉原水支线）和青浦、金山、松江原水支线工程，建成陈行水源地嘉定原水支线工程，完成崇明镇级水厂关停退出，全市全面实现供水集约化。

2. 加大饮用水水源地保护力度。配合水源湖工程，调整黄浦江上游饮用水水源保护区和准水源保护区，开展长江口准水源保护区研究。加强饮用水水源保护区的监管力度，完成松浦大桥一级保护区内与供水设施和水源保护无关的建设项目清拆和围栏建设，完成二级保护区内的污染源纳管或风险企业关闭。强化船舶流动污染源监管，研究推进太浦河上海段危化品船舶禁航。

（二）进一步完善水环境基础设施建设

1. 提升污水处理设施水平。加快推进全市城镇污水处理厂提标改造和新建、扩建工程，新建污水处理厂、黄浦江上游准水源保护区和排杭州湾现有污水处理厂全面执行《城镇污水处理厂污染物排放标准》（GB18918-2002）的一级A标准，其他执行一级B及以上标准。中心城区完成石洞口、竹园、白龙港、吴淞、曲阳等5座污水处理厂提标改造工程，启动泰和、新虹桥污水处理厂新建工程。郊区完成松江东部、松江西部、嘉定北区、安亭、奉贤西部等5座污水处理厂提标改造和扩建工程，完成新浜、大众、奉贤东部、临港、新江、兴塔、城桥等7座污水处理厂提标改造工程，基本完成嘉定南翔污水处理厂新建工程。

2. 加快污水处理厂污泥和臭气改造。完成竹园、石洞口、松江、奉贤、崇明陈家镇和城桥等污泥无害化处理工程，污泥得到全面有效处置。结合城镇污水处理厂提标改造，进一步强化污水处理设施废气治理，规范污泥处理和运输，减少臭气扰民。

3. 深入推进全市截污纳管工作。结合郊区新城、大型居住社区和重点地区开发，同步配套建设污水管网，中心城区继续完善污水收集管网，2015年底前全面完成建成区未纳管污染源截污纳管，完成虹桥机场地区截污纳管工程。加快推进城郊结合部、“城中村”、“195”等其他城镇化地区截污纳管，到2017年全市城镇污水处理率达到90%以上。

（三）加大城市水污染源治理力度

1. 加快市政泵站旱流截污改造。完成新江湾城、龙水南路、景东、徐浦大桥、曹安线、泗塘、广中路、水电路、北虹南路、交通南路等10座以上市政雨水泵站旱流截污工程，加快推进其他泵站改造，进一步减少泵站放江量。试点开展市政泵站按污染源管理工作，制定优化运行调度规范，探索发放排污许可证，到2017年，市政泵站全部纳入污染源管理体系。

2. 加强城市面源污染治理。研究制定新建或改造地块地表径流系数控制要求，积极推广可渗透铺装和生态屋顶等技术，推进“道路雨水花园”等雨水生态处理处置技术试点推广，有效降低地表径流，削减城市面源污染。

（四）强化河道生态修复和水系管理

1. 加大河道综合整治力度。以郊区和城郊结合部、新城周边、骨干道路周边、郊野公园区域等为重点，聚焦市民反映强烈和污染相对严重的河道，三年累计实施200公里以上河道综合整治工程。加大镇村级河道整治力度，因地制宜推广河道生态治理。

2. 完善河道长效管理。按照河道保洁和设施养护“两个全覆盖”的要求，推进河道管理范围陆域、水域设施养护一体化，全面提高河道设施养护作业水平，巩固提升全市河道水环境面貌。按照引清调水和水质监测“两个常态化”的要求，加大水利控制片水资源调度力度，加强重点河道水质监测，确保引清调水安全。

（五）加强近岸海域污染防治

加强长江口、杭州湾入海污染物排放管理，推进黄浦江入海污染物总量控制试点，强化近岸海域污染防治与生态保护。

三、大气环境保护

全面落实清洁空气行动计划要求，围绕能源、产业、交通、建设等重点领域，进一步强化防控措施，加大治理力度，加快改善环境空气质量。

（一）深化燃煤污染控制

1. 完成锅炉、窑炉清洁能源替代。全面落实本市煤炭消费总量控制方案。到2015年，完成中小燃煤锅炉（窑炉）清洁能源替代，基本取消经营性小茶炉、小炉灶等分散燃煤（或其他高污染燃料）设施；到2017年，完成55台集中供热、热电联产大型燃煤锅炉的清洁能源替代或调整关停，全面取消分散燃煤设施。

2. 提升燃煤、燃气设施污染治理水平。全面实施大气污染物特别排放限值和锅炉、窑炉地方排放标准，完成高桥石化、长兴岛第二电厂、申能星火、万安水泥等烟气脱硝改造项目，完成奉贤燃机4台机组低氮燃烧改造，完成宝钢股份烧结机大气污染物协同减排工程改造。按照燃煤发电机组大气污染物排放浓度基本达到燃气轮机组排放限值的要求，实施漕泾电厂1#机组等12台现役燃煤机组的升级改造，同步解决"石膏雨"问题。新建燃气发电机组采用低氮燃烧工艺或同步建设脱硝设施，现有机组实施低氮燃烧改造。

（二）加强工业源挥发性有机物治理

1. 深化重点企业挥发性有机物（VOCs）综合治理。上海石化、高桥石化、上海化工区、华谊集团、金山二工区等重点化工企业全面推行挥发性有机物泄漏检测与修复（LDAR），落实开停工维检修期间的VOCs控制措施。在此基础上，实施VOCs综合治理。宝钢集团实施VOCs综合治理。

2. 推进主要行业挥发性有机物排放治理。有机化工原料制造、合成材料、化学药品原药制造、初级形态的塑料及合成树脂制造、合成橡胶制造、合成纤维单（聚合体）制造等6个行业重点企业按照规程实施LDAR和开停工维检修期间的VOCs控制措施。推进汽车涂装、船舶涂装、涂料生产、印刷等行业VOCs废气达标排放治理。到2017年，完成150家重点排放企业VOCs治理，全市VOCs排放量得到有效削减。

（三）加强流动源污染防治

1. 着力优化交通结构。坚持公交优先战略，建设便利、快捷、舒适的公共交通系统。到2015年，轨道交通运营线路总长达到600公里左右，中心城公共交通出行比重达到50%以上，全市达到36%以上；到2017年，全市公共交通出行比重进一步上升。

2. 大力推广新能源汽车。鼓励购买和使用新能源汽车，到2015年累计推广1.3万辆，2017年进一步推广。在公交、环卫、出租车等行业和政府机关，率先推广使用清洁能源和新能源汽车，新增或更新的公交车中新能源和清洁燃料车的比例达到60%以上。实施集装箱运输车队清洁能源试点，推广应用LNG集装箱运输车辆1000辆以上。加快充电桩、加气站等配套设施建设，2015年底前累计建成6000个充电桩。

3. 实施更严格的新车排放标准和油品标准。实施柴油车和重型汽油车新车国V标准，低速货车执行与轻型载货车相同的节能与排放标准，同步配套供应相应标准的油品。加强油品质量监督检查，严厉打击非法生产、销售不合格油品的行为。

4. 加快推进老旧车辆淘汰。2015年4月1日起，在G1501上海绕城高速范围内实施黄标车限行，在S20外环高速范围内全天禁止国Ⅰ标准汽油车通行。研究出台促进老旧车辆淘汰的工作方案，在2015年全面淘汰黄标车的基础上，加大老旧车辆淘汰力度，三年累计淘汰黄标车和老旧车辆30万辆。

5. 加强在用车检测和监管。强化机动车环保年检，增加黄标车和10年以上老旧车辆检测频次。加快推进简易工况法检测体系建设，2015年底前基本建成简易工况法检测站点体系，营运性车辆全部实施简易工况法检测。启动出租车尾气净化装置定期更换工作。落实强制报废制度，本市牌照机动车连续3个检验周期未取得机动车检验合格标志的，实施强制注销和报废。加强长三角区域在用车公安、交通、环保信息共享，实施在用车异地协同监管。

6. 加快绿色港口建设。积极推动船舶使用"岸电"，完成吴淞国际邮轮码头、洋山冠东集装箱码头等岸基供电试点，推进本市内河码头岸基供电标准化建设。推进港口作业船舶统一使用低硫油，加快黄浦江、苏州河游船新能源试点。在具备条件的码头全面推进港口轮胎式集装箱龙门吊等装卸设备“油改电”、“油改气”工作。港口推广LNG内集卡400辆。

7. 强化船舶和非道路移动机械大气污染控制。加强船舶大气污染防治和区域联动，继续推进内河船型标准化工作，淘汰高污染老旧船舶，推进船龄在15年–30年之间的货船和船龄在10年–25年之间的客船提前报废更新。开展非道路移动机械及其污染情况的基础调查，建立分类登记管理制度，研究启动高污染非道路移动机械污染治理和淘汰更新工作。规范船舶和非道路移动机械油品管理，加强油品质量监督检查。

（四）深化扬尘污染防治

1. 大力推进装配式建筑。加大装配式建筑推广力度，2015年，各区县在本区域供地面积总量中落实的装配式建筑面积比例不少于50%；2016年，外环以内符合条件的新建民用建筑原则上全部采用装配式建筑；2017年起，外环线以外在50%的基础上逐年增加装配式建筑。

2. 推进绿色工地和扬尘污染控制区创建。加强建设工地扬尘污染监管，符合建设管理部门要求的建筑工地和大型市政工地推进安装扬尘污染在线监控系统，强化建筑和市政工地防尘控尘措施的落实保障机制，加强文明施工管理，到2017年全市建筑工地文明施工达标率达到98%以上。继续加强拆房工地扬尘污染控制，到2017年，全市拆房工地须按照要求采取降尘措施。继续推进扬尘污染控制区的创建和复验工作。

3. 强化码头堆场和商品混凝土搅拌站整治。推进码头、堆场和商品混凝土搅拌站的料仓与传送装置密闭化改造和场地整治。开展建筑建材行业的扬尘污染治理，到2017年，全部落实降尘措施。制定并实施内港、外港散货（煤炭、灰渣、砂石料）码头堆场的扬尘污染整治方案。到2017年，外港散货堆场全部落实降尘措施，内港散货堆场和其他砂石料堆场降尘措施落实率达到80%以上。

4. 加强道路扬尘污染控制。制订本市建筑垃圾和工程渣土消纳设施专项规划。推进渣土运输车辆密闭防漏改造，依法严惩违法违规企业，有效遏制渣土运输滴漏、洒落现象。继续提高道路保洁率和保洁质量。到2017年，中心城区道路冲洗率达78%以上，郊区达到48%以上。

5. 加强工业扬尘污染控制。深化电力、钢铁、水泥行业散装原燃料及废料堆场的整治和改造，强化规范运行。2017年底前，大型煤堆、料堆全面实施封闭储存、建设防风抑制墙、喷洒抑尘剂等措施，工业企业内部散料堆场实施扬尘污染综合整治，宝钢集团完成散装原料及废料堆场封闭化储存改造，申能、华能集团开展电厂煤堆场安装密闭料仓试点，推进煤堆场全封闭储存改造。取缔石材加工企业露天敞开式作业。

（五）推进社会生活源整治

1. 深化油气回收治理。2017年底前，完成原油和成品油码头油气回收。建立长效管理机制，继续完善油气回收系统的管理和维护。

2. 推进汽修和干洗行业整治。规范汽车维修行业管理，强化喷涂、干燥作业规范和执法监管，禁止露天喷涂和露天干燥。开展干洗行业设备改造、淘汰工作，完成无溶剂回收装置的开启式干洗机更新改造。

3. 深化餐饮油烟气治理。加强餐饮油烟气污染控制管理，推进油烟排放在线监控措施安装使用，开展餐饮油烟气高效治理技术试点和推广，强化治理设施运行监管。到2017年，城市化地区大中型餐饮服务场所全部安装高效油烟净化装置。

四、土壤（地下水）污染防治

以加强农业土壤保护和工业场地监管为重点，强化土壤环境监测和风险评估，加快构建资源整合、权责明确、信息共享的土壤环境管理体系，推进污染土壤修复治理试点。

（一）加强农田土壤环境保护管理

1. 建立农田土壤保护评价体系。以“菜篮子”基地等重要农产品产地为重点，开展耕地环境网格化监测和风险评估。

2. 加强农林业生产的监管控制。建立肥料、农药、饲料使用档案制度和相应的监管和责任机制，做到科学施用肥料，合理使用农药，严格执行畜禽养殖饲料添加剂有关标准。强化绿地土壤监管、检测和改良。

（二）强化工业用地环境保护

1. 开展工业企业场地环境调查评估。开展化工石化、医药制造、橡胶塑料制品、纺织印染、金属表面处理、金属冶炼及压延、非金属矿物制品、皮革鞣制、金属铸锻加工、危险化学品生产储存及使用、农药生产、危险废物收集利用及处置等 12 类工业企业场地，以及加油站、生活垃圾收集处置设施、污水处理厂等遗留场地环境专项调查。建立污染场地基础数据库和环境管理信息系统，实现污染场地的跟踪管理、动态更新和信息共享。

2. 有序推进工业场地土壤污染预防和治理。落实工业用地全生命周期管理，建立工业用地土壤（地下水）预防和监测评估机制。以化工石化等 12 类行业遗留场地为重点，有序开展土壤污染预防与修复工作，重点推进南大地区、桃浦工业区土壤污染治理修复试点。

五、固体废物污染防治

以“减量化、无害化、资源化”为重点，加快推进垃圾分类收集减量和资源综合利用，提升危险废物安全处置能力，推进一般工业固废综合利用。

（一）加快生活垃圾无害化、减量化进程

继续完善“全程分类体系”，扩大垃圾分类收集、运输、处理的实施区域，不断提高垃圾分类处理的资源利用效率和标准化、规范化管理水平。制定和完善垃圾分类收运和处理的标准与规范，探索规范化分散处理技术并研究配套政策。建成天马、奉贤、嘉定、崇明等生活垃圾末端处置综合利用设施并投入运行，推进老港再生能源利用中心二期建设，完成闵吴生活垃圾转运码头集装化改造、闸北环卫基地、长兴岛中转站等建设项目，完成上海市城市固体废弃物处理系统二期工程郊区堆场整治闵行、宝山顾村项目。到 2017 年，全市生活垃圾分类减量工作覆盖 500 万户，进入末端生活垃圾处理量控制在 0.62 公斤 / 日 / 人，生活垃圾处理能力新增 5000 吨 / 日以上。

（二）完善工业固废综合利用与处置体系

进一步深化工业固体废物资源化利用，研究工业固废处理处置管理办法，推进宝钢、石化工业固废源头减量化，启动老港工业固废填埋场二期工程。

（三）完善危险废物安全收运处置体系建设

加快推进危险废物重点处置设施建设，完成崇明危险废物焚烧处置系统和危险废物专区填埋库建设，推进上海化工区升达废料能源再生利用、上海石化危废焚烧炉、宝钢钢渣返生产加工等项目，建设青浦工业区危险废物区域收集平台，研究长兴岛废旧油、废油漆桶收集体系和无害化处置方案。积极探索社会源危险废物处置管理新模式，构建汽修行业废铅酸蓄电池回收体系，开展张江生物医学园区实验室废弃物收集示范。启动医疗废物第四条无害化处置设施建设，完善中小医疗机构医疗废物收运机制，确保医疗废物全部安全无害化处置。

六、产业转型和工业污染防治

按照强化源头控制、促进产业转型升级

的要求，加强产业节能环保准入，着力推进工业污染防治和结构调整，深化工业园区环境设施建设和清洁生产改造。

（一）完善产业准入管理体系

按照本市发展定位和更高的节能环保要求，制定实施严于国家要求的产业准入标准和名录，结合土地集约化利用和环评、能评管理，落实产业环境准入的协同管理。禁止新建钢铁、建材、焦化、有色等行业的高污染项目，严格控制石化、化工等项目，严格控制劳动密集型一般制造业新增产能项目。加强常态管理和监督检查，坚决停建或依法取缔产能严重过剩行业违规建设项目，全面清理整顿违反环评制度和“三同时”制度的建设项目。进一步加大建设项目主要污染物总量控制力度，严格实施火电、钢铁、石化、水泥、有色、化工等行业大气污染物特别排放限值。

（二）加快产业转型升级

1. 推进重点行业企业结构调整。推进本市部分行业生产工艺、装备、产品指导目录中涉及的化工、钢铁、建材、纺织、轻工等12个行业的淘汰类企业（生产线）淘汰。强化结构调整的针对性和操作性，加快不符合本市能耗、环保、安全等硬约束标准及低效用地工业企业的调整，三年累计完成2000项左右。

2. 推动重点区域布局调整和环境整治。加快重点区域调整转型和环境整治，继续推进高化、桃浦、南大、吴淞等重点区域调整转型，继续推进金山卫化工集中区环境综合整治，启动青东农场等地区的环境综合整治。结合“198”区域土地整治和郊野公园建设等年度安排，加快推进村镇污染小企业成片清拆整治，三年完成20平方公里减量化目标。结合“195”区域转型提升和“104”产业区块调整升级，分类推进区域污染企业调整。

（三）持续推进清洁生产和治理改造

1. 继续推进重点行业清洁生产审核。以“聚焦行业、突出重点”为主线，编制并实施《上海市重点行业清洁生产推行方案》，积极推进钢铁、水泥、化工、石化、有色金属冶炼等五大重点行业开展清洁生产审核，继续推进其他重点企业清洁生产审核工作。

2. 重点推进清洁生产技术改造。发布《上海市大气污染防治重点行业清洁生产技术导向目录》，针对节能减排关键领域和薄弱环节，采用先进适用的技术、工艺和装备，实施清洁生产技术改造。研究加大清洁生产技术改造的财政支持力度。到2017年，完成五大行业重点企业清洁生产技术改造，造纸、印染等水污染重点行业按照国家水污染防治相关要求，加快推进清洁化改造。

3. 持续推进重点企业污染治理。到2015年，上海石化完成炼油部2#、3#、4#硫磺液硫脱气系统改造、炼油部2#常减压减顶分水罐V104尾气治理、烯烃部2#烯烃地下含油污水、化学污水管线改造项目；到2016年，上海石化完成储运部沥青罐区重污油罐、储罐油气回收和储运部化工码头1、2、3#泊位装船油气回收项目。

（四）完善园区环境管理体系和基础设施建设

完善工业园区废水收集治理设施，严格实施雨污分流，实现初期雨水收集处理。鼓励有条件的工业区实施集中供热，建设绿化隔离带、环境质量监控系统、应急响应系统，以及工业固体废物收集、处置体系。全面完成“8+2”重点产业园区特征污染因子监控网建设。完善工业区环境管理体制机制，全面完成“104”规划产业区块规划环评。推进全部国家级和30%市级工业园区开展循环化改造。

七、农业与农村环境保护

以美丽乡村建设和现代化绿色农业发展为抓手，加快转变农业生产方式，推动城乡一体化发展和环境公共服务均等化。

（一）推进养殖污染综合治理

贯彻落实《畜禽规模养殖污染防治条例》，结合本市农业发展总体规划，编制实施本市畜禽规模养殖布局规划，削减养殖量，优化养殖布局。实施规模化畜禽场污染减排治理，继续推进生态还田、沼气工程，实施规模化畜禽养殖场雨污分流、干粪收集处理、尿污水发酵处理等污染治理和资源化利用工程。加强不规范畜禽养殖场整治，按照减量提质的原则，对布局不合理、防疫不达标、环保不配套的不规范中小畜禽养殖场（户），加大整治淘汰力度。启动畜禽养殖业排污许可证制度试点工作。到2017年，完成30家以上规模化畜禽养殖场污染减排治理，推进2000余家不规范中小畜禽养殖场（户）关停调整。

（二）加强农业面源污染防治

1. 实施化肥农药减施工程。按照“源头防控、过程拦截、末端处理”的原则，推进化肥农药减施、节水节肥等种植业农业面源污染防治工作，三年累计推广有机肥70万吨、推广缓释肥7.5万亩次、推广测土配方施肥150万亩次和水肥一体化技术12万亩次。继续加强农作物病虫害预测预报体系建设，推广新型植保机械，推动农作物病虫害统防统治和示范点建设，三年新增5个万亩大中型高效植保机械应用综合示范点，推广应用高效低毒低残留农药900万亩次，推广绿色防控技术50万亩次。

2. 建立农业主要污染物流失监测基地。在青浦、奉贤、浦东等区6个定点小区开展化肥农药流失定位监测，开展规模化畜禽养殖场粪污监测，为科学治理提供有力的数据支撑。

（三）推进生态循环农业

1. 建设农业废弃物回收处置体系。建立蔬菜废弃物回收资源化利用示范点，结合蔬菜标准园艺场建设，完成20个蔬菜基地的农业废弃物资源利用设备配套。加强农药包装废弃物回收处置，研究农药包装废弃物回收模式和支持政策，在部分试点区县建立农药包装废弃物回收、转运和处置体系。

2. 建设生态循环农业示范点。结合国家现代农业示范区创建，建立5个生态农业示范点，示范推广种养结合、平衡施肥、农作物病虫绿色防控、农业废弃物循环利用等农业面源污染控制治理技术。

3. 推进农作物秸秆全面禁烧与综合利用。推进种植业结构优化调整，绿肥种植面积170万亩次以上，实施冬季深耕晒垡50万亩次以上，从源头上减少秸秆总量。以稻麦等主要农作物为重点，三年累计实施秸秆机械化还田550万亩次。推进秸秆多元化综合利用，在稳定运行5个秸秆综合利用示范点基础上，新增1个示范点。到2017年，主要粮食作物秸秆综合利用率达到92%。

4. 加强渔业生态保护。在长江、杭州湾、黄浦江、淀山湖等水域继续开展水体水生生物增殖放流活动。

（四）大力推进美丽乡村建设

以农村村庄改造为重要载体，加快推进美丽乡村建设。聚焦规划保留的农村居民点，加强农村基础设施建设、村容环境整治、公共服务设施配套完善，协同推进村庄改造和农村生活污水治理，切实改善农民生产生活条件，优化农村人居环境，三年累计完成300个村庄，受益农户10万户以上。

八、生态环境保护

以构建良好的城市生态格局、提升生态服务功能为目标，建立完善生态红线制度，加快落实基本生态网络建设规划，推动林绿一体化建设和自然生态保护，继续推进崇明生态岛建设。

（一）建立与完善生态红线制度

按照“应保尽保、总量拓展”的要求，科学合理划定生态红线，出台生态红线管理办法，落实分类分级管控，实施生态红线考核制度，研究完善与生态红线制度相匹配的生态补偿机制。

（二）持续推进绿地林地建设

1. 积极推进外环专项和郊野公园建设。继续推进宝山、普陀、嘉定、闵行、浦东新区等外环生态专项建设工程，三年实施307公顷。推进松江、青西、嘉北、长兴岛、闵行浦江、金山廊下等6座郊野公园一期建设，力争2017年底基本建成开放。

2. 积极推进绿地林地建设。推进闸北彭越浦、闸北浙北、长宁中新泾、长宁临空1号、浦东张家浜、浦东周康航等结构性绿地建设。加快推进宝山慈沟、杨树沟和浦东川杨河、普陀中央公园、崇明宝岛路等绿化工程。结合土地整治和美丽乡村建设，以铁路、骨干公路、河道两侧、工业区周边和“198”区域复垦土地为重点，加大生态廊道、农田林网等建设力度，三年累计推进郊区林地建设7万亩以上。

3. 积极推进立体绿化和林荫道、绿道建设。以虹桥商务区、世博会地区、前滩地区、大型保障型住房基地等为重点，结合低碳社区、绿色建筑建设，加快推动屋顶绿化和垂直绿化，三年累计建设各类立体绿化90公顷以上。深入研究林荫道建设标准和景观特色，三年累计建设林荫道30条以上。完成全市生态绿道规划编制工作，建成环城绿带绿道等示范工程。

（三）加强自然生态保护

推进野生动植物保护，完成24平方公里东滩互花米草生态控制与鸟类栖息地优化工程，嘉定区浏岛野生动物重要栖息地建设和崇明县明珠湖公园獐极小种群恢复项目。

（四）继续推进崇明生态岛建设

坚持“巩固基础、提升功能、关注民生、优化环境”，加快实施《崇明生态岛建设纲要2010–2020年》。加强水源保护，全面完成县、镇级水源地归并，实施供水集约化。完善城桥污水处理厂提标改造等一批污水污泥处理、生活垃圾综合处置和危险废物安全处置设施，加快提升治污水平。强化污染综合整治，全面推进大气污染防治，进一步加强河道整治、产业结构调整、美丽乡村建设、畜禽养殖综合治理或退出、农药化肥减量。强化生态环境保护，大力推进绿地林地建设，积极发展生态农业和生态旅游。

九、循环经济与环保产业

以大力发展循环经济为导向，推进废弃物源头减量，健全再生资源回收体系，提升资源化利用水平和能力。以推进环境污染第三方治理为抓手，健全市场机制，积极发展环保产业。

（一）提升废弃物资源回收利用水平

构建多层次的再生资源回收体系。探索再生资源回收与生活垃圾清运体系的“两网协同”，以及“阿拉环保卡”与“绿色账户卡”的“两卡合一”，有条件区域推进再生资源回收设施与市容环卫设施的规划与建设衔接。加快培育再生资源回收主体企业，拓展多元化回收渠道。到2017年，力争回收体系涵盖废金属、废塑料、废纸、废橡胶、废玻璃、废棉织物、废电器电子产品和节能灯等易污染环境产品八大类，实现电子废弃物回收网络全覆盖，废金属、废塑料、废纸等回收率达到90%以上。

推进实施再生资源回收示范工程。实施“阿拉环保卡”和“回收人员管理卡”示范工程，加快浦东、长宁、静安等区试点并逐步推广至全市范围。推进绿色回收进机关、进商场、进社区、进学校、进园区等“五进”工程。落实配套机制，研究“积分制”等经济杠杆促进规范交投。加强再生资源回收从业人员的规范管理，搭建再生资源回收公共服务平台。

（二）大力推进循环经济

推动循环经济产业示范。加快推进上海燕龙基“城市矿产”示范基地、建材资源综合利用示范基地、汽车零部件再制造试点、临港地区国家再制造产业示范基地等项目建设。推进国家循环经济教育示范基地建设，建成集对外教育、参观、展示等功能为一体的教育示范基地。建成浦东、闵行的餐厨垃圾资源化利用及无害化处理项目，推进废弃塑料再生与循环化利用、脱硫石膏粉刷保温砂浆、建筑废弃混凝土综合回收利用等项目。支持鼓励技术先进、环保达标、资源回收率高的资源利用企业发展，提升本市各类资源综合利用水平和能力。

（三）深化发展环保产业

1. 积极推进环境污染第三方治理。出台实施《上海市环境污染第三方治理管理办法（试行）》，加快推进除尘脱硫脱硝、市政污水厂、有机废气治理、电镀废水处理、餐饮油烟整治、扬尘污染控制、污染源在线监测等七个领域试点，积极探索多种方式的第三方治理模式。拓展绿色信贷平台，完善扶持政策，营造促进第三方治理市场发展的良好环境。强化行业规范化管理，促进行业自律和诚信体系建设，组建第三方环境治理产业联盟。强化诚信体系建设，构建产业征信平台。到 2017 年，基本形成统一开放、竞争有序、诚信规范的第三方治理市场机制，初步形成具有较强竞争力的环境污染治理设施建设、运营、咨询、监理、评估等的产业集群。

2. 积极扶持环保产业发展。结合本市增值税改革试点，落实环保服务企业纳入改革试点范围。修订节能产品和环境标志产品政府采购清单，加大政府采购力度。研究出台合同环境服务项目扶持办法，鼓励信用担保机构加大对节能环保企业的支持力度，完善环保产业投融资体系。鼓励环保行业创新发展，推进垃圾焚烧炉排及其自控系统总装基地、生物质泵送设备及液压抓斗制造等产业项目，逐步推动环境监测服务规范化、市场化。

十、保障机制

（一）深化机制体制改革

按照“条块结合，以块为主、社会参与”的原则，进一步完善市、区县两级环境保护和建设协调推进机制，强化专项工作组组长单位牵头制、责任单位负责制，完善市民参与决策和监督机制，加快形成政府、企业、市民合力推进的全社会环境保护体系。研究制定生态文明建设评价指标体系，完善环境保护绩效考核办法。完善以排污许可和信息化为核心的污染源监管制度，研究将总氮、总磷、重金属等纳入总量控制体系，2017 年全面完成各级重点污染源排污许可证及污水处理厂排污许可证核发。继续完善长三角区域环境协作机制，以大气、水等为重点，强化联防联控。

（二）加强法规标准建设

大力推进环境法制建设，按照法定程序启动《上海市环境保护条例》修订和土壤环境保护相关地方立法工作，研究制定工业固废环境管理办法。进一步完善地方环境标准体系，出台行业性挥发性有机物、饮食业油烟、机动车排气遥测、涉一类污染物废水排放等地方标准，研究制定上海市在用内河船舶尾气排放地方标准，加快形成地方性土壤环境保护标准体系；配合 VOCs 核算、LDAR 技术推广、工业 VOCs 污染防治、建筑工地扬尘在线监测、码头堆场和商品混凝土搅拌站扬尘污染控制、绿色施工等工作，制定发布相关的技术规范。

（三）加强环境执法监管

全面落实新《环境保护法》等法律、法规，加强基层环境监管执法。结合落实基层社会治理和城市管理综合执法体制机制改革，推动环境执法力量向基层、向郊区和城乡结合部倾斜，强化环保专业执法和城市管理综合执法的联动，构建环境监管的网格化管理体系。进一步强化市、区县执法联动和环保、水务、交通、海事、公安、质监等多部门联合执法，做好行政执法与刑事司法衔接。围绕“198”等重点区域清拆整治和锅炉窑炉冒黑烟、挥发性有机物排放、建筑扬尘、河道黑臭等重点领域污染治理，加大对环境违法的惩治力度，强化典型案例曝光和媒体监督，倒逼产业结构调整和发展转型。

（四）提升环保能力建设

以资源整合、水平提升为目标，继续加强环境监测、应急和信息化能力建设。完善全市环境监测网络布局，基本形成功能完备的大气环境监测网络，加强全市和重点区域大气污染应急监测和应急响应能力，完成长三角区域空气质量预测预报系统建设；构建多部门共建共享的上海市地表水环境预警监测与评估体系，以黄浦江上游以及长江口水源地、省界断面和区县断面为重点，完善自动监测站点布设，实现水质、水文数据实时共享；整合完善土壤（地下水）环境监测网络；建成覆盖全市各类功能区的声环境自动监测网络；完善辐射应急及在线监测网络，构建核与辐射应急监测调度平台，提升辐射预警监测和应急能力；完善重点污染源在线监测设施的建设和运行维护机制，加强信息共享和数据应用，污染源在线监测体系基本覆盖国家、市、区县三级重点监管企业。以信息化为统领，加快整合环境质量和污染源管理信息，强化对环境监管的智能化支持。

（五）加强政策支持保障

完善环境价格机制，逐步提高排污收费标准，研究 VOCs 排污费征收方案，完善中小医疗机构医废收运模式和费制。建立有利于落实污染防治责任和促进污染治理产业发展的投融资政策，研究土壤修复资金投入机制，推进环境污染责任保险。强化对污染治理和资源综合利用的政策支持，研究制定工业 VOCs 总量减排治理试点、码头“岸电”试点、农药包装废弃物回收、废旧物资收运处理、低价值再生资源回收、小型电子废弃物回收等激励政策，完善清洁生产审核补贴、产业结构调整资金扶持、生态建设和生态补偿等政策机制。

（六）加大科技支撑力度

以推进大气、水、土壤等污染防治为重点，加强环境科技支撑力度。推进主要大气污染物排放核算、臭氧和 PM2.5 的污染成因与控制对策、重污染天气预报应急、饮用水源地突发污染事故应急响应决策、泵站放江污染控制、辐射环境航测和无人机应急应用、电磁辐射污染源在线监测等一批前瞻性和应用性重点项目的研究。继续推进环境保护部复合型大气污染研究重点实验室和城市土壤污染防治工程技术中心建设。强化区域和流域环境科技协作。

（七）推进社会公共参与

加强环境宣传教育，培育壮大环保志愿者队伍，大力倡导以节约、绿色和低碳为主题的生产生活方式和消费习惯，营造全社会珍惜环境、参与环保的良好氛围。扩大环境质量、污染源管理等环境信息的公开范围和公开渠道，按月公开环境违法信息。落实重点企业环境信息强制公开制度，继续推进绿色供应链试点示范。积极探索环境保护社会治理新机制，加强重大决策和建设项目的公众参与，完善有奖举报制度，扩大环境领域社规民约实施范围。鼓励区县、乡镇、园区推进生态创建，加强生态文明的示范引领。

关于延长《上海市人民政府批转市规划局关于本市风貌保护道路（街巷）规划管理若干意见的通知》有效期的通知

（沪府发〔2015〕8号　2015年3月19日）

各区、县人民政府，市政府各委、办、局：

《上海市人民政府批转市规划局关于本市风貌保护道路（街巷）规划管理若干意见的通知》（沪府发〔2007〕30号）经评估需继续实施，有效期延长至2020年4月30日。

特此通知。

关于延长《上海市人民政府批转上海市1997年公有住房租金调整实施办法和上海市1997年公有非居住用房租金调整实施办法的通知》等三个规范性文件有效期的通知

（沪府发〔2015〕17号　2015年4月29日）

各区、县人民政府，市政府各委、办、局：

经评估，《上海市人民政府批转上海市1997年公有住房租金调整实施办法和上海市1997年公有非居住用房租金调整实施办法的通知》（沪府发〔1997〕39号，其中《上海市1997年公有住房租金调整实施办法》已废止）、《上海市人民政府贯彻国务院关于解决城市低收入家庭住房困难若干意见的实施意见》（沪府发〔2007〕45号）、《上海市人民政府印发关于推进本市大型居住社区市政公建配套设施建设和管理若干意见的通知》（沪府发〔2009〕44号）三个规范性文件需继续实施。其中，沪府发〔1997〕39号文的有效期延长至2017年3月31日，沪府发〔2007〕45号文、沪府发〔2009〕44号文的有效期均延长至2020年3月31日。

上海市城市更新实施办法

（沪府发〔2015〕20号　2015年5月15日）

第一条（目的）

为适应城市资源环境紧约束下内涵增长、创新发展的要求，进一步节约集约利用存量土地，实现提升城市功能、激发都市活力、改善人居环境、增强城市魅力的目的，根据有关法律、法规，结合本市实际，制定本办法。

第二条（定义和适用范围）

本办法所称城市更新，主要是指对本市建成区城市空间形态和功能进行可持续改善的建设活动，重点包括：

（一）完善城市功能，强化城市活力，促进创新发展；

（二）完善公共服务配套设施，提升社区服务水平；

（三）加强历史风貌保护，彰显人文底蕴，提升城市魅力；

（四）改善生态环境，加强绿色建筑和生态街区建设；

（五）完善慢行系统，方便市民生活和低碳出行；

（六）增加公共开放空间，促进市民交往；

（七）改善城市基础设施和城市安全，保障市民安居乐业；

（八）市政府认定的其它城市更新情形。

本办法适用于本市建成区中按照市政府规定程序认定的城市更新地区。已经市政府认定的旧区改造、工业用地转型、城中村改造的地区，按照相关规定执行。

第三条（工作原则）

城市更新工作，遵循“规划引领、有序推进，注重品质、公共优先，多方参与、共建共享”的原则。

第四条（城市更新要求）

城市更新应当坚持以人为本，激发都市活力，注重区域统筹，调动社会主体的积极性，推动地区功能发展和公共服务完善，实现协调、可持续的有机更新。

第五条（城市更新工作领导小组）

由市政府及市相关管理部门组成市城市更新工作领导小组，负责领导全市城市更新工作，对全市城市更新工作涉及的重大事项进行决策。市城市更新工作领导小组下设办公室，设在市规划国土资源主管部门，负责全市城市更新协调推进工作。

第六条（市级管理部门职责）

市规划国土资源主管部门负责协调全市城市更新的日常管理工作，依法制定城市更新规划土地实施细则，编制相关技术和管理规范，推进城市更新的实施。

市相关管理部门依法制定相关专业标准和配套政策，履行相应的指导、管理和监督职责。

第七条（区县人民政府职责）

区县政府是推进本行政区城市更新工作的主体。

区县政府应当指定相应部门作为专门的组织实施机构，具体负责组织、协调、督促和管理城市更新工作。

第八条（管理制度）

城市更新工作实行区域评估、实施计划和全生命周期管理相结合的管理制度。区域评估要确定地区更新需求，适用更新政策的范围和要求；实施计划是各项建设内容的具体安排；全生命周期管理是以土地合同的方式，通过约定权利义务，进行全过程管理。

第九条（区域评估的内容）

城市更新区域评估应当形成区域评估报告，主要包括以下内容：

（一）进行地区评估。按照控制性详细规划，统筹城市发展和公众意愿，明确地区功能优化、公共设施完善、城市品质提升、历史风貌保护、城市环境改善、基础设施完善的目标、要求、策略，细化公共要素配置要求和内容。

（二）划定城市更新单元。按照公共要素配置要求和相互关系，对建成区中由区县政府认定的现状情况较差、改善需求迫切、近期有条件实施建设的地区，划定城市更新单元并予落实。

第十条（区域评估的公众参与）

区域评估时应当组织公众参与，征求市、区县相关管理部门、利益相关人和社会公众的意见，充分了解本地区的城市发展和民生诉求，结合城市发展和公共利益，合理确定城市更新的需求。

第十一条（区域评估的确定）

组织实施机构组织区域评估并形成报告，经区县政府常务会议审议通过后，由区县政府批准，并报送市城市更新工作领导小组办公室备案。

涉及本市历史文化风貌区等重要地区、跨行政区的区域评估，需预先经过市规划国土资源主管部门综合平衡。

第十二条（实施计划的编制）

以城市更新区域评估为依据，以现有物业权利人的改造意愿为基础，落实区域评估的要求，发挥街道办事处和镇乡政府的作用，统筹各方意见，合理应用政策，形成依法合规的城市更新实施计划，确定城市更新单元内的具体项目，经批准后组织实施。

第十三条（实施计划的内容）

城市更新实施计划主要包括以下内容：

（一）明确城市更新单元内的具体项目，制定城市更新单元的建设方案。一个城市更新单元内可以有一个或多个城市更新项目。

（二）确定城市更新单元建设方案的实施要求，协商明晰单元的更新主体、权利义务、推进要求。

第十四条（实施计划的公众参与）

城市更新实施计划应当依法征求市、区县相关管理部门、利益相关人和社会公众的意见，鼓励市民和社会各界专业人士参与实施计划的编制工作。

第十五条（实施计划的确定）

城市更新实施计划形成后，经区县政府常务会议审议通过后，由区县政府批准，并报送市城市更新工作领导小组办公室备案。其中，建设方案涉及调整已批准规划内容的，在实施计划编制过程中，市规划国土资源主管部门与区县政府共同明确规划调整要求，市规划国土资源主管部门同时按照规定履行相应审批程序。

市、区县规划土地管理部门按照管理权限，依法审批城市更新建设项目。

第十六条（全生命周期管理）

城市更新项目实行土地全生命周期管理。由市、区县规划土地管理部门会同产业投资、社会服务、公共事业、建设管理等相关管理部门，综合产业功能、区域配套、公共服务等因素后，提出城市更新项目功能、改造方式、建设计划、运营管理、物业持有、持有年限和节能环保等要求，将其纳入土地出让合同进行管理。

第十七条（规划政策）

城市更新规划政策包括以下内容：

（一）在符合区域发展导向和相关规划土地要求的前提下，允许用地性质的兼容与转换，鼓励公共性设施合理复合集约设置。

（二）在同一街坊内，对符合相关要求的地块可进行拆分合并等地块边界调整。

（三）在地块所处高度分区的范围内，建筑高度可进行适当调整，超过高度规定，应当进行规划论证。风貌保护、净空控制等地区按照相关规定执行。

（四）按照城市更新区域评估的要求，为地区提供公共性设施或公共开放空间的，在原有地块建筑总量的基础上，可获得奖励，适当增加经营性建筑面积，鼓励节约集约用地。增加风貌保护对象的，可予建筑面积奖励。

（五）因确有实施困难，在满足消防、安全等要求的前提下，按照规定征询相关利益人意见后，经规划土地管理部门同意，部分地块的建筑密度、建筑退界和间距等可以按照不低于现状水平控制。

（六）城市更新中应当采用绿色、低碳、智能技术，实现节能环保高标准，加快低碳智慧城市建设。鼓励对建筑第五立面进行生态化、景观化以及其它有益于增加公共价值的改造利用。

第十八条（土地政策）

城市更新土地政策包括以下内容：

（一）现有物业权利人或者联合体为主进行更新增加建筑量和改变使用性质的，可以采取存量补地价的方式。城市更新项目周边不具备独立开发条件的零星土地，可以扩大用地方式结合城市更新项目整体开发。

（二）城市更新项目的土地使用条件应当根据经批准的控制性详细规划确定。以拆除重建方式实施的，可以重新设定出让年期；以改建扩建方式实施的，其中不涉及用途改变的，其出让年期与原出让合同保持一致，涉及用途改变的，增加用途部分的出让年期不得超过相应用途国家规定的最高出让年期。现有物业权利人或者物业权利人组成的联合体，应当按照新土地使用条件下土地使用权市场价格与原土地使用条件下剩余年期土地使用权市场价格的差额，补缴土地出让价款。

（三）城市更新按照存量补地价方式补缴土地出让金的，市、区县政府取得的土地出让收入，在计提国家和本市有关专项资金后，剩余部分由各区县统筹安排，用于城市更新和基础设施建设等。对纳入城市更新的地块，免征城市基础设施配套费等各种行政事业收费，电力、通信、市政公用事业等企业适当降低经营性收费。

（四）城市更新的风貌保护项目，参照旧区改造的相关规定，享受房屋征收、财税扶持等优惠政策。

第十九条（规划土地历史问题处理）

城市更新项目范围内的违法建筑、违法用地，应当结合城市更新项目依法予以处置。

第二十条（附则）

相关管理部门及其工作人员在城市更新管理中有违法违纪行为的，应当追究相关责任。

对城市更新物业权利人违反城市规划和土地管理等方面法律、法规的行为，应当依法追究责任。

本办法自2015年6月1日起施行，有效期至2020年5月31日。

上海市耕地占用税实施办法

（沪府办发〔2014〕25号 2014年5月30日）

第一条根据《中华人民共和国耕地占用税暂行条例》及其实施细则，结合本市实际，制定本办法。

第二条本市耕地占用税的适用税额为：各区每平方米46元，崇明县每平方米33元。

占用林地、草地、农田水利用地、养殖水面以及渔业水域滩涂等其他农用地建房或者从事非农业建设的，按照前款规定的适用税额征收耕地占用税。

占用基本农田的适用税额，在上述标准上提高50%。

第三条本市耕地占用税由地方税务机关负责征收管理。

第四条因污染、取土等毁损耕地的，土地管理部门应及时通知土地所在区县的地方税务机关。

对临时占用耕地以及因污染、取土等毁损耕地的单位或者个人在规定的期限内恢复耕地原状的，凭土地管理部门确认文件退还已经缴纳的耕地占用税。

第五条对已免征或者减征耕地占用税的土地改变用途的，土地管理部门应在办理土地用途变更批准文件前，通知土地所在区县的地方税务机关，并凭耕地占用税完税凭证或者其他有关文件，发放变更土地用途的批准文件。

第六条本市运用信息技术手段，实现土地部门相关管理信息与地方税务机关耕地占用税征管信息共享。

第七条耕地占用税的征收管理，按照国家和本市的有关规定执行。

关于本市贯彻《中华人民共和国契税暂行条例》的若干意见

（沪府发〔2015〕44号 2015年8月14日）

为了进一步做好契税征管工作，现结合实际，就本市贯彻《中华人民共和国契税暂行条例》和《中华人民共和国契税暂行条例细则》，提出若干意见如下：

一、凡在本市行政区域范围内转移土地、房屋权属，承受的单位和个人为契税纳税人，应当按照规定交纳契税。

二、本市契税的适用税率为3%。

三、凡土地、房屋被县级以上政府批准征用、占用、拆迁、征收后，重新承受土地、房屋权属的，对其成交价格中不超过按照有关法律、法规规定标准核定的补偿部分，给予免税照顾；超过的部分，按照规定征收契税。

四、契税由各级地税机关负责征收，具体按照同级土地、房屋管理部门登记发证、同级地税机关负责征收的管理方式办理。

五、土地、房屋管理部门要继续配合地税机关做好契税的征收工作。凡发生土地房屋权属转移，纳税户未按照规定办理契税完税手续的，土地、房屋管理部门不予办理土地、房屋权属变更登记手续。

上海市城镇土地使用税实施规定

（沪府发〔2015〕45号 2015年8月14日）

第一条根据《中华人民共和国城镇土地使用税暂行条例》，结合本市实际，制定本规定。

第二条本市下列区域内使用土地的单位和个人，应当缴纳城镇土地使用税：

（一）外环线以内的区域；

（二）长宁区、徐汇区和普陀区在外环

线以外的区域；

（三）外环线以外区县政府街道办事处管理的区域、建制镇政府所在区域和经市政府批准征收城镇土地使用税的工业园区等其他区域。

前款第三项规定的建制镇政府所在区域的具体范围，由区县政府征求市地税局意见后确定。

免征、减征城镇土地使用税的，按照国家有关规定执行。

第三条本市城镇土地使用税根据下列不同区域，分为六个纳税等级：

（一）内环线以内区域：一至三级；

（二）内环线以外、外环线以内区域：二至四级；

（三）外环线以外区域：三至六级。

各纳税等级区域的具体范围，由市地税局确定并公布。

第四条各纳税等级区域的税额标准如下：

一级区域，每平方米年税额 30 元；

二级区域，每平方米年税额 20 元；

三级区域，每平方米年税额 12 元；

四级区域，每平方米年税额 6 元；

五级区域，每平方米年税额 3 元；

六级区域，每平方米年税额 1.5 元。

第五条纳税人实际占有土地的使用权属于专有的，计税土地面积以房地产权证上记载的土地面积为准；无房地产权证或者房地产权证上未记载土地面积的，以建设用地批准文件记载的土地面积为准。

无法按照前款规定确定计税土地面积的，应当以实际测量的土地面积计税。

第六条纳税人实际占有土地的使用权属于共有的，以所在宗（丘）地面积为计税依据。

房地产登记中已对宗（丘）地面积按照房屋建筑面积进行分摊的，计税土地面积以房地产权证上记载的分摊土地面积为准。

未经房地产登记或者房地产登记中未对宗（丘）地面积按照房屋建筑面积进行分摊的，计税土地面积依如下公式计算：计税土地面积＝纳税人的房屋建筑面积 ÷ 宗（丘）地内所有房屋的总建筑面积 × 宗（丘）地面积。

前款规定的宗（丘）地面积、纳税人的房屋建筑面积、宗（丘）地内所有房屋的总建筑面积，以房地产权证、建设用地批准文件以及其他房地产登记资料为准。宗（丘）地内有专有土地的，确定宗（丘）地面积时，应当扣除该专有土地的面积。

未经房地产登记或者房地产登记中未对宗（丘）地面积按照房屋建筑面积进行分摊，且无法按照本条第三款、第四款的规定确定计税土地面积的，应当以实际测量的土地面积计税。

第七条城镇土地使用税征收管理中以实际测量的土地面积计税的，计税土地面积以所在区县的房屋、土地管理部门测量并确认的土地面积为准。

第八条城镇土地使用税按年计算，实行按月、季度或者半年分期缴纳。具体缴纳期限，由市地税局确定。

第九条办理税务登记的纳税人，其城镇土地使用税由主管地方税务机关负责征收管理；其他纳税人的城镇土地使用税，由土地所在区县的地方税务机关负责征收管理。

第十条本市房屋、土地管理部门应当协助做好城镇土地使用税的征收管理工作，向市地税局提供相关的房屋土地权属资料。

第十一条自 2015 纳税年度起，本市城镇土地使用税的征收管理依照《国务院关于修改〈中华人民共和国城镇土地使用税暂行条例〉的决定》和本规定执行。

关于延长《本市发展公共租赁住房的实施意见》有效期的通知

（沪府发〔2015〕48 号　2015 年 8 月 28 日）

各区、县人民政府，市政府各委、办、局：

经评估，2010年9月市政府批转市住房保障房屋管理局等六部门制订的《本市发展公共租赁住房的实施意见》（沪府发〔2010〕32号）需继续实施，其有效期延长至2020年6月30日。

特此通知。

关于加强城市公共安全火灾防控体系建设工作的意见

（沪府发〔2015〕58号　2015年11月26日）

各区、县人民政府，市政府各委、办、局：

根据市委、市政府“加强城市科学化、精细化管理，切实保障城市生产安全和运行安全”总体部署，近期本市组织开展了城市消防安全高风险专项调研，重点排摸火灾高风险单位和场所，并从政府主导、部门联动、社会参与等角度出发，提出守底线、打基础、管长远的各项工作措施。为做好专项调研成果转化运用工作，着力构建以消防安全责任、消防法制、重点管控、宣传教育、社会治理、综合保障、应急救援、工作考核为重点的城市公共安全火灾防控体系，全力维护城市运行安全和消防安全，现就加强城市公共安全火灾防控体系建设工作提出以下意见：

一、健全消防安全责任体系，形成全社会齐抓共管格局。强化安全生产第一意识，建立“党政同责、一岗双责、失职追责”的消防工作责任体系。各区县政府要加强消防工作的组织领导，依法将消防安全纳入本地区国民经济和社会发展规划，将消防工作纳入重要议事日程，定期听取消防工作汇报，开展消防安全形势研判，研究部署、协调解决、督促落实消防安全重点工作，健全考核、问责等各项工作机制。各部门要明确所承担的消防工作职责，切实加强对主管行业及所属单位的消防安全管理，做到管行业必须管消防安全、管业务必须管消防安全。依托消防安全委员会平台，进一步完善落实定期会商、隐患抄告、联动执法、信息反馈机制，形成消防监督管理合力。街道、乡镇要将消防安全纳入社区平安、城市网格化管理、社区综合管理中心等基层管理平台，将消防管理服务延伸到社区、农村和基层单位自治范畴。按照《上海市社会消防组织管理规定》，在属地街道、乡镇和部分单位组建基层消防组织和多种形式消防队伍。社会单位要落实消防安全主体责任，建立消防安全组织机构，健全消防安全制度，严格操作规程，提高从业人员消防安全素质，配齐消防设施器材，加强日常消防管理。人员密集场所、易燃易爆单位、高层建筑、地下空间等火灾高风险单位和场所，要全面实施消防安全标准化管理，落实消防安全管理人和消防控制室人员持证上岗、消防设施定期维护保养和专业检测等规章制度，制定灭火和应急疏散演练预案并组织演练，提高单位消防安全自主管理水平。

二、完善消防安全法制体系，提高城市消防法制建设水平。切实把全民学习、遵守消防安全法律法规、各项规章制度作为消防法制体系建设的基础性工作，深入开展消防法制宣传教育，建立城市消防安全的公序良俗。主动适应城市改革和经济社会发展需要，着眼新产业、新工艺、新材料、新项目等衍生出的消防安全新情况、新问题，健全公众意见采纳和情况反馈机制，按规定程序及时制订、修订完备地方消防法规和技术标准。严格规范公正文明执法，不断强化执法素质、健全执法制度、规范执法行为，进一步提升消防监督执法能力和社会公信力。在中国（上海）自由贸易试验区探索并推广消防事中事后监管模式，在确保安全的前提下提供消防服务保障。发挥社会、舆论等多方力量，监督推动消防法规标准和规章制度有力实施。

三、强化消防安全重点管控体系，净化社会消防安全环境。落实调研摸底、挂牌督办、从严执法、媒体曝光等机制，强化重大火灾隐患、重点单位和区域消防安全管控，最大限度降低隐患存量和火灾风险。严查易燃易爆危险品单位和场所消防安全审核验收、制度落实、硬件设施、安全培训等重点内容，对严重威胁公共安全的单位，依法采取查封、关停等措施。整合共享易燃易爆危险品各环节安全监管视频系统，以及类别品名、理化性质、处置要点等数据库，研究应急处置对策，化解消除各类灾害事故风险。扎实推进城中村、群租房、违法建筑等区域性火灾隐患排查整治，实行政府挂牌督办，限期摘牌销案。从严设定养老机构、医院、商市场等特定场所和领域的行业消防安全标准门槛，按照部门职能分工，加强对归口行业、系统以及直管单位消防安全的专项整治。鼓励采取民筹公助等方式在火灾高危单位和易发多发场所开展消防设施改造，推广配置简易喷淋、独立式火灾探测报警器、应急广播、灶台灭火、电动自行车集中充电设施、电气火灾防范装置等技防设施。对火灾隐患久拖不改、消防违法行为屡督不改的单位，在媒体和公共场所公示、曝光。

四、拓展消防宣传培训教育体系，提升全社会消防安全素质。牢固树立以人为本、生命至上的理念，突出文化传播、终身教育、特殊群体关爱和职业培训，不断提升市民消防安全素质，提高公众防范火灾、扑救初起火灾和疏散逃生能力。宣传、文广、消防等部门要参照中央宣传部发文部署加强消防宣传的做法，联合起草有关工作意见，发动报刊、广播、电视、网络等媒体积极开展消防安全公益宣传，加强消防安全常识普及和日常火险提示。落实公安部、教育部等九部委关于加强消防安全宣传教育工作有关要求，扎实推进消防安全宣传教育进机关、进学校、进社区、进企业、进农村、进家庭、进网站，加强公共消防宣传体验设施建设，将消防安全知识纳入领导干部及公务员培训、学校教育、职业培训内容，发动基层组织和志愿者力量，定期组织城乡居民开展家庭灭火、疏散逃生演练，保持消防通道畅通，重点强化对“老、弱、病、残”等特殊群体的消防关爱监护。鼓励和支持社会设立消防安全培训机构，规范资质审批和日常监管，将消防安全培训纳入政府购买公共服务内容，加强消防安全责任人和管理人、消防专兼职人员、消防控制室操作人员、物业保安队伍消防培训和职业技能资格鉴定。发动市民群众举报身边火灾隐患，对消防工作有贡献的单位和个人，加强宣传报道和表彰奖励。

五、创新社会消防治理体系，加快消防工作社会化进程。积极引导社会力量参与消防管理，注重发挥市场机制调节作用，促进信息化技术与消防工作的深度融合。发挥社会消防技术人才作用，由消防技术服务机构承担社会单位消防咨询、评估、检测、维护保养职能；发展城市消防志愿者队伍，靠前开展消防宣传、消防巡查、初期火灾扑救等工作。落实消防安全不良行为公布制度，将消防安全纳入城市公共信用信息管理平台，列入个人征信系统，建立和完善“黑名单”制度，对隐患突出不及时整改的企业采取停电、停水、停气等措施，将企业法人消防安全诚信状况作为企业信用评级、项目审批、产权交易、银行贷款、保险费率确定的重要依据，并对个人就业、居住证办理等公共服务予以制约，加大守信激励、失信惩戒力度；制定具体实施办法，探索在条件成熟区域引入兼顾风险管理、安全把关和灾后救济功能的火灾保险模式。积极实施消防区域联防，组织发动社会单位消防管理人、重点岗位员工，建立消防管理联防组织，自主开展日常消防管理、片区宣传教育、设施维护保养、隐患发现整改、初期火灾扑救等工作。推动现代信息技术与消防管理相结合，实现各相关部门消防管理的数据接入和信息共享，建设消防管理数据库，试点搭建消防“大数据”平台，探索建立“互联网 + 消防”模式。

六、优化消防综合保障体系，夯实公共消防安全硬件基础。健全与城市经济发展水平相匹配的消防经费保障机制，加大公共消防基础设施建设、装备更新升级、业务开支和专项经费投入力度。攻坚“十一五”遗留和“十二五”尚未完成的公共消防站点建设，将公共消防站点建设纳入新一轮城市总体规划和上海市“十三五”国民经济发展规划，探索在中心城区建设微型消防站，明确属地政府将建设用地纳入地区控制性详细规划，与教育、卫生等公共基础配套设施一同规划、建设、验收。积极推进乡镇专职消防队伍建设，因地制宜布点建队，缩小保卫半径，弥补城郊地区消防站点不足。强化政府专职消防力量建设，建立与消防站建设进度、执勤需求、用工模式等相匹配的编制增配机制，完善政府专职消防员薪酬保障标准，并积极探索消防攻坚专业骨干保留渠道。在保证常规配置基础上，采取专项补充、批量采购等方式，添置用于特殊复杂火灾扑救的高精尖装备，为提高消防部队快速反应和实战打赢能力提供硬件支撑。扩建现有综合训练基地，并在除中心城区外的区县以“战勤保障站”形式增建训练场地设施，建设满足消防实战化、基地化、模拟化训练亟需的城市“1+X”综合训练设施体系。

七、高效运作消防应急救援体系，筑牢消防安全最后防线。进一步提升消防专业力量“科学指挥、专业施救”能力，筑牢消防安全最后一道防线。按照最高标准、最优保障，打造高层建筑、地铁、石油化工、船舶、大跨度建筑、防化、排爆等攻坚专业队伍，专项破解特定对象灭火救援难题，以点带面提升城市应对特殊复杂尤其是灾害性事故的攻坚克难能力。根据灾情对象、类别、等级，启动专项预案，分层分级调派，确保首战、增援力量和装备科学有序进场。加强重大灾害事故现场分级、分段指挥，突出辖区消防力量首战指挥信息收集、灾情研判和科学施策能力训练，避免盲目行动造成人员伤亡和损失。深入地方院校、科研院所、行业部门和企业单位，广泛聘请建筑结构、交通运输、石油化工、易燃易爆危险品领域顶尖学者和一流专家，分类建立消防灭火救援专家库，定期组织课题研讨、专业授课，随战辅助指挥决策。加大易燃易爆危险物品企业、地铁、电厂、港口、船厂等领域企业消防专职队伍建设培育力度，提升企业第一时间应急处置专业能力。各区县政府、部门和单位要强化落实消防应急救援职责，高效运作城市综合应急救援平台，进一步将水、电、气、卫生等联勤力量纳入统一的应急响应体系，定期组织开展综合应急救援演练，提升消防应急响应和联动处置水平。

八、严密消防工作考核体系，确保消防安全责任落实。参照国务院办公厅印发的《消防工作考核办法》，按照《上海市消防工作考核办法》要求，将消防工作成效作为政府目标责任考核重要内容，科学设定考核评价的项目、指标和方法，实行年初责任签约、全程督导问效。每年年初，由市消防安全委员会办公室牵头会同市综治办、市监察局和市消防安全委员会成员单位组成考核工作组，对各区县上一年度消防工作完成情况进行考核，考核结果经市政府审定后，向区县政府和有关部门进行通报，并作为对各区县政府主要负责人和领导班子综合考核评价的重要依据。实施消防工作失职追责和尽职免责制度，对因工作失职、渎职导致火灾事故发生以及不依法履行职责，在涉及消防行政审批、公共消防基础设施建设、重大火灾隐患整改、消防力量发展等方面工作不力的，进行责任倒查，依法依纪追究有关领导和人员责任。

关于加强城市公共安全火灾防控体系建设工作的意见

（沪府发〔2015〕58号　2015年11月26日）

各区、县人民政府，市政府各委、办、局：

根据市委、市政府“加强城市科学化、精细化管理，切实保障城市生产安全和运行安全”总体部署，近期本市组织开展了城市消防安全高风险专项调研，重点排摸火灾高风险单位和场所，并从政府主导、部门联动、社会参与等角度出发，提出守底线、打基础、管长远的各项工作措施。为做好专项调研成果转化运用工作，着力构建以消防安全责任、消防法制、重点管控、宣传教育、社会治理、综合保障、应急救援、工作考核为重点的城市公共安全火灾防控体系，全力维护城市运行安全和消防安全，现就加强城市公共安全火灾防控体系建设工作提出以下意见：

一、健全消防安全责任体系，形成全社会齐抓共管格局。强化安全生产第一意识，建立“党政同责、一岗双责、失职追责”的消防工作责任体系。各区县政府要加强消防工作的组织领导，依法将消防安全纳入本地区国民经济和社会发展规划，将消防工作纳入重要议事日程，定期听取消防工作汇报，开展消防安全形势研判，研究部署、协调解决、督促落实消防安全重点工作，健全考核、问责等各项工作机制。各部门要明确所承担的消防工作职责，切实加强对主管行业及所属单位的消防安全管理，做到管行业必须管消防安全、管业务必须管消防安全。依托消防安全委员会平台，进一步完善落实定期会商、隐患抄告、联动执法、信息反馈机制，形成消防监督管理合力。街道、乡镇要将消防安全纳入社区平安、城市网格化管理、社区综合管理中心等基层管理平台，将消防管理服务延伸到社区、农村和基层单位自治范畴。按照《上海市社会消防组织管理规定》，在属地街道、乡镇和部分单位组建基层消防组织和多种形式消防队伍。社会单位要落实消防安全主体责任，建立消防安全组织机构，健全消防安全制度，严格操作规程，提高从业人员消防安全素质，配齐消防设施器材，加强日常消防管理。人员密集场所、易燃易爆单位、高层建筑、地下空间等火灾高风险单位和场所，要全面实施消防安全标准化管理，落实消防安全管理人和消防控制室人员持证上岗、消防设施定期维护保养和专业检测等规章制度，制定灭火和应急疏散演练预案并组织演练，提高单位消防安全自主管理水平。

二、完善消防安全法制体系，提高城市消防法制建设水平。切实把全民学习、遵守消防安全法律法规、各项规章制度作为消防法制体系建设的基础性工作，深入开展消防法制宣传教育，建立城市消防安全的公序良俗。主动适应城市改革和经济社会发展需要，着眼新产业、新工艺、新材料、新项目等衍生出的消防安全新情况、新问题，健全公众意见采纳和情况反馈机制，按规定程序及时制订、修订完备地方消防法规和技术标准。严格规范公正文明执法，不断强化执法素质、健全执法制度、规范执法行为，进一步提升消防监督执法能力和社会公信力。在中国（上海）自由贸易试验区探索并推广消防事中事后监管模式，在确保安全的前提下提供消防服务保障。发挥社会、舆论等多方力量，监督推动消防法规标准和规章制度有力实施。

三、强化消防安全重点管控体系，净化社会消防安全环境。落实调研摸底、挂牌督办、从严执法、媒体曝光等机制，强化重大火灾隐患、重点单位和区域消防安全管控，最大限度降低隐患存量和火灾风险。严查易燃易爆危险品单位和场所消防安全审核验收、制度落实、硬件设施、安全培训等重点内容，对严重威胁公共安全的单位，依法采取查封、关停等措施。整合共享易燃易爆危险品各环节安全监管视频系统，以及类别品名、理化性质、处置要点等数据库，研究应急处置对策，化解消除各类灾害事故风险。扎实推进城中村、群租房、违法建筑等区域性火灾隐患排查整治，实行政府挂牌督办，限期摘牌销案。从严设定养老机构、医院、商市场等特定场所和领域的行业消防安全标准门槛，按照部门职能分工，加强对归口行业、系统以及直管单位消防安全的专项整治。鼓励采取民筹公助等方式在火灾高危单位和易发多发场所开展消防设施改造，推广配置简易喷淋、独立式火灾探测报警器、应急广播、灶台灭火、电动自行车集中充电设施、电气火灾防范装置等技防设施。对火灾隐患久拖不改、消防违法行为屡督不改的单位，在媒体和公共场所公示、曝光。

四、拓展消防宣传培训教育体系，提升全社会消防安全素质。牢固树立以人为本、生命至上的理念，突出文化传播、终身教育、特殊群体关爱和职业培训，不断提升市民消防安全素质，提高公众防范火灾、扑救初起火灾和疏散逃生能力。宣传、文广、消防等部门要参照中央宣传部发文部署加强消防宣传的做法，联合起草有关工作意见，发动报刊、广播、电视、网络等媒体积极开展消防安全公益宣传，加强消防安全常识普及和日常火险提示。落实公安部、教育部等九部委关于加强消防安全宣传教育工作有关要求，扎实推进消防安全宣传教育进机关、进学校、进社区、进企业、进农村、进家庭、进网站，加强公共消防宣传体验设施建设，将消防安全知识纳入领导干部及公务员培训、学校教育、职业培训内容，发动基层组织和志愿者力量，定期组织城乡居民开展家庭灭火、疏散逃生演练，保持消防通道畅通，重点强化对“老、弱、病、残”等特殊群体的消防关爱监护。鼓励和支持社会设立消防安全培训机构，规范资质审批和日常监管，将消防安全培训纳入政府购买公共服务内容，加强消防安全责任人和管理人、消防专兼职人员、消防控制室操作人员、物业保安队伍消防培训和职业技能资格鉴定。发动市民群众举报身边火灾隐患，对消防工作有贡献的单位和个人，加强宣传报道和表彰奖励。

五、创新社会消防治理体系，加快消防工作社会化进程。积极引导社会力量参与消防管理，注重发挥市场机制调节作用，促进信息化技术与消防工作的深度融合。发挥社会消防技术人才作用，由消防技术服务机构承担社会单位消防咨询、评估、检测、维护保养职能；发展城市消防志愿者队伍，靠前开展消防宣传、消防巡查、初期火灾扑救等工作。落实消防安全不良行为公布制度，将消防安全纳入城市公共信用信息管理平台，列入个人征信系统，建立和完善“黑名单”制度，对隐患突出不及时整改的企业采取停电、停水、停气等措施，将企业法人消防安全诚信状况作为企业信用评级、项目审批、产权交易、银行贷款、保险费率确定的重要依据，并对个人就业、居住证办理等公共服务予以制约，加大守信激励、失信惩戒力度；制定具体实施办法，探索在条件成熟区域引入兼顾风险管理、安全把关和灾后救济功能的火灾保险模式。积极实施消防区域联防，组织发动社会单位消防管理人、重点岗位员工，建立消防管理联防组织，自主开展日常消防管理、片区宣传教育、设施维护保养、隐患发现整改、初期火灾扑救等工作。推动现代信息技术与消防管理相结合，实现各相关部门消防管理的数据接入和信息共享，建设消防管理数据库，试点搭建消防“大数据”平台，探索建立“互联网＋消防”模式。

六、优化消防综合保障体系，夯实公共消防安全硬件基础。健全与城市经济发展水平相匹配的消防经费保障机制，加大公共消防基础设施建设、装备更新升级、业务开支和专项经费投入力度。攻坚“十一五”遗留和“十二五”尚未完成的公共消防站点建设，将公共消防站点建设纳入新一轮城市总体规划和上海市“十三五”国民经济发展规划，探索在中心城区建设微型消防站，明确属地政府将建设用地纳入地区控制性详细规划，与教育、卫生等公共基础配套设施一同规划、建设、验收。积极推进乡镇专职消防队伍建设，因地制宜布点建队，缩小保卫半径，弥补城郊地区消防站点不足。强化政府专职消防力量建设，建立与消防站建设进度、执勤需求、用工模式等相匹配的编制增配机制，完善政府专职消防员薪酬保障标准，并积极探索消防攻坚专业骨干保留渠道。在保证常规配置基础上，采取专项补充、批量采购等方式，添置用于特殊复杂火灾扑救的高精尖装备，为提高消防部队快速反应和实战打赢能力提供硬件支撑。扩建现有综合训练基地，并在除中心城区外的区县以“战勤保障站”形式增建训练场地设施，建设满足消防实战化、基地化、模拟化训练亟需的城市“1+X”综合训练设施体系。

七、高效运作消防应急救援体系，筑牢消防安全最后防线。进一步提升消防专业力量“科学指挥、专业施救”能力，筑牢消防安全最后一道防线。按照最高标准、最优保障，打造高层建筑、地铁、石油化工、船舶、大跨度建筑、防化、排爆等攻坚专业队伍，专项破解特定对象灭火救援难题，以点带面提升城市应对特殊复杂尤其是灾害性事故的攻坚克难能力。根据灾情对象、类别、等级，启动专项预案，分层分级调派，确保首战、增援力量和装备科学有序进场。加强重大灾害事故现场分级、分段指挥，突出辖区消防力量首战指挥信息收集、灾情研判和科学施策能力训练，避免盲目行动造成人员伤亡和损失。深入地方院校、科研院所、行业部门和企业单位，广泛聘请建筑结构、交通运输、石油化工、易燃易爆危险品领域顶尖学者和一流专家，分类建立消防灭火救援专家库，定期组织课题研讨、专业授课，随战辅助指挥决策。加大易燃易爆危险物品企业、地铁、电厂、港口、船厂等领域企业消防专职队伍建设培育力度，提升企业第一时间应急处置专业能力。各区县政府、部门和单位要强化落实消防应急救援职责，高效运作城市综合应急救援平台，进一步将水、电、气、卫生等联勤力量纳入统一的应急响应体系，定期组织开展综合应急救援演练，提升消防应急响应和联动处置水平。

八、严密消防工作考核体系，确保消防安全责任落实。参照国务院办公厅印发的《消防工作考核办法》，按照《上海市消防工作考核办法》要求，将消防工作成效作为政府目标责任考核重要内容，科学设定考核评价的项目、指标和方法，实行年初责任签约、全程督导问效。每年年初，由市消防安全委员会办公室牵头会同市综治办、市监察局和市消防安全委员会成员单位组成考核工作组，对各区县上一年度消防工作完成情况进行考核，考核结果经市政府审定后，向区县政府和有关部门进行通报，并作为对各区县政府主要负责人和领导班子综合考核评价的重要依据。实施消防工作失职追责和尽职免责制度，对因工作失职、渎职导致火灾事故发生以及不依法履行职责，在涉及消防行政审批、公共消防基础设施建设、重大火灾隐患整改、消防力量发展等方面工作不力的，进行责任倒查，依法依纪追究有关领导和人员责任。

上海市城市管理行政执法条例实施办法

（上海市人民政府令第37号发布　2015年11月30日）

第一条（目的和依据）

为了加强本市城市管理行政执法工作，提高执法效率和水平，根据《中华人民共和国行政处罚法》《中华人民共和国行政强制法》《上海市城市管理行政执法条例》等有关法律、法规的规定，结合本市实际，制定本办法。

第二条（适用范围）

本办法适用于本市行政区域内的城市管理行政执法活动。

前款所称的城市管理行政执法，是指市和区、县城市管理行政执法部门（以下简称“城管执法部门”）以及乡、镇人民政府依法相对集中行使有关行政管理部门在城市管理领域的全部或部分行政处罚权及相关的行政检查权和行政强制权的行为。

第三条（主管部门）

市城市管理行政执法部门(以下简称“市城管执法部门”）是本市城市管理行政执法工作的行政主管部门，负责本办法的组织实施。

区、县城市管理行政执法部门（以下简称“区、县城管执法部门”）和乡、镇人民政府按照规定的权限，负责本辖区内城市管理行政执法工作。

第四条（管辖权划分）

下列情形的城市管理违法行为，由市城管执法部门负责查处：

（一）对全市有重大影响的；

（二）涉及市级管辖河道的；

（三）涉及古树名木和古树后续资源的；

（四）全市范围内需要集中整治的；

（五）出租汽车驾驶员在中心城区重点区域造成重大影响的；

（六）法律、法规、规章规定应当由市级行政机关负责查处的。

下列情形的城市管理违法行为，由区、县城管执法部门负责查处：

（一）对本区、县有重大影响的；

（二）涉及区、县级管辖河道的；

（三）发生在街道辖区内的；

（四）本区、县范围内需要集中整治的；

（五）出租汽车驾驶员在街道辖区内中心城区重点区域的。

乡、镇人民政府负责查处在本辖区内发生的违法行为，以及在本辖区内中心城区重点区域出租汽车驾驶员违反客运服务管理的违法行为实施行政处罚。

市级管辖河道、区县级管辖河道、乡镇级管辖河道的目录由市城管执法部门制定并公布。

第五条（执法权限）

城管执法部门以及乡、镇人民政府依照《上海市城市管理行政执法条例》第十一条第一款规定的执法范围，实施城市管理行政执法。

除前款规定的执法范围外，城管执法部门以及乡、镇人民政府实施城市管理行政执法的范围包括：

（一）依据水务管理方面法律、法规和规章的规定，对在原水引水管渠保护范围内建造建筑物、构筑物；在海塘保护范围内擅自搭建建筑物或者构筑物的违法行为实施行政处罚。

（二）依据环境保护管理方面法律、法规和规章的规定，对作业单位和个人在道路或者公共场所无组织排放粉尘或者废气；经营性的炉灶排放明显可见黑烟；饮食服务业的经营者未按照规定安装油烟净化和异味处理设施，且未取得相关证照；在噪声敏感建筑物集中区域内从事金属切割、石材和木材加工等易产生噪声污染的商业经营活动的违法行为实施行政处罚。

（三）依据物业管理方面法律、法规和规章的规定，对损坏房屋承重结构；擅自改建、占用物业共用部分；损坏或者擅自占用、移装共用设施设备；擅自改变物业使用性质，以及物业服务企业对业主、使用人的违法行为未予以劝阻、制止或者未在规定时间内报告有关行政管理部门的违法行为实施行政处罚。

（四）依据城乡规划管理方面法律、法

规和规章的规定，对未经批准进行临时建设；临时建筑物、构筑物超过批准期限不拆除的违法行为实施行政处罚。

（五）依据建设管理方面法律、法规和规章的规定，对在市人民政府确定的燃气管道设施安全保护范围内，建造建筑物或者构筑物的违法行为实施行政处罚。

（六）依据空调设备安装使用管理方面法律、法规和规章的规定，对在建筑物内的走道、楼梯、出口等共用部位安装空调设备的违法行为实施行政处罚。

（七）依据出租汽车管理方面法律、法规和规章的规定，对在中心城区重点区域出租汽车驾驶员违反客运服务管理的违法行为实施行政处罚。

（八）依据停车场管理方面法律、法规和规章的规定，对机动车驾驶员在中心城区道路停车场违反停车管理的违法行为实施行政处罚。

第二款第七项关于中心城区重点区域的范围，由市政府另行规定并公布。

第六条（违法建筑查处职责）

对《上海市城市管理行政执法条例》第十一条第一款第八项中规定的对擅自搭建建筑物、构筑物的违法行为，由城管执法部门和乡、镇人民政府依据城乡规划和物业管理方面法律、法规和规章的规定实施行政处罚，但当事人取得下列文书之一的，由规划国土资源行政管理部门依法进行管理：

（一）《建设项目选址意见书》；

（二）《建设工程规划设计要求通知单》；

（三）《建设用地规划许可证》；

（四）《建设工程设计方案审核意见》。

乡、镇城管执法机构以乡、镇人民政府名义具体承担对乡、村庄规划区内未依法取得乡村建设规划许可证或者未按照乡村建设规划许可证的规定进行建设行为的查处工作。

乡、镇人民政府拆除行政区域内违法建筑的程序，按照国家和本市拆除违法建筑的规定执行。

第七条（约定管辖和指定管辖）

管辖区域相邻的区、县城管执法部门和乡、镇城管执法机构对行政辖区接壤地区流动性违法行为的查处，可以约定共同管辖。共同管辖区域内发生的违法行为，由首先发现的区、县城管执法部门或者乡、镇城管执法机构查处。

同一区、县内乡、镇城管执法机构之间对管辖发生争议的，由本区、县城管执法部门指定管辖；区、县城管执法部门、乡、镇城管执法机构发生其他情形管辖争议的，由市城管执法部门指定管辖。

第八条（执法协助）

城管执法部门和乡、镇人民政府查处重大、复杂或者争议较大的违法行为时，可以通知住房城乡建设、交通、绿化市容、水务、环保、工商、规划国土资源等有关行政管理部门到场，对违法行为的现场检查和勘验提供协助，有关行政管理部门应当予以配合。

城管执法部门和乡、镇人民政府查处违法行为时，当事人应当按照要求接受调查，并如实提供个人身份或者组织名称的信息。当事人拒绝提供个人身份信息的，城管执法人员可以要求公安机关进行现场协助，公安机关应当派员及时到场协助查明。

城管执法部门和乡、镇人民政府查处违法行为时，需要住房城乡建设、交通、绿化市容、水务、环保、工商、规划国土资源等有关行政管理部门提供下列执法协助的，应当出具协助通知书，有关行政管理部门应当依照规定予以配合：

（一）查阅、调取、复制与违法行为有关的文件资料；

（二）对违法行为的协助认定以及非法物品的鉴定；

（三）需要协助的其他事项。

第九条（案件移送与接受）

城管执法部门和乡、镇人民政府应当与有关行政管理部门建立案件移送机制。对执法过程中发现需要移送的案件，应当自发现违法行为之日起5个工作日内移送。移送案件时应当出具涉嫌违法案件移送函，同时一并移送案件涉及的非法物品等相关物品。

城管执法部门和乡、镇人民政府以及有关行政管理部门对接受的移送案件，应当及时登记、核实处理，并在作出行政处理决定之日起10个工作日内，将处理结果通报移送部门。

第十条（信息共享机制）

城管执法部门和乡、镇人民政府应当与有关行政管理部门建立健全城市管理与执法信息共享机制。

有关行政管理部门应当将与城市管理行政执法有关的行政许可和监督管理信息及时通报城管执法部门和乡、镇人民政府，其中行政许可信息应当自作出行政许可决定之日起5个工作日内通报；城管执法部门和乡、镇人民政府应当将实施行政处罚的情况和发现的问题每月通报有关行政管理部门，并提出管理建议。

公安机关与城管执法部门和乡、镇人民政府应当建立街面社会治安和城市管理动态视频监控信息共享机制。

第十一条（行政处罚条款适用）

对当事人一个行为同时违反了两个以上法律、法规和规章的规定，并且都应当给予罚款的，城管执法部门和乡、镇人民政府适用其中处罚较重的条款给予行政处罚，但有从轻或者减轻情节的除外。

第十二条（送达地址确认书）

城管执法部门和乡、镇人民政府在调查取证时，可以要求当事人填写送达地址确认书，告知当事人填写要求以及拒绝提供可能产生的不利后果。

送达地址确认书的内容，应当包括送达地址的邮政编码、详细地址以及受送达人的联系电话等。

第十三条（文书送达）

城管执法部门和乡、镇人民政府应当依照法律规定，采用直接送达、留置送达、邮寄送达和公告送达等方式来送达法律文书。

城管执法部门和乡、镇人民政府可以根据送达地址确认书的地址，对法律文书以专递方式邮寄送达，并按照有关规定执行。

第十四条（逾期或者拒不拆除违法建筑信用管理和信息公示）

对逾期不拆除或者拒不拆除违法建筑物、构筑物的当事人，城管执法部门和乡、镇人民政府应当将其违法信息纳入本市公共信用信息服务平台，并可以通过政府网站、报纸、微信公众号等，以公告等方式依法向社会公开。当事人为企业的，还应当通过企业信用信息公示系统依法公开。

第十五条（监督检查）

市城管执法部门应当加强对区、县城管执法工作的监督检查；区、县城管执法部门应当加强对乡、镇、街道城管执法工作的监督检查。

城管执法部门可以采取以下监督检查方式：

（一）行政执法日常督察；

（二）行政执法案卷评查；

（三）行政执法专项检查；

（四）行政执法评议；

（五）其他行政执法监督检查方式。

城管执法部门进行监督检查时，认为城管执法人员有依法应当给予行政处分的情形的，可以向其所在单位、上级主管部门或者监察机关提出处分建议。

第十六条（妨碍公务的处理）

对阻碍城管执法人员依法执行职务的行为，有下列情形之一的，公安机关应当及时制止：

（一）围堵、伤害城管执法人员的；

（二）抢夺、损毁被扣押的物品的；

（三）拦截城管执法车辆或者暴力破坏执法设施、执法车辆的；

（四）在城管执法机构办公场所周围、公共场所非法聚集，围堵、冲击执法机构的；

（五）在城管执法机构办公场所内滞留、滋事的；

（六）其他暴力抗拒执法的。

对阻碍城管执法人员依法执行职务的行为，违反《中华人民共和国治安管理处罚法》的，依法予以处罚；使用暴力、威胁等方法构成犯罪的，依法追究刑事责任。

第十七条（执法规范制定）

市城管执法部门应当制定并完善执法程序、执法人员行为规范、行政处罚裁量基准和执法工作相关标准，并向社会公布。

第十八条（施行日期）

本办法自 2016 年 1 月 15 日起施行。2004 年 1 月 5 日上海市人民政府令第 17 号发布，根据 2005 年 6 月 27 日上海市人民政府令第 41 号公布的《上海市人民政府关于修改〈上海市城市管理相对集中行政处罚权暂行办法〉的决定》修正，根据 2010 年 12 月 20 日上海市人民政府令第 52 号公布的《上海市人民政府关于修改〈上海市农机事故处理暂行规定〉等 148 件市政府规章的决定》修正，根据 2012 年 2 月 7 日上海市人民政府令第 81 号公布的《上海市人民政府关于修改〈上海市内河港口管理办法〉等 15 件市政府规章的决定》修正并重新发布的《上海市城市管理相对集中行政处罚权暂行办法》同时废止。

关于进一步加强公共安全风险管理和隐患排查工作的意见

（沪府发〔2015〕63 号　2015 年 12 月 15 日）

各区、县人民政府，市政府各委、办、局，各有关单位：

为深入贯彻《中华人民共和国突发事件应对法》《上海市实施〈中华人民共和国突发事件应对法〉办法》等法律法规，进一步加强突发事件预防与应急准备，建立健全本市公共安全风险管理和隐患排查长效机制，着力提高应急管理水平，保障城市安全运行，现就进一步加强公共安全风险管理和隐患排查工作提出如下意见：

一、深刻认识做好公共安全风险管理和隐患排查工作的重要意义

开展风险管理和隐患排查，是加强公共安全管理，做好突发事件预防与应急准备工作的重要抓手；是落实“预防为主、常态与非常态管理相结合”原则，实现应急管理关口前移的具体体现；是维护公共安全，完善政府社会管理和公共服务职能的重要方面。当前，本市公共安全形势总体可控，但公共安全风险隐患依然存在，在一定条件下仍可能触发、演化为突发事件。进一步加强公共安全风险管理和隐患排查工作，对保障“四个中心”和社会主义现代化国际大都市建设、保障人民群众幸福安康生活，具有重要意义。

二、明确加强公共安全风险管理和隐患排查的工作原则、重点范围和具体任务

（一）工作原则

1. 明晰责任，齐抓共管。落实各级政府的领导责任、相关部门的监管责任、企业和场所经营单位主体责任，建立健全责任制，将责任落实到人、落实到岗位，并发挥社会组织和公众参与作用，形成责任明确、齐抓共管、多方参与的工作格局。

2. 分类管理，分级负责。市相关部门按照“谁主管、谁负责”的原则，牵头建立健全本领域、本行业、本系统的风险管理和隐患排查体系，组织做好相关市级风险管理和隐患排查工作，并对区县政府相关工作进行指导；各区县政府按照属地管理原则，建立健全本区域风险管理和隐患排查体系，组织开展所辖区域的风险管理和隐患排查工作。

3. 查改并举，重在治理。按照“全覆盖、零容忍、严执法、重实效”要求，坚持边排查、边治理、重在治理，对排查出的风险隐患落实防范措施、提出解决方案，着力补齐短板、堵塞漏洞、消除隐患，把问题解决在萌芽状态，避免引发突发事件及其次生衍生灾害。

（二）重点范围

将加强公共安全风险管理和隐患排查贯穿于城市规划、建设、运行、发展等各个环节。各部门、各单位要立足于源头管理，切实搞好风险管理和隐患排查，重点搞好危险源、危险区域的风险管理和重点行业、重点企业、重点场所的隐患排查。

1. 危险源。主要包括：长期或者临时地生产、搬运、使用或者储存危险物品，且危险物品的数量等于或者超过临界量的单元（包括场所和设施）。危险物品主要有易燃易爆物品、危险化学品、放射性物品等能够危及人身安全和财产安全的物品。

2. 危险区域。主要包括：容易引发自然灾害、事故灾难或公共卫生事件，可能会对位于此环境内的人员造成健康或安全威胁的区域，主要有地质灾害多发区域、危险海域、危化品仓库等。

3. 重点行业、重点企业、重点场所。主要包括：轨道交通、铁路、航空、水陆客运等公共交通行业；学校、医院、商场、宾馆、大中型企业、餐饮、食品加工行业、大型超市、幼托机构、养老机构、旅游景区、文化体育场馆、高层建筑、大型建筑体、地下空间等场所；建筑施工场所以及易燃易爆物品、危险化学品、危险废物、放射性物品、病源微生物等危险物品生产、经营、储运、使用单位；水、电、油、气、通信、广播电视、防汛等公共设施以及公共场所电梯、自动扶梯等特种设备运行场所。

此外，还包括可能引发社会安全事件的问题。

（三）具体任务

1. 建立健全风险评估机制。各区县、各部门、各单位要认真排摸和掌握本区域、本领域、本单位的危险源、危险区域，认真分析潜在危险性、存在条件、触发因素和可能造成的危害，科学开展评估，确定风险等级，并按照规定向社会公布。新建或规划建设易燃易爆物品、危险化学品、危险废物、放射性物品、病源微生物等危险物品生产、经营、使用、储运的，还要依法严格做好环评、安评等评估工作。风险等级的确定有行业标准的，从其规定。无行业标准的，按照高、中、低三个等级确定，“高”为该风险具有现实威胁或触发条件低，易引发重大、特别重大突发事件；“中”为该风险较难控制或有不确定性，可能引发较大突发事件；“低”为该风险具有一定的可控性，但在一定条件下，可引发一般突发事件。具体标准，由各主管部门参照相应市级专项应急预案突发事件分级标准制定。

2. 建立健全隐患排查机制。企业和场所经营单位等要落实主体责任，建立健全安全管理制度，根据有关法律和行业规范，开展日常自查自纠，及时排除可能引发突发事件的各种故障、险情。对没有行业规范的，由主管部门牵头或责成企业法人制订隐患排查工作制度。各区县政府、市相关部门要强化监督检查，组织开展全面排查、重点抽查、跟踪复查，要按照“四不两直”要求（不发通知、不打招呼、不听汇报、不用陪同和接待，直奔基层、直插现场），创新检查方式，并实行“谁检查、谁签字、谁负责”。全面排查每年不少于一次，重点抽查每季度不少于一次，列为重大安全隐患项目的，要建立台账，持续做好跟踪复查。安全生产事故隐患的等级，按照《上海市安全生产事故隐患排查治理办法》规定，分为一级、二级、三级。其中，危害和整改难度较小，发现后能够在3日内排除，或者无需停止使用相关设施设备、停产停业即可排除的隐患，为三级事故隐患；危害和整改难度较大，需要4日以上且停止使用相关设施设备，或者需要4至6日且停产停业方可排除的隐患，为二级事故隐患；危害和整改难度极大，需要7日以上且停产停业方可排除的隐患，或者因非生产经营单位原因造成且生产经营单位自身无法排除的隐患，为一级事故隐患。非安全生产领域的隐患等级划分和标准，由相关主管部门根据潜在危害大小、整改难易程度和解决时限等因素制定。

3. 建立健全风险隐患举报机制。指导社区定期开展风险隐患排查工作，鼓励和引导城市网格化管理队伍以及社会组织、志愿者队伍和公众，参与风险管理和隐患排查，建立健全风险隐患“啄木鸟”机制，广泛利用各种力量获取风险隐患信息。各区县政府、市相关部门要积极利用城市网格化管理、“12345”市民服务热线以及有关行业热线等，进一步完善风险隐患举报受理制度，畅通风险隐患反映渠道，并做好对所举报风险隐患的核查、评估、整改等工作，做到件件有反馈、件件有落实。对重大风险隐患举报属实的，要按照有关规定给予奖励。企业和场所经营单位也要建立内部风险隐患举报机制，发动干部、职工及时举报本单位各类风险隐患，切实搞好安全管理。

4. 建立健全风险隐患信息管理机制。企业和场所经营单位要对风险隐患进行“台账式、目录化”管理，特别是易燃易爆物品、危险化学品、放射性物品等，要详细记录类别、数量、具体存放位置和物理化学特性等信息，并按照规定分别向所在地安全生产监管、消防等部门备案。各区县政府、市相关部门要建立健全本区域、本领域危险源、危险区域和隐患数据库或台账，做好隐患排查、风险评估和群众反映风险隐患问题的登记备案，详细记录风险隐患类别、主要风险、责任单位、危险等级、防范措施以及检查人或反映人、主要情况等信息。要加强信息动态管理，及时更新风险隐患信息，保证信息真实可靠。同时，做好信息共享工作，发挥好信息作用。

5. 建立健全风险应急准备和隐患治理机制。对各类危险源、危险区域，企业和场所经营单位要根据对其评估的风险等级，制定具体应急预案、落实防控措施，做好演练、队伍、物资、资金、技术等各方面的相应应急准备。对发现的各类隐患，已发生或有征兆表明将危害人身财产安全的，要采取停产、停业、停止使用或者封闭等措施，按照轻重缓急程度，由涉事单位负责迅速整改消除；对一时难以消除的，要列入计划，落实资金和责任，限期整改，并及时发布预警或提示信息，做好防范应对准备，且每月至少开展一次跟踪评估；对难以协调解决的重大隐患，要向上级部门报告，必要时直接向市、区县政府报告。各区县政府、市相关部门要督促相关单位抓好风险应急准备和隐患整改治理的落实，定期对风险隐患进行检查、监管。要落实首接责任制，及时协调解决接报的重大隐患。同时，要结合区域行业特点、产业分布、人口状况等因素，有针对性地制定各类应急预案，强化应急救援准备，落实好应急救援物资。

三、落实公共安全风险管理和隐患排查工作的要求

（一）加强组织领导。各区县政府、市相关部门、基层应急管理单元牵头单位要按照“统一领导、综合协调、分类管理、分级负责、属地管理为主”“党政同责、一岗双责、齐抓共管”“管行业必须管安全、管业务必须管安全、管生产经营必须管安全”的规定，加强风险管理和隐患排查工作的组织领导，细化工作方案，明确重点任务，分解落实责任，持续深入抓好风险管理和隐患排查工作。

（二）落实长效管理。要牢固树立“以风险为中心”意识和理念，各部门、单位要健全风险管理和隐患排查各类规章制度，形

成制度化、常态化的公共安全风险管理和隐患排查机制；把责任落实到岗位、落实到人，加大风险管理和隐患排查投入力度，避免搞形式、走过场。同时，鼓励培育保险业在风险管理和隐患排查中的功能作用。

（三）依靠科技支撑。要依靠科技进一步提高风险隐患发现、识别、管理、控制能力；加强公共安全风险管理相关标准、规范及技术研究；加强经验总结，提高风险管理和隐患排查、突发事件演变规律的科学认识，严格源头管理。同时，探索建立依托相关科研机构、专家团体等的第三方专业化风险隐患评估机制。

（四）搞好督促指导。各区县政府、市相关部门加大督促检查力度，督促企业、场所经营单位落实安全生产主体责任，切实搞好风险管理和隐患排查整改，及时掌握排查和整改结果。市、区县应急办要会同民政、安监、卫生、公安等部门加强风险管理和隐患排查工作的指导和考核。其中，对列为高风险等级危险源、危险区域和一级事故隐患排查结果的，由所在区县政府、市相关部门从2016年起，每年6月30日前，报市政府备案。

（五）深化科普宣传。充分利用各种媒体，采取各种方式，加强公共安全风险管理和隐患排查的宣传教育，引导公众树立风险隐患防范意识、增强风险隐患识别能力，科学认识风险隐患，正确运用风险评估结果。市、区县行业主管部门、相关企业和场所经营单位要加强培训，大力倡导“以人为本、生命至上”的安全文化。

（六）严格责任追究。发生突发事件的，要倒查风险管理和隐患排查工作情况。对未建立风险管理和隐患排查制度，未按照规定开展自查、检查、复查和风险评估，未落实风险应急准备和隐患治理导致突发事件发生或使事态扩大的，要依法依规追究责任。

上海市住房和城乡建设管理委员会主要职责内设机构和人员编制规定

（沪府办发〔2015〕48号　2015年12月10日）

根据《中共上海市委、上海市人民政府关于调整本市城市建设管理机构职能的批复》（沪委〔2015〕725号）的规定，设立上海市住房和城乡建设管理委员会，为市政府组成部门。

一、职能转变

（一）取消的职责

1. 取消一级注册建筑师执业资格认定职责。

2. 房地产经纪人从准入类职业资格调整为水平评价类职业资格。

（二）整合的职责

1. 将原上海市城乡建设和管理委员会的有关职责划入上海市住房和城乡建设管理委员会。

2. 将原上海市住房保障和房屋管理局的有关职责划入上海市住房和城乡建设管理委员会。

3. 将原上海市城乡建设和管理委员会承担的市政基础设施类交通工程（含附属用房和设施）施工许可职责划入上海市交通委员会。

4. 将原上海市住房保障和房屋管理局承担的房屋登记职责划入上海市规划和国土资源管理局下属的上海市不动产登记局。

（三）加强的职责

1. 加强在组织拟订住房、城乡建设和城市管理的发展战略、重大政策和各类法规、规划、标准和技术规范，以及统筹城市维护资金、信息等方面的指导、协调、审核职责。

2. 加强城市管理中的综合管理和综合协调作用，承担城市网格化综合管理的组织、实施工作，综合协调市有关部门以及区县政府共同推进城市管理和城乡环境综合整治工作。

3. 加强对房地产市场的调控。

4. 加强市政基础设施（除交通工程）建设和运行的监管以及突发事故应急处置等城市运行安全工作职责。

5. 加强指导协调旧区改造工作职责。

6. 加强对全市各类房屋物业管理的指导、监督，强化面上住宅小区综合管理工作的指导、协调。

7. 加强各类房屋使用安全管理，加强房屋修缮工程的监督管理和房屋安全检测的行业管理。

二、主要职责

（一）贯彻执行有关住房、城乡建设和城市管理的法律、法规、规章和方针、政策；组织起草相关地方性法规、规章草案，并组织实施有关法规、规章。组织协 调住房、城乡建设和城市管理领域综合性、系统性、长远性重大问题研究和重大政策的拟订并组织实施。负责组织行业发展重大改革工作。

（二）根据国民经济和社会发展总体规划、城市总体规划和土地利用总体规划，拟订住房、城乡建设和城市管理的发展战略、中长期发展规划和年度计划，并组 织实施；协调拟订住房、城乡建设和城市管理各类行业发展规划，并组织实施；综合协调与平衡各层面市政基础设施建设管理规划；协调和平衡市政基础设施（除交 通工程）年度项目建设计划，按照程序报批。

（三）组织编制市级城市维护项目年度预算安排计划，按照职责分工，加强对市级城市维护项目的监督管理；会同有关部门加强对区县城市维护资金使用的指 导；参与住房保障和房屋管理有关资金的管理；参与公有住房出售价格、公有房屋租金标准调整；负责城市基础设施配套费的征收，并按照批准的年度计划使用和管 理；参与研究住房、城乡建设和城市管理领域财政、价格政策；负责住房、城乡建设和城市管理领域统计管理、经济运行监测和分析；负责监督直属单位的财务管 理、国有资产管理和内部审计等工作。

（四）会同有关部门做好城市建设和土地使用管理的衔接工作；会同有关部门组织开展城市基础设施项目实施可行性研究；会同有关部门审批政府投资项目的初 步设计；负责建设工程抗震管理；参与确定本市重大工程项目，负责指导、组织、协调、推进重大建设工程的实施和目标考核；综合协调城市基础设施项目建设相关 工作；组织指导、综合协调、督促检查黄浦江两岸开发工作；参与住房基地详细规划方案的审核以及土地招标、拍卖、挂牌文件中相关建设指标的确定。

（五）负责建筑市场综合监管和行业的行政管理；拟订监督管理建筑市场、规范市场各方行为的规章制度并监督执行；负责建筑市场工程报建、招投标监督管理 与施工图设计文件审查的监督管理；负责建设市场各类企业资质、从业人员执业资格的管理以及从业单位与人员市场行为的诚信管理；负责房屋建筑和市政工程（除 交通工程）的施工许可管理；负责建设市场管理信息平台的建设、运行管理；负责建筑市场的稽查工作；负责本市新建住房交付使用管理，对区县新建住房交付使用 的审核工作实施监督检查。

（六）负责建材市场监管和行业的行政管理；制定建筑节能政策并监督实施，负责建筑节能、墙体材料革新和散装水泥发展及管理工作；组织研究制定住宅产业 科技进步规划；组织新型建筑材料的认定和推广应用；拟订推进绿色建筑发展行动规划，推动建筑业转型发展，推进建筑工业化工作；协调、推进本市住宅产业现代 化及节能省地型住宅产业发展。

（七）组织制定和调整发布工程建设、住房设计标准以及居住区公共服务设施标准、造价、定额和技术规范并组织对实施情况进行监督；组织拟订城市管理相关工作标准定额、技术规范；组织拟订村镇建设相关建设标准、技术规范等。

（八）承担本市建筑行业安全生产监督管理责任，制定建设工程质量和安全生产规章制度并监督实施；监督参建主体建立健全质量和安全管理体系；强化勘察设 计质量管理；负责建筑企业安全生产许可管理；负责建筑材料和机械设备现场使用的质量安全监管；负责本市房屋质量管理；参与建设工程较大及以上质量、施工安 全事故调查处理。

（九）统筹推进城市管理领域相关工作，指导督促市有关部门以及区县政府落实城市管理各项任务和各类标准定额；负责指导城市管理综合执法工作；负责城市 网格化综合管理推进协调工作，承担城市网格化管理体系建设、运行和管理工作；统筹协调绿化林业、市容景观、环境卫生以及供排水等需要多部门协调联动的工 作；综合协调市有关部门和区县政府共同推进城乡环境综合治理及城乡生态环境建设和管理等相关工作；负责“世界城市日”事务协调工作。

（十）负责燃气行政管理和行业管理；会同有关部门组织编制燃气专项规划并组织实施；综合协调地下空间使用管理；综合协调地下市政基础设施建设和管理； 参与地下管线综合规划平衡协调，负责地下管线项目建设的监督管理；负责道路和公共区域照明设施的行政管理；组织或参与编制房屋建筑、市政工程、燃气、综合 管线突发事故应急处置预案并实施，组织或参与相关事故调查处理；组织协调住房、城乡建设和城市管理重大事故的应急处置以及综合治理工作。

（十一）指导推进旧区改造和“城中村”改造工作，研究拟订相关政策，组织编制旧区改造和“城中村”改造规划和年度实施计划；协调指导区县和镇乡开展旧区改造、“城中村”改造和农村危旧房改造工作。

（十二）参与本市城镇体系规划编制；指导区县研究编制郊区城镇和村庄基础设施专业规划及村镇建设计划；协同市有关部门拟订村镇建设相关政策；指导推进 郊区城镇化和村庄市政基础设施及人居环境建设；协调推进城镇化建设工作；协调指导农村村民集中居住及住房建设工作；负责优秀历史建筑的保护管理；负责历史 文化名镇（村）和传统村落保护、利用和开发的政策拟订、指导协调等相关管理工作。

（十三）负责建立健全本市住房保障制度，拟订保障性住房建设筹措、房源管理、分配供应、使用管理等政策，拟订调整住房保障准入和退出标准并组织实施， 组织协调市相关部门和区县政府保障性住房建设和筹措工作，负责保障性住房供应分配工作。负责拟订公有房屋管理政策并组织实施，负责公有房屋租金调整落实工 作和公有住房出售工作，参与直管公房经营管理的监督和考核，负责本市住房制度改革及相关工作。

（十四）负责本市各类房屋物业管理的监督管理工作，综合协调推进住宅小区综合管理；指导监督业主委员会的建设和运作；负责本市物业服务企业和从业人员的监督管理；推进物业服务市场发展；负责本市住房专项维修资金和住宅物业保修金的监督管理。

（十五）负责各类房屋的修缮、改造和安全鉴定的行政管理；受上海市国有资产监督管理委员会的委托，负责直管公房资产的监督和管理；负责落实私房政策和私房历史遗留问题及宗教房产代经管理；会同市有关部门推进既有住房的功能完善。

（十六）制定本市国有土地房屋征收的规章制度并监督执行；对区县国有土地房屋征收与补偿工作进行业务指导和监督管理；协调推进国有土地上企事业单位征收补偿工作；参与组织对国有土地房屋征收违规行为的查处工作；负责农村低收入户危旧房改造工作。

（十七）组织开展房地产市场的监测分析，建立健全并组织实施本市房地产市场信息系统和预警预报体系；组织拟订房地产市场政策、措施并监督执行；按照权限负责房地产业相关的开发经营、交易相关主体及行为管理，包括房地产开发企业的资质管理、商品房预售许可和现售备案、存量房转让合同网签备案、交易资金监管、房屋租赁管理，以及房地产开发、估价、经纪相关的行政管理。

（十八）负责拟订本市房屋产权管理制度并指导监督；负责本市房屋产权管理、楼盘表和房屋面积管理、房屋交易与产权档案管理等工作；负责房屋权属信息系统、楼盘表及房屋面积数据库的建设维护管理工作。

（十九）负责制定住房配套建设管理制度及相关实施办法，监督指导住房配套设施建设管理；组织拟订保障房配套建设综合性政策，协调大型居住社区内外市政配套建设工作。

（二十）负责拟订住房公积金管理法规、政策并对执行情况进行监督，承担市住房公积金管理委员会的日常管理工作，监督住房公积金和其他住房资金的管理、使用和安全。

（二十一）组织指导协调并监督住房、城乡建设和城市管理的行政执法工作；依法对各种违法行为进行行政处罚。

（二十二）推进住房、城乡建设和城市管理领域科技进步；指导监督住房、城乡建设和城市管理职业技术教育培训工作；协调推进住房、城乡建设和城市管理信息化建设；负责住房、城乡建设和城市管理综合资料的收集、统计和分析，制订发布住房、城乡建设和城市管理行业发展报告。

（二十三）承担有关行政复议受理和行政诉讼应诉工作。

（二十四）承办市政府交办的其他事项。

三、内设机构

根据上述职责，上海市住房和城乡建设管理委员会设 24 个内设机构：

（一）办公室

（二）政策研究室

（三）法规处

（四）综合计划处

（五）综合规划处（市抗震办公室、浦江两岸开发协调处）

（六）科技信息处

（七）工程建设处（市重大工程建设办公室）

（八）建筑市场监管处（稽查办公室）

（九）建筑节能和建筑材料监管处（市建材业管理办公室）

（十）标准定额管理处

（十一）质量安全监管处

（十二）城市管理处

（十三）村镇建设处

（十四）设施管理处（燃气处）

（十五）住房保障管理处（市廉租住房管理办公室）

（十六）住房配套管理处

（十七）房地产市场监管处（房产权籍管理处）

（十八）物业管理处

（十九）房屋修缮改造和安全监督处（历史建筑保护处）

（二十）落实私房政策处

（二十一）旧区改造和房屋征收监管处

（二十二）审计处（公积金处）

（二十三）应急保障处

（二十四）信访办公室

信访办公室与市城乡建设和交通工作党委信访办公室合署办公。

四、人员编制

上海市住房和城乡建设管理委员会机关行政编制为 275 名。其中，主任 1 名、副主任 6 名，秘书长 1 名，总工程师 1 名，正副处级领导职数 81 名。非领导职数按照《公务员法》有关规定核定。

五、其他事项

（一）管理上海市城市管理行政执法局。

（二）与上海市发展和改革委员会的有关职责分工。上海市发展和改革委员会会同上海市住房和城乡建设管理委员会拟订本市重大工程项目建设年度计划。上海市住房和城乡建设管理委员会负责本市重大工程项目的建设推进工作。

（三）与上海市交通委员会的有关职责分工。1. 上海市交通委员会负责全市交通工程建设活动的监督管理，负责国家和市级立项的新建、改建、扩建等交通工 程项目建议书和可行性研究报告申报、施工许可、质量安全监督、竣工验收备案等事项和日常监督管理，参与交通工程招投标的监督管理。上海市住房和城乡建设管 理委员会负责交通工程项目建设的初步设计审批、施工图审查监管、项目报建、招投标管理和建设市场监管。2. 上海市住房和城乡建设管理委员会负责城市维护资 金的计划平衡，确定交通基础设施年度维护资金总量规模。上海市交通委员会负责提出年度交通基础设施维护需求，拟订项目计划，编制项目资金预算，并根据上海市住房和城乡建设管理委员会确定的交通基础设施年度维护资金总量规模，负责项目安排的统筹平衡。

（四）与上海市质量技术监督局的有关职责分工。上海市质量技术监督局负责将工程建设地方标准项目计划列入本市年度地方标准修订计划，统一编号，并与上 海市住房和城乡建设管理委员会联合发布。上海市住房和城乡建设管理委员会负责开展工程建设标准化研究，确定工程建设地方标准项目计划，组织制定、实施地方 标准，依法对标准的实施情况进行监督。上海市质量技术监督局与上海市住房和城乡建设管理委员会共同设立上海市工程建设标准化技术委员会，日常工作由上海市 住房和城乡建设管理委员会负责，代表双方具体负责工程建设领域地方标准技术归口管理工作。

（五）与上海市规划和国土资源管理局的有关职责分工。1. 上海市规划和国土资源管理局负责地下空间开发的综合协调职责；上海市住房和城乡建设管理委员 会负责地下空间使用管理的综合协调职责。2. 上海市规划和国土资源管理局负责集体土地征地房屋补偿工作；上海市住房和城乡建设管理委员会负责国有土地房屋 征收与补偿工作。上海市住房和城乡建设管理委员会会同上海市规划和国土资源管理局按照职责分工，解决好2011年前房屋拆迁问题。3. 上海市规划和国土资 源管理局负责指导、监督本市不动产登记工作；上海市不动产登记局为本市不动产登记机构，具体负责房屋登记管理职责，包括房屋登记的受理、审核、缮证、发 证，权属纠纷调处，行政诉讼应诉等。上海市住房和城乡建设管理委员会负责房产权籍管理和交易管理，主要指房屋转让、抵押、租赁、面积管理、房屋交易与产权 档案管理、房屋中介、个人住房信息系统建设、交易监管。上海市住房和城乡建设管理委员会协同上海市规划和国土资源管理局指导房屋登记相关工作。

（六）与上海市民防办公室的有关职责分工。上海市民防办公室负责民防设施的规划、建设和使用管理。上海市住房和城乡建设管理委员会负责地下空间使用管理的综合协调、建设项目管理等职责，承担上海市地下空间管理联席会议办公室日常工作。

（七）与上海市安全生产监督管理局的有关职责分工。上海市安全生产监督管理局负责对安全生产特种作业人员（电工、焊工等）进行培训、考核、发证等管理 工作。上海市住房和城乡建设管理委员会负责建筑施工特种作业人员考核和持证上岗管理工作。上海市安全生产监督管理局会同上海市住房和城乡建设管理委员会研 究探索特种作业操作证相互认可的机制。

（八）与上海市文物局的有关职责分工。全国重点文物保护单位、上海市文物保护单位与上海市优秀历史建筑重叠的，由上海市文物局牵头负责保护管理；区县级文物保护单位、登记不可移动文物和文物保护点与上海市优秀历史建筑重叠的，由上海市住房和城乡建设管理委员会负责牵头保护管理。上海市文物局、上海市住房和城乡建设管理委员会进一步完善工作机制，加强工作衔接，形成管理合力。

（九）所属事业单位的设置、职责和编制事项另行规定。

六、附则

本规定由上海市机构编制委员会办公室负责解释，其调整由上海市机构编制委员会办公室按照规定程序办理。

上海市城市管理行政执法局主要职责内设机构和人员编制规定

（沪府办发〔2015〕49号　2015年12月10日）

根据《中共上海市委、上海市人民政府关于调整本市城市建设管理机构职能的批复》（沪委〔2015〕725号）的规定，设立上海市城市管理行政执法局（副局级），为上海市住房和城乡建设管理委员会管理的行政机构。

一、职能转变

（一）整合的职责

将原上海市绿化和市容管理局（上海市林业局、上海市城市管理行政执法局）的城市管理行政执法有关职责，划入上海市城市管理行政执法局。

（二）加强的职责

加强城市顽症综合整治，改善城市市容环境。

二、主要职责

（一）贯彻执行有关城管执法的法律、法规、规章和方针、政策；研究起草有关城管执法的地方性法规、规章草案和政策，并组织实施有关法规、规章和政策。

（二）负责编制城管执法中长期发展规划和年度计划；研究拟订城管执法工作的标准、规范和制度，并负责组织实施。

（三）依法承担本市市级城管执法权限范围内的行政处罚权工作；负责本市城管执法工作的组织实施、业务指导、统筹协调、指挥调度和监督检查。

（四）负责本市重大城管执法活动、专项执法活动的组织实施；组织协调重要节日、重大活动期间城管执法的保障工作；负责行业领域内突发公共事件应急预案的制定，并组织实施。

（五）负责本市城管执法队伍的规范化建设、教育培训和监督考核工作；负责本市城管执法的普法教育和社会宣传工作。

（六）负责制定城管执法科技发展规划、年度计划；负责城管执法重点科研项目管理、装备建设以及信息化重大项目建设。

（七）承担有关行政复议受理和行政诉讼应诉工作。

（八）承办市政府交办的其他事项。

三、内设机构

根据上述职责，上海市城市管理行政执法局设6个内设机构：

（一）办公室（财务处）

（二）政策法规处（信访办公室）

（三）人事教育处

（四）科技信息处

（五）执法协调处

（六）执法监督处

按照有关规定设置机关党委。

四、人员编制

上海市城市管理行政执法局机关行政编制为50名。其中，局长1名（副局级）、副局长3名（正处级），正副处级领导职数12名。

非领导职数按照《公务员法》有关规定核定。

五、其他事项

（一）上海市城市管理行政执法局的国际交流与合作事务等，由上海市住房和城乡建设管理委员会管理。

（二）所属事业单位的设置、职责和编制事项另行规定。

六、附则

本规定由上海市机构编制委员会办公室负责解释，其调整由上海市机构编制委员会办公室按照规定程序办理。

上海市绿化和市容管理局主要职责内设机构和人员编制规定

（沪府办发〔2015〕50号　2015年12月28日）

根据《中共中央办公厅国务院办公厅关于印发〈上海市人民政府职能转变和机构改革方案〉的通知》（厅字〔2014〕20号）的规定，设立上海市绿化和市容管理局，为市政府直属机构。上海市绿化和市容管理局增挂上海市林业局牌子。

一、职能转变

（一）取消的职责

1. 取消对道路和公共场所清扫保洁资质等级的核定职责。

2. 取消对从事城市生活垃圾经营性清扫、收集、运输、处置的企业需停业、歇业的审批职责。

（二）下放的职责

1. 将临时使用绿地的许可下放到区县绿化市容管理部门。

2. 将林木采伐许可证的核发（市林业局年初下达的区县采伐限额范围内的林木采伐许可证）下放到区县。

3. 将林木迁移许可证的核发下放到区县林业行政主管部门。

4. 将临时占用林地的许可下放到区县林业行政主管部门。

5. 将林木种子生产许可证的核发（生产规模在100亩以下的单位和个人）下放到所在地区县林业行政主管部门。

6. 将林木种子经营许可证的核发（生产规模在100亩以下的单位和个人）下放到所在地区县林业行政主管部门。

7. 将本市重点保护野生动物驯养繁殖许可证的核发下放到区县林业行政主管部门。

8. 将郊区县出省木材运输证的核发下放到区县林业行政主管部门。

9. 将从事单一区县行政区域内的城市生活垃圾经营性清扫服务的审批下放到区县。

10. 将对配套建设的地下建筑物化粪池和其他特殊规格化粪池初步设计方案和建造方案的审批下放到区县。

（三）整合的职责

将原上海市绿化和市容管理局（上海市林业局、上海市城市管理行政执法局）的城市管理行政执法有关职责，划入重新组建的上海市城市管理行政执法局。

（四）加强的职责

1. 加强本市大型公共绿地以及立体绿化的协调推进职责。

2. 加强生活垃圾分类减量工作的组织推进、指导和监督管理职责。

3. 加强市容环境卫生责任区管理的组织推进和指导监督职责。

二、主要职责

（一）贯彻执行有关绿化、市容环境卫生和林业的法律、法规、规章和方针、政策；研究起草有关绿化、市容环境卫生和林业的地方性法规、规章草案和政策，并组织实施有关法规、规章和政策。

（二）根据本市国民经济和社会发展规划、城市总体规划、土地利用总体规划的要求，会同本市规划国土行政管理部门组织编制绿化、市容环境卫生和林业专业 规划；负责编制绿化、市容环境卫生和林业中长期发展规划和年度计划；编制绿化、市容环境卫生和林业重大建设项目建议书和可行性研究报告。

（三）负责对绿化、市容环境卫生和林业的行业管理；负责指导区县绿化、市容环境卫生和林业等方面的工作；组织协调重要节日、重大活动期间绿化、市容环境卫生和林业的保障工作；负责行业领域内公共突发事件应急预案的制定，并组织实施。

（四）组织、协调本市绿化、市容环境卫生和林业重大建设项目的实施，协调城乡重大建设项目中涉及绿化、市容环境卫生和林业设施配套建设工作；负责绿化、市容环境卫生养护市场管理、资质管理和诚信管理；审核公共绿地、市容环境卫生公共设施的设计方案；审查公共绿地、林地内建设项目的方案；协调推进郊野公园建设；指导国有林场、森林公园的建设和管理。

（五）负责公共绿地、公园、行道树管理工作，制定并组织实施公共绿地、公园、风景名胜区分级分类管理办法；依法审批公园、风景名胜区规划方案、调整方案；负责推进老公园改造工作；负责推进立体绿化发展，会同本市有关部门，研究制定立体绿化扶持政策；负责制定并组织实施绿地、行道树、立体绿化的养护技术标准；负责古树名木和古树后续资源保护和管理工作，制定古树名木保护等级标准，并组织资源调查。

（六）负责本市绿化和林业资源管理工作；负责绿化和林业资源的调查评估、动态监测、统计分析工作，开展森林生态服务价值评估；会同本市有关部门研究提出本市林业产业发展的有关政策，制定发展规划；负责林业苗木种子等行业管理；负责林木、绿地有害生物的预测预报、防治和检疫工作；会同市有关部门组织、协调护林防火工作。

（七）组织、指导本市陆生野生动植物资源的保护和合理开发利用；组织本市陆生野生动植物资源调查、监测和管理工作；依法拟订本市重点保护的陆生野生动植物名录，报市政府批准后公布、实施；会同本市有关部门组织开展自然生态修复和生物多样性保护工作；组织、协调本市湿地保护；指导本市野生动植物、湿地类型自然保护区的建设和管理；负责陆生野生动物疫源疫病监测。

（八）依法对全市市容环境卫生实施监督检查；负责生活废弃物和特定污染物的管理；负责生活垃圾分类减量工作的组织推进、指导和监督管理；负责本市市容环境卫生配套设施的管理；负责水域和特定区域有关市容环境卫生的管理；组织制定本市市容环境卫生责任区管理的相关政策、标准与指导意见，协调有关行政管理部门，将责任要求纳入行业管理的有关事项。

（九）协调本市有关部门组织编制本市户外广告设施设置规划，负责户外广告设置的审批；组织编制全市景观灯光规划和重要区域的景观灯光设施规划；制定本市景观灯光、户外广告、店招店牌、流动户外广告的中长期规划和年度工作计划；制定有关户外广告设施、景观灯光和店招店牌的技术标准和管理规定；负责景观灯光、户外广告和店招店牌等设施的安全监管。

（十）负责绿化、市容环境卫生和林业重点科研项目管理，协调开展重大科研项目创新和攻关，促进科技成果的转化；负责实施国家绿化、市容环境卫生和林业等方面的标准、规范，组织制定相关的地方性标准、规范、规程；负责组织实施绿化、市容环境卫生、林业信息化重大项目建设；加强相关领域的对外合作交流工作。

（十一）负责本市绿化、市容环境卫生和林业的普法教育和社会宣传工作，弘扬生态文化，推进生态文明；组织、协调社会参与绿化、市容环境卫生管理的相关活动，加强行业志愿者管理；承担上海市绿化委员会的日常工作。

（十二）负责林业行政执法及稽查工作，依法查处破坏森林资源的违法行为；负责依法查处破坏野生动植物、湿地资源和国家、地方重点保护野生动物生息繁衍场所和环境生存条件的违法行为；负责本市园林绿化工程建筑市场的行政执法及稽查工作。

（十三）承担有关行政复议受理和行政诉讼应诉工作。

（十四）承办市政府交办的其他事项。

三、内设机构

根据上述职责，上海市绿化和市容管理局设 14 个内设机构：

（一）办公室（信访办公室）

（二）政策法规处（研究室）

（三）规划发展处

（四）组织人事处

（五）财务管理处

（六）公园绿地处

（七）林业处（市护林防火办公室）

（八）野生动植物保护处

（九）市容管理处

（十）环卫管理处

（十一）景观管理处

（十二）行政许可处

（十三）科技信息处

（十四）社会宣传处

按照有关规定设置机关党委。

四、人员编制

上海市绿化和市容管理局机关行政编制为 158 名。其中，局长 1 名、副局长 4 名，总工程师 1 名，正副处级领导职数 44 名。非领导职数按照《公务员法》有关规定设置。

五、其他事项

（一）上海市绿化委员会办公室设在上海市绿化和市容管理局。

（二）与上海市农业委员会的有关职责分工。1. 上海市绿化和市容管理局（上海市林业局）根据国家林业局要求，进一步加强经济果林资源管理，对经济果林 的技术指导和生产监管过程中涉及产品质量安全监管的，协同市农委做好有关工作；上海市农业委员会牵头负责农产品质量安全监管，实施质量安全标准和体系，加 强经济果林生产过程中投入品使用的监管，强化农产品质量安全追溯体系建设。上海市农业委员会、上海市绿化和市容管理局（上海市林业局）在制定产业政策、产 业推进、果林设施、品牌建设以及技术、队伍、体系等方面加强协调配合，完善工作协调机制，统一政策标准，形成管理合力。2. 上海市农业委员会负责拟订本市 重大动植物疫情控制和扑灭计划，承担家畜、家禽和人工饲养、合法捕获的其他动物，以及水生野生动植物疫病防控管理工作；上海市绿化和市容管理局（上海市林 业局）负责陆生野生动物疫源疫病的监测，负责林木、绿地有害生物的预测预报、防治和检疫工作。

（三）所属事业单位的设置、职责和编制事项另行规定。

六、附则

本规定由上海市机构编制委员会办公室负责解释，其调整由上海市机构编制委员会办公室按照规定程序办理。

2015 年上海建设交通系统大事记

2015 年上海住房和城乡建设管理文件选编目录

2015 年上海住房和城乡建设管理相关数据统计

2015 年上海建设交通系统大事记

一 月

1 月起，市建设管理委联合市人力资源社会保障局决定在本市范围内开展下半年度建筑行业农民工工资清欠联合专项行动。

1 月 1 日，上海市绿化市容服务热线管理应用系统正式上线运行。

1 月 7 日，市委副书记、市长杨雄，副市长蒋卓庆，市政府副秘书长黄融以及市人大、市政协、上海警备区、市总工会等有关领导出席一年一度的立功竞赛表彰大会。大会对 2014 年重大工程和实事项目建设中作出突出贡献的先进集体和先进个人进行了表彰。全市 49 个赛区评选出 3 家优秀创新团队、8 位杰出人物、8 家金杯公司、10 家金杯集体、183 家优秀公司、461 个优秀集体、231 位建设功臣、947 位优秀建设者。

1 月 9 日，上海市码头管理中心（上海市航道管理中心）宣布成立。

1 月 12 日，蒋卓庆副市长、黄融副秘书长、市建设管理委主任汤志平分三路，分别带队赴上海航运中心、世博会博物馆、世博 A 片区、世博 B 片区、上海国际舞蹈中心项目和虹桥机场扩建工程东航基地配套工程项目等本市重大工程在建项目现场，进行安全生产、文明施工检查，并召开现场会深入推动隐患排查、落实整改及长效管理工作。检查组一行现场查看了深基坑作业、钢结构屋面吊装、高排架支撑拆除等情况，重点检查了重大工程参建各方责任主体履行安全职责情况、施工现场安全生产情况、施工现场隐患排查和重大危险源登记情况、企业资质及人员资质持证及配备情况、项目部落实各项消防安全管理制度和操作规程、消防设备的配备、消防人员知识的教育及消防应急演练等情况。

1 月 19~20 日，市建设管理委在上海学尔森专修学院组织开展了本市第一期建筑施工项目经理“千人培训”活动，参训学员 136 人。本期培训对象为 2014 年 1 月 1 日后，工程项目受到建设行政主管部门给予行政处罚、安全生产动态考核中有违规记录、以及受到市建管委通报批评的项目经理。培训内容是对现场施工项目经理普遍存在问题的分析、相关法律法规的宣贯、现场组织管理以及专业工程实务管理知识等。

1 月 29 日下午，市建设管理委副主任裴晓会见美国欧特克软件公司全球高级副总裁 Amar Hanspal 一行。Amar Hanspal 先生介绍了欧特克公司的技术优势，表达了与上海市政府在 BIM 技术应用方面的合作意愿。市建设管理委有关处室简要介绍了上海工程建设领域 BIM 技术应用的基本情况、主要目标、存在问题和推进计划。

1 月，为有效防范和坚决遏制各类安全事故发生，促进本市建设工程施工安全和燃气运行、使用安全，市建设管理委突出重点行业、领域着力抓好春节期间安全生产工作：一是市、区两级建设行政管理部门组织开展安全生产大检查，项目参建各方开展自查自纠，确保安全隐患得以整改；二是深入推进工程质量治理两年行动，加大对在建工程的监督检查力度，发现质量安全隐患立即督促整改。建立健全质量安全保证体系，把质量安全责任落实到项目、落实到班组、落实到岗位、落实到人员；三是加强燃气安全管理，开展安全检查，对存在的隐患及时整改。加强安全用气教育，提高公众燃气安全防范意识。对本市非法液化气销售窝点，坚决予以取缔；四是从严从快查处各种违法违规行为，特别是造成人员伤亡事故的责任企业和个人，加大责任追究力度；五是加强应急值班和信息报送，坚持领导干部到岗带班，关键岗位 24 小时值班，严格执行安全生产事故专报制度。各单位应完善应急预案，确保突发事故能及时有效处置。

1 月，市住房保障房屋管理局加强各项安全生产管理工作，确保城市安全有序运行。一是印发《关于认真开展安全隐患排查切实做好当前安全管理工作的紧急通知》，要求各区县围绕住宅小区运行安全、老旧住房安全隐患排查及处置、住宅修缮施工安全、建构筑物拆除施工安全、征收（拆迁）基地房屋安全等房管系统安全管理重点行业领域，从即日起至 3 月底开展安全生产大检查和风险隐患排查治理工作；二是加强各项安全生产管理，严格落实安全生产责任；三是强化住宅小区综合治理，加大对危害房屋使用安全和容易导致治安消防安全隐患行为的行政执法力度，发现问题及时整改处置。同时，做好各项应急保障措施，完善应急预案，落实应急队伍，加强应急值守和信息报送。

1月，市绿化市容局组织国内知名生活垃圾焚烧专家，开展本市生活垃圾焚烧厂运营评价工作。对各焚烧厂的运行、环保、经济三大指标进行检查评价后，专家组认为本市生活垃圾焚烧厂运营管理水平较高，烟气排放各项指标都优于国家标准，其中老港焚烧厂、金山焚烧厂、黎明焚烧厂等厂表现特别优秀。下阶段，市绿化市容局将继续完善考评标准，定期组织考评活动，不断提高本市生活垃圾处理水平，逐步实现“国内领先、世界一流”的城市垃圾处置目标。

1月，本市自2014年10月初组织开展的保护迁徙鸟类年度专项行动——“季风行动”结束。全市野生动植物保护部门共出动检查执法人员总计2543人次，车辆844车次，在林绿地、滩涂湿地、市场、饭店开展检查合计2233次。共收容救护野生鸟类活体185只（重点保护级别4只），收缴非重点保护野生鸟类死体218只，拆除网具共计3164张，拆除捕猎窝棚22个，对花鸟市场、农贸市场、集贸市场、张网捕鸟重点区域的相关人员以及市民开展野生鸟类保护及相关法律法规宣传202次。在行动期间，各区野生动植物保护部门与公安、工商、食药监、城管等部门开展联合执法合计17次，期间办理行政案件1起，配合办理刑事案件2起，处理涉案当事人7名，涉案单位2家。

二 月

2月6日，市政府就加强本市住宅小区综合治理工作召开了专题推进会，黄融副秘书长主持本次会议，蒋卓庆副市长发表讲话，24个市级相关部门和17个区县参加了会议。会上，市建设交通工作党委书记崔明华同志对《关于加强本市住宅小区综合治理工作的意见》和《上海市加强住宅小区综合治理三年行动计划（2015-2017）》的起草编制情况进行了说明，市建设管理委副主任、市住房保障房屋管理局局长刘海生同志就加强物业服务管理、推进“代理住房租赁”等工作情况进行了汇报。

2月10日，市建设交通系统召开2015年党风廉政建设大会。这次会议的主要任务是深入学习贯彻习近平总书记系列重要讲话精神，认真落实十八届中央纪委五次全会和十届市纪委四次全会精神，回顾总结2014年建设交通系统党风廉政建设和反腐败工作，动员部署2015年各项任务。会议由市建设交通工作党委副书记、市交通委主任孙建平主持，市建设交通纪工委书记姜蓉作了工作报告，市绿化市容局、上海铁路局、海洋石油局、嘉定区建交委4家单位作了交流发言，市建设交通工作党委书记崔明华作讲话。

2月10日，市建设交通工作党委书记崔明华主持召开市建设交通系统“十三五”规划推进专题会议。市建设管理委副主任蒋曙杰、总工程师刘千伟、秘书长金晨、市水务局总工程师周建国、市绿化市容局副总工程师张浪以及委相关职能处室参加会议。会议讨论了市级专项规划《上海市城乡建设和管理“十三五”规划》的相关工作方案，市水务局、市绿化市容局、市住房保障房屋管理局汇报了各自牵头负责的市级专项规划的工作进展，委相关处室汇报了各自牵头负责研究的专项规划的工作进展。

2月12日，市政府召开2015年上海市旧区改造工作会议。蒋卓庆副市长出席会议并讲话，黄融副秘书长主持会议并代表市政府与10个区签订2015年旧区改造目标责任书，市建设交通党委书记崔明华同志总结

2014 年本市旧改工作、部署 2015 年任务，杨浦区、虹口区作交流发言。

2 月 13 日，市建设交通系统召开纪检监察工作会议，具体部署和细化明确 2015 年纪检监察工作任务。

2 月 17 日，蒋卓庆副市长召开市政府专题会议，研究落实座谈会精神专项工作方案和海绵城市建设试点申报工作。市建设管理委、市发展改革委、市交通委、市规土局、市水务局、市绿化市容局、市房管局、浦东新区、普陀区、松江区、临港管委会等单位参加会议。

2 月 26 日，市建设交通工作党委召开市、区（县）建设交通党委书记、主任联席会议。会议的主题是：全面落实从严治党、依法行政，进一步加强市区联动，推动建设交通事业创新转型和党的建设新发展。

2 月，市燃气管理处召开 2015 年器具维修电话主渠道公开工作会议。为遏制市场上出现的通过冒用燃气器具厂家名义，以上门服务为手段，实为进行诈骗的非正规燃气器具安装维修欺诈行为问题，市燃气管理处召开 2015 年器具维修电话主渠道公开工作会议，本市燃气集团及主要燃气器具品牌服务商参加了本次会议。

2 月，为加强本市建筑信息模型（简称“BIM”）技术的应用推广，提高市相关管理部门的统筹协调和协同联动，市政府办公厅正式发文成立上海市建筑信息模型技术应用推广联席会议。联席会议主要负责组织制定 BIM 技术应用发展规划、实施计划和各项政策措施，协调推进 BIM 技术应用推广。联席会议由副市长蒋卓庆担任总召集人，市建设管理委、市发展改革委、市经济信息化委、市财政局、市审计局、市交通委、市教委、市卫生计生委、市科委、市规划国土资源局、市住房保障房屋管理局、市水务局、市消防局、市民防办等 14 家单位作为成员单位。联席会议下设办公室，负责主持联席会议日常工作，办公室设于市建设管理委。

三 月

3 月 1 日起，本市实施新版《建筑业企业资质标准》。2007 年 6 月 26 日原建设部颁布的《建筑业企业资质管理规定》（建设部令第 159 号）同时废止。按照《实施意见》要求，本市所有建筑业企业应在 2016 年 12 月 31 日前完成资质就位。

2 月 4 日至 3 月 15 日，上海铁路局累计发送旅客 5263.3 万人，日均发送 131.6 万人，同比增长 10.8%，客发总量居全路首位。3 月 7 日发送旅客 157.8 万人，再创春运单日客发历史新高。其中上海地区上海虹桥、上海、上海南三站共发送旅客 1016.4 万人，同比增长 9.9%。春运期间，全局共加开旅客列车 7300 列，其中直通 5802 列，管内 1498 列，客车始发、运行正点率分别为 99.4% 和 97.4%。

3 月 2 日，本市召开 2015 年度人大代表建议和政协提案办理工作会议。市委常委、常务副市长屠光绍，市人大常委会副主任钟燕群，市政协副主席李良园出席会议并讲话。市政府秘书长李逸平、市委办公厅副主任李晨昊分别通报了市政府系统、市委系统 2014 年建议提案办理工作情况和 2015 年市“两会”期间建议提案情况。今年本市两会期间，市人大代表、市政协委员共提出代表建议 833 件、提案 856 件。市建设管理委目前共收到代表建议 53 件，其中主办件 24 件，会办件 29 件；共收到委员提案 43 件，其中主办件 15 件，会办件 28 件，已全部发送至相关职能处室抓紧办理。

3月26日，本市召开2015年城乡建设管理工作会议，市建设交通工作党委副书记田赛男主持会议，市建设管理委副主任蒋曙杰作工作报告，总结2014年城乡建设和管理系统工作，部署2015年建设管理工作重点。市建设交通工作党委书记崔明华出席会议并作重要讲话。市建设交通工作党委、市建设管理委、市水务局、市住房保障房屋管理局、市绿化市容局、市建设管理委直属单位、市城市综合管理推进领导小组等办公室、各区（县）建设管理委（建设交通委）、城管执法局，黄浦区市政委、浦东新区环保市容局等单位、各区（县）网格化综合管理中心、拆违办、市政市容联办、各专业监督站、各省市驻沪办建管处、建设管理行业部分人大代表、政协委员、本市和外省市进沪部分企业、有关行业协会、学会等负责同志参加了本次会议。

3月，第十一届国际绿色建筑与建筑节能大会暨新技术与产品博览会在京召开，市建设管理委副主任裴晓带队参展。市建设管理委展台以科技创新、转型发展、绿色建筑、宜居城市为主题，共分为绿色建筑、公建改造、装配式建筑等内容，展区面积144平米，展示了本市近年来在绿色建筑和建筑节能领域的重要成果，获得了与会来宾的高度评价。展会期间，依托上海市建筑科学研究院成立的我国目前唯一一家以“绿色建筑”作为检验对象的国家级产品质检机构（国家绿色建筑质量监督检验中心）正式揭牌。

四　月

4月8日，本市召开2015年违法建筑治理工作会议。市建设管理委解读了十部门联合出台的《关于贯彻落实 < 关于进一步加强本市违法建筑治理工作的实施意见 > 的若干意见》（沪建管联[2015]207号），并通报了2015年一季度全市拆违工作情况。

4月8日，本市召开养护作业市场化改革工作领导小组会议。会议交流了各区县养护作业市场化改革工作的相关经验和做法，市建设管理委、市水务局、市绿化市容局、市路政局部署了2015年养护作业市场化改革相关工作。

4月9日，市建设交通工作党委召开本市建设交通系统信访综治工作会议。市建设交通工作党委书记崔明华出席会议并讲话。市建设交通工作党委副书记田赛男总结了2014年度信访综治工作情况，部署了2015年工作。市建设交通工作党委委员、市建设管理委副主任蒋曙杰主持会议并传达国家和本市信访综治工作相关精神。系统各单位签订了新一轮《信访工作目标责任书》。会上，市交通委、市绿化市容局、市住房保障房屋管理局、市数字化城市管理中心、市水务建设工程安全质量监督中心站和徐汇区建设交通委等6家系统行业单位分别从不同的工作侧面对信访、综治工作进行了交流发言。市建设交通工作党委、市建设管理委领导及机关各处室负责人，市交通委、市水务局、市绿化市容局、市住房保障房屋管理局领导及信访、综治部门负责人，市建设交通系统中央在沪单位领导及信访、综治部门负责人，市建设交通工作党委、市建设管理委直属单位领导及信访、综治部门负责人，以及区县建设交通党委领导等150余人出席会议。

4月21日，崔明华书记组织召开专题会议，研究《上海市城乡建设和管理委员会行政投诉处理规定》制定相关事宜，进一步推进行政投诉处理工作制度化、规范化、程序化。袁嘉蓉副主任、金晨秘书长参加了会议。

4月22日，由原建设部副部长宋春华、住建部住宅产业中心副主任文林峰带领的专家委员会对上海申报“国家住宅产业现代化综合试点城市”工作进行了专题评审。专家组一致同意通过评审，并希望上海以建立试点城市为契机，进一步发挥政策、技术和产业优势，不断总结可复制、可推广的工作经验，进而在全国范围内起到引领示范作用。

4月28日，市建设交通工作党委在上海群众艺术馆召开“上海市建设交通系统纪念五一国际劳动节暨劳模创新工作室创建工作推进大会”。会上表彰了2010–2014年度上海市劳模，播放宣传片《上海建设交通系统劳模创新工作室巡礼》，回顾总结了市建设交通工作党委2013年以来大力推进劳模创新工作室创建工作的历程，命名了11个市建设交通系统劳模创新特色工作室，同时揭牌成立了“绿色建筑与建筑节能”劳模创新工作室联盟。

五 月

5月，市建设管理委研究起草《上海市建设工程合同信息报送管理规定》。该规定是对2012年8月市建设交通委印发的《上海市建设工程合同备案管理规定》（沪建交〔2012〕947号）的补充调整。将原文件的合同备案制度调整为合同报送制度，并对合同信息报送的范围、类型、要求、流程等作了调整和完善。合同报送方式在维持网上报送的同时，引入了数字签名形式，并由合同双方对报送信息确认后进行数字签名，取代了原先将合同双方签字盖章的合同备案表扫描上传的做法。该规定还将重点围绕责任主体和相关部门的责任分工、合同信息在企业资质申报中的应用、项目管理的有关规定、合同信息的共享和使用等十一个方面明确具体的管理要求。该规定已经审议通过，下一步将征求市政府法制办同意后正式印发执行。同时，原《上海市建设工程合同备案管理规定》将废止。

5月7日，本市成功举办了以“建筑绿色化、建筑工业化、建筑信息化”为主题的国际论坛，中国工程院缪昌文院士、美国斯坦福大学马丁·费舍尔教授等多位国内和国际知名专家，就绿色建筑发展的先进理念、成功案例、创新技术和前沿态势进行了友好交流。市政府副秘书长黄融、市建设交通工作党委书记崔明华、市建设管理委副主任裴晓会见了本次与会嘉宾和专家。

5月12日，市建设交通行业2015年精神文明建设工作会议在上海图书馆报告厅召开，市精神文明办公室副主任宋慧，市建设交通工作党委书记崔明华出席会议并讲话，市建设交通工作党委副书记田赛男做工作报告。大会传达了国家住房建设部、交通运输部有关文件，通报了市建设交通系统12个“上海市文明行业”、163家“上海市文明单位”、9家“上海市建设交通系统文明单位”和10个上海市建设交通系统窗口行业“优秀服务品牌”名单，部分获奖单位代表上台领奖，5个获奖的“优秀服务品牌”做了演讲交流。会议由市建设交通工作党委副书记、市交通委主任孙建平主持，上海建设交通各相关行业负责人、文明行业创建工作者、先进行业和单位的代表500余人出席了会议。

5月18日，市建设交通工作党委书记崔明华为市建设交通系统党员领导干部“三严三实”专题教育上党课。市建设交通工作党委、市建设管理委调研员、副调研员、科级及以下机关干部；市建设交通工作党委、市建设管理委直属单位党委班子成员参加了授课。

5月18日，2014年度上海市科学技术奖励大会顺利召开，全市共授奖287项(人)，由市建设管理委推荐申报的6个项目获奖，其中一等奖2项，二等奖1项，三等奖3项。分别是：由上海申通地铁集团有限公司毕湘利等完成的“软土隧道工程运营结构安全关键技术”、赵时杲等完成的“城市轨道交通网络化关键设备及安全实时嵌入式操作系统的自主研发与应用”获上海市科技进步奖一等奖；由上海申通地铁集团有限公司俞光耀等完成的“市域轨道交通建设关键技术”获上海市科技进步奖二等奖；由中国建筑第八工程局有限公司肖龙鸽等完成的“特大断面超浅埋市区立体换乘车站暗挖施工关键技术”等3个项目获上海市科技进步奖三等奖。

六 月

6月，市建设管理委员会发布《2014年度上海市国家机关办公建筑和大型公共建筑能耗监测平台能耗监测情况报告》。截止去年底，已有16个区级平台和1个机关分平台实现与市级平台的互联互通并完成验收，累计共有951栋建筑完成能耗监测装置安装并实现了与市级平台的数据联网，覆盖建筑面积达4248万平方米，其中国家机关办公建筑105栋，覆盖建筑面积约195万平方米，大型公共建筑846栋，覆盖建筑面积4053万平方米。

6月8日，市绿色建筑协会举办“BIM技术应用交流会暨上海建筑信息模型技术应用推广中心成立大会”，市建设交通工作党委书记崔明华、市监察局局长顾国林、市建设管理委副主任裴晓出席会议。

6月，市建设管理委首次发布上海绿色建筑发展报告。《上海绿色建筑发展报告(2014)》由上海市城乡建设和管理委员会组织编制完成。报告分总论、政策管理、技术进步、综合成果、未来发展和附录六个部分，主要内容涵盖本市绿色建筑管理组织架构、专项政策及能力建设等各方面。本报告总结了2014年本市绿色建筑的研究成果和实践经验，力求全面系统地展现本市绿色建筑行业发展现状、方向及遇到的问题。

6月下旬，上海建设交通行业安全文化展示会召开。市建设交通系统各委局和直属单位、中央在沪单位、区县建设交通系统单位、部分市建设交通行业单位的领导和有关部门负责人130余人出席了会议。会上，上海核工程研究设计院、城投原水有限公司、市公园管理事务中心、上海静安置业(集团)有限公司、中交第三航务工程局有限公司、市安装工程集团有限公司、上海申通地铁集团有限公司和上海铁路局上海机务段等八家单位分别就安全文化建设的做法、经验和成果作了交流。

七 月

7月1日，《上海市房屋建筑和市政工程施工招标评标办法》正式施行。该《评标办法》主要针对原有施工评标办法存在针对性不强、评标过程人为因素过多，投标价格恶性竞争等制度问题，研究制定了三类不同规模和特点的评标办法：适用于小型政府投资工程的简单比价法；适用于中型工程的经评审的最低价法；适用于大型、施工技术复杂工程的综合评估法。

7月8日，由市建设交通工作党委、市建设管理委、市交通委、新民晚报社、上海广播电视台合作举办的2015年“夏令热线”在12319城建热线服务中心正式开通。蒋卓庆副市长、市政府副秘书长黄融、市建设交通工作党委书记崔明华、新民晚报社总编辑陈启伟等领导参加了开通仪式并接听市民来电。这是市建设交通系统政府部门与新闻媒体连续合办的第十届“夏令热线”活动。与往年相比，今年的“夏令热线”更多关注用“互联网+”手段创新城市管理。8月11日，2015年“夏令热线”在12319城建热线服务中心正式闭线。活动期间，12319热线共接到市民来电8.7万个，日均2547个，受理各类信息7.6万件。市民关注的投诉、举报类前三类问题依次是：违法建筑、乱设摊和出租车拒载。

市建设管理委联合有关方制定了《本市住宅小区电能计量表前供电设施更新改造项目竣工验收管理办法》，明确了电力、住房保障和房屋管理、市建设管理等部门在表前供电设施更新改造项目竣工验收过程中的职责分工，并对项目竣工验收及竣工备案的程序和要求作了进一步规范。

7月30日，市政府召开会议，专题研究本市建筑垃圾处置有关工作。市建设管理委邓建平副主任汇报了本市建筑垃圾管理工作情况。各部门就建筑垃圾分类和源头管理、资源化利用、运输过程管理、消纳卸点规划落实等方面开展了讨论。

7月28日，由上海现代设计集团牵头、上海地产、上海建工、上海城建等七家上海建筑业龙头单位共同发起成立了上海建筑工业化产业技术创新联盟，旨在通过有效融合行业资源，打通设计、制造、施工、装修一体化产业链，进一步促进建筑行业转型升级、提高装配式建筑的质量水平。

7月，上海成功获批“国家住宅产业现代化综合试点城市”。

八 月

8月7日，市建设交通工作党委召开“三严三实”专题学习会，重点围绕“严以律己”主题，开展深入的学习研讨。市建设交通工作党委领导班子成员，市建设交通工作党委、市建设管理委机关处室主要负责人，市公积金中心、市建设交通发展研究院及委直属单位党政主要负责人出席。

8月，市建设管理委编制完成《上海市城市网格化综合管理标准（试行）》。新版《上海市城市网格化综合管理标准（试行）》将2010年旧版中10大类120种小类部、事件调整为13大类144种小类，具体包括：部件类的公用设施、道路交通、环卫环保、园林绿化和其他设施，共5大类87小类；事件类的环卫市容、设施管理、突发事件、街面秩序、市场监管、小区管理、农村管理和街面治安，共8大类57小类。

8月，市建设管理委发布《上海市推进建筑信息模型技术应用三年行动计划》。《计划》由市建筑信息模型技术应用推广联席会议办公室会同联席会议各成员单位研究制定，分为工作目标、实施步骤、具体工作和分工三部分。自2015年起，将用三年时间完成“试点培育、推广应用和全面应用”各阶段工作任务。

九 月

9月，市建设交通系统党组织书记培训班结业，来自市建设交通工作党委、市建设管理委、市交通委、市水务局、市绿化市容局、市住房保障房屋管理局的机关处室党支部负责人、所属单位党组织负责人等170余人参加了培训。

9月，市建设管理委印发《关于城市网格化综合管理向住宅小区延伸的实施方案》。《方案》将村居工作站纳入街镇网格化综合管理平台，拟推动住宅小区问题在街镇层面的多渠道发现和扁平化处置。

9月，市建设管理委会同市交通委、市绿化市容局制定了《上海市建筑废弃混凝土资源化利用管理暂行规定》。《暂行规定》从加强收集和运输、规范资源化利用、促进再生建材推广应用等方面进行细化，建立形成建筑废弃混凝土收、运、处、用一体化运作模式，加快落实建筑废弃物减排和资源利用。

9月，本市举办“上海市市民低碳行动——绿色建筑进校园”系列活动。活动范围涉及全市中小学和高校。活动内容包括：国际大学生绿色建筑领袖夏令营、绿色校园建设和运营管理培训、建立绿色建筑科普基地、“绿色科技与低碳生活”选修课、科普知识问卷调查、征文征画等。活动旨在通过对绿色建筑理念、知识的宣传和普及，激发广大学生对绿色建筑的关注和兴趣，进一步强化校园绿色行为，并带动全社会“节水、节能、绿色、环保”理念的扩散。9月25日，系列活动启动仪式暨《绿色校园与未来》新书发布会在同济大学顺利举行。

十 月

10月9日，市政府召开上海市建设交通系统干部大会，宣布组建上海市住房和城乡建设管理委员会，为上海市人民政府组成部门。原上海市城乡建设和管理委员会、上海市住房保障和房屋管理局的职责，整合划入上海市住房和城乡建设管理委员会，不再保留上海市城乡建设和管理委员会、上海市住房保障和房屋管理局。中共上海市城乡建设和交通工作委员会、上海市住房和城乡建设管理委员会合署办公。同时，市城市管理行政执法局由在市绿化和市容管理局挂牌，调整为单独设置，由市住房城乡建设管理委管理，机构级别为副局级。

10月12日，市建设交通工作党委、市住房城乡建设管理委召开全体干部大会，传达学习市领导关于市城市建设管理机构改革的重要讲话精神。市建设交通工作党委书记崔明华在讲话中分析了当前的形势任务，通报了机构改革和职能调整的有关情况，并对全体干部的自身建设提出了要求。市住房城乡建设管理委主任顾金山指出全体机关干部要深入学习蒋卓庆副市长在10月9日上海市建设交通系统干部大会上的重要讲话精神，按照机构改革的部署安排，将市领导的要求转化为推进事业发展的实际行动，努力把上海的城市建设管理水平推上新台阶。

10月16日，市建设交通工作党委召开“三严三实”专题学习会，重点围绕“严以用权”主题，开展深入的学习研讨。市建设交通工作党委书记崔明华同志主持会议。市建设交通工作党委、市住房城乡建设管理委领导班子成员，市公积金中心、市建设交通发展研究院、市城管执法局党政主要负责人出席。

10月21日，于福林副主任带队调研闵行区大型居住社区建设推进工作。闵行区副区长于勇，区相关部门和单位参加了调研。

10月23日至10月27日，住房城乡建设部稽查办副主任朱长喜率2015年全国工程质量治理两年行动监督执法检查第十二检查组，就本市工程质量治理两年行动工作开展情况进行为期5天的督导检查。市住房城乡建设管理委副主任裴晓陪同检查。检查组一行通过实地查看、资料检查、现场问答等方式先后对随机抽查的上海交通大学医学院附属瑞金医院肿瘤（质子）中心项目、松江区新桥镇九新公路14号增减挂钩安置地块动迁安置房项目等6个涉及保障性住房、重大公共建筑项目，重点检查在建项目在贯彻落实工程质量安全和市场经营行为管理法律法规和标准规范情况。本次检查共涉及6家建设单位，6家施工总承包单位，33家专业分包单位，13家劳务分包单位，4家监理单位，检查组同时还听取了本市危旧房处置管理情况。

10月26日，蒋卓庆副市长实地视察大沽路道路照明灯杆综合利用试点项目。黄融副秘书长，市住房城乡建设管理委等相关委办局主要领导陪同。该项目作为全国首家落地的道路照明灯杆综合利用项目，共安装了15根“智慧灯杆”，初步实现了灯杆节能、智能和多功能的目标。

10月29日，长宁区副区长张连城率队来委调研，与顾金山主任就住房城乡建设管理领域工作进行了交流对接。委各相关处室与长宁区建管委、水务局、房管局、城管执法局等部门进行了工作交流。

10月29日，住建部建筑节能与科技司在沪召开“上海市公共建筑节能改造重点城市示范项目验收会”，听取了关于本市重点城市示范工作和项目节能改造技术情况的汇报，肯定本市示范项目取得的成绩，并一致同意通过验收。

10月，本市公共建筑能耗监测系统全面建成。奉贤区建筑能耗监测区级分平台已通过专家评审验收。至此，本市“1+17+1”建筑能耗监测系统（即：市级建筑能耗监测市级平台、17个区级分平台、1个市级机关分平台）实现全部联网，标志着“全市统一、分级管理、互联互通”的公共建筑能耗监测网络顺利建成。建成后的监测系统，将对本市公共建筑节能起到巨大推动作用，为提升本市公共建筑用能效率提供重要的基础数据服务。

10月，袁嘉蓉副主任组织召开设计文件审查落实简政放权专题会议。市审改办、市住房城乡建设管理委、市审查中心有关负责人参加了会议。会议听取了市审改办有关《本市2015年推进简政放权放管结合转变政府职能工作方案》（沪府发〔2015〕38号）文件出台背景及工作思路的介绍。

10月，本市根据住建部、财政部、人民银行《关于切实提高住房公积金使用效率的通知》要求，向住建部等国家部委申报批准试点的公积金各代资产证券化项目得到批准。

十一月

11月，本市顺利举办“2015中国上海绿色建筑与建筑节能科技周”活动。市人大常委会副主任薛潮、市政府副秘书长黄融出席开幕式并致辞。市住房城乡建设管理委主任顾金山，副主任裴晓、于福林等出席专题活动。此次“科技周”活动由中国建筑节能协会和上海市绿色建筑协会具体实施，主要包括了国际绿色建筑与节能展览会和16个专业分论坛，涉及互联网+绿色住宅产业、绿色运行、建筑节水技术等主题，旨在通过国内外科技成果展示，分享交流创新实践经验，引领绿色建筑和节能行业健康发展。

11月6日，由市住房城乡建设管理委和虹口区政府主办，虹口区民防办和市城市综合管理事务中心承办的“2015年上海市地下空间消防疏散应急演练”在虹口区四川北路1350号利通广场地下车库举行，虹口区民防办、川北街道、消防支队、卫计委、川北派出所、新中物业公司、区交警支队等相关单位共计150余人参加了此次演练。演练内容包括火情报警、紧急疏散、人员施救及消防灭火等项目。

11月9日，顾金山主任主持召开黄浦江两岸开发工作专题会议，听取了关于黄浦江两岸开发近期重点工作、“黄浦江两岸地区公共空间建设三年行动计划”推进情况和《黄浦江两岸地区发展“十三五”规划》初步成果的汇报

11月9日至11月15日，应上海市援疆前方指挥部要求，市住房城乡建设管理委组织委质安处、市安质监总站和市施工行业协会相关人员，由裴晓副主任带队赴新疆喀什对第八批援疆4个“交钥匙”项目进行了实地检查，这4个项目具体是妇女儿童医院、体育中心和2个综合建筑。

11月10日上午，市住房城乡建设管理委主任顾金山、副主任邓建平一行赴上海市城市管理行政执法局执法总队开展调研，听取了执法总队关于今年以来主要工作情况的汇报。市城管执法局党组书记、局长徐志虎陪同调研，并就近期城管体制机制改革后市城管执法局面临的问题和挑战做了补充说明。

11月11日，市人大城建环保委召开会议，专题听取《本市城乡建设和管理“十三五”规划》编制工作情况，市人大常委会副主任薛潮出席会议。市住房城乡建设管理委顾金山主任、蒋曙杰副主任、金晨秘书长出席，并介绍了“十三五”规划编制工作有关情况，各与会委员、人大代表提出了有关建议。

11月16日，顾金山主任召开专题会议，分别听取了住房保障“十二五”有关情况和“十三五”主要工作思路、2016年保障性安居工程目标任务安排、大型居住社区保障性住房2015年工作完成情况和2016年建设计划、旧住房综合改造情况，以及保障性住房供应工作汇报。于福林副主任、庞元巡视员就相关工作作了补充和强调。

11月18日，崔明华书记赴市房地产交易中心调研，察看交易登记服务窗口、962269交易登记行业服务热线接线大厅，并听取相关工作汇报。

11月19日至11月21日，华东六省一市住建厅（委）厅长（主任）座谈会在山东省济南市召开，会议围绕“学习贯彻五中全会精神，科学编制建设事业‘十三五’规划”这一主题，贯彻落实了十八大和十八届三中、四中、五中全会精神。上海市住房城乡建设管理委顾金山主任、江苏省住建厅周岚厅长、浙江省住建厅钱建民厅长、福建省住建厅龚友群厅长、安徽省住建厅陈爱民巡视员、江西省住建厅曾绍平副厅长及相关处室负责人参加了此次会议。

11月23日，上海市加快实施最严格水资源管理制度试点通过了水利部和上海市人民政府的联合验收。

11月24日，于福林副主任会同市通信管理局、市经信委、上海电信相关职能部门专题研究推进结合旧住房修缮改造实施小区通信管线入地和环境提升试点工作。

11月25日上午，顾金山主任专题听取了关于本市建设工程招投标管理模式改革初步设想的情况汇报。会上，市市场管理总站对关于招投标国际规则和深圳招投标改革做

法、本市招投标现有做法和主要问题、本市招投标管理改革的初步设想和需要说明的问题四方面进行了介绍。委建筑市场监管处就改革的初步设想作了补充汇报，提出主要遵循的原则是：分类监管、放管结合；简政放权、提速增效；明确责任、阳光操作；诚信竞标、低价中标。

11月，住建部建筑市场监管司司长吴慧娟、副司长刘晓艳等一行四人来沪调研工程监理行业改革和发展情况。调研组27日走访了福陆丹尼尔公司和必维国际检验集团两大国际工程咨询公司。28日召开了专题座谈会，听取了本市监理企业和浦东新区建设管理部门对监理制度改革、调整强制监理范围、发挥监理作用、支持监理企业做优做强等方面的意见和建议。裴晓副主任陪同参加了座谈会。

11月，由上海市绿色建筑协会绿色住宅专业委员会和上海市房地产科学研究院共同主办的“信息化·智能化——住宅发展新理念的探索与实践”专题论坛在上海市新国际博览中心顺利召开。本次论坛是2015年“上海绿色建筑与建筑节能科技周”系列活动之一。市住房城乡建设管理委于福林副主任、市绿色建筑协会副会长兼秘书长许解良出席并作大会致辞。来自政府管理部门、高校科研机构、房地产开发企业、建筑设计企业等200余名业内人士参加了本次论坛。

11月，裴晓副主任参加住房城乡建设部全国深入推进工程质量治理两年行动电视电话会议，部署下一步工作。住房城乡建设部于近期召开了全国深入推进工程质量治理两年行动电视电话会议，会议总结了全国工程质量治理两年行动开展的情况，要求下一步能够进一步明确工作重点、狠抓贯彻落实、加强监督执法、强化社会共治、完善长效机制。会议同时研究部署了两年行动下一阶段工作。会后，裴晓副主任在现场召开了动员部署会，要求各单位严格按照会议精神，认真学习、深刻领会、积极贯彻，对前阶段发现的问题，要结合本市行业实际，举一反三，抓好整改。裴晓副主任同时对本市下阶段治理工作提出了三点要求：一要认清形势，进一步增强责任感和紧迫感。二要狠抓到底，进一步加大专项治理工作力度。三要加强自律，进一步发挥行业协会和大型企业作用。委相关处室及事业单位、各区县建设行政主管部门、外省市驻沪建管部门、相关行业协会、部分施工企业、监理企业列席了本次会议。

十二月

12月4日至12月6日，住建部稽查办朱长喜副主任带领的住建部检查组来沪检查本市2015年建筑节能与绿色建筑行动实施情况。检查组通过听取汇报、查阅资料、召开座谈会、实地查看等方式，抽查了本市15个建筑节能、绿色建筑及既有公共建筑节能改造项目。反馈会上，检查组充分肯定了本市在相关工作中取得的成绩，认为上海在明确目标、落实责任、完善有关法律法规体系与监管机制等方面取得了明显成效，建筑节能与绿色建筑发展处于全国领先水平。

12月7日，于福林副主任召开2016年旧住房修缮改造工作专题会议。会议总结了2015年本市旧住房修缮改造各项工作，并对2016年旧住房修缮改造重点工作进行了部署。

12月11日，市住房城乡建设管理委召开征文发布评审颁奖大会，各勘察、设计、审图、施工、监理、检测、建材等单位积极参与，活动共收到论文582篇。大会邀请中国工程院叶可明院士、江欢成院士等10名专家组成征文评审委员会，经层层筛选、现场发布、最终评审等程序，上海市政工程设计研究总院（集团）有限公司谢明撰写的“明挖地下通道结构变形缝设置探讨”等3篇论文被评为“一等奖”，同济大学建筑设计研究院（集团）有限公司张峥撰写的“大跨度钢结构设计中常见问题的研究与探讨”等7篇论文被评为“二等奖”。委员会同时还评出了20篇“三等奖”、100篇“优胜奖”和上海市工程建设质量管理协会等5个“优秀组织单位”。

12月14日，顾金山主任带队先后检查了杨浦区平凉街道18街坊住宅项目和虹口区市第一人民医院改扩建工程的安全生产工作。副主任裴晓、秘书长金晨以及委办公室、建筑市场监管处、质量安全监管处和市安质监总站主要负责人参加了检查。

12月14日，邓建平副主任、王以中巡视员带队，赴黄浦、虹口区共四个地下空间对地下空间安全使用管理工作进行了联合检查。市住房城乡建设管理委设施管理处、物业管理处、市综管中心，联同市民防办、市公安局、市消防局、市安监局、市水务局等市地下空间管理联席会议成员单位参加了本次检查。

12月10日，蒋卓庆副市长主持召开研究加强本市道路扬尘污染治理有关工作专题会议，黄融副秘书长参加。会议听取了市绿化市容局关于《关于加强本市道路扬尘污染治理的实施意见》和《道路扬尘污染治理车辆配置方案》拟定情况的汇报。

12月11日，崔明华书记带队检查重大工程安全生产工作，对轨道交通14号线浦东大道站（东西通道合建段）、上海国际金融中心项目进行实地检查。

12月15日，市住房城乡建设管理委召开2015年度上海市勘察设计审图质量工作会议。会议总结了全市勘察设计审图行业取得的成绩和经验，分析了当前存在的主要问题，并对2016年行业质量监管工作进行了布置。

12月15日至12月16日，由住建部城建司副司长章林伟和国家发改委相关负责人组成的考核组，对本市进行了节水型城市复查。考核组在听取了关于本市复查工作的汇报，查阅了相关文件、台账资料，并对本市城镇生活用水、工业用水进行现场考察后，一致认为上海市可通过节水型城市复查考核。

12月18日，刘千伟总工程师赴市城建（园林）学校调研。调研中听取了关于学校“十三五”规划方案的汇报、关于学校中高职和中本贯通、示范校建设、学业水平考试等工作的介绍，以及学校党委“三严三实”主题教育活动开展、“三个育人”建设先锋活动和党委纪委“双责任”制工作开展情况的汇报。

12月21日，顾金山主任听取装配式建筑推进工作汇报，并明确2016年发展目标。裴晓副主任参加了会议。

上海市住房和城乡建设管理文件选编目录

一、建筑建材业管理

【全国人大】关于修改《中华人民共和国立法法》的决定

【全国人大常委会】关于修改《中华人民共和国港口法》等七部法律的决定

【国务院】中华人民共和国政府采购法实施条例

【国务院】关于“先照后证”改革后加强事中事后监管的意见

【国务院办公厅】关于印发国家标准化体系建设发展规划（2016–2020 年）的通知

【国务院办公厅】关于印发自由贸易试验区外商投资准入特别管理措施（负面清单）的通知

【国家发展和改革委员会、商务部】外商投资产业指导目录（2015 修订）

【住房和城乡建设部】住房城乡建设行政复议办法

【住房和城乡建设部办公厅】关于贯彻落实住房城乡建设行政复议办法的通知

【上海市人大常委会】关于修改《上海市建设工程材料管理条例》等 12 件地方性法规的决定

【上海市城乡建设和管理委员会】关于发布《上海市城乡建设和管理委员会行政投诉处理规定》的通知

二、城乡规划土地管理

（一）城乡规划

【全国人大常委会】中华人民共和国城乡规划法 (2015 修正)

【住房和城乡建设部】国家级风景名胜区规划编制审批办法

【住房和城乡建设部】关于改革创新、全面有效推进乡村规划工作的指导意见

【住房和城乡建设部】关于加强城市电动汽车充电设施规划建设工作的通知

【国家发展和改革委员会、住房和城乡建设部】关于优化完善城市轨道交通建设规划审批程序的通知

【住房和城乡建设部】关于印发国家级风景名胜区总体规划大纲和编制要求的通知

【住房和城乡建设部、工业和信息化部】关于加强城市通信基础设施规划的通知

【住房和城乡建设部】关于印发城市停车设施规划导则的通知

【商务部等 10 部门】关于印发《全国流通节点城市布局规划（2015–2020 年）》的通知

（二）土地管理

【国土资源部、住房和城乡建设部等】关于支持新产业新业态发展促进大众创业万众创新用地的意见

【国土资源部、住房和城乡建设部、国家旅游局】关于支持旅游业发展用地政策的意见

【国土资源部办公厅】关于实施《城镇土地分等定级规程》和《城镇土地估价规程》有关问题的通知

【上海市政府】上海市城镇土地使用税实施规定

【上海市政府】关于延长《上海市征收集体土地房屋补偿暂行规定》有效期的通知 (2015)

【上海市政府办公厅】转发市规划国土资源局《关于加强本市宅基地管理的若干意

见（试行）》的通知

【上海市政府办公厅】转发市规划国土资源局制订的《关于加强本市经营性用地出让管理的若干规定（试行）》的通知

【上海市住房保障和房屋管理局】转发《关于加强本市经营性用地出让管理的若干规定(试行)》的通知

【上海市规划和国土资源管理局】关于重新发布《关于贯彻实施<上海市征收集体土地房屋补偿暂行规定>的若干意见》的通知

【上海市规划和国土资源管理局】关于印发《关于进一步规范征收集体土地房屋补偿工作的若干意见》的通知

【上海市规划和国土资源管理局】关于印发《上海市国有建设用地土地核验工作规范》的通知

【上海市规划和国土资源管理局】关于修订并重新发布《关于明确土地评估相关工作要求的通知》的通知

三、房屋管理

（一）物业管理

【上海市住房保障和房屋管理局、上海市公积金管理中心】关于公有住宅售后维修资金列支物业服务费有关问题的通知

【上海市住房保障和房屋管理局、上海市征信管理办公室】关于推进本市住宅物业使用领域信用信息管理工作若干问题的通知

【上海市住房保障和房屋管理局】关于建立住宅物业服务收费市场化价格机制有关问题的意见

【上海市住房保障和房屋管理局】关于印发《上海市物业服务企业和项目经理信用信息管理办法》的通知(2015)

【上海市住房保障和房屋管理局】关于印发《上海市物业服务企业资质管理规定》的通知

【上海市住房保障和房屋管理局】关于印发《上海市物业管理招投标管理办法》的通知（2015修订）

【上海市住房保障和房屋管理局】关于印发《业主大会议事规则》、《临时管理规约》、《管理规约》、《专项维修资金管理规约》等四个示范文本的通知

【上海市住房保障和房屋管理局】关于住宅物业管理区域物业服务收费实行酬金制、物业服务计费方式有关问题的通知

（二）房地产开发、交易与登记

【国土资源部、中央编办】关于地方不动产登记职责整合的指导意见

【国土资源部】关于启用不动产登记簿样式（试行）的通知

【国土资源部】关于做好不动产登记信息管理基础平台建设工作的通知

【国土资源部办公厅】关于启用中华人民共和国国土资源部不动产登记专用章的通知

【国土资源部、住房和城乡建设部】关于做好不动产统一登记与房屋交易管理衔接的指导意见

【国土资源部、住房和城乡建设部】关于优化2015年住房及用地供应结构促进房地产市场平稳健康发展的通知

【住房和城乡建设部等】关于调整房地产市场外资准入和管理有关政策的通知

【住房和城乡建设部】关于发布行业标准《房地产业基本术语标准》的公告

【住房和城乡建设部】关于修改《房地产开发企业资质管理规定》等部门规章的决定

【上海市规划和国土资源管理局】关于废止《关于进一步加强上海民用机场净空保护区内建设项目及区外超高建筑审批管理的通知》的通知

【上海市规划和国土资源管理局】关于

加强公寓式办公建筑规划管理工作的意见

【上海市规划和国土资源管理局】关于延长《上海市建筑面积计算规划管理暂行规定》（沪规土资法〔2011〕678号）有效期的通知

【上海市规划和国土资源管理局】关于印发《上海市地下经营性用途建筑面积计算及分类规则》的通知

【上海市人民政府办公厅】上海市企业住所登记管理办法

【上海市城市管理行政执法局、上海市住房保障和房屋管理局、上海市规划和国土资源管理局】关于将附有违法建筑的房屋记载于房地产登记簿有关事项的通知

【上海市住房保障和房屋管理局】关于大型居住社区商业配套用房房地产交易与登记相关问题的通知

【上海市住房保障和房屋管理局】关于装配式住宅项目预售许可管理有关问题的通知

【上海市住房保障和房屋管理局】关于进一步明确住宅房屋用途变更登记有关问题的通知

【上海市住房和城乡建设管理委员会】关于房屋登记官考核合格证书续期换证工作的通知

【上海市住房和城乡建设管理委员会】关于进一步规范房地产经纪行为的通知

（三）住房贷款和保障

【中国人民银行、住房和城乡建设部、中国银行业监督管理委员会】关于个人住房贷款政策有关问题的通知

【财政部、住房和城乡建设部】城镇保障性安居工程财政资金绩效评价暂行办法

【财政部等部门】关于运用政府和社会资本合作模式推进公共租赁住房投资建设和运营管理的通知

【中国保监会】关于印发《老年人住房反向抵押养老保险试点统计制度》的通知

【住房和城乡建设部办公厅、财政部办公厅】关于进一步发挥住宅专项维修资金在老旧小区和电梯更新改造中支持作用的通知

【上海市人民政府】关于批转市住房保障房屋管理局市规划国土资源局制订的《上海市旧住房综合改造管理办法》的通知

【上海市人民政府办公厅】关于转发市住房保障房屋管理局等五部门制订的《上海市大型居住社区征收安置房源价格管理办法》的通知

【上海市规划和国土资源管理局】上海市征地房屋补偿争议协调和处理试行办法

【上海市规划和国土资源管理局】关于重新发布《上海市征地房屋补偿争议协调和处理试行办法》的通知

【上海市住房保障和房屋管理局、上海市规划和国土资源管理局】关于印发《上海市公共租赁住房房地产登记技术规定》的通知

【上海市住房保障和房屋管理局】关于旧区改造安置住房免缴城市基础设施配套费的通知

【上海市住房保障和房屋管理局】关于本市住宅修缮工程实施和加强标准化管理的通知

（四）住宅管理

【住房和城乡建设部】关于加强既有房屋使用安全管理工作的通知

【住房和城乡建设部】关于加快培育和发展住房租赁市场的指导意见

【上海市住房保障和房屋管理局】关于印发2015年上海市房管系统安全生产工作要点的通知

【上海市住房和城乡建设管理委员会】关于启用新版《上海市新建住宅交付使用许可证》的通知

【上海市住房和城乡建设管理委员会】关于切实做好当前住宅小区安全防范工作的紧急通知

【上海市住房和城乡建设管理委员会】关于调整本市新建住宅交付使用许可行政审批有关事项的通知

四、燃气管理

【国家发展改革委、环境保护部、国家能源局】关于实行燃煤电厂超低排放电价支持政策有关问题的通知

【国家发展和改革委员会、国家质量监督检验检疫总局、中国国家认证认可监督管理委员会】《家用燃气灶具能源效率标识实施规则》等四项

【国家发展改革委、国家能源局】关于实行保证民生用气责任制的通知

【上海市物价局】关于实施本市非居民用户天然气销售价格联动调整的通知

【上海市人民政府办公厅】转发市住房城乡建设管理委等三部门关于进一步加强本市液化石油气安全管理工作若干意见的通知

【上海市城乡建设和管理委员会】关于下达本市2015年度天然气分月计划的通知

五、园林绿化市容环卫管理

【住房和城乡建设部】关于修订《中国国际园林博览会管理办法》的通知

【住房和城乡建设部】世界自然遗产、自然与文化双遗产申报和保护管理办法（试行）

【住房和城乡建设部】国家级风景名胜区管理评估和监督检查办法

【住房和城乡建设部等】关于加强村镇无障碍环境建设的指导意见

【住房和城乡建设部等】关于全面推进农村垃圾治理的指导意见

【住房和城乡建设部等】关于印发农村生活垃圾治理验收办法的通知

【住房和城乡建设部办公厅】关于城市园林绿化企业一级资质核准有关事宜的通知

【住房和城乡建设部办公厅】关于加强风景名胜区安全管理工作的通知

【上海市住房和城乡建设管理委员会】关于印发《本市园林绿化施工企业实施安全生产许可证管理规定》的通知

六、环境保护管理

【全国人大常委会】中华人民共和国大气污染防治法

【全国人大常委会】中华人民共和国固体废物污染环境防治法(2015修正)

【国务院】关于印发水污染防治行动计划的通知

【工业和信息化部办公厅等六部门】关于开展水泥窑协同处置生活垃圾试点工作的通知

【国家发改委等】餐厨废弃物资源化利用和无害化处理试点中期评估及终期验收管理办法

【国家发改委等】关于开展第二批生态文明先行示范区建设的通知

【国家发展改革委、财政部、住房和城乡建设部】关于制定和调整污水处理收费标准等有关问题的通知

【国家发展改革委等】关于印发生态保护与建设示范区名单的通知

【环境保护部办公厅、住房和城乡建设部办公厅】关于印发《水体污染控制与治理科技重大专项廉政规定》和《水体污染控制与治理科技重大专项专家组工作规则》的通知

【环境保护部等】关于进一步加强涉及自然保护区开发建设活动监督管理的通知

【科技部办公厅等】关于发布《节水治污水生态修复先进适用技术指导目录》的通知

【商务部、国家发展和改革委员会、国

土资源部、住房和城乡建设部、中华全国供销合作总社】关于印发《再生资源回收体系建设中长期规划（2015–2020）》的通知

【住房和城乡建设部、环境保护部】关于印发城市黑臭水体整治工作指南的通知

【住房和城乡建设部】关于发布国家标准《医药工业环境保护设计规范》的公告

【住房和城乡建设部】城镇污水排入排水管网许可管理办法

【财政部等】关于扩大新一轮退耕还林还草规模的通知

【交通运输部】中华人民共和国防治船舶污染内河水域环境管理规定

【工业和信息化部、环境保护部】对二甲苯项目建设规范条件

【上海市财政局、上海市环境保护局】关于延长《关于印发上海市排污费资金使用管理办法的通知》有效期的通知

【上海市发展和改革委员会、上海市经济和信息化委员会、上海市环境保护局、上海市财政局】关于印发《关于加快推进本市集中供热和热电联产燃煤（重油）锅炉清洁能源替代工作的实施方案》的通知

【上海市人大会常委会】关于修改《上海市环境保护条例》等 8 件地方性法规的决定

【上海市政府】上海市放射性污染防治若干规定

【上海市政府】上海港船舶污染防治办法

七、勘察设计管理

（一）建筑设计标准定额

【住房和城乡建设部】关于发布国家标准《薄膜晶体管液晶显示器工厂设计规范》的公告

【住房和城乡建设部】关于发布国家标准《混凝土结构设计规范》局部修订的公告

【住房和城乡建设部】关于发布国家标准《煤矿瓦斯发电工程设计规范》的公告

【住房和城乡建设部】关于发布国家标准《煤炭工业矿井设计规范》的公告

【住房和城乡建设部】关于发布国家标准《纤维素纤维用浆粕工厂设计规范》的公告

【住房和城乡建设部】关于发布国家标准《转炉煤气净化及回收工程技术规范》的公告

【住房和城乡建设部】关于发布行业标准《城镇桥梁钢结构防腐蚀涂装工程技术规程》的公告

【住房和城乡建设部】关于发布国家标准《城市综合管廊工程技术规范》的公告

【住房和城乡建设部】关于批准《老年人居住建筑》等 17 项国家建筑标准设计的通知

【住房和城乡建设部】关于批准《预制混凝土剪力墙外墙板》等 9 项国家建筑标准设计的通知

【住房和城乡建设部】关于批准《楼梯栏杆栏板（一）》等 24 项国家建筑标准设计的通知

【住房和城乡建设部】关于批准《单层防水卷材屋面建筑构造（一）》等 5 项国家建筑标准设计的通知

【住房和城乡建设部】关于印发建筑产业现代化国家建筑标准设计体系的通知

【上海市城乡建设和管理委员会】关于批准《先张法预应力混凝土空心板（桥梁）》为上海市建筑标准设计的通知

【上海市城乡建设和管理委员会】关于批准《道路检查井通用图集》为上海市建筑标准设计的通知

【上海市住房和城乡建设管理委员会】关于印发《2016 年上海市建筑标准设计编制计划》的通知

（二）勘察设计其他规范

【国务院】关于修改《建设工程勘察设计管理条例》的决定

【住房和城乡建设部】关于调整工程设计综合资质中年度工程勘察设计营业收入指标考核有关问题的通知

【住房和城乡建设部】关于印发《城市地下综合管廊工程规划编制指引》的通知

【住房和城乡建设部】关于印发城市轨道沿线地区规划设计导则的通知

【住房和城乡建设部】关于印发城市轨道交通工程施工图设计文件技术审查要点的通知

【住房和城乡建设部办公厅】关于工程勘察设计资质实行网上申报和审批的通知

【住房和城乡建设部、工商总局】关于印发建设工程设计合同示范文本的通知

【上海市规划和国土资源管理局】关于修订并重新发布《关于简易建设项目免于建设工程设计方案审核的实施意见》的通知

【上海市城乡建设和管理委员会】关于开展本市工程勘察企业动态核查工作的通知

【上海市城乡建设和管理委员会】关于印发《上海市公共建筑绿色设计施工图设计文件审查要点》和《上海市住宅建筑绿色设计施工图设计文件审查要点》的通知

【上海市城乡建设和管理委员会】关于调整本市建设工程总体设计文件征询工作的通知

【上海市住房和城乡建设管理委员会】关于印发《上海市绿色建筑工程设计文件编制深度规定》的通知

八、建筑建材业管理

（一）上海市工程建设规范

【上海市城乡建设和管理委员会】关于公布2015年度上海市工程建设规范复审结果的通知

【上海市城乡建设和管理委员会】关于开展2015年度上海市工程建设规范复审工作的通知

【上海市城乡建设和管理委员会】关于批准《城市道路养护维修作业安全技术规程》为上海市工程建设规范的通知

【上海市城乡建设和管理委员会】关于批准《城市地下综合体设计规范》为上海市工程建设规范的通知

【上海市城乡建设和管理委员会】关于批准《轨道交通地下车站与周边地下空间的连通工程设计规程》为上海市工程建设规范的通知

【上海市城乡建设和管理委员会】关于批准《城市轨道交通结构监护测量规范》为上海市工程建设规范的通知

【上海市城乡建设和管理委员会】关于批准《城市轨道交通工程车辆选型技术规范》为上海市工程建设规范的通知

【上海市城乡建设和管理委员会】关于批准《城市综合管廊维护技术规程》为上海市工程建设规范的通知

【上海市城乡建设和管理委员会】关于批准《道路LED照明应用技术规范》为上海市工程建设规范的通知

【上海市城乡建设和管理委员会】关于批准《公共场所无线局域网信号覆盖系统集约化技术规范》为上海市工程建设规范的通知

【上海市住房和城乡建设管理委员会】关于批准《应急避难场所设计规范》为上海市工程建设规范的通知

【上海市城乡建设和管理委员会】关于批准《地面辐射供暖技术规程》为上海市工程建设规范的通知

【上海市城乡建设和管理委员会】关于批准《预制混凝土夹心保温外墙板应用技术规程》为上海市工程建设规范的通知

【上海市城乡建设和管理委员会】关于印发《2015年上海市工程建设规范编制计划

(第二批)》的通知

【上海市城乡建设和管理委员会】关于批准《高速公路改扩建设计规范》为上海市工程建设规范的通知

【上海市城乡建设和管理委员会】关于批准《高速公路网电子不停车收费系统(ETC)技术规程》为上海市工程建设规范的通知

【上海市城乡建设和管理委员会】关于批准《隧道养护技术规程》为上海市工程建设规范的通知

【上海市城乡建设和管理委员会】关于批准《公路绿化养护技术规程》为上海市工程建设规范的通知

【上海市城乡建设和管理委员会】关于批准《园林绿化草坪建植和养护技术规程》为上海市工程建设规范的通知

【上海市城乡建设和管理委员会】关于批准《机动车停车场(库)环境保护设计规程》为上海市工程建设规范的通知

【上海市城乡建设和管理委员会】关于批准《建设项目交通影响评价技术标准》为上海市工程建设规范的通知

【上海市城乡建设和管理委员会】关于批准《建筑工程消防施工质量验收规范》为上海市工程建设规范的通知

【上海市城乡建设和管理委员会】关于批准《可再生能源建筑应用测试评价标准》为上海市工程建设规范的通知

【上海市城乡建设和管理委员会】关于批准《民用建筑外保温材料防火技术规程》为上海市工程建设规范的通知

【上海市城乡建设和管理委员会】关于批准《排水性沥青路面养护技术规程》为上海市工程建设规范的通知

【上海市城乡建设和管理委员会】关于批准《全装修住宅室内装修设计标准》为上海市工程建设规范的通知

【上海市城乡建设和管理委员会】关于批准《水泥混凝土路面加铺沥青混合料面层技术规程》为上海市工程建设规范的通知

【上海市城乡建设和管理委员会】关于批准《混凝土生产回收水应用技术规程》为上海市工程建设规范的通知

【上海市城乡建设和管理委员会】关于批准《现有建筑抗震鉴定与加固规程》为上海市工程建设规范的通知

【上海市城乡建设和管理委员会】关于批准《预制拼装桥墩技术规程》为上海市工程建设规范的通知

【上海市城乡建设和管理委员会】关于批准《公交专用道系统设计规范》为上海市工程建设规范的通知

【上海市城乡建设和管理委员会】关于批准《市政道路机电系统维护技术规程》为上海市工程建设规范的通知

【上海市住房和城乡建设管理委员会】关于批准《钢管扣件式木模板支撑系统施工作业规程》为上海市工程建设规范的通知

【上海市住房和城乡建设管理委员会】关于批准《公共建筑节能设计标准》为上海市工程建设规范的通知

【上海市住房和城乡建设管理委员会】关于批准《静力触探技术规程》为上海市工程建设规范的通知

【上海市住房和城乡建设管理委员会】关于批准《居住建筑节能设计标准》为上海市工程建设规范的通知

【上海市住房和城乡建设管理委员会】关于批准《软土地层降水工程施工作业规程》为上海市工程建设规范的通知

【上海市住房和城乡建设管理委员会】关于批准《体外预应力加固技术规程》为上海市工程建设规范的通知

【上海市住房和城乡建设管理委员会】关于印发《2016 年上海市工程建设规范编制计划》的通知

【上海市住房和城乡建设管理委员会】关于批准《上海市高速公路节能降耗(照明)

暂行技术要求》为上海市工程建设规范的通知

【上海市住房和城乡建设管理委员会】关于批准《平板膜生物反应器法污水处理工程技术规范》为上海市工程建设规范的通知

（二）建筑市场管理

【住房和城乡建设部】关于加强建筑工人职业培训工作的指导意见

【住房和城乡建设部】关于建筑业企业资质管理有关问题的通知

【住房和城乡建设部】关于调整建筑业企业资质标准中净资产指标考核有关问题的通知

【住房和城乡建设部】关于印发《建设单位项目负责人质量安全责任八项规定（试行）》等四个规定的通知

【住房和城乡建设部】关于印发《建筑业企业资质管理规定和资质标准实施意见》的通知

【住房和城乡建设部】关于印发建筑施工企业主要负责人项目负责人和专职安全生产管理人员安全生产管理规定实施意见的通知

【住房和城乡建设部】建筑业企业资质管理规定

【住房和城乡建设部】关于印发推动建筑市场统一开放若干规定的通知

【住房和城乡建设部】关于印发推进建筑信息模型应用指导意见的通知

【住房和城乡建设部办公厅】关于换发新版建筑业企业资质证书的通知

【住房和城乡建设部办公厅】关于甲级工程造价咨询企业资质审核有关事项的通知

【住房和城乡建设部办公厅】关于建筑工人职业培训合格证有关事项的通知

【住房和城乡建设部建筑市场监管司】关于印发《全国建筑市场监管与诚信信息系统基础数据库部省数据对接验收评估标准（试行）》的通知

【住房和城乡建设部、国家工商总局】关于印发建设工程造价咨询合同（示范文本）的通知

【住房和城乡建设部、国土资源部、公安部】关于坚决制止异地迁建传统建筑和依法打击盗卖构件行为的紧急通知

【财政部、国家发展改革委】关于重新发布中央管理的住房城乡建设部门行政事业性收费项目的通知

【上海市城乡建设和管理委员会】关于本市建筑工程参建各方项目负责人登记变更实行网上办理的通知

【上海市城乡建设和管理委员会】关于本市进一步贯彻实施住房和城乡建设领域现场专业人员职业标准的通知

【上海市城乡建设和管理委员会】关于本市开展设计施工一体化企业资质换证工作的通知

【上海市城乡建设和管理委员会】关于印发《上海市建筑施工企业安全生产许可证管理办法》的通知

【上海市城乡建设和管理委员会】关于印发《上海市在沪建筑业企业信用评价管理暂行办法》的通知

【上海市城乡建设和管理委员会】关于印发《外省市进沪建设工程企业信息报送管理规定》的通知

【上海市城乡建设和管理委员会】关于在本市建筑工程施工现场推行管理人员实名制管理的通知

【上海市城乡建设和管理委员会】关于加强本市工程建设企业应用标准备案管理的通知

【上海市城乡建设和管理委员会】关于印发《上海市推进工程造价管理改革的实施方案》的通知

【上海市城乡建设和管理委员会】关于印发《上海市危险性较大的分部分项工程专家论证管理办法》的通知

【上海市城乡建设和管理委员会】关于印发《上海市规范建设工程行政处罚裁量权实施办法》的通知

【上海市住房和城乡建设管理委员会】关于换发新版建筑业企业资质证书的通知

【上海市人力资源和社会保障局、上海市城乡建设和管理委员会、上海市安全生产监督管理局、上海市总工会】关于进一步做好本市建筑业工伤保险工作若干意见的通知

【上海市物价局】上海市物价局关于规范本市新建住宅供电配套工程收费的通知

（三）建筑节能和建筑材料

【住房和城乡建设部、工业和信息化部】关于印发《绿色建材评价标识管理办法实施细则》和《绿色建材评价技术导则（试行）》的通知

【住房和城乡建设部、工业和信息化部】关于印发《促进绿色建材生产和应用行动方案》的通知

【工业和信息化部】关于印发《原材料工业两化深度融合推进计划（2015–2018年）》的通知

【住房和城乡建设部】关于印发《民用建筑能耗统计报表制度》的通知

【住房和城乡建设部】关于印发《被动式超低能耗绿色建筑技术导则（试行）》（居住建筑）的通知

【住房和城乡建设部】关于印发《绿色工业建筑评价技术细则》的通知

【住房和城乡建设部办公厅】关于绿色建筑评价标识管理有关工作的通知

【住房和城乡建设部办公厅】关于印发《绿色数据中心建筑评价技术细则》的通知

【住房和城乡建设部办公厅】关于加快绿色建筑和建筑产业现代化计价依据编制工作的通知

【上海市城乡建设和管理委员会】关于公布本市房屋建筑工程项目施工能源消耗及水资源消耗控制指标的通知

【上海市城乡建设和管理委员会】关于开展绿色建筑规模化发展试点工作的通知

（四）工程施工及质量安全监管

【中共上海市住房保障和房屋管理局党组、上海市住房保障和房屋管理局】关于印发《上海市住房保障和房屋管理局建立党政同责一岗双责齐抓共管安全生产责任体系的实施办法》的通知

【国务院安全生产委员会】关于印发《国务院安全生产委员会成员单位安全生产工作职责分工》的通知

【国土资源部办公厅】关于进一步加强当前安全生产工作的紧急通知

【国家发改委等】电子招标投标系统检测认证管理办法（试行）

【国家发改委等】关于建立清理和规范招标投标有关规定长效机制的意见

【国家发改委等】关于扎实开展国家电子招标投标试点工作的通知

【国家发展改革委办公厅等】关于进一步做好清理和规范招标投标有关规定长效机制贯彻实施工作的通知

【住房和城乡建设部】关于取消建筑智能化等4个工程设计与施工资质有关事项的通知

【住房和城乡建设部】关于印发《超限高层建筑工程抗震设防专项审查技术要点》的通知

【住房和城乡建设部】关于印发《住房城乡建设质量安全事故和其他重大突发事件督办处理办法》的通知

【住房和城乡建设部办公厅】关于换发建筑智能化等4个工程设计与施工一级资质证书有关事项的通知

【住房和城乡建设部、国家安全监管总局】关于进一步加强玻璃幕墙安全防护工作的通知

【上海市城乡建设和管理委员会】关于“上海市城乡建设和管理委员会安全生产许

可证专用章”使用管理规定的通知

【上海市城乡建设和管理委员会】关于发布《上海市房屋建筑和市政工程施工招标评标办法》的通知

【上海市城乡建设和管理委员会】关于发布《上海市建筑工程施工许可管理实施细则》的通知

【上海市城乡建设和管理委员会】关于进一步加强本市建设工程安全生产工作的通知

【上海市城乡建设和管理委员会】关于开展2015年上海市建设系统“安全生产月”活动的通知

【上海市城乡建设和管理委员会】关于开展本市2015年建设工程“质量月”活动工作的通知

【上海市城乡建设和管理委员会】关于开展建设工程落实施工方案专项行动的通知

【上海市城乡建设和管理委员会】关于推进建筑工地安装噪声扬尘在线监控系统的通知

【上海市城乡建设和管理委员会】关于印发《上海市居民住宅二次供水设施改造工程建设管理细则（试行）》的通知

【上海市城乡建设和管理委员会】关于印发上海市混凝土搅拌站噪声扬尘在线监测系统安装推进方案的通知

【上海市城乡建设和管理委员会】关于印发上海市建筑工地噪声扬尘在线监测系统推进方案的通知

【上海市城乡建设和管理委员会】关于印发《上海市建设工程质量安全巡查管理办法》的通知

【上海市城乡建设和管理委员会】关于印发《上海市建设工程竣工结算文件备案管理办法（试行）》的通知

【上海市城乡建设和管理委员会】关于在建设工程招标投标中使用在沪建筑业企业信用评价结果的通知

【上海市城乡建设和管理委员会】关于做好本市建设系统特殊时段和春节期间安全生产工作的通知

【上海市住房和城乡建设管理委员会】关于加强施工现场安全防护用品管理的通知

【上海市住房和城乡建设管理委员会】关于印发《上海市建设工程基坑降水管理规定》的通知

【上海市住房和城乡建设管理委员会】关于印发《上海市建设工程施工项目经理质量安全违法违规行为记分管理办法》的通知

（五）建筑建材标准定额

【住房和城乡建设部】关于发布行业标准《城市桥梁检测与评定技术规范》的公告

【住房和城乡建设部】关于发布国家标准《尿素造粒塔工程施工及质量验收规范》的公告

【住房和城乡建设部】关于发布国家标准《工业有色金属管道工程施工及质量验收规范》的公告

【住房和城乡建设部】关于发布行业标准《悬挂式竖井施工规程》的公告

【住房和城乡建设部】关于发布国家标准《电子工业废水废气处理工程施工及验收规范》的公告

【住房和城乡建设部】关于印发《房屋建筑与装饰工程消耗量定额》、《通用安装工程消耗量定额》、《市政工程消耗量定额》、《建设工程施工机械台班费用编制规则》、《建设工程施工仪器仪表台班费用编制规则》的通知

【住房和城乡建设部】建设工程定额管理办法

【上海市城乡建设和管理委员会】关于印发2015年度上海市建设工程及城市基础设施养护维修定额编制计划的通知

【上海市住房和城乡建设管理委员会】关于印发《2016年度上海市建设工程及城市基础设施养护维修定额编制计划》的通知

九、水务管理

【国家发改委】关于精简重大水利建设项目审批程序的通知

【国家发展改革委、水利部】关于切实做好引调水工程前期工作的指导意见

【国家发展改革委办公厅、财政部办公厅、水利部办公厅】关于开展社会资本参与重大水利工程建设运营第一批试点工作的通知

【国家发展和改革委员会、财政部、水利部】关于鼓励和引导社会资本参与重大水利工程建设运营的实施意见

【国家发展和改革委员会、水利部】大中型灌区续建配套节水改造项目建设管理办法

【财政部、水利部】关于印发《农田水利设施建设和水土保持补助资金使用管理办法》的通知 (2015 修订)

【水利部】关于调整水利工程建设项目施工准备条件的通知

【上海市发展和改革委员会、上海市水务局】上海市供水成本公开实施意见

【上海市水务局（上海市海洋局）】关于废止《关于进一步加强本市城镇污水处理厂中央控制室、在线检测仪器管理的通知》等 15 件行政规范性文件的通知

【上海市水务局（上海市海洋局）】关于重新发布《关于本市建设项目水资源论证实施分类管理的通知》等 10 件行政规范性文件的通知

【上海市水务局】关于加强农村水利工程前期工作及设计变更管理的意见

【上海市水务局】关于印发《关于进一步加强本市河道规划管理的若干意见》的通知

【上海市政府】上海市水文管理办法

十、气象管理

【住房和城乡建设部办公厅、中国气象局办公室】关于加强城市内涝信息共享和预警信息发布工作的通知

十一、民防管理

【国务院办公厅】关于印发国家大面积停电事件应急预案的通知

【住房和城乡建设部】关于修改《市政公用设施抗灾设防管理规定》等部门规章的决定

【工业和信息化部办公厅】关于印发《车用甲醇燃料加注站建设规范》和《车用甲醇燃料作业安全规范》的通知

【上海市政府】上海市防空警报管理办法（2015 修正）

【上海市政府】上海市民防工程建设和使用管理办法（2015 修正）

【上海市政府】上海市电梯安全管理办法

【上海市城乡建设和管理委员会】关于转发市消防委《关于印发〈上海市夏季消防检查工作方案〉的通知》的通知

【上海市城乡建设和管理委员会】关于转发住房城乡建设部有关质量安全事故和其他重大突发事件督办处理办法的通知

【上海市规划和国土资源管理局、上海市民防办公室】关于修订并重新发布《建设项目审批落实民防结建和兼顾设防的实施意见》的通知

十二、行政审批改革

【国务院】关于宣布失效一批国务院文件的决定

【国务院】关于取消非行政许可审批事项的决定

【国务院】关于第一批清理规范 89 项国务院部门行政审批中介服务事项的决定

【国务院】关于印发 2015 年推进简政放权放管结合转变政府职能工作方案的通知

【国务院】关于取消和调整一批行政审批等事项的决定

【住房和城乡建设部】需要进一步改革和规范的其他权力事项

【住房和城乡建设部办公厅】关于落实国务院取消相关职业资格决定的通知

【上海市政府】关于取消和调整一批行政审批等事项的决定(沪府发 [2015]67 号)

【上海市政府】关于取消和调整一批行政审批等事项的决定(沪府发 [2015]60 号)

【上海市政府】上海市人民政府关于取消和调整一批行政审批事项的决定(沪府发 [2015]22 号)

【上海市政府】上海市人民政府关于取消和调整一批行政审批事项的决定(沪府发 [2015]7 号)

【上海市政府】关于中国(上海)自由贸易试验区管理委员会集中行使本市有关行政审批权和行政处罚权的决定

【上海市规划和国土资源管理局】关于部分局规范性文件废止、失效的通知

【上海市住房保障和房屋管理局】关于部分政府定价项目取消后相关文件废止的通知

【上海市发展和改革委员会】关于废止《上海市物价局关于本市食盐价格有关问题的通知》等一批文件的通知

【上海市住房和城乡建设管理委员会】关于启用上海市住房和城乡建设管理委员会等印章的通知

【上海市住房和城乡建设管理委员会】关于重新发布一批局规范性文件的通知

十三、城乡综合管理

(一)城市行政执法

【中共中央、国务院】关于深入推进城市执法体制改革改进城市管理工作的指导意见

【上海市人大常委会】上海市城市管理行政执法条例 (2015 修正)

【上海市人大常委会】关于修改《上海市城市管理行政执法条例》的决定 (2015)

【上海市政府】上海市城市管理行政执法条例实施办法

【上海市城管执法局】关于深入贯彻实施《上海市城市管理行政执法条例》的通知

(二)城市地下管理

【国家发展改革委、住房和城乡建设部】关于城市地下综合管廊实行有偿使用制度的指导意见

【国务院办公厅】关于推进城市地下综合管廊建设的指导意见

【住房和城乡建设部】关于印发《城市综合管廊工程投资估算指标》(试行)的通知

【上海市人民政府办公厅】印发关于加强本市地下管线建设管理实施意见的通知

【上海市人民政府办公厅】印发关于推进本市地下综合管廊建设若干意见的通知

【上海市住房和城乡建设管理委员会】关于充分利用国家融资贷款优惠政策建设地下综合管廊的通知

【上海市住房和城乡建设管理委员会】关于发布《上海市市政工程养护维修预算定额第五册城市综合管廊(试行)》的通知

(三)城乡建设

【国务院办公厅】关于推进海绵城市建设的指导意见

【国家发展改革委等】关于公布第二批国家新型城镇化综合试点地区名单的通知(含上海市 – 浦东新区 – 临港地区)

【国家发改委、民政部等 7 部门】关于促进具备条件的开发区向城市综合功能区转型的指导意见

【国家发展改革委、财政部、住房和城

乡建设部】关于开展循环经济示范城市（县）建设的通知

【国家发展改革委、国土资源部、环境保护部、住房和城乡建设部】关于促进国家级新区健康发展的指导意见

【住房和城乡建设部办公厅】关于开展2015年“世界城市日”活动及举办“2015世界城市日论坛”的通知

【住房和城乡建设部、国家开发银行股份有限公司】关于推进开发性金融支持海绵城市建设的通知

【住房和城乡建设部、中国农业发展银行】关于推进政策性金融支持海绵城市建设的通知

【农业部等】关于积极开发农业多种功能大力促进休闲农业发展的通知

【农业部、中央农办、国土资源部、国家工商总局】关于加强对工商资本租赁农地监管和风险防范的意见

【交通运输部】农村公路养护管理办法

【上海市民政局】关于推进本市居（村）民自治章程规范化建设的指导意见

【上海市政府】上海市城市更新实施办法

【上海市人民政府办公厅】关于贯彻落实《国务院办公厅关于推进海绵城市建设的指导意见》的实施意见

（四）市政服务

【国务院】关于进一步做好城镇棚户区和城乡危房改造及配套基础设施建设有关工作的意见

【财政部、住房和城乡建设部】关于市政公用领域开展政府和社会资本合作项目推介工作的通知

【国家发改委、财政部、住建部、交通部、水利部、人行】基础设施和公用事业特许经营管理办法

【国家发改委、住建部等9部门】国家发展改革委等部门关于加强公共安全视频监控建设联网应用工作的若干意见

【国家发改委、住房和城乡建设部、交通运输部】关于进一步完善机动车停放服务收费政策的指导意见

【国家发改委、住房和城乡建设部】关于印发《余热暖民工程实施方案》的通知

【国家发改委】关于切实做好《基础设施和公用事业特许经营管理办法》贯彻实施工作的通知

【国家发改委等】关于印发《电动汽车充电基础设施发展指南（2015-2020年）》的通知

【国家发改委等】关于加强城市停车设施建设的指导意见

【民政部等】关于鼓励民间资本参与养老服务业发展的实施意见

【住房和城乡建设部】关于加强城市停车设施管理的通知

【住房和城乡建设部】关于印发城市停车设施建设指南的通知

【住房和城乡建设部、财政部】城市管网专项资金管理暂行办法

【国家发展改革委、国家能源局】关于促进智能电网发展的指导意见

【上海市人大常委会】上海市烟花爆竹安全管理条例

【上海市政府】上海市公共文化馆管理办法（2015年修订）

【上海市政府】上海市文化娱乐市场管理条例实施细则（2015修正）

【上海市人民政府办公厅】关于印发《关于完善本市养老基本公共服务的若干意见》和《关于鼓励社会力量参与本市养老服务体系建设的若干意见》的通知

【上海市经济和信息化委员会、上海市发展和改革委员会、上海市规划和国土资源管理局、上海市环境保护局】关于印发《关于促进本市生产性服务业功能区发展的指导意见》的通知

【上海市住房保障和房屋管理局】关于“城中村”改造地块免缴城市基础设施配套费的通知

【上海市住房保障和房屋管理局】关于加强住宅小区烟花爆竹燃放管控的紧急通知

【上海市住房保障和房屋管理局】关于印发《新建住宅市政配套项目前期搬迁技术经济管理导则（试行）》的通知

【上海市住房保障和房屋管理局】关于加强新建住宅市政配套项目建设管理工作的若干意见

【上海市住房和城乡建设管理委员会】关于印发《上海市市级城市维护项目委托咨询评估管理办法》的通知

（五）城乡人口管理

【全国人大常委会】中华人民共和国老年人权益保障法

【住房和城乡建设部、国家发展改革委】关于批准发布《流浪乞讨人员救助管理站建设标准》的通知

【国家发展改革委等】关于结合新型城镇化开展支持农民工等人员返乡创业试点工作的通知

【上海市人民政府办公厅】关于进一步加强基层人口服务管理工作的实施意见

（六）道路交通照明

【国务院办公厅】关于印发国家城市轨道交通运营突发事件应急预案的通知

【住房和城乡建设部】关于批准发布城市轨道交通建设项目后评价导则的通知

【交通运输部】关于修改《公路建设市场管理办法》的决定

【交通运输部】关于修改《公路水运工程监理企业资质管理规定》的决定

【交通运输部】关于修改《国内水路运输管理规定》的决定

【交通运输部】关于修改《交通建设项目委托审计管理办法》的决定

【交通运输部】关于修改《经营性公路建设项目投资人招标投标管理规定》的决定

【交通运输部】关于修改《快递业务经营许可管理办法》的决定

【交通运输部】关于修改《水运工程施工监理规定（试行）》的决定

【交通运输部】关于修改《中华人民共和国船舶污染海洋环境应急防备和应急处置管理规定》的决定

【交通运输部】公路工程建设项目招标投标管理办法

【交通运输部】公路工程设计施工总承包管理办法

【交通运输部】公路建设项目代建管理办法

【上海市城乡建设和管理委员会】关于印发《本市城市道路大修工程实施程序指南》的通知

十四、公积金管理

【住房和城乡建设部、财政部、中国人民银行】关于切实提高住房公积金使用效率的通知

【住房和城乡建设部、财政部、中国人民银行】关于调整住房公积金个人住房贷款购房最低首付款比例的通知

【住房和城乡建设部】关于按照中国人民银行规定实施住房公积金存贷款利率调整的通知

【住房和城乡建设部】关于住房公积金异地个人住房贷款有关操作问题的通知

【住房和城乡建设部】关于按照中国人民银行规定实施住房公积金存款利率调整的通知

【住房和城乡建设部、财政部、中国人民银行】关于放宽提取住房公积金支付房租条件的通知

【上海市住房保障和房屋管理局、上海市公积金管理中心】关于做好提取住房公积

金支付房屋租赁费用申请人房屋状况查询比对的通知

【上海市住房公积金管理委员会】关于2015年度上海市调整住房公积金缴存基数和月缴存额上下限的通知

【上海市住房公积金管理委员会】关于进一步放宽本市提取住房公积金支付房租条件的通知

【上海市住房公积金管理委员会】关于进一步加强住房公积金提取审核工作的通知

【上海市住房公积金管理委员会】关于调整本市住房公积金贷款额度上限和二手房贷款年限的通知

十五、其他管理

【全国人大常委会】中华人民共和国税收征收管理法(2015修正)

【国家发改委等】关于印发《失信企业协同监管和联合惩戒合作备忘录》的通知

【国家发展改革委办公厅】关于《印发城市地下综合管廊建设专项债券发行指引》的通知

【上海市政府】关于修改《上海市盐业管理若干规定》等19件市政府规章的决定

【上海证券交易所】上市公司行业信息披露指引第十号——建筑

【上海市城乡建设和管理委员会】关于印发《上海市城乡建设和管理委员会关于加强委属事业单位对投资企业财务监督管理试行办法》的通知

2015 年上海市城市建设、交通运输相关数据统计

一、全社会固定资产投资

1-1 主要年份全社会固定资产投资与其他社会经济主要指标

指 标	2005年	2010年	2014年	2015年
年末常住人口（万人）	1 778.00	2 302.66	2 425.68	2 415.27
上海市生产总值（亿元）	9 154.18	17 165.98	23 567.70	25 123.45
第一产业	80.34	114.15	124.26	109.82
第二产业	4 452.92	7 218.32	8 167.71	7 991.00
第三产业	4 620.92	9 833.51	15 275.73	17 022.63
人均生产总值（元）	67 492	76 074	97 370	103 795
全社会固定资产本年完成投资（亿元）	3 542.55	5 317.67	6 016.43	6 352.70
第一产业	5.57	16.40	11.86	3.95
第二产业	1 082.11	1 435.37	1 157.27	958.84
第三产业	2 454.87	3 864.90	4 847.30	5 389.91
全社会固定资产本年完成投资相当于地区生产总值的百分比（%）	38.7	31.0	25.5	25.3
三大领域固定资产投资				
工 业 （亿元）	1 074.76	1 422.08	1 156.44	957.17
城市基础设施 （亿元）	885.74	1 497.46	1 057.25	1 425.08
房地产开发 （亿元）	1 246.86	1 980.68	3 206.48	3 468.94
农业总产值（亿元）	233.39	287.03	322.22	302.62
工业总产值（亿元）	13 876.78	31 038.57	34 071.19	33 211.57
建筑业总产值（亿元）	1 889.25	4 300.19	5 499.94	5 652.47
一般公共预算收入（亿元）	1 433.90	2 873.58	4 585.55	5 519.50
上海市出口总额（亿美元）	907.42	1 807.84	2 102.77	1 969.69
社会消费品零售总额（亿元）	2 972.97	6 070.50	9 303.49	10 131.50
外商直接投资				
合同项目 （个）	4 091	3 906	4 697	6 007
合同金额 （亿美元）	138.33	153.07	316.09	589.43
实际到位资金 （亿美元）	68.50	111.21	181.66	184.59

注：自2011年始，固定资产投资统计起点为500万元以上（含500万元）项目。

1–2 全社会固定资产投资主要指标 (2015)

单位：亿元

指 标	合 计	建设项目	房地产开发	农户投资
计划总投资	36 264.82	13 048.95	23 212.56	3.31
#本年计划投资	8 193.40	3 401.79	4 788.30	3.31
自开始建设累计完成投资	24 738.44	7 624.91	17 110.21	3.31
#本年完成投资	6 352.70	2 880.45	3 468.94	3.31
本年新增固定资产	3 281.26	1 388.10	1 890.67	2.49
全部建成尚需投资	11 526.39	5 424.04	6 102.35	–
固定资产交付使用率（%）	51.7	48.2	54.5	75.2
#地方项目				
计划总投资	34 004.75	11 418.40	22 583.04	3.31
#本年计划投资	7 501.52	2 824.14	4 674.07	3.31
自开始建设累计完成投资	23 216.46	6 526.87	16 686.28	3.31
#本年完成投资	5 758.92	2 369.96	3 385.65	3.31
本年新增固定资产	2 818.51	1 008.94	1 807.08	2.49
全部建成尚需投资	10 788.29	4 891.53	5 896.76	–
固定资产交付使用率（%）	48.9	42.6	53.4	75.2

1-3 全社会固定资产投资主要指标构成情况（2015）

指　标	合　计	建设项目	房地产开发	农户投资
本年完成投资（亿元）	**6 352.70**	**2 880.45**	**3 468.94**	**3.31**
#住宅投资	1 822.73	6.65	1 813.32	2.76
按隶属关系分				
中央项目	593.78	510.49	83.29	–
地方项目	5 758.92	2 369.96	3 385.65	3.31
按构成分				
建筑工程	3 364.09	1 364.28	1 996.83	2.97
安装工程	423.79	208.59	215.21	–
设备工器具购置	761.20	745.70	15.15	0.34
其他费用	1 803.63	561.87	1 241.75	–
按建设性质分				
#新　建	1 837.92	1 837.92	–	–
扩　建	289.65	289.65	–	–
改建和技术改造	345.03	345.03	–	–
单纯购置	391.54	391.54	–	–
按三次产业分				
第一产业	3.95	3.41	–	0.54
第二产业	958.84	958.84	–	–
第三产业	5 389.91	1 918.20	3 468.94	2.77
本年新增固定资产（亿元）	**3 281.26**	**1 388.10**	**1 890.67**	**2.49**
房屋建筑面积（万平方米）				
施工面积	17 885.94	2 773.21	15 095.33	17.40
#住　宅	8 443.82	54.79	8 372.12	16.90
竣工面积	2 923.42	260.84	2 647.18	15.40
#住　宅	1 617.86	13.90	1 588.95	15.00

注：按建设性质分组中不包括房地产开发和农户投资，下同。

1-4 地方全社会固定资产投资主要指标构成情况（2015）

指　标	合　计	建设项目	房地产开发	农户投资
本年完成投资（亿元）	**5 758.92**	**2 369.96**	**3 385.65**	**3.31**
#住宅投资	1 779.13	6.65	1 769.72	2.76
按构成分				
建筑工程	3 205.34	1 245.15	1 957.22	2.97
安装工程	347.32	137.48	209.84	–
设备工器具购置	475.11	460.06	14.72	0.34
其他费用	1 731.15	527.28	1 203.88	–
按建设性质分				
#新　建	1 700.55	1 700.55	–	–
扩　建	179.92	179.92	–	–
改建和技术改造	270.90	270.90	–	–
单纯购置	202.28	202.28	–	–
按三次产业分				
第一产业	3.95	3.41	–	0.54
第二产业	796.72	796.72	–	–
第三产业	4 958.25	1 569.83	3 385.65	2.77
本年新增固定资产（亿元）	**2 818.51**	**1 008.94**	**1 807.08**	**2.49**
房屋建筑面积（万平方米）				
施工面积	17 252.68	2 567.11	14 668.17	17.40
#住　宅	8 179.35	54.79	8 107.66	16.90
竣工面积	2 825.65	260.84	2 549.41	15.40
#住　宅	1 563.93	13.90	1 535.03	15.00

1-5 全社会固定资产投资（按经济类型分）（2015）

单位：亿元

类别	本年完成投资合计	建设项目	房地产开发	农户投资
总计	**6 352.70**	**2 880.45**	**3 468.94**	**3.31**
国有经济	1 974.08	1 718.14	255.94	–
非国有经济	4 378.62	1 162.30	3 213.00	3.31
集体经济	53.62	38.70	14.91	–
私营经济	1 017.10	302.08	715.02	–
联营经济	5.55	5.55	–	–
股份制经济	2 124.52	314.87	1 809.65	–
港澳台经济	630.61	90.09	540.53	–
外商经济	534.11	401.22	132.89	–
其他经济	13.11	9.80	–	3.31
地方项目	**5 758.92**	**2 369.96**	**3 385.65**	**3.31**
国有经济	1 486.03	1 240.15	245.87	–
非国有经济	4 272.90	1 129.81	3 139.78	3.31
集体经济	53.62	38.70	14.91	–
私营经济	1 017.10	302.08	715.02	–
联营经济	5.55	5.55	–	–
股份制经济	2 023.18	285.58	1 737.59	–
港澳台经济	628.50	89.14	539.36	–
外商经济	531.85	398.96	132.89	–
其他经济	13.11	9.80	–	3.31

1-6 主要年份城市基础设施投资

单位：亿元

类别	2005年	2010年	2014年	2015年
计划总投资	**4 218.94**	**7 465.33**	**5 016.43**	**7 070.25**
#本年计划投资	**1 089.68**	**1 700.16**	**1 181.01**	**1 538.31**
本年完成投资总计	**885.74**	**1 497.46**	**1 057.25**	**1 425.08**
电力建设	124.22	148.50	134.22	129.36
交通运输、邮电通信	443.91	866.20	510.42	854.89
交通运输	385.58	754.66	422.48	759.23
#城市公共交通	124.50	282.47	195.28	320.81
邮电通信	58.32	111.54	87.93	95.67
邮　政	1.89	1.71	4.70	5.93
通　信	56.43	109.83	83.24	89.74
公用设施	317.62	482.76	412.61	440.83
公用事业	41.33	86.58	32.80	66.73
自来水	29.66	61.63	20.00	58.63
燃　气	11.67	24.95	12.80	8.10
市政建设	276.28	396.18	379.81	374.10
园林绿化	13.88	35.87	56.46	34.84
环境卫生	15.36	10.80	9.41	18.49
市政设施	246.59	349.27	313.94	320.77
其　他	0.46	0.25	–	–

1-7 全社会固定资产投资（按地区分）（2015）

单位：亿元

地 区	本年完成投资合计	#建设项目	#房地产开发
总 计	**6 352.70**	**2 880.45**	**3 468.94**
#浦东新区	1 640.61	689.08	951.53
黄 浦 区	61.51	7.37	54.14
徐 汇 区	132.30	25.48	106.82
长 宁 区	108.10	41.69	66.41
静 安 区	74.41	8.79	65.62
普 陀 区	191.78	30.46	161.31
闸 北 区	142.98	9.06	133.92
虹 口 区	181.39	46.05	135.33
杨 浦 区	82.04	18.95	63.09
闵 行 区	465.61	124.46	341.15
宝 山 区	357.22	107.43	249.79
嘉 定 区	418.95	133.22	285.73
金 山 区	196.58	112.13	84.45
松 江 区	323.88	81.10	242.78
青 浦 区	421.49	101.34	320.15
奉 贤 区	284.23	136.46	147.77
崇 明 县	107.50	48.55	58.95

注：各区县投资项目按项目建设地址代码分组汇总，不包括跨地区项目。

二、固定资产投资效果和资金来源

2-1　主要年份建设项目固定投资效果主要指标

指　标	2005年	2010年	2014年	2015年
建设周期（年）	4.5	4.3	4.0	4.5
计划总投资（亿元）	10287.31	14178.46	11338.99	13048.95
本年完成投资（亿元）	2288.62	3334.95	2806.49	2880.45
建设项目投产率（%）	54.5	25.4	27.6	33.3
施工项目个数（个）	5716	10122	3881	3314
#新 开 工	3718	4950	1708	1404
全部建成投产项目个数（个）	3118	2573	1070	1104
本年新增固定资产（亿元）	1485.93	2213.09	1153.31	1388.10
固定资产交付使用率（%）	64.9	66.4	41.1	48.2
房屋施工面积（万平方米）	3962.30	3708.19	3301.69	2773.21
#住 宅	122.23	12.68	29.49	54.79
房屋竣工面积（万平方米）	1724.93	817.42	354.13	260.84
房屋面积竣工率（%）	43.5	22.0	10.7	9.4

2-2 建设项目固定资产投资效果主要指标（2015）

指 标	合 计	国有经济	非国有经济
建设周期（年）	4.5	4.9	3.9
计划总投资（亿元）	13 048.95	8 471.83	4 577.13
本年完成投资（亿元）	2 880.45	1 718.14	1 162.30
建设项目投产率（%）	33.3	37.3	28.6
施工项目个数（个）	3 314	1 789	1 525
#新 开 工	1 404	777	627
全部建成投产项目个数（个）	1 104	668	436
本年新增固定资产（亿元）	1 388.10	834.01	554.09
固定资产交付使用率（%）	48.2	48.5	47.7
房屋施工面积（万平方米）	2 773.21	860.67	1 912.54
#住 宅	54.79	25.22	29.57
房屋竣工面积（万平方米）	260.84	47.79	213.05
房屋面积竣工率（%）	9.4	5.6	11.1

2-3 地方建设项目固定投资效果主要指标（2015）

指 标	合 计	国有经济	非国有经济
建设周期（年）	4.8	5.6	3.9
计划总投资（亿元）	11 418.40	6 972.33	4 446.07
本年完成投资（亿元）	2 369.96	1 240.15	1 129.81
建设项目投产率（%）	32.7	38.3	27.8
施工项目个数（个）	2 725	1 270	1 455
#新 开 工	1 113	525	588
全部建成投产项目个数（个）	891	487	404
本年新增固定资产（亿元）	1 008.94	484.61	524.33
固定资产交付使用率（%）	42.6	39.1	46.4
房屋施工面积（万平方米）	2 567.11	690.82	1 876.29
#住 宅	54.79	25.22	29.57
房屋竣工面积（万平方米）	260.84	47.79	213.05
房屋面积竣工率（%）	10.2	6.9	11.4

2-4 建设项目固定资产投资施工和建成投产各行业情况（2015）

行 业	施工项目（个）	#本年新开工	本年全部建成投产（个）	投产率（%）
总 计	3 314	1 404	1 104	33.3
农、林、牧、渔业	22	10	11	50.0
工 业	1 743	812	558	32.0
采矿业	1	–	–	–
制造业	1 287	538	377	29.3
电力、燃气及水的生产和供应业	455	274	181	39.8
建筑业	2	1	1	50.0
批发和零售业	38	16	16	42.1
交通运输、仓储和邮政业	173	63	35	20.2
住宿和餐饮业	18	3	3	16.7
信息传输、软件和信息技术服务业	57	22	12	21.1
金融业	7	1	1	14.3
房地产业	6	–	2	33.3
租赁和商务服务业	82	21	18	22.0
科学研究和技术服务业	54	10	18	33.3
水利、环境和公共设施管理业	839	362	351	41.8
居民服务、修理和其他服务业	4	–	1	25.0
教 育	135	45	42	31.1
卫生和社会工作	63	19	19	30.2
文化、体育和娱乐业	34	7	6	17.6
公共管理、社会保障和社会组织	37	12	10	27.0

2-5 地方建设项目固定资产投资施工和建成投产各行业情况（2015）

行　业	施工项目（个）	#本年新开工	本年全部建成投产（个）	投产率（%）
总　计	**2 725**	**1 113**	**891**	**32.7**
农、林、牧、渔业	22	10	11	50.0
工　业	1 233	546	351	28.5
采矿业	1	–	–	–
制造业	1 051	441	276	26.3
电力、燃气及水的生产和供应业	181	105	75	41.4
建筑业	2	1	1	50.0
批发和零售业	38	16	16	42.1
交通运输、仓储和邮政业	159	60	35	22.0
住宿和餐饮业	18	3	3	16.7
信息传输、软件和信息技术服务业	44	11	12	27.3
金融业	3	1	–	–
房地产业	5	–	2	40.0
租赁和商务服务业	73	20	18	24.7
科学研究和技术服务业	44	10	16	36.4
水利、环境和公共设施管理业	838	361	351	41.9
居民服务、修理和其他服务业	4	–	1	25.0
教　育	113	37	40	35.4
卫生和社会工作	60	18	19	31.7
文化、体育和娱乐业	33	7	6	18.2
公共管理、社会保障和社会组织	36	12	9	25.0

2-6 建筑业固定资产投资资金来源（2015）

单位：亿元

指　标	合　计	国有经济	非国有经济
本年实际到位资金合计	**2.28**	**0.74**	**1.54**
上年末结余资金	0.59	0.59	–
本年实际到位资金小计	1.70	0.16	1.54
国家预算资金	–	–	–
#中央预算资金	–	–	–
中央各部门自筹	–	–	–
市 自 筹	–	–	–
区县自筹	–	–	–
国内贷款	0.05	0.01	0.05
#银行贷款	0.05	0.01	0.05
债　券	–	–	–
利用外资	–	–	–
#外商直接投资	–	–	–
自筹资金	1.64	0.15	1.49
#企、事业单位自有资金	1.64	0.15	1.49
#股东投入资金	–	–	–
#借入资金	–	–	–
其他资金来源	–	–	–
#集　资	–	–	–
本年各项应付款合计	**0.01**	**0.01**	**–**
#工 程 款	0.01	0.01	–

2–7　房地产业固定资产投资资金来源（2015）

单位：亿元

指　标	合　计	国有经济	非国有经济
本年实际到位资金合计	**7 499.40**	–	**7 499.40**
上年末结余资金	1 953.86	–	1 953.86
本年实际到位资金小计	5 545.53	–	5 545.53
国家预算资金	–	–	–
#中央预算资金	–	–	–
中央各部门自筹	–	–	–
市 自 筹	–	–	–
区县自筹	–	–	–
国内贷款	1 519.08	–	1 519.08
#银行贷款	1 394.52	–	1 394.52
债　券	–	–	–
利用外资	33.92	–	33.92
#外商直接投资	32.36	–	32.36
自筹资金	1 531.17	–	1 531.17
#企、事业单位自有资金	731.33	–	731.33
#股东投入资金	–	–	–
#借入资金	–	–	–
其他资金来源	2 461.37	–	2 461.37
#集　资	–	–	–
本年各项应付款合计	**1 181.92**	–	**1 181.92**
#工 程 款	626.88	–	626.88

三、房地产开发建设

3-1　主要年份房地产开发投资

单位：亿元

类 别	2005年	2010年	2014年	2015年
计划总投资	6 615.35	12 818.48	20 617.82	23 212.56
#本年计划投资	1 827.42	2 903.54	4 569.38	4 788.30
本年完成投资	1 246.86	1 980.68	3 206.48	3 468.94
按隶属关系分				
中 央	8.86	42.83	96.57	83.29
市 属	118.35	287.28	244.56	199.74
区 属	246.09	270.28	415.73	415.21
县 属	2.17	3.20	64.05	52.52
乡镇街道属	137.17	101.42	159.73	191.70
村委居委属	0.01	2.68	0.77	0.08
其 他	734.22	1 272.99	2 225.07	2 526.40
按经济类型分				
国有经济	117.38	314.62	219.65	255.94
集体经济	62.92	106.82	13.08	14.91
联营经济	9.53	5.83	–	–
股份制经济	479.78	647.40	1 504.16	1 809.65
私营经济	401.98	605.05	862.75	715.02
其他经济	6.11	4.85	–	–
港澳台经济	77.26	179.64	408.02	540.53
外商经济	91.91	116.47	198.81	132.89
按资质等级分				
一 级	87.77	33.85	50.86	81.35
二 级	78.60	230.72	252.68	306.88
三 级	199.15	168.85	178.79	154.35
其他级	881.34	1 547.26	2 724.14	2 926.37
本年新增固定资产	1 054.02	964.27	1 583.93	1 890.67

3-2 房地产开发投资规模及构成（2015）

单位：亿元

类 别	计划总投资	自开始建设累计完成投资	#本年完成投资	本年新增固定资产
总 计	23 212.56	17 110.21	3 468.94	1 890.67
按隶属关系分				
中 央	629.52	423.93	83.29	83.59
市 属	2 030.57	1 473.68	199.74	165.85
区 属	2 796.76	2 043.18	415.21	162.59
县 属	365.51	228.89	52.52	9.00
乡镇街道属	1 181.69	731.19	191.70	113.18
村委居委属	2.50	2.59	0.08	–
其 他	16 206.01	12 206.75	2 526.40	1 356.47
按经济类型分				
国有经济	1 451.11	1 059.74	255.94	87.97
集体经济	55.92	47.84	14.91	12.17
联营经济	–	–	–	–
股份制经济	12 193.69	8 864.58	1 809.65	1 058.00
私营经济	5 290.68	3 946.02	715.02	431.99
其他经济	–	–	–	–
港澳台经济	3 120.73	2 284.50	540.53	168.85
外商经济	1 100.42	907.55	132.89	131.70
按资质等级分				
一 级	581.87	383.03	81.35	70.84
二 级	2 034.65	1 410.30	306.88	203.64
三 级	1 446.86	1 225.39	154.35	146.09
其 他 级	19 149.18	14 091.50	2 926.37	1 470.10

3-3 房地产开发投资分类情况（2015）

单位：亿元

类别	本年完成投资	#住宅	#90平方米及以下	#144平方米以上	#别墅	#高档公寓	办公楼	商业营业用房
总计	3 468.94	1 813.32	722.29	480.72	107.19	274.29	654.54	467.67
按隶属关系分								
中央	83.29	43.60	29.21	9.33	1.71	4.10	10.42	8.40
市属	199.74	133.83	81.48	9.15	3.12	5.37	26.96	12.91
区属	415.21	230.16	115.37	35.75	7.25	19.35	89.74	30.94
县属	52.52	13.48	10.49	0.85	0.85	–	8.86	17.38
乡镇街道属	191.70	136.15	54.81	16.73	4.84	2.74	11.63	19.11
村委居委属	0.08	0.08	0.01	0.07	–	–	–	…
其他	2 526.40	1 256.02	430.93	408.84	89.42	242.73	506.93	378.92
按经济类型分								
国有经济	255.94	154.63	104.00	11.76	2.25	3.23	29.67	20.31
集体经济	14.91	11.22	4.52	0.52	–	–	0.04	1.10
联营经济	–	–	–	–	–	–	–	–
股份制经济	1 809.65	993.42	443.90	225.25	52.65	145.23	307.37	222.50
私营经济	715.02	398.53	140.84	110.38	21.14	73.00	104.80	107.20
其他经济	–	–	–	–	–	–	–	–
港澳台经济	540.53	186.19	17.85	95.47	28.09	47.25	194.50	95.68
外商经济	132.89	69.33	11.19	37.33	2.86	5.58	18.15	20.87
按资质等级分								
一级	81.35	30.56	17.38	3.09	1.92	0.81	26.85	7.46
二级	306.88	201.72	62.28	40.64	3.60	8.10	13.96	31.27
三级	154.35	90.71	33.81	20.22	0.50	22.74	19.11	20.28
其他级	2 926.37	1 490.33	608.82	416.77	101.17	242.64	594.61	408.65

3-4　商品房屋建筑面积及造价（2015）

类　别	施工面积（万平方米）	#新开工	竣工面积（万平方米）	竣工房屋造价（元／平方米）
各类房屋总计	**15 095.33**	**2 605.08**	**2 647.18**	**5 622**
住　宅	8 372.12	1 560.28	1 588.95	5 546
按户型结构分				
#90平方米及以下	3 721.63	694.86	665.33	4 081
144平方米以上	1 800.33	173.44	368.85	9 669
按类型分				
别　墅	431.21	53.79	108.89	8 341
高档公寓	1 216.48	154.76	231.76	8 395
其他住宅	6 724.44	1 351.73	1 248.30	4 773
办 公 楼	1 978.49	304.87	219.23	7 978
商业营业用房	1 944.02	307.57	306.45	5 762
其他用房	2 800.71	432.36	532.55	4 801

3–5　商品房销售和出租情况（2015）

指 标	销售面积(万平方米)		销售额(亿元)		住宅销售套数(万套)		期末面积(万平方米)	
	现 房	期 房	现 房	期 房	现 房	期 房	出 租	待 售
各类房屋总计	944.63	1 486.73	1 513.92	3 579.62	7.13	12.67	1 202.42	2 054.74
住 宅	722.43	1 286.74	1 182.10	3 137.83	7.13	12.67	120.59	903.83
按户型结构分								
#90平方米及以下	295.13	448.54	295.64	673.98	4.08	5.95	56.82	235.54
144平方米以上	168.31	237.25	589.89	1 053.48	0.75	1.17	45.91	420.43
按类型分								
别 墅	46.07	53.71	165.42	165.83	0.18	0.28	12.09	136.27
高档公寓	73.26	217.93	268.55	863.02	0.41	1.70	54.16	224.61
其他住宅	603.10	1 015.09	748.14	2 108.98	6.54	10.70	54.33	542.94
办 公 楼	76.13	121.28	191.86	296.81	–	–	501.86	285.59
商业营业用房	59.67	54.03	100.24	127.65	–	–	367.02	398.12
其他用房	86.40	24.68	39.72	17.33	–	–	212.95	467.20

3-6 各区、县房地产开发建设及销售情况（2015）

单位：万平方米

地区	施工面积	竣工面积	#住 宅	销售面积	#住 宅
总 计	15 095.33	2 647.18	1 588.95	2 431.36	2 009.17
浦东新区	3 710.27	508.91	327.62	488.86	388.65
黄浦区	238.83	28.16	7.50	24.14	23.08
徐汇区	471.37	64.73	13.39	68.30	47.06
长宁区	291.79	37.62	3.16	30.01	11.72
静安区	130.48	–	–	3.28	2.88
普陀区	544.75	125.07	58.76	86.13	53.28
闸北区	427.09	51.60	36.61	47.56	31.64
虹口区	321.12	8.97	–	13.27	8.74
杨浦区	266.17	59.55	29.29	46.55	31.94
闵行区	1 597.75	415.95	195.18	293.41	258.26
宝山区	1 256.66	294.24	239.36	225.59	196.53
嘉定区	1 758.97	481.87	276.35	423.13	348.91
金山区	436.00	38.30	26.55	64.79	61.84
松江区	1 209.94	168.35	99.23	250.17	231.61
青浦区	1 255.03	216.64	174.25	196.94	162.61
奉贤区	811.04	96.98	56.85	98.82	88.84
崇明县	368.08	50.23	44.87	70.41	61.57

3-7 主要年份房地产开发企业经营情况

单位：亿元

指　标	2005年	2010年	2014年	2015年
资产总计	**11 835.17**	**26 121.83**	**41 122.87**	**43 457.65**
#流动资产合计	9 398.45	19 155.33	29 645.05	30 982.81
固定资产合计	930.36	1 445.28	1 747.90	1 444.57
负债合计	**8 236.08**	**17 648.79**	**28 241.86**	**29 129.66**
所有者权益	**3 599.09**	**8 473.03**	**12 881.01**	**14 327.99**
#实收资本	2 441.97	4 685.77	7 401.74	7 614.08
营业收入	**2 020.40**	**3 319.68**	**4 317.24**	**4 450.21**
#主营业务收入	1 998.67	3 265.77	4 248.41	4 388.06
#商品房销售收入	1 620.50	2 660.44	3 589.68	3 754.71
营业成本	–	–	2 761.60	2 866.31
#主营业务成本	1 339.32	1 872.32	2 693.31	2 783.86
营业税金及附加	–	–	472.24	465.93
#主营业务税金及附加	111.22	300.26	375.09	445.41
营业利润	302.32	973.74	812.91	885.02
利润总额	**422.18**	**989.12**	**904.29**	**936.62**

四、建筑业

4-1 主要年份总承包和专业承包建筑企业主要指标

指 标	2005年	2010年	2014年	2015年
签订的合同额（亿元）	3 635.34	8 791.73	15 843.24	15 938.38
上年结转合同额	1 334.42	3 564.10	7 505.62	8 135.22
本年新签合同额	2 300.92	5 227.63	8 337.62	7 803.17
直接从建设单位承揽工程完成产值（亿元）	1 956.81	4 360.10	5 799.26	5 849.45
自行完成产值	1 669.77	3 858.60	4 946.78	5 031.19
分包出去工程产值	287.04	501.51	852.48	818.26
从建设单位以外承揽工程完成产值（亿元）	219.47	441.59	553.16	621.28
建筑业总产值（亿元）	1 889.25	4 300.19	5 499.94	5 652.47
#在外省完成产值	390.97	1 619.14	2 594.18	2 703.16
#装饰装修产值	196.13	410.22	594.97	608.96
竣工产值（亿元）	1 364.22	2 672.73	2 849.73	3 121.47
房屋施工面积（万平方米）	14 138.05	22 996.81	34 994.68	36 659.77
房屋竣工面积（万平方米）	5 648.85	6 217.15	7 580.77	7 258.69
从业人员年末人数（万人）	72.23	96.09	77.65	69.19
#工程技术人员	13.70	15.38	17.75	14.71
按建筑业总产值计算的劳动生产率（万元/人）	18.23	34.47	41.60	44.58
房屋建筑面积竣工率（%）	40.0	27.0	21.7	19.8

4-2 总承包和专业承包建筑企业产值、人员情况（2015）

类 别	企业个数(个)	建筑业总产值(亿元)	建筑工程	安装工程	其 他
总 计	3 065	5 652.47	4 762.36	778.27	111.83
按经济类型分					
#国有经济	86	834.26	711.59	101.84	20.83
集体经济	45	30.17	22.82	6.74	0.62
股份制经济	604	3 027.20	2 594.48	385.77	46.96
私营经济	2 200	1 576.57	1 297.18	242.47	36.92
外商投资经济	59	94.89	70.17	18.38	6.33
港澳台投资经济	68	85.29	62.03	23.07	0.19
按隶属关系分					
#中 央 属	53	1 887.43	1 670.05	177.71	39.67
市(局)属	70	977.00	782.47	189.37	5.16
区 、县属	174	332.77	300.26	21.90	10.61
按资质等级分					
#特 级	14	1 622.75	1 476.46	119.13	27.16
一 级	399	2 620.64	2 211.96	381.54	27.14
二 级	907	939.99	750.51	152.96	36.52
三 级	1 708	447.15	307.39	119.53	20.23
按行业类别分					
房屋建筑业	929	3 104.19	2 844.96	202.24	56.99
土木工程建筑业	603	1 495.37	1 310.71	156.97	27.69
建筑安装业	726	514.63	110.93	384.47	19.23
建筑装饰和其他建筑业	807	538.28	495.76	34.60	7.92
按资质标准分					
施工总承包	1 439	4 720.16	4 112.33	519.80	88.03
专业承包	1 626	932.31	650.03	258.47	23.80

竣工产值 (亿元)	从业人员 年末人数 (万人)	#工程技术人员	计算劳动生产率 的平均人数 (万人)	按建筑业总产值 计算的劳动生产率 (万元/人)
3 121.47	69.19	14.71	126.80	44.58
250.99	4.49	1.75	10.03	83.17
23.29	1.11	0.15	1.46	20.68
1 820.83	21.48	5.83	59.62	50.78
927.54	40.47	6.27	51.63	30.54
61.53	0.74	0.35	1.87	50.71
33.15	0.89	0.34	2.04	41.72
751.62	6.54	3.28	22.33	84.52
768.29	5.03	1.44	19.59	49.88
203.29	4.50	1.06	8.25	40.32
990.09	5.55	2.71	24.23	66.98
1 269.09	30.84	5.65	57.38	45.67
544.56	20.96	4.10	29.30	32.08
302.49	11.62	2.14	15.25	29.31
2 085.53	44.45	7.61	80.39	38.61
482.51	9.93	3.85	21.15	70.70
308.08	7.82	1.99	11.79	43.66
245.36	6.99	1.26	13.47	39.96
2 646.98	55.43	11.81	104.14	45.32
474.49	13.76	2.91	22.66	41.14

4-3　总承包和专业承包建筑企业施工工程情况（2015）

类　别	单位工程施工个数（万个）	#本年新开工	竣工个数（万个）
总　计	**9.72**	**5.96**	**5.33**
按经济类型分			
#国有经济	0.43	0.23	0.16
集体经济	0.10	0.07	0.05
股份制经济	4.79	2.74	2.62
私营经济	3.95	2.75	2.35
外商投资经济	0.21	0.09	0.07
港澳台投资经济	0.25	0.09	0.08
按隶属关系分			
#中　央　属	0.73	0.24	0.25
市(局)属	1.45	0.79	0.90
区、县属	1.45	0.86	0.70
按资质等级分			
#特　级	0.77	0.23	0.19
一　级	3.81	2.19	1.81
二　级	1.93	1.13	0.99
三　级	3.16	2.39	2.32
按行业类别分			
房屋建筑业	2.88	1.26	1.10
土木工程建筑业	2.87	1.96	1.75
建筑安装业	3.18	2.16	1.99
建筑装饰和其他建筑业	0.79	0.59	0.49
按资质标准分			
施工总承包	6.04	3.38	3.16
专业承包	3.68	2.59	2.17

房屋施工面积(万平方米)	#本年新开工	#投标承包	房屋竣工面积(万平方米)	房屋竣工价值(亿元)
36 659.77	9 657.97	32 590.97	7 258.69	1 705.79
1 174.58	195.34	821.43	177.96	44.76
137.50	107.48	111.42	106.77	11.28
27 554.10	6 503.04	25 614.69	4 843.33	1 212.50
7 530.82	2 798.56	5 831.72	2 058.40	410.57
163.97	53.55	112.90	72.24	26.68
98.80	–	98.80	–	–
14 353.73	2 735.64	14 090.85	2 041.25	507.61
8 347.94	2 080.23	7 061.18	1 937.58	536.26
830.32	322.09	624.16	276.82	63.63
18 376.42	3 428.22	18 052.80	3 047.94	850.56
13 566.54	4 346.77	11 396.45	2 744.58	591.73
3 762.76	1 403.05	2 658.85	1 119.72	215.82
941.92	467.81	482.86	346.44	47.68
36 028.51	9 465.07	32 224.75	7 149.56	1 683.26
525.73	165.71	295.18	87.50	18.66
91.81	17.86	63.36	19.13	3.72
13.72	9.33	7.67	2.49	0.15
36 364.70	9 473.59	32 478.97	7 196.27	1 696.72
295.07	184.38	112.00	62.43	9.07

4–4　总承包和专业承包建筑企业基本情况（按地区分）（2015）

地 区	企业个数(个)	建筑业总产值(亿元)	竣工产值(亿元)	房屋施工面积(万平方米)	#本年新开工
总 计	3 065	5 652.47	3 121.47	36 659.77	9 657.97
浦东新区	568	1 347.88	861.03	12 610.85	2 396.95
黄浦区	148	260.83	56.86	393.74	57.02
徐汇区	214	484.38	99.53	807.33	182.98
长宁区	149	233.60	167.02	2 223.68	578.07
静安区	75	52.37	21.70	172.15	38.23
普陀区	238	391.36	293.51	2 540.44	647.09
闸北区	119	479.09	243.61	995.07	232.35
虹口区	161	404.57	320.77	3 013.78	749.82
杨浦区	246	333.90	116.76	792.17	391.55
闵行区	167	351.99	182.66	4 851.74	1 591.20
宝山区	236	643.08	313.89	4 661.96	1 487.39
嘉定区	168	140.24	81.36	904.67	210.07
金山区	133	105.65	71.21	166.24	76.66
松江区	133	171.43	120.70	1 061.65	467.80
青浦区	75	97.07	74.44	538.98	204.82
奉贤区	177	126.10	77.42	867.34	313.87
崇明县	58	28.95	19.00	57.96	32.09

房屋竣工面积 (万平方米)	#住 宅	从业人员 年末人数 (万人)	计算劳动生产率 的平均人数 (万人)	按建筑业总产值 计算的劳动生产率 (万元/人)
7 258.69	3 476.12	69.19	126.80	44.58
2 145.31	990.24	14.19	34.54	39.02
65.92	35.03	2.61	3.26	80.06
154.43	122.00	4.50	8.47	57.20
468.20	203.40	4.13	6.96	33.57
–	–	1.12	1.37	38.28
751.49	450.18	5.31	8.65	45.26
271.95	157.33	4.05	6.48	73.88
609.79	297.53	3.64	11.44	35.37
196.91	152.59	5.22	6.50	51.39
543.42	316.80	5.49	11.71	30.06
902.95	237.49	6.36	8.99	71.53
224.25	161.50	2.36	3.56	39.37
60.92	24.37	2.34	2.80	37.77
404.94	82.33	2.81	3.72	46.03
243.34	157.83	1.56	2.87	33.85
172.38	76.82	2.86	4.53	27.85
42.48	10.67	0.64	0.96	30.06

4-5　总承包和专业承包建筑企业签订合同情况（2015）

单位：亿元

类　别	直接同建设单位签订的合同额	上年结转合同额	本年新签合同额
总　计	**15 938.38**	**8 135.22**	**7 803.17**
按经济类型分			
#国有经济	2 589.57	1 281.45	1 308.12
集体经济	43.10	16.74	26.36
股份制经济	10 049.86	5 234.12	4 815.74
私营经济	2 876.34	1 399.63	1 476.71
外商投资经济	213.13	107.90	105.23
港澳台投资经济	160.74	94.27	66.47
按隶属关系分			
#中 央 属	6 577.01	3 110.03	3 466.99
市(局)属	3 696.30	2 061.71	1 634.59
区、县属	764.52	395.02	369.50
按资质等级分			
#特　级	7 102.04	3 745.11	3 356.93
一　级	6 481.57	3 403.60	3 077.96
二　级	1 540.31	686.53	853.77
三　级	754.63	266.37	488.26
按行业类别分			
房屋建筑业	10 080.16	5 480.70	4 599.47
土木工程建筑业	4 156.22	2 041.77	2 114.45
建筑安装业	868.53	283.22	585.32
建筑装饰和其他建筑业	833.47	329.53	503.93
按资质标准分			
施工总承包	14 543.95	7 643.32	6 900.63
专业承包	1 394.43	491.90	902.53

4-6 总承包和专业承包建筑企业承包工程完成情况（2015）

单位：亿元

类别	直接从建设单位承揽工程完成的产值			从建设单位以外承揽工程完成的产值
		自行完成施工产值	分包出去工程的产值	
总计	**5 849.45**	**5 031.19**	**818.26**	**621.28**
按经济类型分				
#国有经济	847.73	808.42	39.32	25.84
集体经济	28.64	28.21	0.43	1.96
股份制经济	3 302.66	2 631.15	671.51	396.06
私营经济	1 466.32	1 409.14	57.18	167.43
外商投资经济	116.75	77.41	39.35	17.48
港澳台投资经济	83.28	72.80	10.48	12.49
按隶属关系分				
#中央属	1 921.43	1 835.41	86.02	52.02
市(局)属	1 311.48	783.42	528.05	193.57
区、县属	356.28	306.77	49.51	26.00
按资质等级分				
#特级	1 944.66	1 467.53	477.13	155.22
一级	2 537.37	2 302.28	235.08	318.36
二级	916.31	846.62	69.69	93.37
三级	428.89	393.38	35.51	53.77
按行业类别分				
房屋建筑业	3 385.46	2 743.98	641.48	360.21
土木工程建筑业	1 535.22	1 401.52	133.70	93.85
建筑安装业	481.73	448.31	33.41	66.31
建筑装饰和其他建筑业	447.04	437.37	9.68	100.91
按资质标准分				
施工总承包	5 077.16	4 282.23	794.93	437.93
专业承包	772.28	748.96	23.33	183.35

五、城市建设

5-1　主要年份城市建设综合指标

指　标	2005年	2010年	2014年	2015年
实有各类房屋建筑面积（万平方米）	64 198	93 591	115 345	120 390
高层建筑（幢）	10 045	20 579	38 171	40 822
高层建筑（万平方米）	13 100	21 911	36 918	39 652
人均居住面积（平方米）	15.5	16.7	17.8	18.1
人均公园绿地面积（平方米）	11.01	13.00	13.79	7.60
绿化覆盖率（%）	37.0	38.2	38.4	38.5
自来水供水能力（万立方米/日）	1 096	1 131	1 137	1 137
污水厂污水处理能力（万吨/日）	471	684	787	785
煤气生产能力（万立方米/日）	1 134.30	817.40	146.60	
家庭煤气用户数（万户）	236.54	132.89	13.82	
家庭液化石油气用户数（万户）	253.89	316.37	330.64	335.47
家庭天然气用户数（万户）	186.37	405.89	614.00	651.32
全市桥梁（座）	8 070	11 849	13 304	13 677
#黄浦江大桥	6	10	10	10
长江大桥		1	1	1
黄浦江隧道（条）	6	12	13	13
长江隧道（条）		1	1	1
城市快速路（公里）	77	196	187	197
高速公路长度（公里）	560	775	825	825
人均道路面积（平方米）	11.08	11.12	11.51	11.83
轨道交通运营线路长度（公里）	147.78	452.57	577.55	617.53
公共汽电车运营车辆（辆）	17 985	17 455	16 155	16 531
出租汽车运营车辆（辆）	47 794	50 007	50 738	49 586

注：1、人均公园绿地面积：2014年前按全市非农户籍人口口径计算；2015年起按住建部城建年报统计口径(全市常住人口)计算。
2、人工煤气2015年底已全部转换天然气，故煤气生产能力、家庭用户数均无。
3、“全市桥梁”指本市所有公路桥梁和城市道路桥梁，不包括：郊区机耕桥、村内道路等不符合公路设施量标准农村桥梁，水利桥梁、闸桥合一桥梁等。
4、“黄浦江大桥”指本市所有跨越黄浦江的大桥；“黄浦江隧道”指本市所有穿越黄浦江的隧道，包括外滩隧道。
5、“长江大桥”2013年数据有调整，原因是：崇启大桥不再列为长江大桥。
6、“人均道路面积”统一调整为按常住人口计算。

5-2 全市房屋拆迁区县分布情况（2015）

地区	合计		居民		非居住房屋（单位）	
	户数（户）	面积（平方米）	户数（户）	面积（平方米）	个数（个）	面积（平方米）
总计	**23 062**	**785 158**	**22 801**	**698 295**	**261**	**86 863**
浦东新区	114	10 200	104	8 000	10	2 200
黄浦区	3 766	117 562	3 766	117 562	–	–
徐汇区	1	1 499	–	–	1	1 499
长宁区	108	7 212	100	6 237	8	975
静安区	224	8 769	170	5 039	54	3 730
普陀区	3 309	102 247	3 309	102 247	–	–
闸北区	6 356	192 822	6 356	192 822	–	–
虹口区	4 607	156 327	4 607	156 327	–	–
杨浦区	4 571	145 319	4 389	110 061	182	35 258
闵行区	6	43 201	–	–	6	43 201
宝山区	–	–	–	–	–	–
嘉定区	–	–	–	–	–	–
金山区	–	–	–	–	–	–
松江区	–	–	–	–	–	–
青浦区	–	–	–	–	–	–
奉贤区	–	–	–	–	–	–
崇明县	–	–	–	–	–	–

注：另有协议拆迁11106户。

5-3 全市八层（含八层）以上房屋区县分布情况（2015）

地 区	合 计		8-10层		11-
	幢	面 积	幢	面 积	幢
总 计	**40 822**	**39 652**	**5 568**	**3 903**	**18 302**
浦东新区	9 448	9 233	1 124	869	4 900
黄 浦 区	1 253	2 278	153	155	163
徐 汇 区	2 090	2 853	287	239	579
长 宁 区	1 539	2 029	310	206	436
静 安 区	703	1 214	91	60	71
普 陀 区	2 448	2 783	247	150	772
闸 北 区	1 500	1 588	220	134	570
虹 口 区	1 379	1 617	207	123	346
杨 浦 区	2 020	2 101	287	235	807
闵 行 区	5 641	4 302	905	713	3 565
宝 山 区	3 457	2 546	498	264	1 820
嘉 定 区	2 887	2 411	306	222	1 107
金 山 区	888	599	155	86	519
松 江 区	2 822	2 039	374	231	1 514
青 浦 区	1 374	1 017	197	104	543
奉 贤 区	1 126	908	110	78	452
崇 明 县	247	135	97	35	138

单位：万平方米

15层	16-19层		20-29层		30层以上	
面　积	幢	面　积	幢	面　积	幢	面　积
12 712	**10 046**	**9 640**	**5 337**	**8 917**	**1 569**	**4 481**
3 434	2 185	2 072	949	1 678	290	1 180
177	242	322	455	919	240	705
504	510	616	535	1 029	179	465
373	282	308	380	693	131	448
64	129	138	298	554	114	398
566	568	618	668	1 009	193	440
424	284	278	298	507	128	244
241	353	377	343	581	130	294
637	548	571	327	555	51	103
2 333	960	940	188	260	23	56
1 144	940	848	167	238	32	53
761	1 021	910	425	480	28	39
311	175	143	30	45	9	15
994	789	620	140	191	5	3
357	567	476	66	79	1	1
302	482	397	67	96	15	35
91	11	6	1	2	–	–

5-4 全市居住房屋区县分布情况（2015）

地 区	各类房屋面积总计	#居住房屋合计	花园住宅
总 计	120 389.79	63 006.90	1 789.95
浦东新区	27 512.44	14 601.41	369.11
黄浦区	3 708.64	1 739.71	8.34
徐汇区	6 055.98	3 430.82	52.38
长宁区	4 025.76	2 414.83	56.97
静安区	1 773.32	817.34	20.84
普陀区	5 910.08	3 640.45	13.12
闸北区	3 767.76	2 213.99	0.05
虹口区	3 526.00	2 216.71	7.22
杨浦区	5 817.64	3 380.75	3.46
闵行区	13 413.38	7 655.21	304.36
宝山区	9 512.30	5 608.94	29.50
嘉定区	8 027.67	3 647.95	90.98
金山区	4 318.66	1 554.14	16.90
松江区	9 441.79	4 118.84	380.92
青浦区	5 692.31	2 316.88	300.90
奉贤区	5 509.67	2 250.42	97.69
崇明县	2 376.38	1 398.50	37.24

单位：万平方米

公　寓	联列住宅	新式里弄	旧式里弄	简　屋
1 400.06	**58 307.87**	**308.41**	**1 189.82**	**10.79**
246.44	13 870.91	2.62	111.60	0.74
0.35	1 355.17	86.99	287.53	1.34
9.04	3 286.44	52.27	28.45	2.25
1.06	2 337.80	17.83	1.10	0.07
0.93	691.43	76.24	27.76	0.14
22.97	3 569.91	4.13	30.32	0.01
2.92	2 139.23	1.21	70.58	–
0.27	1 967.67	60.37	178.84	2.35
17.74	3 207.29	4.84	146.27	1.16
180.54	7 120.98	0.78	48.42	0.13
115.92	5 413.91	0.01	49.39	0.20
145.62	3 386.99	–	24.29	0.06
41.70	1 459.18	0.05	36.23	0.09
330.54	3 368.61	0.15	38.50	0.12
171.46	1 808.38	–	36.14	0.01
86.77	2 031.30	0.92	33.59	0.15
25.80	1 292.69	–	40.81	1.97

5-5 全市非居住房屋区县分布情况（2015）

地区	各类房屋面积总计	#非居住房屋合计	工厂	学校	仓库堆栈
总计	**120 389.79**	**57 382.89**	**25 102.65**	**3 366.48**	**1 867.80**
浦东新区	27 512.44	12 911.02	5 188.96	619.51	544.56
黄浦区	3 708.64	1 968.93	128.13	105.16	22.47
徐汇区	6 055.98	2 625.16	512.12	331.49	63.21
长宁区	4 025.76	1 610.93	201.87	120.98	33.81
静安区	1 773.32	955.98	62.40	49.04	4.56
普陀区	5 910.08	2 269.63	435.13	191.78	180.85
闸北区	3 767.76	1 553.76	394.41	103.30	47.69
虹口区	3 526.00	1 309.29	169.55	113.33	30.23
杨浦区	5 817.64	2 436.90	752.59	373.99	77.66
闵行区	13 413.38	5 758.17	2 920.79	345.72	238.26
宝山区	9 512.30	3 903.36	1 658.27	185.47	303.48
嘉定区	8 027.67	4 379.72	2 216.81	208.96	86.98
金山区	4 318.66	2 764.52	1 866.20	100.33	50.16
松江区	9 441.79	5 322.96	3 733.88	205.17	43.14
青浦区	5 692.31	3 375.43	2 265.06	85.04	51.35
奉贤区	5 509.67	3 259.26	2 167.81	146.34	44.15
崇明县	2 376.38	977.87	428.66	80.86	45.24

注："其他"中包含饭店、福利院、公共设施用房、会所、寺庙教堂、体育馆、文化馆、文化体育娱乐用房、站场码头、

单位：万平方米

办公楼	商场店铺	医　院	旅　馆	影剧院	其　他
7 343.05	**6 773.13**	**630.82**	**1 264.56**	**64.81**	**10 969.59**
1 591.40	1 427.03	87.76	320.38	4.47	3 126.95
734.51	357.75	63.66	142.87	12.27	402.11
737.98	274.02	89.46	92.39	3.01	521.48
528.84	211.04	35.00	106.18	2.45	370.74
363.35	118.31	26.27	85.95	2.16	243.94
494.35	382.29	25.81	69.04	3.39	486.99
321.07	233.72	31.06	61.05	4.38	357.11
414.09	197.00	27.50	67.38	5.81	284.40
446.75	254.42	43.20	32.93	2.81	452.53
341.78	668.10	52.26	41.80	5.11	1 144.35
257.23	477.23	25.36	32.16	1.79	962.37
402.05	562.08	26.52	57.47	7.41	811.44
148.73	348.19	30.14	21.90	1.12	197.75
185.02	496.30	23.50	39.29	1.35	595.31
131.04	347.55	16.05	30.94	2.73	445.68
171.12	326.96	10.11	29.55	2.25	360.97
73.76	91.14	17.17	33.28	2.31	205.47

宗祠山庄、车库、综合楼、农业建筑、其他、公园用地、业务用房。

5-6 主要年份市区居住水平

指 标	2005年	2010年	2014年	2015年
住宅建筑面积（万平方米）	37 624	52 640	61 094	63 007
城镇居民人均住房居住面积（平方米）	15.5	16.7	17.8	18.1
居民住宅成套率（%）	93.0	95.8	96.6	96.8

5-7 保障性住房建设情况（2012~2015）

单位：万平方米

指 标	2012年	2013年	2014年	2015年
保障性住房新开工建设和筹措面积	**1 292.04**	**785.17**	**391.88**	**478.78**
#动迁安置商品房	842.87	485.31	202.65	283.42
经济适用房	185.14	–	–	–
公租房	235.76	137.62	50.65	22.20
保障性住房建成面积	**686.58**	**796.54**	**817.90**	**779.29**
#动迁安置商品房	470.14	533.63	490.49	422.72
经济适用房	92.51	146.64	97.73	135.93
公租房	94.66	116.27	95.68	54.14